同花顺

炒股软件

从入门到精通

第2版

龙马金融研究中心 编著

人民邮电出版社

北京

图书在版编目（CIP）数据

同花顺炒股软件从入门到精通 / 龙马金融研究中心编著. -- 2版. -- 北京 : 人民邮电出版社, 2023.7
ISBN 978-7-115-59053-4

Ⅰ. ①同… Ⅱ. ①龙… Ⅲ. ①股票投资－应用软件－基本知识 Ⅳ. ①F830.91-39

中国版本图书馆CIP数据核字(2022)第051942号

内容提要

本书通过大量案例，系统地介绍了股票投资的基础知识，以及同花顺炒股软件的使用方法和操作技巧。

全书分为 4 篇，共 20 章。第 1 篇为入门篇，介绍了新投资者入市必备常识、股票的基础知识、影响股市的主要因素等；第 2 篇为技术篇，介绍了基本面分析、单 K 线分析、多 K 线组合形态识别、移动平均线分析、趋势线分析、常用的技术指标及通过成交量透视股价走势等；第 3 篇为实战篇，介绍了涨停板技法、选牛股技法、逃顶技法、跟随主力技法及分时走势看盘分析等；第 4 篇为软件篇，介绍了同花顺软件的基础知识、使用同花顺软件分析看盘、智能预警和智能选股、同花顺软件的控制中心、公式和函数的应用等。

本书适合广大股票投资者学习使用，也可以作为高等院校相关专业或股票投资培训班的教材或辅导用书。

◆ 编　　著　龙马金融研究中心
责任编辑　李永涛
责任印制　王　郁　胡　南
◆ 人民邮电出版社出版发行　　北京市丰台区成寿寺路 11 号
邮编　100164　　电子邮件　315@ptpress.com.cn
网址　https://www.ptpress.com.cn
固安县铭成印刷有限公司印刷
◆ 开本：787×1092　1/16
印张：23.5　　2023 年 7 月第 2 版
字数：665 千字　　2025 年 10 月河北第 9 次印刷

定价：99.90 元

读者服务热线：(010)81055410　印装质量热线：(010)81055316
反盗版热线：(010)81055315

前　言

股票作为一种投资方式，每年都会吸引大量投资者购买，有的投资者满载而归，而更多投资者付出了巨大的代价。对于普通投资者来讲，要想真正实现盈利，并将股票作为一种长期的投资方式，不仅需要扎实的基础知识，还要掌握股市实战技能和相关的软件操作方法。为了满足广大读者的学习需求，我们邀请了多位证券投资专家和高级股票分析师共同参与本书的策划和编写，希望能够以高效的方式，帮助普通投资者快速掌握相关知识和投资技巧，并引导投资者理性决策，从而避免损失、实现盈利。

本书内容

本书是一本股票投资书，主要面向零基础读者。本书系统地介绍了股票的基础知识、股市实战技能以及股票软件的操作方法。本书在编写过程中使用了大量真实案例，帮助读者通过实战掌握知识点的运用方法，既为读者打牢了基础，又兼顾了其实际操作能力的提升。另外，本书还总结了一些高手的操作技巧，从而满足不同基础读者的学习需求。

本书特色

❖ 通俗易懂，快速上手

本书主要面向投资股票的零基础读者，由浅入深地介绍了股票知识及其实际应用，帮助读者透彻理解，并实现触类旁通。

❖ 讲解细致，面向实战

本书将知识点融入大量真实案例中，既涵盖宏观层面的分析，又兼顾微观层面的操作，摆脱枯燥的讲解，使读者在学习阶段即可进入实战状态。

❖ 精心排版，图文并茂

本书采用单、双栏排版相结合的形式，大大扩充了信息容量。在具体操作上，配备大量图片进行说明，使内容一目了然，使学习简单高效。

❖ **高手支招，扩展学习**

本书“高手支招”栏目为读者提炼了各种操作技巧，总结了大量炒股实战经验，为读者提供了实用的操作方法。

本书电子资源

赠送资源01　100页PPT版股票投资必修课

赠送资源02　73条新投资者常见疑难问题解答电子书

赠送资源03　手机、计算机炒股必备安全常识电子书

赠送资源04　24个股票基本技术指标详解电子书

赠送资源05　10个股票实战技术指标详解电子书

赠送资源06　190个计算机炒股获利秘技电子书

赠送资源07　股票代码速查手册电子书

赠送资源08　基金投资入门及获利秘技电子书

赠送资源09　期货投资入门及获利秘技电子书

赠送资源10　10小时计算机操作视频教程

创作团队

本书由龙马金融研究中心策划编著，孔长征、赵源源主编。

在本书的编写过程中，我们竭尽所能地将最好的内容呈现给读者，但难免有疏漏之处，敬请广大读者不吝指正。若读者在学习中遇到困难或有任何建议，可发送邮件至liyongtao@ptpress.com.cn。

龙马金融研究中心

2022年3月

目　录

第1篇　入门篇

第1篇
入门篇

第1章　新投资者入市必备常识

本章引语

知己知彼，百战不殆；不知彼而知己，一胜一负；不知彼，不知己，每战必殆。

——《孙子兵法》

在战争中既了解自己，又了解敌人，百战都不会失败；不了解敌人而只了解自己，胜败的可能性各半；既不了解敌人，又不了解自己，那就会每战必败。股票市场如同战场，如果投资者盲目投资，很可能会投资失败，只有全面地了解股票相关的知识，并形成自己的交易模式，才能真正做好股票投资。

本章要点

★对股票建立基本认识

★股票交易流程——办理委托

★新股申购的流程

1.1 入市前的准备

想让股市成为自己的“摇钱树”，投资者就必须了解股市的“习性”。本章将介绍入市前投资者必知必会的炒股基础知识。

1.1.1 对股票建立基本认识

听说周围的朋友、同事又在股市中赚了一大笔，任何人的心中多少都会泛起一丝波澜。股票市场是一个高风险与高收益并存的市场，投资者若想推开市场大门，就必须做一些准备工作。

投资者首先需要了解的就是最基础的证券和交易知识。其实投资股票很简单，就如同日常购物一样。购物购买的是实物产品或服务，而投资股票购买的则是股权，是基于股东资格而享有的、从公司获得经济利益的权利。购物一般用于消费，而投资股票则可以从中获取经济利益，当然也有可能会亏损。所以，投资者要对股票有一定的认识。

- 股票是一种股权。
- 股票交易有固定的交易场所，在我国主要有上海证券交易所（一般简称为沪市/上证/上交所）和深圳证券交易所（一般简称为深市/深证/深交所）等。
- 投资者需要通过证券公司才可以买卖股票。
- 股票要在规定的时间买卖。每周有固定的交易时间，在交易时间之外，投资者均不可以买卖股票。
- 股票买卖的单位有限制，单笔买卖必须是一手的整数倍，一手等于100股，因而最少要购买100股。

上述只是简单的证券基础知识，有助于投资者对股票建立基本的认识。相关的证券知识与交易知识还有许多，在后面的章节将进行更详细的介绍。

1.1.2 炒股是如何赚钱的

投资者购买股票的主要目的是获取收益，那么炒股究竟是如何使投资者赚钱的呢？主要有以下两个方面。

1. 分红获取利润

上市公司分配利润的方式主要有现金股利和股票股利。上市公司当年如果实现盈利，会根据投资者所持有的股份给投资者分配利润，这就是股利分红。如果该公司没有盈利，或者对未分配利润不派息，投资者则无法获得股利分红。

例如，李明买入1 000股万科A，在持有该股票一周之后，万科A宣布分红除息[1]，每10股送现金红利1元，下一个交易日也就是除权日，该股票开盘基准价（也就是昨日收盘价）自动下降0.1元。李明的账户上每股多出来0.1元分红，也就是1 000×0.1=100（元），再结合持股时间的长短来计算，因为持股时间不到一个月，所以扣除20%的个人所得税，李明持有的万科A实际分红为100×（1-20%）=80（元）。

2. 依靠股价差获取利润

例如，王珊出资10万元买入8 000股某只股票，买入价格为每股12.5元，之后该股票价格一度拉升至每股13.6元，那么王珊卖出后能获利多少呢？如果不计交易费用，通过股价差的获利=8 000×（13.6-12.5）=8 800（元）。

1 除息：上市公司根据每年的盈利给投资者分派现金红利。

1.1.3 炒股是如何赔钱的

盈亏同源，既然有人炒股赚钱，也一定有人炒股赔钱。股市上有句俗语："十人炒股，一赚两平七赔"。这也就说明，有更多的投资者在股票市场上是赔钱的。为什么会出现炒股赔钱的情况呢？主要是以下几点造成的。

1. 追涨杀跌，折损本金

许多未曾涉股的投资者在周围人的影响下也进入股市。看着周围人都在大牛市中挣得盆满钵满，新手在未经历过系统学习和模拟盘操练的情况下就一头扎入股市中，很难不赔钱。新人入市，大多喜欢追涨杀跌。

例如，李兰看到中国电建股价一直上涨，从7元一直涨至16.5元，她认为该股很有前途，股价还会再涨，于是在18元时终于按捺不住，投资9 000元买进500股。结果万万没想到，该股票价格最高冲到19.9元之后一路狂跌，李兰实在承受不了了，便以14元的价格卖出股票，最终亏损2 000元（暂不计交易费用），亏损比例为22%。结果，李兰卖出股票之后，股价反弹至17元。这就是典型的追涨杀跌。

2. 频繁操作，提高交易成本

有些投资者妄想能够把握住股市中每一次上涨的机会，希望能够短线获利，于是天天交易，甚至每天多次买卖，结果越频繁操作亏损越多。交易频繁容易亏损的原因主要是容易迷失方向，在资本市场中难以长期保持理性的心态，而且频繁地买卖所付出的交易成本过高，盈利减少。

3. 股票种类过多，操作杂乱无章

许多投资者认为鸡蛋不应该都放入同一个篮子里，于是在刚入市的时候喜欢买许多只（10只以上）股票，并且在每一只股票上所投入的资金并不多。由于买入的股票数量太多，种类太杂，投资者无法潜心研究股票，从而难以做到精心管理。在行情震荡上扬的时候，容易出现一半涨一半跌、无利可图的结果。当遇到大盘猛跌时，个股价格纷纷跟随大盘猛跌，此时投资者在卖股票时就会顾此失彼，导致利润回吐甚至亏损。

1.1.4 股票分析和交易软件

随着我国网络通信技术与互联网技术的高速发展，越来越多的投资者从采用最原始的柜台交易、电话委托交易的炒股方式，转变为利用计算机软件和手机客户端交易。与以往的交易方式相比，计算机软件和手机客户端交易具有获取信息速度更快、获取信息内容更精准、交易更便捷等优势，只要有计算机、智能手机和网络，并且下载了相关证券公司的行情交易客户端，即可随时随地登录客户端查看行情，在开盘时间买卖股票。

除了计算机和手机等硬件设备之外，投资者还需要选择一款合适的股票分析软件。通常情况下，证券公司会为在本公司开户的投资者提供股票分析和交易软件。同时，网络上也有许多免费的行情分析软件，投资者可以根据自己的需要下载和使用。下面简单介绍目前市面上较普及的几款主流行情分析软件。

1. 同花顺

同花顺是一个功能强大的股票分析和交易平台，具有股票资讯、行情分析和行情交易等功能。同花顺分为免费的PC客户端、付费的PC客户端、平板电脑客户端、手机客户端等适用性强的不同版本。普通的个人投资者如果进行中长线交易，使用免费的PC客户端即可。

同花顺软件还有许多特色板块，如经典指标自定义，可让投资者自由选择、自主定义；模拟炒股，让投资者学习操作，掌握实战技巧；主力买卖指标，帮助投资者降低股市风险。同花顺软件免

费提供个股资金流向，主力增仓数据及数据中心、研报中心两大平台的精选财经信息。新版同花顺软件可以以游客身份登录，也可以使用微信账号申请登录，还可以使用手机号申请注册。目前同花顺软件根据证券机构、个人投资者的需求和使用习惯，新增了通达信模式。

进入同花顺软件，可在菜单栏中找到最新动态信息及相关分析等；工具栏的实用工具可以帮助投资者进行决策分析；自应用是投资者根据自己的操作习惯自行添加的应用；分时图和行情报价可以显示个股以及大盘的最新进展情况。下左图为同花顺PC客户端主界面。

同花顺软件的手机客户端支持iOS手机、安卓系统手机安装。下右图为安卓系统的同花顺手机客户端主界面。

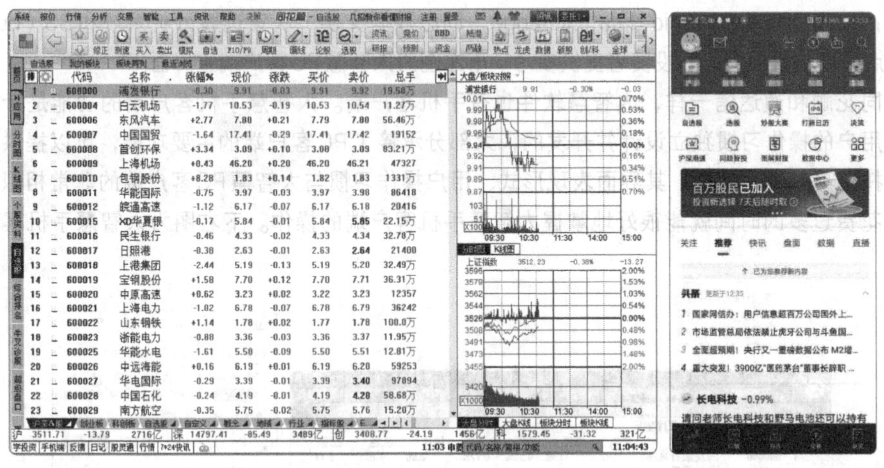

2. 通达信

通达信软件是目前使用者较多的一款软件，也是证券公司广泛使用的股票行情分析软件。其界面简单整洁，可以自定义看盘界面；有深圳证券交易所的逐笔委托单，可以自定义设置并查看委托单的大小，过滤掉一些小单，也可以实现多账户委托交易，可编程性强，是公式爱好者的首选。通达信软件能够展示实时和全面的股指行情以及及时的信息，新增的问答和圈子功能为投资者了解股市、熟悉市场规则提供了一个完善的互助平台，为投资者建立投资理念、提高投资策略提供了互动环境，帮助新入市的投资者尽快成为“炒股达人”。

打开通达信软件后，投资者看到的是行情报价界面。在不同的板块下，界面中间显示出不同股票的最新行情。在界面中还有状态栏、功能树及各类实时财经信息和便捷小工具。下左图为通达信PC客户端主界面。

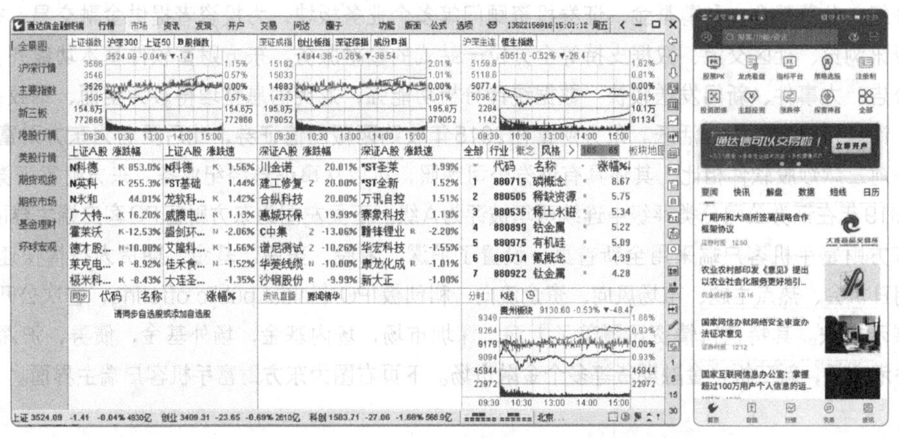

通达信手机客户端拥有实用的技术分析工具、完整的基本面数据、开放的接口、智能化的操作以及个性化的功能，是一个用来进行行情显示、行情分析并同时进行信息即时接收的证券信息平台。通达信手机客户端的行情交易系统功能完善、操作简单，不仅支持日常交易、融资融券交易，还支持开放式基金的认购、申购、赎回。上页右图为通达信手机客户端主界面。

3. 大智慧

大智慧是一款用来显示行情、分析行情并同时接收即时信息的炒股软件。大智慧软件刷新速度非常快，有深圳市场的全景封单功能，许多追涨停板的投资者都用这个功能来看自己的排单位置。大智慧软件系统稳定、操作便捷、界面风格简洁，支持查看股指期货等衍生金融产品行情、透视交易细节；独创DDE（dynamic data exchange，动态数据交换）决策选股分析系统和BS（buy sell，买卖）点买卖决策平台，为投资者提供参考。下左图为大智慧PC客户端主界面。

与同花顺和通达信一样，大智慧软件也有手机客户端。大智慧手机客户端的功能是针对手机客户端用户的操作习惯独立设计并开发的，大部分承接了PC客户端的主要功能，可以提供行情数据、委托交易等基本功能。其界面表现形式、用户操作习惯与大智慧PC客户端的非常相似，投资者无须花费过多的时间就能很好地掌握大智慧手机客户端的操作。下右图为大智慧手机客户端主界面。

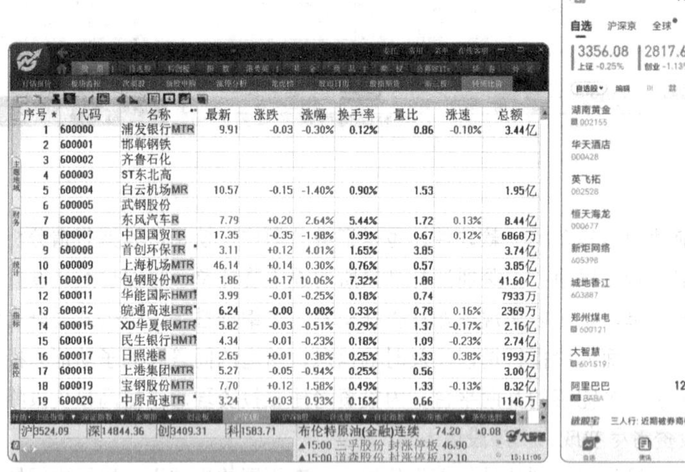

4. 东方财富

东方财富是一站式互联网金融服务平台，旗下拥有证券、基金销售、金融数据、互联网广告、期货经纪、公募基金、私募基金、证券投资顾问等多个业务板块，为投资者提供金融交易、行情查询、资讯浏览、社区交流、数据支持等全方位一站式的金融服务。东方财富软件基本功能齐全，个股的公告、大事件、新闻发送较快；数据统计分析功能强，龙虎信息整理得较为全面、细致；自带论坛，论坛用户多，十分活跃。东方财富在2015年收购西藏同信证券，此后更名为东方财富证券，因此与前三款炒股软件相比，其还具有证券公司牌照，可以从事证券经纪业务。东方财富证券2018年、2019年在证券公司分类评级中连续两年被评为A级。下页左图为东方财富PC客户端主界面。

东方财富手机客户端采用全新首页，设置了沪深、港股、美股、基金、期货大行情快速入口；新增明日机会、热点主题、市场风向、资金流向、科创板IPO（initial public offering，首次公开募股）信息展示模块。其特色行情资讯覆盖了上海、深圳市场，场内基金，场外基金，债券，沪深港通，我国香港市场，新三板，金融期货等多个金融市场。下页右图为东方财富手机客户端主界面。

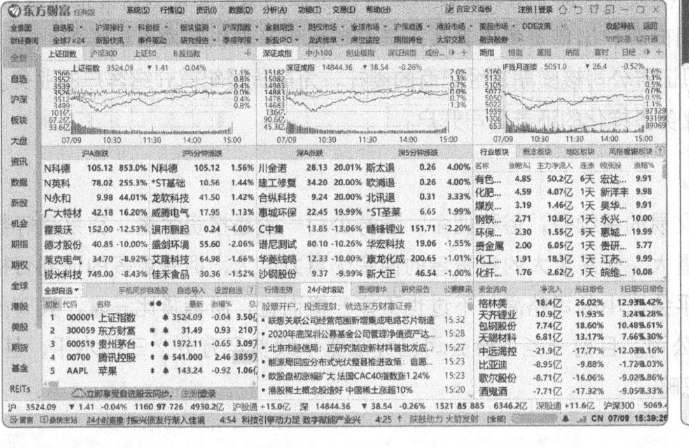

1.2 办理开户手续

在学习了股票相关基础知识，准备好所需的软件、硬件设备之后，投资者想要进入二级市场进行投资，还需要先开立证券账户。去哪里开户，这是投资者首先需要解决的问题。选择一个好的证券公司开户，不仅可以得到贴心的个性化服务，而且可以节省交易成本，增加投资收益。本节为投资者就如何选择证券公司、开户需要准备哪些资料、在手机上如何开户等问题进行一一解答。

1.2.1 选择证券公司

现在证券公司数量繁多，面对众多的证券公司，投资者究竟该如何选择呢？下面就为投资者介绍在选择证券公司时应当考虑的几大问题。

1. 证券公司等级

投资者一般难以直接判断证券公司在行业内的风险管理能力及合规管理水平。不过，每年中国证券监督管理委员会（以下简称“证监会”）都会对证券公司进行评级。《证券公司分类监管规定》将证券公司分为A（AAA、AA、A）、B（BBB、BB、B）、C（CCC、CC、C）、D、E五大类，共11个级别。其中A、B、C三大类中各级别公司均为正常经营公司，D、E类公司分别为潜在风险可能超过公司可承受范围和被依法采取风险处置措施的公司。所以投资者应尽量选择在A、B、C三级证券公司开户。规模越大的证券公司所持的金融牌照越全面，可开展的金融业务越广泛。比较优秀的头部AA级证券公司有中信证券、中金公司、中信建投证券、国泰君安证券、银河证券、招商证券、华泰证券、平安证券、海通证券、国信证券、申万宏源、安信证券、光大证券、国金证券、中泰证券。

2. 服务质量

有一些证券公司对客户的售后服务几乎为零，客户开户之后，证券公司几乎不会主动和客户联系，不能帮助客户解决投资中常见的问题。投资者不要选择在这样的证券公司开户。一般可以从证券公司投资顾问团队规模、投资者学校、平日的信息推送情况等方面来大致判断一家证券公司的后续服务质量。

3. 业务是否多样化

证券公司可以提供的业务多种多样，主要有九大业务条线：证券经纪业务，证券投资咨询业务，与证券交易、证券投资活动有关的财务顾问业务，证券承销与保荐业务，证券自营业务，证券资产管理业务，融资融券业务，证券公司中间介绍（IB）业务，直接投资业务。其中与投资者息息相关的业务包括证券经纪业务，即证券公司通过其设立的证券营业部，接受客户委托，按照客户要求，代

理客户买卖证券的业务；证券投资咨询业务，即提供证券投资顾问服务和证券研究报告服务的业务；融资融券业务，即证券公司向客户出借资金供其买入证券或出借证券供其卖出证券的业务；证券公司中间介绍（IB）业务，即证券公司接受期货经纪商的委托，为期货经纪商介绍客户的业务。投资者可根据自己的需求，选择业务多样化的证券公司开户。

4. 交易成本

交易成本即开户之后交易的手续费，俗称佣金。证券公司一般是按资金量、交易量等数据来给客户定佣金的等级，资金量大、交易量大的投资者的佣金优惠力度大，拥有更多的谈判资格。一般情况下，大公司的佣金水平会比小公司略高，不过也不能一概而论，所谓货比三家，只有多问、多打听才能找到适合自己的公司。目前一些证券公司已经放宽手续费至万分之三的水平，甚至更低，高于这个水平线的，可以忽略。

5. 资讯推送

服务好的证券公司会在每个交易日收盘后对当天的行情复盘，收集整理每日市场热点，分析资金流向，对市场数据进行跟踪，如即将发行的新股有哪些、中国人民银行的降息降准信息、北上资金的净流入和净流出等。

1.2.2 开户需要准备的资料

投资者如需入市，应事先开立证券账户卡，即分别开立深圳证券账户卡和上海证券账户卡。依据开户主体的不同，投资者可分为个人投资者和机构投资者，二者在开户时所应准备的资料有所不同。

1. 个人投资者

个人投资者（年满18周岁）需要携带本人有效期内的中华人民共和国第二代居民身份证（以下简称“身份证”）以及银行卡到相关的证券营业厅登记部门办理开户手续。若是代理人，还需与委托人同时临柜签署授权委托书，并提供代理人的身份证原件和复印件。

2. 机构投资者

机构投资者需要携带的资料及注意的事项如下。

（1）法人营业执照及复印件；法定代表人证明书；证券账户卡原件及复印件；法人授权委托书和被授权人身份证原件及复印件；单位预留印鉴。B股开户还需提供境外商业登记证书及董事证明文件。

（2）填写开户资料并与证券营业部签订《证券买卖委托合同》（或《证券委托交易协议书》），同时签订有关上海证券交易所的《指定交易协议》。

（3）需开通证券营业部银证转账业务功能的投资者，注意查阅证券营业部有关此类业务功能的使用说明。

1.2.3 营业厅开户

自2015年4月3日起，投资者可以一人开设多个证券账户，投资者可以在多家证券公司开设账户，每个账户指定一家证券公司。2016年10月15日前，自然人及普通机构投资者已开立的3户以上的同类证券账户符合实名制开立及使用管理要求，且确有实际使用需要的，投资者本人可以继续使用。对于长期不使用的3户以上的多开账户，中国证券登记结算有限责任公司将依规纳入休眠账户管理。也就是不允许投资者在3家以上证券公司开立证券账户，对于原来已多开的证券账户不强制销户，但会纳入休眠账户。但是，对于融资融券交易账户只允许开一个账户，如果老客户已经开通融资融券交易账户，并且想转去其他证券公司开户的，则需要先撤销已开通的融资融券交易账户，再去其他证券公司的营业厅开立融资融券账户。

个人投资者去营业厅办理A股开户的流程如下。

❶选择一家证券公司。

❷持本人身份证和银行卡去证券公司的业务网点办理开户手续。若是代理人，还需与委托人同时临柜签署授权委托书并提供代理人的身份证原件和复印件。

❸开设深圳、上海证券账户卡（或称股东卡）。

❹填写开户申请书，签署《证券交易委托代理协议》，同时签订有关上海证券交易所的《指定交易协议》。

❺证券营业部为投资者开设资金账户。

❻如要开通网上交易，还需填写《网上委托协议》，并签署《风险揭示书》。

❼签署《交易结算资金银行存管协议书》，办理资金的第三方存管。

具体开户流程如下图所示。

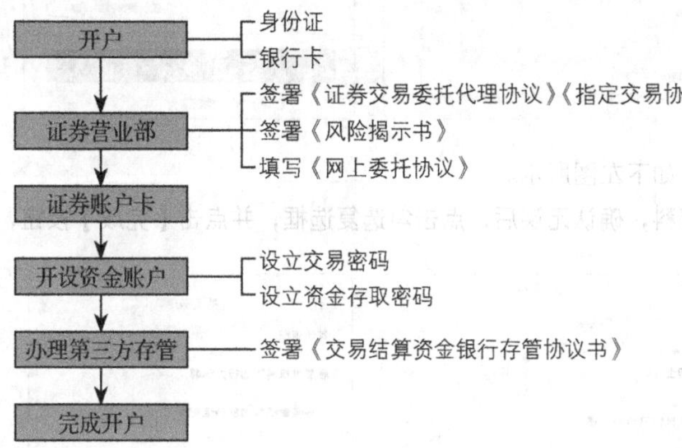

1.2.4 手机开户

伴随着智能手机的普及，以及微信小程序等轻量应用的产生，越来越多的证券公司开始开发手机客户端开户App和微信开户小程序。投资者若想采用手机客户端开户，需要先准备开户所需的资料，包括本人身份证和本人银行借记卡。

下面以中山证券手机开户为例，简单介绍手机开户的流程。

❶在微信中搜索并关注“中山证券”微信公众号或者在手机应用商城搜索并下载“中山证券”App。

❷如果是微信开户，选择底部【账户】菜单栏的【开户】选项，打开的界面如下左图所示；如果是App开户，则打开“中山证券”手机客户端，选择【首页】的【掌上营业厅】。

❸填写手机号并输入获取的手机验证码，如下右图所示。

❹拍摄并上传本人身份证正反面照片，如下左图所示。

❺核对身份证信息。注意身份证号码一定要多检查几遍，以免出现纰漏。身份认证界面如下右图所示。

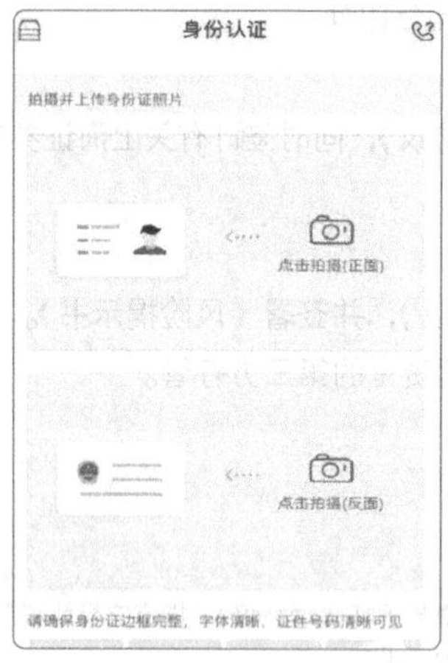

❻填写补充资料，如下左图所示。

❼填写其他补充资料，确认无误后，点击勾选复选框，并点击【完成】按钮，如下右图所示。

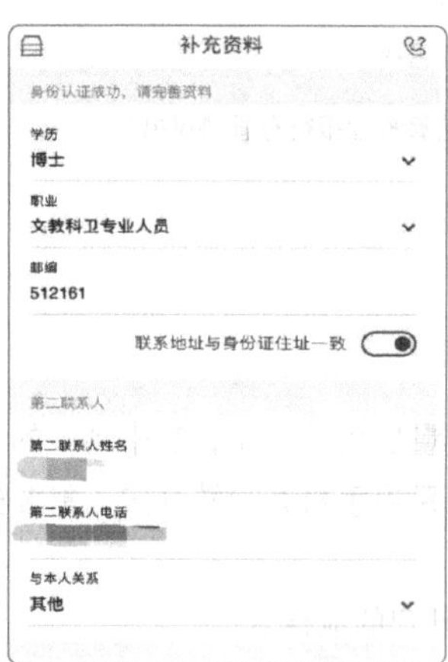

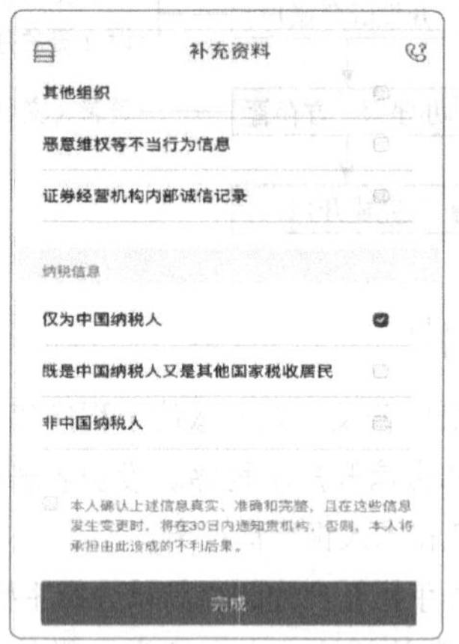

❽拍摄并上传本人大头照，如下左图所示。

❾根据图片展示要求，拍摄并上传本人姿势照片(共3张)，如下右图所示。

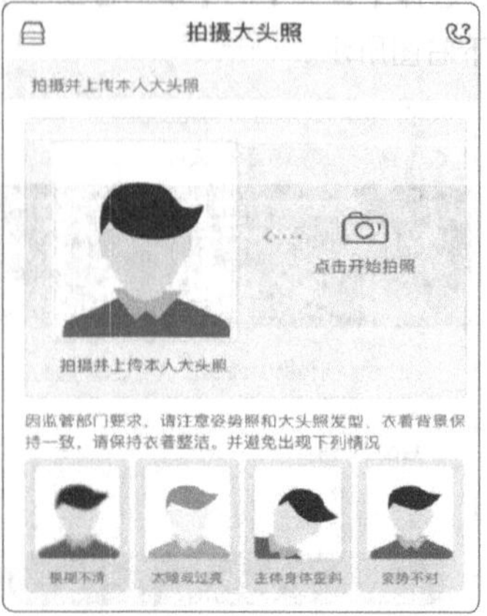

❿根据自身实际情况，完成风险测评（共20道题目），如下左图所示。

⓫选择拟开通的证券账户(选择新开或转入已有的证券账户)，如下右图所示。

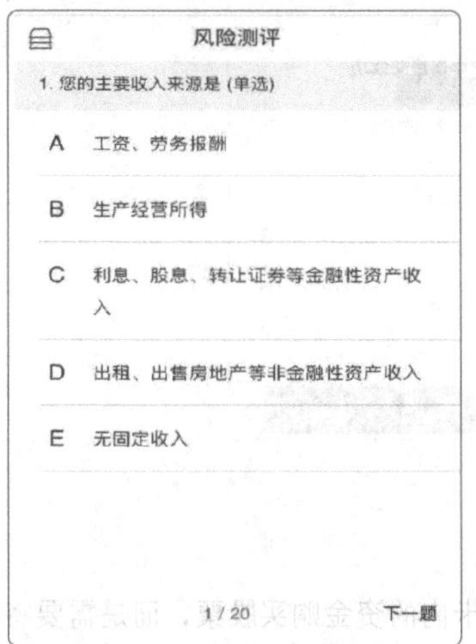

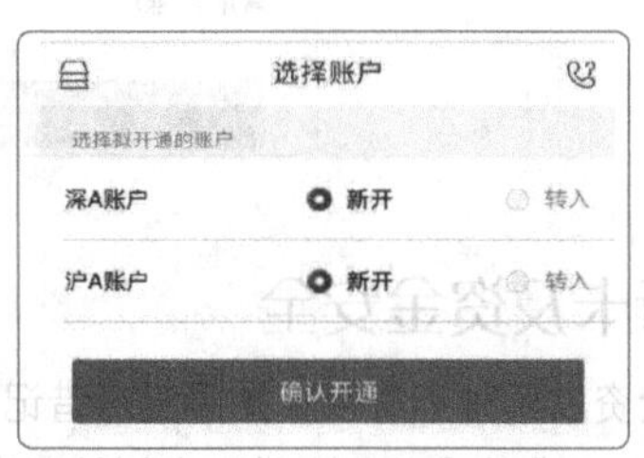

⓬设置交易密码和资金密码，如下左图所示。

⓭绑定持卡人本人的借记卡(非信用卡)，如下右图所示。

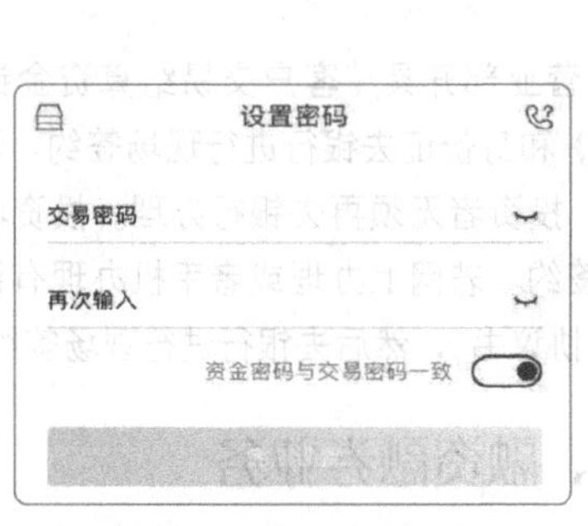

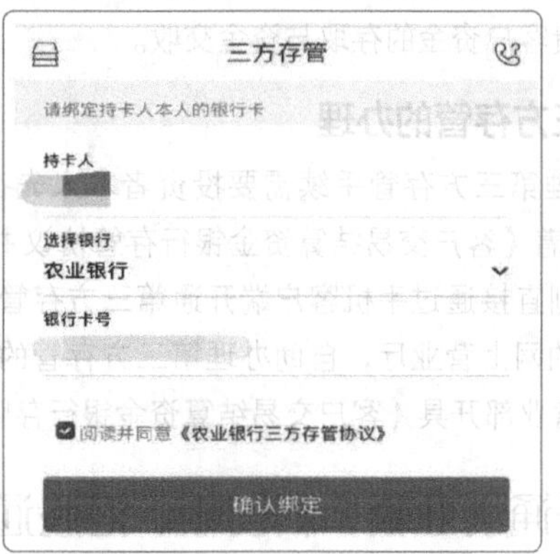

⓮仔细阅读协议内容，确认无误后同意签署，如下左图所示。

⓯填写问卷，如下右图所示。

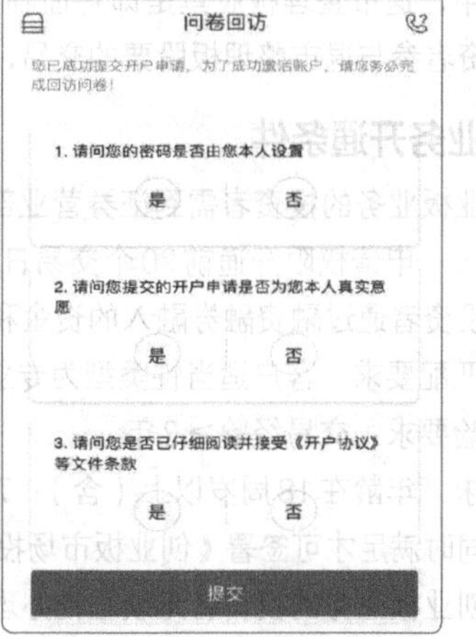

⑯开户申请提交完成，如下图所示，留意通知开户结果的短信。

1.2.5 银行卡及资金安全

投资者在投资股票时不可以直接用银行借记卡内的资金购买股票，而是需要将银行借记卡与资金账户关联之后，先把资金从银行借记卡划转至资金账户内，然后再利用资金账户内的钱买股票。

1. 什么是第三方存管

第三方存管是指证券公司客户的证券交易结算资金交由银行存管，由存管银行按照法律、法规的要求，负责客户资金的存取与资金交收。

2. 第三方存管的办理

原来办理第三方存管手续需要投资者本人先在营业部开具《客户交易结算资金银行存管协议书》，然后拿着《客户交易结算资金银行存管协议书》和身份证去银行进行现场签约。现在，如果用手机开户，则直接通过手机客户端开通第三方存管，投资者无须再去银行办理。投资者也可以登录想签约银行的网上营业厅，自助办理第三方存管的签约。若网上办理或者手机办理有误填、漏填的情况，再去营业部开具《客户交易结算资金银行存管协议书》，然后去银行进行现场签约。

1.2.6 开通创业板、科创板、港股通、融资融券业务

目前在上海、深圳两市上市的板块有上证主板、深证主板、创业板、科创板、风险警示板和退市整理板，以及参与港股交易的港股通业务。投资者开通了上海证券交易所和深圳证券交易所证券账户并不能直接交易创业板、科创板、风险警示板和港股通的股票，还需要根据交易的需要再次开通特殊业务。其中，退市整理板股票是即将面临退市交易的股票，流动性很差并伴随较大风险，因此很少有新的投资者参与退市整理板股票的交易，对于此项业务不在本书赘述。

1. 创业板业务开通条件

首次开通创业板业务的投资者需到证券营业部现场，持本人身份证，并满足以下适当性标准。

（1）资产要求：申请权限开通前20个交易日证券账户及资金账户内的资产日均不低于人民币10万元（不包括该投资者通过融资融券融入的资金和证券）。

（2）适当性匹配要求：客户适当性类型为专业投资者，或风险等级在稳健型以上的普通投资者。

（3）交易经验要求：交易经验≥2年。

（4）年龄要求：年龄在18周岁以上（含）；70周岁以上需进行特别风险提示。

上述条件均同时满足才可签署《创业板市场投资风险揭示书》，文件签署两个交易日后即可开通交易。非首次开通创业板业务的投资者无须临柜办理，大部分券商线上即可办理创业板转签业务。

2. 科创板业务开通条件

首次开通科创板业务即可在线上操作，需要投资者满足以下适当性标准。

（1）资产要求：申请权限开通前 20 个交易日证券账户及资金账户内的资产日均不低于人民币 50 万元（不包括该投资者通过融资融券融入的资金和证券）。

（2）交易经验要求：证券交易经验必须在2年以上。

（3）适当性匹配要求：风险测评需要积极型以上。

3. 港股通业务开通条件

首次开通港股通业务即可在线上操作，需要投资者满足以下适当性标准。

（1）年龄要求：年龄在18周岁以上（含）、70周岁以下（不含）。

（2）资产要求：申请权限开通前20个交易日以投资者名义开立的证券账户及资金账户内的资产日均不低于人民币50万元（不包括该投资者通过融资融券融入的资金和证券）。

（3）适当性匹配要求：客户适当性类型为专业投资者，或风险等级在积极型以上的普通投资者。

（4）测试要求：普通投资者需完成港股通业务知识水平测试，且测试结果达到70分及以上（专业投资者无须测试）。

（5）信用档案要求：无不良诚信记录。

4. 融资融券业务开通条件

开通融资融券业务需要投资者持本人身份证到证券营业部现场签约，需要投资者满足以下条件。

（1）年龄要求：个人投资者年满18周岁，具有完全民事行为能力。

（2）交易经验要求：普通证券账户在公司从事证券交易不少于6个月，即开户交易满6个月。

（3）资产要求：以证券资产不少于50万元为基本门槛作为验资用途（50万元指20个交易日每日持有的股票市值，证券资产包括交易结算资金、股票、债券、资产管理计划等）。

（4）适当性匹配要求：在2年内，投资者风险评估问卷要求为C4和C5，具有较强的风险承受能力，风险承受能力较弱或风险评估问卷为C1的投资者不允许开通。

（5）信用档案要求：信誉良好且不在公司信贷业务“黑名单”库内的个人或机构。

（6）亲属规避合规要求：非本公司的股东和关联人。

（7）其他要求：按照公司适当管理的规定，没有不适合进行融资融券业务的情况。

1.3 股票交易流程——办理委托

投资者完成开户之后，即可参与上海A股与深圳A股的交易，这需要在股票交易日按照上海、深圳两市的交易规则进行委托申报。

股票交易日是指能够进行股票交易的日期。交易日一般为周一至周五，而国家法定节假日和周末休市不交易，需要注意的是在法定节假日调休的周六或周日，交易所也休市不交易。例如，2021年五一假期是2021年5月1日至2021年5月5日，因此股市休市5天，而2021年5月8日（周六）是调休日要正常上班，但是交易所在周六、周日均不进行交易。在通常情况下，每个交易日的交易时间分为下表所示的几个时段。

上海、深圳证券交易所交易时段

时间段	交易时段	投资者可以进行的操作
9:15—9:20	集合竞价时间	可以进行竞价申报，也可以撤单
9:20—9:25	集合竞价时间	可以进行竞价申报，不可以撤单，9:25撮合出当日开盘价

续表

时间段	交易时段	投资者可以进行的操作
9:25—9:30	申报时间	可以进行竞价申报，不可以撤单
9:30—11:30	上午连续竞价阶段	可以进行竞价申报，也可以撤单
13:00—14:57	下午连续竞价阶段	可以进行竞价申报，也可以撤单
14:57—15:00	下午集合竞价阶段	可以进行竞价申报，不可以撤单

1.3.1 股票买卖的委托程序

投资者完成开户的第二日就可以进行股票买卖。投资者买卖股票的委托程序分为委托受理、委托执行和委托撤销3步。

1. 委托受理

证券公司在收到客户委托之后，首先对客户的身份、委托内容、委托卖出的证券数量以及委托买入的资金余额进行审查。经查验符合要求之后，证券公司才能接受委托。

2. 委托执行

证券公司接受客户买卖证券的委托之后，应当根据委托的证券名称、买卖数量、出价方式、价格幅度等，按照证券交易所的交易规则代理买卖证券。买卖成交之后，应当按照规定制作买卖成交报告单交付客户。

3. 委托撤销

在委托成交之前，投资者有权变更和撤销委托。一旦证券营业部申报竞价成交，买卖就已经成立，成交部分不得撤销。客户可以直接将撤单信息通过计算机或手机终端输入证券交易所交易系统办理撤单。对客户撤销的委托，证券公司必须及时将冻结的资金或证券解冻。

1.3.2 股票买卖的委托内容

股票买卖的委托内容主要包含基本委托内容和上海、深圳证券交易所证券买卖申报价格的规定两部分。

1. 基本委托内容

投资者买卖股票时，向证券公司下达的委托指令主要包括证券账号、日期、品种、买入卖出方向、委托数量、委托价格、时间、股票名称、股票代码。下图和下页图分别为股票买入和卖出的主要界面。

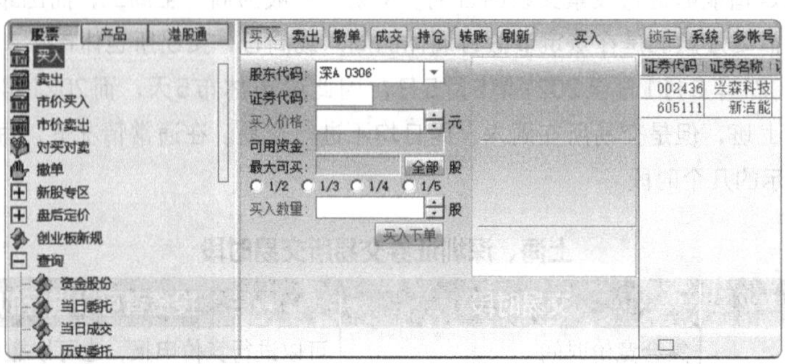

打开交易界面后，选择左侧功能列表中的【买入】选项，在窗口右侧将显示买入界面，如下图所示。在其中输入买入的证券代码，系统自动根据账户中的可用资金金额计算出最大可买入数量。投资者输入买入数量和买入价格后，单击【买入下单】按钮即可。

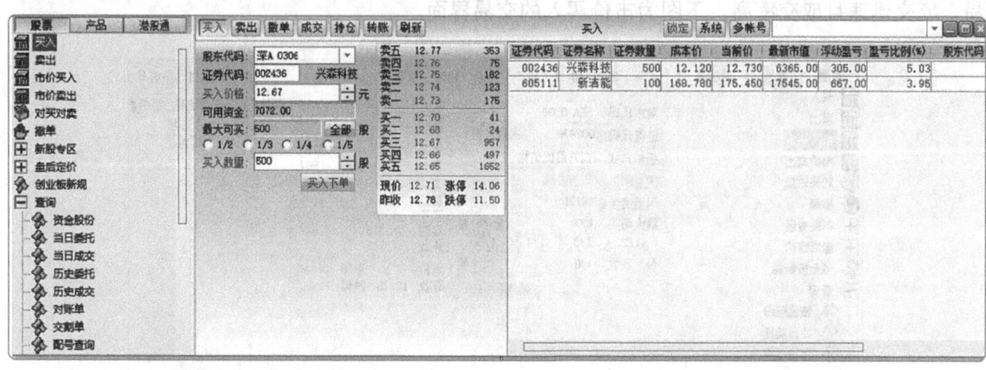

选择左侧功能列表中的【卖出】选项，在窗口右侧将显示卖出界面，如下图所示。

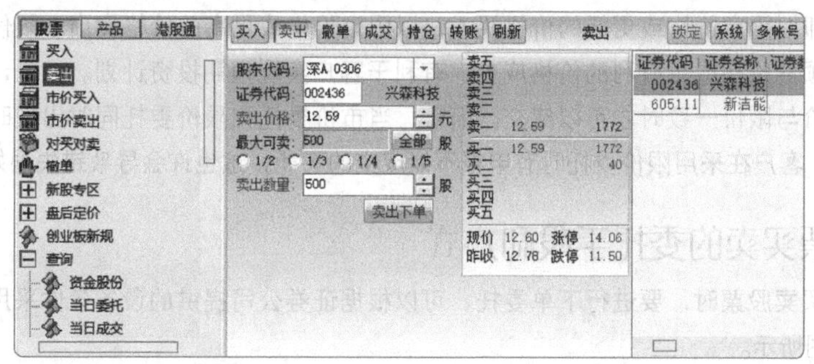

依据《上海证券交易所交易规则》和《深圳证券交易所交易规则》，两家证券交易所通过竞价交易的证券买卖申报数量和单笔申报最大数量分别见下表及下页表。

证券交易所竞价交易的证券买卖申报数量

交易内容	上海证券交易所	深圳证券交易所
买入股票、基金、权证	100股或其整数倍	100股或其整数倍
卖出股票、基金、权证	余额不足100股的部分应一次性申报卖出	余额不足100股的部分应一次性申报卖出
买入债券	1手或其整数倍	10张或其整数倍
卖出债券	1手或其整数倍	余额不足10张的部分应一次性申报卖出
债券质押式回购交易	100手或其整数倍	10张或其整数倍
债券买断式回购交易	1 000手或其整数倍	—

证券交易所竞价交易的单笔申报最大数量

交易内容	上海证券交易所	深圳证券交易所
股票、基金、权证交易	不超过100万股	不超过100万股
债券交易	不超过1万手	不超过10万张
债券质押式回购交易	不超过1万手	不超过10万张
债券买断式回购交易	不超过5万手	—

2. 上海、深圳证券交易所证券买卖申报价格的规定

从委托价格限制形式来看，委托可分为市价委托和限价委托。

市价委托是指客户向证券公司发出买卖某种证券的委托指令时，要求证券公司按照证券交易所当时的市场价格买进或者卖出证券。市价委托的优点是没有价格限制，证券公司执行委托指令比较容易，成交迅速且成交率高。下图为市价买入的交易界面。

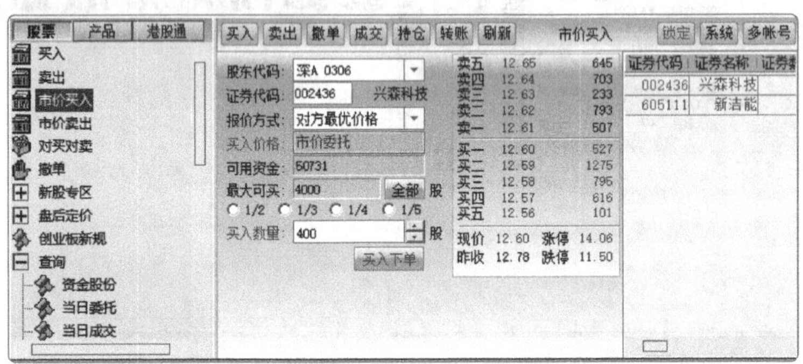

限价委托是指客户要求证券公司在执行委托指令时，必须按限定价格或比限定价格更有利的价格买卖证券，即以限定价格或更低的价格买入，以限定价格或更高的价格卖出。限价委托的优点是可以以客户的预期价格或更有利的价格成交，有利于客户实现预期投资计划。但是，采用限价委托时，必须等市价与限价一致时才可以成交，而且，当市价委托和限价委托同时出现时，市价委托优先成交。因此，客户在采用限价委托时有申报不能成交的可能，这也许会导致错失很好的成交机会。

1.3.3 股票买卖的委托手段和方式

投资者在买卖股票时，要进行下单委托，可以根据证券公司提供的设备条件采用不同的委托方式报单，如下图所示。

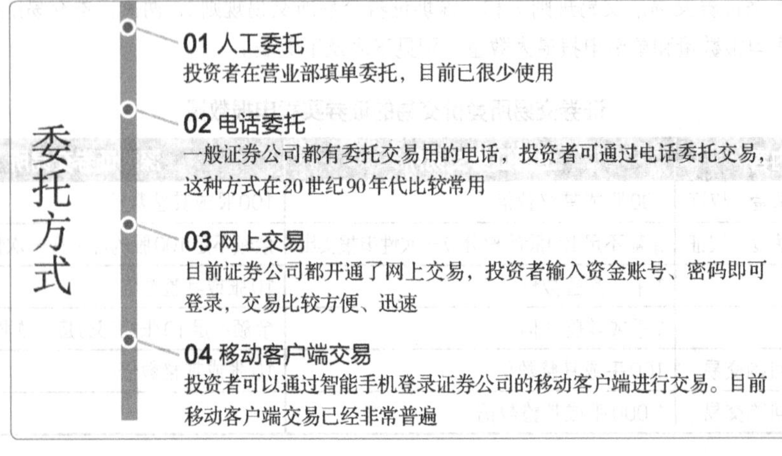

1.3.4 为什么委托价和成交价不一致

上海、深圳证券交易所目前采用两种竞价方式：连续竞价和集合竞价。投资者在9:30—11:30、13:00—14:57的买卖申报都属于连续竞价。连续竞价时，交易系统对每一笔买卖委托进行自动撮合，确定成交价格的原则如下。

（1）买入申报价格与卖出申报价格相同，该价格就为成交价格。例如，李三以10.5元/股的价格卖出中国远洋200股，王丽以10.5元/股的价格买入中国远洋200股，最终成交价格为10.5元/股，共成交200股。

（2）如买入申报价格高于即时揭示的最低卖出申报价格时，以即时揭示的最低卖出申报价格为成交价；如卖出申报价格低于即时揭示的最高买入申报价格时，以即时揭示的最高买入申报价格为成交价。例如，李兰以18元/股的价格（最低卖出价格）申报卖出中国人寿1 500股，张琪以18.2元/股的价格申报买入中国人寿1 500股，最终成交价格为18元/股，共成交1 500股。

集合竞价是指在交易日对一段时间内接收的买卖申报一次性集中撮合的竞价方式。沪深A股参与集合竞价的时间为9:15—9:25和14:57—15:00两个时间段。这两个时间段进行的买卖委托参与的报价将按照价格优先和时间优先的原则计算出最大成交量的价格，这个价格就是集合竞价的成交价，而这个过程被称为集合竞价。

集合竞价确定成交价的原则如下图所示。

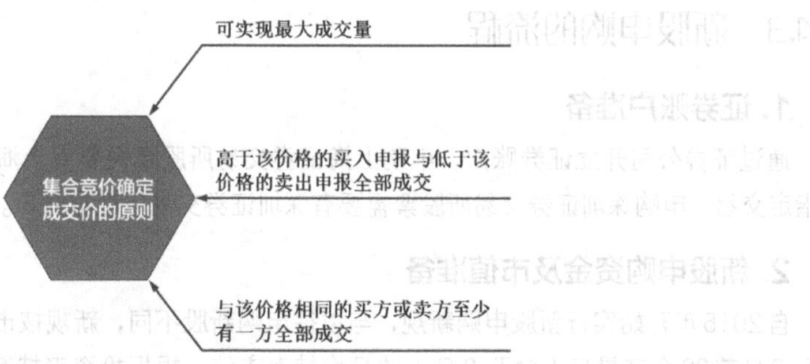

两个以上价格符合上述条件的，取在该价格以上的买入申报累计数量与在该价格以下的卖出申报累计数量之差的最小价格为成交价；买卖申报累计数量之差存在相等情况的，开盘集合竞价时取最接近即时行情显示的前收盘价的价格为成交价，盘中、收盘集合竞价时取最接近最近成交价的价格为成交价。

提示

集合竞价未能成交的委托并不会被废除，而是直接进入竞价阶段。

1.4 风险较小的炒股方式——新股申购

股票交易在二级市场进行，而新股申购（又称打新股）在一级市场进行。通俗来讲，股票交易就像消费者从经销商那里购货，新股申购则是消费者直接从生产商那里购货，省去了中间环节和成本，自然风险小、收益高。本节主要介绍与新股相关的知识。

1.4.1 新股的发行方式

股份公司发行新股常用的方式有网上申购和网下发行。网上申购是通过证券交易所的交易平台进行，投资者可以比照常规A股交易的方法进行操作；网下发行一般针对法人投资者。

1.4.2 新股申购的注意事项

个人投资者在进行新股申购时，需注意以下事项。

（1）投资者必须持有1万元以上的非限售A股股份市值和足额资金，才能参与新股网上申购，而且上海、深圳两个市场市值不能合并计算，上海证券交易所、深圳证券交易所证券账户只能申购本市场新股，并需在申购前存入足额申购资金。

（2）计算的证券市值是指T-2日（T日为申购日，下同）投资者持有的（包括主板、科创板和创业板）非限售A股股份市值，包括融资融券客户信用证券账户的市值和证券公司转融通担保证券明细账户的市值，不包括B股股份、交易型开放式指数基金（exchange traded fund，ETF）、基金、债券或其他限售A股股份的市值。投资者持有多个证券账户的，将合并计算账户市值。

（3）投资者参与网上公开发行股票的申购，以该投资者的第一笔申购为有效申购。一个投资者只能用一个证券账户进行一次申购，其余申购将被系统自动撤销。新股一经申购，不得撤单。同一天有多只股票发行的，该可申购市值额度对投资者申购每一只股票均适用。

（4）所持股票T-2日市值确定后，可以在T-1日或T日将T-2日持有的股份卖出，资金可用于T日申购新股。

1.4.3 新股申购的流程

1. 证券账户准备

通过证券公司开立证券账户，申购上海证券交易所股票需要有上海证券交易所证券账户，并做好指定交易，申购深圳证券交易所股票需要有深圳证券交易所证券账户。

2. 新股申购资金及市值准备

自2015年开始实行新股申购新规，与以往申购新股不同，新规按市值申购。投资者持有的市值指T-2日前20个交易日（含T-2日）的日均持有市值。根据投资者持有的股票市值，持有市值1万元以上股票的投资者才能参与新股申购（两市都需要满足此要求）。同一天有多只股票发行的，该可申购市值额度对投资者申购每一只股票均适用。

上海证券交易所市场规定每一申购单位为1 000股，申购数量不少于1 000股，超过1 000股的必须是1 000股的整数倍，但最高不得超过当次社会公众股上网定价发行数量的千分之一或者9 999.9万股。深圳证券交易所市场规定申购单位为500股，每一证券账户申购委托不少于500股，超过500股的必须是500股的整数倍，但不得超过本次上网定价发行数量的千分之一，且不超过999 999 500股。

上海证券交易所申购时间为9:30—11:30、13:00—15:00；深圳证券交易所申购时间为9:15—11:30、13:00—15:00。

新股申购的流程主要包括以下几步。

❶投资者申购（T日）。申购日（T日）按发行公告和申购办法等进行申购。

以中山证券为例，投资者打开交易软件，可在左侧股票菜单中打开【新股专区】子菜单，选择【新股申购】，即可查看当日可申购的个股，如下页图所示。选中其中一只股票，系统自动显示申购上限、最大可申的股数，一般都选择最大申购数量进行申购。

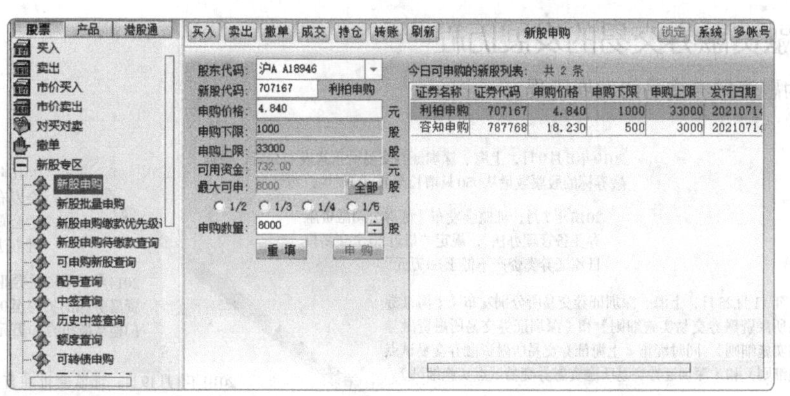

注意

申购新股的委托不能撤单，新股申购期间不能撤销指定交易。

在新股申购日（T日）申购成功之后，投资者在自己的交易软件中会看到申购的新股，不过这时候并不代表中签，只是表示申购成功，并且获得由系统提供的配号数据。

❷配号（T+1日）。在申购之后的第一个交易日公布中签率后进行摇号抽签，在当日收盘后上海证券交易所会向证券公司发送该股的中签结果。

❸摇号抽签、中签处理（T+2日）。申购日后的第二天（T+2日）公布确定的发行价格和中签率，并按相关规定进行摇号抽签、中签处理。这时承销的证券公司会公布股票的发行价格以及中签数据，投资者也可以通过相关网站获得结果。当然，即使这时候不查询，结果也会在T+3日收到证券公司发布的中签提醒短信。

❹新股缴款日（T+3日）。申购日后的第三天（T+3日）公布中签结果。如果投资者中签，需按照相关规定对新股认购进行缴款。每一个中签号码可以认购1 000股或500股新股。投资者需在新股缴款日当天下午4点之前将需要缴款的数额存入账户，若账户中存在所需要的资金可不进行此操作。扣款为系统统一扣款，扣款时间可能不完全相同，没有具体的时间，投资者一定要注意提前准备好资金，不要出现缴款不及时的情况。

注意

一旦出现连续的12个月有3次因为各种原因没有完成缴款的情况，就代表放弃申购，投资者在最后一次放弃日的6个月（按照自然日计算）之内不能再进行申购。

1.5 融资融券交易

我国融资融券业务始于2010年3月31日，上海证券交易所市场和深圳证券交易所市场均可接受融资融券的申报。融资融券交易具体可分为融资交易与融券交易。融资交易是指投资者向具有融资融券业务资格的证券公司提供保证金（可以是资金，也可以是所持有的股票），借入资金买入证券；融券交易是指向证券公司借入证券并卖出的过程。融资融券交易如上图所示。

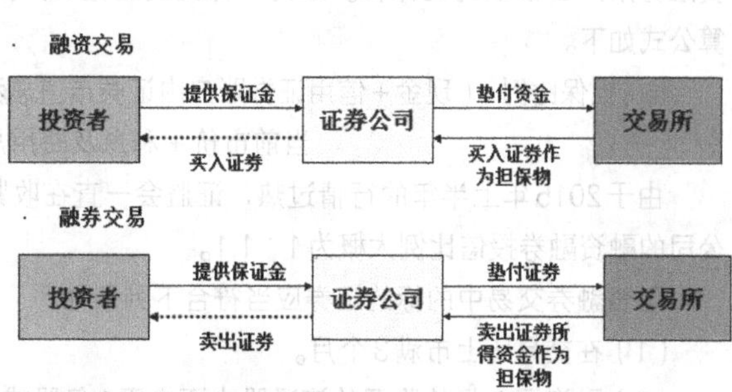

1.5.1 融资融券交易的发展历程

下图为融资融券交易的发展历程。

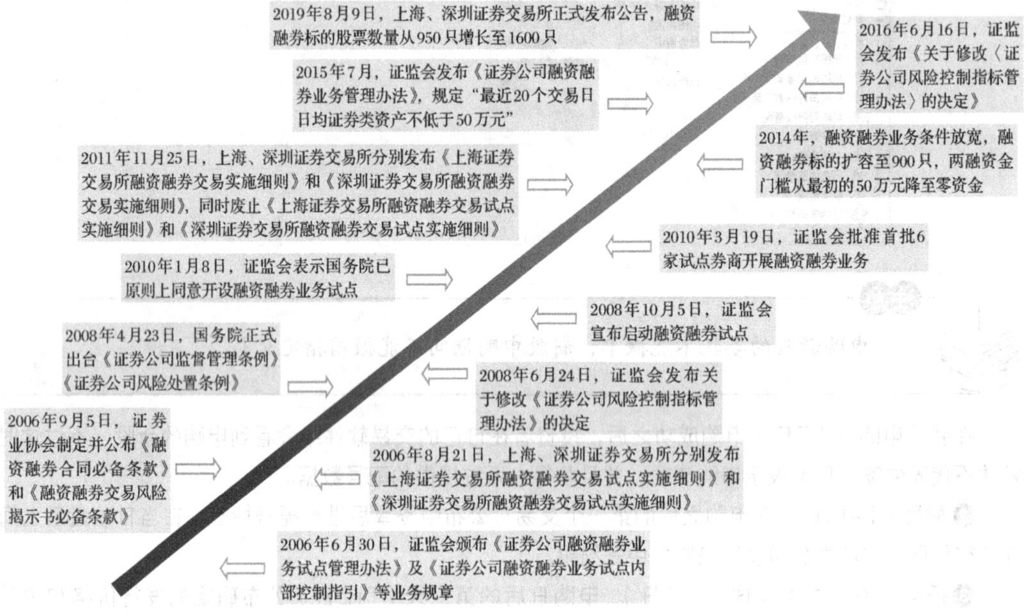

1.5.2 融资交易与融券交易概述

融资交易是指投资者向证券公司交纳一定的保证金，通过融入一定数量的资金买入股票的交易行为。投资者向证券公司交纳的保证金可以是现金也可以是所持有的股票。投资者在开立信用账户之后，可以在授信额度内买入融资标的名单内的证券。如果融资买入的股票价格上涨，投资者获利，只需高价卖出股票归还欠款。如果融资买入的股票价格下跌导致投资者亏损，就需要投资者拿自己的资金来归还欠款。

融券交易是指投资者向证券公司交纳一定的保证金，融入一定数量的证券并卖出的交易行为。投资者融入的证券并不计入投资者的信用证券账户，而是在融券卖出成交当日结算时由证券公司代为支付，卖出证券所得资金除买券还券外不得作其他用途。如果投资者认为后市股价即将下跌，可以借入股票卖出，待股价下跌之后再买入还券，从中获利；或通过融券对冲已持有证券的下跌风险，以套期保值。

融资融券交易中的担保物是指投资者向证券公司借款买卖股票的抵押物和向证券公司借券的抵押物，担保物分别存放在客户信用交易担保证券账户和客户信用交易担保资金账户，作为对客户融资融券所产生债权的担保物。维持担保比例是指客户担保物价值与其融资融券额度之间的比例，计算公式如下。

维持担保比例 =（现金 + 信用证券账户内证券市值总和）/（融资买入金额 + 融券卖出证券数量 × 当前市价 + 利息及费用总和）× 100%

由于2015年上半年的行情过热，证监会一直在收紧对证券公司的融资融券授信比例，之后证券公司的融资融券授信比例大概为1∶1.1。

融资融券交易中的标的证券应当符合下列条件。

（1）在交易所上市满3个月。

（2）融资买入标的股票的流通股本不少于1亿股或流通市值不低于5亿元，融券卖出标的股票的流通股本不少于2亿股或流通市值不低于8亿元。

（3）股东人数不少于4 000人。

（4）在过去3个月内没有出现下列情形之一。

① 日均换手率低于基准指数日均换手率的20%。

② 日均涨跌幅平均值与基准指数涨跌幅平均值的偏离值超过4%。

③ 波动幅度达到基准指数波动幅度的5倍以上。

④ 股票发行公司已完成股权分置改革。

⑤ 股票交易未被交易所实行特别处理。

⑥ 不符合交易所规定的其他条件。

> **提示**
>
> 一般情况下，投资者融资买入较为容易，而融券卖出要查看自己开通业务的证券公司的融券库中有没有标的证券，如果没有合适的标的证券，投资者是融不到券的。融券卖出的标的证券必须在交易所公布的标的证券范围内，同时也必须在证券公司自行确定的标的证券名单上。

1.5.3 融资融券业务的开通步骤

目前，我国对投资者开通融资融券业务有明确的规范，开通融资融券业务的投资者资格详见1.2.6小节，具体的开通步骤如下。

（1）投资者应当去原普通账户所在地的证券公司开立信用账户。如果原证券公司不是证监会批准的具有融资融券业务的证券公司，则需要投资者去具有融资融券业务办理资质的证券公司先开通普通账户，交易满半年以上，再开通融资融券账户。

（2）投资者需要提供身份证，然后进行融资融券知识测验，填写信用评估报告等材料，由证券公司综合确定投资者的信用额度。

（3）投资者需要与证券公司签订《融资融券合同》《融资融券交易风险揭示书》等文件。

（4）投资者在开户营业部开立信用证券账户与信用资金账户。

（5）投资者需要开通信用账户的三方存管业务，签订三方存管协议。

高手支招

技巧1 提高新股中签率的妙招

申购新股的收益相当诱人，下面介绍一些提高中签率的技巧和方法。

（1）刚开盘或收盘时下单申购的中签率低，10:30—11:30和13:00—14:00时段的申购中签率高。

（2）资金充足的情况下，选准一只新股，并全仓进行申购，可以提高中签率。

（3）选择大盘股或冷门股，盘子大的股票发行量大，客观上中签的机会就大。

（4）几只新股接连发行，选择靠后发行的新股中签机会大。

投资者可以登录股票分析和交易软件手机客户端或者一些财经网站，查看新股频道，获取新股的资讯。例如，打开同花顺手机客户端，即可看到IPO打新股日历，如下页左图所示。投资者点击进入可以看到每日发售的不同板块的新股，也可以查看当日配号公布的新股和当日中签号公布的新股，如下页右图所示。

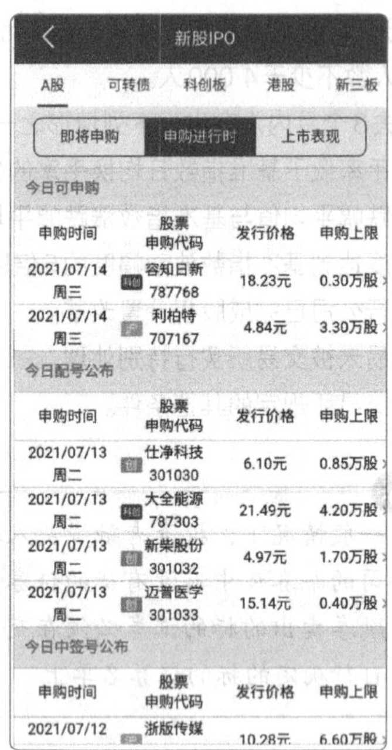

技巧2　把股票做成T+0交易的方法

所有股票都遵循T+1交易制度，也就是当天买入股票之后，第二个交易日才可以卖出。那投资者可能会问，如何才可以打破这种交易制度，让其变成T+0的交易模式呢？

首先，投资者必须对选中的股票留有底仓，也就是事先已经买入并持有某只股票，同时手中有一部分用于继续购买股票的资金。

其次，投资者根据对这只股票价格走势的判断，在交易日高位卖出原来所持有的股票，然后待股价下跌时再买进；或者先趁股价下跌时用手里的闲置资金买进，然后等股价拉升时卖出。

这样就完成了当日既买又卖的交易行为。在股价波动剧烈、振幅较大的时候，投资者做T+0交易甚至可能当日赚10%以上。

第2章　股票的基础知识

本章引语

千里之行，始于足下。

——《老子》

想要在资本市场实现理想，就要从眼前打基础的小事做起。基础不打牢，地动又山摇，理想再美好也终将会化作泡影。为了降低入市投资风险，投资者首先要了解股票的基础知识。

本章要点

★股票的交易单位

★股票投资的常见风险

★常见的股票术语

2.1 为什么购买股票

随着社会经济的高速发展，广大民众的收入也渐渐增加，闲置资金也越来越多。之前人们基本没有理财概念，防风险意识也非常强烈，习惯把闲置资金存入银行。近年来，人们的投资理念在不断变化，有理财观念的投资者会考虑如何更好地利用闲置资金。不同的人有不同的利用方式，有些人喜欢用闲置资金买不动产，有些人喜欢用闲置资金买黄金等贵金属，有些人喜欢用闲置资金买银行理财产品，还有一些人会用闲置资金投资股票等金融产品。

为什么有人用闲置资金买股票？买股票的好处有哪些？

从本质上来讲，买某只股票就是投资某一公司，成为该公司的股东。与购买债券及把钱存入银行相比较，这是一种高风险行为，但与之相随的是高收益。所以一些投资者正是看中了高收益，才踏进证券市场的大门。

具体来讲，买股票的好处主要有下图所示的几点。

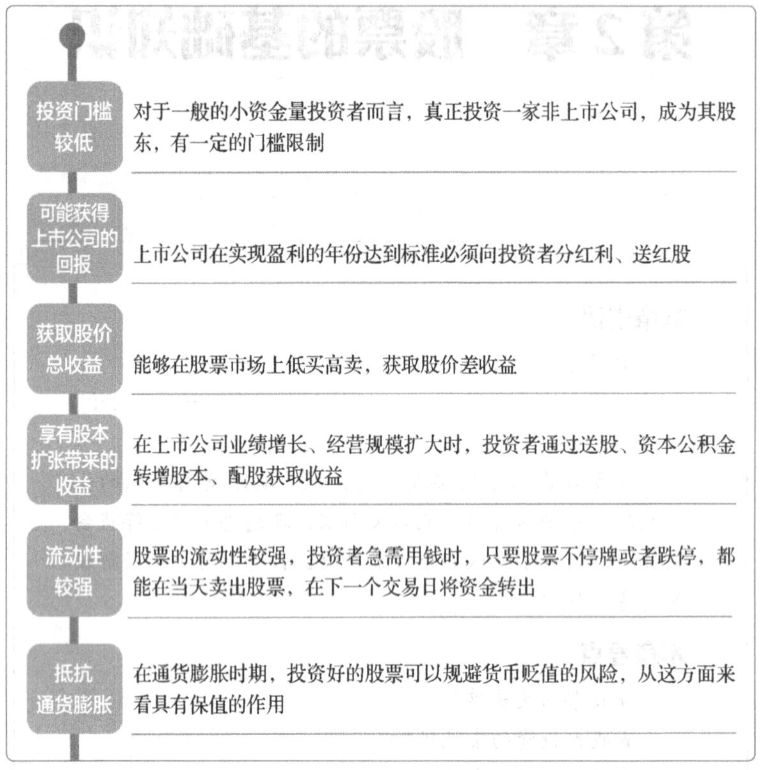

2.2 认识股票

投资股票并不是一件简单的事情，股市并不是所有投资者的“提款机”。在投资股票之前，投资者首先要了解什么是股票及股票的特征和作用是什么，真正明白股票的含义、本质和属性。

2.2.1 什么是股票

股票是股份公司发行的所有权凭证，是股份公司为筹集资金而发行给各个股东用于取得股息和红利的一种有价证券。每股股票都代表股东对公司拥有一个基本单位的所有权。股东有权按公司章程从公司领取股息和分享公司的经营红利。

股票作为一种所有权凭证，最初采取纸面印刷的方式，如上海的“老八股”[1]。时至今日，随着电子技术与信息技术的发展与应用，电子化股票应运而生。电子化股票没有纸面凭证，而是将有关事项存储于信息中心，股东只持有一张股东账户卡，通过计算机、手机等终端可查到持有的股票品种和数量，这种电子化股票又称为无纸化股票。目前，上海证券交易所和深圳证券交易所上市的股票均采取这种方式。

在证券市场中，发行股票的公司根据不同投资主体的投资需求发行不同种类的股票。人们通常所说的股票是指在上海、深圳证券交易所挂牌交易的A股，这些A股也可称为流通股、社会公众股、普通股。除此之外，还有B股[2]。

2.2.2 股票的特征和作用

1. 股票的特征

股票主要具有以下特征。

（1）不可偿还性。股票是一种无偿还期限的有价证券，投资者一旦认购了股票，就不能要求退股，只能到二级市场交易，转让给第三者。股票的转让只意味着公司股东的改变，并不减少公司股本。而其股价在转让时受到公司收益、公司前景、市场供求关系、经济形势等多种因素的影响。历史上也存在回购股票并注销的行为。例如，格力电器在2021年6月28日决定注销回购股份1亿股，格力总股本从原来的60亿股变为59亿股，相当于原来持有格力电器1股变为1.015股，对于格力电器的投资者来讲确实利好。

（2）参与性。股东有权出席股东大会、选举公司董事会、参与公司重大决策。股票持有者的投资意志和享有的经济利益通常是通过行使股东参与权来实现的。股东参与公司决策的权利大小，取决于其所持有的股份多少。从实践来看，只要股东持有的股票数量达到左右决策结果所需的多数时，就能掌握公司的决策控制权。

例如，某上市公司一共有1亿股股票，流通盘[3]7 000万股，张华持有该公司股票5 100万股，则张华持该公司51% 的股份，属于相对控股，并且是第一大股东。在召开股东大会时，张华具有该公司的决策控制权。在实际中，市值较大的上市公司持有股份超过20% 的可能就是第一大股东，可以干涉公司的重大决策。

（3）收益性。股东可以凭其持有的股票从公司领取股息或红利，从而获取投资收益。至于股息或红利的数量则取决于该公司的盈利水平和公司的盈利分配政策。股票的收益性还表现在投资者通过低价买入和高价卖出获得价差收入。

以北方华创公司股票为例。如果在2019年1月22日投资42.20元买入该公司股票100股，到2021年7月22日便能以352元的市场价格卖出100股，赚取超过7倍的利润。在通货膨胀时，股价会随着公司资产价格的上升而上涨，从而避免资产贬值。因此，股票被视为在高通货膨胀时期优先选择的投资对象。

（4）流通性。股票的流通性是指股票在不同投资者之间的可交易性。流通性通常以可流通的股票数量、股票成交量及股价对交易量的敏感程度来衡量。可流通股数越多、成交量越大、价格对成交量越不敏感，股票的流通性就越好；反之，可流通股数越少、成交量越小、价格对成交量越敏感，股票的流通性就越差。

（5）价格波动性和风险性。作为证券市场上的交易对象，股票与商品一样，也有自己的市场行

1 上海老八股：最早在上海证券交易所上市交易的8只股票。

2 B股的正式名称是人民币特种股票。B股是以美元或者港元计价，面向境外投资者发行，但在中国境内上市的股票。现在B股的投资主体已经放开，国内的公民也可以开通B股账户。

3 流通盘是指股票能在二级市场进行交易的流通量，投资者在股票市场也只能买卖流通盘股票，描述单位为万股。

情和市场价格。股票价格会受到诸多因素的影响，如公司经营状况、供求关系、银行利率、大众心理等。所以股价波动有很大的不确定性，也正是这种不确定性可能会使股票投资者遭受损失。价格波动的不确定性越大，投资风险也越大。因此，股票是一种高风险的金融产品。

2. 股票的作用

对于发行股票的公司而言，股票的作用主要有以下4点。

（1）股票是筹集资金的有效手段。股票的基本作用就是筹集资金。上市的股份制公司可以通过发行流通股在二级市场进行流通，进而可以将短期资金通过股票转让的形式衔接为长期资金，为公司的进一步发展提供所需的资金。没有上市的股份制公司也可以发行股票，投资者可以在证券市场之外的场外交易市场（如银行、证券公司等）对该公司的股票进行认购。这些股份制公司发行股票的主要目的也是为企业的进一步发展筹集所需的资金。

（2）通过发行股票来分散投资风险。无论是哪一类型的企业都会有经营风险存在，尤其是一些高新技术产业，由于产品的技术工艺尚未成熟和稳定，市场前景不明朗，在企业经营过程中，风险更大。这些前景难以预测的企业，当发起人不愿承担所面临的所有风险时，就会想方设法地让他人与之共担风险。发行股票组建股份制公司就是分散投资风险的好办法。即使投资失败，各个股东所承受的损失也非常有限。

（3）通过发行股票来实现创业资本的增值。在证券市场上，股票的发行价应当与企业的经营业绩相联系。当一家业绩优良的企业发行股票时，其发行价都要高出其每股净资产许多，若碰到二级市场的火爆行情，其溢价往往能达到每股净资产的2~3倍或者更多。而股票的溢价发行又使股份制公司发起人的创业资本得到增值。例如，2020年7月10日上市的葫芦娃（605199），上市开始交易之后的20个交易日均一字涨停，公司股价从发行价6.23元/股直接涨停至最高价49.73元/股，股价上涨近7倍，持有该公司股票的原始股东资产也就上涨近7倍。

（4）通过发行股票来宣传公司形象。在牛市或者结构性牛市行情中，有更多人参与股票投资。此时，股市就成为舆论的一个热点，各大媒体每天都会实时报道股市信息，无形之中提高了上市公司的知名度，起到了免费的广告宣传作用。例如，华熙生物（688363）是科创板第一批上市公司，2019年11月6日在上海证券交易所科创板上市交易，作为首批上市科创板的公司迎来了金融行业各方面的关注，上市之后股价一路上涨。作为一家以医美背景上市的公司，其生产的医美产品也渐渐被人知晓，虽然之前公司也打过广告，但是上市后被更多投资者知晓，有些投资者正是因为投资了华熙生物，才购买了该公司的产品。

2.3 股票的常见分类

股票按其投资主体、上市地点、性质、经营业绩的不同，分类也有所不同。投资者应当区别不同种类的股票，选择适合自己的投资策略组合。

2.3.1 按投资主体分类

按投资主体分类，我国上市公司的股份可以分为国有股、法人股和社会公众股，如下页图所示。

国有股

国有股是指有权代表国家投资部门或机构以国有资产向公司投资形成的股份，包括以公司现有国有资产折算成的股份。由于我国很多股份制企业都是由原国有大中型企业改制而来的，因此，国有股在公司股权中占有较大的比重

法人股

法人股是指公司法人或具有法人资格的事业单位和社会团体以其依法可经营的资产向公司非上市流通股权部分投资所形成的股份。目前，在我国上市公司的股权结构中，法人股平均占20% 左右。根据法人股认购的对象，法人股可进一步分为境内发起法人股、外资法人股和募集法人股 3 类

社会公众股

社会公众股是指我国境内的个人和机构以其合法财产向公司可上市流通股权部分投资所形成的股份

2.3.2 按上市地点分类

按上市地点分类，股票可分为下表所示的几类。

按上市地点分类的股票

股票种类	基本信息	投资主体
A 股	人民币普通股票，由我国境内的公司发行，供境内机构、组织或个人（不含香港、澳门、台湾投资者）以人民币认购和交易的普通股股票	年满 18 周岁的个人投资者、我国境内的机构投资者、证监会规定的其他投资者
B 股	人民币特种股票，以人民币标明面值，以外币认购和买卖，在境内（上海、深圳）证券交易所上市交易	外国的自然人、法人和其他组织，我国香港、澳门、台湾地区的自然人、法人和其他组织，定居在国外的中国公民，证监会规定的其他投资者
H 股	注册地在内地、上市地在香港的股票	中国机构投资者、国际资本投资者
N 股	在美国纽约（New York）证券交易所上市的股票	在美国的证券公司开通 N 股证券账户的个人投资者和机构投资者
S 股	在新加坡（Singapore）证券交易所上市的股票	在新加坡的证券公司开通 S 股证券账户的个人投资者和机构投资者
L 股	在伦敦（London）证券交易所上市的股票	在英国的证券公司开通 L 股证券账户的个人投资者和机构投资者

2.3.3 按性质分类

1. 优先股

优先股是股份制公司发行的、在分配红利和剩余财产时比普通股具有优先权的股份，与“普通股”概念相对。优先股是无期限的有权凭证，优先股的股东一般不能在中途向公司要求退股。

优先股的主要特征如右上图所示。

01 优先股通常预先定明股息收益率。由于优先股股息率事先固定，所以优先股的股息一般不会根据公司经营情况而增减，而且一般也不能参与公司的分红，但优先股可以先于普通股获得股息。对公司来说，优先股由于股息固定而不影响公司的利润分配

02 优先股的权利范围较小。优先股股东一般没有选举权与被选举权，对股份制公司的重大经营无投票权，但在某些情况下可以享有投票权

03 如果公司股东大会需要讨论与优先股有关的索偿权，则有这样的关系：优先股的索偿权先于普通股，而次于债权人

2. 普通股

普通股是随着企业利润变动而变动的一种股份，是股份公司资金的基础部分。

普通股的投资收益（股息和分红）在购买时不进行约定，而是事后根据股票发行公司的经营业绩来确定。公司的经营业绩好，普通股的收益就高；反之，若经营业绩差，普通股的收益就低。普通股是股份公司资本构成中最重要、最基本、最常见的一种股份，也是风险最大的一种股份。在我国证券交易所上市的股票都是普通股。

3. 后配股

后配股是利益或利息分红及剩余财产分配后于普通股的股票，一般是在普通股分配之后，对剩余利益进行再分配。如果公司盈利巨大并且后配股的发行数量很有限，则后配股的股东可以获取很高的收益。公司发行后配股，一般所筹措的资金不能立即产生收益，因此投资者的范围会受限制。

后配股一般在下图情况下发行。

公司为筹措扩充设备资金而发行新股时，为了不减少对旧股的分红，在新设备正式投用前，将新股作为后配股发行

企业兼并时，为调整合并比例，向被兼并企业的股东交付一部分后配股

在有政府投资的公司里，私人持有的股票股息达到一定水平之前，把政府持有的股票作为后配股

2.3.4 按经营业绩分类

A股按其经营业绩是否亏损可分为普通A股和ST股以及*ST股。

ST（Special Treatment）股，即特别处理股。发行ST股的是出现财务状况或其他状况异常的上市公司。1998年4月22日，上海、深圳证券交易所宣布，对财务状况或其他状况出现异常的上市公司股票交易进行特别处理，由于是“特别处理”，所以在简称前冠以“ST”，因此这类股票被称为ST股。如果某一只股票的名字前有ST，就是警告投资者该股票存在投资风险。

*ST意味着该股票有退市风险，需要警惕。如果上市公司向证监会递交的财务报表显示连续3年亏损，则该公司股票就有退市风险。投资者在投资此类股票时需要特别谨慎，但退市也并非意味着不可以交易，投资者可以到证券公司进行柜台交易。

2015年1月31日，上海证券交易所在《上海证券交易所风险警示板股票交易管理办法》（以下简称《办法》）中增加了参与退市整理期股票交易的投资者适当性的要求。《办法》规定，个人投资者参与退市整理期股票交易的，应当具备2年以上的股票交易经历，并且以本人名义开立的证券账户和资金账户内的资产（不含通过融资融券交易融入的证券和资金）在人民币50万元以上。不符合以上规定的个人投资者不得买入ST股票和*ST股票。

深圳证券交易所则规定，参与退市整理期股票买入交易的投资者必须具备2年以上的交易经验和人民币50万元以上的证券资产规模。

提示

长期看，ST股票的波动率比市场基准的波动率要低；除了有业绩扭亏为盈能摘帽的ST股票值得投资者关注，其余的ST个股的投资风险很大，盈亏比太低，不值得投资。

2.4 股票市场与股票发行

投资者一般熟知的股票交易市场实际上是股票流通的二级市场，而股票的发行市场被称为一级市场。投资者想要认购新股或者买卖股票必须在股票市场进行。

2.4.1 了解股票市场

股票市场是指已经发行的股票转让、买卖和流通的场所，包括交易所市场和场外交易市场两大类。由于股票市场是建立在发行市场基础上的，因此又称为二级市场。股票市场的结构和交易活动比发行市场（一级市场）更为复杂，其作用和影响力也更大。

股票市场最早起源于荷兰的阿姆斯特丹，后来在美国成立了史上第一家正规的股票市场。股票市场是一个国家或地区经济和金融活动的"晴雨表"，如果一国的经济发展处于良好态势，股票市场也会是一派生机盎然的景象，如果股票市场走弱，也预示着实体经济可能会受其影响增速放缓。

2.4.2 证券机构

证券机构是指依法设立的、从事证券服务业务的法人机构。在我国，证券机构主要包括证券交易所、证券公司、证券业协会、证券登记结算机构、证券监督管理机构等，如下图所示。

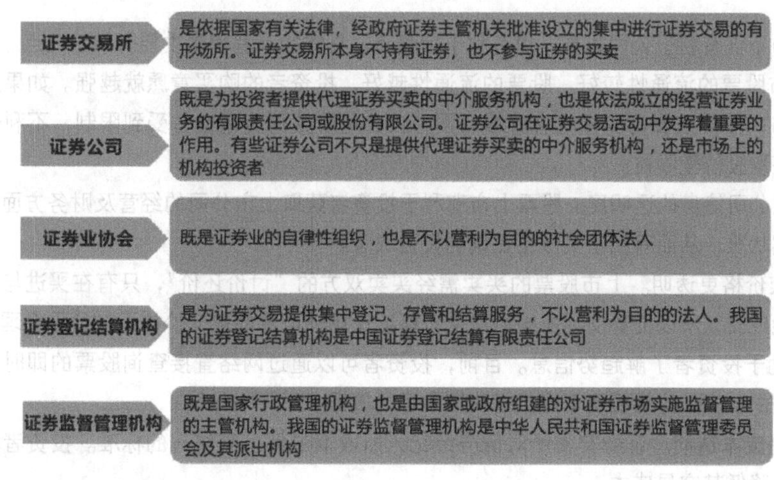

2.4.3 股票的发行与上市

股票发行是指符合条件的发行人以筹资或实施股利分配为目的，按照法定的程序，向投资者、原股东发行股份或无偿提供股份的行为。股票在上市发行前，上市公司与股票的代理发行证券公司签订代理发行合同，确定股票发行的方式，明确各方面的责任。股票代理发行的方式按发行承担的不同风险，一般分为包销发行和代销发行，如下图所示。

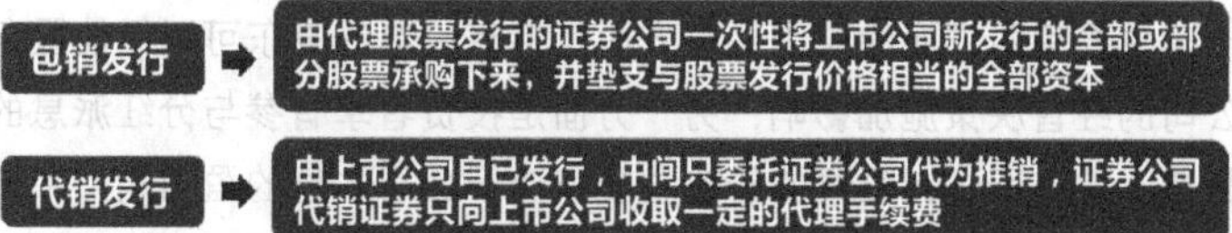

股份公司如果需要资金为公司谋发展，有两种融资途径：一种是向银行或他人借贷，这属于间接融资；另一种是上市发行股票，寻找投资者入股，这属于直接融资。对国家来说，投资者进行直

接投资更为有利，因为这样既可以由整个社会来分担经营风险，国家又能从中得到一部分税收收入。此外，发行股票还能够起到筹集资金的作用，一方面，可以将社会上的闲置零散资金用合理合法的方式集中起来发挥作用，如用在国家鼓励发展的行业；另一方面，股份公司通过发行股票可以圈定资金，因为不管股东持有多少股票，只能将其转让，而不能退股。通过发行股票募集到的资金就成为公司的资本，而不受股东的影响。总的来说，发行股票使企业获得直接投资，降低了融资成本。

股票发行与股票上市并不是一个概念，股票上市是指已经发行的股票经证券交易所批准后，在交易所公开挂牌交易的法律行为。股票上市是连接股票发行和股票交易的“桥梁”。在我国，股票公开发行后即获得上市资格。上市后，公司将能圈定资金获得资金保障，有利于公司研发新产品、拓展新业务。新的股票上市规则主要对信息披露和停牌制度等进行了修改，增强了信息披露的透明性，是很大的进步，尤其是重大事件要求公司细化、持续披露，有利于普通投资者了解公司的最新信息，抵消部分信息不对称的影响。上市的股份公司通过发行股票把企业、大股东、小股东紧密联结在一起，其要对全体股东负责，并且要受到社会和股东的监督。这样有助于促进上市公司加强经营管理，提高企业效益。

股份公司上市发行股票为人们闲置的社会资金找到了一条更易于广大投资者参与的投资途径，它把人们手中零散的资金都集中起来，整合成有效的生产资金，让闲置资金也有用武之地，在提高资金使用率的同时也推动了社会生产力的发展。从其他发达经济体的经验来看，股份公司是市场经济的重要组成部分。虽然现在世界上各大公司和企业各有特色，但是大型企业基本上都采用股份公司的模式。

股票上市不仅有利于公司本身，也有利于投资者。具体的有利因素主要有以下几点。

（1）上市股票的流通性较好。股票的流通性越好，投资者的购买意愿就越强。如果股份公司的股票没有上市，知晓该公司的投资者就很有限，该公司股票的流通性将受到限制，不利于通过买卖该公司股票获取股价差收益。

（2）增强公司信息的透明度。股票上市有利于投资者获取上市公司的经营及财务方面的信息，了解公司的真实状况，从而有助于其做出正确的投资决策。

（3）成交价格更透明。上市股票的买卖需经买卖双方的“讨价还价”，只有在买进与卖出报价基本一致时方能成交，所以证券交易所里的成交价格远比场外市场的成交价格更加公平合理。

（4）有助于投资者了解趋势信息。目前，投资者可以通过网络直接查询股票的即时信息，及时获取上市公司的公告，这为投资者提供了决策参考的依据。

（5）交易成本透明。证券交易所对证券经纪人所收取的佣金有统一的标准。投资者和证券经纪人可以谈判，降低其交易成本。

2.4.4 股票的价值与价格

从政治经济学原理可知，任何商品的价格都要围绕其价值上下波动，股票也不例外，但是股票不同于普通商品，股票的价格还反映投资者对公司未来发展的预期。

1. 股票价值

由于股票是虚拟资本的一种形式，因此它本身并没有价值。股票仅是一个拥有某种所有权的凭证。股票能够有价，主要有两方面的原因：一方面是持有股票的股东可以行使股东权利，参加股东大会并且对股份公司的经营决策施加影响；另一方面是投资者享有参与分红派息的权利，可以从中获得相应的经济利益。综上所述，股票的价值主要取决于公司本身的盈利能力和未来发展前景。上市公司盈利能力越强，相应的股票价值就越高；上市公司盈利能力越弱，相应的股票价值就越低。如果公司发展前景非常好，不断开发新市场，研发新产品，投资规模不断扩大，效益不断提高，就能够有足够的利润不断分红，股价也会上涨，形成戴维斯双击（指在低市盈率买入股票，待成长潜力

显现后，以高市盈率卖出的投资策略），那么股票自身的价值就会提高；反之则会降低，形成戴维斯双杀（指估值和每股净利润的下滑导致的股价暴跌）。

2. 股票价格

虽然股票本身不具有价值，但它可以作为商品买卖，并且有一定的价格。股票价格又称为股票行市，是指股票在证券市场上买卖的价格。股票价格主要分为理论价格与市场价格。股票的理论价格就是为获得股息、红利收入的请求权而付出的代价，是股息资本化的表现。股票的市场价格即股票在股票市场上买卖的价格。股票的理论价格并不等于股票的市场价格，二者之间有相当大的差距。股票的理论价格为预测股票市场价格的变动趋势提供了重要的依据，这也是股票市场价格形成的一个基础性因素。

2.5 股票的交易单位

不同股票市场的股票交易规则不同，我国A股市场对股票的最小报价单位及最小交易单位都有明确的规定，投资者要按照规定进行交易。

2.5.1 最小报价单位

最小报价单位是指证券买卖申报价格的最小变动单位。上海、深圳证券交易所各品种价格最小变动单位分别如下表所示。

上海证券交易所各品种价格最小变动单位

品种	价格最小变动单位
A股、债券、债券买断式回购交易	0.01元人民币
基金、权证	0.001元人民币
B股	0.001美元
债券质押式回购交易	0.005元人民币

深圳证券交易所各品种价格最小变动单位

品种	价格最小变动单位
A股	0.01元人民币
基金、债券、债券质押式回购交易	0.001元人民币
B股	0.01港元

例如，A股票现价5.01元，李菲想要马上买入A股票，可以提高一个申报价格，以5.02元提交申报买入。按照价格优先原则，如果没有比李菲的价格更高的申报，将优先成交李菲的申报。

2.5.2 最小交易单位

上海、深圳证券交易所股票买卖申报的最小交易单位均为一手，一手即100股。账户因为送股等原因而出现不到100股的零散股数可以一次卖出，但是在买入时只可以按手数委托。

如果下单时遇到对方卖出股票数不够买入数，比如某投资者A下单买入300股，卖出方B因某些原因少出70股而一次卖出230股，若无其他报价时，投资者A就买入成交230股，另外70股没有成交。当然，这只属于个别案例。

2.6 股票指数

股票市场除了有股票的价格走势外，也会根据所有股票或者具有代表性的股票编制不同的股票指数。股票指数反映的是某一市场或者某一类股票的整体趋势。投资者在投资股票的时候，可以结合股票指数的走势调整相应的投资策略。

2.6.1 什么是股票指数

股票指数即股票价格指数，是描述股票市场总的价格水平变化的指标。它是选取有代表性的一组股票，把它们的价格进行加权平均，通过一定计算得到的。不同指数选取的股票和计算方法是不同的。

2.6.2 国内证券指数

1. 上证指数

在我国，上证指数是最重要的股票指数之一。上海证券综合指数简称“上证指数”，其样本股全部是在上海证券交易所上市的股票，包括A股和B股。但是自2020年6月20日，上海证券交易所调整了指数样本，所有ST股和*ST股从被挂ST的次月的第二个周五的下一交易日起从指数样本中剔除。摘帽的ST股从被摘除ST的次月的第二个周五的下一交易日起将被计入指数。日均总市值排名在上海证券交易所前10位的新上市证券于上市满3个月后计入指数，其他新上市证券于上市满1年后计入指数。上海证券交易所上市的红筹企业发行的存托凭证、科创板上市证券将依据修订后的编制方案计入上证指数，调整后的上证指数将更加健康。

上证指数等以样本股的发行股本数为权数进行加权计算，计算公式为报告期指数=（报告期成分股的总市值/基期）× 基期指数。其中，总市值=Σ（股价 × 发行股数）。成分股中的B股在计算上证B股指数时，价格采用美元计算。成分股中的B股在计算其他指数时，价格按适用汇率（中国外汇交易中心每周最后一个交易日的人民币兑美元的中间价）折算成人民币计算。

上证指数的指数代码为000001，投资者也可以使用快捷键，在股票软件中输入数字“03”（见下左图），快速查看上证指数的行情走势。上证指数如下右图所示。

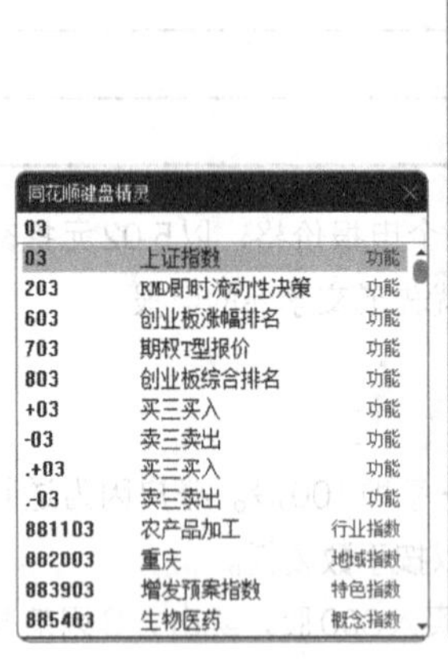

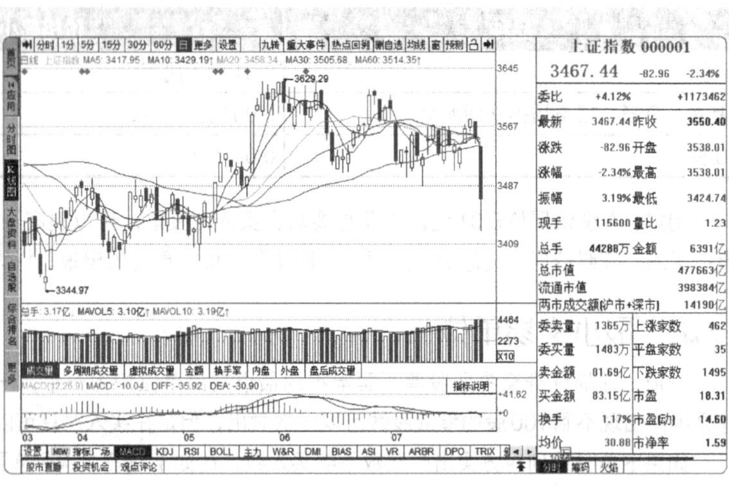

上证指数本身不可以交易，它是我国股市大趋势的“晴雨表”，对于投资者而言意义重大；也有一些ETF跟踪上证指数的走势，如上证指数ETF（510210）、上证综指ETF（510760），其价格涨跌主

要跟踪上证指数。投资者如果不想买股票，投资对应的ETF或者投资宽基指数（指覆盖股票面广泛，具有相当代表性的指数基金）组合也是不错的选择。

2. 深证指数

深证指数是指由深圳证券交易所编制的股票指数，该股票指数的计算方法基本与上证指数的相同，其样本为所有在深圳证券交易所挂牌上市的股票，权数为股票的总股本。由于深证指数以所有挂牌的上市公司为样本，所以其代表性非常广泛，与深圳股市的行情同步发布，是投资者和专业人员研判深圳股市股票价格变化趋势必不可少的参考依据。

深证指数包括深证A指、深证成指、深证B指、深证综指，如下图所示。

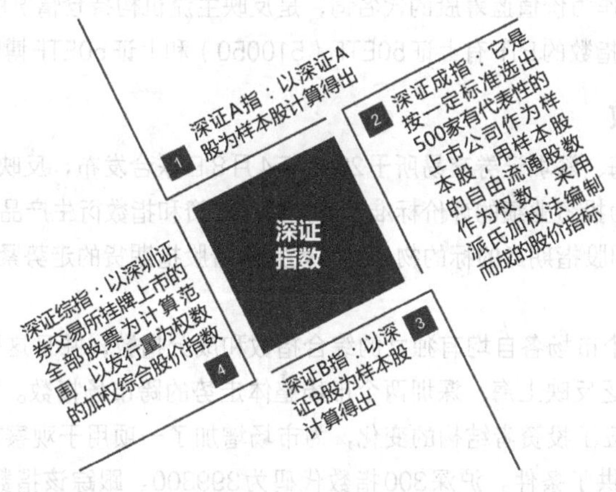

对投资者最具有参考价值的一般为深证成指，其指数代码为399001。投资者也可以按快捷键，在股票软件中输入数字“04”（见下左图），快速查找深证成指查看行情。深证成指如下右图所示。

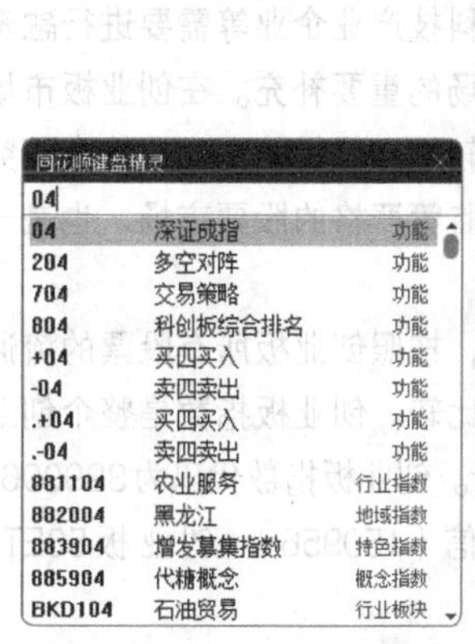

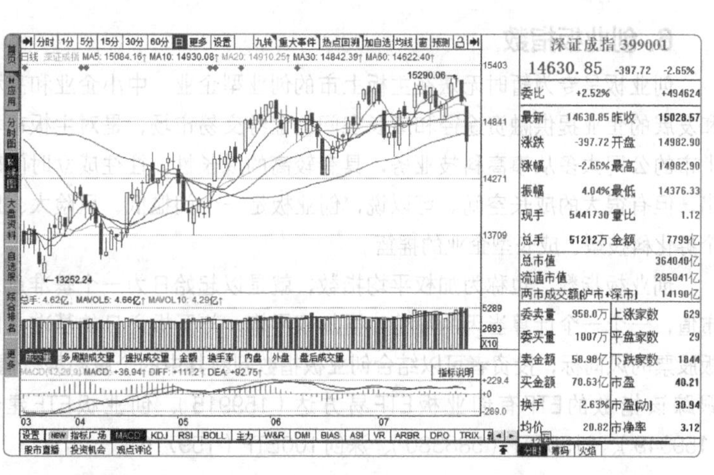

除此之外，深证A指的指数代码为399107，深证B指的指数代码为399108，深证综指的指数代码为399106。跟踪深证成指的ETF是深证成指ETF（159943），其价格涨跌主要跟踪深证指数。投资者如果不想买股票，也可以考虑投资深证成指ETF。

3. 上证180指数

上证180指数（又称上证成分指数）自2002年7月1日起正式发布，是上海证券交易所对原上证30指数进行调整并更名而成的，其样本股是在所有A股股票中抽取的最具市场代表性的180种样本股票。作为上证指数系列核心的上证180指数的编制方案，其目的在于建立一个反映上海证券市场的概貌和运行状况、具有可操作性和投资性、能够作为投资评价尺度及金融衍生产品基础的基准指数。

上证180指数与通常计算的上证指数之间的最大区别在于，它属于成分指数而不是综合指数。成分指数是根据科学客观的选样方法挑选出的样本股形成的指数，所以能更准确地认识和评价市场。上证180指数的推出将有利于推出指数化投资，引导投资者理性投资，并促进市场对蓝筹股的关注。

投资者可以在股票软件中输入指数代码“000010”或者大写的汉语拼音首字母加数字“SZ180”，快速查找上证180指数来查看行情。跟踪该指数的ETF有上证180ETF（510180）。

4. 上证50指数

上证50指数是根据科学客观的方法，挑选上海证券市场规模大、流动性好的最具代表性的50只股票组成样本股形成的指数，以综合反映上海证券市场最具市场影响力的一批优质龙头企业的整体状况。上证50指数可以作为价值蓝筹股的代名词，是反映主流机构持仓情况的风向标。上证50指数代码为000016。跟踪该指数的ETF有上证50ETF（510050）和上证50ETF博时（510710）。

5. 沪深300指数

沪深300指数由上海、深圳证券交易所于2005年4月8日联合发布，反映沪深300指数编制目标和运行状况，并能够作为投资业绩的评价标准，为指数化投资和指数衍生产品创新提供基础条件。目前，沪深300指数是我国股指期货的标的物，这也就意味着股指期货的走势紧紧跟随沪深300指数的走势。

虽然上海、深圳两个市场各自均有独立的综合指数和成分指数，并且这些指数在投资者中有较高的认同度，但市场缺乏反映上海、深圳两个市场整体走势的跨市场指数。因此沪深300指数的推出切合了市场需求，适应了投资者结构的变化，为市场增加了一项用于观察市场走势的指标，也进一步为市场产品创新提供了条件。沪深300指数代码为399300。跟踪该指数的ETF有沪深300ETF（510300）、300ETF基金（510330）、沪深300ETF易方达（510310）、沪深300ETF基金（510360）、沪深300ETF（159919）、沪深300ETF南方（159925）。

6. 创业板指数

创业板是专为暂时无法在主板上市的创业型企业、中小企业和高科技产业企业等需要进行融资和发展的企业提供融资途径和成长空间的证券交易市场，是对主板市场的重要补充。在创业板市场上市的公司大多从事高科技业务，具有较高的成长性，往往成立时间较短、规模较小、业绩也不突出，但有很大的成长空间。可以说，创业板是一个门槛低、风险大、监管严格的股票市场，也是一个孵化科技型、成长型企业的摇篮。

创业板指数，也称为加权平均指数，就是以起始日为一个基准点，按照创业板所有股票的流通市值，一个一个计算当天的股价，再加权平均，与开板之日的基准点比较。创业板指数是整个创业板股票的风向标，投资者可以结合创业板指数判断其中的个股趋势行情。创业板指数代码为399006。跟踪该指数的ETF有创业板ETF易方达（159915）、创业板ETF建信（159956）、创业板50ETF（159949）、创50ETF（588380）、深创100ETF（159716）。

7. 中证500指数

中证500指数是中证指数有限公司开发的一种指数，其样本空间内的股票由A股中剔除沪深300指数成分股及总市值排名前300名的股票后，总市值排名靠前的500只股票组成，综合反映我国A股市场中一批中小市值公司的股票价格表现。中证500指数代码为399905。跟踪该指数的ETF有500沪市ETF（510440）、中证500ETF（510500）、中证500ETF基金（510510）、500ETF基金（512500）、中证500指数ETF（512510）、中证500ETF易方达（510580）、国寿500ETF（510560）。

8. 恒生指数

恒生指数是香港股市价格的重要指标，该指数由香港恒生银行全资附属的恒生指数有限公司编制，是以香港股票市场中的50只上市股票为成分股样本，以其发行量为权数的加权平均股价指数，是反映香港股市价幅趋势最有影响力的一种股价指数。恒生指数由恒生银行下属恒生指数有限公司负责计算并按季检讨，公布成分股调整。跟踪该指数的ETF有恒生ETF（159920）、恒生ETF（513660）、恒生指数ETF（513600），跟踪恒生互联网板块（包括港股腾讯控股、阿里巴巴、美团、快手、京东、中芯国际、联想、小米等公司）的ETF有恒生互联网ETF（513330）。需要提醒投资者的是，恒生ETF是T+0交易，当天可以买卖，这一点与跟踪上证指数和深证指数的ETF有所不同。

2.6.3 国外证券指数

1. 日经指数

日经指数是由日本经济新闻社编制公布的反映日本东京证券交易所股票价格变动的股票价格平均指数。该指数的前身为1950年9月开始编制的“东证修正平均股价”。1975年5月1日，日本经济新闻社向美国道琼斯公司买进商标，采用修正的美国道琼斯公司股票价格平均数的计算方式编制。

2. 纳斯达克综合指数

纳斯达克综合指数是反映纳斯达克证券市场行情变化的股票价格平均指数，基本指数为100。纳斯达克的上市公司涵盖所有新技术行业，包括软件和计算机、电信、生物技术、零售和批发贸易等，主要由美国的数百家发展快速的拥有先进技术的公司、电信公司和生物公司组成，包括微软、英特尔、美国在线、雅虎等家喻户晓的高科技公司，因而成为美国“新经济”的代名词。

3. 道琼斯指数

道琼斯指数是世界上历史悠久的股票指数，它的全称为股票价格平均指数。通常人们所说的道琼斯指数是指道琼斯指数四组中的第一组道琼斯工业平均指数。如果说纳斯达克指数反映的是美国的高科技、高成长性股票的综合指数，那么道琼斯工业平均指数反映的是美国股票市场上工业构成的发展情况。

2.7 股票常见代码意义

用数字表示的股票代码有不同的含义。股票代码除了区分各种股票，也有其潜在的意义。例如，600×××是上海证券交易所上市的股票代码，6006××是最早上市的股票。一个公司的股票代码跟车牌号差不多，能够显示出这个公司的实力以及知名度。

上海证券交易所“证券编码实施方案”规定股票代码采用6位数编制方法，前3位数用于区别证券品种，具体如下表所示（表中的沪市指上海证券交易所、深市指深圳证券交易所）。

股票代码及含义

代码	含义
600×××、601×××、603×××、605×××	沪市A股
000×××、001×××、002×××、003×××	深市A股、深市新股申购
300×××、301×××	深市创业板股票
688×××	科创板
200×××	深市B股
580×××	沪市权证
031×××	深市权证

续表

代码	含义
150×××、151×××	股票型指数基金
001×××	国债现货
110×××、120×××	企业债券
129×××、100×××、733×××	可转换债券
201×××	国债回购
310×××	国债期货
500×××、550×××	基金
700×××	配股
710×××	转配股
701×××	转配股再配股
711×××	转配股再转配股
720×××	红利
730×××、740×××	新股申购
735×××	新基金申购
737×××	新股配售

2.8 股票投资的常见风险

投资者买入股票后在预定的时间内不能以高于买入价的价格将股票卖出将导致浮动亏损，如果以低于买入价的现价卖出股票将造成实际损失。股市风险主要分为两类：系统性风险和非系统性风险。本节主要介绍系统性风险，股票投资的常见系统性风险有以下几种。

1. 购买力风险

物价的变化导致资金实际购买力的不确定性称为购买力风险，或通货膨胀风险。一般理论认为，轻微通货膨胀会刺激投资需求的增长，从而带动股市的活跃；当通货膨胀超过一定比例时，未来的投资回报将大幅减少，货币的购买力将下降，也就是投资的实际收益将下降，将给投资者带来损失。

2. 宏观经济风险

宏观经济风险主要是宏观经济因素的变化、经济政策变化、经济的周期性波动以及国际经济因素的变化给股票投资者可能带来的意外收益或损失。宏观经济因素的变动会给证券市场的运作以及股份公司的经营带来重大影响，如经济体制的转轨、企业制度的改革、加入世界贸易组织等。

3. 政策风险

经济政策和管理措施可能会造成股票收益的损失，这在新兴股市中表现得尤为突出，如财税政策的变化，可以影响到公司的利润；股市的交易政策变化，也可以直接影响到股票的价格。此外还有一些看似无关的政策，如房改政策，也可能会影响到股票市场的资金供求关系。

4. 市场风险

市场风险是股票投资活动中最普通、最常见的风险之一，是由股票价格的涨跌直接引起的。尤其在新兴市场上，造成股市波动的因素更为复杂，价格波动大，市场风险也大。

5. 利率风险

在股票市场上，股票的交易价格是按市场价格进行，而不是按其票面价值进行交易的。市场价格的变化也随时受市场利率水平的影响。当利率向上调整时，股票的相对投资价值将会下降，从而导致整个市场的股价下滑。

2.9 常见的股票术语

2.9.1 利空、利好

利空是指能够促使股价下跌的信息，如股票上市公司经营业绩恶化、银行贷款收紧、银行利率调高、经济衰退、通货膨胀严重、出现海外政策风险、出现天灾人祸等，以及其他经济、外交等方面促使股价下跌的不利消息。

利好又被称为利多，泛指刺激股价上涨的信息，如股票上市公司经营业绩大幅增加、公司订单饱满、银行利率降低、存款准备金率降低、社会资金充足、银行信贷资金放宽、行业受到国家扶持、市场繁荣等，以及其他经济、外交等方面对股价上涨有利的信息。利好消息大部分来自公司内部，如营业收入创新高、接获某超大订单等。

2.9.2 洗盘、做多、做空

洗盘是常见的股票术语。洗盘可以出现在主力任何一个区域内，基本目的是清理市场多余的浮动筹码，抬高市场整体持仓成本。主力为达到炒作目的，会尽量让途中低价买进、意志不坚定的个人投资者抛出股票，以减轻上涨压力，同时让持股者的平均价位升高，以利于达到股价上涨并可以稳住的目的。

做多是股票、外汇或期货等金融市场术语，即看好股票、外汇或期货等未来的上涨前景而买入持有等待上涨获利的操作。做多就是做多头，多头对市场判断是上涨，就会立即买入股票，所以做多就是买入股票、外汇或期货等。

做空又称为空头，是一种股票、期货等的投资术语，也是股票、期货等市场的一种操作模式。空头与多头相对，在理论上是先借货卖出，再买进归还。在境内证券市场，只允许先买后卖，但是卖出的这个动作就是做空，越跌越卖就会导致股价连续下跌。在股指期货[1]市场做空是指预期未来行情下跌，将手中股票按目前价格先卖出，待行情跌后买进，获取差价利润。其交易行为特点为先卖后买。实际上有点像商业中的赊货交易模式，这种模式在价格下跌的波段中能够获利，即先在高位借货卖出，等跌了之后再买进归还。例如，预计某一只股票的价格未来会跌，就在当期价位高时将此股票（实际交易是买入看跌的合约）卖出，再到股价跌到一定程度时买进，以现价还给卖方，产生的差价就是利润。

2.9.3 主力

证券市场的投资者按投资者的身份可以分为机构投资者和个人投资者两大类。由于机构投资者资金量雄厚、收集分析信息能力强、交易员专业素养高，所以主力大部分情况下是指机构投资者。机构投资者主要有公募基金公司、私募基金公司、社保基金、养老基金、共同基金、国家产业扶持基金、外资基金公司、保险机构等。由于资金力量雄厚，主力对股价的影响会比较大，因此，正是由于机构投资者的参与度高，业绩优良的公司的股价才能那么坚挺。例如，贵州茅台（600519）就是被各大机构青睐的龙头股，由于股价昂贵（2021年7月27日，买一手贵州茅台股票需要17万多

1 股指期货：以股价指数为标的物的标准化期货合约，双方约定在未来的某个特定日期，可以按照事先确定的股价指数的大小进行标的指数的买卖，到期后通过现金结算差价来进行交割。

元），所以持有贵州茅台股票的个人投资者数量相对其他股票的少很多，机构抱团取暖，股价就能够抗住外围的各种利空，在上涨的波段，也不容易意见过于分散导致一上涨就有人卖出，对股价拉升造成压力。

2.9.4 分红、配股

分红是股份公司在实现盈利的年份，按股票份额的一定比例支付给投资者的红利，是上市公司对股东的投资回报。分红前需要按规定提取法定公积金、公益金等项目。通常股东得到分红后会继续投资该公司股票达到复利的目的。

配股是上市公司向原股东发行新股、筹集资金的行为。按照惯例，公司配股时新股的认购权按照原有股权比例在原股东之间分配，即原股东拥有优先认购权。

2.9.5 除权、除息、填权、贴权

除权指的是股票的发行公司依一定比例分配股票给股东作为股票股利，除权会增加上市公司的总股本数。例如，配股比率为20/100，表示原持有100股的股东在除权后，股东持有股数会增加为120股。此时，公司总股数增加了20%。除权的股票会在除权当日暂时更改股票名称为“XR××”。

除了股票股利之外，上市公司也可分配现金股利给股东，此时则称为除息。当上市公司宣布上年度分红派息方案并获董事会及证监会批准后，即可确定股权登记日。在股权登记日次日交易后，手中仍持有这种股票的投资者均有享受分红派息的权力。除息的股票会在除息当日暂时更改股票名称为“DR××”。

在除权、除息后的一段时间里，如果多数人对该股看好，该只股票交易市价高于除权（除息）基准价，这种行情称为填权。例如，移为通信（300590）在2021年5月31日至7月19日不到两个月的时间已经将原来的除权缺口完全填满，如下图所示。

贴权是指在除权、除息后的一段时间里，交易市价低于除权（除息）基准价，即股价比除权、除息日的收盘价有所下降。例如，国投资本（600061）在2021年6月18日至8月2日的股票价格在除权之后一路下跌，属于明显的贴权行情，如下页图所示。

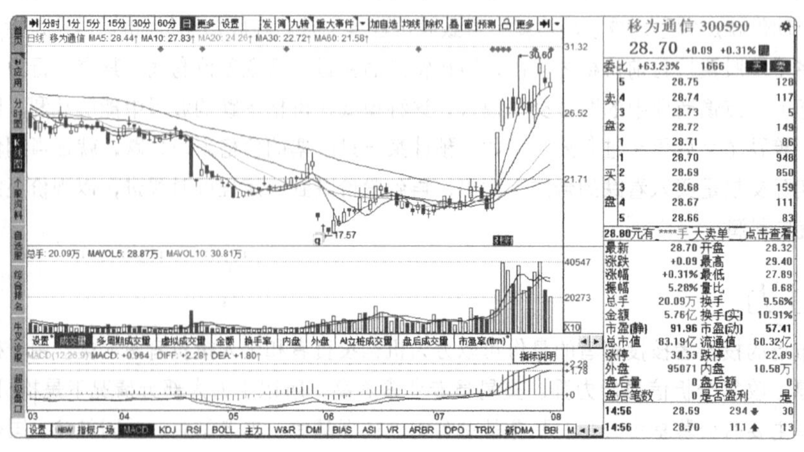

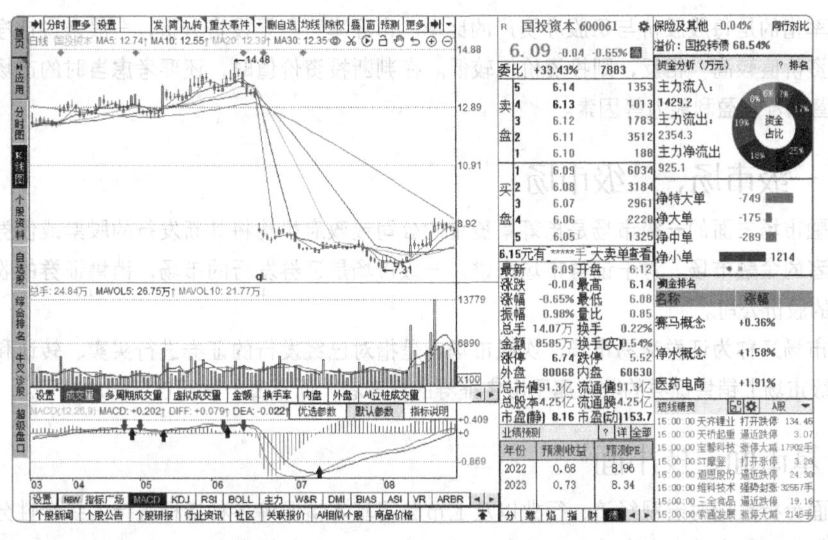

2.9.6 股权登记日

上市公司在送股、派息、配股或召开股东大会的时候，需要定出一天来界定哪些主体可以参加分红、参与配股或具有投票权利，定出的这一天就是股权登记日。也就是说，在股权登记日这一天收盘时仍持有或买进该公司股票的投资者，可以享有此次分红或参与此次配股或参加此次股东大会。这部分股东名册由证券登记公司统计在案，届时将应送的红股、现金红利或股权划到这部分股东的账上。持股时间不同的投资者，所要上缴的个人所得税也有所不同。

打开同花顺软件，选择【数据】—【高送转】命令，即可查询即将除权、除息的股票信息，如下图所示。

送股派息一览

序号	股票代码	股票简称	最新价	预计除权除息价	是否已分配	送股(每十股)	转增股(每十股)	送转总数(每十股)	派息/元(每十股)	公告披露日
1	300763	锦浪科技	290.49	289.99	否	--	--	--	5.00	2021-08-03
2	600681	百川能源	4.57	4.39	否	--	--	--	1.80	2021-08-03
3	002507	涪陵榨菜	29.26	28.96	否	--	--	--	3.00	2021-07-31
4	605499	东鹏饮料	201.40	199.90	否	--	--	--	15.00	2021-07-29
5	300441	鲍斯股份	12.70	12.55	否	--	--	--	1.50	2021-07-24

2.9.7 市盈率、市净率

市盈率是某种股票每股市价与每股收益的比率。市场广泛谈及的市盈率通常指的是静态市盈率，通常用作比较不同价格的股票是否被高估或者低估的指标。用市盈率衡量一家公司股票的质地时，并不总是准确的。一般认为，如果一家公司股票的市盈率过高，那么该股票的价格具有泡沫，价值被高估。当一家公司发展迅速以及未来的业绩增长非常被看好时，利用市盈率比较不同股票的投资价值时，这些股票必须属于同一个行业，因为此时公司的每股收益比较接近才有可比性。

市净率指的是每股股价与每股净资产的比率。市净率可用于投资分析，一般来说市净率较低的股票，投资价值较高；相反，则投资价值较低。在判断投资价值时，还要考虑当时的市场环境以及公司的经营情况、盈利能力等因素。

2.9.8 一级市场、二级市场

在金融市场方面的一级市场是指筹集资金的公司或政府机构将其新发行的股票或债券等销售给最初购买者的金融市场。对于证券市场来讲，一级市场是证券发行的市场，销售证券的收入属于发行该证券的股份公司。

二级市场又称为证券交易市场、次级市场，是指对已经发行的证券进行买卖、转让和流通的市场。在二级市场上销售证券的收入属于出售证券的投资者，而不属于发行该证券的公司。

2.9.9 基本面、技术面

基本面分析是指对宏观经济、行业以及上市公司基本情况等各种指标进行的综合性分析，既包括对宏观经济运行态势、上市公司所处行业地位的分析，又包括上市公司基本情况、公司经营、公司财务等的分析。宏观经济运行态势反映出上市公司整体经营业绩，也为上市公司进一步的发展确定了背景，因此宏观经济与上市公司及相应的股票价格有密切的关系。上市公司的基本面包括财务状况、盈利状况、市场占有率、经营管理体制、股东构成、人才构成等方面。

技术面是指反映股价变化的技术指标、走势形态以及K线组合等。技术面分析有3个前提假设：①市场行为包含一切信息；②价格变化有一定的趋势或规律；③历史会重演。

2.9.10 牛市、熊市

牛市一般指多头市场，是指股价的基本趋势持续上升时形成的投机者不断买进股票、需求大于供给的市场现象。例如，境内股市在2014年7月底至2015年6月这段时间就属于牛市，如下图所示。

熊市一般指空头市场，证券市场总体的运行趋势向下，其间虽有反弹，但一波比一波低，属于价格持续走低的市场。部分投资者开始恐慌，纷纷卖出手中持股，都保持空仓观望状态。此时，空方在市场中占主导地位，看好后市的氛围严重不足。在这样的市场中，绝大多数人是亏损的，所以说在熊市中的操作尤其困难。境内股市在2015年7月至2016年2月这段时间就属于熊市，如下页图所示。

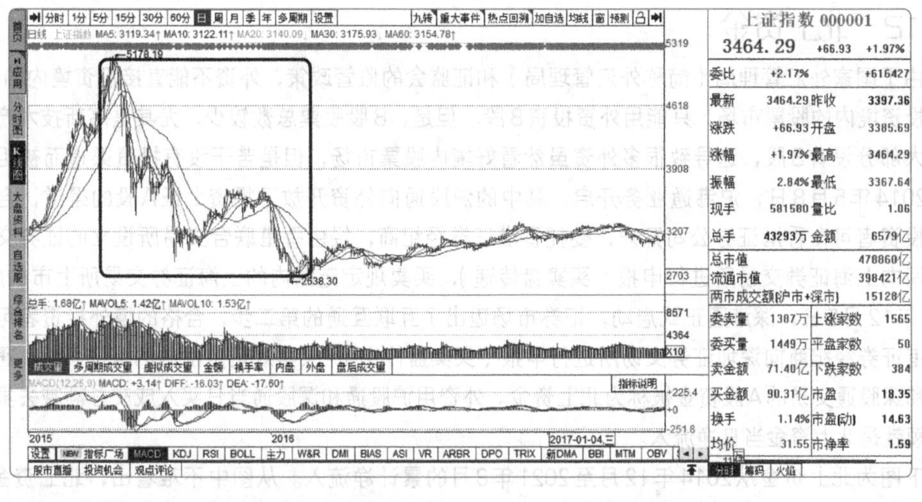

2.9.11 涨停板、跌停板

目前，我国的证券市场实行涨、跌停板限制制度，普通A股、B股、ETF、LOF等均有上涨和下跌的限制。

涨停板是指证券市场中交易当天股价的最高限度。涨停板时的股价叫涨停板价。境内证券市场主板的涨跌幅以10%为限，当日涨幅达到10%则称为涨停板，创业板和科创板的涨跌幅以20%为限，当日涨幅达到20%则称为涨停板。ST和*ST股的涨跌幅设定为5%，上涨达到5%为涨停板。达到涨停板后，股票当日价格停止上涨，但非停止交易，成交价为涨停板价格。

涨停板又分为一般涨停和一字涨停。一般涨停是指开盘价不是涨停价格，经过一天的交易，在收盘之前涨至涨停板价。一字涨停是开市即封涨停的股票，势头较猛，只要当天涨停板不被打开，第二日就仍然有上冲动力。下图为新洁能（605111）2020年9月至12月底的行情，该股票在上市之后就一路一字涨停。

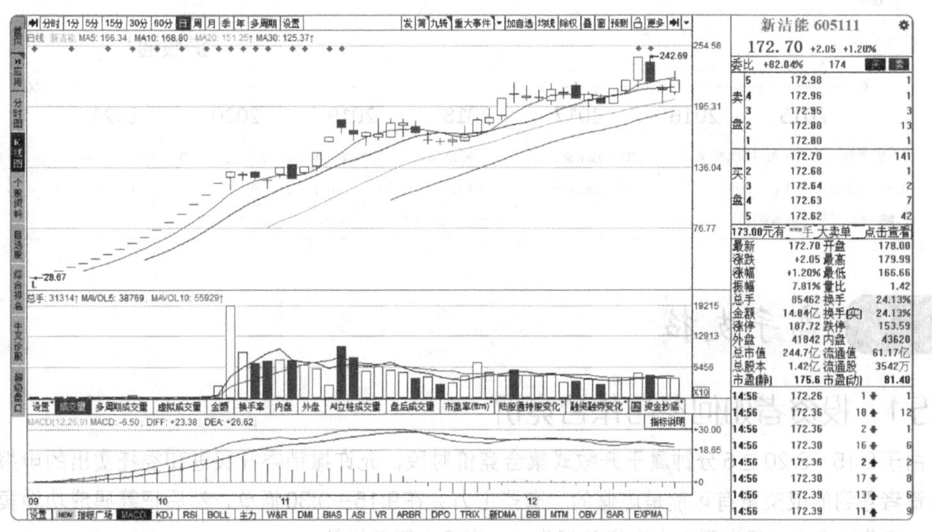

跌停板是与涨停板相对的概念，是指股价在一天中相对前一日收盘价的最大跌幅。目前规定主板当日最大跌幅为10%，创业板和科创板当日最大跌幅为20%，ST和*ST股当日最大跌幅为5%。与涨停板相似，跌停板也有一般跌停和一字跌停之分。

2.9.12 北上资金

由于国家外汇管理局（简称外汇管理局）和证监会的监管政策，外资不能直接投资境内的A股，想要投资境内的股票市场，只能用外资投资B股。但是，B股股票总数较少，尤其是高新技术产业股票，大部分没有B股，这导致很多外资虽然看好境内股票市场，但是苦于没有投资渠道而被拒之门外。2014年5月8日，沪港通业务开启，其中的沪股通向外资开放了投资上证A股的渠道，合格的境外投资者可在香港证券公司开户，委托香港证券经纪商，经由香港联合交易所设立的证券交易服务公司向上海证券交易所进行申报（买卖盘传递），买卖规定范围内的上海证券交易所上市的股票。2016年12月5日，深港通正式启动，证券市场迈出了互联互通的第二步，合格的境外投资者可以委托香港证券经纪商向深圳证券交易所进行申报（买卖盘传递），买卖规定范围内的深证A股。通过沪股通和深股通交易的A股资金被称为北上资金。外资用沪股通和深股通当日买入成交总额减去卖出成交总额就是北上资金当日净流入。

下图为北上资金从2014年12月至2021年8月的累计净流入。从图中不难看出，北上资金对A股的投资从2014年底的764亿元左右增加为2021年8月的26 252亿元左右。北上资金在2018年A股去杠杆的这一年持续逆向买入，并在后期持续加码，可见北上资金对A股市场的认可度越来越高，对我国证券市场持续良好的发展有信心，认可我国上市企业的经营能力。当然，任何事情都有正反面，如北上资金大规模集中撤离A股市场，也将对A股市场带来沉重的打击。

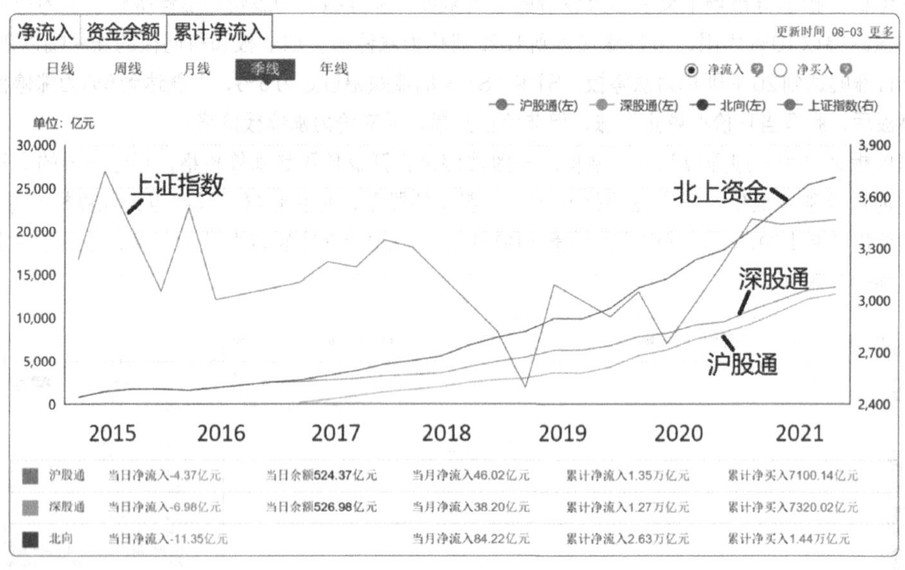

高手支招

技巧1 投资者如何参与集合竞价

由于9:15—9:20这5分钟属于开放式集合竞价时段，允许撤销委托买进和委托卖出的申报，因此投资者看到的成交量有可能是虚假的。有些主力会在9:15—9:30撤单，然后把筹码成功地卖给投资者。因此投资者一旦发现主力有撤单行为，一定马上跟着撤单。

如果投资者想要抢涨停板，9:20—9:25这5分钟很重要。虽然此时投资者可以委托买卖，但是这5分钟撤单是无效的，买进委托都是真实的。投资者可以在股票软件中输入“61”查看上海A股涨幅排名，输入“63”查看深圳A股涨幅排名。

投资者在9:25—9:30这5分钟可以委托买卖，也可以撤单，只是这5分钟主机不处理，如果投资者对自己手中股票的成交有把握，资金在9:25就可以使用。投资者此时可以调仓换股，在9:26买进另一只看好的股票。

技巧2　ETF的投资方法

ETF是指交易所交易基金，它可以在交易所上市交易，并且基金份额可变。根据投资方法的不同，ETF可以分为被动跟踪指数基金和积极管理型基金。国内推出的ETF绝大部分是被动跟踪指数基金，那么基金的走势就和跟踪的指数基本一致，投资者所取得的收益也与指数涨跌密切相关。投资ETF的一个好处是指数基金可以规避个股由于经营不善、政策影响等利空导致的股价断崖式下跌的风险，个股可能出现连续跌停，而指数从未出现连续跌停的情况，所以ETF也不会出现连续跌停的情况。

许多个人投资者的交易习惯是股价越跌越买，越跌越补仓，其实这是一个非常不好的交易习惯，但是这个交易习惯对投资ETF来说是适用的。纵观上证指数、创业板指数和深证指数，整体来说指数在缓慢上行，所以指数越跌越买在后期的行情当中可以实现盈利。另外，也可以采取定投的方式购买ETF，在长期看来，定投ETF也是会实现盈利的。

在同花顺软件中，选择【行情】—【基金】命令，选择【ETF基金】（见下左图）即可查询到下右图所示的所有ETF的信息。

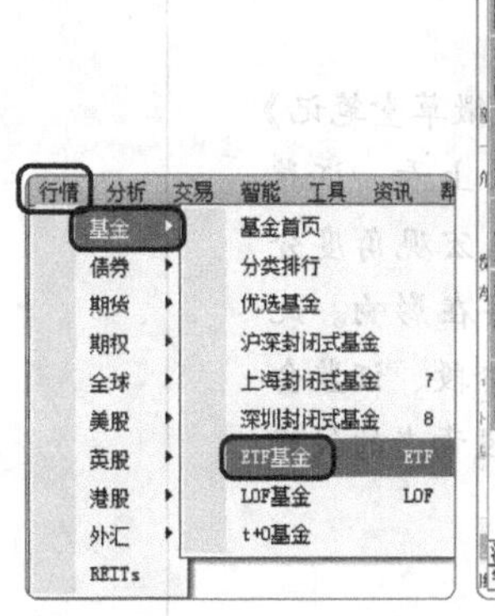

	代码	名称	涨幅	现价	涨跌	涨速	净值	总手	总金额	换手
1	159859	生物药30	+5.19%	1.074	+0.053	+0.00%	–	38.69万	4067万	32.44%
2	159849	生物ETF	+5.15%	1.062	+0.052	+0.09%	–	24.01万	2511万	19.15%
3	159837	生物科技	+4.98%	1.012	+0.048	+0.00%	–	185.0万	1.84亿	13.16%
4	516500	生物科技ETF	+4.93%	1.278	+0.060	+0.00%	0.000	14.78万	1865万	17.40%
5	159839	生物药	+4.92%	1.044	+0.049	+0.00%	–	41.30万	4256万	16.28%
6	512290	生物医药ETF	+4.88%	2.043	+0.095	+0.10%	0.000	198.9万	4.00亿	14.48%
7	515120	创新药ETF	+4.74%	1.126	+0.051	+0.00%	0.000	113.7万	1.27亿	10.97%
8	159858	创新药指	+4.68%	1.163	+0.052	-0.09%	–	19.05万	2185万	32.23%
9	516820	医疗创新ETF	+4.57%	0.916	+0.040	-0.11%	0.000	57.62万	5213万	5.76%
10	516060	创新药产业ETF	+4.55%	1.034	+0.045	+0.00%	0.000	15.76万	1615万	14.04%
11	512120	医药50ETF	+4.52%	2.404	+0.104	+0.00%	0.000	46081	1095万	7.06%
12	515960	医药健康ETF	+4.43%	1.390	+0.059	+0.00%	0.000	29903	409.7万	1.50%
13	159992	创新药	+4.41%	1.514	+0.064	+0.00%	–	188.8万	2.82亿	9.96%
14	516080	创新药ETF易方达	+4.38%	1.048	+0.044	+0.10%	0.000	27.24万	2826万	9.99%
15	159883	医疗器械	+4.14%	0.980	+0.039	+0.10%	–	43.99万	4247万	13.66%
16	517120	沪港深创新药ETF	+4.06%	0.974	+0.038	+0.00%	0.000	17.07万	1645万	3.64%
17	159835	创新药业	+3.99%	1.173	+0.045	+0.00%	–	35666	416.9万	6.54%
18	159828	医疗ETF	+3.93%	1.057	+0.040	+0.10%	–	88.27万	9200万	15.69%
19	159847	中证医疗	+3.85%	0.945	+0.035	+0.00%	–	13.43万	1250万	8.62%
20	159838	医药50	+3.78%	1.070	+0.039	-0.47%	–	37.08万	3918万	23.96%
21	159898	器械ETF	+3.75%	0.941	+0.034	+0.00%	–	75931	707.6万	3.99%
22	159929	医药ETF	+3.69%	2.472	+0.088	+0.00%	–	23.60万	5763万	10.19%

第3章　影响股市的主要因素

本章引语

乱麻必有头，事出必有因。

——纪晓岚《阅微草堂笔记》

股价上涨还是下跌都有其原因。从表面上看，证券市场上供需双方的博弈影响股价的走势；从宏观角度分析，国家政策导向对证券市场的投资方向存在影响。此外，国内外经济环境、行业所处经济周期的阶段、证监会相关新政策、媒体的社论观点、机构和普通投资者的偏好等因素也会对证券市场产生影响。

本章要点

★宏观因素对股市的影响

★分红、企业价值、市盈率、年报对股价的影响

★新股发行与资金监管对股市的影响

3.1 宏观因素对股市的影响

对于股市走向的分析，投资者首先要从国际层面、国家层面等宏观视角对经济形势有个初步的判断；在对经济大环境有预判之后，再对个股进行筛选。

3.1.1 国家政策对股市的影响

国家政策主要包括财政政策、货币政策等。投资者必须对国家政策的动向保持关注，才能捕捉到市场热点。在了解国家政策影响的同时关注国家政策变化就能及时规避政策风险，捕捉到大的投资机会。

1. 财政政策对股市的影响

财政政策也是政府调节宏观经济的有效手段。财政政策对股市影响很大，其主要通过税收影响股市。一般来讲，税负越重，企业用于生产、发展和发放股利的盈余资金就越少。如果提高个人所得税税负，投资者的工资收入则会减少，用于投资股票的闲置资金也会减少。因此提高税率会增加企业的生产成本，减少投资者的可支配收入，进而导致投资者没有更多的钱投资股票，股价也可能会下跌，股票指数也会受到影响。反之，宽松的财政政策会给企业减轻负担，进而会促进企业的生产和发展，间接引导股价的上涨。

2020年2月，我国出台了一系列减税降费的政策，助力疫情防控、支持企业复工复产。2020年前2个月全国减税降费共计4 027亿元。其中，新出台的税费优惠政策增加减税降费额1 589亿元。这样持续有效的财政政策也缓和了后面A股证券市场股价下跌的态势，A股股价没有像美股股价一样跌幅过大。下图和下页图分别为疫情后的上证指数走势和道琼斯工业ETF走势。

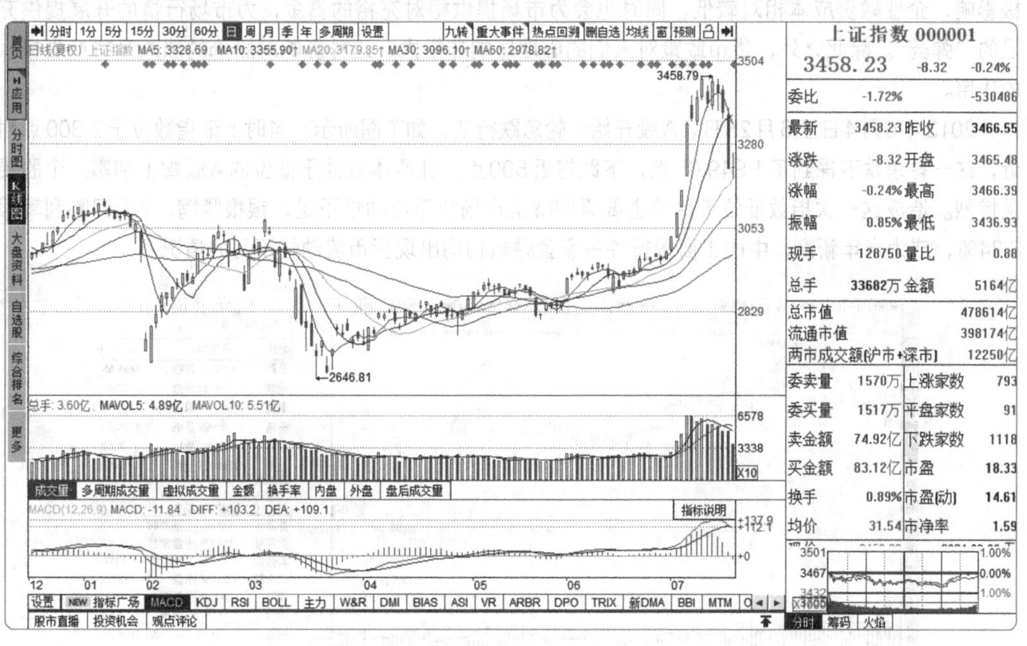

2. 货币政策对股市的影响

货币政策是中央银行（以下简称央行，我国的中央银行为中国人民银行）调控宏观经济的基本手段之一。由于社会总供给和总需求的平衡与货币供给总量及货币需求总量的平衡密切相关，因此宏观经济调控的重点一定会立足于货币供给量。

货币政策对股价的影响很大。紧缩的货币政策会减少社会上的货币供给总量，不利于经济发展，不利于证券市场的活跃，会增加企业的成本负担，并减少市场中的活跃资金总量，对股价上涨很不利。与之相反，宽松的货币政策会增加社会上的货币供给总量，对经济发展和证券市场交易有着积极影响，企业融资成本相对较低，同时也会为市场提供相对充裕的资金，为市场行情的开展提供充足的“弹药”。除此之外，货币政策对人们的心理影响非常大，这种影响对股价的涨跌又将产生极大的作用。

2013年6月4日至6月25日，A股开始一轮急跌行情，如下图所示。当时上证指数位于2 300点附近，这一轮杀跌下探到了1 849.65点，下跌将近500点，让原本就处于低位的A股雪上加霜。个股更是惨烈。造成这一次指数低位下跌的主要原因就是市场货币流动性不足，银根紧缩，7天回购利率报6.24%，成为当年新高，中国工商银行等多家金融机构均出现货币流动性不足的情况。

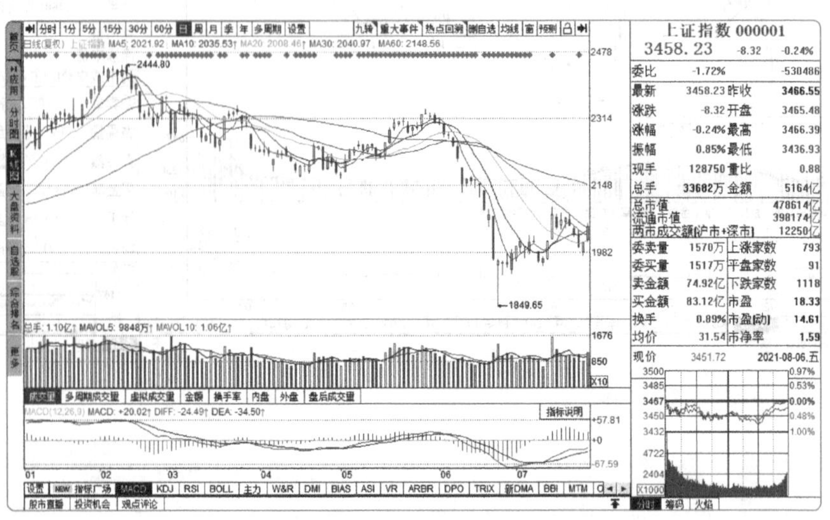

在市场经济条件下，央行调节市场上货币供给的方法主要有以下3种。

（1）公开市场操作。这是指央行在公开市场上买入或卖出财政部或政府的债券或证券，以增加或减少市场上的基础货币量，影响市场货币供给的操作。央行在市场上卖出证券时，将从金融机构或居民手中回收货币，减少市场上的货币量；央行买入证券时，会向市场上增加货币供给，增加市场上的货币量。货币增加，流动性宽松，证券市场也受益；反之，货币减少，流动性紧缩，证券市场就有可能遭受损失。

（2）调节金融机构的存款准备金率。这是指通过上调或者下调存款准备金率，以增加或者减少货币供应量。存款准备金是指金融机构为保证客户提取存款和资金清算需要而准备的缴存在央行的存款，央行要求的存款准备金占其存款总额的比例就是存款准备金率。降低存款准备金率俗称降准，是增加货币供给的信号，投资者可以将其看作央行释放的一种利好。

例如，2015年2月5日起，央行下调金融机构人民币存款准备金率0.5个百分点。同年4月央行第二次降准。各类存款类金融机构人民币存款准备金率下调1个百分点。下图圈内为上证指数2015年2月至4月的走势，可以看到，在宽松的货币政策下，上证指数维持着持续上涨的态势。

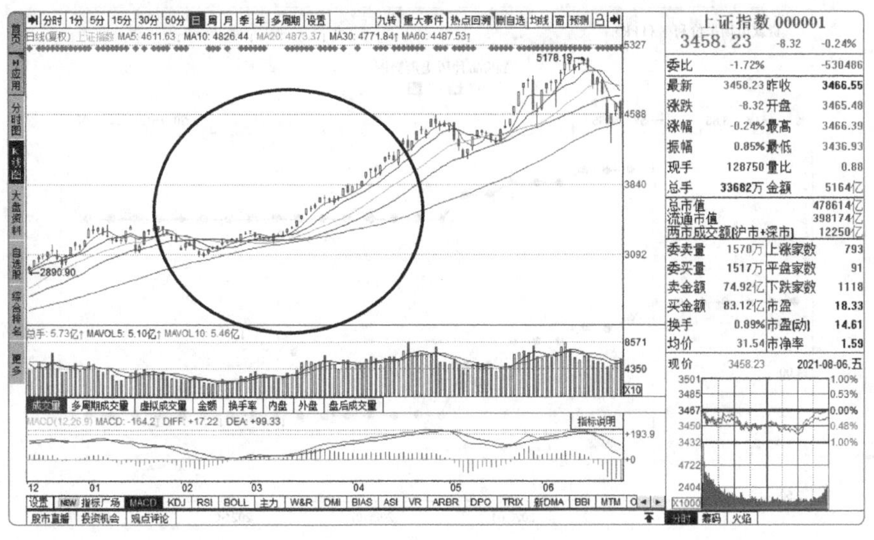

提示

并非每一次降准都会带来市场行情的上涨，投资者也要结合当时的市场环境等因素来判断。熊市中的降准是出逃的时机，牛市中的降准有可能会带来一轮新的上涨。所以投资者不可一味地认为降准就能带动市场行情上涨，仍需结合多维度信息进行判断。

（3）调节再贴现率。这是央行调节货币供应量的手段之一。当市场上的货币供应量过多时，央行可提高再贴现率，以促进市场一般利率的提升，减少市场上的货币供应量。反之，降低再贴现率使市场利率下跌，增加市场上的货币供应量。大多数情况下，调节再贴现率没有降准和公开市场操作对货币供应量的影响大。

利率的变动对证券市场的行情走向也有一定的影响。通常当利率下降时，除了对银行股是利空外，对其他的股票均是一种利好，有助于刺激股价上涨。反之，利率上升时，企业贷款的资金成本增加，股价就会受其影响下跌。

为什么利率的升降与股价的变化会呈上述负相关关系呢？主要有以下3个方面的原因。

（1）我国上市公司平均资产负债率较高，利率上升将直接增加公司的成本或财务费用，并且利率上升还会增加公司贷款的难度。由此一来，上市公司有可能因为没有足够的流动资金扩大生产规模，从而阻碍公司的发展，进而减少公司未来可能创造的利润。因此，股价就会下降；反之，利率下降，企业贷款更容易，流动资金充足，能够促进生产和扩大规模，股价就会上涨。

（2）利率上升时，投资者以此评估股票投资价值的折现率也会上升，股票价值因此会下降，从而导致股价相应下跌；反之，利率下降时，股价就会上涨。

（3）利率上升时，一部分资金从股市转向银行储蓄和债券，从而减少市场上的股票需求，使股价出现下跌；反之，利率下降时，储蓄的获利能力降低，资金就要寻找更能带来收益的投资方向，就有可能投入股市中，从而增加对股票的投资需求，促使股价上涨。

例如，央行决定自2020年2月起下调金融机构人民币贷款和存款基准利率，金融机构1年期贷款基准利率从原来的4.15%下调至4.05%，5年期以上贷款基准利率从4.80%下调至4.75%。紧接着2020年4月，央行将1年期贷款基准利率又下调至3.85%，将5年期以上贷款基准利率下调至4.65%。这两次降息是央行应对疫情的冲击和国内外经济形势做出的审时度势的调整，如下图所示。

这对于证券市场来说是个很大的利好，上证指数从4月20日第二次公布降息消息时的2 852.55点（图中箭头处）一路上扬至7月的阶段性高点3 458.79点，如下图所示。

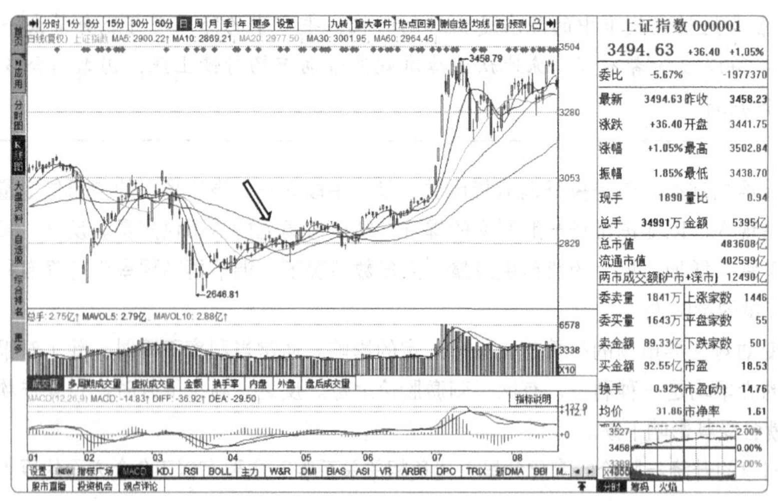

既然一般情况下利率与股价有一定的负相关关系，那么投资者就应该密切关注利率的升降，并对利率的走向做出预判，以便在利率变动之前，制定股票买卖策略。如果投资者想要了解市场上货币政策的宽松程度，可以登录上海银行间同业拆放利率网站进行查看，如下图所示。

提示

对股市影响较大的国家机关单位主要有国务院、财政部、央行、证监会、国家发展和改革委员会、工业和信息化部、商务部、国务院国有资产监督管理委员会。投资者平时可以多关注这些机构的网站，了解最新政策。

3.1.2 经济形势对股市的影响

证券市场的波动总是与国家经济形势的变化联系在一起。证券市场素来有宏观经济“晴雨表”之称，甚至可以说，证券市场长期趋势是由宏观经济发展状况决定的，其他因素可以暂时改变证券市场的中期和短期走势，但改变不了其长期走势。所谓长期趋势，就是指股价受经济形势的影响，以及股份公司的经营能力、盈利状况、产业结构变化等稳定的、渐变的因素决定而形成的发展趋势，这是一种相对长期的变化趋势。长期保持上升趋势的股价遇到短期不利因素也会下跌，但不久就会止跌回升，保持其总体的上升态势。

从这个意义上说，分析证券市场时有必要了解各种宏观经济数据，以助于对证券市场未来大方向走势的研判。这些宏观经济数据甚至成为了解股价走势不可或缺的一部分。主要的宏观经济数据有国内生产总值（gross domestic product，GDP）、消费者物价指数（consumer price index，CPI）、生产价格指数（producer price index，PPI）、采购经理人指数（purchasing managers' index，

PMI）等。

以GDP对股市的影响为例。投资者可以看到，基本上GDP增长率和股市呈现正相关关系。也就是说，当GDP增长率高的时候，股市往往处于牛市，当GDP增长率回落的时候，股市行情也会回落。

我国2006年—2020年的GDP与其增长率见下表[1]。

我国2006年—2020年的GDP与其增长率

年份/年	GDP/亿元	增长率（%）
2006	219 438.5	12.72
2007	270 092.3	14.23
2008	319 244.6	9.65
2009	348 517.7	9.40
2010	412 119.3	10.64
2011	487 940.2	9.55
2012	538 580	7. 86
2013	592 963.2	7.77
2014	643 563.1	7.43
2015	688 858.2	7.04
2016	743 585.5	6.85
2017	820 754.3	6.95
2018	919 281.1	6.75
2019	986 515.2	5.95
2020	1 015 986.2	2.30

我国2006年—2020年的上证指数月K线图如下图所示。

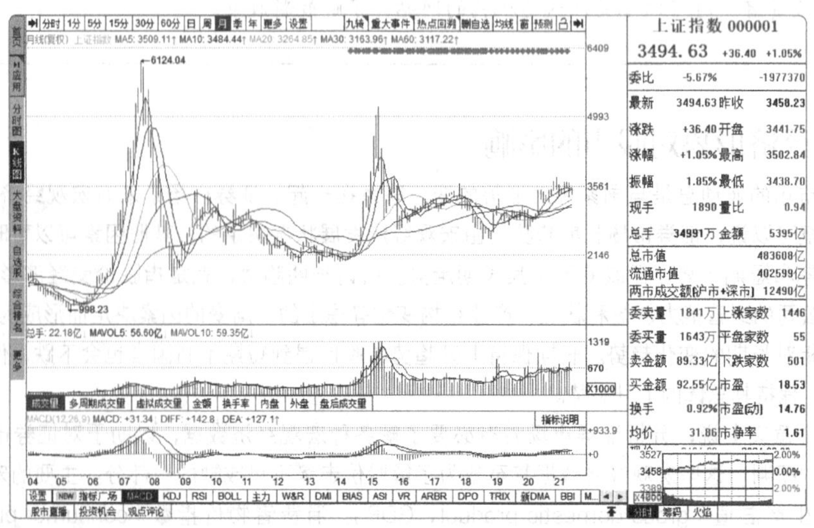

1 数据来源：国家数据网。

参照GDP的历年增长率和上证指数月K线图，不难发现当GDP增长率逐年增长的时候，上证指数也处于上涨态势；当GDP增长率趋于平缓时，上证指数走势也多处于震荡行情或者缓慢下跌的行情。只有2015年，GDP增长率并没有比2014年的高，却迎来了一波牛市，当时助推此轮牛市的主要因素是资金杠杆，与GDP增长率相关性不大。但是整体来看，GDP增长率对股市是有正相关影响的。当然，随着GDP基数的增大，增长会放缓，增长率会下降，但是上证指数的中位数还是在缓慢上升。

3.2 分红、企业价值、市盈率、年报对股价的影响

如果说宏观经济环境对大盘有较大影响，那么对于个股来说，除了受宏观的国家政策和经济形势的影响之外，还受企业本身的业绩影响。分红、企业价值、市盈率、年报等均会影响个股价格的走势。

3.2.1 分红对股价的影响

上市公司每年都要公布年报，如果公布的年报中显示盈利大幅增长，则企业会有分红计划。上市公司常见的分红方式为送红股和股息分红。

从表面上看，送红股后股东持股数量增加了，但实际上，股东权益在公司中的份额和价值并没有改变。例如，一家上市公司共有1亿股股本，净资产4亿元，净利润8 000万元，则每股净资产是4元，每股收益是0.8元，净资产收益率是20%。假设公司进行“10送10”的分红，则总股本从1亿股增加为2亿股，净资产还是4亿元，净利润依旧是8 000万元，每股净资产则从4元变为2元，每股收益从0.8元变为0.4元，净资产收益率是20%。这就相当于原来上市公司有一张100元的钞票，现在变成了两张50元的钞票。

送红股对上市公司并没有影响，但对二级市场的股价可能会造成一定影响。这主要取决于以下两个因素。

1. 投资者心理因素

由于股票进行除权之后，股价会按比例下降，这让原本很贵的股票变得便宜。原本60元的股票，“10送10”之后变成了30元，股价下跌了，降低了投资门槛，有些投资者就会考虑购买。

2. 投资者购买力因素

由于投资者的构成不同，我国上海、深圳证券交易所均规定每次交易的最小单位是1手，就是100股。如果投资者想要购买股价为2 000元的贵州茅台（600519），那么就必须至少有2 000×100=200 000（元）才可以购买。对于投资资金有限的广大中小投资者来说，20万元是很高的投资门槛。

除权对股票短期和长期走势的影响是不同的。在牛市当中，股票除权之后往往价格上涨的概率较大，这被称为填权。当然，也有些主力利用除权出货。从长线角度来看，除权对股价的影响不是很大。但是，对于绩优股来讲，每一次除权都是下一次上涨的低点。下面以格力电器为例进行讲解。

前复权形态中的格力电器基本上从2006年开始就处于单边上涨的行情，如下页图所示。

除权形态中的格力电器每一次除权基本都是下一轮上涨的低点。下图中的字母“q”就表示除权除息。

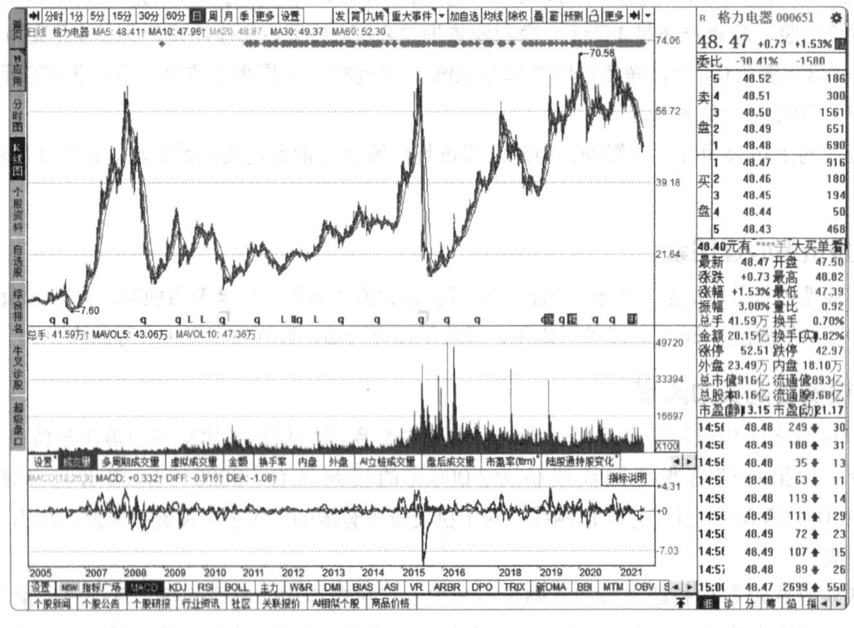

每到年初，各大公司纷纷开始发布自己上一年的年报。有些公司本年财务报表盈利增长较大，将会对这些盈利进行现金股息分红。

由于大家更加认可的是按照市盈率对股票进行定价，而现金分红虽然降低了公司的净资产，但是对每股净收益没有任何影响。因此，一般进行现金分红时对应的走势都是填权走势。因为分红的比例都不会很大，所以除息的缺口一般也不会很大，基本不存在可套利的空间。对于上市公司而言，现金分红并不是越多越好。

公司的生命周期可以分为导入期、成长期、成熟期和衰退期4个阶段。在不同的阶段，公司对现金的需求也是不同的。公司在导入期和成长期需要大量的投资，用于购买生产线、增建厂房等，此时，上市公司不应该大比例分派现金。而在成熟期公司现金流较稳定的时候可以依据自身的发展方向，选择是否进行派现。当公司进入衰退期后，如果没有较好的项目进行投资，则应把现金分派给股东，由股东自行选择。

3.2.2 企业价值对股价的影响

大家对股票的价格都有一定的认识，但是对上市公司本身的价值却难以直观地了解。企业本身的价值有账面价值、内在价值等。最常见的是采用PE、PB估值的方法来判断上市公司的价值。从理论上说，股票价格应该等于股票价值，但是股票的价格往往与其价值并不一致。

由于上市公司自身的未来有不确定性，因此其股票在资本市场上会出现阶段性波动。2012年至2019年，国内医美市场规模由298亿元增至1 769亿元，年复合增速为29%，已成为仅次于美国的全球医美第二大市场。但是，医美板块的股票在2020年才渐渐被投资者了解，真正被追捧买入的时间段是2021年上半年，医美板块热火朝天的行情吸引投资者不论什么价格都敢于疯狂买入。然而，随着时间的推移，投资者开始真正了解医美概念股票的价值，也才渐渐明白其上涨的幅度远超出了投资的价值，到最后就是情绪的作用。因此这些股票的价格就出现了回归价值的“泡沫破灭之旅”。例如，金发拉比（002762）曾因为收购了两家整形医院，从母婴概念转变为医美概念，股价一度从2021年3月25日的5.26元（图中箭头处）涨到最高价22.18元，股价大幅上涨3倍，冲顶之后就出现大幅回落，如下图所示。

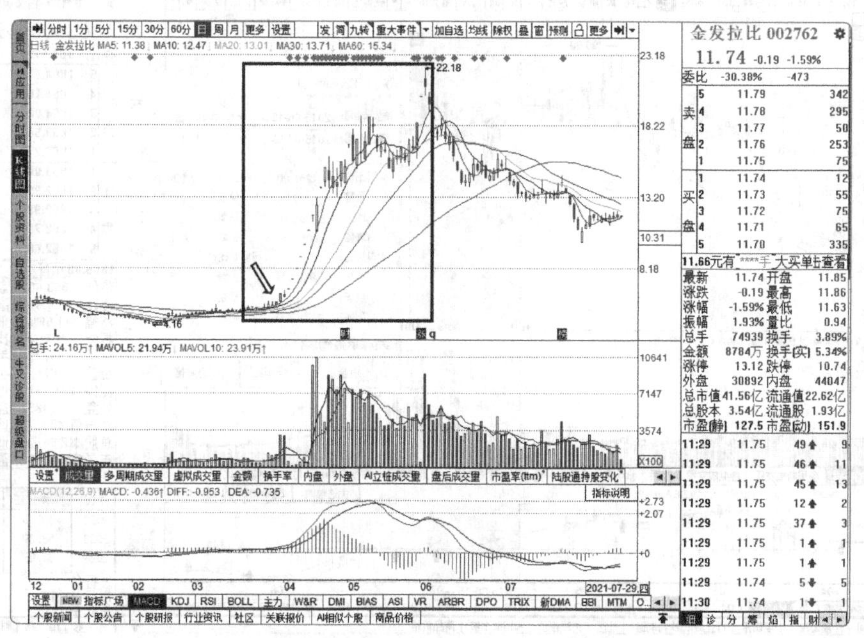

投资者可能会问，那企业自身价值高的股票和炒作概念的股票能不能区分开？答案是能。投资者可以通过多种方式区分出业绩优良的股票。首先，投资者可以搜索各个行业、各个领域的龙头企业，尤其是具有品牌效应的绩优股。例如，贵州茅台、格力电器、云南白药、双汇发展、宇通客车、中国中免等知名企业。其次，参考上市公司的市盈率，如果市盈率过高，则不适合长期投资。最后，在上证指数处于阶段性调整时，考虑上市公司的技术走势是否抗跌，如果抗跌，则往往是上市公司有业绩支撑。题材股在股市大跌行情中往往也下跌，而绩优股则表现得特别坚挺。白马股（指长期绩优、回报率高并且具有较高投资价值的股票）抱团现象在熊市行情中的表现尤为明显。例如，2015年6月15日上证指数（000001）的最高点为5176.79，而当日贵州茅台（600519）最高股价为272元。2015年7月8日，上证指数跌至3373.54点，而当日贵州茅台的最低价为219.76元。上证指数这一轮跌幅为32.11%，贵州茅台跌幅仅为10.95%，并且贵州茅台基本处于箱体震荡而不是单边下跌走势，这充分体现了绩优股抗跌的优点。上证指数和贵州茅台的K线图分别如下图所示。

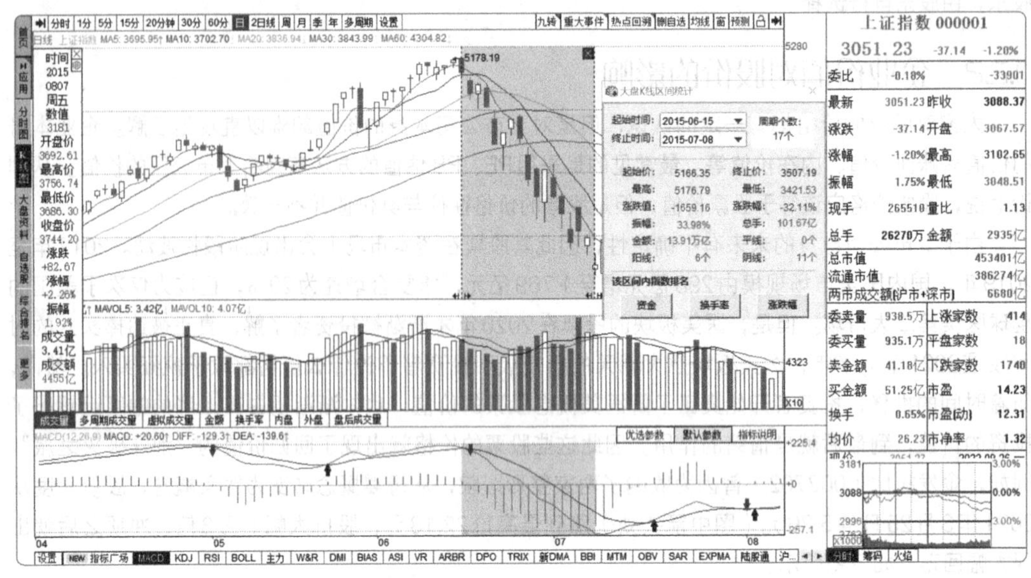

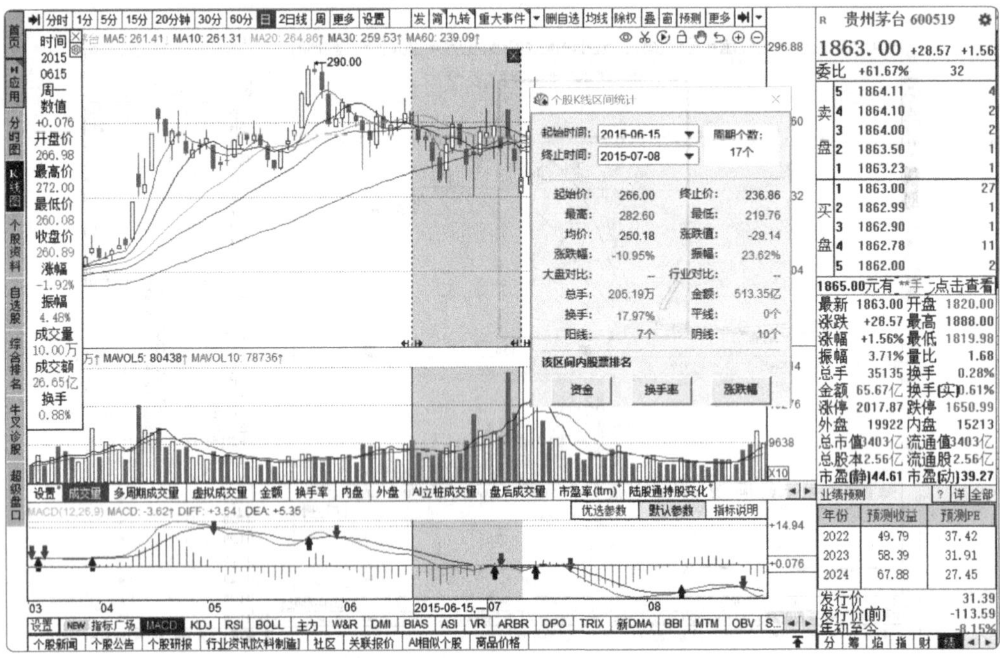

2018年A股市场也经历了长达一年的熊市，上证指数（000001）从2018年1月的3 587.03点一路下跌至2019年1月的2 440.91点，如下页上图所示。所有均线呈空头排列的形态，这就是典型的熊市特征。而同时期的中国中免（601888）先经历了长达7个月的上涨，后进行横盘震荡调整，股价与2018年1月的相比，还有所上涨，如下页下图所示。所以在单边下跌的慢熊市环境中，选择白马股是最佳策略。同时期的科技股和中小盘股的估值基本是原值的一半。

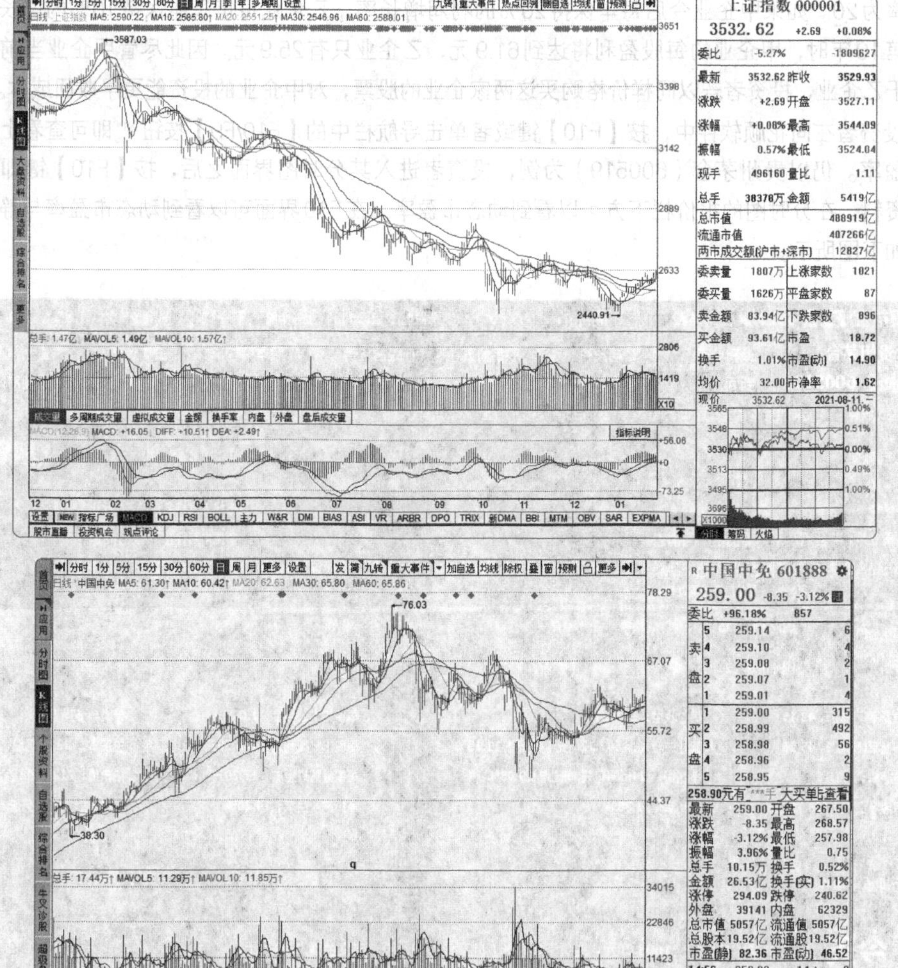

3.2.3 市盈率对股价的影响

市盈率（price earning ratio，PE）又称为本益比，是衡量股价和企业盈利能力的一个重要指标。具体来讲，市盈率反映了每股盈利不变和所得股息没有进行再投资的情况下，经过多少年投资者可以通过股息全部收回成本。计算公式为市盈率 = 普通股每股市场价格 ÷ 普通股每年每股盈利。

一般来说，某只股票的市盈率越低，说明投资回收期越短，投资风险越小，股票投资价值越大；反之，则说明投资回收期越长，投资风险越大，股票投资价值越小。例如，股价同为100元的两只股票，其每股收益分别为10元和2元，则其市盈率分别是100 ÷ 10=10和100 ÷ 2=50。也就是说，若企业盈利能力不变，投资者以同样100元购买的两只股票，要分别在10年和50年以后才能从企业盈利中收回投资。

但是，由于企业的盈利能力是会不断改变的，投资者购买股票更看重企业的未来。因此，一些发展前景很好的企业即使当前的市盈率较高，投资者也愿意购买。预期利润增长率高的企业，其股票的市盈率也会比较高。例如，对两家上年每股盈利同为10元的企业来讲，甲企业市盈率是30，乙企业

市盈率为20。如果甲企业今后每年保持20%的利润增长率，乙企业每年只能保持10%的增长率，那么到第10年时，甲企业的每股盈利将达到61.9元，乙企业只有25.9元。因此尽管甲企业当前的市盈率高于乙企业，投资者若以同样价格购买这两家企业的股票，对甲企业的投资能更早收回成本。

投资者在同花顺软件中，按【F10】键或者单击导航栏中的【F10/F9】按钮即可查看上市公司的市盈率。仍以贵州茅台（600519）为例，投资者进入其分时图界面之后，按【F10】键即可查看公司资料，在分时图的报价栏下方可以看到动态市盈率。在F10界面可以看到动态市盈率与静态市盈率，如下图所示。

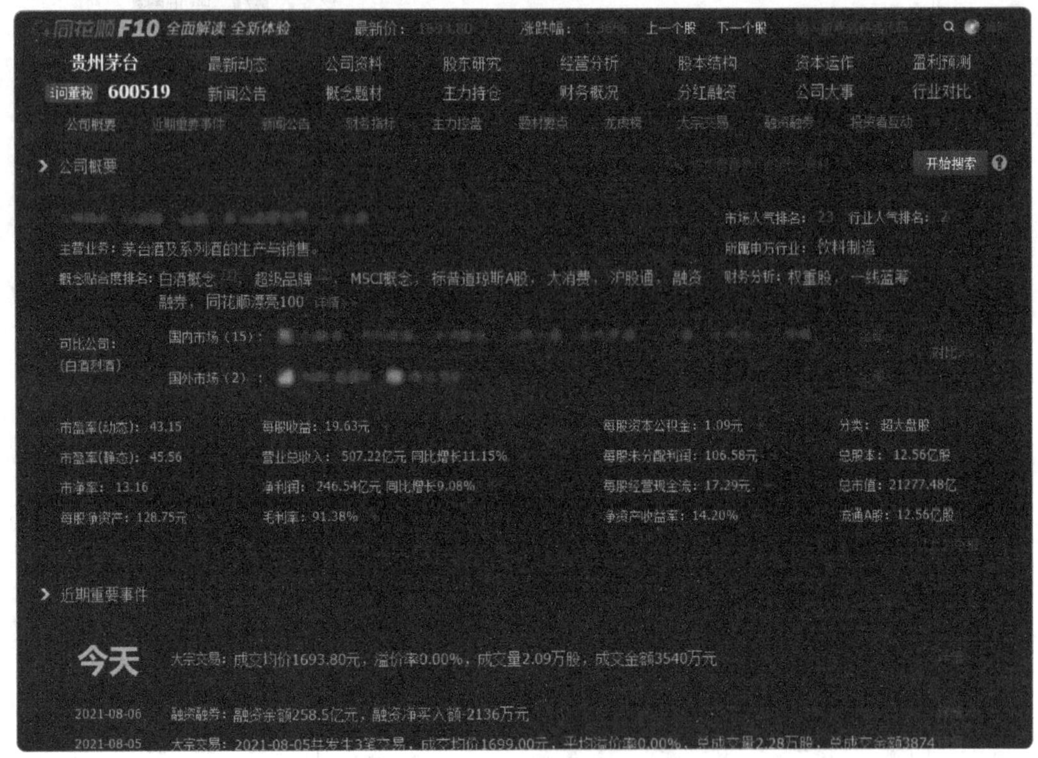

3.2.4 年报对股价的影响

上市公司每年第一季度必须公布上一年度的财务报表。如果当年的各项财务指标好于上一年度的财务指标，股价就会上涨。一般运营正常的情况下，公司的效益会一年比一年好。所以出现了一个规律：在上市公司公布财务报表之前，投资者因预期上市公司会有好的表现而买入股票，供求关系使股价有一定的上涨空间。时间段一般为当年的12月底至第二年的三四月。投资者将上市公司披露的财务报表作为依据来买卖股票，这就是所谓的年报行情。

当然，并非所有年报预增的公司都会得到市场的追捧而股价上涨。年报披露前有预披露，如果预披露的年报经营业绩有大幅度增长，此时股价可能会被炒作，等到正式年报披露的时候，股价已经上涨很多，这时会出现盈利盘兑现，引发股价下跌。一般受追捧的股票是业绩大幅度上升，或者预期有高分红、高送配的股票，因此投资者需要辨别利润增长的原因。最好的利润增长的原因是其原有主营业务的销售额增长，在提高技术含量的同时降低成本，从而扩大毛利率。其他因素也会引起利润的急剧变化，如出让资产、股权改变引发的会计记账的变化等。因此，投资者还需要注意年报中的其他项目变化，如投资利润、主营业务利润、政府补贴、负债率等。投资者可以在巨潮资讯网（证监会指定信息披露网站）对所有上市公司的年报、季报信息进行查询，如下页图所示。

3.3 节日对股市的影响

节日，如每年的春节、国庆节、元旦和其他节日等对股市也有特殊的影响。由于假期需要备货对资金的需求增大，节前节后股价走势可能会发生转折。根据放假时间长短和节日对资金需求量的不同，春节对我国股市的影响最大，其次是国庆节和元旦。

3.3.1 春节对股市的影响

根据江恩理论，在国外所有节日因素的影响中，最应当注意圣诞节前后的市场变化，市场经常会在圣诞节前后发生变盘。而这一理论套用在我国证券市场，就是我国的股市往往会在春节前后发生变盘。因为年关将至，投资者对持股过年还是持币过年看法不一，因此股市容易发生变盘。据统计，自1999年起，几乎每一年春节都会对股市产生非常大的影响，使股市多次产生了重要的拐点，如下表所示。

春节前后股市走势变化

节日	时间（春节前后）	走势变化
1999年春节	2月9日—3月1日	中期趋势转折
2000年春节	1月28日—2月14日	中期趋势转折
2001年春节	1月19日—2月5日	短期趋势转折
2002年春节	2月8日—2月25日	短期趋势转折
2004年春节	1月16日—1月29日	短期趋势转折
2007年春节	2月16日—2月22日	短期趋势转折
2008年春节	2月5日—2月18日	短期趋势反弹
2009年春节	1月23日—2月2日	短期趋势加速
2010年春节	2月12日—2月22日	短期趋势回调
2011年春节	1月25日—2月16日	短期趋势回调
2012年春节	2月1日—2月28日	短期趋势回调
2013年春节	2月18日— 2月28日	中期趋势转折

续表

节日	时间（春节前后）	走势变化
2014年春节	1月27日—2月9日	短期趋势回调
2015年春节	2月25日—3月9日	中期趋势上涨
2016年春节	2月15日—2月24日	短期趋势反弹
2017年春节	2月7日—2月23日	短期趋势反弹
2018年春节	2月22日—3月12日	短期趋势反弹
2019年春节	2月11日—3月7日	中期趋势上涨
2020年春节	2月4日—3月5日	短期趋势反弹
2021年春节	2月18日—3月9日	短期趋势回调

3.3.2 国庆节对股市的影响

国庆节的放假时长与春节的一样，再结合国庆节节日因素，其对市场的影响也是有目共睹的，仅次于春节对股市的影响。不过相对于春节而言，国庆节对市场的影响多为短期趋势转折。据统计，2000年、2003年、2005年、2006年、2008年、2009年、2010年、2015年和2016年的国庆节，均引发了市场不同程度的转折。

例如，上证指数（000001）在2016年国庆节前后就出现了较为明显的趋势转折。2016年9月30日，上证指数收盘价为3 004.7点。由于受到国庆节的影响，上证指数在假期结束的第一个交易日就放量上涨，收出一根大阳线。在之后的第二个交易日又高开高走，收出一根跳空缺口的小阳线，并且成交量进一步增加。之后上证指数的走势发生转变，一路上扬，并于11月29日最高涨至3 301.21点，如下图所示。

3.3.3 元旦对股市的影响

每年的12月是各大银行争夺资金的月份，如央行经常会在12月检查储备金是否充足，而银行对员工也要进行年末考核。为了完成吸储任务，各大银行会通过各种方法与市场“抢夺”资金。因此元旦作为阳历新年的开始，对市场的影响也不容小觑，如下页表所示。

元旦期间股市走势变化

节日	走势变化
2002年元旦	短期趋势转折
2003年元旦	中期趋势转折
2007年元旦	短期趋势转折
2008年元旦	长期趋势转折
2009年元旦	中期趋势转折
2010年元旦	短期趋势转折
2011年元旦	短期趋势转折
2012年元旦	短期趋势回调
2014年元旦	短期趋势转折
2016年元旦	中期趋势下跌
2017年元旦	短期趋势反弹
2018年元旦	中期趋势反弹
2019年元旦	中期趋势上涨
2021年元旦	短期趋势反弹

例如，上证指数（000001）在2019年元旦之后就出现较为明显的“熊转牛”趋势转折。2018年全年股市都处于下跌趋势中，2018年12月28日上证指数收盘价为2 493.9点。由于前期受到金融去杠杆因素的影响，市场经历了一整年的金融去杠杆过程，已挤压出大量的资产泡沫。因此在元旦后的一周，股价走势探底回升发生了趋势的转变，如下图所示。2019年1月4日的大阳线自下而上刺穿5日、10日均线，从此开始了4个月的阶段性牛市，于2019年4月8日上涨至3 244.81点。

除春节、国庆节、元旦等节日以外，其他节日，如五一国际劳动节也会导致股市出现转折点。五一国际劳动节前后出现拐点的年份分别有2000年、2002年、2003年、2006年、2008年和2009年。此外，2015年的端午节也是股市“牛转熊”的拐点。投资者可以在同花顺等股票软件中进行查看，

发现其中的规律。

3.4 新股发行与资金监管对股市的影响

资本市场的表现在很大程度上是由资金流动情况决定的，换言之，资金对资本市场有着很大的影响，新股发行、资金监管是比较常见的影响资金流动情况的因素。

3.4.1 新股发行对股市的影响

新股发行上市又称首次公开募股（initial public offering，IPO），是指一家企业或公司（股份有限公司）第一次将它的股份向公众出售，增加股票的供给量。因此，IPO会分流股市资金，增加股市供给。因为市场上的资金只有那么多，如果股票数量变多，平摊在每一只股票上的资金就会相应减少，因此短期内对股市造成利空已是确定无疑。不过从长期的角度来看，增加新鲜血液，让更多优质公司上市，对股市长久健康发展是有利的，对于上市公司的发展也是有利的。

所以，在资本市场低迷的时候，证监会一般会减少甚至暂停新股发行，稳定市场的信心。一旦股市活跃，新股发行就会增多，所以新股发行的节奏跟市场所处的阶段和环境也有很大关系。

3.4.2 资金监管对股市的影响

证监会除了对上市公司增发新股进行强有力的监督管理外，对于市场上的资金也有严格的监督管理措施。证监会对股市的资金监管主要有两个方面：一方面是对境内资金进行监管，另一方面是对境外资金进行监管。

证监会对境内资金进行监管主要包括对券商融资融券开通资格的限定、融资融券担保品比例的调控、上市公司高管减持股票的限定、公募基金的审批与资金限定、私募基金的资金管理等。这些强有力的资金监管有助于调控证券市场行情的过度上涨和过度下跌，在有效维护证券市场秩序的同时保障了投资者的合法权益。

证监会监管境外资金有助于保证我国金融市场的安全和稳定。证监会对境外资金的监管主要包括对合格境外机构投资者（qualified foreign institutional investor，QFII）、沪股通以及外资对基金公司的持股比例等进行监管。QFII制度是指合格的境外投资者制度，是有限度地引进外资、开放资本市场的过渡性制度。证监会对其限制的内容主要有资格条件、投资登记、投资额度、投资方向、投资范围、资金的汇入和汇出限制等。沪股通是指中国香港或国外投资者通过香港联合交易所有限公司向上海证券交易所进行申报，买卖的规定范围内的上海证券交易所市场的股票。目前沪股通的总额度为3 000亿元人民币，每日额度为130亿元人民币。

3.5 机构投资者和个人投资者对股市的影响

股市上的投资者分为两类：一类是机构投资者；另一类是个人投资者。机构投资者的性质与个人投资者不同，在投资来源、投资目标、投资方向等方面都与个人投资者有很大差别，因此二者对股市的影响也有很大不同。

3.5.1 机构投资者对股市的影响

在股市发展初期，市场参与者主要是个人投资者。然而自20世纪70年代以来，西方各国股市出现了证券投资机构化的趋势。有关统计数据表明，在20世纪70年代机构投资者市场份额为30%，20世纪90年代初发展到70%，机构投资者已成为股市的主要力量。由此可见，当市场发展趋于成熟时，市场中的机构投资者应当占大多数。

机构投资者主要是指一些金融机构，包括银行、保险公司、投资信托公司、信用合作社、政府或社会团体设立的退休基金等组织。对于股市而言，机构投资者的参与度增加对股市产生的影响是非常大的。

1. 正面影响

（1）机构投资者丰富了投资品种，扩大了市场容量。

（2）机构投资者的投资策略有助于股市的稳定。大部分机构投资者都采取价值投资策略，采用长期持股、不断低价吸筹的方法获利。这种方法在很大程度上降低了交易成本，并且避免了市场价格的短期波动，着眼于长期投资。此外，机构投资者还会以成长型股票作为其主要投资目标，借助自身的判定标准评估上市公司的成长潜力，从而挖掘并长期持有能够获利的成长型股票。

（3）机构投资者参与申购占优势。机构投资者拥有积聚社会个人投资者闲置资金的优势。因此，当机构投资者新股申购时，可以大大提高中签率，从而使整个机构获得一定的稳定收益，降低了风险。

（4）机构投资者积极参与上市公司治理，提高上市公司质量。

2. 负面影响

（1）机构出现踩踏行为对股价影响更大。由于信息不对称，机构投资者比个人投资者占据明显的信息优势，因此也在股市占据主导地位，引导股价走势。如果机构投资者提前获取到上市公司的利空消息，会提前抢跑，引发踩踏。随着机构投资者占比越来越多，机构投资者砍仓也是绝不手软。例如，2022年年初的高估值股票的踩踏，包括医药、新能源、储能、锂电、半导体等高估值个股的股价同时大幅度下跌，给市场增加了极大的不稳定性。面对机构投资者毫不留情的砍仓，个人投资者势单力薄难以抵抗，如果没能及时卖出将面临严重的亏损。

（2）机构投资者的短视行为。并非所有的机构投资者的策略组合都是长线策略，其中不乏专门做短线套利的机构投资者，这些机构投资者一旦短线获利就会抛出手中的筹码。机构投资者的资金量很大，因此会给市场带来不小的抛压。此外，一只股票中会有若干个机构投资者，持有同一股票的机构投资者之间存在竞争压力，如果短线出货，机构投资者之间会竞相出货。

（3）机构投资者的流动性压力为市场增加了不稳定性。当市场出现特殊情况时，如爆发金融危机、公布重大利好或机构投资者的资金链出现问题时，机构投资者都会竞相卖出或买入股票，或者频繁更换股票，此时会导致股市价格的不稳定性和“雪崩效应”。尤其是近两年发展迅猛的量化投资机构，通过市场的加剧波动才能有赚钱效应，所以在量化资金的参与下，小盘子的个股波动会更加剧烈，给市场增加了不稳定性。

机构投资者与个人投资者相比，主要有以下几个方面的优势。

（1）机构投资者具有专业化投资管理模式。机构投资者资金实力较为雄厚，在对上市公司进行信息搜集分析与研究等方面都配备有专门部门，由证券投资专家对投资决策运作和投资理财方式进行管理。现在我国国内大部分证券公司都有自己的证券研究所。大部分个人投资者投入的资金量较小，并且缺乏足够的时间去搜集信息、分析行情、判断走势，也缺少足够的资料去分析上市公司经营情况，容易受股市波动的影响，追涨杀跌。因此，从理论上讲，机构投资者的投资行为相对理性，投资规模相对较大，投资周期相对较长，从而有利于股市的健康稳定发展。

（2）机构投资者的投资组合策略更稳定。由于股市的风险较高，并且机构投资者的入市资金比个人投资者的多，因此其承受的风险就较大。为了尽可能地规避非系统性风险，机构投资者会设计投资组合策略，并按照策略执行。个人投资者由于资金较少，很难进行投资组合，因此要面临的非系统性风险也较大。

（3）机构投资者的投资行为更规范。机构投资者是具有独立法人身份的经济实体，因此会有相

应的监管部门对其进行监管，其投资行为也更为规范。机构投资者既遵守了证券交易的“公开、公平、公正”原则，又维护了市场的相对稳定。此外，机构投资者可以通过自律管理，从各个方面规范自己的投资行为。而监管部门一般不监管个人投资者，因此个人投资者的投资行为相对自由，也更不规范。

3.5.2 个人投资者对股市的影响

个人投资者俗称散户，因其资金量散而得名。与机构投资者不同，个人投资者资金量小，难以形成规模效应，不能有效左右股价，且其投资行动散乱不一，难以形成规模。因此个人投资者的资金对整个股市的影响不大。

金融市场较发达地区的主要证券市场的交易所和券商的数据表明，个人投资者在股市的平均投资业绩明显低于大市。整个盘面处于下跌态势当中，个人投资者往往亏损最多。事实上，由于资本市场的发展阶段和监管制度不完全一致，各国的个人投资者在资本市场中的表现也都不同。大多是因为个人投资者对自己的投资能力缺乏正确的认识，对于股市行情规律缺乏起码的了解。

但值得指出的是，个人投资者在市场中的重要地位并不局限于他们自己的投资回报，而是直接影响到市场监管层推进“公开、公平、公正”原则的进度。股市是自由度较高的市场，允许不同资金规模的投资者参与。而监管层主要是保证所有的投资者在同一市场按照相同的规则进行交易。在股市，机构投资者和个人投资者之间的博弈，从某种程度上讲，更像是大鱼和小鱼之间的竞争，大鱼胜在体格大实力强，小鱼虽体轻，但更灵活。只有达到大鱼和小鱼的一种平衡，股市才能保持稳定。

如果股市中没有个人投资者存在，机构投资者之间短兵相接，一旦引发信心的崩塌，股价同样会暴跌。个人投资者并没有真正地离开股市，他们可能会从股民变成基民。当股价下跌引发投资者信心缺失的时候，投资者就会赎回手中的基金，导致机构不得不持续卖出持有的股票，进一步引发股价踩踏。只有当空头得到足够的释放，才能慢慢让广大投资者对股市恢复信心，基金规模才能再一次不断扩大，也才能为市场注入新的活力。

高手支招

技巧 大股东减持对股价有哪些影响

其实股市中最大的主力不是机构投资者，更不是个人投资者，而是以很低的成本获取非流通股的大股东。这些非流通股在规定的时间之后可以解禁，转化为可流通股。大股东并不能一下子把股票全部卖光，而是看在规定的时间内最多减持多少股票，分批减持。当大股东减持股票的时候，股价就面临抛压，因此可能会引起股价下跌。

一般情况下，这些非流通股可以减持之后，大股东不会马上减持，而是等股价上涨到一定的高度之后再抛出手中的股票。一般在非流通股解禁之前，上市公司必须要发布公告。投资者在获取上市公司股东要减持股票的消息之后就应当对所持有的股票保持警惕，一旦发现股价上涨乏力，应马上卖出。

第2篇

技术篇

第4章　基本面分析

本章引语

投资的目标是寻找那些未来20年具有持续竞争优势而且价格上具有安全边际的优秀公司。

——巴菲特

价值投资是巴菲特一直奉行的投资原则，而价值投资的基础就是企业基本面分析。他也曾说，如果不能根据企业基本面分析进行估值，就根本不会关注这家企业。所以，要想成为一名优秀的投资者，掌握基本面分析至关重要。

本章要点

★宏观层面的基本面分析

★行业层面的基本面分析

★企业层面的基本面分析

4.1 宏观层面的基本面分析

宏观层面的因素能够对股市的整体走势产生很大影响，其中主要的影响因素有经济因素、政治因素和国内外重大事件等。说到底，股市最终是为经济发展服务的。因此，本节重点对经济因素进行详细介绍。

4.1.1 经济政策

股市是社会经济的一个重要组成部分，股市的发展受国家经济政策的影响。经济政策是国家经济发展意志和目标的集中体现。国家大力发展和扶植的产业往往能在配套资金、资源上获得很大的支持，这也给投资者提供了很好的投资指引。普通投资者如果没有行业研究的能力，多关注国家政策也可以发掘好板块。

因此，投资者要想投资成功，需要深入理解国家经济政策，密切关注国家经济政策的动向，选择具有发展前景的行业，这样才能把握好投资方向。

例如，包括上游、中游、下游三部分的芯片领域，其上游为半导体装备及材料领域，主要包括光刻机、蚀刻机、大硅片、光刻胶、靶材等；中游主要包括分立器件、光电子、传感器、集成电路等；下游主要包括通信及智能手机、平板电脑、工业医疗、消费电子等。2019年10月22日，国家集成电路产业投资基金二期股份有限公司（以下简称为国家大基金二期）注册成立，注册资本为2 041.5亿元。国家大基金二期主要投资上游和中游领域。如果对经济政策敏感的投资者，会紧跟政策导向，早早在有上涨潜力的板块和个股布局。国家大基金一期与二期明确了投资的具体公司：南大光电（光刻胶）、北方华创（光刻机）、兆易创新（芯片存储）、长电科技（封测）、华天科技（封测）、通富微电（封测）、晶方科技（封测）、国科微（芯片设计）、景嘉微（AI芯片）、士兰微（OLED芯片）等。

以同花顺软件为例，投资者可以在该软件查找芯片领域的个股。具体操作步骤如下。

❶打开同花顺软件，进入主界面。选择【报价】—【板块热点】命令，查看各个板块，如下左图所示。

❷拖动【板块热点】界面控制各板块排名的滑块，可查看第三代半导体、MCU芯片、半导体及元件和国家大基金持股等芯片相关概念的板块，如下右图所示。

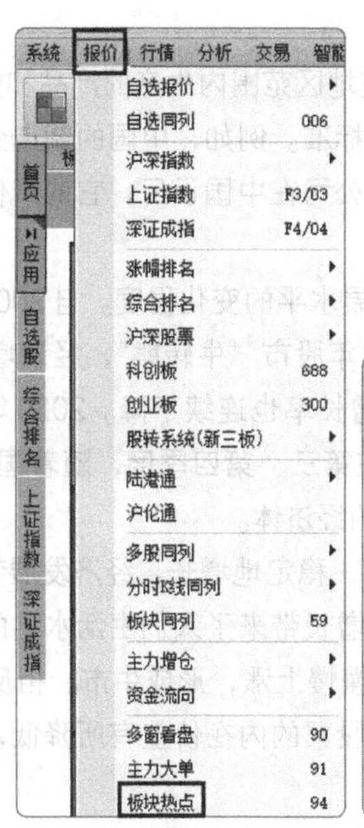

板块热点 | 板块分析 | 板块资金 | 板块增仓 | 新兴概念 | 热点商品 | 股债联动

新兴概念：小鹏汽车概念 +1.19%　红枣 +1.23%　贸易战受益股 +0.01%　今日关注：石墨电极 大幅上涨 +3.21%

	板块名称	涨幅	涨速	涨停数	主力净量
365	集成电路概念	-1.82%	+0.01%	1	-3.72
366	第三代半导体	-1.85%	+0.01%	0	-2.30
367	智能音箱	-1.89%	+0.03%	1	-1.32
368	汽车整车	-1.94%	+0.03%	1	-3.16
369	网络安全	-1.95%	-0.01%	1	-2.78
370	数字货币	-2.08%	+0.01%	0	-2.83
371	中芯国际概念	-2.84%	+0.03%	0	-4.38
372	MCU芯片	-3.09%	+0.02%	0	-1.79
373	半导体及元件	-3.18%	+0.06%	0	-4.04
374	语音技术	-3.45%	-0.07%	0	-3.16
375	鸿蒙概念	-3.82%	-0.07%	0	-5.68
376	国家大基金持股	-3.95%	+0.02%	0	-5.77

同花顺指数 | 行业指数 | 概念指数 | 风格指数 | 地域指数

❸单击【国家大基金持股】板块，可查看同花顺软件编制的国家大基金持股板块指数，在该界面不但可以查看指数走势，还可以查看该板块的个股，如下图所示。

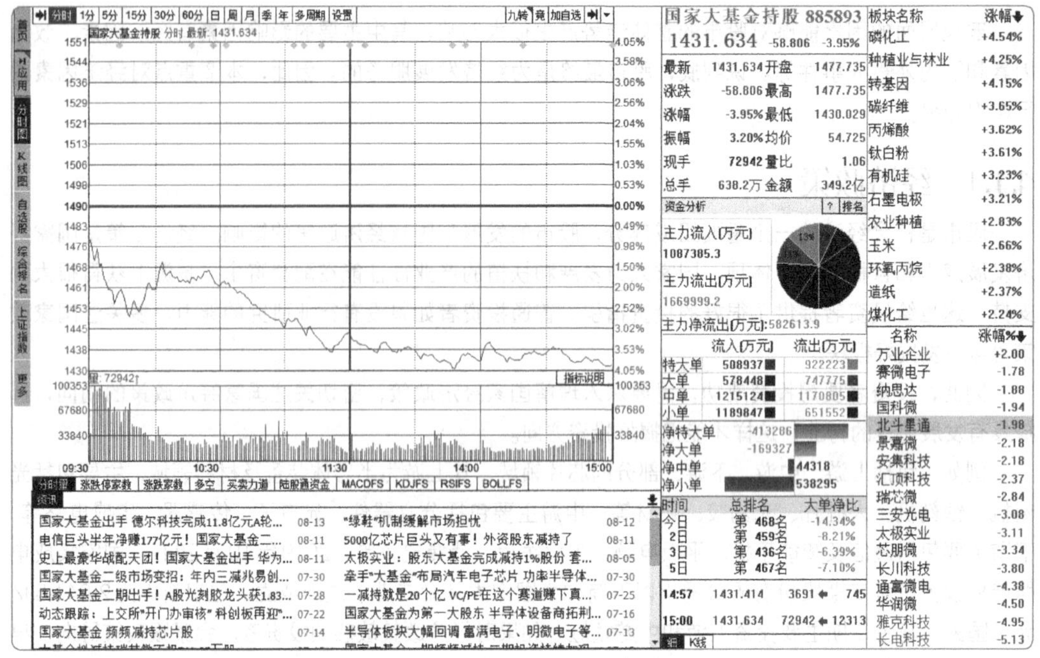

除了利用炒股软件获取经济资讯外，投资者也可以浏览各大官方财经网站获取信息。例如，《中国证券报》官方网站——中证网就汇集了最新的经济政策信息。此外，由《上海证券报》主办的中国证券网是证监会指定的信息披露媒体，也可用于投资者了解最新的国家经济政策。

4.1.2 经济指标

投资者在新闻中常常会看到一些经济指标，如GDP、利率、通货膨胀等。这些指标由国家统计局定期公布，对判断宏观经济形势具有重要作用。

1. GDP与经济增长率

GDP是指在一定时期（一般按年统计），在一个国家或地区范围内生产的产品和劳务的总值。这些产品和劳务的界定以在这个国家或地区范围内的生产为标准。例如，中国的制造企业在俄罗斯设厂，其生产产品的产值不计入中国的GDP；但是，俄罗斯公司在中国设厂，它的产值计入我国当年的GDP。

经济增长率反映了一定时期内一个国家或地区经济发展水平的变化程度。自2000年到2007年，经济增长率从8.49%连续增长到14.23%，2007年至2008年股市“牛转熊”，经济增长率也在2008年下降为9.65%。之后由于GDP的基数不断增大，经济增长率也连续下降。2020年，受新冠肺炎疫情的影响，我国前两个季度的GDP增速为负值，但是在第三、第四季度，随着国内经济的复苏，GDP也实现当年正增长，我国成为全世界经济复苏最强劲的经济体。

在宏观经济分析中，GDP指标举足轻重。当GDP连续、稳定地增长，经济发展势头良好时，企业盈利能力不断提升，股票的内在价值提高；同时，经济增长带来了人们生活水平的改善和收入的提高，增加了投资者对投资股票的需求。所以，股价开始慢慢上涨，形成牛市。相反，当GDP持续下跌，经济发展动力不足时，企业自身的盈利能力下降，股票的内在价值有所降低，而人们收入的增速缓慢，投资者就会减少对股票的投资，进而造成股价下跌，形成熊市。

2. 利率

利率是影响股市最为敏感的因素之一。通俗来说，利率就是货币的价格。利率降低，货币供给量增加；利率升高，货币供给量减少。进一步思考，如果利率降低会增加货币供给量，流动性相对宽松，投资者持有货币的收益下降，转而会投资房地产或股票。例如，2006年至2007年，货币市场流动性较强，投资者既有投资房地产的，也有投资股市的。而用大量资金来买股票，将会使股价上涨。所以，开启了2006年至2007年股市的大牛市。由于当时财政政策扶植房地产及相关配套行业，所以在2007年股市“牛转熊”，而房地产市场持续火热，产生资金的虹吸效应。到了2020年，利率水平一降再降，股市产生结构性牛市，但是房地产市场由于受财政政策的限制，并没有上涨趋势。相信在现有的财政政策和货币政策的引导下，未来股市将成为投资者主要的投资领域。

3. 通货膨胀

通货膨胀是由纸币超发使货币供给大于货币实际需求，导致货币贬值，进而引起一段时间内物价持续而普遍上涨的现象。通货膨胀的实质就是货币超发。

提示

CPI是一个反映居民家庭所购买的消费商品和服务价格水平变动情况的宏观经济指标。

通货膨胀对股市的影响是仁者见仁，智者见智。其实，通货膨胀对股市的影响有两个方面，分别是对股价的影响和对股市发展的影响。这里仅介绍通货膨胀对股价的影响。

通货膨胀在初期对股价起推动作用，主要表现如下。

（1）通货膨胀初期，货币供应量有所增加，个人、企业会掌握较多的货币资金。投资者如果看好股市或者预测股市行情上涨，会将多余的资金投入股市。买的人多了，股价就会上涨。

（2）随着货币供应量的增加，市场产品的价格也会上涨，而通常情况下投资品的价格上涨更快。这样，以生产投资品为主的上市公司，其账面盈利将会大幅提升。因此，投资者看好这些上市公司的前景，纷纷买入股票，从而促使股价上涨。

不过，持续的通货膨胀会使股价下跌，主要表现如下。

（1）当通货膨胀趋于高峰时，将会造成经济秩序混乱、消费者抱怨、各阶层不满等现象。这时，决策者应采取措施抑制通货膨胀。个人、企业手中的货币资金减少，导致资金流出股市，从而导致股价下跌。

（2）持续的通货膨胀会使市场产品的价格持续上涨，造成实际生产成本的大幅上升，物资供应紧张，导致一些上市公司账面盈利减少，投资者相应地不看好其前景，再加上严重的通货膨胀，投资者的信心减弱，更倾向于投资有形资产，因此纷纷退出股市，进而导致股价下跌。

总的来说，短期温和的通货膨胀会促使股价上涨，长期恶性的通货膨胀最终会导致股价下跌。

同花顺软件中对指标的分析集中在【数据】板块。下面介绍查看数据的具体操作步骤。

❶打开同花顺软件，进入主界面。单击【数据】按钮，如下页上图所示，在界面上方的页签栏中选择【宏观数据】页签。

❷【宏观数据】界面中包括重要数据、居民消费、工业生产、信贷收支、金融市场等方面的数据信息，投资者可以根据自己的需求查看不同类型的数据，如下页下图所示。

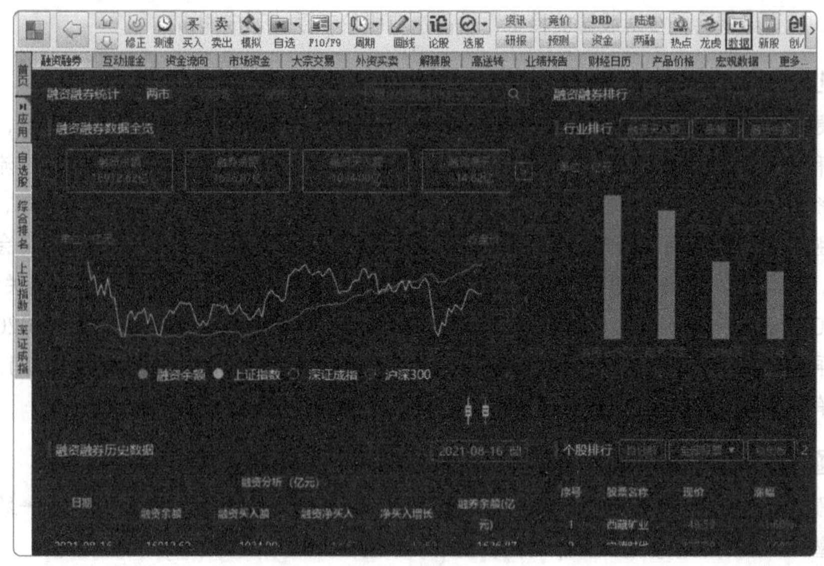

宏观数据

季度	国内生产总值		第一产业		第二产业		第三产业
	绝对值(亿元)	同比增长	绝对值(亿元)	同比增长	绝对值(亿元)	同比增长	绝对值(亿元)
2021年第2季度	282857.40	12.70%	17070.20	7.80%	114530.70	14.80%	151256.50
2021年第1季度	249310.10	18.30%	11332.10	8.10%	92623.50	24.40%	145354.50
2020年第3季度	264976.30	0.70%	22072.00	2.30%	100082.60	0.90%	142594.70
2020年第2季度	248985.10	-1.60%	15866.80	0.90%	97699.40	-1.90%	135122.30
2020年第1季度	205727.00	-6.80%	10185.10	-3.20%	72533.40	-9.60%	122680.10
2019年第4季度	276798.00	6.10%	27464.50	3.10%	107730.10	5.70%	141305.20
2019年第3季度	251046.30	6.20%	19800.90	2.90%	96420.10	5.60%	134620.40
2019年第2季度	241502.60	6.30%	14439.90	3.00%	95923.70	5.80%	130820.60
2019年第1季度	217168.30	6.40%	8768.30	2.70%	80596.70	6.10%	127486.90
2018年第4季度	258808.90	6.60%	24938.80	3.50%	104178.10	5.80%	124486.40
2018年第3季度	234474.30	6.70%	18226.90	3.40%	93264.70	5.90%	118007.10
2018年第2季度	223962.20	6.80%	13003.80	3.30%	91441.40	6.10%	114852.10
2018年第1季度	202036.70	6.80%	8575.70	3.20%	77116.70	6.30%	112229.00

4.1.3 经济周期

宏观经济呈现复苏期、高峰期、衰退期和谷底期反复循环的周期性波动。

1. 复苏期

否极泰来，经济已经处在底部无法再低，只能向上。随着经济形势的好转，消费需求逐步增加，企业投资增加，产品生产量、销售量、利润都稳步上升，呈现出蓬勃发展的态势。在复苏期，投资者可以进入股市分批建仓，股市也会同步复苏。

2. 高峰期

经过复苏期，经济发展步入正常轨道，进入高峰期，生产、投资、消费都快速提高，企业利润稳步上升，投资者看好的预期不变，所以该时期股市活跃，易形成牛市。

3. 衰退期

盛极而衰，这是客观规律，股市也不例外。在高峰期，企业本身的潜能基本上得到充分挖掘，股价处在相对高位，如果没有新的经济增长点，回调在所难免。此时，投资者获利出货的心态更加迫切，市场稍有风吹草动，投资者就会纷纷出货。在衰退期买入动力不足，卖出压力增大，股价开始下跌。

4. 谷底期

谷底期经济发展速度迅速下降，出现倒退、企业产能萎缩、大面积亏损，甚至倒闭的现象。消费需求严重不足，缺乏促使经济上涨的动力因素，企业和投资者情绪普遍悲观。此时，股价一跌再跌，投资者争相出货，又进一步加剧了股价的下跌。

"选股更需选时"。根据经济周期，投资者最佳的获利时间是从复苏期到高峰期，在衰退期、谷底期，投资者应该以保本为主。此外，不同行业的股票在整个经济周期中的表现大不相同。通常情况下，消费类、基建类、制造类企业的股票在复苏期表现比较强势，而科技股、中小盘股则在高峰期开始发力。投资者在具体操作时，要特别注意不同企业的投资组合。

综上所述，在经济周期的不同阶段，投资者应该有不同的投资策略，如下图所示。

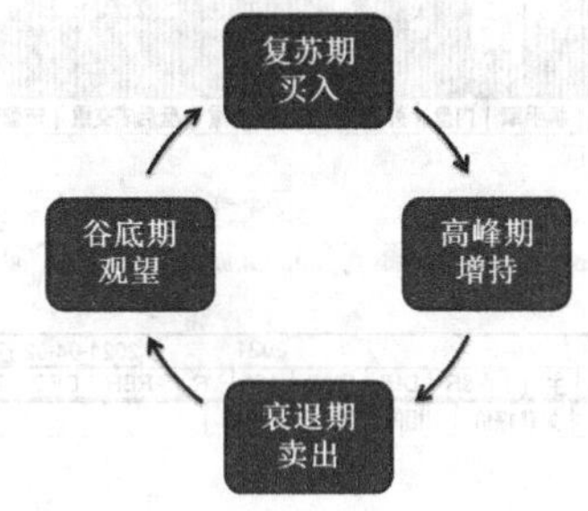

4.1.4 其他因素

股价的波动除受经济、社会和技术因素影响外，还受政治因素的影响。

政治因素主要是指国内外的政治形势变化，如政局的动荡，国家领导人的更迭，以及国家或地区间的战争、冲突等。这些因素中，政局的动荡，国家或地区间的战争、冲突会对股市造成巨大影响。

投资者能够经常遇到的是国家经济政策和方针措施的调整。这么重要的外部环境发生变化，自然会影响上市公司的经营环境、经营方向及战略，从而使股价发生变化。

具体来说，能够对股价产生影响的政治因素包括以下几点。

1. 战争

战争是政治的集中体现，因而对股市的影响最大。目前，我国的周边环境相对稳定，发生大规模战争的可能性比较小，投资者可以安心投资。

2. 国际重大政治活动

随着世界政治多极化、经济一体化进程的加快，以及现代通信技术的飞速发展，国际上重大政治事件对股市的影响越来越大。

3. 重大战略和政策

国家重大社会经济发展战略的选择和重大政策的出台实施都会对股市产生重要影响。例如，我国提出"一带一路"倡议后，上证指数便开启了连续上涨模式。又如，2020年9月，我国宣布力争于2030年前实现碳达峰，努力争取2060年前实现碳中和。碳达峰和碳中和概念的提出，助推了我国新能源行业相关股价的上涨，比如阳光电源（300274）在2020年9月之后就开启了一轮超级牛市行情，如下页图所示。

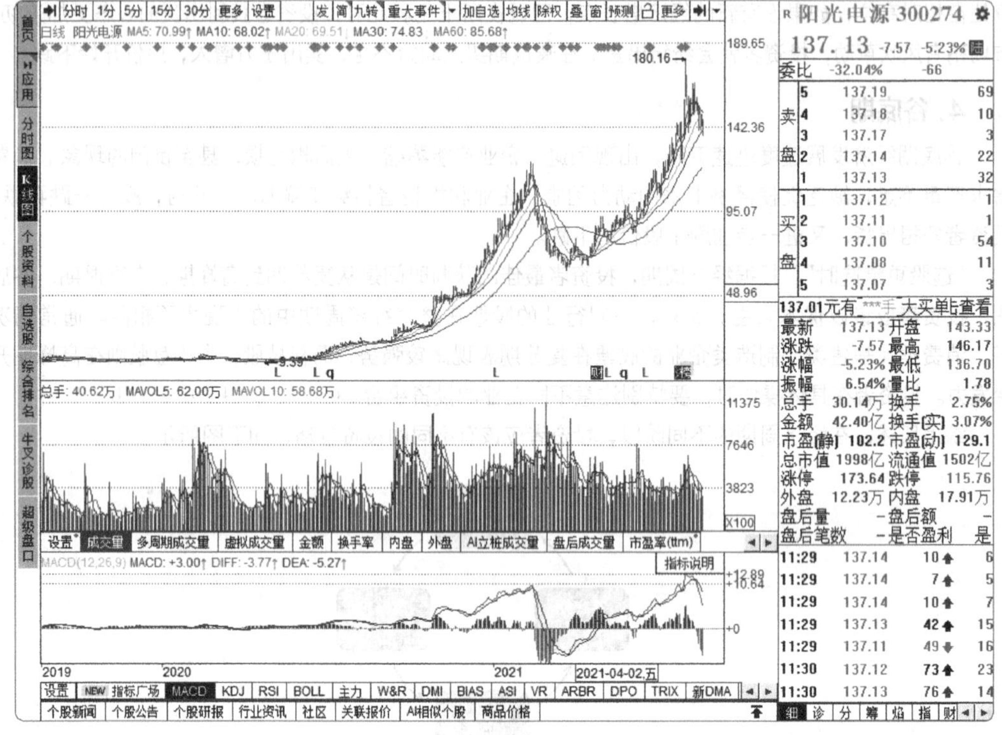

提示

投资者还需要考虑自然灾害（如台风、海啸、地震等）对股市的影响。

总的来说，宏观层面的基本面分析要考虑的因素可以用下图表示。

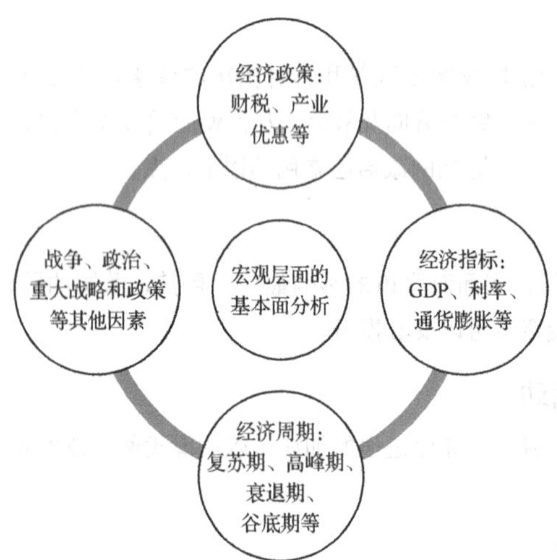

4.2 行业层面的基本面分析

行业分析是指运用多种分析工具对行业经济的运行状况、产品生产、销售、消费、技术、行业竞争力、市场竞争格局、行业政策等要素进行深入分析，进而发现行业运行的内在经济规律，从而预测未来行业的发展趋势。行业分析是介于宏观经济分析与微观经济分析之间的中观层次的分析，是发现和掌握行业运行规律的必经之路，是行业内企业发展的大脑，对指导行业内企业的经营规划和发展具有决定性的意义。

4.2.1 行业特征

行业的经济结构不同、变动规律不同，其盈利水平及经营的稳定状况也不同。行业特征是投资者在进行行业分析时要着重考虑的因素。

根据不同的特征，行业有很多种分类情况。根据竞争结构的不同，行业基本上可分为4种市场类型：完全竞争型、垄断竞争型、寡头垄断型、完全垄断型。

提示

行业的竞争结构主要包括该行业中企业的数量、产品的性质、价格的制定等。

1. 完全竞争型

完全竞争型是指一个行业中有众多生产者，其以相同的方式向市场提供同质产品。其主要特点如下。

（1）企业只能接受价格，不能影响价格。

（2）所有企业向市场提供的产品都是同质的、无差别的。

（3）生产者众多，所有资源都可以自由流动。

（4）市场信息完全透明，可随意进入或退出此行业。

完全竞争型行业的条件比较苛刻，现实中只有部分农产品生产行业比较接近其要求。

2. 垄断竞争型

垄断竞争型是指行业中有许多企业生产同一类产品，但相互之间是有差别的。其主要特点如下。

（1）生产同一类产品，但不同企业的产品之间是有差别的，其差别主要表现在质量、商标、尺寸、售后服务等方面。

（2）企业对产品的价格有一定的影响力。

（3）由于生产者众多，所有资源可以流动，进入该行业比较容易。

现实经济结构中，大部分行业属于此类行业，如服装行业、家电行业等。

3. 寡头垄断型

寡头垄断型是指一个行业中的少数几家大企业（称为“寡头”）控制了整个行业当中绝大部分产品的生产和销售。其主要特点如下。

（1）企业数量不多，而且彼此之间相互联系。每个企业的战略选择和变动都会给其他企业造成影响。

（2）企业对产品的价格具有很强的控制力。

（3）由于进入该行业十分困难，所以企业数量有限。

寡头垄断型行业在现实中是普遍存在的，如汽车行业和石化行业等。

4. 完全垄断型

完全垄断型是指一个行业中只有一家企业，全部的产品需求都由这一家企业提供。根据主体的不同，完全垄断型可分为政府垄断和私人垄断两种类型。完全垄断型的特点如下。

（1）一个行业仅有一家企业，其他企业根本无法进入该行业。

（2）产品没有替代性，所以企业能够完全控制产品的价格，是产品价格的制定者。

在现实经济生活中，公用事业（如铁路、煤气、自来水和邮电通信等），某些资本、技术高度密集型行业，以及稀有金属矿藏的开采等行业都属于完全垄断型行业。

对不同类型的行业，投资者应当采取不同的投资策略。对于完全竞争型行业，由于行业中的企业同质化较严重，很难形成自己的核心竞争力，投资者应以短线波段投资为主；对于垄断竞争型行业，由于行业中的企业存在一定的差异性，投资者应选择具有核心竞争力的企业，进行中长线操作；对于寡头垄断型行业，由于行业中企业数目不多，核心竞争力各不相同，投资者在选择标的后，应进行长线操作；对于完全垄断型行业，投资者应密切关注政策变化进行操作。不同类型行业应当采取的投资策略如下图所示。

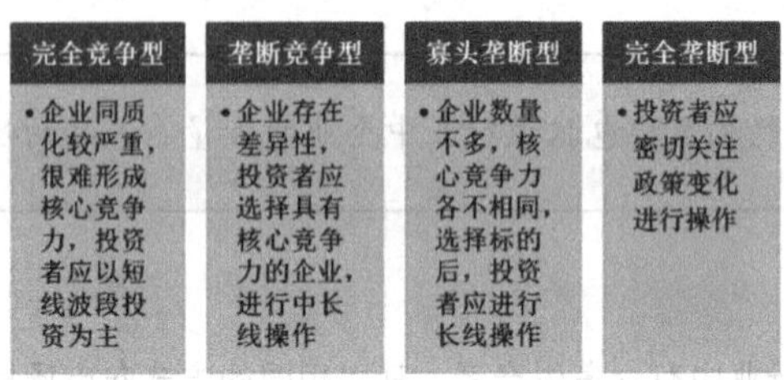

根据行业与国民经济总体周期变动关系的密切程度，可以将行业分为以下3类。

（1）发展型行业。发展型行业主要是指通过技术的突破和产品的研发，推出全新的产品引领消费需求的增长，或者通过不同的组合模式和全新的服务方法，增加产品销售量的行业。此类行业的投资回报率会比较高。投资者要想把握此类行业，除了要具备丰富的行业知识和经验外，更要具备敏锐的眼光，能够及时捕捉到新的投资机会。

（2）周期型行业。周期型行业与经济周期存在密切的关系。当周期型行业处在上升阶段时，发展迅猛，股价随之上涨；而一旦周期型行业出现下滑态势，其生存环境马上恶化，股价应声下跌。投资者要把握对应的经济周期，适时投资该类行业。周期性行业主要有煤炭、有色金属、贵金属、猪肉等行业。

（3）稳定型行业。稳定型行业主要是指消费需求相对固定，不会随着经济周期的波动而产生剧烈波动的行业，如食品行业等。通常情况下，由于此类行业变化不大，因此股价相对稳定，在经济处于下行状态时，此类股票将成为保值的标的。

行业的分类有很多种，这里不赘述。总之，投资者只有对行业进行全面、彻底的分析，才能更加清晰地了解某个行业的发展状况，以及它所处的行业生命周期阶段，并据此做出正确的投资决策。

4.2.2 行业生命周期

任何一个行业都有其生命周期。行业生命周期指行业从萌芽阶段到最终衰落与退出社会经济活动的动态过程。行业生命周期主要包括4个阶段：幼稚期、成长期、成熟期、衰退期。识别行业生命周期所处阶段的主要指标有市场增长率、需求增长率、产品品种、竞争者数量、进入壁垒及退出壁垒、技术变革、用户购买行为等。下面分别介绍行业生命周期各阶段的特征。

1. 幼稚期

在行业的幼稚期，产品设计尚未成熟，行业利润率较低，市场增长率较高，需求增长较快，技术变动较大，行业中的用户主要致力于开辟新用户、占领市场。此时，行业在技术上有很大的不确定性，在产品、市场、服务等策略上有很大的余地，对行业特点、行业竞争状况、用户特点等方面的信息掌握不多，行业进入壁垒较低。这一时期，行业处于萌芽阶段，技术发展不够稳定，投资回报率不高，同时伴随着巨大的风险，所以行业内企业的股价往往会大起大落。

2. 成长期

在行业的成长期，产品设计基本成熟，市场增长率很高，需求高速增长，技术渐趋定型，行业特点、行业竞争状况及用户特点已比较明朗，行业进入壁垒提高，产品品种及竞争者数量增多。这一时期是投资者进行投资的较好时期，行业加速发展，投资回报率较高，收益会随着行业效益的增长而增加。

3. 成熟期

在行业的成熟期，市场增长率不高，需求增长率不高，技术已经成熟，行业特点、行业竞争状况及用户特点非常清楚和稳定，买方市场形成，行业盈利能力下降，新产品和产品的新用途开发更为困难，行业进入壁垒很高。这一时期的投资回报率不高，不是最佳投资时期，而且很容易在顶点买入。

4. 衰退期

在行业的衰退期，市场开始趋向饱和，行业生产能力会出现过剩现象，技术被模仿后出现的替代品充斥市场，市场增长率严重下降，行业的生产规模甚至会出现收缩现象，需求下降，产品品种及竞争者数目减少，利润下降。投资者应在此时售出股票，并将资金投向成长型企业。

同花顺软件当中的【板块热点】是查看热点行业信息的板块。投资者可以在热门板块中挑选理想的个股。挑选的具体步骤如下。

❶选择【报价】—【板块热点】命令，如下左图所示，进入当天的热点板块界面。

❷在热点板块界面可以看到，HIT电池板块是当日涨幅最大的板块。界面左下角显示了该板块中的个股在当天的涨跌情况，按照涨幅由大到小依次排列，双击“帝科股份”，进入该股的分时图界面，如下右图所示。

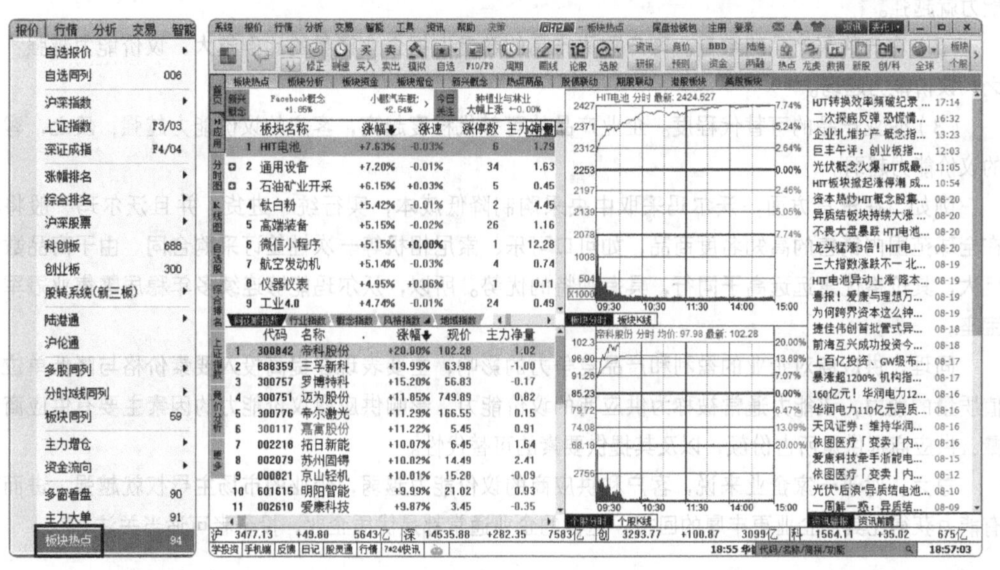

❸该股开盘就高开高走，上涨强劲，开盘一小时内就触及涨停，如下页图所示，由于是创业板个股，涨停幅度为20%。该股票当日封单较大，属于强势涨停，后市可期。

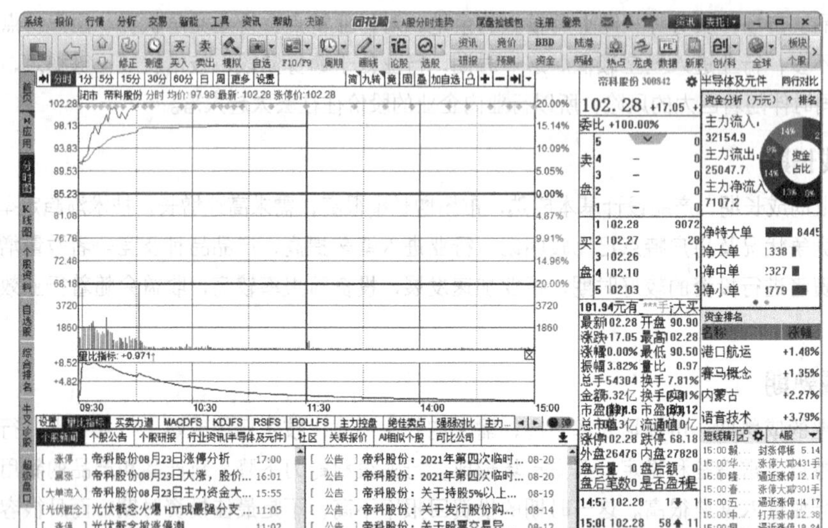

4.3 企业层面的基本面分析

通过分析企业的财务等因素，投资者可以更确切地把握企业目前的运营状况，并对企业未来的发展做出预测和判断，然后做出相应的投资决策。

4.3.1 客户和供应商

客户对企业的影响，主要表现在对产品的压价和要求企业提供更高的产品或服务质量的能力，该能力通常被称为客户的议价能力。影响客户议价能力的主要因素有以下3个。

（1）客户数量。客户数量越多，单个客户的议价能力就越弱；客户数量越少，单个客户的议价能力就越强。

（2）客户购买产品的数量。客户购买产品的数量占据企业销量的比例越大，议价能力越强；反之，议价能力越弱。

（3）企业产品的可替代程度。企业产品的可替代程度越高，客户的议价能力越强；反之，客户的议价能力越弱。

例如，在进货方面，沃尔玛采取中央采购制降低成本，实行统一进货，并且沃尔玛一般将其在全球范围内销售的高知名度商品，如可口可乐、索尼相机等一次性签订采购合同。由于商品数量巨大，其价格优惠远远高于同行，具有独特的优势。所以，沃尔玛能够连续多年稳居零售业冠军的宝座。

同理，供应商对企业的盈利和产品竞争力的影响，主要表现在提高投入要素价格与降低单位价值质量的能力，该能力通常被称为供应商的议价能力。影响供应商议价能力的因素主要有供应商数量、供应商提供量所占份额，以及其提供要素的可替代性。

总之，对于一家企业来说，客户和供应商的议价能力越弱，企业的市场主导权就越强，进而就有能力获得比其他企业更丰厚的回报。这样的企业通常都是优质企业，投资者可适当关注。

4.3.2 竞争者和潜在竞争者

为了获取有限的生产资料和客户资源，同行业的生产企业之间必然存在相当激烈的竞争。这些竞争通常表现为价格战、广告战、营销战等。通常来说，影响行业竞争激烈程度的因素有以下3个。

（1）竞争者的数量。整个行业中竞争者数量越多，竞争就越激烈，这是生存法则。

（2）进入行业的门槛。进入行业的门槛越低，就意味着将会有更多竞争者加入；进入行业的门槛越高，就会形成一个天然过滤器，过滤有想法但无条件的潜在竞争者。

（3）行业的发展程度。如果行业处在幼稚期，由于存在太多未知因素，竞争者数量不会太多，基本上不存在同业竞争；而行业进入成长期时，局外人纷纷加入，竞争自然会加剧。

潜在竞争者是指目前没有介入，但将来有可能会介入的非本行业企业。通常，企业比较重视本行业中的竞争者，对其信息掌握得比较全面，而对跨行业的潜在竞争者关注不够。但是，这些跨行业的潜在竞争者不仅能影响原来行业中企业的经营，甚至能够给原行业带来致命打击。

例如，苏宁和国美是两家大型的家电卖场，其经营业务几乎完全重叠，所以这两家企业都会密切注意对方的最新动态，而对局外人缺乏关注。为了获得更多市场份额，两家企业大打价格战，曾经多次成为社会的热点话题。然而，随着电子商务的迅猛发展，淘宝的线上购物模式颠覆了这两家企业的竞争格局，线上商家迅速占领大部分市场份额，倒逼着两家企业纷纷改变营销模式。

总之，对于一家企业来说，竞争者和潜在竞争者的能力不强或数量很少，企业就有更强的市场主导权，进而就有能力获得比其他企业更丰厚的回报。这样的企业通常都是优质企业，投资者可适当关注。

4.3.3 管理层和战略

战略观念是指管理主体在管理实践中从全局和长远出发，对管理客体和管理过程进行总体谋划的管理观念体系。管理主体的战略观念、战略思考和研究的能力，是管理者素质与才能产生差异的重要因素。因此，一个优秀的管理者必须始终坚持从全局和长远看问题，树立牢固的战略观念，研究发展战略问题，使战术服从于战略，近期服从于未来。必须指出的是，强调从战略角度看问题，并不是不干实事，恰恰是为了求得全面均衡发展，才使各种短期措施与长远目标有机地衔接起来。

例如，苹果公司成立3年就上市，公司发展很顺利。然而好景不长，不久后乔布斯因与公司董事会意见不一，被董事会挤出公司管理层。接下来因产品开发思路不能适应投资者的需求，苹果公司的业绩逐步走向下坡路。1996年乔布斯重返苹果公司时，苹果公司已经濒临破产。受命于危难之际的乔布斯开始大刀阔斧地改革，首先与以前的“宿敌”微软结成战略联盟，进行交叉授权。然后他凭借当年修习美术课的功底和对消费者心理的洞察，推出了炫目的iMac——半透明的外观、发光的鼠标、丰富的色彩、标新立异的构思和出色的工艺设计，使得iMac和随后的iMac二代、iBook等产品获得了一系列最佳称号，成为时尚的代名词。

一位优秀的企业家给企业带来的发展潜力是无限的。从某种角度来说，投资者投资企业，实际上是投资企业家以及他的企业发展战略。因此，充分了解企业的管理层和企业战略，投资者才能做出明智的决策。

4.3.4 企业经营状况

企业经营状况分析主要是指以企业公开的财务报表和其他相关资料为依据，并结合搜集到的各种与企业决策相关的信息进行分析的方法。企业经营状况指标通常包括以下几个方面。

1. 盈利能力

盈利能力（也称收益能力）是指企业获取利润的能力，也被称为企业的资金或资本增值能力，通常表现为一定时期内企业收益数额的多少及其水平的高低。盈利能力指标主要包括营业利润率、成本费用利润率、盈余现金保障倍数、总资产报酬率、净资产收益率和资本收益率6项。实务中，上市公司经常采用每股收益、每股股利、市盈率、每股净资产等指标评价其盈利能力。反映企业盈利能力的指标很多，通常使用的主要有销售净利率、销售毛利率、资产净利率、净资产收益率等。

2. 偿债能力

偿债能力是指企业用其资产偿还长期债务与短期债务的能力。企业有无支付现金的能力和偿还债务的能力，是企业能否健康生存和发展的关键。企业偿债能力是反映企业财务状况和经营能力的重要指标。偿债能力是企业偿还到期债务的承受能力或保证程度。企业偿债能力，静态地讲，就是用企业资产清偿企业债务的能力；动态地讲，就是用企业资产和经营过程创造的收益偿还债务的能力。

3. 营运能力

营运能力是指企业的经营运行能力，即企业运用各项资产以赚取利润的能力。企业营运能力的财务分析比率包括存货周转率、应收账款周转率、营业周期、流动资产周转率和总资产周转率等。这些比率揭示了企业资金周转的情况，反映了企业对经济资源管理和运用的效率。企业资金周转速度越快，流动性越高，企业的营运能力就越强，资产获取利润的速度就越快。

同花顺软件为投资者提供了多种分析企业的功能，其中的【基本资料】板块列出了股票的各项基本财务数据，帮助投资者更方便、直接地了解企业的财务状况。下面以长电科技（600584）为例进行说明。

❶打开同花顺软件，输入长电科技的大写汉语拼音首字母“CDKJ”，如下左图所示。

❷按【Enter】键确认，进入长电科技的分时图界面，如下右图所示。

同花顺键盘精灵

CDKJ

600584	长电科技	沪A
08026	朗华国际集团(…	港股
833240	弛达科技	股转
837473	创动空间	股转
838512	成德科技	股转

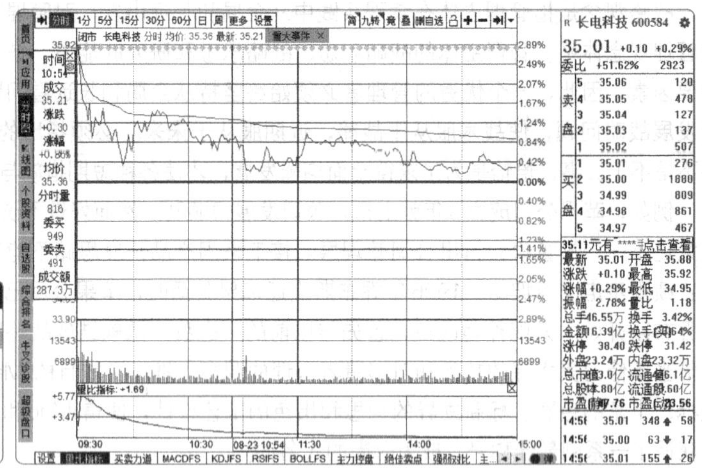

❸从键盘输入“11”，然后按【Enter】键确认，进入长电科技的【基本资料】界面，如右图所示。该界面包括股本结构、权息状况、资产状况、盈利能力、成长能力、偿债能力和现金保障7个维度的分析内容。

长电科技600584

【股本结构】							
总股数	17.80亿	流通股	13.60亿	B股	-	境外法人股	-
国家股	-	流通比例	76.41%	H股	-	股东总数	347,883
【权息状况】							
送股比率	0.00%	派息率	0.05%	配股价	0.00	除权日	20210716
转赠比率	0.00%	配股比率	0.00%	配股上市日	-	登记日	20210715
【资产状况】							
资产总计	359.8亿	负债合计	165.3亿	股东权益合计	194.5亿	公积金	149.8亿
【盈利能力】							
主营业务收入	138.2亿	主营业务利润率	10.52%	投资收益	2.84亿	每股净资产	10.93
主营业务利润	14.53亿	税后利润率	9.57%	净利润	13.22亿	每股盈利	0.74
【成长能力】							
主营增长率	15.39%	主营利润率	10.52%	总资产回报率	3.67%	税后利润率	9.57%
存货周转率	7.83%	净资产收益率	6.80%	资产倍率	1.73%	股东权益周转率	0.71%
【偿债能力】							
资产负债比率	45.91%	速动比率	78.49%	现金比率	0.28%	应收帐款周转率	3.77%
【现金保障】							
销售商品提供劳务收到的现金			147.9亿	现金及现金等价物净增加额			12.14亿
经营活动产生的现金流量净额			28.81亿	投资活动所产生的现金流量净额			-30.39亿

沪 3477.13 +49.80 5643亿 深 14535.88 +282.35 7583亿 创 3293.77 +100.87 3099亿 科 1564.11 +35.02 675亿

投资者也可以按【F10】键，在【个股资料】界面中获取该上市公司的信息。【个股资料】界面提供了公司上一季度的经营、财务状况和最新的新闻资讯，为投资者掌握实时信息提供了重要途径。另外，投资者也可从左侧的功能树中单击【个股资料】，或单击菜单栏的【F10/F9】按钮进入【个股资料】界面。下面仍以长电科技（600584）为例进行说明。

❶打开同花顺软件，进入长电科技的分时图。单击左侧功能树中的【个股资料】页签，进入长电科技的【个股资料】界面。投资者可以看到最新动态、公司资料、股东研究、经营分析、股本结构、资本运作、盈利预测等能够对投资决策产生重大影响的信息，如下图所示。

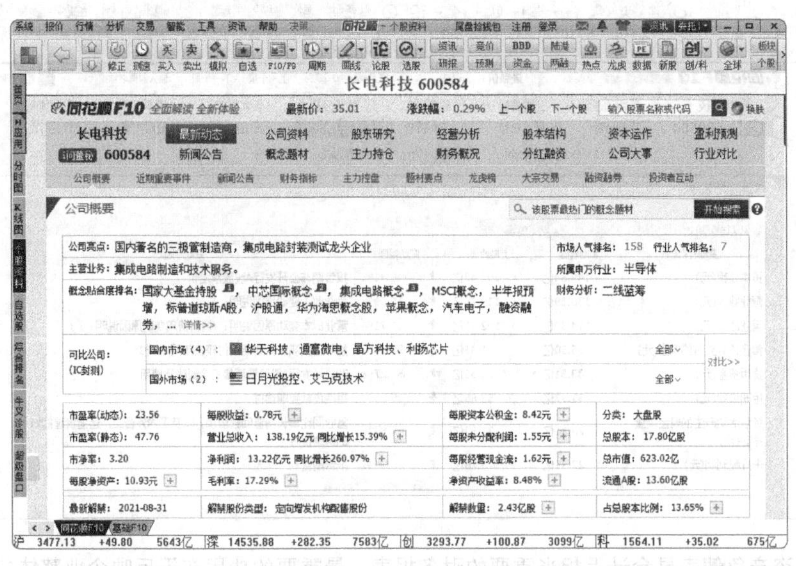

❷单击【财务概况】按钮，如下图所示，投资者可以查看公司的季报分析内容，通过不同的财务指标对个股进行诊断。

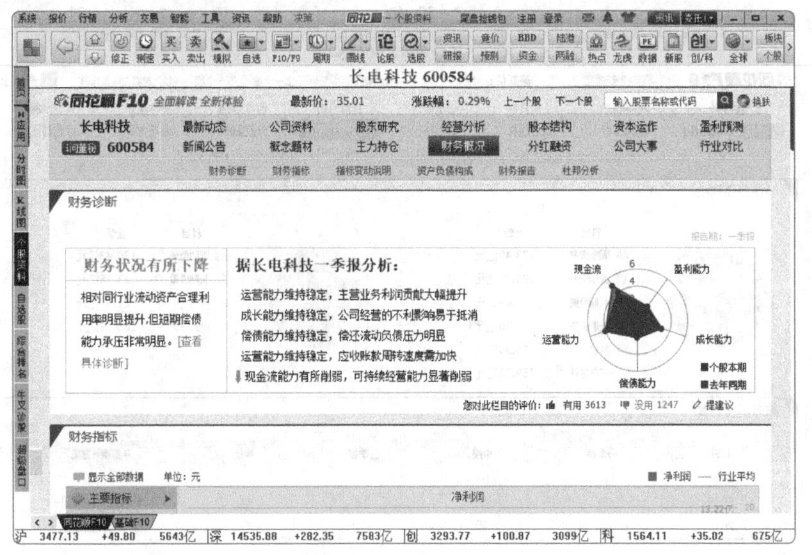

通过选择下图中不同的选项，可以查看不同维度的财务分析。

下页图为【指标变动说明】界面，投资者可以看到本期与上期相比财务指标的变化。首先，看营

收情况，如果营收增加、成本降低，对企业是利好；相反，如果营收减少，同时成本增加，对企业就是利空。其次，看企业偿债能力和现金流，如果一家上市公司的偿债能力强，现金流充裕，但是有较多借贷，其往往就是有问题的，这不符合正常的逻辑。例如，之前的康得新（002450）就存在大借大贷的情况，在最后审计时，发现账面上没有钱，财务出现巨大亏损，最后股价一落千丈，导致不得不退市。最后，看企业利润情况，若未分配利润高，则说明企业的盈利能力很强，值得投资；反之则说明企业经营不善，不值得投资。

长电科技 600584

指标变动说明

2021-06-30　2021-03-31　2020-12-31

变动科目	本期数值	上期数值	变动幅度	变动原因
资本公积(元)	149.84亿	102.42亿	↑ 46.31%	报告期非公开发行A股股票溢价
营业收入(元)	138.19亿	119.76亿	↑ 15.39%	营业收入变动原因说明：/
营业成本(元)	114.30亿	102.31亿	↑ 11.71%	营业成本变动原因说明：/销售费用变动原因说明：/
偿还债务支付的现金(元)	55.30亿	81.41亿	↓ 32.08%	整体借款减少，到期偿付较去年同期减少
货币资金(元)	33.81亿	22.35亿	↑ 51.27%	非公开发行A股股票募集资金到账及使用
短期借款(元)	31.97亿	52.88亿	↓ 39.55%	短期借款到期偿付
经营活动产生的现金流量净额(元)	28.81亿	21.52亿	↑ 33.87%	营收同比增长销售回款增加，以及国内外各工厂运营管理能力的持续提升
未分配利润(元)	27.51亿	15.18亿	↑ 81.25%	报告期盈利

企业的资产负债表是会计上相当重要的财务报表，最重要的功用在于反映企业整体的经营状况。下图为长电科技的【资产负债构成】界面。

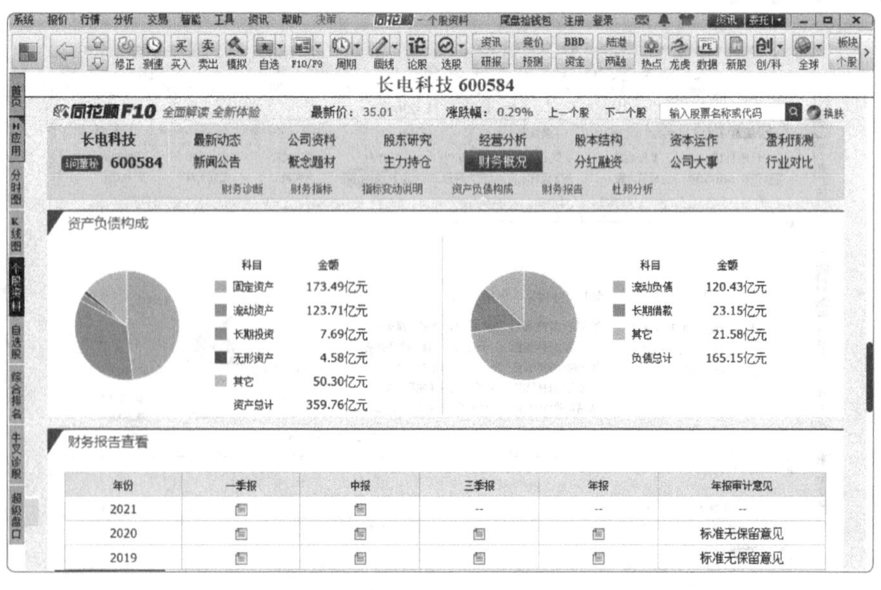

长电科技 600584

资产负债构成

科目	金额
固定资产	173.49亿元
流动资产	123.71亿元
长期投资	7.69亿元
无形资产	4.58亿元
其它	50.30亿元
资产总计	359.76亿元

科目	金额
流动负债	120.43亿元
长期借款	23.15亿元
其它	21.58亿元
负债总计	165.15亿元

财务报告查看

年份	一季报	中报	三季报	年报	年报审计意见
2021			--	--	--
2020					标准无保留意见
2019					标准无保留意见

4.4 基本面分析误区

基本面分析法是市场分析方法中最科学实用的方法之一，但很多投资者不能真正理解基本面分析的应用条件和应用环境，盲目崇尚基本面分析，导致陷入基本面分析误区。

4.4.1 舆论误导

舆论误导主要指主力或者机构利用信息传播手段，故意吹捧某一个行业或形势，使投资者盲目跟风进入。

股价过快上涨时，投资者情绪通常会过分高涨，到最后会造成股价虚高，出现大量泡沫的情况。然后情绪回落，股价也像泡沫破碎一样回归正常的估值水平，这种情况在股市中屡见不鲜。其实，会出现此类问题，除投资者本身有一定的错误判断之外，舆论宣传也不能完全脱离干系。因为在股价上涨的过程中，舆论一般会侧重报道利好因素，以此来吸引更多投资者加入，而更多新资金的投入会引来更加猛烈的报道，如此循环。之前的庄股时代，庄家就是利用投资者这种跟风的特性，通过舆论造势，进而达到建仓、出货的目的，收获暴利。

例如，2008年世界金融危机爆发后，媒体报道说对我国影响不大，我国只要扩大内需就能解决问题，因此A股可以说是“一枝独秀”。为了避免打击投资者的信心，舆论也有意无意地对A股存在的问题视而不见，甚至反过来给投资者打气。由于上述偏差，投资者获取了错误的市场信息，以为股价又将开启新一轮上涨，于是盲目乐观，当股价突然暴跌时便被打了个措手不及。这是给投资者的提醒：不应盲目跟风，应该形成自主的价值判断。

4.4.2 简单类比

简单类比主要是指没有逻辑的分析和对比，片面地认为热门行业的企业股价普遍比较高，价格偏低的股票肯定存在补涨的机会，于是大举买入。

事实上，股票不应简单类比，这个领域的某只股票价格上涨，不表明其他股票价格也会上涨。不同企业的内部管理水平、产品结构、市场环境以及客户群体都存在差异，甚至管理层的一些偏好也会影响股价，如有的企业管理层只是想利用股票来套现，并没有真正经营企业，其目的就是让个人投资者接盘。还有的投资者在收集了行业中不同的个股资料之后，选择买行业内价格低的股票，认为可以多买一些。殊不知便宜的股票有便宜的道理，贵的股票有贵的价值。单价贵的股票其实自带投资门槛，如贵州茅台（600519）最贵的时候，买一手需要262 788元，这直接就形成了很高的投资门槛，高昂的单价直接把部分个人投资者挡在了门外。确实，贵州茅台的投资者大部分都是机构投资者，而它们在熊市当中就互相抱团得以让股价坚挺。

4.4.3 以偏概全

以偏概全主要体现在发现企业有优点，就把企业当成优质投资标的，把财务指标分析当成企业的整个价值分析。

投资者通过财务数据来评估股票价值实际上是从1996年开始的。1996年年初，市场逐渐活跃起来，为了进一步激活股市，引导市场注重“绩优”的理念，深圳证券交易所举办了“20家绩优企业”的评选，主要依据就是财务指标，如每股收益、每股净资产、净资产收益率、资产负债率、流动比率等。应该说，上述指标都是对上市公司及其价值研究的结果。但是，如果把这些指标用到股票投资上，就会发现这些指标对股票投资几乎没有直接用途。例如，按照上述方法选出的企业且不论能否保证今后仍然“绩优”，即便可以，由于没有和股价直接联系，无从判断其股价是否被市场高估或低估，所以这些指标对股票投资就没有直接作用。当然，上述研究可能纯粹是就企业的某一方面研究而言的，并非针对具体选股，但在股市上，这些指标很容易被人理解为“价值评估”。

在此要特别提醒投资者，企业的财务数据是为了更加科学地反映企业某一方面的特质，并不代表企业的实际价值。因为，企业的很多内在价值是无法通过数据表现的。所以，投资者在判断一个

企业是否具有投资价值时，财务数据是很重要的一方面，但不是全部。如果想更加全面地了解一个企业，投资者需要了解财务数据以外的综合信息，这样才不会被财务数据蒙蔽双眼。因为，个别企业为了获得投资者的青睐，会通过财务造假的方法来骗取投资。

投资者需要做的是，综合多种财务指标进行多种层面的分析，尽可能了解企业的全部资料，在此基础上做出综合判断，这样才能有效避免损失，取得相对合理的投资收益。

高手支招

技巧　如何高效读懂企业年报

查看企业的年报，投资者需重点关注财务报告、会计资料和业务资料、董事会报告三大部分。

财务报告由审计报告、资产负债表、损益表、现金流量表等组成。这些资料是企业日常经营活动的记录形式。投资者充分了解这些资料，不仅能有效提高阅读年报的效率，也能对企业有更深层次的认识。

会计资料和业务资料主要给投资者提供企业盈利能力、偿债能力、经营能力等技术指标数据，让投资者对企业的竞争力有直观感受，并最终有效地指导投资者的投资行为。

董事会报告能够透露出企业的战略布局或战略谋划，便于投资者对企业未来的发展有更加清楚的认识。

第5章　单K线分析

本章引语

以目而视，得形之粗者也；以智而视，得形之微者也。

——刘禹锡《天论中》

用眼睛去看事物，只能看到事物粗略的概貌；以智慧去看事物，才能看到事物的细小精微之处，看到事物的本质。投资者在投资股票时，不仅要注意K线的形状，更应该分析K线背后的买卖信息，这样才能更精准地预测股价的未来趋势，把握合理的买卖时机。

K线，作为一种记录价格的工具，在股票市场和期货市场中被广泛采用。因此，投资者要入市炒股，第一步就要认识K线。

本章要点

★常见K线

★K线图与分时图

5.1 认识K线

日用消费品的价格变动，通常用价格变动表反映。同样，股市的股价每天都不一样，有涨有跌。通常用K线反映股价的历史变动情况。

5.1.1 K线与K线图的概念

K线又称日本线、阴阳线、棒线等。K线起源于日本18世纪德川幕府时代（1603—1867）的米市交易，用来计算米价每天的涨跌。因其标画方法独特，人们把它引入股票市场价格走势的分析中。经过发展，K线已经被广泛应用于股票、期货、外汇、期权等证券市场。

K线是技术分析的一种工具，在日本早期的米市用于记录开盘价、收盘价、最高价及最低价，阳烛代表当日升市，阴烛代表跌市。由于用这种方法绘制出来的图形颇似蜡烛，加上这些蜡烛有黑白之分，因而K线也叫阴阳线。

开盘价和收盘价之间是K线实体。K线实体的上下方各有一条竖线，上方的是上影线，表示当天股价曾达到的最高价；下方的是下影线，表示当天股价曾达到的最低价。如果收盘价高于开盘价，K线就用红色或者空心显示，称为阳线；反之，如果收盘价低于开盘价，K线就用绿色或实心显示，称为阴线。K线如下图所示。

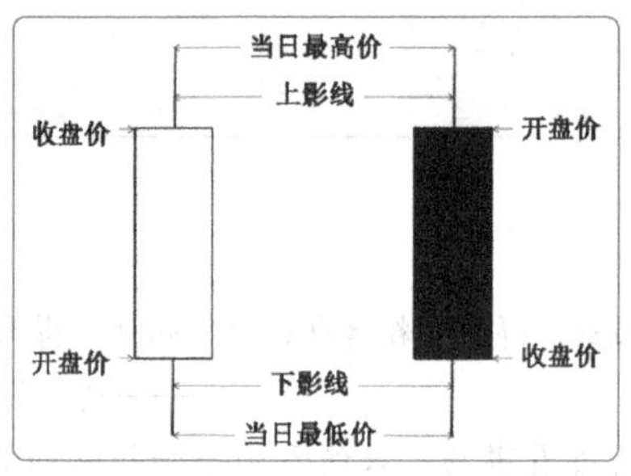

股市的K线包含4个数据，即开盘价、当日最高价、当日最低价、收盘价。所有K线都围绕这4个数据展开，来反映大势的状况和价格信息。如果把每日的K线图放在一张纸上，就能得到日K线图，同样也可画出周K线图、月K线图。

根据形态的不同，K线可以分为光头光脚K线、大阳或大阴K线、十字星K线、螺旋桨K线、T字K线、锤子K线、一字K线等，后面会详细介绍。

根据时间周期的不同，K线图可以分为1分钟K线图、5分钟K线图、15分钟K线图、30分钟K线图、60分钟K线图、日K线图、周K线图、月K线图等。其中的周K线图、月K线图为长期K线图，其他都为短期K线图。每一种K线的使用范围都是不同的，投资者根据操盘时间的不同，可以选择不同的K线进行参考。下面对同一只股票的月K线图、周K线图和日K线图进行介绍。

提示

同样的K线组合，周期越长，其反映的行情越真实，所以月K线图反映的行情最真实，周K线图其次，日K线图最次。因此，投资者通过日K线图预测后市时，最好结合周K线图和月K线图进行分析。

月K线图以当月第一个交易日的开盘价为开盘价，以当月最后一个交易日的收盘价为收盘价，上影线的顶点代表当月最高价，下影线的最低点代表当月最低价。如果是光头光脚的阳线，则K线的开盘价就是最低价，K线的收盘价为最高价；如果是光头光脚的阴线，则开盘价为最高价，收盘价为最低价。月K线图可以全面、清晰地反映股票的长期走势，每一根K线都表示这一个月的所有投资者进行交易的股价区间。投资者可以通过月K线图对个股和各种指数的长期走势进行分析。下图为朗姿股份（002612）的月K线图。

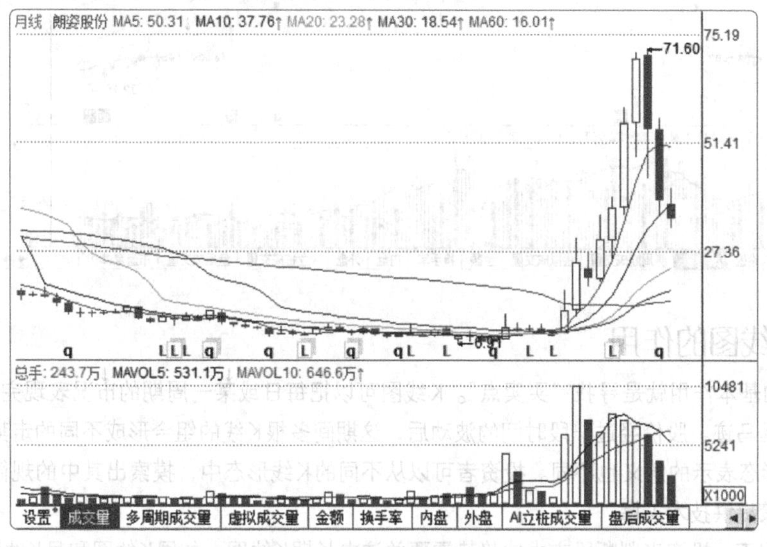

周K线图是以当周周一的开盘价为开盘价，以当周周五的收盘价为收盘价。周K线上影线的顶点代表当周最高价，下影线的最低点代表当周最低价。如果是光头光脚的阳线，则周K线的开盘价为最低价，周K线的收盘价为最高价；如果是光头光脚的阴线，则周K线的开盘价为最高价，周K线的收盘价为最低价。周K线图准确、客观地反映了股票中长期的走势情况，投资者据此可以把握股票的中长期走势，进行中长期投资分析。下图为朗姿股份（002612）的周K线图。

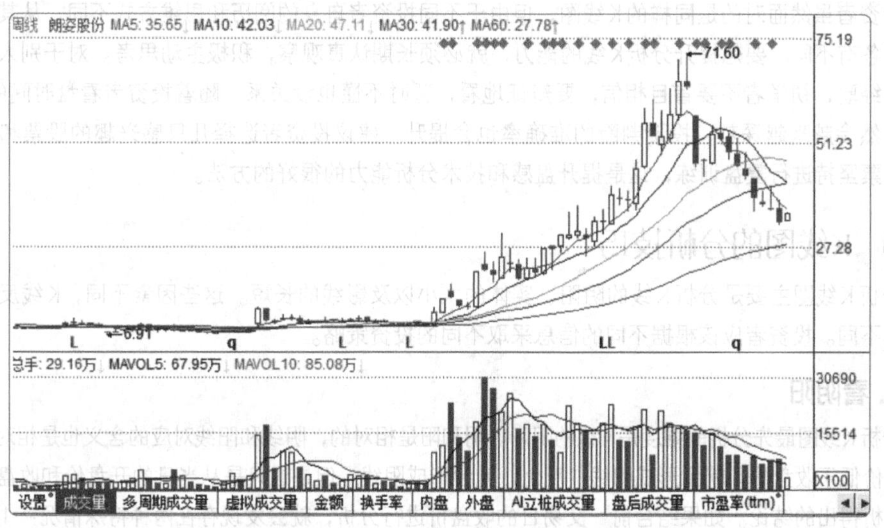

日K线图是以当天的开盘价为开盘价，以当天的收盘价为收盘价，上影线的顶点代表当日最高价，下影线的最低点代表当日最低价。日K线图准确、客观地反映了股票短期的变动情况，投资者据此可以把握股票的短期变化趋势，进行短期投资分析。下页图为朗姿股份（002612）的日K线图。

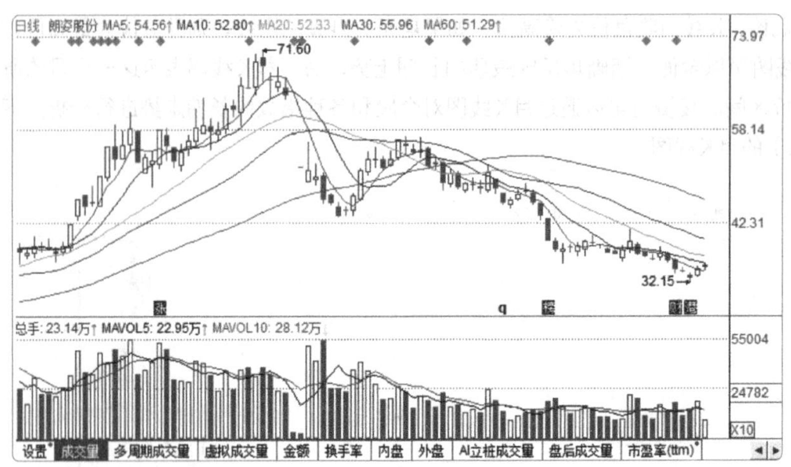

5.1.2 K线图的作用

K线图的基本作用就是寻找"买卖点"。K线图可以把每日或某一周期的市况表现完全记录下来，展现某些蛛丝马迹。股价经过一段时间的波动后，这期间多根K线的组合形成不同的走势和形态，而不同的K线形态表示的意义也不同。投资者可以从不同的K线形态中，摸索出其中的规律，进而为自己的投资决策提供技术支撑。

通常情况下，投资者判断股市大体趋势需要关注中长期K线图，如周K线图和月K线图。如果周K线图和月K线图处在相对较高的位置，表明股价已经处在相对高位，下跌风险比较大。因此，投资者要注意控制仓位，重仓时尽早减仓止盈，轻仓时以观望为主。如果周K线图和月K线图处在相对较低的位置，表明股价相对较低，但是低位并不能表示继续下探的风险较小，只能表明下跌空间没有那么大。此时投资者不应盲目卖出，如果空仓，可以先小资金买入股票，等走出转向的趋势之后再加仓。这就需要投资者运用短期K线图找到适合的买点介入，这样才能使利润最大化。卖出股票的道理也是一样的。

投资者虽然面对的是同样的K线图，但由于不同投资者自身的阅历和思维方式不同，从其中得到的领悟各有不同。要想提升分析K线的能力，就必须长期认真观察，积极主动思考。对于别人的投资技巧和经验，初学者不要盲目相信，要辩证地看，暂时不懂也没关系，随着投资者看盘时间的增加，领悟自然会越来越深刻，投资判断的准确率也会提升。建议投资者选择几只感兴趣的股票和每日的涨停股票坚持进行复盘训练，这是提升盘感和技术分析能力的很好的方法。

5.1.3 K线图的分析技巧

分析K线图主要是分析K线的阴阳、实体的大小以及影线的长短。这些因素不同，K线反映的信息也就不同。投资者应该根据不同的信息采取不同的投资策略。

1. 看阴阳

分析K线图最先分析的维度是K线的阴阳。阴和阳是相对的，阴线和阳线对应的含义也是相对的。当日开盘价低于收盘价，就会形成阳线；反之，就会形成阴线。但是这只是从当日的开盘价和收盘价这个维度分析得出的结论。如果结合前一交易日的收盘价进行分析，就会发现存在两种特殊情况：①当日收盘价高于开盘价，走出阳线，但是当日收盘价低于前一交易日的收盘价，这样的阳线被称为假阳线；②当日收盘价低于开盘价，走出阴线，但是当日收盘价高于前一交易日的收盘价，这样的阴线被称为假阴线。

下页图是西部矿业（601168）2021年7月至8月的日K线图。2021年7月12日是一根跳空的阴线，当日涨幅为1.97%，所以是一根假阴线。2021年8月9日是一根锤子线阳线，但是当日跌幅为1.21%，所以是一根假阳线。

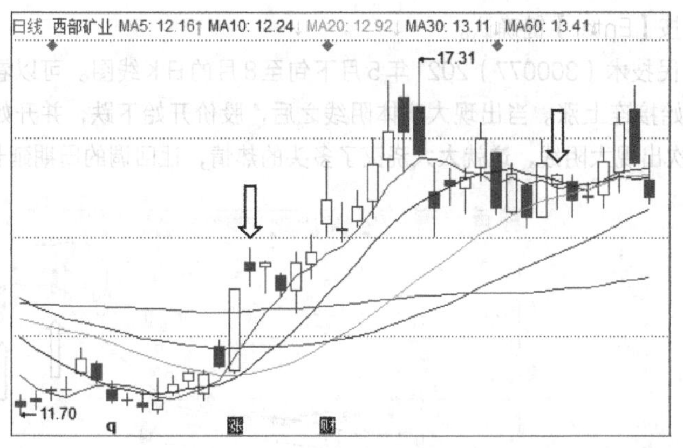

K线的阴阳就是涨跌，由市场的供求关系决定，是多、空双方博弈的结果。通常，股价的涨跌都具有一定的趋势，就像高速行驶的汽车不会马上停或马上转向一样。所以，如果出现大量阳线，尤其是多个交易日出现小阳线，就说明多头力量强，通常会沿着上涨趋势上行，在后期涨幅可能会进一步增大；反之，如果出现大量小阴线，则很可能会沿着下跌趋势进一步下跌。投资者应该顺势而为，卖出手中的股票。

下面以英威腾（002334）为例进行说明。

❶打开同花顺软件，输入英威腾的股票代码“002334”（见下左图）或其大写的汉语拼音首字母“YWT”，按【Enter】键确认。

❷下右图为英威腾（002334）2021年6月至8月的日K线图。从图中不难看出6月至7月，小阳线居多，小阳线攒多了就容易出现大阳线。果不其然，在2021年7月20日，走出一根大阳线。总的来看，左边阳线占优，股价处于上升阶段；右边阴线占优，股价短线回调。但是股价在上升阶段会出现阴线，是股价回调的正常现象。若出现的阴线数量很少，且成交量不大，就不会改变股价原来的走势。不过，当股价处于顶部或底部的时候，投资者需要特别注意，因为这时候出现不一样的K线可能就是股价开始反转的信号。

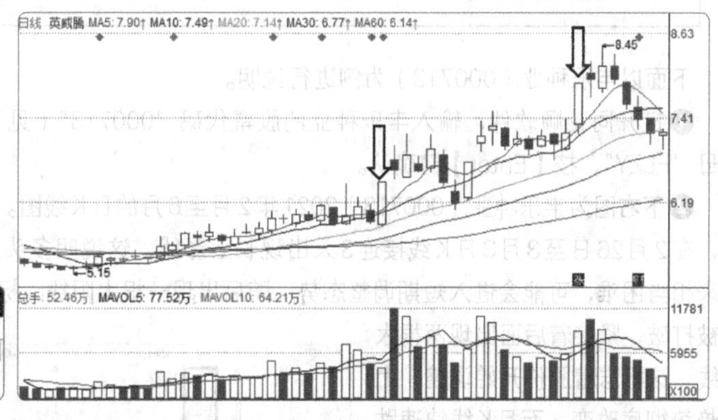

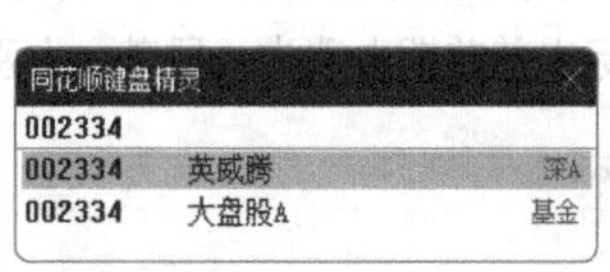

2. 看实体

实体大小可以更精确地表现出多、空双方的力量对比。K线实体越大，显示出多方或空方当天占据的优势越大，对于后续股价上涨或下跌的支撑也越大。而实体越小，显示出多、空双方基本上势均力敌，不能对后续股价的走势指明方向，所以小阴线和小阳线不足以带动股价走势。换句话说，阳线实体的大小与股份上涨的动力成正比，阴线实体的大小与股价下跌的动力成正比。

下面以国民技术（300077）为例进行说明。

❶打开同花顺软件，输入国民技术的股票代码“300077”（见下页左图）或其大写的汉语拼音

首字母“GMJS”，按【Enter】键确认。

❷下右图为国民技术（300077）2021年5月下旬至8月的日K线图。可以看到，当出现大实体阳线之后，股价开始接连上涨。当出现大实体阴线之后，股价开始下跌，并开始进入调整趋势，在横盘了几日之后再次出现大阴线，这就大大浇灭了多头的热情，让回调的周期延长。

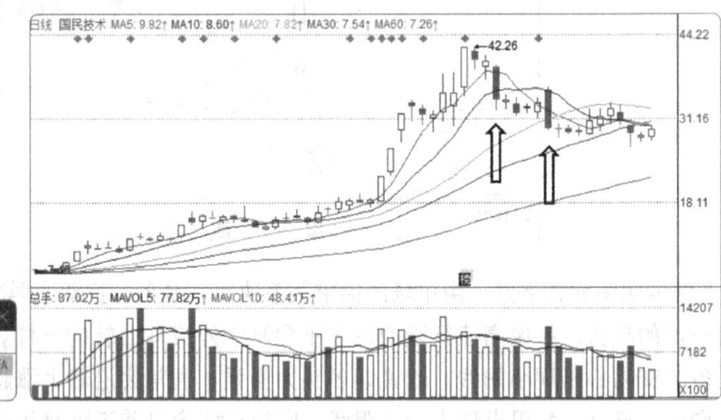

3. 看影线

K线的影线可以体现出股价多、空哪一方的力量更强。出现长上影线，是因为上涨的阻力较大；反之，是因为上涨的动力较大。不管K线是阳线还是阴线，K线上的影线越长，越不利于股价朝影线的方向变动，即上影线越长，说明空头阻力较大，多头不能有效突破，股价继续上涨的可能性较小；下影线越长，说明多头阻力较大，空头不能形成有效跌破，股价继续下跌将出现抵抗。投资者可利用这些信息识顶逃顶、识底抄底。

提示

主力出货不可能做到毫无预兆，如果一只股票的价格前期已经大涨，突然出现带长上影线的K线，成交量放大，很可能是主力出货所留下来的痕迹，投资者此时应该谨慎操作。

下面以丰乐种业（000713）为例进行说明。

❶打开同花顺软件，输入丰乐种业的股票代码“000713”（见下左图）或其大写的汉语拼音首字母“FLZY”，按【Enter】键确认。

❷下右图为丰乐种业（000713）2021年2月至6月的日K线图。该股票股价在经历了一波上涨之后，在2月26日至3月3日K线接连3天出现长上影线，这说明多头上攻受阻，阶段顶部形成，突破起来相当困难，可能会进入短期调整态势。随后出现一根大阴线，标志着前期上涨告一段落，上涨趋势被打破，紧接着后面出现两根大阴线，这标志着股价开始调整，上涨趋势彻底改变，而且K线快速跌破均线，从原来的由均线支撑转变为受均线压制，形成熊市形态。

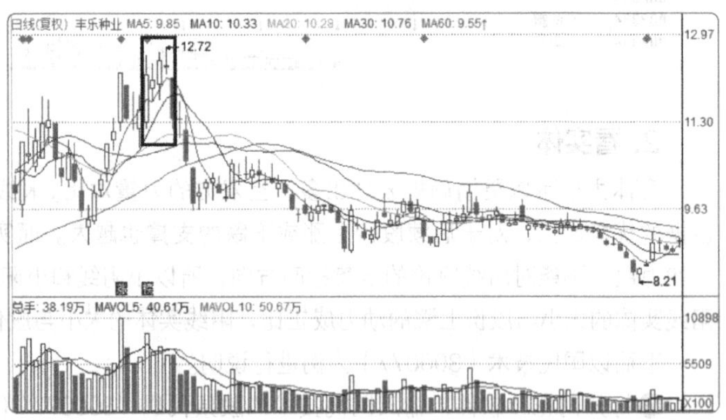

5.2 常见K线

K线存在各种各样的类型，根据其形态特征可以将其大致分为6种形态，同一种形态的K线，在不同趋势下的含义有所不同。本节将按照K线出现的频率以及大概率对后市走势的影响，介绍常见的K线类型。

5.2.1 一字线

一字线是指以涨停板或跌停板开盘，全天直到收盘始终在涨停板或跌停板价格成交，即当日的开盘价、收盘价、最低价、最高价是同一个价格。因此其形态为“一”字，形象地称其为一字线，如右图所示。

A股市场在未形成涨、跌停板制度之前，一字线是交易冷清的表现。在实行了涨、跌停板制度之后，一字线受到了投资者的格外关注。在上涨初期出现一字线，投资者可以理解为股票出现了重大利好，应该积极跟进买入，第一个交易日没有买入，第二个交易日还可以继续跟进买入。因为出现一字线通常表明该股上涨动力很强，持续上涨的可能性非常大。但是，如果已经连续出现了多个一字线，股价上涨幅度过大、风险较大，建议投资者不要继续跟进，规避短期风险。下跌初期出现一字线，投资者应果断平仓出货，如果担心后面接着大涨可以先卖出一半仓位，等待股价跌破5日均线再卖出另一半仓位。如果出现跌停的一字线，投资者一定要积极挂单卖出，因为主力第二天很有可能接着出货。如果连续出现多个下跌的一字线，并且企业并没有出现类似于财务造假、重大信用风险等严重的可能直接导致企业倒闭的利空，投资者如果在前几个一字跌停交易日没有顺利卖出，也可以等股价反弹后再卖出。

下面以金发拉比（002762）为例进行说明。

❶打开同花顺软件，输入金发拉比的股票代码“002762”（见下左图）或其大写的汉语拼音首字母“JFLB”，按【Enter】键确认。

❷下右图为金发拉比（002762）2021年2月至5月的日K线图。金发拉比日K线图出现6个一字线之后的两天，打破一字涨停形态，虽然前期已经出现了6个涨停板，但是也不建议投资者贸然介入。如果想买入，也只能小单量买入。由于该公司收购了两家整形医院，从原来的母婴概念转变为医美概念，而且正值医美概念大火，因此该股后市连续出现2个涨停板。如果不是因为恰逢时机，后面可能不会上涨，投资者容易高位被套。

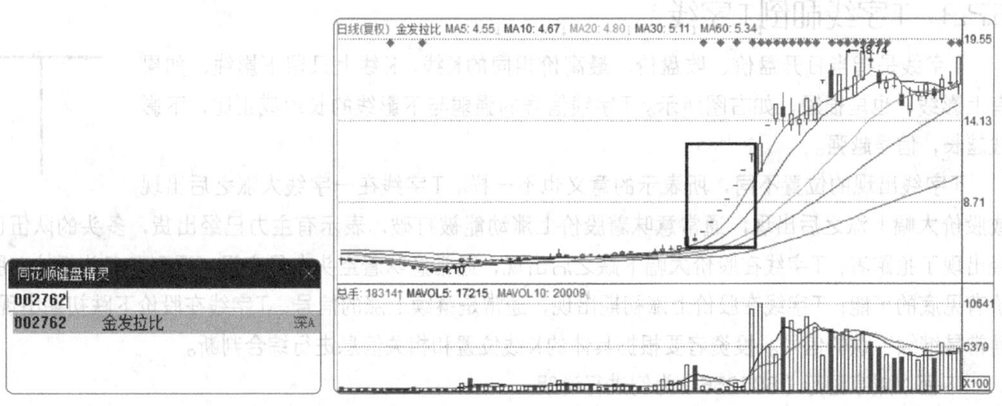

5.2.2 光头光脚阳线和光头光脚阴线

光头光脚阳线是指开盘价为当日最低价，收盘价为当日最高价的K线；光头光脚阴线是指开盘价

为当日最高价，收盘价为当日最低价的K线。所以，严格意义上的光头光脚阳线和光头光脚阴线都没有上、下影线，如右图所示。有时，如果影线很短，也可以认为没有影线，近似看作光头光脚线。通常，把当日涨跌幅在1.5%以内的K线定义为小阳线、小阴线，把涨跌幅在1.5%～ 5%的K线定义为中阳线、中阴线，把涨跌幅大于5%的K线定义为大阳线、大阴线。

光头光脚的中、大阳线、阴线具有极强的信号作用。如果股价处在底部，此时出现光头光脚的中、大阳线，表示股价逐步企稳、准备拉升，如果再加上成交量的配合，将大概率出现反转行情。如果在横盘整理期间出现中、大阳线，很可能是主力进行突破的明确信号，后市看涨，投资者可果断跟进。如果中、大阴线出现在顶部，极有可能是转势信号，出现在横盘整理期间是突破下行的信号。

下面以包钢股份（600010）为例进行说明。

❶打开同花顺软件，输入包钢股份的股票代码“600010”（见下左图）或其大写的汉语拼音首字母“BGGF”，按【Enter】键确认。

❷下右图为包钢股份（600010）2021年6月中旬至8月的日K线图。可以看到，光脚大阳线出现在底部区域，这预示着股价将触底反弹，是反转信号，因为光头光脚阳线出现在底部区域或者刚启动的位置，后市上涨的概率较大。

同花顺键盘精灵
600010
600010 包钢股份 沪A

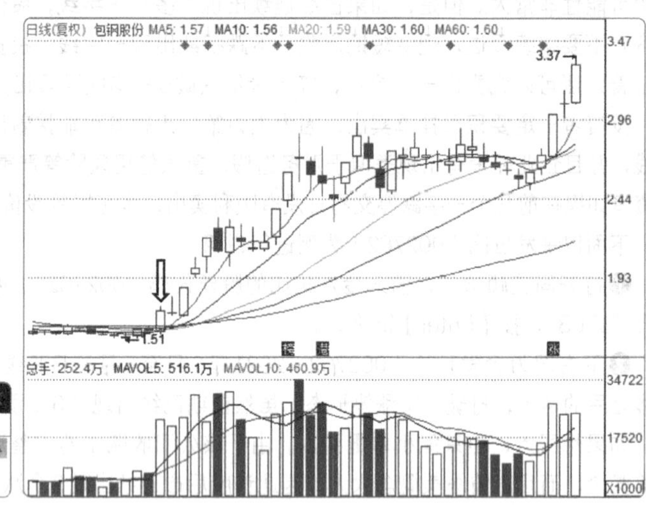

5.2.3 T字线和倒T字线

T字线是指当日开盘价、收盘价、最高价相同的K线，K线上只留下影线，如果有上影线，也是很短，如右图所示。T字线信号的强弱与下影线的长短成正比，下影线越长，信号越强。

T字线出现的位置不同，所表示的意义也不一样。T字线在一字线大涨之后出现或股价大幅上涨之后出现，通常意味着股价上涨动能被打破，表示有主力已经出货，多头的队伍已经出现了抢跑者；T字线在股价大幅下跌之后出现，通常意味着空头力量衰竭，遇到了多头抵抗，股价有见底的可能；T字线在股价上涨初期出现，通常是继续上涨的信号；T字线在股价下跌初期出现，通常是继续下跌的信号。投资者要根据具体的K线位置和相关信息进行综合判断。

下面以咸亨国际（605056）为例进行说明。

❶打开同花顺软件，输入咸亨国际的股票代码“605056”（见下页左图）或其大写的汉语拼音首字母“XHGJ”，按【Enter】键确认。

❷下页右图是咸亨国际（605056）2021年7月至8月的日K线图。可以看到，该股股价在上升

途中出现了两次T字线，并且在每次出现T字线之后股价都开始下跌，预示着空头力量已经介入，多头队伍已经有人离场，是见顶的信号，投资者此时不可贸然介入。

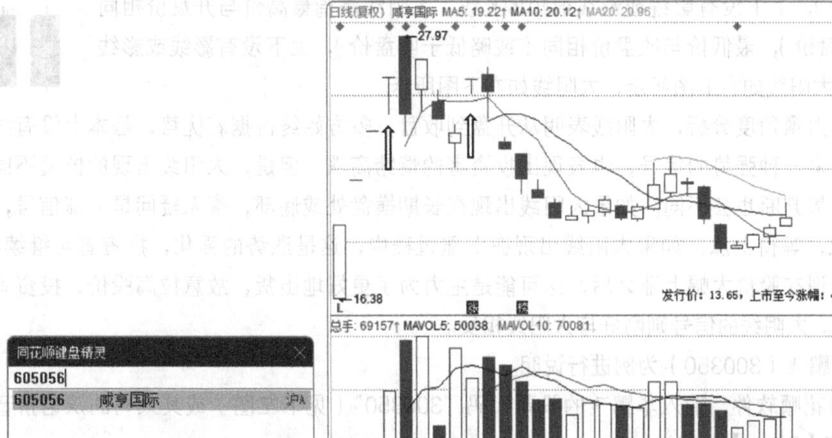

倒T字线是指开盘价、收盘价、最低价为同一价格，形成“一”字，但最高价与之有相当距离，因而留下一根上影线的K线，构成倒“T”字图形，如右图所示。倒T字线的上影线越长，说明空头试探的力度越大，趋势反转的信号越可靠。

在上升趋势中出现倒T字线，通常称为上档倒T字线或下跌转折线。开盘时股价趁着上涨趋势继续走高，在空方的打压下，股价跌至开盘价，表明多方力量衰竭，上涨动力不足。此时，投资者应该以轻仓或观望为主。如果在一轮下跌趋势的末期出现倒T字线，通常视为股价止跌信号。

下面以*ST宝德（300023）为例进行说明。

❶打开同花顺软件，输入*ST宝德的股票代码“300023”（见下左图）或其大写的汉语拼音首字母“STBD”，按【Enter】键确认。

❷下右图为*ST宝德（300023）2021年4月至6月的日K线图。可以看到，该股在横盘调整之后突然遭遇利空，开始下跌，在下跌期间出现了倒T字线，说明已经有资金开始介入接盘，可以看作股价止跌的信号，结合后面的K线走势也不难看出，股价开启反弹并恢复到前期的震荡区间。

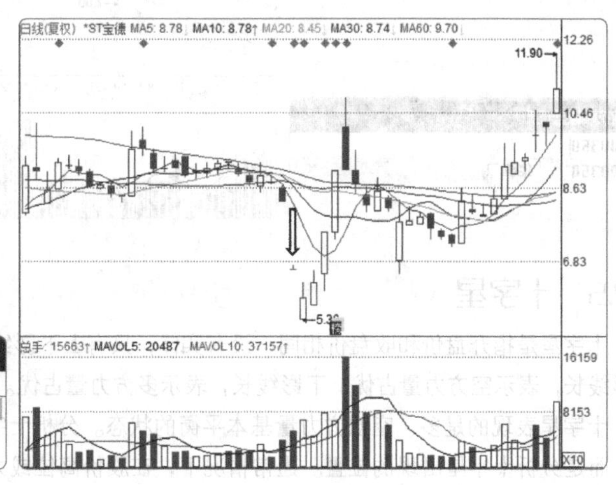

5.2.4 大阳线和大阴线

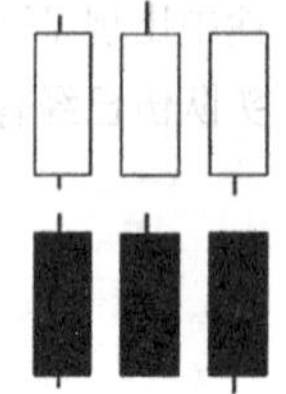

大阳线是指最高价与收盘价相同（或略高于收盘价），最低价与开盘价相同（或略低于开盘价），上下没有影线或影线很短的K线。大阴线是指最高价与开盘价相同（或略高于开盘价），最低价与收盘价相同（或略低于收盘价），上下没有影线或影线很短的K线。大阳线如右上图所示，大阴线如右下图所示。

从多、空力量角度分析，大阳线表明从开盘到收盘，多方始终占据着优势，基本上没有给空方任何机会。这是一种强势的信号，也表现出投资者的情绪高涨。但是，大阳线出现的位置不同，对未来股价的走势判断也会不同。如果大阳线出现在长期横盘处或底部，毫无疑问是上涨信号，投资者可果断买入，等待上涨；如果大阳线出现在上涨过程中，这是涨势的强化，投资者可继续持有；如果大阳线出现在股价大幅上涨之后，这可能是主力为了更好地出货，故意拉高股价，投资者最好尽早落袋为安。大阴线的信号则刚好与大阳线相反。

下面以华鹏飞（300350）为例进行说明。

❶打开同花顺软件，输入华鹏飞的股票代码“300350”（见下左图）或其大写的汉语拼音首字母“HPF”，按【Enter】键确认。

❷下右图为华鹏飞（300350）2021年6月至8月的日K线图。可以看到，图中出现了多根大阳线，但是在不同的位置表示的含义不同。在上涨初期的第一根大阳线表示横盘震荡结束，这一时期的特点是大阳线刚刚在均线的上方。在上涨中期出现大阳线表示多头的动力强劲，但是这时已错失了好买点，胆大的投资者可轻仓跟进。在上涨末期出现大阳线大概率是见顶信号，这需要结合后面的K线进行判断。果然，上涨末期的大阳线后面紧跟了一根中阴线，并且后面3个交易日均跌破了5日均线，构成顶部特征，投资者应该及时止盈，不再买入。

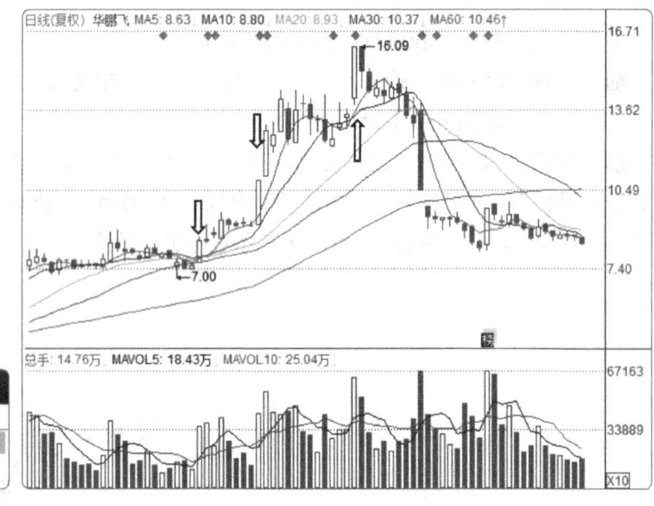

5.2.5 十字星

十字星是指开盘价和收盘价相同，没有实体，只有上下影线的K线，如右图所示。上影线长，表示空方力量占优；下影线长，表示多方力量占优。

十字星表现的是多、空双方力量基本平衡的状态。分析十字星，主要不是分析阴阳，而是分析十字星出现的位置。通常情况下，在股价高位或大幅上涨过后出现十字星，是见顶信号，行情反转下跌的可能性较大；在股价低位或大幅下跌过后出现十字星，是见底信号，行情反转上升的可能性较大；在涨势、跌势或横盘过程中出现十字星，基本上不能改变原有走势，继续维持原来的趋势发展。总的来说，十字星往往预示着市场到了一个转折点，投资者需要密切关注，及时调整操盘的策略，做好应变的准备。

下面以中国天楹（000035）为例进行说明。

❶打开同花顺软件，输入中国天楹的股票代码“000035”（见下左图）或其大写的汉语拼音首字母“ZGTY”，按【Enter】键确认。

❷下右图是中国天楹（000035）2021年1月至3月的日K线图。可以看到，当股价长期下跌之后，在底部开始放量并且出现十字星，表示空头动能衰竭，多头开始反击，股价后市开始上涨。如果是在股价上涨途中或横盘时出现十字星，则不改变股价原有走势。

5.2.6 其他常见K线

除了以上几个常见的单根K线形状外，K线还有其他的特殊形状。

1. 锤子线和上吊线

锤子线和上吊线的共同特征是实体位于整个价格区间的上端，下影线的长度至少达到实体长度的2倍，没有上影线或上影线极短，如下图所示。锤子线是变盘信号，在下跌趋势当中，出现锤子线是见底信号。上吊线也是变盘的信号，在上涨的趋势当中，出现上吊线是见顶信号。

锤子线和上吊线的主要区别是锤子线位于股价下行阶段的低位，而上吊线则位于股价上行阶段的高位，两者的出现是很强的股价反转信号。

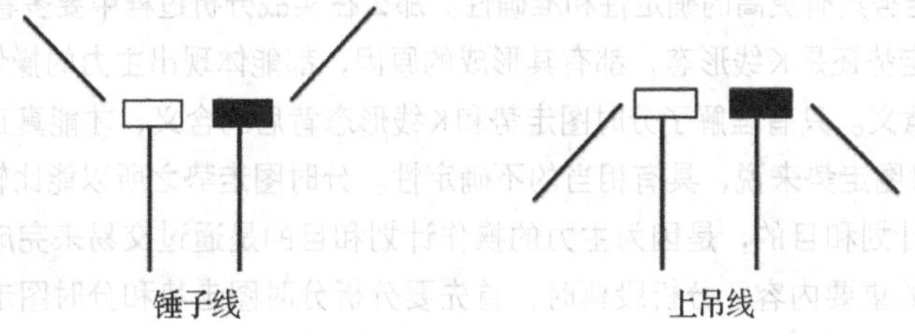

2. 倒锤子线和射击之星

倒锤子线和射击之星的共同特征是实体位于整个价格区间的底部，上影线的长度至少达到实体长度的2倍，没有下影线或下影线极短，如下页图所示。

倒锤子线和射击之星的主要区别是倒锤子线位于股价下行阶段的低位，而射击之星则位于股价上行阶段的高位，两者的出现是股价反转信号。

值得注意的是，射击之星比上吊线展现出更强的空头力量，高位出现长上影线，后市看跌的信号更强。

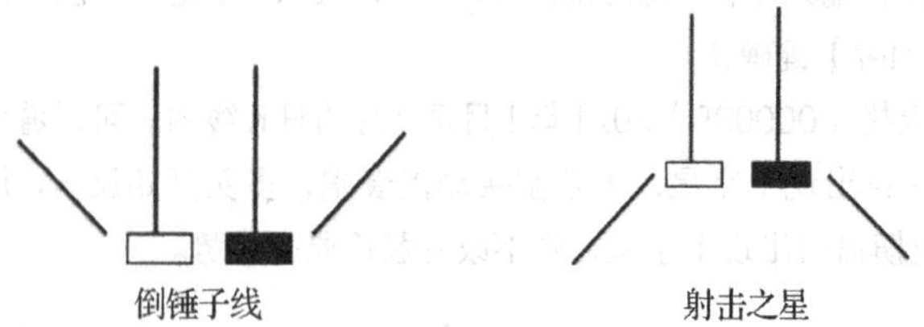

3. 螺旋桨线

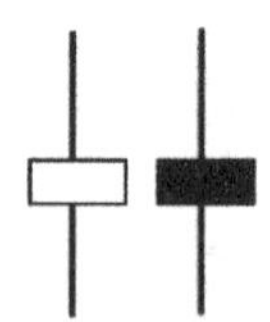

螺旋桨线是指实体较小、上下影线较长的K线，如右图所示。出现螺旋桨线往往是见顶或见底的信号之一，螺旋桨线还有可能出现在上涨行情或下跌行情当中，成为上涨中继或者下跌中继。在上涨的趋势中，如果前期股价大涨，出现螺旋桨线就预示着股价见顶；在下跌的趋势中，如果前期股价大幅下跌，出现螺旋桨线就预示着股价见底。

5.3 K线图与分时图

单根日K线只能表达开盘价、收盘价、最高价、最低价这几个信息，而分时图一天的价格走势不能完全体现在单根日K线中。因此，投资者研究K线也需要参考分时图的走势，将二者结合起来才能更好地把握主力的意图。

5.3.1 K线图和分时图的相互作用

股票分析过程中经常要看K线，K线能够直观地表现出股价走势，这是K线真正的价值所在。但K线也具有一定的不确定性，这是因为K线是由4个股价，即开盘价、最低价、最高价和收盘价的不同组合所决定和形成的。这4个价格的不同组合就形成了不同的K线，很显然仅通过4个价格就完全真实地表现出全天的运行状态确实有些不太现实，因此就更不能完全准确地表现主力的操作计划和目的。也就是说，主力完全可以通过操控这4个价格做出想要的K线形态，这就是K线的不确定性。

在分析股票的时候，还应该重视分时图走势，分时图走势更完整地记录了股价每一分钟的走势，能清晰地体现出主力的操作计划和目的。主力的操作动作必然要通过分时图走势体现出来。从这个意义上来说，分时图走势具有更高的确定性和准确性。那么在实战分析过程中要多看分时图而不是K线。

无论是分时图走势还是K线形态，都有其形成的原因，都能体现出主力的操作计划和目的，这才是分析股票的真正意义。只有理解了分时图走势和K线形态背后的含义，才能真正地把握它们。

K线相对于分时图走势来说，具有相当的不确定性。分时图走势之所以能比较完全地反映出股价走势和主力的操作计划和目的，是因为主力的操作计划和目的是通过交易来完成的，而主力的操作计划和目的是分析的重要内容。分析股票时，首先要分析分时图走势和分时图走势形成的原因，以及所体现出的主力的操作计划和目的，然后结合相关的K线形态做进一步的确认。如果二者能相辅相成，那么投资者分析结果的准确性将大幅提高。

5.3.2 分时图形成的K线图形态

每一种分时图走势的出现必然对应不同的股价交易情况，而不同的股价交易情况能体现出不同的K线图形态。下面就介绍几种特殊的单根K线所对应的分时图。

1. 光头光脚阳线对应的分时图

光头光脚阳线说明开盘价是全天的最低价，收盘价是全天的最高价。从下图所示的分时图可以看出，全天的股价是一直上升的，表明多方的力量明显占优。如果是光头光脚大阳线或中阳线，那么表示多方实力强劲，第二天继续看涨；如果是光头光脚小阳线，则需要根据其他信息进行判断。

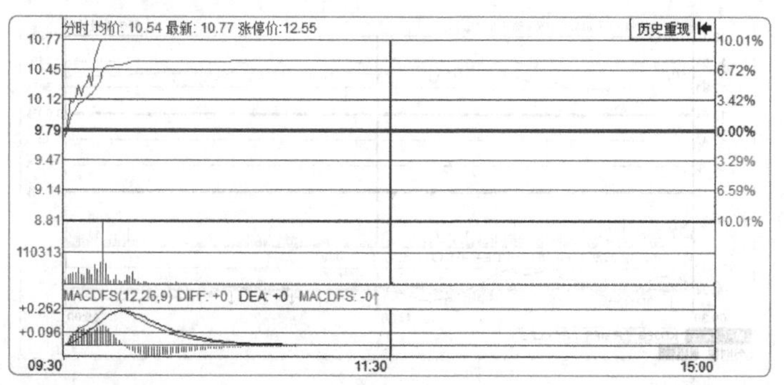

2. 带下影线的大阳线对应的分时图

下图所示的分时图表现的是有下影线的大阳线。首先，从开盘到收盘，股价基本上涨了7%，属于大阳线。其次，上午的一段时间，股价跌破了当天的开盘价，随后又涨了上去，所以，最低价低于当天的开盘价，是下影线。再次，从分时图可以看出下影线比较短。这种带短下影线的大阳线表明当天多方势力很强，后市看涨。

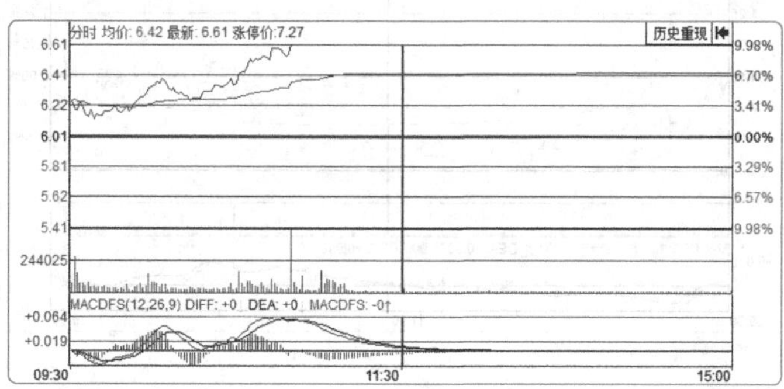

3. T字线对应的分时图

下图所示的分时图表现的是股价当天以涨停板开盘。一段时间过后，涨停板打开，股价下跌，在此之后股价一直震荡。临近收盘，股价再次被拉至涨停。所以开盘价和收盘价相同，最低价低于开盘价的7%，属于典型的T字线。这表明虽然多方的实力占优，但空方已经具备一定的反击能力。

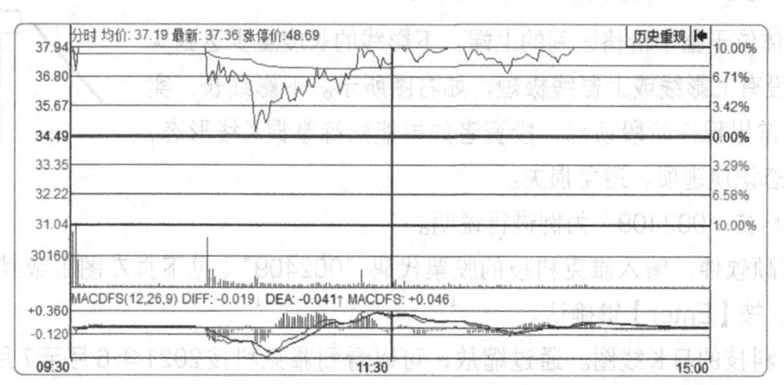

4. 十字星对应的分时图

下图所示的分时图表现的是股价当天高开之后迅速下探并稍微跌破开盘价，随后股价开始企稳拉升，在10点左右见顶，然后又震荡回落，最终收盘价和开盘价一致。这是典型的十字星，开盘价和收盘价相等，有上影线和下影线。这表明多、空双方博弈激烈，势均力敌。

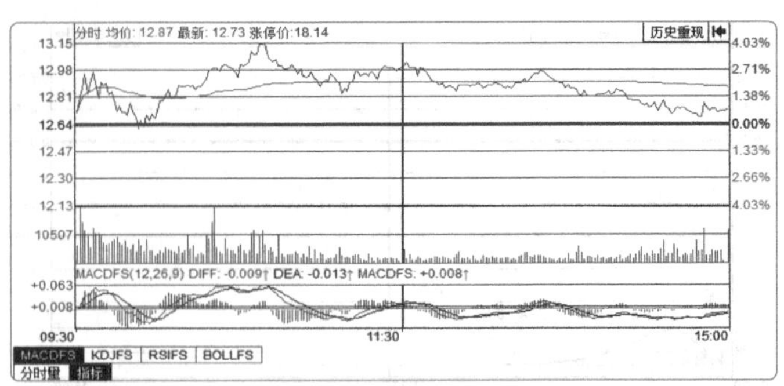

5. 锤子线对应的分时图

下图所示的分时图表现的是股价当日的开盘价略低于收盘价，这说明此阳线的实体较小。而当日股价大部分是处在开盘价的下方，没有超过开盘价，说明没有上影线。另外，下跌幅度比上涨幅度大，表明下影线较长，这是典型的锤子线的形态。

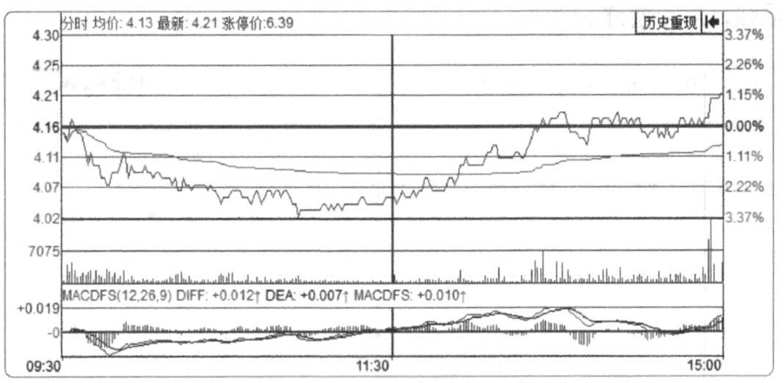

5.4 综合运用不同形态的K线

下面通过一些具体案例来介绍K线分析的整个过程。

5.4.1 下影线长、实体短的上吊线形态

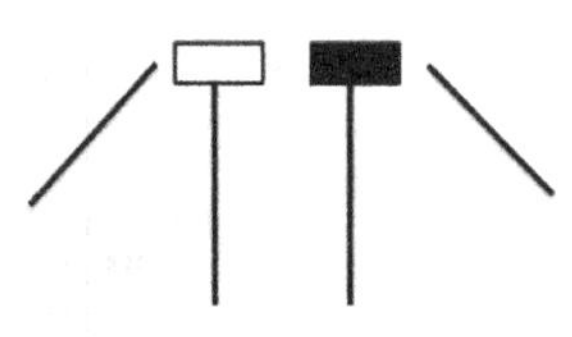

上吊线是实体位于整个价格区间的上端，下影线的长度至少达到实体长度的2倍，没有上影线或上影线极短，如右图所示。下影线长、实体短的上吊线通常出现在阶段顶部，投资者如果能熟练掌握K线形态，就能够利用该形态识顶逃顶，避免损失。

下面以雅克科技（002409）为例进行说明。

❶打开同花顺软件，输入雅克科技的股票代码“002409”（见下页左图）或其大写的汉语拼音首字母“YKKJ”，按【Enter】键确认。

❷进入雅克科技的日K线图。通过缩放，可以看到雅克科技2021年6月至7月的日K线图，如下页右图所示。其股价经过一轮上涨之后，阶段高点基本已经形成，此时出现了高位的上吊线，这

是行情即将反转的信号，投资者应尽早出货。

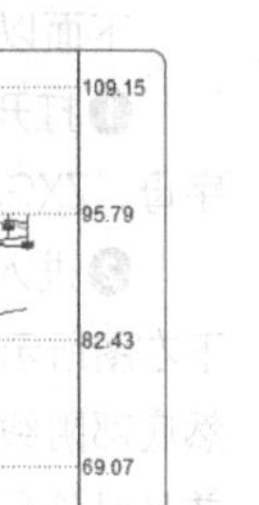

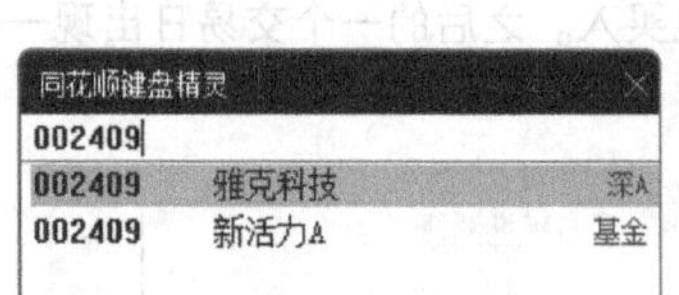

5.4.2 快速上涨后的螺旋桨线形态

螺旋桨线是指实体较小、上下影线较长的一种K线形态，如右图所示。高位出现螺旋桨线往往表明行情即将反转。

螺旋桨线通常是多、空双方互相拉锯、不分伯仲时的一种特殊形态，出现时是很好的行情反转信号，投资者应该熟练掌握。

下面以广联达（002410）为例进行说明。

❶打开同花顺软件，输入广联达的股票代码“002410”（见下左图）或其大写的汉语拼音首字母“GLD”，按【Enter】键确认。

❷进入广联达的日K线图。通过缩放，可以看到广联达2021年1月至2月的日K线图，如下右图所示。其股价在经历前期多轮大涨之后，在顶部出现螺旋桨线，之后又出现了多根上吊线和螺旋桨线，在下跌初期还出现了一根放量的十字星，说明此时主力基本上已经完成了出货，后面的螺旋桨线是下跌中继的信号。因此，投资者需要及时卖出，避免造成更大的亏损或盈利回撤。

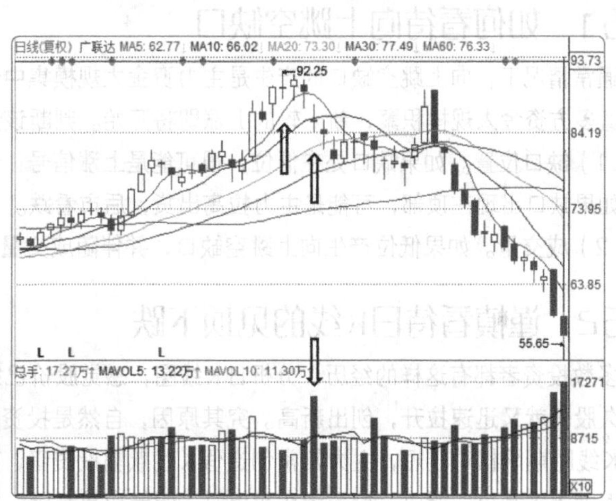

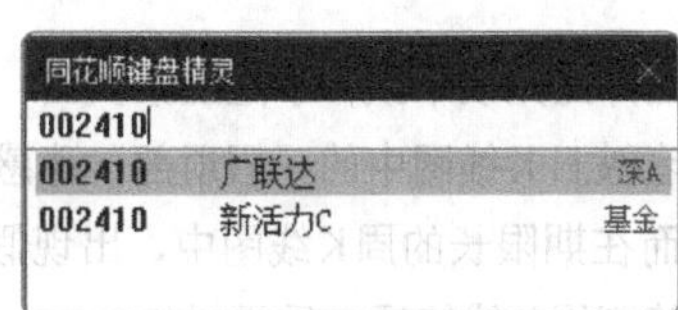

5.4.3 长阴线后的探底十字星形态

长期探底后的十字星代表了股市多、空力量平衡，特别是长阴线后出现右图所示的下影线较长的十字星，表示多方力量占优，行情即将反转。

十字星是具有很强反转信号的K线形态。通常来讲，股价大幅下跌过后出现十

字星，多半是行情反转的开始，投资者应格外关注。

下面以中芯国际（688981）为例进行说明。

❶打开同花顺软件，输入中芯国际的股票代码“688981”（见下左图）或其大写的汉语拼音首字母“ZXGJ”，按【Enter】键确认。

❷进入中芯国际的日K线图。通过缩放，可以看到中芯国际2020年9月至11月的日K线图，如下右图所示。经过前期的几轮下跌，股价已经开始有了见底迹象，小幅反弹之后，又出现了急跌，虽然底部阴线的实体较小，但是因为是跳空低开，所以当日跌幅依旧较大。之后出现了两根小十字星，并且股价呈缓慢上涨态势，这说明空头力量衰竭，多头试探性地买入。之后的一个交易日出现一根大阳线，同时配合成交量的巨幅放大，说明底部确立。

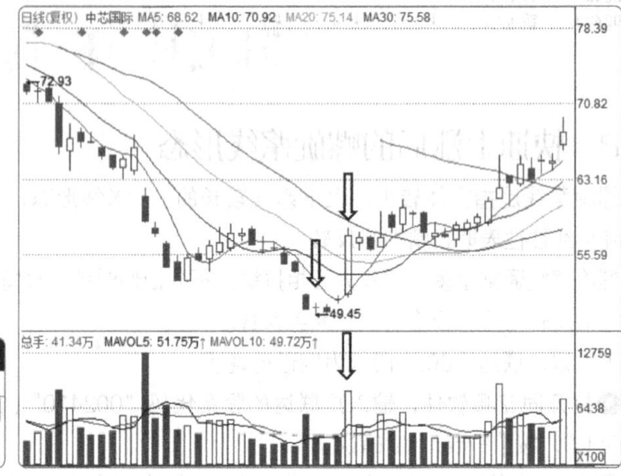

高手支招

技巧1 如何看待向上跳空缺口

通常情况下，向上跳空缺口的产生是主力资金大规模集中造成的。因此，向上跳空缺口的出现就意味着多方资金大规模积聚，新一轮的上涨即将开始。判断该形态时，投资者需要注意两个因素。

（1）缺口位置。如果缺口处在低位，很可能是上涨信号；如果缺口处在上涨途中，则后市继续看涨；如果缺口出现在顶部，可能是主力拉高出货，后市看跌。

（2）成交量。如果低位产生向上跳空缺口，并伴随成交量的明显放大，可以确信此为上涨信号。

技巧2 谨慎看待日K线的见顶下跌

多数投资者都有这样的经历：分析日K线图，感觉股价已经开始见顶下跌，于是赶紧卖出，但没过多久股价就又迅速拉升，创出新高。究其原因，自然是投资者被日K线图中的“假顶部”迷惑。因为日K线图期限相对较短，主力常常创造假K线欺骗投资者，而在期限长的周K线图中，出现假K线的概率就大大减小。所以，投资者在卖出时，眼光应放长远，等到周K线筑顶之后再操作。

第6章　多K线组合形态识别

本章引语

善弈者谋势，不善弈者谋子。善谋势者必成大事。

——孙武

善于下棋的人注重整个局势，不善于下棋的人只看到单个棋子的得失。而善于从整个局势考虑问题的人一定会成就一番大事业。投资者在买股票时，除关注单根K线外，更应该关注多根K线所构成的组合形态，进而发现变动趋势，顺势而为。

本章要点

★见顶信号K线组合

★见底信号K线组合

★上升形态K线组合

★下降形态K线组合

单根K线代表的是多、空双方一个时间周期之内的博弈结果，不足以反映连续的市场变化，多根K线的组合才可能更详尽地表现多、空双方一段时间内“势”的转化。研究K线组合的目的，就是通过观察多、空势力强弱盛衰的变化，感受双方“势”的转化，顺势而为，进而果断抄底、选中牛股、安全逃顶。

6.1 见顶信号K线组合

K线组合多种多样，不同的组合反映出不同的信号，常见的有见顶信号、见底信号、上升信号和下降信号等。在股市中，如果没有抓住卖出股票的机会，就有可能会亏钱。因此，掌握见顶信号的K线组合很重要。投资者要熟练掌握，活学活用，从而成为识顶和逃顶的高手。

见顶信号K线组合的出现并不能百分之百地确认顶部，只能提醒投资者，上涨的动能不足，遇到了空头打压，后市可能出现盘整和下跌。投资者需要再结合其他的指标和后续的K线走势进一步确认是否已经形成顶部结构。投资者可以在出现顶部结构或者变盘K线的时候，先卖出一部分股票止盈，如果后期跌破了投资者交易模型的价位，再卖出剩余股票。

6.1.1 黄昏十字星

黄昏十字星是重要的见顶信号。

黄昏十字星的标准图形如右图所示。

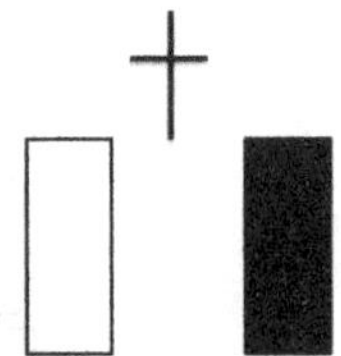

• 黄昏十字星的主要特征：①出现在涨势中；②由3根K线组成，第一根为阳线，第二根为十字星，第三根为跳空阴线；③第三根阴线的实体深入第一根K线的内部。

• 黄昏十字星的指示信号：股价已经见顶或离顶部不远，趋势可能会反转，由涨转跌，后市看跌。投资者应尽早出货或轻仓。

• 注意事项：①黄昏十字星中的阴线和阳线不一定是光头光脚的阴线和阳线，带上、下影线亦可；②十字星也可以为多根。

下面以中集集团（000039）为例进行说明。

❶在同花顺软件中输入中集集团的股票代码“000039”（见下左图）或其大写的汉语拼音首字母“ZJJT”，按【Enter】键，进入中集集团的日K线图。

❷通过缩放，可以看到中集集团2020年12月至2021年2月的日K线图，如下右图所示。股价经过前期的横盘震荡，开启小幅上涨。2021年1月25日中集集团的股价处在相对高位，在一根大阳线之后出现顶部十字星，随后出现中阴线，此时出现黄昏十字星的K线组合，表明股价见顶，行情要反转。投资者如果有持仓应尽早出货，避免损失；如果没有持仓，则建议空仓观望。

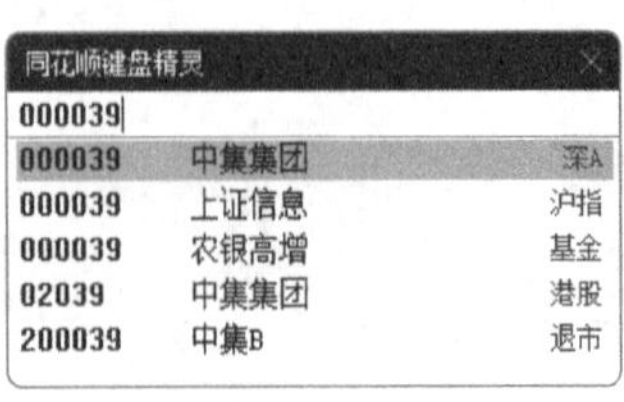

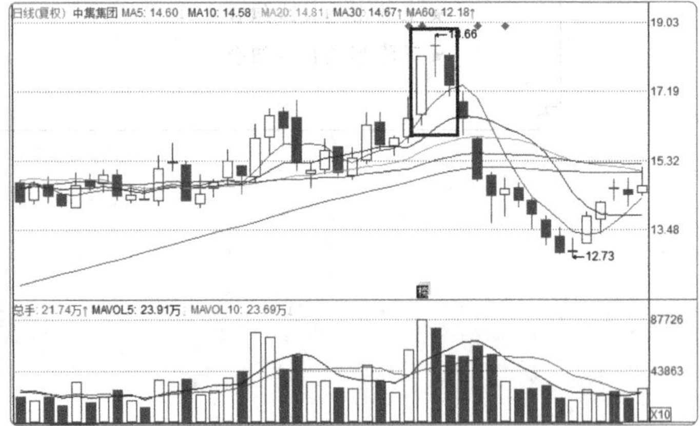

6.1.2 黄昏之星

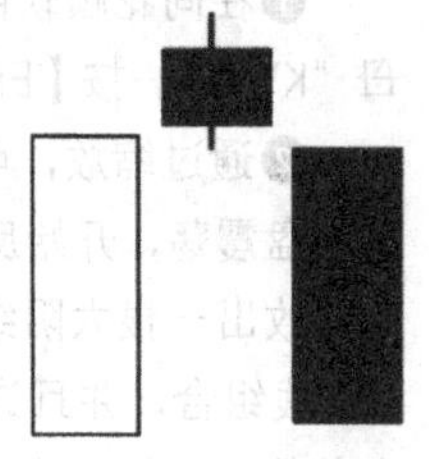

黄昏之星的标准图形如右图所示。

• 黄昏之星的主要特征：①出现在前期多轮上涨趋势的顶部；②由3根K线组成，第一根为阳线，第二根为小阳线或小阴线，第三根为跳空阴线；③第三根阴线的实体深入第一根K线的内部。

• 黄昏之星的指示信号：股价已经见顶或离顶部不远，趋势可能会反转，由涨转跌，后市看跌。投资者应尽早出货或轻仓。

• 注意事项：①黄昏之星中的阴线和阳线不一定是光头光脚的阴线和阳线，带上、下影线亦可；②小阴线、小阳线不限于一根；③见顶信号不如黄昏十字星的强。

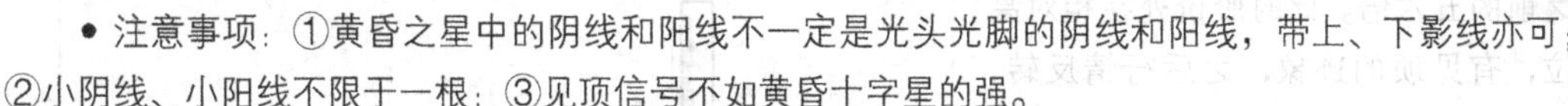

提示

把3天的成交量加在一起就可计算出3日换手率。换手率越高，主力出货的可能性就越大。

下面以江南高纤（600527）为例进行说明。

❶在同花顺软件中输入江南高纤的股票代码“600527”（见下左图）或其大写的汉语拼音首字母“JNGX”，按【Enter】键，进入江南高纤的日K线图。

❷通过缩放，可以看到江南高纤2020年3月至5月的日K线图，如下右图所示。当时受疫情影响，熔喷布紧缺，熔喷布概念股价格经历了一轮大涨。经过前期的上涨，江南高纤的股价从原来的1.71元上涨至最高4.33元，上涨不止一倍。大涨之后在顶部出现一组黄昏之星的K线组合，同时配合巨大的成交量，更加确定股价见顶，行情要反转。投资者应尽早出货，避免损失。

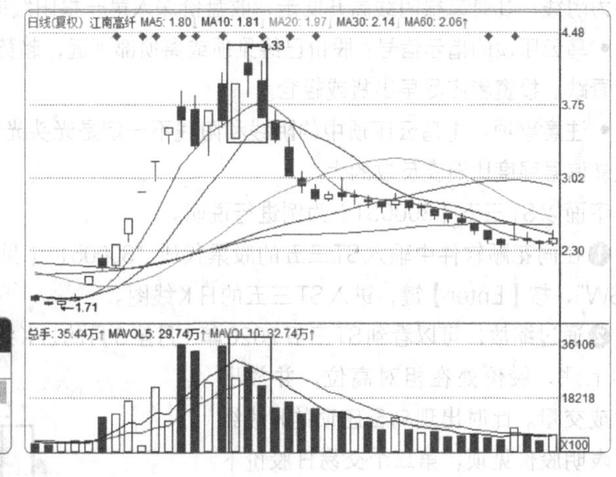

6.1.3 淡友反攻

淡友反攻的标准图形如右图所示。

• 淡友反攻的主要特征：①出现在反弹行情中；②由2根K线组成，第一根为阳线，第二根为阴线；③第二根阴线高开低走，收盘价在前一根K线收盘价相同或相近的位置。

• 淡友反攻的指示信号：股价已经见顶或离顶部不远，趋势随时会反转，由涨转跌，后市看跌。投资者应尽早出货或轻仓。

• 注意事项：淡友反攻中的阴线和阳线不一定是光头光脚的阴线和阳线，带上、下影线亦可。

下面以康缘药业（600557）为例进行说明。

❶在同花顺软件中输入康缘药业的股票代码“600557”（见下左图）或其大写的汉语拼音首字母“KYYY”，按【Enter】键，进入康缘药业的日K线图。

❷通过缩放，可以看到康缘药业2017年1月至5月的日K线图，如下右图所示。股价经过前期的横盘震荡，开始反弹，在突破均线之后，突然拉出一根大阳线，但是第二个交易日股价就高开低走，收出一根大阴线，出现淡友反攻的K线组合，并且这两日的成交量是之前的五六倍。此时股价处在相对高位，有见顶的迹象，之后行情反转，股价日渐走低。在反弹行情中，投资者看到这种K线组合形态应谨慎，不要盲目买入，如果之前有持仓应尽早出货，避免损失。

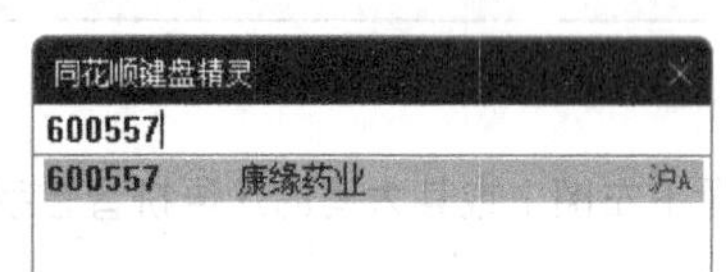

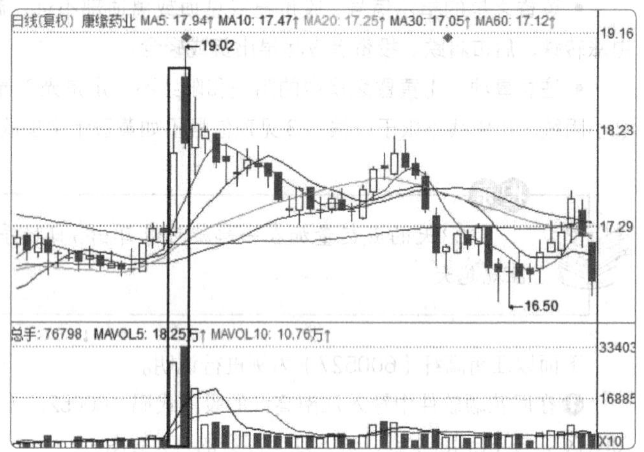

6.1.4 乌云压顶

乌云压顶的标准图形如右图所示。

- 乌云压顶的主要特征：①出现在涨势中；②由2根K线组成，第一根为阳线，第二根为阴线；③第二根阴线高开低走，收盘价深入第一根阳线的内部。
- 乌云压顶的指示信号：股价已经见顶或离顶部不远，趋势随时会反转，由涨转跌，后市看跌。投资者应尽早出货或轻仓。
- 注意事项：①乌云压顶中的阴线和阳线不一定是光头光脚的阴线和阳线，带上、下影线亦可；②反转信号强度比淡友反攻的大。

下面以ST三五（300051）为例进行说明。

❶在同花顺软件中输入ST三五的股票代码“300051”（见下左图）或其大写的汉语拼音首字母“STSW”，按【Enter】键，进入ST三五的日K线图。

❷通过缩放，可以看到ST三五2020年1月至3月的日K线图，如下右图所示。经过前期连续的一字上涨，股价处在相对高位，并放出巨大成交量。此时出现乌云压顶的K线组合，表明股价见顶，第二个交易日股价下跌，但成交量没有超越前一日的成交量，说明主力已经完成了出货，后面股价将难以获得支撑，行情要反转。投资者应尽早出货，避免损失。

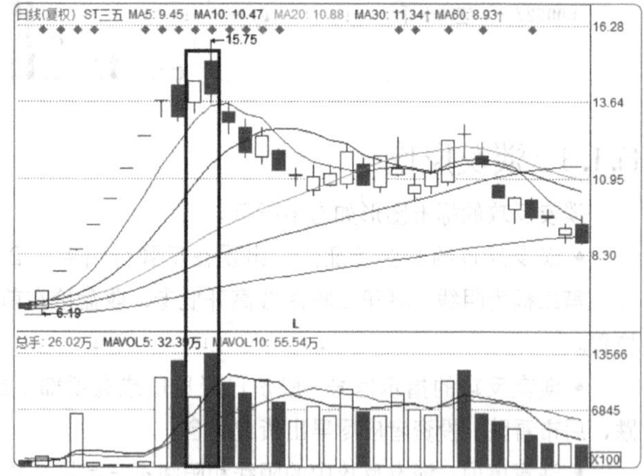

6.1.5 倾盆大雨

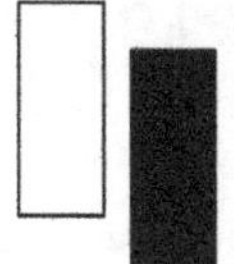

倾盆大雨的标准图形如右图所示。

- 倾盆大雨的主要特征：①出现在涨势中；②由2根K线组成，第一根为阳线，第二根为阴线；③第二根阴线低开低走，收盘价低于第一根阳线的开盘价。
- 倾盆大雨的指示信号：股价已经见顶或离顶部不远，趋势随时会反转，由涨转跌，后市看跌。投资者应尽早出货或轻仓。
- 注意事项：①倾盆大雨中的阴线和阳线不一定是光头光脚的阴线和阳线，带上、下影线亦可；②阴线收盘价离阳线开盘价越远，信号越强；③反转信号比淡友反攻和乌云压顶的强。

下面以山鹰国际（600567）为例进行说明。

❶在同花顺软件中输入山鹰国际的股票代码“600567”（见下左图）或其大写的汉语拼音首字母“SYGJ”，按【Enter】键，进入山鹰国际的日K线图。

❷通过缩放，可以看到山鹰国际2021年5月至7月的日K线图，如下右图所示。股价经过前期的上涨，出现了放量滞涨的情况，虽然股价处在相对高位，但是成交量没有超过前面上涨时的成交量，并且出现了倾盆大雨的K线组合，表明股价见顶，行情要反转。投资者应尽早出货，避免损失。

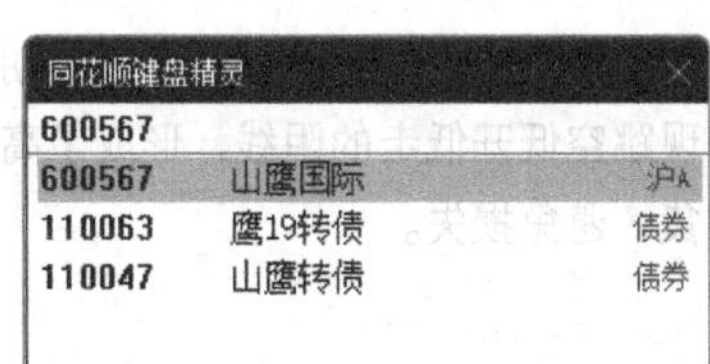

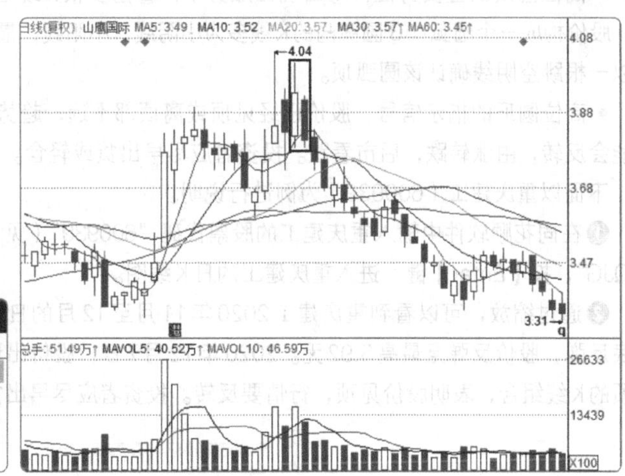

6.1.6 高位平顶

高位平顶的标准图形如右图所示。

- 高位平顶的主要特征：①出现在涨势中；②由2根或2根以上的K线组成；③K线的最高价相等。
- 高位平顶的指示信号：股价已经见顶或离顶部不远，趋势可能会反转，由涨转跌，后市看跌。投资者应尽早出货或轻仓。
- 注意事项：K线的最高价非常接近或近似相等亦可。

下面以海油工程（600583）为例进行说明。

❶在同花顺软件中输入海油工程的股票代码“600583”（见下页左图）或其大写的汉语拼音首字母“HYGC”，按【Enter】键，进入海油工程的日K线图。

❷通过缩放，可以看到海油工程2020年1月至3月的日K线图，如下页右图所示。股价经过前期的上涨，出现了缩量滞涨的情况，此时的股价处在相对高位并且出现了高位平顶的K线组合，表明股价见顶，行情要反转。在下跌了一个波段之后又出现了高位平顶的K线组合，此时投资者应尽早出货，避免损失。高位平顶的K线组合也会出现在反弹行情当中。

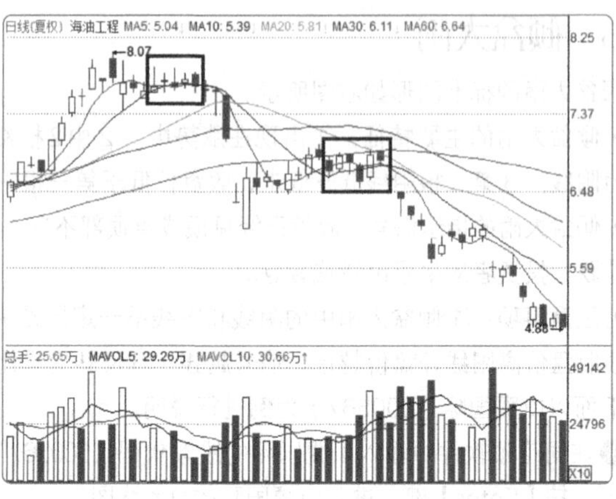

6.1.7 高位圆顶

高位圆顶的标准图形如右图所示。

- 高位圆顶的主要特征：①出现在涨势中；②由多根K线组成，股价构成一个圆弧；③圆弧内的K线多为小阴线、小阳线，最终以一根跳空阴线确认该圆弧顶。
- 高位圆顶的指示信号：股价已经见顶或离顶部不远，趋势可能会反转，由涨转跌，后市看跌。投资者应尽早出货或轻仓。

下面以重庆建工（600939）为例进行说明。

❶在同花顺软件中输入重庆建工的股票代码“600939”（见下左图）或其大写的汉语拼音首字母“CQJG”，按【Enter】键，进入重庆建工的日K线图。

❷通过缩放，可以看到重庆建工2020年11月至12月的日K线图，如下右图所示。经过前期的触底反弹，股价反弹至最高3.92元。2020年12月7日，股价出现跳空低开低走的阴线，形成了高位圆顶的K线组合，表明股价见顶，行情要反转。投资者应尽早出货，避免损失。

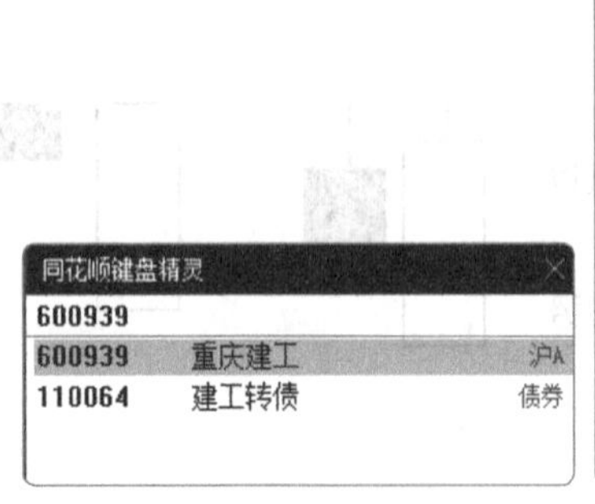

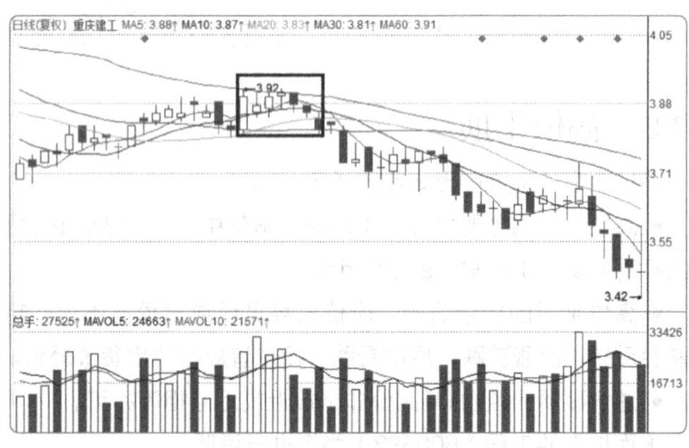

6.1.8 高位塔顶

高位塔顶的标准图形如右图所示。

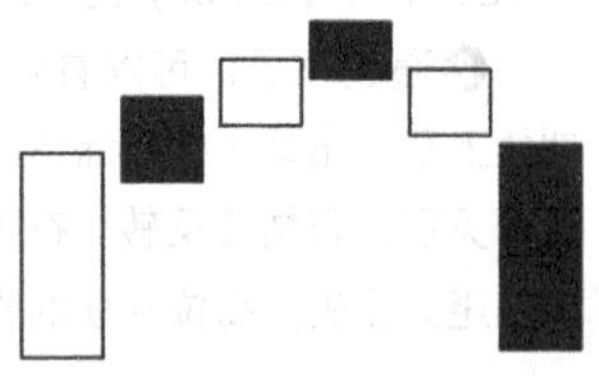

- 高位塔顶的主要特征：①出现在涨势中；②由多根K线组成；③第一根阳线为大阳线或中阳线，后面跟着几根小阴线、小阳线，最后以一根大阴线或中阴线确立形态。
- 高位塔顶的指示信号：股价已经见顶或离顶部不远，趋势可能

会反转，由涨转跌，后市看跌。投资者应尽早出货或轻仓。

下面以富奥股份（000030）为例进行说明。

❶在同花顺软件中输入富奥股份的股票代码“000030”（见下左图）或其大写的汉语拼音首字母“FAGF”，按【Enter】键，进入富奥股份的日K线图。

❷通过缩放，可以看到富奥股份2020年10月至12月的日K线图，如下右图所示。经过前期的两轮上涨，富奥股份的股价从6.21元增长至最高8.92元，高位出现螺旋桨线，并且出现高位塔顶的K线组合，表明股价见顶，行情要反转。持仓的投资者应尽早出货，空仓的投资者不要轻易入场，避免损失。

同花顺键盘精灵

000030		
000030	富奥股份	深A
000030	180R成长	沪指
000030	长城核心	基金
200030	富奥B	深B

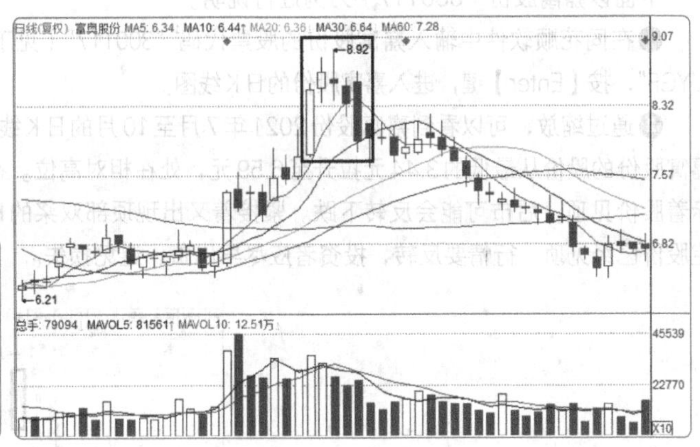

6.1.9 巨阴包阳

巨阴包阳的标准图形如右图所示。

- 巨阴包阳的主要特征：①出现在涨势中；②由2根K线组成，第一根为阳线，第二根为阴线；③第二根阴线高开低走，完全把第一根阳线的实体包裹在内。
- 巨阴包阳的指示信号：股价已经见顶或离顶部不远，趋势随时会反转，由涨转跌，后市看跌。投资者应尽早出货或轻仓。
- 注意事项：巨阴包阳中的阴线和阳线不一定是光头光脚的阴线和阳线，带上、下影线亦可。

下面以山东药玻（600529）为例进行说明。

❶在同花顺软件中输入山东药玻的股票代码“600529”（见下左图）或其大写的汉语拼音首字母“SDYB”，按【Enter】键，进入山东药玻的日K线图。

❷通过缩放，可以看到山东药玻2020年7月至9月的日K线图，如右图所示。经过近2年的牛市，山东药玻经历了一轮又一轮的拉升，股价从9元上涨至76.55元，增长7倍多。2020年8月，该股股价处在最高位，此时出现巨阴包阳的K线组合，同时伴随着巨大的成交量，表明主力已经出货，股价见顶，行情将反转。投资者应尽早出货，避免损失。

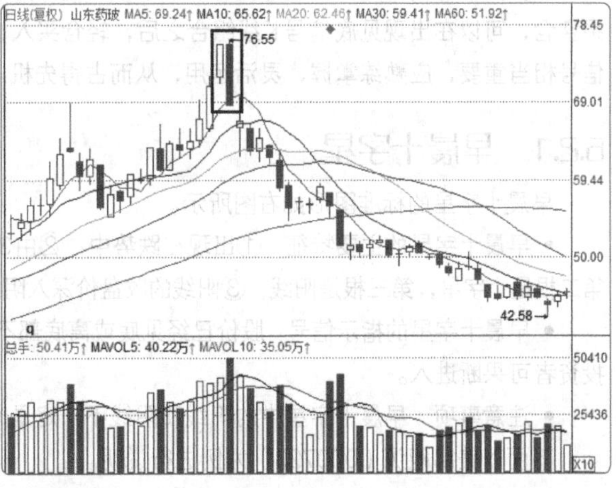

6.1.10 顶部双桨

顶部双桨的标准图形如右图所示。

• 顶部双桨的主要特征：①出现在涨势中；②由2根螺旋桨线组成，且这2根K线基本在同一条水平线上。

• 顶部双桨的指示信号：股价已经见顶或离顶部不远，趋势随时会反转，由涨转跌，后市看跌。投资者应尽早出货或轻仓。

• 注意事项：顶部双桨中的螺旋桨线可全是阴线，也可全是阳线。

下面以嘉寓股份（300117）为例进行说明。

❶在同花顺软件中输入嘉寓股份的股票代码“300117”（见下左图）或其大写的汉语拼音首字母“JYGF”，按【Enter】键，进入嘉寓股份的日K线图。

❷通过缩放，可以看到嘉寓股份2021年7月至10月的日K线图，如下右图所示。经过两轮拉升，嘉寓股份的股价从最低的3.44元拉升至6.59元，处在相对高位。在高位先出现了黄昏之星的形态，预示着股价见顶，后市可能会反转下跌。紧接着又出现顶部双桨的K线组合，是双重见顶信号，更加确定股价已经见顶，行情要反转，投资者应尽早出货，避免损失。

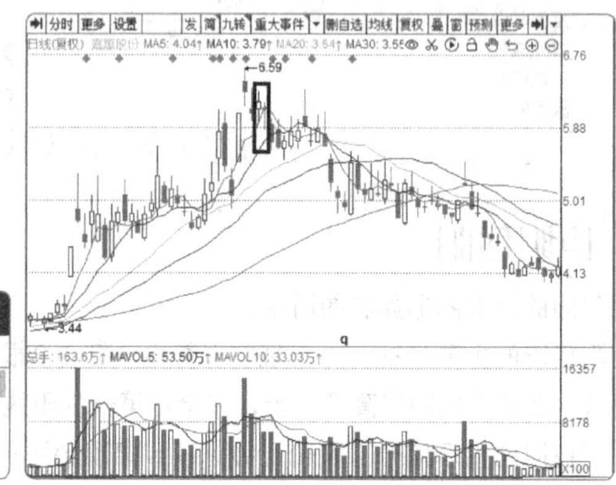

6.2 见底信号K线组合

见底信号K线组合是判断股价是否出现底部特征的工具，但是见底信号K线组合的出现并不能百分之百地确认底部，只能提醒投资者，下跌遇到了多头的反击，下跌的动能不足，后市有可能盘整和上涨。投资者需要结合其他的指标和后续的K线走势进一步确认是否已经形成底部结构。投资者如果空仓，可以在出现见底信号K线组合之后，轻仓买入，或者金字塔式买入。投资者把握股票的见底信号相当重要，应熟练掌握，灵活运用，从而占得先机。

6.2.1 早晨十字星

早晨十字星的标准图形如右图所示。

• 早晨十字星的主要特征：①出现在跌势中；②由3根K线组成，第一根是阴线，第二根是十字星，第三根是阳线；③阳线的收盘价深入阴线的实体内部。

• 早晨十字星的指示信号：股价已经见底或离底部不远，趋势随时会反转，由跌转涨，后市看涨。投资者可果断进入。

• 注意事项：早晨十字星中的阳线和阴线不一定是光头光脚的阳线和阴线，带上、下影线亦可。

下面以美锦能源（000723）为例进行说明。

❶在同花顺软件中输入美锦能源的股票代码“000723”（见下左图）或其大写的汉语拼音首字母“MJNY”，按【Enter】键，进入美锦能源的日K线图。

❷通过缩放，可以看到美锦能源2021年9月至11月的日K线图，如下右图所示。经过一段时间的下跌，美锦能源的股价处在相对底部。此时出现早晨十字星的K线组合，表明股价见底，行情要反转。投资者可适时做多，抓住这一轮上涨行情。

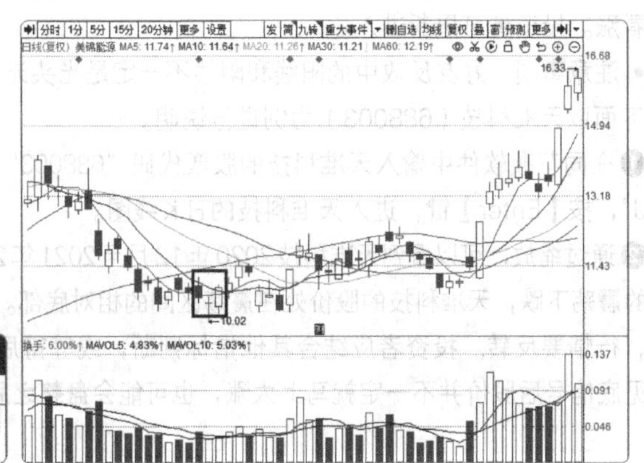

6.2.2 早晨之星

早晨之星的标准图形如右图所示。

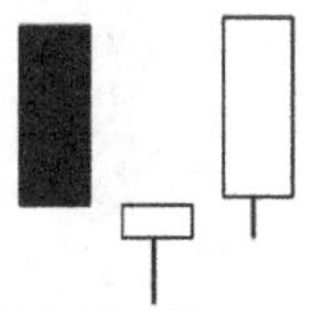

• 早晨之星的主要特征：①出现在跌势中；②由3根K线组成，第一根是阴线，第二根是小阴线或小阳线，第三根是阳线；③阳线的收盘价深入阴线的实体内部。

• 早晨之星的指示信号：股价已经见底或离底部不远，趋势随时会反转，由跌转涨，后市看涨。投资者可果断进入。

• 注意事项：①早晨之星中的阳线和阴线不一定是光头光脚的阳线和阴线，带上、下影线亦可；②见底信号比早晨十字星的弱。

下面以金杯汽车（600609）为例进行说明。

❶在同花顺软件中输入金杯汽车的股票代码“600609”（见下左图）或其大写的汉语拼音首字母“JBQC”，按【Enter】键，进入金杯汽车的日K线图。

❷通过缩放，可以看到金杯汽车2021年1月至3月的日K线图，如下右图所示。经过一段时间的下跌，股价处在相对底部，此时出现早晨之星的K线组合，表明股价短时间内见底。早晨之星K线组合后面的一根大阳线更加确立了底部，说明空头遇到多头的反抗，持续下跌的可能性减小，持仓的投资者不要盲目出货，空仓的投资者要持谨慎态度适时做多，因为有可能只是趋势反弹而不是反转。

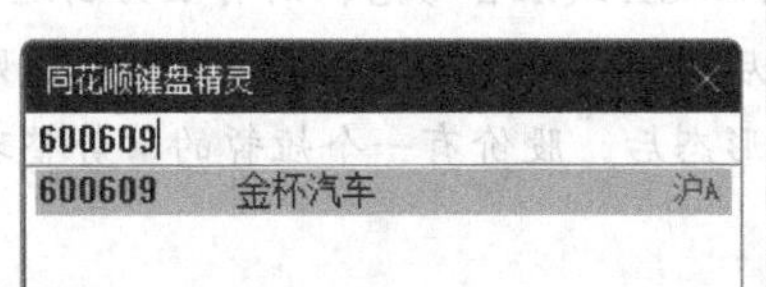

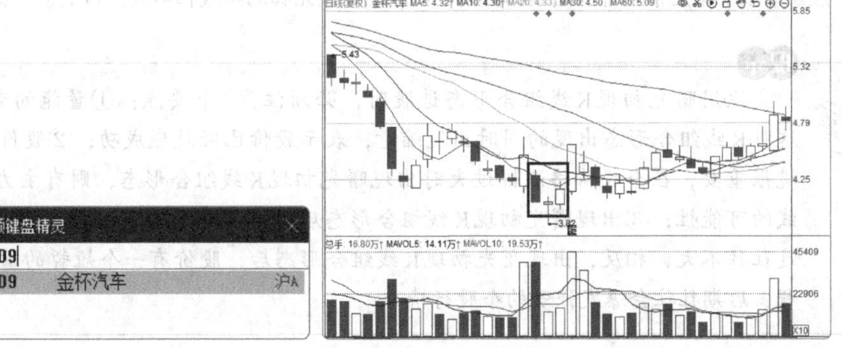

6.2.3 好友反攻

好友反攻的标准图形如右图所示。

• 好友反攻的主要特征：①出现在跌势中；②由2根K线组成，第一根是大阴线，第二根是大阳线或中阳线；③阳线的收盘价和阴线的收盘价相同或接近。

• 好友反攻的指示信号：股价已经见底或离底部不远，趋势随时会反转，由跌转涨，后市看涨。投资者可果断进入。

• 注意事项：好友反攻中的阳线和阴线不一定是光头光脚的阳线和阴线，带上、下影线亦可。

下面以天准科技（688003）为例进行说明。

❶在同花顺软件中输入天准科技的股票代码“688003”（见下左图）或其大写的汉语拼音首字母“TZKJ”，按【Enter】键，进入天准科技的日K线图。

❷通过缩放，可以看到天准科技2020年12月至2021年2月的日K线图，如下右图所示。经过一段时间的震荡下跌，天准科技的股价处在震荡区间的相对底部。此时出现好友反攻的K线组合，表明股价见底，行情要反转。投资者应结合其他指标判断，或等待后面的K线进一步验证，再确定是否买入。出现见底信号后股价并不一定就马上大涨，也可能会盘整之后缓慢上涨，会有反复确认底部的过程。

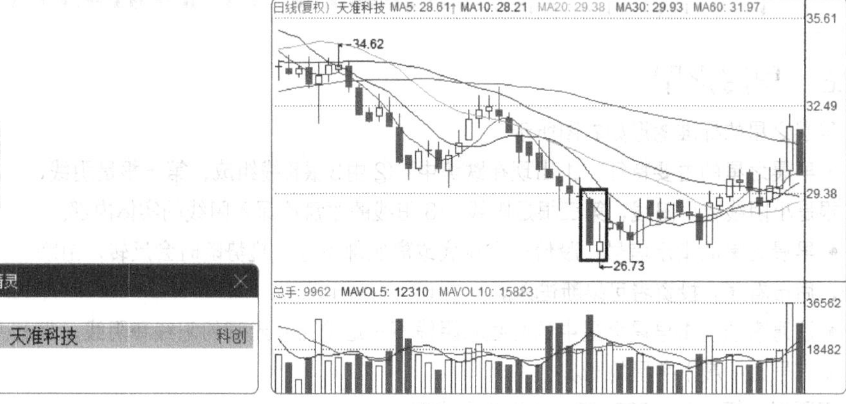

6.2.4 曙光初现

曙光初现的标准图形如右图所示。

• 曙光初现的主要特征：① 出现在跌势中；②由2根K线组成，第一根是大阴线，第二根是大阳线或中阳线；③阳线的收盘价深入阴线实体的内部。

• 曙光初现的指示信号：股价已经见底或离底部不远，趋势随时会反转，由跌转涨，后市看涨。投资者可果断进入。

• 注意事项：曙光初现中的阳线和阴线不一定是光头光脚的阳线和阴线，带上、下影线亦可。

提示

运用曙光初现K线组合形态选股时，必须注意3个要点：①量能的变化情况。这种K线组合形态出现的同时出现缩量，表示股价已经筑底成功；②股价所处的环境很重要，在个股价格涨幅过大时出现曙光初现K线组合形态，则有主力创造假K线的可能性；③出现曙光初现K线组合形态后，如果股价立即展开上升行情，则力度往往不大，相反，出现曙光初现K线组合形态后，股价有一个短暂的蓄势整理过程，后期往往会爆发强动的个股行情。

下面以中元股份（300018）为例进行说明。

❶在同花顺软件中输入中元股份的股票代码“300018”（见下左图）或其大写的汉语拼音首字母“ZYGF”，按【Enter】键，进入中元股份的日K线图。

❷通过缩放，可以看到中元股份2021年9月底至12月的日K线图，如下右图所示。在10月，经过近半个月的连续下跌，中元股份的股价跌破6.5元。10月22日更是放量下跌。次日出现一根中阳线，自下而上穿入前一日阴线内部，形成底部曙光初现的K线组合。曙光初现之后的K线区间震荡，成交量也缓慢增长，这表明股价见底，有资金开始进场，也意味着后市的行情要反转。投资者要适时做多，抓住这一轮上涨行情。

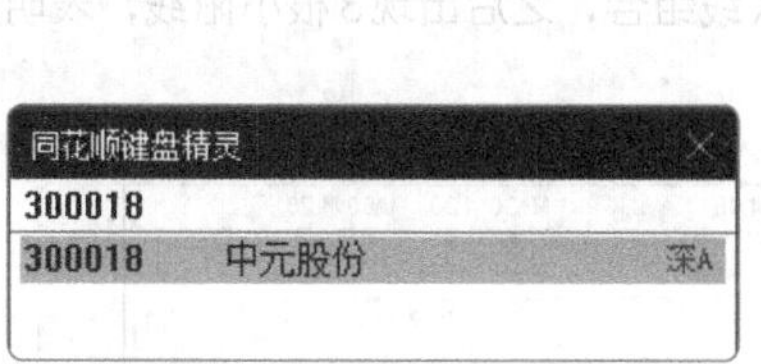

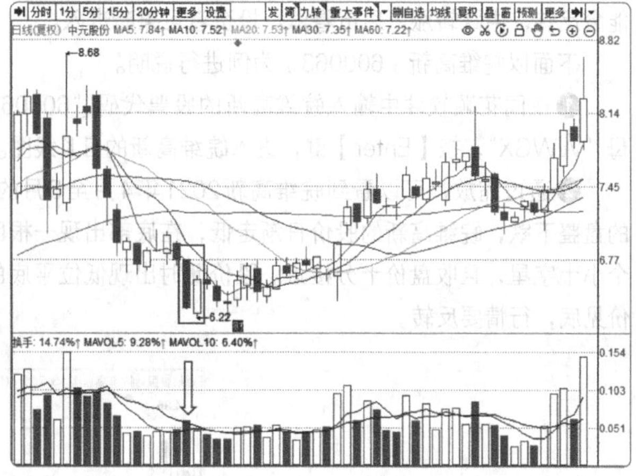

6.2.5 旭日东升

旭日东升的标准图形如右图所示。

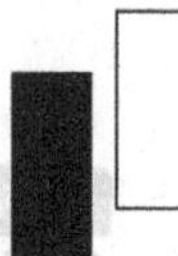

• 旭日东升的主要特征：①出现在跌势中；②由2根K线组成，第一根是大阴线，第二根是大阳线或中阳线；③阳线的开盘价深入阴线实体的内部，阳线的收盘价则超过阴线的开盘价。

• 旭日东升的指示信号：股价已经见底或离底部不远，趋势随时会反转，由跌转涨，后市看涨。投资者可果断进入。

• 注意事项：①旭日东升中的阳线和阴线不一定是光头光脚的阳线和阴线，带上、下影线亦可；②阳线的收盘价超过阴线的开盘价越多，反转信号越强。

下面以瑞丰高材（300243）为例进行说明。

❶在同花顺软件中输入瑞丰高材的股票代码“300243”（见下左图）或其大写的汉语拼音首字母“RFGC”，按【Enter】键，进入瑞丰高材的日K线图。

❷通过缩放，可以看到瑞丰高材2021年4月至6月的日K线图，如下右图所示。经过一段时间的下跌，瑞丰高材的股价处在相对底部。此时出现旭日东升的K线组合，表明股价见底，结合后面出现的一根巨量涨停的大阳线，更加确定行情要反转。投资者可以考虑买进，抓住这一轮上涨行情。

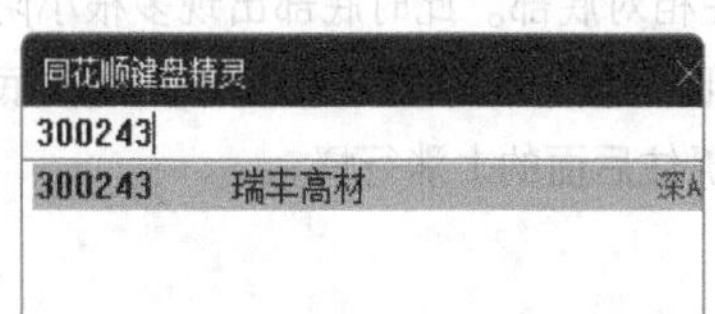

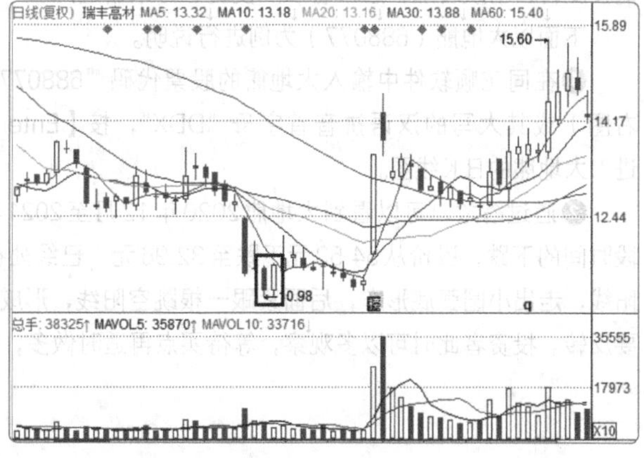

6.2.6 低位平底

低位平底的标准图形如右图所示。

- 低位平底的主要特征：①出现在跌势中；②由2根或2根以上的K线组成；③这些K线的最低价相同或相近。
- 低位平底的指示信号：股价已经见底或离底部不远，趋势可能会反转，由跌转涨，后市看涨。投资者可果断进入。

下面以皖维高新（600063）为例进行说明。

❶在同花顺软件中输入皖维高新的股票代码“600063”（见下左图）或其大写的汉语拼音首字母“WWGX”，按【Enter】键，进入皖维高新的日K线图。

❷通过缩放，可以看到皖维高新2021年4月至5月的日K线图，如下右图所示。经过一段时间的盘整下跌，皖维高新的股价日渐走低，在底部出现一根巨量大阴线之后量能急剧缩小，连续出现3个小十字星，且收盘价十分接近。股价此时出现低位平底的K线组合，之后出现3根小阳线，表明股价见底，行情要反转。

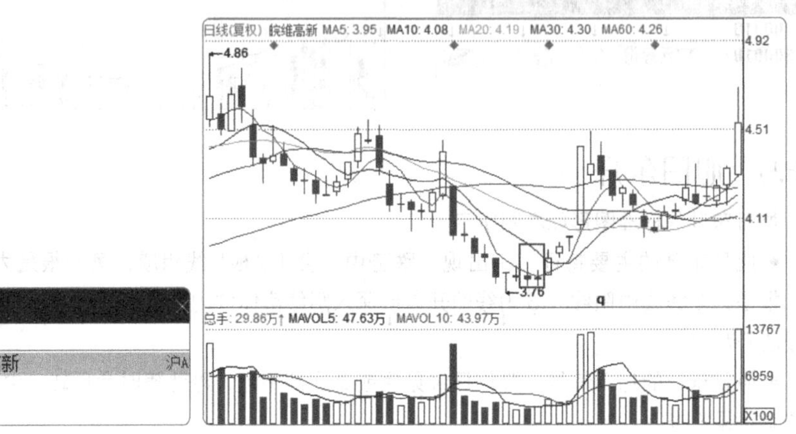

6.2.7 低位圆底

低位圆底的标准图形如右图所示。

- 低位圆底的主要特征：①出现在跌势中；②由多根K线组成，股价构成一个圆弧；③最后一根K线跳空上行，最终确立圆弧底。
- 低位圆底的指示信号：股价已经见底或离底部不远，趋势可能会反转，由跌转涨，后市看涨。投资者可果断进入。

下面以大地熊（688077）为例进行说明。

❶在同花顺软件中输入大地熊的股票代码“688077”（见右图）或其大写的汉语拼音首字母“DDX”，按【Enter】键，进入大地熊的日K线图。

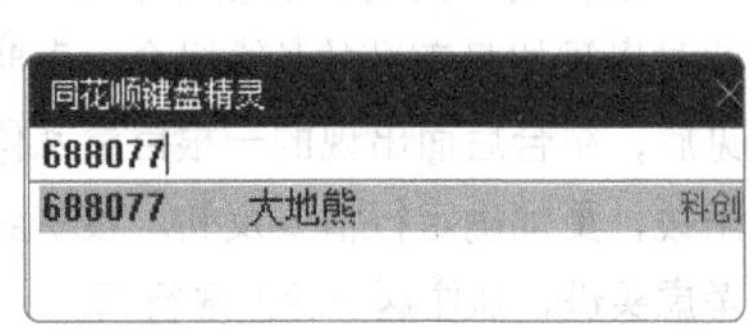

❷通过缩放，可以看到大地熊2020年12月至2021年3月的日K线图，如下页图所示。经过一段时间的下跌，股价从54.53元下跌至32.96元，已经处在相对底部。此时底部出现多根小阴线和小阳线，走出小圆弧底形态，后面紧跟一根跳空阳线，形成低位圆底的K线组合，表明股价见底，行情要反转。投资者此时可以多观察，等待买点再适时做多，抓住后面的上涨行情。

6.2.8 低位塔底

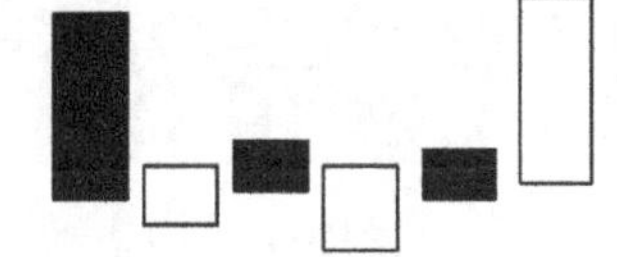

低位塔底的标准图形如右图所示。

• 低位塔底的主要特征：①出现在跌势中；②由多根K线组成；③第一根K线是大阴线或中阴线，之后连续有多根小阴线、小阳线，最后以一根大阳线确立塔底。

• 低位塔底的指示信号：股价已经见底或离底部不远，趋势可能会反转，由跌转涨，后市看涨。投资者可果断进入。

下面以万里石（002785）为例进行说明。

❶在同花顺软件中输入万里石的股票代码“002785”（见下左图）或其大写的汉语拼音首字母“WLS”，按【Enter】键，进入万里石的日K线图。

❷通过缩放，可以看到万里石2021年4月至8月的日K线图，如下右图所示。经过一段时间的阴跌，万里石的股价在相对底部出现了止跌迹象。在底部一根高开低走的中阴线后面紧跟一阴一阳的小实体K线，之后紧跟一根高开高走大阳线，此时出现低位塔底的K线组合，确立了股价底部。其实这个形态也是低位平底形态，预示行情要反转。投资者应适时做多，抓住这一轮上涨行情。

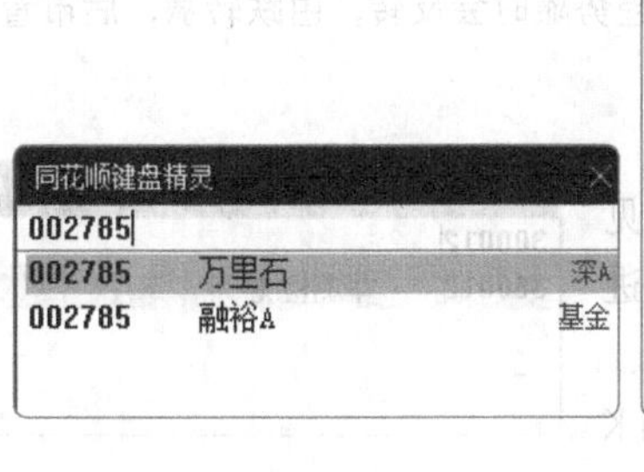

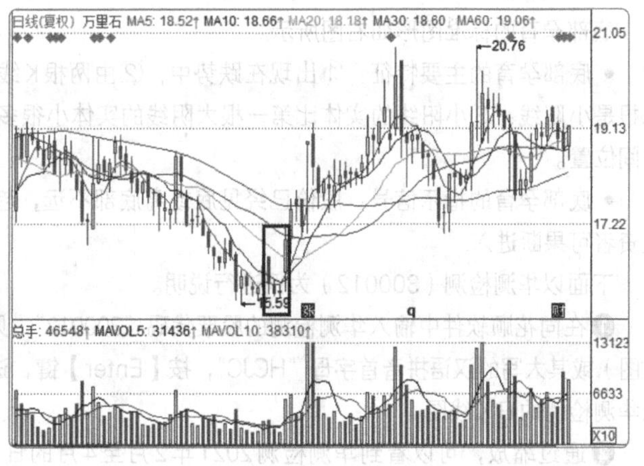

6.2.9 巨阳包阴

巨阳包阴的标准图形如右图所示。

• 巨阳包阴的主要特征：①出现在跌势中；②由2根K线组成，第一根是阴线，第二根是大阳线或中阳线；③阳线的开盘价低于阴线的收盘价，阳线的收盘价高于阴

线的开盘价，整根阴线在阳线实体内部。

- 巨阳包阴的指示信号：股价已经见底或离底部不远，趋势随时会反转，由跌转涨，后市看涨。投资者可果断进入。
- 注意事项：①巨阳包阴中的阳线和阴线不一定是光头光脚的阳线和阴线，带上、下影线亦可；②阳线的收盘价超过阴线的开盘价越多，反转信号越强。

下面以东兴证券（601198）为例进行说明。

❶在同花顺软件中输入东兴证券的股票代码“601198”（见下左图）或其大写的汉语拼音首字母“DXZQ”，按【Enter】键，进入东兴证券的日K线图。

❷通过缩放，可以看到东兴证券2021年4月至5月的日K线图，如下右图所示。2021年前半年股价一直在下跌，东兴证券的股价最低是9.95元，5月的最低价10元已经处在底部区间。此时出现巨阳包阴的K线组合，表明股价见底，行情要反弹。投资者可适时做多，抓住这一轮反弹行情。之所以说是反弹行情，是因为股价经历长期下跌之后，需要一个反复确认底部的过程，大部分情况不会马上开启牛市。

同花顺键盘精灵
601198
601198 东兴证券 沪A

6.2.10 底部孕育

底部孕育的标准图形如右图所示。

- 底部孕育的主要特征：①出现在跌势中；②由两根K线组成，第一根是阴线，第二根是小阳线；③小阳线的实体比第一根大阴线的实体小很多，并且处在第一根阴线的中间位置。
- 底部孕育的指示信号：股价已经见底或离底部不远，趋势随时会反转，由跌转涨，后市看涨。投资者可果断进入。

下面以华测检测（300012）为例进行说明。

❶在同花顺软件中输入华测检测的股票代码“300012”（见右图）或其大写的汉语拼音首字母“HCJC”，按【Enter】键，进入华测检测的日K线图。

❷通过缩放，可以看到华测检测2021年2月至4月的日K线图，如下页图所示。经过一段时间的急速下跌，华测检测的股价从31.56元跌至最低23.19元。此时出现底部孕育形态的K线组合，表明股价见底。该形态后面紧跟一根放量的阳线，更加确定行情要反转。投资者可以适时做多，抓住后面这一轮上涨行情。

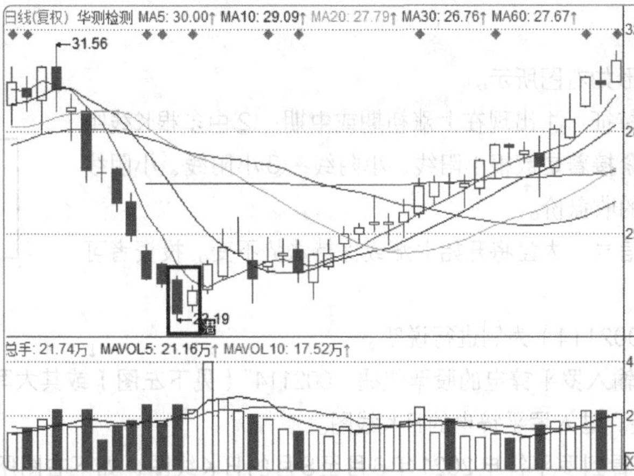

6.3 上升形态K线组合

除了顶部和底部K线组合，还有上升形态和下降形态K线组合。本节将详细介绍上升形态的K线组合。

6.3.1 红三兵

红三兵的标准图形如右图所示。

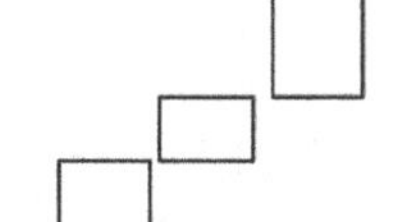

- 红三兵的主要特征：①出现在底部或涨势中；②由3根阳线组成，3根阳线的收盘价逐渐上升。
- 红三兵的指示信号：大盘将维持上涨态势或开始上涨。投资者可适时进入。
- 注意事项：阳线不一定是光头光脚的阳线，带上、下影线亦可。

下面以骆驼股份（601311）为例进行说明。

❶在同花顺软件中输入骆驼股份的股票代码“601311”（见下左图）或其大写的汉语拼音首字母“LTGF”，按【Enter】键，进入骆驼股份的日K线图。

❷通过缩放，可以看到骆驼股份2021年6月至7月的日K线图，如下右图所示。经过之前的触底反弹，骆驼股份的股价处在相对底部，并且没有什么成交量，说明还没有机构和游资等大资金的买入。此时出现红三兵的K线组合，并且成交量逐步放大，表明已经有资金开始进入，股价见底，行情要反转。投资者可以选择买入，抓住后面的上涨行情。

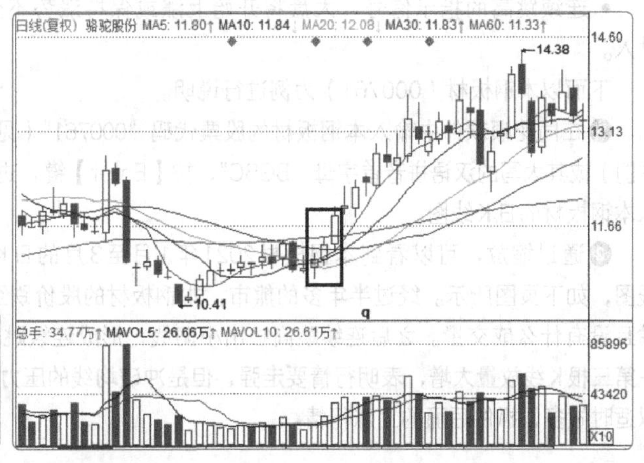

6.3.2 高位盘旋

高位盘旋的标准图形如右图所示。

- 高位盘旋的主要特征：①出现在上涨初期或中期；②由多根K线组成，先是一根大阳线，紧接着是数根小阳线、小阴线；③小阳线、小阴线的最低价均高于大阳线的收盘价。
- 高位盘旋的指示信号：大盘将开始上涨或保持涨势不变。投资者可适时进入。

下面以罗平锌电（002114）为例进行说明。

❶在同花顺软件中输入罗平锌电的股票代码“002114”（见下左图）或其大写的汉语拼音首字母“LPXD”，按【Enter】键，进入罗平锌电的日K线图。

❷通过缩放，可以看到罗平锌电2021年6月至8月的日K线图，如下右图所示。经过一段时间的下跌，罗平锌电的股价触底反弹，且透露出一点儿涨势。此时出现高位盘旋的K线组合，表明后期行情要走强，并且K线已经位于均线之上，出现转势信号。投资者此时买入的胜算较大，可以适时做多，抓住后面的上涨行情。

6.3.3 连续跳高

连续跳高的标准图形如右图所示。

- 连续跳高的主要特征：①出现在见底转涨之后；②由多根阳线组成，每根阳线都跳空高开。
- 连续跳高的指示信号：大盘将开始上涨或保持涨势不变。投资者可适时进入。

下面以本钢板材（000761）为例进行说明。

❶在同花顺软件中输入本钢板材的股票代码“000761”（见右图）或其大写的汉语拼音首字母“BGBC”，按【Enter】键，进入本钢板材的日K线图。

同花顺键盘精灵
000761
000761 本钢板材 深A
000761 富国健康 基金
200761 本钢板B 深B

❷通过缩放，可以看到本钢板材2021年1月至3月的日K线图，如下页图所示。经过半年多的熊市，本钢板材的股价跌至最低2.75元，底部出现多个十字星，并且没有什么成交量。之后连续跳高拉出小阳线，形成连续跳高的K线组合，并且成交量逐步放大，在第三根K线放量大增，表明行情要走强，但是冲破均线的压力需要时间或金钱（成交量）。投资者可以适时做多，抓住后面的上涨行情。

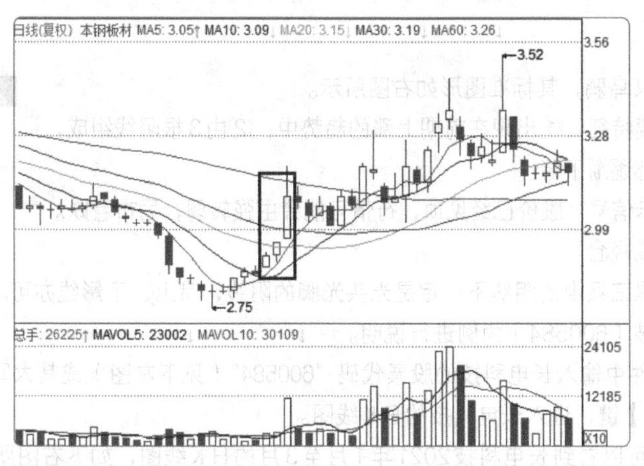

6.3.4 五阳上阵

五阳上阵的标准图形如右图所示。

• 五阳上阵的主要特征：①出现在跌势中；②由多根阳线组成，每根阳线都跳空高开。

• 五阳上阵的指示信号：大盘将开始上涨或保持涨势不变。投资者可适时进入。

下面以和邦生物（603077）为例进行说明。

❶在同花顺软件中输入和邦生物的股票代码“603077”（见下左图）或其大写的汉语拼音首字母“HBSW”，按【Enter】键，进入和邦生物的日K线图。

❷通过缩放，可以看到和邦生物2021年1月至3月的日K线图，如下右图所示。经过一段时间的下跌，和邦生物的股价跌至1.28元，这是2019年以来的历史低位。此时出现五阳上阵的K线组合，同时配合成交量的逐步放大，并且5根小阳线冲破了均线的层层压力开始位于均线上，这都表明行情要继续上涨。投资者可以适时做多，抓住后面的上涨行情。

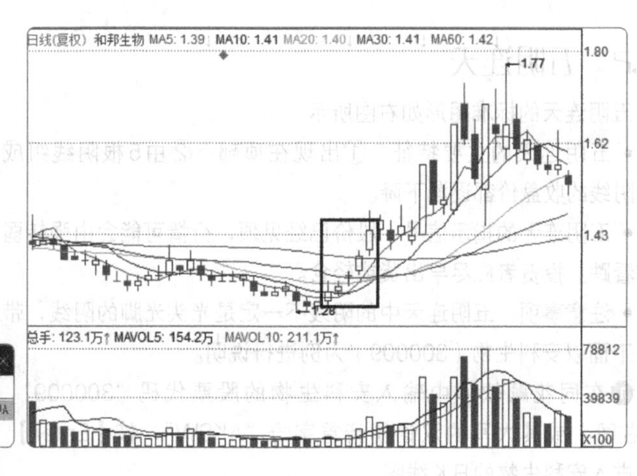

6.4 下降形态K线组合

熟练把握上升形态的K线组合，投资者才能够找到合适买点，但这只是第一步。把握下降形态的K线组合，果断在高点卖出，投资者才能最终获取最高收益。本节将介绍下降形态的K线组合。

6.4.1 黑三兵

黑三兵又称三只乌鸦，其标准图形如右图所示。

- 黑三兵的主要特征：①出现在前期上涨的趋势中；②由3根阴线组成，每根阴线的收盘价都逐渐下降。
- 黑三兵的指示信号：股价已经见顶，行情可能会由强转弱，后市看跌。投资者应尽早出货或轻仓。
- 注意事项：黑三兵中的阴线不一定是光头光脚的阴线，带上、下影线亦可。

下面以长电科技（600584）为例进行说明。

❶在同花顺软件中输入长电科技的股票代码“600584”（见下左图）或其大写的汉语拼音首字母“CDKJ”，按【Enter】键，进入长电科技的日K线图。

❷通过缩放，可以看到长电科技2021年1月至3月的日K线图，如下右图所示。经过前期的反弹上涨，长电科技的股价升至短期高点48.93元。不久出现黑三兵的K线组合，且K线跌破所有均线支撑，表明上涨趋势已变，股价见顶，行情要反转。持仓的投资者应尽早出货，空仓的投资者不要盲目进入，避免损失。

6.4.2 五阴连天

五阴连天的标准图形如右图所示。

- 五阴连天的主要特征：①出现在顶部；②由5根阴线组成，每根阴线的收盘价都逐渐下降。
- 五阴连天的指示信号：股价已经见顶，行情可能会由强转弱，后市看跌。投资者应尽早出货或轻仓。
- 注意事项：五阴连天中的阴线不一定是光头光脚的阴线，带上、下影线亦可。

下面以安科生物（300009）为例进行说明。

❶在同花顺软件中输入安科生物的股票代码“300009”（见右图）或其大写的汉语拼音首字母“AKSW”，按【Enter】键，进入安科生物的日K线图。

❷通过缩放，可以看到安科生物2021年6月至8月的日K线图，如下页图所示。经过前期的上涨，安科生物的股价升至历史新高19.27元，之后股价放量大跌，紧跟着反弹了一下，但是成交量并没有超过前面两根大阴线的成交量。紧接着出现五阴连天的K线组合，且K线跌破所有短期均线，并且反弹到60日均线附近并没有延续下去，多头趋势反转为空头趋势。持仓的投资者应尽早出货，避免损失。

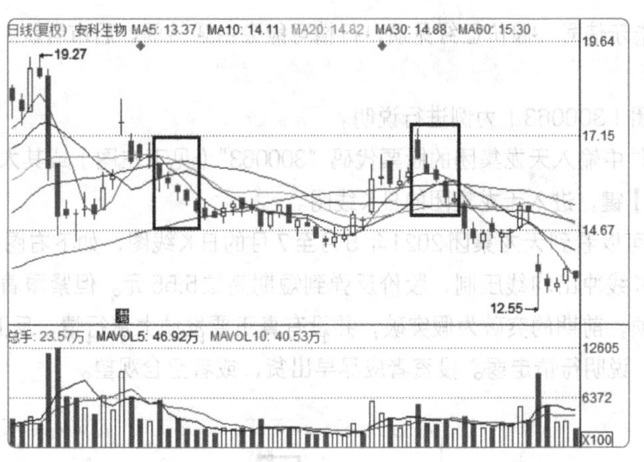

6.4.3 低档排列

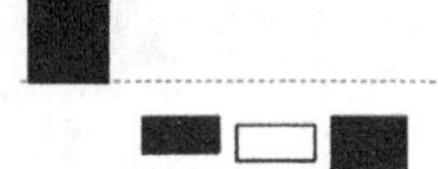

低档排列的标准图形如右图所示。

- 低档排列的主要特征：①出现在顶部；②由多根K线组成，第一根为中阴线或大阴线，紧接着是多根小阳线、小阴线；③小阳线、小阴线的最高价都低于第一根阴线的最低价。
- 低档排列的指示信号：股价已经见顶，行情可能会由强转弱，后市看跌。投资者应尽早出货或轻仓。

下面以北陆药业（300016）为例进行说明。

❶在同花顺软件中输入北陆药业的股票代码“300016”（见下左图）或其大写的汉语拼音首字母“BLYY”，按【Enter】键，进入北陆药业的日K线图。

❷通过缩放，可以看到北陆药业2021年6月至7月的日K线图，如下右图所示。经过前期的上涨，北陆药业的股价最高涨到10.56元，股价处在短期的相对高位。之后高位放量，说明有主力提前出货。紧接着股价就开始下跌，并且在反弹时出现低档排列的K线组合，表明股价已经见顶，行情要转为熊市。持仓的投资者应尽早出货，避免损失；空仓的投资者，不要盲目买进。

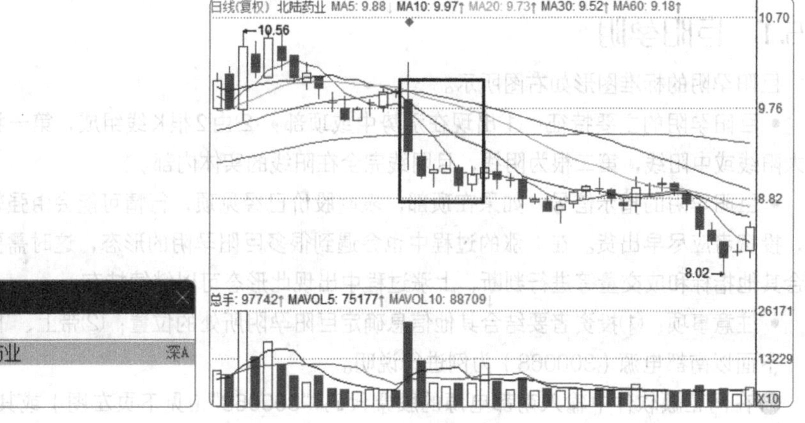

6.4.4 三级跳水

三级跳水的标准图形如右图所示。

- 三级跳水的主要特征：①出现在顶部；②由3根阴线组成，第一根阴线跳空高开，后两根阴线跳空低开。

• 三级跳水的指示信号：股价已经见顶，行情可能会由强转弱，后市看跌。投资者应尽早出货或轻仓。

下面以天龙集团（300063）为例进行说明。

❶在同花顺软件中输入天龙集团的股票代码“300063”（见下左图）或其大写的汉语拼音首字母“TLJT”，按【Enter】键，进入天龙集团的日K线图。

❷通过缩放，可以看到天龙集团2021年5月至7月的日K线图，如下右图所示。经过前期的横盘突破，天龙集团K线冲出均线压制，股价反弹到短期高位5.55元。但紧跟着的是三级跳水的K线组合，表明股价见顶，前期的突破为假突破，并没有真正要发动上涨行情，反而股价跌至均线附近，并且后期跌破均线，说明行情走弱。投资者应尽早出货，或者空仓观望。

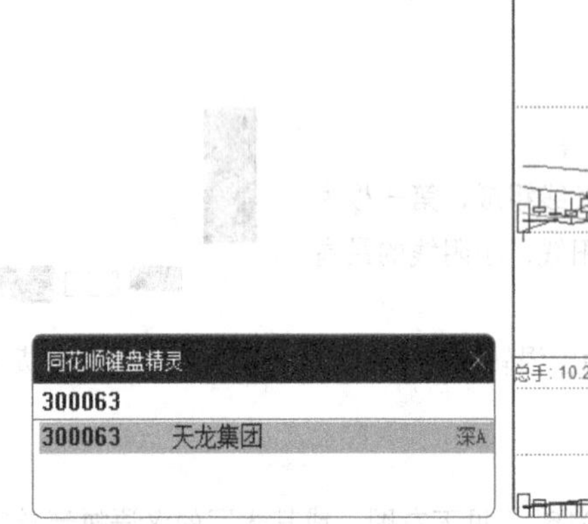

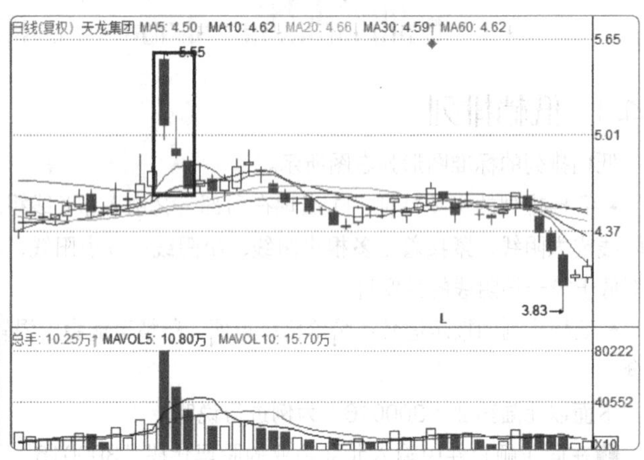

6.5 其他形态K线组合

投资者对常见的见顶信号K线组合、见底信号K线组合、上升形态K线组合和下降形态K线组合有所了解之后，还需了解几种其他形态的K线组合。

6.5.1 巨阳孕阴

巨阳孕阴的标准图形如右图所示。

• 巨阳孕阴的主要特征：①出现在涨势中或顶部；②由2根K线组成，第一根为大阳线或中阳线，第二根为阴线，且阴线完全在阳线的实体内部。

• 巨阳孕阴的指示信号：如果在顶部，表明股价已经见顶，行情可能会由强转弱，投资者应尽早出货。在上涨的过程中也会遇到很多巨阳孕阴的形态，这时需要结合其他指标和成交量等进行判断，上涨过程中出现此形态可以继续持有。

• 注意事项：①投资者要结合其他信息确定巨阳孕阴所处的位置；②带上、下影线的K线亦可。

下面以南都电源（300068）为例进行说明。

❶在同花顺软件中输入南都电源的股票代码“300068”（见下页左图）或其大写的汉语拼音首字母“NDDY”，按【Enter】键，进入南都电源的日K线图。

❷通过缩放，可以看到南都电源2021年7月至8月的日K线图，如下页右图所示。经过一段时间的上涨，南都电源的股价从原来的10.10元上涨至17.33元，涨幅较大。在顶部出现巨阳孕阴的K线组合，并且放出了巨大的成交量，表明行情要反转，后面紧跟一根大阴线，更加确立顶部特征。此时持仓的投资者应尽早出货，避免损失；空仓的投资者不要贸然买入。

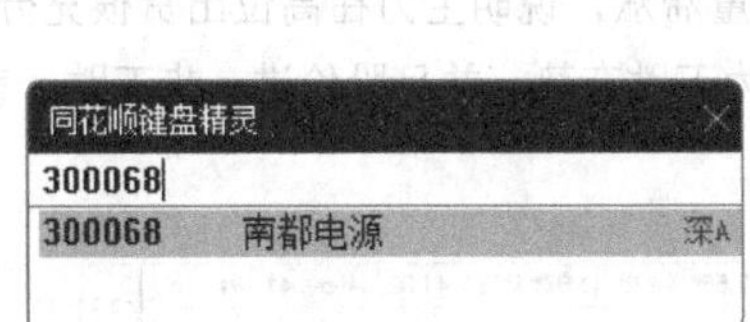

6.5.2 势不可挡

势不可挡的标准图形如右图所示。

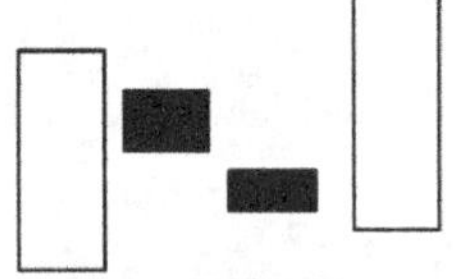

- 势不可挡的主要特征：①出现在上涨初期；②由多根K线组成，第一根是大阳线或中阳线，之后连续有多根小阴线，但阴线均在阳线的实体内部，最后以一根大阳线确立形态。
- 势不可挡的指示信号：股价上涨态势得到加强，后市看涨。投资者可果断进入。

下面以诺德股份（600110）为例进行说明。

❶在同花顺软件中输入诺德股份的股票代码“600110”（见下左图）或其大写的汉语拼音首字母“NDGF”，按【Enter】键，进入诺德股份的日K线图。

❷通过缩放，可以看到诺德股份2021年4月至7月的日K线图，如下右图所示。经过前期的下跌，股价见底反弹，开启一轮新的上涨行情。5月19日放量上涨，当日股价涨幅为5.81%，向上突破4根均线压制，之后紧跟两根小阴线，再次放量上涨，并在5月24日涨幅达到7.6%，一并突破所有均线，站到了均线上方，呈现出势不可挡的K线组合，表明行情将得到加强，后市看涨，投资者可以适时做多，抓住后面的上涨行情。

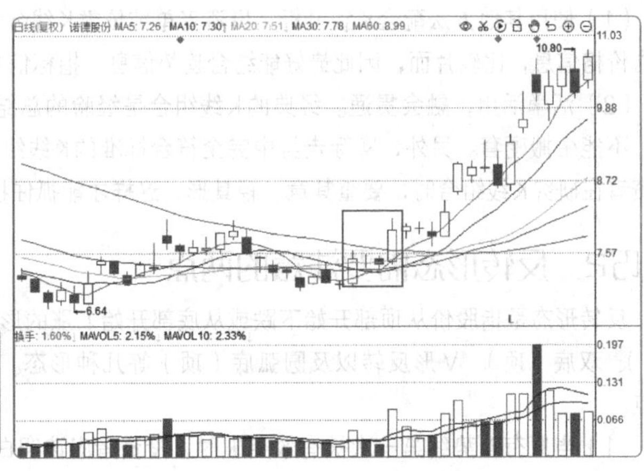

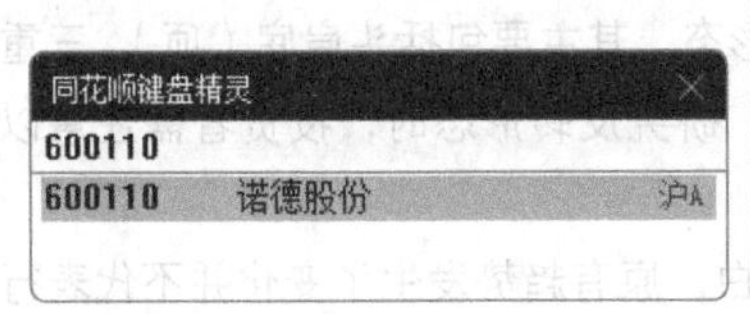

6.5.3 无力回天

无力回天的标准图形如右图所示。

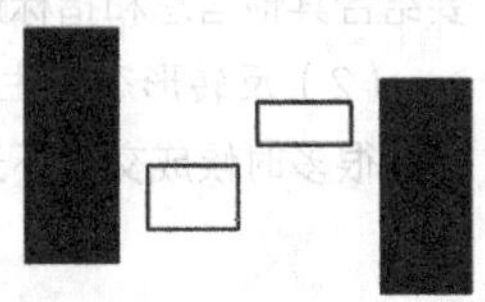

- 无力回天的主要特征：①出现在跌势中；②由多根K线组成，第一根是大阴线或中阴线，之后连续有多根小阳线，阳线均在阴线的实体内部，

最后以一根大阴线确立形态。

• 无力回天的指示信号：股价下跌态势得到加强，后市看跌。投资者可果断出货。

下面以长电科技（600584）为例进行说明。

❶在同花顺软件中输入长电科技的股票代码“600584”（见下左图）或其大写的汉语拼音首字母“CDKJ”，按【Enter】键，进入长电科技的日K线图。

❷通过缩放，可以看到长电科技2021年1月至3月的日K线图，如下右图所示。经过前期的上涨，股价达到阶段性的最高点48.93元，之后长电科技高位放量滞涨，说明主力在高位出货很充分，并且此时出现无力回天的K线组合，更加确立了顶部。接着变为下跌态势，并且股价进一步下跌，直接跌破所有均线支撑。投资者应尽早出货，减少损失。

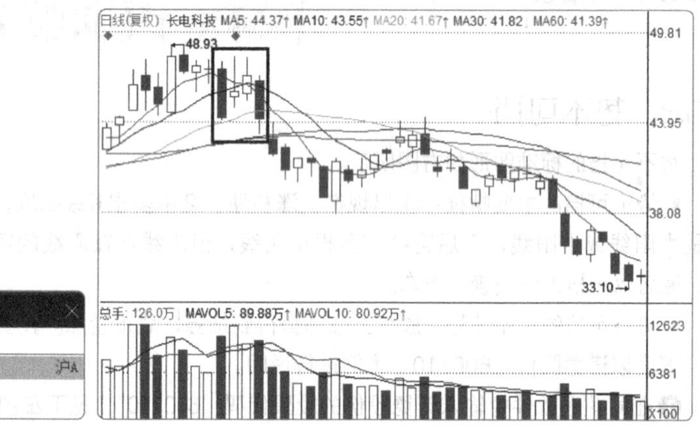

高手支招

技巧1 投资者在应用K线分析时应该注意的问题

投资者在应用K线分析的时候要注意以下两点。

（1）使用其他方法配合K线分析。投资者单纯依靠K线分析结果来做决策着实有些鲁莽。K线仅包含价格信息，比较片面，因此最好能结合趋势信息、指标信息和基本面分析等进行综合判断。

（2）活学活用，融会贯通。经典的K线组合是经验的总结，不是必然的结论，在实际运用过程中，不能生搬硬套。另外，实际走势中完全符合标准的K线组合很少，基本上都是变形形态。所以，投资者在研究K线组合时，要重其意、轻其形，这样才能抓住投资机会。

技巧2 反转形态需要注意的两点

反转形态是指股价从顶部开始下跌或从底部开始上涨的形态，其主要包括头肩底（顶）、三重底（顶）、双底（顶）、V形反转以及圆弧底（顶）等几种形态。研究反转形态时，投资者需注意以下两点。

（1）当原有趋势线第一次被有效突破时，投资者应该明白，原有趋势发生了变化并不代表行情一定会发生反转。至于趋势是完全反转，还是横盘调整，又或者只是降低原有的趋势强度，投资者要结合其他信息和指标进行判断。

（2）反转形态发生时，若成交量放大，反转信号的可靠性增强。兵马未动，粮草先行。在股市中，很多时候成交量不光起到“粮草”的作用，更能起到“稳定军心”的作用。

第7章 移动平均线分析

本章引语

让趋势成为你的朋友。

——彼得·林奇

在实际操作中，经验丰富的投资者通常都会看大势做股，在一个趋势的运行初期，及时准确地介入，从而达到顺势交易的目的。移动平均线是一项反映趋势的重要指标，投资者应该给予重点关注。

本章要点

★牛市常见的移动平均线

★熊市常见的移动平均线

★K线与移动平均线相交的形态

移动平均线是当今应用最普遍的技术指标之一，它能帮助投资者确认现有趋势，判断将出现的趋势和即将反转的趋势。本章将详细介绍移动平均线。

7.1 移动平均线概述

股价有涨有跌，K线有红有绿，无端的变化使刚入市的投资者感到迷茫。移动平均线是指一定周期内收盘价的平均值，其可有效地“熨平”股价过度的起伏，使走势变得清晰。因此，投资者要想消除疑云，更好地把握市场趋势，分析移动平均线必不可少。

7.1.1 移动平均线的特征

移动平均线（moving average，MA），通常简称为“均线”。它是某一周期内的收盘价之和除以该周期的值，比如日均线MA5就是把5日内的收盘价之和除以5。移动平均线是由美国投资专家格兰威尔在20世纪中期提出来的，是目前应用最普遍的指标之一，能够帮助投资者判断局势，把握趋势，进而做出有利的决策。

移动平均线通常有5日均线、10日均线、20日均线、30日均线、60日均线、120日均线和250日均线（年线）等。其中，把5日均线、10日均线和20日均线称为短期均线，该类均线适用于短线操作；把30日均线和60日均线称为中期均线，该类均线适用于中线操作；把120日均线和250日均线称为长期均线，该类均线适用于长线操作。

提示

250日均线应用技巧

假如K线在250日均线之上且保持上行态势，表明股价高于这250日内的平均成本，资金处于盈利状态，行情继续看涨，此时处在牛市阶段；若250日均线保持下行态势，且K线在250日均线之下，说明处在熊市阶段。因此，250日均线又被称为牛熊线。

通常情况下，每天的股价不停地波动，而大多数微小的波动仅仅是一个重要趋势的小插曲，如果过分看重这些小波动，反而容易忽略主要的趋势。因此，分析股价走势应有更广阔的眼光，采用移动平均线指标，着眼于价格变动的大趋势。之所以能够利用移动平均线分析价格走势，是因为它具有以下基本特征。

（1）趋势特征。移动平均线能够反映股价的基本趋势，并且近似地表现出这个价格趋势。

（2）稳重特征。移动平均线是一个周期内的平均值，因此不会像日K线那样变化剧烈，而是表现得相对平稳，即上升的时候稳步上升，下降的时候平稳下降，改变上升或下降趋势相对来说不容易。

（3）安全特征。此特征也可以称为滞后特征。移动平均线改变方向不容易，不能第一时间反映股价的最新动态，只有等形势明确之后才会转向。所以，在得到一定安全保证的同时，也会带来一定的滞后。股价刚开始回落时，移动平均线是向上的，只有等到显著回落时，移动平均线才转向下。

（4）助涨特征。此特征也可以称为支撑特征。当股价从下向上穿过移动平均线时，移动平均线开始向上移动，此时可以将其看成多方的支撑线。而当股价跌回移动平均线的位置时，移动平均线自然会产生支撑力量。

（5）助跌特征。此特征也可以称为阻力特征。当股价从上向下穿过移动平均线时，移动平均线开始向下移动，此时可以将其看成空方的阻力线。而当股价上涨到移动平均线的位置时，移动平均线自然会产生阻力。

正是因为以上特征，移动平均线才能对投资分析起到重要作用。投资者根据移动平均线反映的信息可确定合适的买入和卖出时机，获得高额的投资回报。

7.1.2 移动平均线的计算原理

根据平均值计算方法的不同，移动平均线可以分为算术移动平均线、加权移动平均线和指数平滑移动平均线。下面对这3种移动平均线进行简单介绍。

1. 算术移动平均线

算术移动平均线中的“平均”是指算术平均数，如数字1到10的平均数是5.5，而“移动”则意味着这10个数字的变动。假如第一组是1到10，第二组变动为2到11，第三组又变动为3到12，那么，这3组平均数各不相同。而这些不同的平均数的集合，便统称为算术移动平均数。

计算公式：

$$MA(n)=(C_1+C_2+\cdots+C_n)/n$$

2. 加权移动平均线

加权的原因是移动平均线中收盘价对未来价格波动的影响最大，因此赋予它较大的权重。加权移动平均线分为4种。

（1）末日加权移动平均线。

计算公式：

$$MA(n)=(C_1+C_2+\cdots+C_n\times 2)/(n+1)$$

（2）线性加权移动平均线。

计算公式：

$$MA(n)=(C_1\times 1+C_2\times 2+\cdots+C_n\times n)/(1+2+\cdots+n)$$

（3）阶梯加权移动平均线。

计算公式（以5日为例）：

第5日的阶梯加权移动平均线=[（第1日收盘价+第2日收盘价）×1+（第2日收盘价+第3日收盘价）×2+（第3日收盘价+第4日收盘价）×3+（第4日收盘价+第5日收盘价）×4]/（2×1+2×2+2×3+2×4）

（4）平方系数加权移动平均线。

计算公式（以5日为例）：

第5日的平方系数加权移动平均线=[（第1日收盘价×1×1）+（第2日收盘价×2×2）+（第3日收盘价×3×3）+（第4日收盘价×4×4）+（第5日收盘价×5×5）]/（1×1+2×2+3×3+4×4+5×5）

3. 指数平滑移动平均线

普通的移动平均线存在滞后性，即一旦股价偏离均线并且与均线之间的差值突然增大，平均线是不会立刻显示的。指数平滑移动平均线（exponential moving average，EMA）就是为了规避类似的缺点而发展出来的。

以5日指数平滑移动平均线为例，首先以算术移动平均线计算出第一根移动平均线，第二根移动平均线=（第6日收盘价×1/5）+（前一日移动平均线×4/5）。

计算公式：

$$EMA=C_6\times 1/5+EMA(5)\times 4/5$$

7.2 牛市常见的移动平均线

牛市是所有投资者都向往的，能够发现牛市开启的迹象也是投资者梦寐以求的。本节介绍牛市常见的移动平均线。

7.2.1 均线黄金交叉

均线黄金交叉是牛市中均线常见的形态。

均线黄金交叉的标准图形如右图所示。

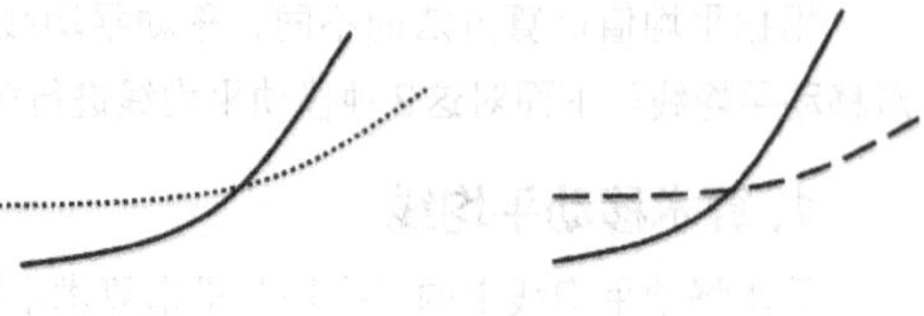

- 均线黄金交叉的主要特征：①出现在上涨初期；② 一根周期较短的均线由下往上穿过周期较长的均线，且周期较长的均线呈上升态势。
- 均线黄金交叉的指示信号：股价见底，后市看涨。如果出现在股价大跌之后，投资者可果断进入。中长线投资者可在周K线或月K线上出现此信号时买入。
- 注意事项：两根均线交叉的角度越大，上涨动力越强。

下面以克劳斯（600579）为例进行说明。

❶在同花顺软件中输入克劳斯的股票代码“600579”（见下左图）或其大写的汉语拼音首字母“KLS”，按【Enter】键，进入克劳斯的日K线图。

❷通过缩放，可以看到克劳斯2021年7月至9月的日K线图，如下右图所示。经过一段时间的震荡回调，克劳斯的股价开始止跌回升，此时出现了密集的均线黄金交叉走势，并且底部成交量有所放大，后市上涨已是大概率事件。

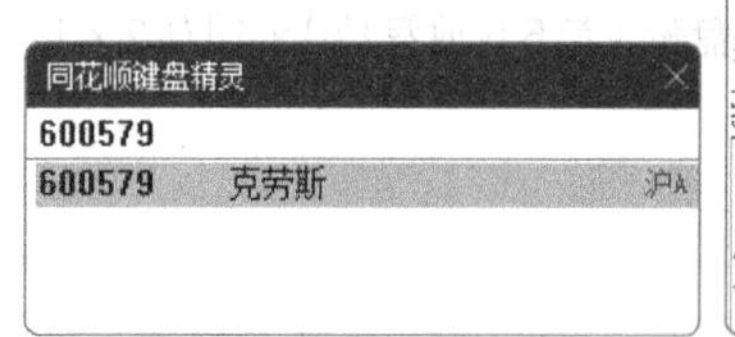

7.2.2 均线多头排列

均线多头排列的标准图形如右图所示。

- 均线多头排列的主要特征：①出现在涨势中；②短期、中期、长期均线按照从上到下的顺序依次排开，即短期均线在上，中期均线在中间，长期均线在下；③所有均线均呈上升态势。
- 均线多头排列的指示信号：标准的做多信号，后市看涨。如果处在多头排列的初期和中期，投资者可果断做多；如果处在后期，投资者应谨慎交易。

下面以北方华创（002371）为例进行说明。

❶在同花顺软件中输入北方华创的股票代码“002371”（见下页左图）或其大写的汉语拼音首字母“BFHC”，按【Enter】键，进入北方华创的日K线图。

❷通过缩放，可以看到北方华创2021年5月至8月的日K线图，如下页右图所示。经过一段时间的横盘，北方华创的股价开始向上爬升，此时出现了均线多头排列的走势，均线由拧在一起渐渐分开，成交量明显放大，后市上涨已是大概率事件。这就是典型的趋势行情，一轮趋势行情有时甚至可以让一只股票价格翻3倍或5倍。

日线(复权) 北方华创 MA5: 163.25↑ MA10: 159.24↑ MA20: 158.59↑ MA30: 152.81↑ MA60: 169.21
432.00
148.02
总手: 55303↑ MAVOL5: 67242↑ MAVOL10: 56023↑

同花顺键盘精灵
002371
002371 北方华创 深A

7.2.3 均线粘合向上发散

均线粘合向上发散的标准图形如右图所示。

• 均线粘合向上发散的主要特征：①出现在下跌后的横盘末期或小幅上涨后的横盘末期；②短期、中期、长期均线以喷射状向上发散，发散前几乎粘合在一起。

• 均线粘合向上发散的指示信号：标准的做多信号，后市看涨。投资者此时可果断进入。

• 注意事项：①均线粘合时间越长，向上发散的力度越大；②均线向上发散的同时，如果成交量明显放大，上涨信号更加可靠。

提示

假如股价快速上涨且均线发散后相距过大，意味着此时回落的风险加大，均线有重新接近的趋势，投资者不宜追高。

下面以广汽集团（601238）为例进行说明。

❶在同花顺软件中输入广汽集团的股票代码“601238”（见下左图）或其大写的汉语拼音首字母“GQJT”，按【Enter】键，进入广汽集团的日K线图。

❷通过缩放，可以看到广汽集团2021年6月至9月的日K线图，如下右图所示。经过一段时间的横盘，广汽集团的股价开始向上爬升，短期和中期均线已经基本上重合在一起。接着出现了均线粘合向上发散的走势，后市上涨已是大概率事件。

同花顺键盘精灵
601238
601238 广汽集团 沪A
02238 广汽集团 港股
113009 广汽转债 债券

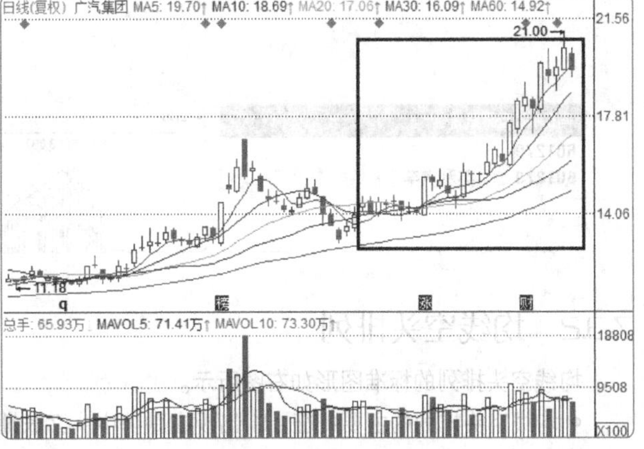

7.3 熊市常见的移动平均线

熊市是指股价总体的运行趋势向下，其间虽有反弹，但一波比一波低，股价逐步走低的市场。在熊市中，大部分投资者开始恐慌，纷纷卖出手中持股，保持空仓观望。此时，空方在市场中占主导地位，做多（看好后市）氛围严重不足，因此熊市也被称为空头市场。下面介绍熊市中常见的移动平均线。

7.3.1 均线死亡交叉

均线死亡交叉的标准图形如下图所示。

- 均线死亡交叉的主要特征：①出现在下跌初期；②一根周期较短的均线由上而下穿过周期较长的均线，且周期较长的均线呈下跌态势。
- 均线死亡交叉的指示信号：股价见顶，后市看跌。如果出现在股价大幅上涨之后，投资者可果断出货。中长线投资者可在周K线或月K线上出现此信号时卖出。
- 注意事项：两根均线交叉的角度越大，下跌势头越猛。

下面以英利汽车（601279）为例进行说明。

❶在同花顺软件中输入英利汽车的股票代码“601279”（见下左图）或其大写的汉语拼音首字母“YLQC”，按【Enter】键，进入英利汽车的日K线图。

❷通过缩放，可以看到英利汽车2021年4月至8月的日K线图，如下右图所示。经过新股上市的暴涨，英利汽车的股价处在高位，由于前期是新股上市，所以上市之后均为一字涨停，不同周期的均线会有不同的出现时间。而在6月4日附近，K线跌破所有短期均线，形成均线死亡交叉走势，并且前期已经出现了一个巨阴线下穿4根均线的断头铡刀形态，两个形态相互印证，表明后市下跌已是大概率事件。果然，在此之后，股价下跌至7.2元（图中箭头处），跌幅超50%。

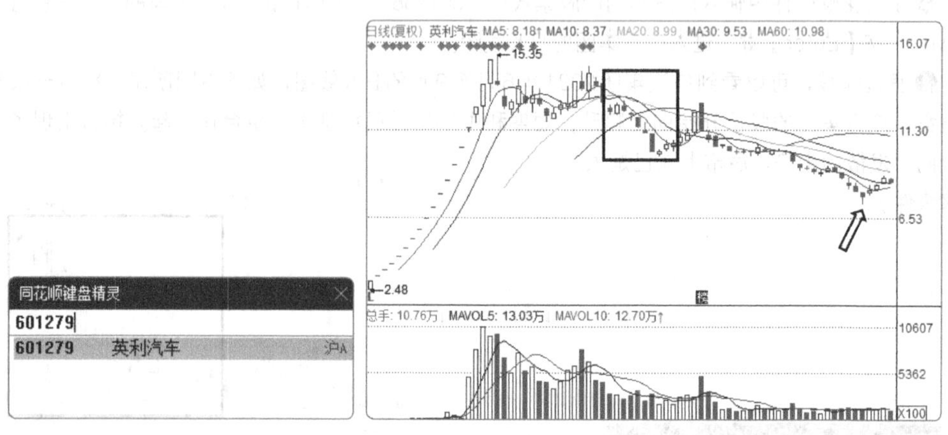

7.3.2 均线空头排列

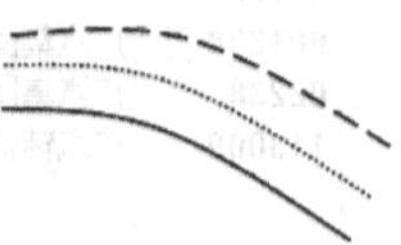

均线空头排列的标准图形如右图所示。

- 均线空头排列的主要特征：①出现在跌势中；②长期、中期、短期均线按照从上到下的顺序依次排开，即长期均线在上，中期均线在中间，短期均线在下；③所有均线均呈下跌态势。

● 均线空头排列的指示信号：标准的做空信号，后市看跌。如果处在空头排列的初期和中期，投资者可果断出货；如果处在后期，投资者可轻仓买入。

下面以红日药业（300026）为例进行说明。

❶在同花顺软件中输入红日药业的股票代码“300026”（见下左图）或其大写的汉语拼音首字母“HRYY”，按【Enter】键，进入红日药业的日K线图。

❷通过缩放，可以看到红日药业2020年10月至2021年3月的日K线图，如下右图所示。经过一段时间的横盘震荡，红日药业进入下跌趋势，此时出现了均线空头排列的走势，成交量萎缩并且中间有几次放量反弹，但是都遇到30日均线就回落。这说明30日均线的压力巨大，对股价形成了很强的压制。真正的熊市就是这样不停地阴跌，没有反弹。投资者只要发现K线被均线压制，一定要毫不留情地离场，不要等待支撑。因为跌破20日均线之后还可以跌破30日均线、跌破60日均线，一味地找支撑只会越陷越深。

7.3.3 均线粘合向下发散

均线粘合向下发散的标准图形如右图所示。

● 均线粘合向下发散的主要特征：①出现在上涨后的横盘末期或小幅下跌后的横盘末期；②短期、中期、长期均线以喷射状向下发散，发散前几乎粘合在一起。

● 均线粘合向下发散的指示信号：标准的做空信号，后市看跌。投资者此时应尽早出货，避免损失。

● 注意事项：①均线粘合时间越长，向下发散的力度越大；②均线向下发散的同时，如果成交量明显放大，下跌信号更加可靠。

下面以海南海药（000566）为例进行说明。

❶在同花顺软件中输入海南海药的股票代码“000566”（见下页左图）或其大写的汉语拼音首字母“HNHY”，按【Enter】键，进入海南海药的日K线图。

❷通过缩放，可以看到海南海药2021年5月至8月的日K线图，如下页右图所示。经过一段时间的横盘整理，海南海药的股价开始向下调整，多根均线已经基本上重合在一起。此时出现了均线粘合向下发散的走势，并且下跌初期成交量有所放大，后市下跌已是大概率事件。在这轮下跌之前，海南海药股价已经从11.5元下跌至6.55元，跌幅超过40%，结果并没有止跌，又跌至最低4.47元，所以在均线的下方千万不要随意抄底，因为极有可能还会继续下跌。在股市中上不言顶、下不言底，跟随趋

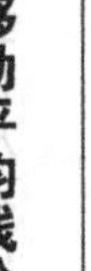

势起码可以保全自己的本金。

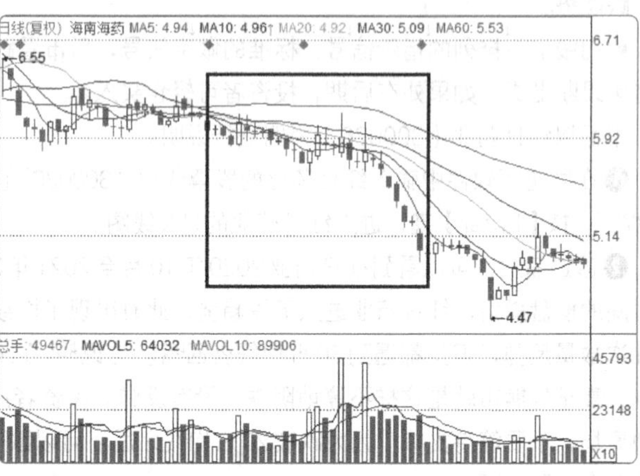

7.4 K线与移动平均线相交的形态

K线代表股价的实时走势，移动平均线代表股价的历史趋势，因此，当两者出现相交时，通常能够显示出重要的信息，投资者应予以关注。

7.4.1 K线与均线黄金交叉

K线与均线黄金交叉的标准图形如右图所示。

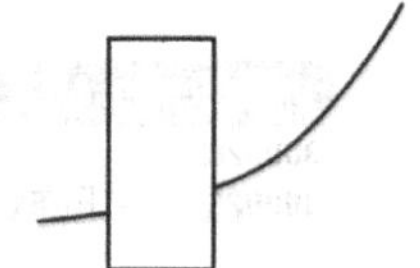

- K线与均线黄金交叉的主要特征：①阳线由下而上穿过均线；②如果均线向上，信号强烈；如果均线向下，信号较弱。
- K线与均线黄金交叉的指示信号：如果在底部，通常为看涨信号；如果在上升或下降途中，通常不改变走势；如果在顶部，通常继续看涨的可能性不大。投资者应相机抉择。
- 注意事项：①阳线实体越大，上涨信号越强；②阳线穿过的均线越多，上涨信号越强；③如果成交量跟着放大，信号可信度更强。

下面以风华高科（000636）为例进行说明。

❶在同花顺软件中输入风华高科的股票代码“000636”（见下左图）或其大写的汉语拼音首字母“FHGK”，按【Enter】键，进入风华高科的日K线图。

❷通过缩放，可以看到风华高科2021年5月至8月的日K线图，如下右图所示。看涨的原因：①6月17日的K线上穿过4根均线，且成交量有所增加；②K线前期下跌并横盘一段时间，且均线粘合，K线更容易向上突破均线压力，转而获得均线支撑；③阳线实体大，说明多头的意愿强烈，信号比较真实可靠；④成交量明显放大，较前一日成倍增加，说明已经有主力进场。

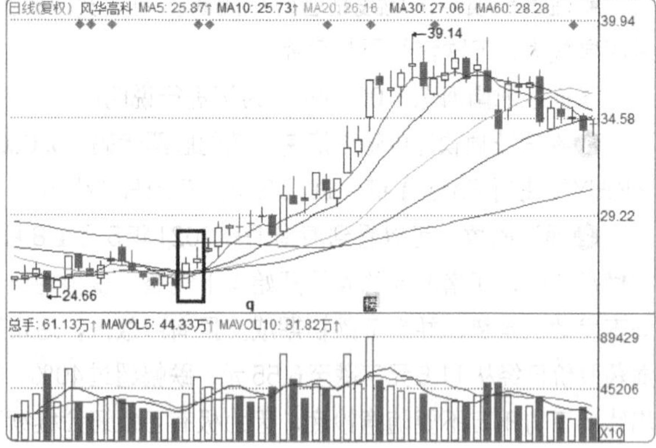

7.4.2 K线获得均线支撑

K线获得均线支撑的标准图形如右图所示。

- K线获得均线支撑的主要特征：①出现在涨势中；②K线在5日均线或10日均线附近得到强有力支撑，很难跌破均线。
- K线获得均线支撑的指示信号：标准的做多信号，后市看涨。投资者只要发现股价在之前没有过分上涨，就可果断买入。

下面以北方华创（002371）为例进行说明。

❶在同花顺软件中输入北方华创的股票代码“002371”（见下左图）或其大写的汉语拼音首字母“BFHC”，按【Enter】键，进入北方华创的日K线图。

❷通过缩放，可以看到北方华创2021年5月至8月的日K线图，如下右图所示。经过一段时间的横盘，北方华创的股价从5月中旬突破均线压力，开始向上爬升，此时出现了K线获得均线支撑的走势。K线在10日均线的位置得到强有力支撑，同时可以看到阴线不仅数目少，而且几乎都是小阴线，可以确定这是看涨信号。随着大阳线的出现和成交量的突然放大，该形态得到确认，进入新一轮上涨态势。

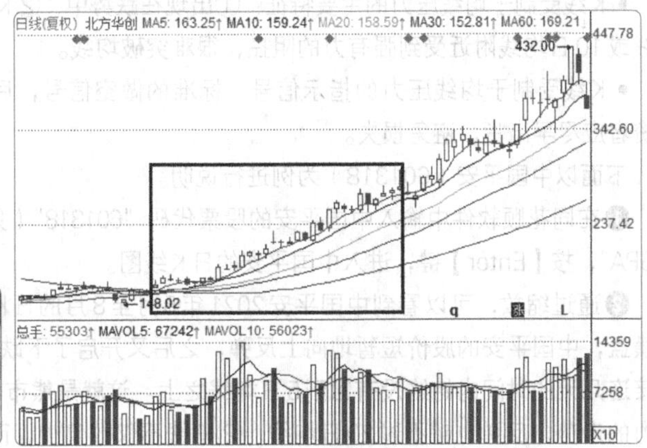

7.4.3 K线与均线死亡交叉

K线与均线死亡交叉的标准图形如右图所示。

- K线与均线死亡交叉的主要特征：①阴线由上而下穿过均线；②如果均线向下，信号强烈；如果均线向上，信号较弱。
- K线与均线死亡交叉的指示信号：如果在顶部，通常为看跌信号；如果在上升或下降途中，通常不改变走势；如果在底部，通常继续看跌的可能性不大。投资者应相机抉择。
- 注意事项：①阴线实体越大，下跌信号越强；②阴线穿过的均线越多，下跌信号越强；③如果成交量跟着放大，信号可信度更强。

下面以光明乳业（600597）为例进行说明。

❶在同花顺软件中输入光明乳业的股票代码“600597”（见下页左图）或其大写的汉语拼音首字母“GMRY”，按【Enter】键，进入光明乳业的日K线图。

❷通过缩放，可以看到光明乳业2021年4月至7月的日K线图，如下页右图所示。看跌的原因：①2021年4月23日K线与均线出现死亡交叉，1根大阴线下穿3根均线；②当日K线的成交量放出异量，较前一交易日增加了一倍；③10日均线和60日均线已经拐头向下；④大跌之前横盘震荡了近两周，等待方向性的选择，所以横盘期间十字星、螺旋桨线较多，它们的出现表明股价很难有向上的突破，处在阶段高点。因此，投资者应尽早出货，避免损失。

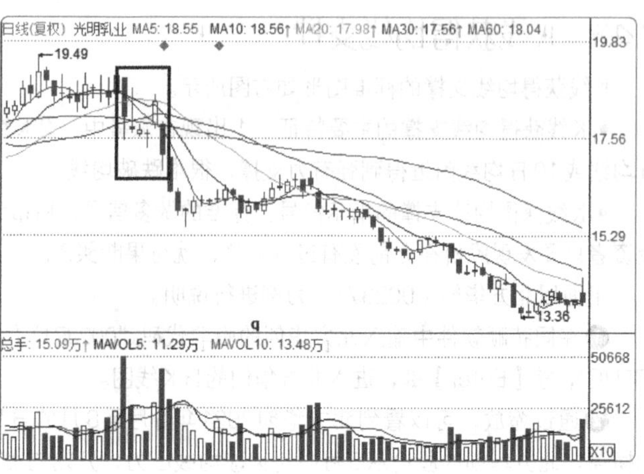

7.4.4 K线受制于均线压力

K线受制于均线压力的标准图形如右图所示。

- K线受制于均线压力的主要特征：①出现在跌势中；②K线在5日均线或10日均线附近受到强有力的阻拦，很难突破均线。
- K线受制于均线压力的指示信号：标准的做空信号，后市看跌。投资者应尽早出货，避免损失。

下面以中国平安（601318）为例进行说明。

❶在同花顺软件中输入中国平安的股票代码“601318”（见下左图）或其大写的汉语拼音首字母“ZGPA”，按【Enter】键，进入中国平安的日K线图。

❷通过缩放，可以看到中国平安2021年5月至8月的日K线图，如下右图所示。经过一段时间的横盘，中国平安的股价短暂地向上反弹，之后又开启了下跌模式。从K线跌破5日均线以后，该股在接连几天的时间内始终没有回到5日均线之上。这就是熊市的特征，主要表现：①K线受制于均线压力的走势，反弹也超不过20日均线；②阳线不仅数目少，而且几乎都是小阳线；③小阴线和大阴线都很多，并且阴线的成交量很大，可以确定这是看跌信号，后市继续下跌是大概率事件。

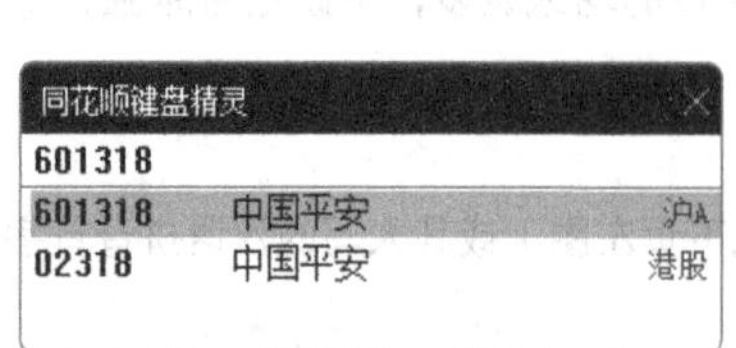

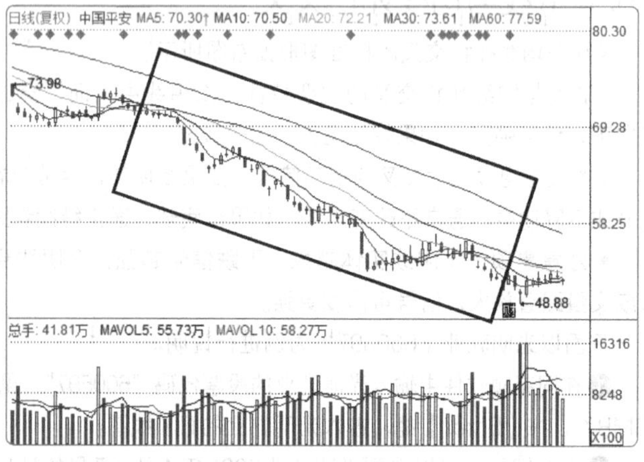

7.5 移动平均线的使用技巧

移动平均线有短期均线、中期均线和长期均线3种，这3种均线代表不同时间段股票的价格趋势。均线相互交叉，很可能会透露出股价走势变化的信息。因此，投资者应该多留意均线之间的交叉情况。

7.5.1 银山谷

银山谷的标准图形如右图所示。

- 银山谷的主要特征：①出现在涨势初期；②由3根移动平均线交叉组成，形成一个尖头向上的不规则三角形。
- 银山谷的指示信号：标准的见底信号，后市看涨。激进型投资者可以把此信号作为买点，稳健型投资者可以选择继续观望，等走势明朗之后再进入。
- 注意事项：如果伴有成交量的放大，信号可信度更强。

下面以秦港股份（601326）为例进行说明。

❶在同花顺软件中输入秦港股份的股票代码“601326”（见下左图）或其大写的汉语拼音首字母“QGGF”，按【Enter】键，进入秦港股份的日K线图。

❷通过缩放，可以看到秦港股份2021年8月至10月的日K线图，如下右图所示。在K线跌破均线后，该股开启阴跌模式，阴线多于阳线并且在底部横盘，股价在2.5元左右小幅震荡。这表明股价下跌态势得到有效缓解，行情可能发生反转。紧接着出现了银山谷的走势，与前几日相比，阳线成交量明显放大，阴线成交量缩小，可以确认此为转势信号，后市上涨已是大概率事件，激进型投资者可果断进场。

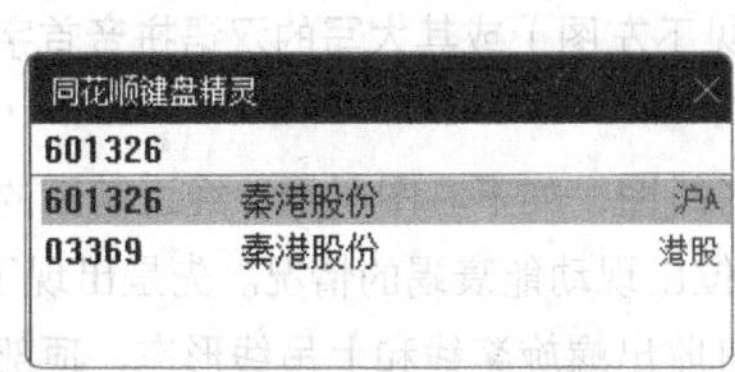

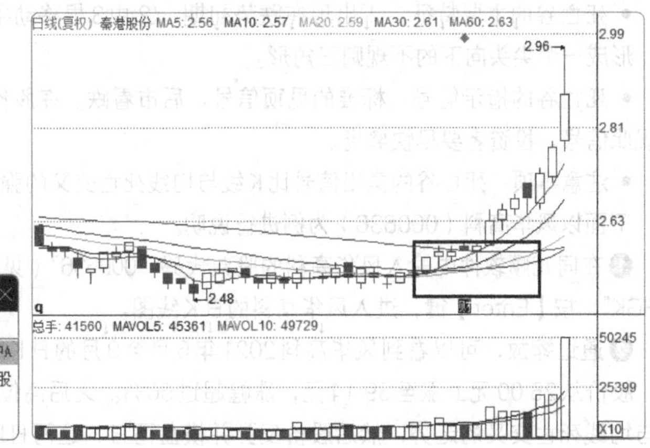

7.5.2 金山谷

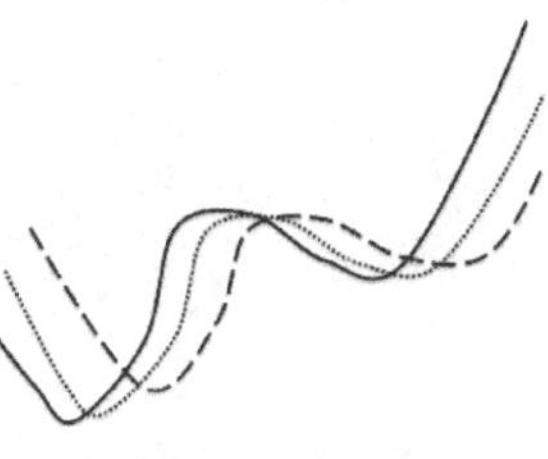

金山谷的标准图形如右图所示。

- 金山谷的主要特征：①出现在银山谷之后；②由3根移动平均线交叉组成，形成一个尖头向上的不规则三角形，和银山谷构成方式相同；③金山谷可以处在与银山谷相近的位置，也可以高于银山谷。
- 金山谷的指示信号：标准的买进信号，后市看涨。稳健型投资者可以此为买进点。
- 注意事项：①金山谷与银山谷相隔时间越长，所处位置越高，股价日后的上涨潜力越大；②如果伴有成交量的放大，信号可信度更强。

下面以神火股份（000933）为例进行说明。

❶在同花顺软件中输入神火股份的股票代码“000933”（见下页左图）或其大写的汉语拼音首字母“SHGF”，按【Enter】键，进入神火股份的日K线图。

❷通过缩放，可以看到神火股份2021年6月至8月的日K线图，如下右图所示。在一根放量大阳线之后，银山谷形态出现，表明股价开始上涨。不过主力没有马上大幅拉升，而是先拉升部分之后迅速回调，过滤意志不坚定的投资者。此轮行情之后，马上又出现放量大阳线，走出金山谷形态，可确认此为上涨信号，后市看涨已是大概率事件，稳健型投资者可果断进场。

7.5.3 死亡谷

死亡谷的标准图形如右图所示。

• 死亡谷的主要特征：①出现在跌势初期；②由3根移动平均线交叉组成，形成一个尖头向下的不规则三角形。

• 死亡谷的指示信号：标准的见顶信号，后市看跌。在股价大幅上升后出现此信号，投资者要尽快离场。

• 注意事项：死亡谷的卖出信号比K线与均线死亡交叉的强。

下面以风华高科（000636）为例进行说明。

❶在同花顺软件中输入风华高科的股票代码“000636”（见下左图）或其大写的汉语拼音首字母“FHGK”，按【Enter】键，进入风华高科的日K线图。

❷通过缩放，可以看到风华高科2021年6月至9月的日K线图，如下右图所示。经过前期的上涨，股价从25.00元上涨至39.14元，涨幅超过50%。之后高位出现动能衰竭的情况。先是出现了K线与均线死亡交叉的走势，然后股价反弹并横盘两日，这两日收出螺旋桨线和上吊线形态，顶部明显。紧接着出现了死亡谷的形态，结合前几个信号，表明顶部确立，并且已经有主力出货，股价无力支撑，投资者应尽快出货。果然，之后股价又下跌超过20%。

7.5.4 蛟龙出海

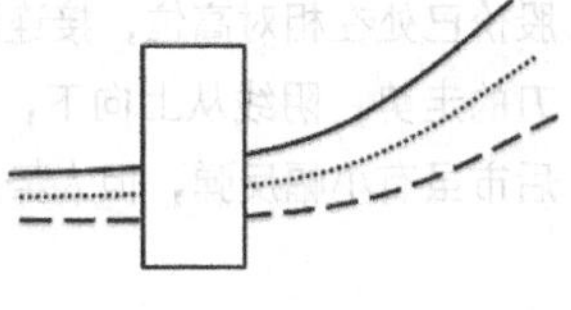

蛟龙出海的标准图形如右图所示。

- 蛟龙出海的主要特征：①出现在下跌后期或低位横盘后期；②由一根大阳线从下向上穿过短期、中期、长期均线，而且K线的收盘价在所有周期均线之上。
- 蛟龙出海的指示信号：标准的反转信号，后市看涨。激进型投资者可以把此信号作为买点，稳健型投资者可以选择继续观望，等走势明朗之后再入场。
- 注意事项：①阳线实体越大，信号越可靠；②成交量同步放大，可信度较强；成交量没有放大，可信度较弱。

下面以捷捷微电（300623）为例进行说明。

❶在同花顺软件中输入捷捷微电的股票代码“300623”（见下左图）或其大写的汉语拼音首字母“JJWD”，按【Enter】键，进入捷捷微电的日K线图。

❷通过缩放，可以看到捷捷微电2021年4月至7月的日K线图，如下右图所示。经过横盘调整，短期均线和长期均线已经粘合在一起，股价已经从60日均线下方慢慢上升到均线上方，并且即使下探，也在60日均线获得支撑。5月24日，一根中阳线呈现出了蛟龙出海的走势，从下往上，一举突破4根均线，而且成交量进一步放大，这是非常稳妥的买点，即使是稳健型投资者也可大胆买入做多。果然，之后股价沿着5日均线和10日均线节节攀升，走出一轮上涨行情。

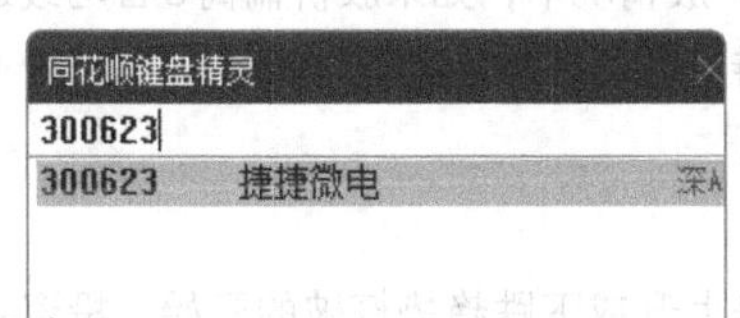

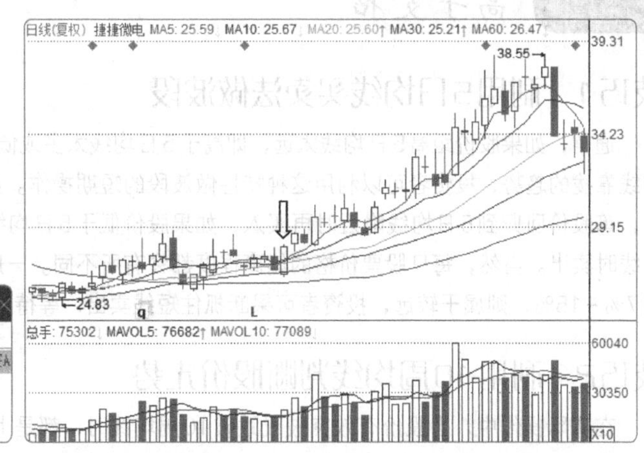

7.5.5 断头铡刀

断头铡刀的标准图形如右图所示。

- 断头铡刀的主要特征：①出现在上涨后期或高位横盘后期；②由一根大阴线从上向下穿过短期、中期、长期均线，且收盘价在均线之下。
- 断头铡刀的指示信号：标准的反转信号，后市看跌。投资者遇见此信号，应尽早出货，不要再继续做多。
- 注意事项：①阴线实体越大，信号越可靠；②成交量同步放大，可信度较强；成交量没有放大，可信度较弱。

下面以泸州老窖（000568）为例进行说明。

❶在同花顺软件中输入泸州老窖的股票代码“000568”（见下页左图）或其大写的汉语拼音首字母“LZLJ”，按【Enter】键，进入泸州老窖的日K线图。

❷通过缩放，可以看到泸州老窖2021年5月至8月的日K线图，如下右图所示。经过前期上涨，股价已处在相对高位，接连两个十字星的出现可以显出头部特征，并且在横盘之后突然出现了断头铡刀的走势，阴线从上向下，一举跌破4根均线，同时伴随着成交量的放大，表示此为行情反转信号。后市虽有小幅反弹，但大势已去，将再次下跌，最终股价暴跌40%。

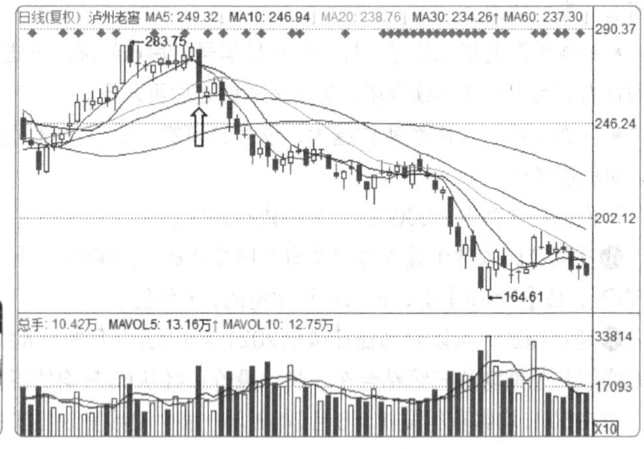

高手支招

技巧1 利用5日均线买卖法做波段

通常，如果股价距离5日均线太远，即高于5日均线太多或低于5日均线太多，股价都会有向5日均线靠拢的趋势，投资者可以利用这种特性做波段的短期操作。如果股价高于5日均线太多，可先卖出，等股价回归到5日均线附近时再买入；如果股价低于5日均线太多，可先买入，等股价接近5日均线时卖出。当然，每只股票价格的偏离程度都会有所不同。一般情况下，如果股价偏离5日均线达到7%～15%，则属于较远，投资者可果断抓住短线卖出，等待股价稍微回落再买入。

技巧2 利用10周均线判断股价走势

在实际操作中，当股价有效突破或跌破10周均线时，都是上升或下跌趋势打破的开始。投资者在具体运用时，需要注意以下两点。

（1）所处位置。当股价在相对低位突破10周均线，或在相对高位跌破10周均线时，转势信号有效性较强。

（2）突破幅度。当股价突破或跌破10周均线时，要有3%的幅度，最好是光头光脚线，这样有效性才较强。

第8章 趋势线分析

本章引语

故善战人之势，如转圆石于千仞之山者，势也。

——《孙子兵法》

所以，善于指挥作战的将军气势强盛，就如转动圆形巨石从几百丈高的山顶滚下具有的气势一样，这就是所谓的“势”。股市投资跟行军作战类似，投资者也应像带兵打仗一样，分析形势，把握趋势，这样才能立于不败之地。

本章要点

★趋势线的常见形态

★趋势线的绘制

趋势线通常是被投资者用来判断中长期个股走势的工具。画出趋势线，投资者能够更清楚地分析当前趋势是上升还是下降，进而为之后的买卖做充分准备。

8.1 波浪理论与趋势线

8.1.1 波浪理论

投资者都希望能预测未来，波浪理论正是一种价格趋势分析工具，它根据周期循环的波动规律来分析和预测价格的未来走势。波浪理论的创始人——美国技术分析大师R.N.艾略特（1871—1948）在长期研究道琼斯工业平均指数的走势图后，于20世纪30年代创立了波浪理论。投资者仔细观察记录着股价波动信息的K线图，会发现它们有节奏、有规律地起伏涨落，如同大海的波浪一样。

一个完整的波动周期，即完成所谓从牛市到熊市的全过程，包括一个上升周期和一个下跌周期。上升周期由5浪构成，用1、2、3、4、5表示，其中1、3、5浪上涨，2、4浪下跌；下跌周期由3浪构成，用a、b、c表示，其中a、c浪下跌，b浪上涨。与主要运动方向（即所在周期指明的大方向）相同的波浪称为推动浪，与主要运动方向相反的波浪称为调整浪。也就是说，在上升周期中，因为主趋势向上，那么1、3、5浪为推动浪，2、4浪为调整浪，是对上涨的调整；在下降周期中，因为主趋势向下，那么a、c浪为推动浪，b浪为调整浪，是对下跌的调整，通常称为反弹。一个完整的波动周期如下图所示。

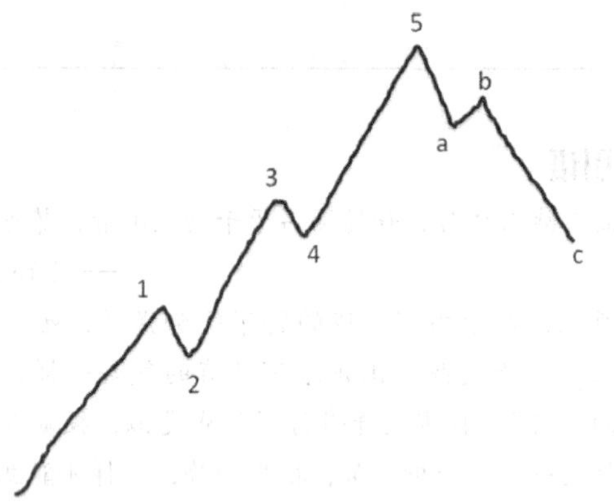

波浪理论的主要特征就是它的通用性。因为股票的价格运动是在机构投资者和个人投资者广泛参与的自由市场之中，市场交易记录完整，与市场相关的信息全面丰富，特别适用于检验和论证波浪理论，所以它是诸多股票技术分析理论中被运用最多的。但不可否认，它也是非常难以被真正理解和掌握的。

波浪理论有以下几个原则。

（1）4浪的最低点不可以低于2浪的最高点。

（2）3浪是整个波浪中容易实现盈利的浪。因为1浪是趋势的起始浪，所以很难判断。2浪是调整浪，要注意2浪的调整，2浪调整结束就应当买进，获取3浪上涨的利润。3浪往往也是上涨力度最大的浪。

（3）浪数可以增加，即可能不止5浪。一次波动走出第5浪时，若反方力量一直不出现，市场会一直沿着当前趋势继续延伸，直到反抗的力量积蓄到足够才会爆发，开始反向趋势。而5浪何时结束，市场并不能给出准确的条件。我们不仅需要通过波浪理论进行分析，还要利用其他辅助手段才能判断5浪何时结束。

以风华高科（000636）为例来说明。该股票的价格在2021年6月到9月的走势中，经历了上涨和下跌一个轮回。股价前期最低为25.11元，经历了1、3、5浪上涨推动浪和2、4浪调整浪，以及a、c浪下跌推动浪和b浪调整浪。此次波动周期如下图所示。

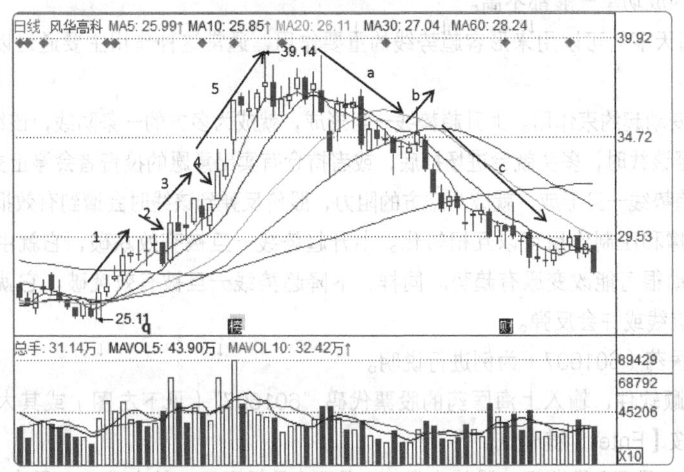

投资者可参照波浪理论，对趋势行情进行分解，但上涨趋势并非5浪就结束，下跌趋势也并非3浪就截止，黄金期货就曾经出现过上涨11浪的趋势行情。所以投资者要综合利用波浪理论和趋势线技术等工具，对后市的行情做出预判。

8.1.2 趋势线

大盘和个股的中长期走势可大致分为3种：上升趋势、下跌趋势和震荡趋势。在一个价格运动当中，如果其波峰和波谷都相应高于前一个波峰和波谷，那么就称为上涨趋势；相反，如果其包含的波峰和波谷都低于前一个波峰和波谷，那么就称为下跌趋势；如果后面的波峰和波谷都基本与前面的波峰和波谷持平，那么称为震荡趋势，或者横盘趋势，或者无趋势。投资者可以借助趋势线对大盘或者个股的走势进行分析。

下图为中国铝业（601600）在2019年12月至2021年9月的走势图。从图中可以看出，股价自2021年以来一直沿上升趋势线呈单边上升走势，每次回调至趋势线就获得支撑，并且在开启急速拉升时，上涨的趋势变得更陡峭。

通常来说，趋势形成之后不会被轻易改变。例如，一旦下跌趋势形成，股价就会持续下跌；相反，一旦上涨趋势确立，股价也会跟着趋势上涨。所以，理性的投资者要顺势而为，才能获取丰厚回报，逆势而为的成功率一般都不高。

“一把尺子闯天下”可以用来形容趋势线的重要作用，通常这种作用主要通过以下几个方面表现出来。

（1）对股价变动起约束作用。上升趋势线一旦形成，就成为多方的一条防线，该线对股价有支撑作用，即股价回调至该线时，多头就会进场抄底，或者持仓有卖出意愿的投资者会停止卖出行为，等待反弹。同样，下降趋势线一旦形成，就成为空方的阻力，股价反弹到该线时会遭到有效抵抗，重归跌势。

趋势线的支撑和压制作用可以互相转化。上升趋势线一旦被有效跌破，它就由原来的支撑变为压制，股价的波动很可能改变原有趋势。同样，下降趋势线一旦被有效突破，它就由原来的压制变为支撑，股价遇该线或许会反弹。

下面以上海医药（601607）为例进行说明。

❶打开同花顺软件，输入上海医药的股票代码“601607”（见下左图）或其大写的汉语拼音首字母“SHYY”，按【Enter】键确认。

❷在2021年1月至8月期间，股价先是在2月至6月经历了一轮上涨，之后在6月至8月变为下跌趋势，如下右图所示，几乎是怎么涨上来，怎么跌回去。但是无论是上涨还是下跌，都受到上涨趋势线的支撑和下跌趋势线的压制。

同花顺键盘精灵

601607		
601607	上海医药	沪A
02607	上海医药	港股

（2）对趋势演化起追踪作用。因为每条趋势线都有一个角度，从角度的变化中，投资者可以清楚地看出趋势变化的特征。通常股价的上升可分成3个阶段，即初升段、主升段、末升段。趋势线在这3个阶段会形成不同的角度，即启动角度、加速角度、减速角度。一般情况下，启动角度和减速角度都较小，行情在主升段较猛烈，因而加速角度较大。但是，如果启动角度和加速角度都较小，通常在末升段会出现拉升行情，即减速角度加大。

趋势线一旦被打破，就说明趋势不再延续之前的走势，甚至有可能朝相反方向发展。越是重要、有效的趋势线被打破，其转势信号越强烈。

8.2 趋势线的常见形态

分类标准不同，趋势线的类别也不同。根据时间长短分类，趋势线可分为长期趋势线（连接各长期波动点）、中期趋势线（连接各中期波动点）和短期趋势线（连接各短期波动点）。根据位置信息分类，趋势线可分为上升趋势线、下降趋势线和横盘趋势线。本节介绍上升趋势线、下降趋势线，及压力线和支撑线。

8.2.1 上升趋势线

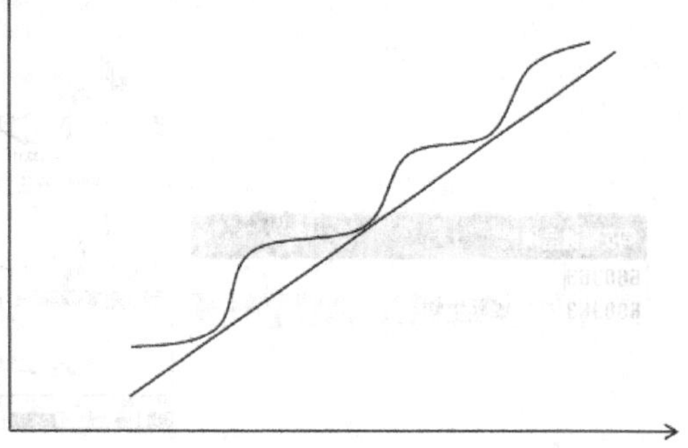

上升趋势线是将K线图中每一个波浪的最低点相连形成的一条切线，体现整个股价上涨的趋势，如右图所示。上升趋势线一旦形成，表示做多力量已经达成了一致的交易共识，拉升的压力可能会减小。投资者如果在上升趋势线上买入，后期亏损的概率会小很多。

趋势线通常都有一定的倾斜角度。倾斜角度大，表明短时间内股价上涨幅度大，但其支撑作用小，持续上涨时间不长，比较容易被跌破；反之，如果倾斜角度小，表明短时间内股价上涨幅度小，但上升趋势线的支撑作用大，持续上涨时间相对较长。如果是大牛趋势，往往是先经历平缓的趋势线，再经历陡峭的趋势线。当股价随着固定的趋势移动时，时间越久说明趋势线越可靠。

下面以神火股份（000933）为例进行说明。

❶打开同花顺软件，输入神火股份的股票代码“000933”（见下左图）或其大写的汉语拼音首字母“SHGF”，按【Enter】键确认。

❷下右图是神火股份2020年11月至2021年9月的走势图。从图中不难看出，这一轮趋势上涨经历了5浪，每2大浪又可以拆解为6小浪。股价每次上涨后都调整到趋势线就停止下跌，开启反弹，多头重新发力，继续上攻，并且在行情的后期，进一步加速上涨，让趋势线变得更陡峭。此时，投资者要用新的上升趋势线进行分析。

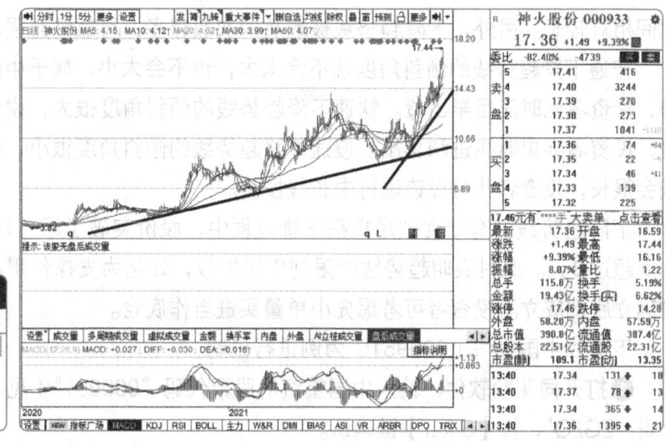

上升趋势线被有效跌破是指在上升过程中，股价跌破原有趋势线，且下跌幅度达到3%以上，时间超过3天。此时表明趋势线的支撑作用失效，转化为压制作用。如果此时成交量突然放大，就更加确定原有趋势被打破。投资者应尽早出货，避免损失。

下面以华熙生物（688363）为例进行说明。

❶打开同花顺软件，输入华熙生物的股票代码“688363”（见下页左图）或其大写的汉语拼音首字母“HXSW”，按【Enter】键确认。

❷下页右图为华熙生物2021年3月至9月的走势图。可以看到，3月至7月中旬，股价沿着上升趋势线运行，上升趋势线比较平坦，但是在7月23日，一根中阴线直接跌穿5日、10日和20日均线，7月24日的大阴线更是直接跌穿了上升趋势线，并且伴随巨大的成交量，趋势被打破，之后走势由涨转跌，并且股价受到下降趋势线的压制，反弹到下降趋势线就停止向上。

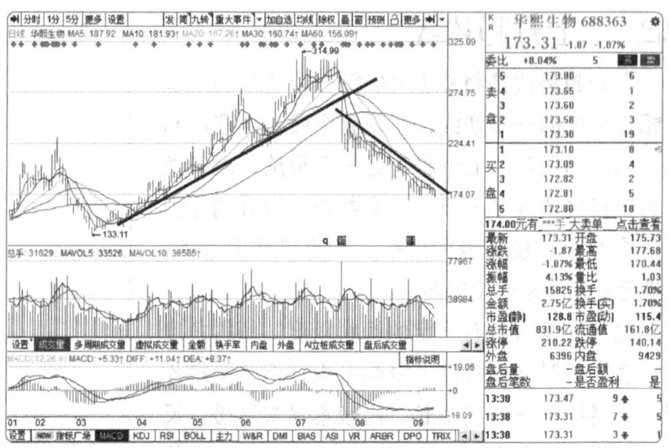

8.2.2 下降趋势线

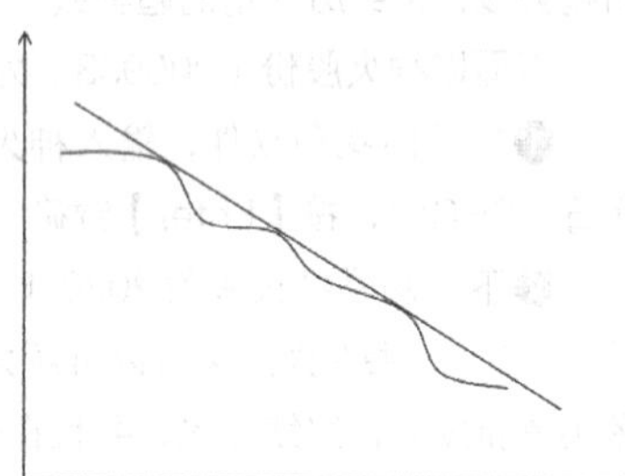

下降趋势线是将K线图中每一个波浪的最高点相连形成的一条切线，体现出整个股价下跌的趋势，如右图所示。下降趋势线一旦形成，表示做空力量已经就绪，多方力量偏弱，投资者应及时清仓离场，避免被深度套牢。如果可以融券，投资者可以选择在波浪顶部做空。

跟上升趋势线类似，下降趋势线同样有倾斜角度。倾斜角度大，表明短时间内股价下跌幅度大，但其限制作用小，持续急速下跌的时间可能不长；倾斜角度小，表明短时间内股价下跌幅度小，但其限制作用大，持续下跌的时间相对较长。另外，下降趋势线被触及的次数越多，可靠性越强。

普通下降趋势线的倾斜角度既不会太大，也不会太小，属于中间情况。它体现出股价呈下跌的态势，投资者此时应尽早出货。快速下降趋势线的倾斜角度很大，说明短期内股价下跌快，持续时间很短，投资者要果断买进和卖出。慢速下降趋势线的倾斜角度很小，说明短期内股价下跌慢，但持续时间会很长，投资者此时应该进行中长线投资。

下降趋势线被有效突破是指在下降过程中，股价突破了原有趋势线，且上涨幅度达到3%以上，时间超过3天。此时表明趋势线的限制作用失效，转化为支撑作用。如果此时成交量突然放大，就更加确立底部成立。投资者可考虑先小单量买进当作底仓。

下面以中国重汽（000951）为例进行说明。

❶打开同花顺软件，输入中国重汽的股票代码“000951”（见下页左图）或其大写的汉语拼音首字母“ZGZQ”，按【Enter】键确认。

❷下页右图为中国重汽2021年1月至9月的走势图。可以看到，在经历了前期的小幅反弹之后，股价在2月开始进入下行趋势，尤其是在3月股价跌破所有均线，更加确立进入下行通道。上涨不言顶，下跌不言底，一旦跌破长期均线，不要想着找支撑位，因为均线和趋势线已经成了压力，向下是没有支撑位的。因此，投资者应及时卖出，在下跌初期的任何时点卖出都是对的。如果一直都没卖出，当股价反弹向上突破下降趋势线之后可以考虑卖出。不建议投资者在一只股票的价格经过长期下跌后，向上突破下降趋势线就买入，因为其往往还要经历震荡才能向上。大熊市之后就开启大牛市的情况不多。

股价下跌的速率并不是完全一致的，有的股价先急速下跌再缓慢阴跌，有的则先震荡下跌再加速赶底。所以下降趋势线也需要依据行情的变化进行调整。新的下降趋势线同样是对波峰作切线，但是切线的斜率和原趋势线的斜率不同，所以与原趋势线会有一个交叉点。

下面以皖通高速（600012）为例进行说明。

❶打开同花顺软件，输入皖通高速的股票代码“600012”（见下左图）或其大写的汉语拼音首字母“WTGS”，按【Enter】键确认。

❷下右图为皖通高速2021年1月至8月的走势图。可以看到，该股票的价格在4月至6月中旬先沿着一条相对平缓的下降趋势线下跌，在跌破60日均线之后反弹失败，多头更是不计成本地卖出，股价开始没有抵抗地加速下跌。这时由于股价跌速加快，所以沿着新的下降趋势线下跌。但是加速下跌有个好处是能缩短见底的时间，投资者不用等待漫长的阴跌之后再找投资机会。很多后期加速下跌的股价，跌出了一个坑，会很快反弹出坑。但是经历漫长阴跌的，需要时间来反复确认底部。所以在下跌初期，只要股价跌破趋势线、跌破长期均线，投资者都应该尽早撤出。

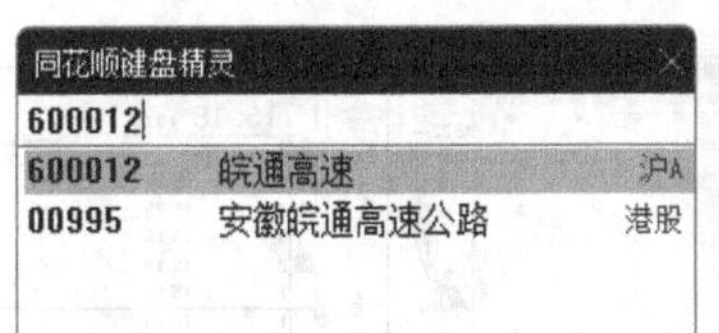

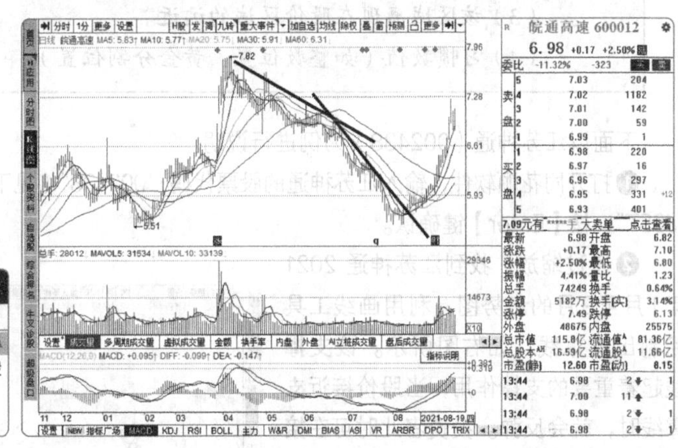

8.2.3 压力线

在震荡行情中，当股价上涨到一定价位时，继续上涨会受到阻力并回落。在K线图中，在每个波峰处绘制一条切线，即为压力线。压力线对股价具有压制作用，一旦股价难以突破，则会转头向下。投资者如果没能尽早出货，将会遭受损失。

下面以野马电池（605378）为例进行说明。

❶打开同花顺软件，输入野马电池的股票代码“605378”（见下页左图）或其大写的汉语拼音首字母“YMDC”，按【Enter】键确认。

❷通过缩放，找到野马电池2021年4月至9月的走势图，利用画线工具绘制出压力线，如下右图所示。压力线对股价起到压制作用，股价到了该位置，即开始回调。

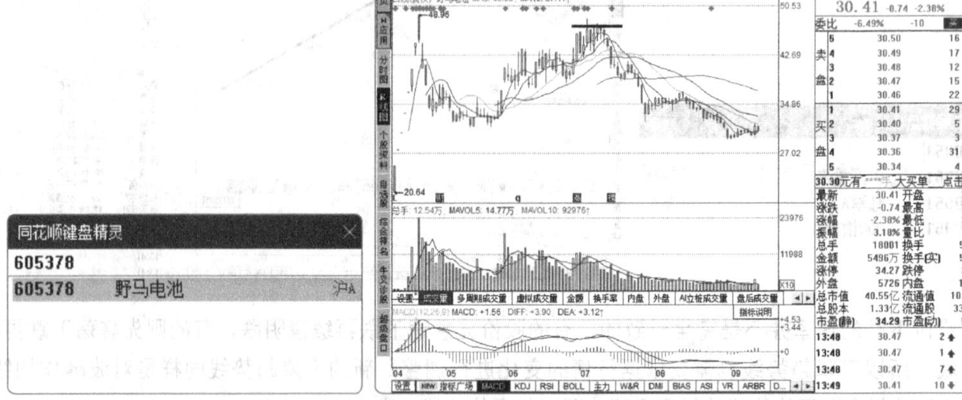

8.2.4 支撑线

在震荡行情中，当股价下跌到一定价位时，继续下跌会受阻并回升。在K线图中，在每个波谷处绘制一条切线，即为支撑线。支撑线对股价具有支撑作用。往往结合支撑线和W底分析判断底部的成立。

> **提示**
>
> 判断重要的支撑和压力区域需要考虑如下因素。
>
> （1）股价在该区域停留的时间。
>
> （2）股价在该区域时伴随的成交量大小。
>
> （3）该区域离现在股价区域的远近。
>
> （4）习惯数值（如整数位置、黄金分割位置）。

下面以江苏神通（002438）为例进行说明。

❶打开同花顺软件，输入江苏神通的股票代码“002438”（见下左图）或其大写的汉语拼音首字母“JSST”，按【Enter】键确认。

❷通过缩放，找到江苏神通 2021年1月至9月的走势图，利用画线工具绘制出支撑线，如右图所示。该支撑线起着重要的支撑作用，当股价接近支撑线时，就会反弹。投资者此时可在接近支撑线的位置大胆买入，等待股价上涨。

同花顺键盘精灵
002438
002438 江苏神通 深A
002438 创金尊盛 基金

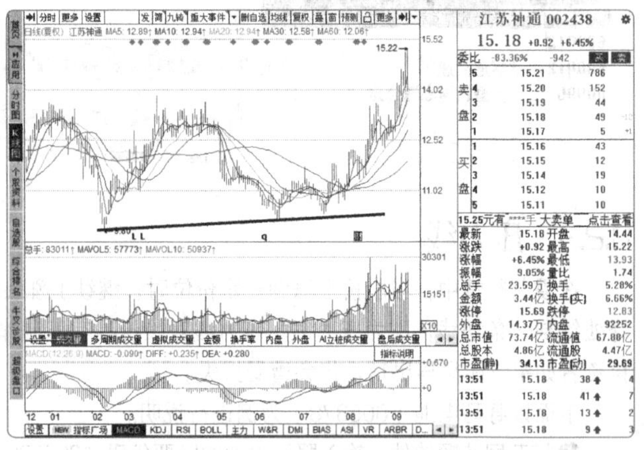

8.3 趋势线的绘制

在K线图的分析中，趋势线很重要，本节将介绍如何在同花顺软件中绘制出准确的趋势线。

8.3.1 趋势线的绘制方式

上升趋势线是波谷（底点）之间的连线，连接底点，使尽可能多的底点都处于同一条直线上。下降趋势线是波峰（顶点）之间的连线，连接顶点，使尽可能多的顶点都处在同一条直线上。横盘趋势线将顶点和底点分别以直线连接，形成震荡区间。

下面以龙星化工（002442）为例，介绍具体操作步骤。

❶打开同花顺软件，输入龙星化工的股票代码“002442”（见下左图）或其大写的汉语拼音首字母“LXHG”，按【Enter】键确认。

❷双击进入龙星化工K线图界面，选择行情期间为2021年3月至9月，然后在工具栏中单击【画线】按钮，如下右图所示。

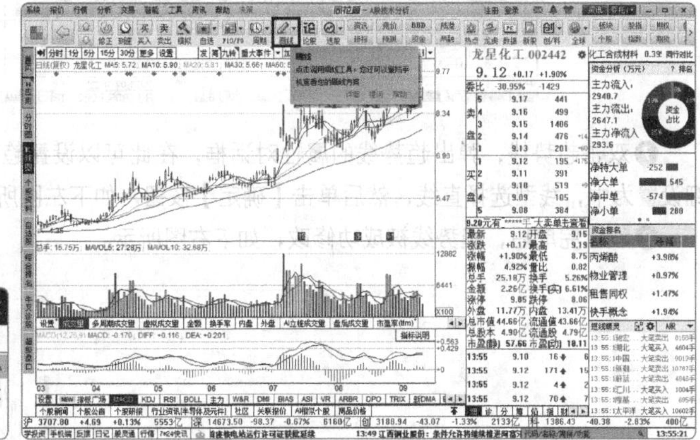

❸弹出下图所示的画线工具栏，投资者可利用里面的工具绘制线段、图形等。

❹单击【自定义】按钮，打开【自定义画线工具】对话框，如下图所示，投资者可勾选常用的画线工具复选框。常用的画线工具为直线、线段、矩形、平行线、黄金分割线、八浪线、圆等。投资者可根据自己的偏好选择画线工具。

❺勾选【直线】复选框，单击【确定】按钮。单击K线图中要绘制的直线的起点，然后拖曳鼠标，在终点处再次单击，即可成功绘制趋势线。

❻按上、下方向键，可放大、缩小K线图，然后单击趋势线的端点，光标变成笔状（截图无法显示，投资者可自行在软件上操作），这时可精确控制趋势线的位置，如下图所示。

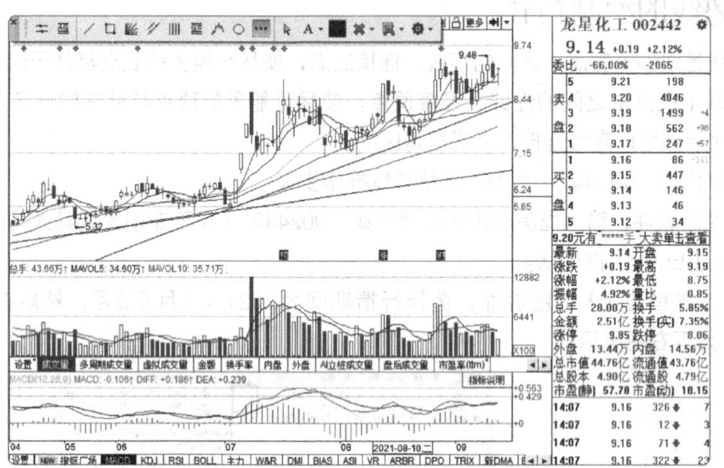

❼双击趋势线，弹出趋势线的属性对话框，在此可以设置趋势线的名称、颜色、粗细等。把粗细设置为中，线型选择直线，然后单击【确定】按钮，如下左图所示。

❽设置完成后，趋势线被成功修改，如下右图所示。

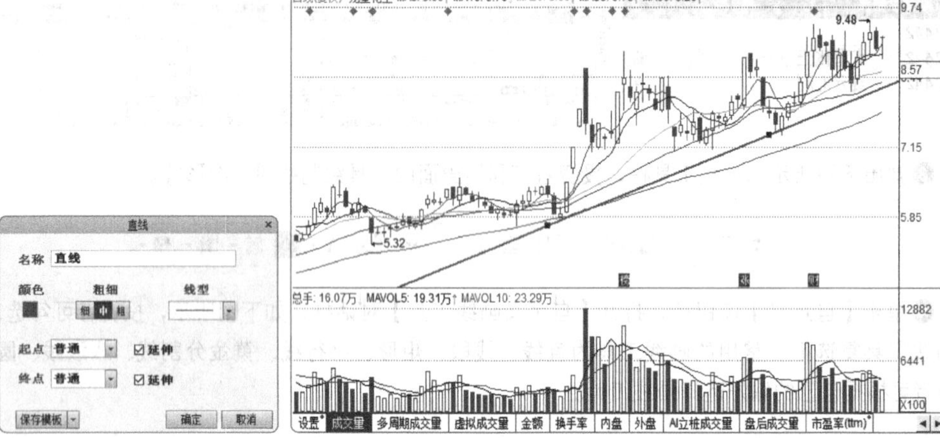

8.3.2 黄金分割线的绘制方法

黄金分割是一种古老的数学方法，在实际应用中经常发挥着意想不到的作用。本小节主要以绘制黄金分割线为例进行介绍。绘制黄金分割线的第一步是记住几个特殊的数字：1.191、1.382、1.5、1.618。这些数字中1.191和1.382最为重要，意味着股价极容易在上涨19.1%和38.2%处面临压力，或在下跌19.1%和38.2%处面临支撑。可见，绘制黄金分割线时要以绝对数为基准点。

下面以健麾信息（605186）为例，介绍具体操作步骤。

❶进入健麾信息的K线图，时间区间为2021年5月至9月。单击【画线】按钮，在下页图所示的画线工具栏中选择【黄金分割线】来测算5月25日至6月3日的股价涨幅。

选择完这一波段的底部与顶部之后，系统会自动测算黄金分割比例涨跌的不同比例对应的不同价格。例如，底部选择19.3元，顶部选择37.39元，通过黄金分割比例可知，再上涨可达到46.44元（涨幅达到150%）。如果向下回调可能会到30.48元，回调至从19.3元来计算上涨61.8%的位置［具体公式为19.3+（37.39−19.3）×0.618］，如下图所示。

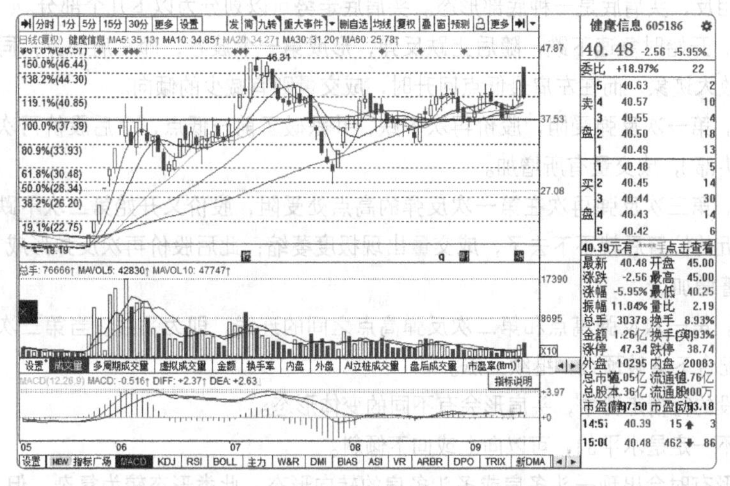

❷双击黄金分割线，弹出【水平黄金分割线】对话框，在此可以设置黄金分割线的名称、颜色、粗细、线型等。例如，粗细设置为中，线型设置为直线，然后单击【确定】按钮，如下左图所示。

❸从下右图中可以看出，设置完成后，黄金分割线的属性就修改完成。投资者拖曳鼠标可调节黄金分割线至不同位置，也可以选中顶部或者底部调节取值的区间。

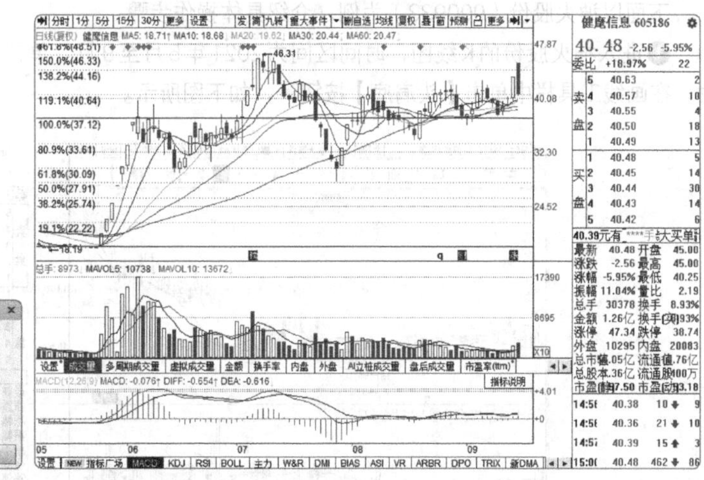

8.3.3 头肩形

简单来说，头肩形是由两个相近的肩与一个明显高于肩的头部组成。头肩形分为头肩顶和头肩底两种。

头肩顶是一种顶部形态，其走势可以划分为以下几个过程。

（1）左肩。前期持续一段时间的上涨，成交量很大，过去在任何时点买入的投资者都会实现盈利，于是开始获利卖出，导致股价出现短期的回落，成交量可能会有所减少。

（2）头部。股价经过短暂的回落后，又获得短线支撑，进行反弹，同时成交量也放大。不过，成交量的最高点较左肩部分明显减少。股价突破左肩的高点后再一次回落。成交量在回落期间减少。

（3）右肩。股价下跌到接近上次回调的低点又获得支撑，进行反弹，但是市场投资者的情绪明显减弱，成交量比起左肩和头部的明显减少，右肩的股价反弹的位置也低于头部的高点，形成右肩部分。

（4）颈线。将左肩和右肩的顶点连线，就是头肩顶的颈线。股价跌破颈线的幅度要超过市价的3%才能确立是头肩顶。出现头肩顶形态时，后市股价下跌的概率很大，投资者应当及时卖出。

与头肩顶相反，头肩底是一种底部形态。头肩底走势可以划分为以下几个部分。

（1）左肩。开始时急速下跌，随后止跌反弹，形成第一个波谷，即左肩部分；同时成交量在下跌过程中出现放大迹象，而在左肩最低点回升时，成交量则有减少的倾向。

（2）头部。第一次反弹受阻，股价再次下跌，并跌破了前一低点，之后股价再次止跌反弹形成第二个波谷（头部），成交量有所增加。

（3）右肩。第三次反弹再次在第一次反弹的高点处受阻，股价又开始第三次下跌，但股价到与第一个波谷相近的位置后就不下去了，成交量出现极度萎缩；此后股价再次反弹形成了第三个波谷，同时成交量显著增加。

（4）颈线。第一次反弹高点和第二次反弹高点之间的连线，即为颈线。当第三次反弹时，股价会在成交量的配合下突破颈线，继续上涨。

在众多个股的行情走势中，头肩形会有不同的变体形态。

（1）颈线不一定是水平的，可以向上或向下倾斜。

（2）头肩形有时会出现一头多肩或多头多肩的转向形态，此类形态较为复杂，但万变不离其宗。值得注意的是，转向形态越大，后市的升幅或跌幅也越大。

另外，也要注意，若股价突破颈线时成交量并无显著增加，很可能是“假突破”，这时投资者不要被迷惑，可以等一等再交易。

本小节以头肩底为例介绍绘制方法。

下面以神火股份（000933）为例，介绍具体操作步骤。

❶进入神火股份的K线图，时间区间为2021年5月至9月。单击【画线】按钮，调出画线工具栏，在画线工具栏中单击【头肩底】按钮，如下图所示。

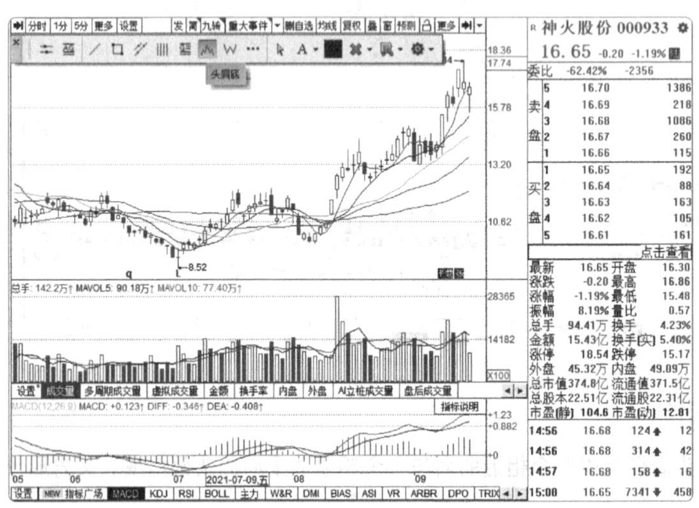

❷在界面中单击自动出现头肩形形态，长按鼠标向右下方拖曳，即出现头肩底形态。然后松开鼠标，把头肩底的各节点拖曳到股价的走势当中。调整各个节点，使其贴合实际的K线走势，如下页图所示。

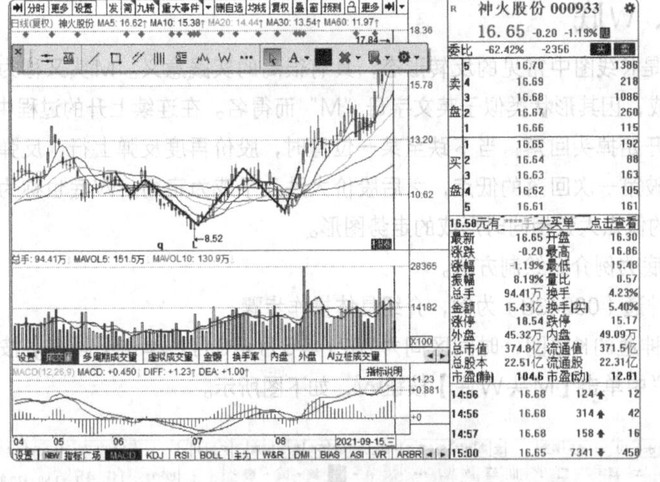

❸单击画线工具栏中的【直线】按钮，选择两个顶点绘制出颈线。双击所绘制的直线，弹出【直线】对话框，在此可以设置直线的名称、颜色、粗细、线型等。例如，粗细设置成中，线型设置为直线，然后单击【确定】按钮，如下图所示。

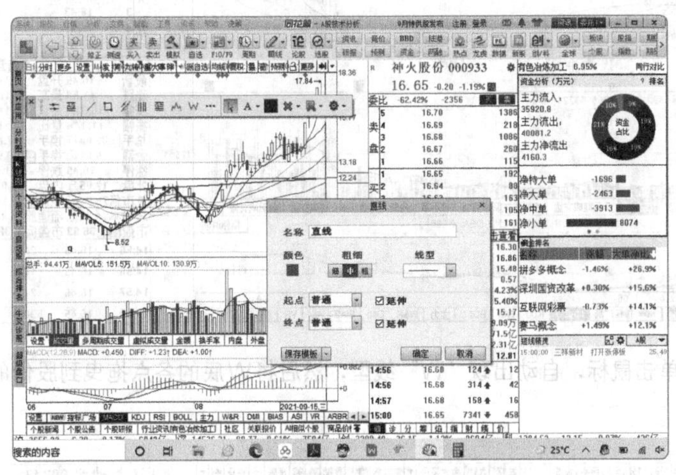

❹设置成功后，头肩底绘制成功，如下图所示。头肩底是确立底部的一种形态，投资者可参照颈线来决定是否买入。

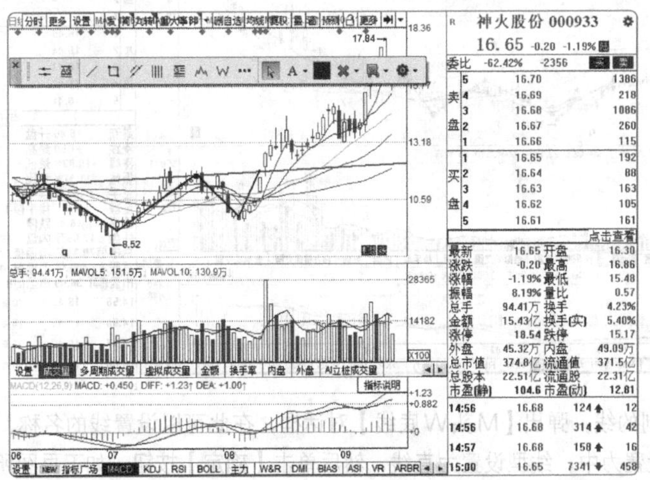

8.3.4 M头、W底

M头、W底是K线图中常见的反转形态，具有很高的实践意义。M头又称为双重顶，由两个较为相近的高点构成，因其形状类似于英文字母“M”而得名。在连续上升的过程中，当股价上涨至某一价格水平时，开始掉头回落；当下跌至某一位置时，股价再度反弹上行，反弹至前高点附近之后再次下跌，并跌破第一次回落的低点，之后股价大跌几乎成为定局。W底也称为双重底，是指股价在连续两次下跌的低点大致相同时形成的走势图形。

本小节以W底为例介绍绘制方法。

下面以江苏神通（002438）为例，介绍具体操作步骤。

❶进入江苏神通的K线图，时间区间为2021年5月至9月。单击【画线】按钮，调出画线工具栏，在画线工具栏中单击【M头W底】按钮W，如下图所示。

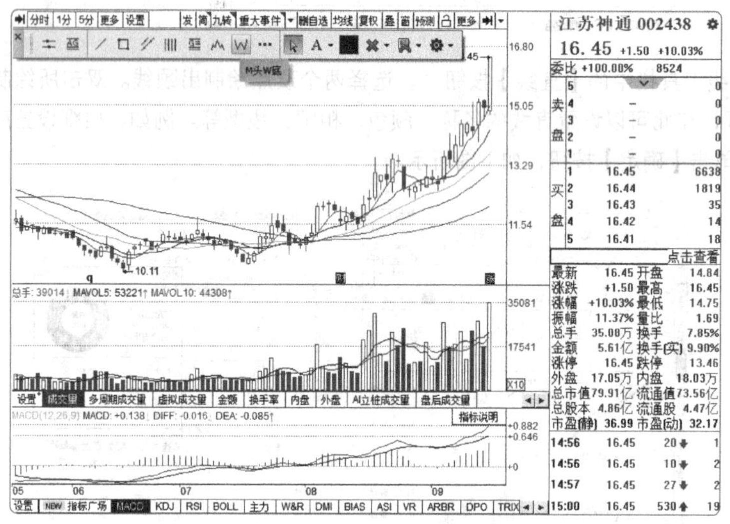

❷在空白处单击鼠标，自动出现“W”线型，然后将W底的各点拖曳到股价的走势当中，如下图所示。

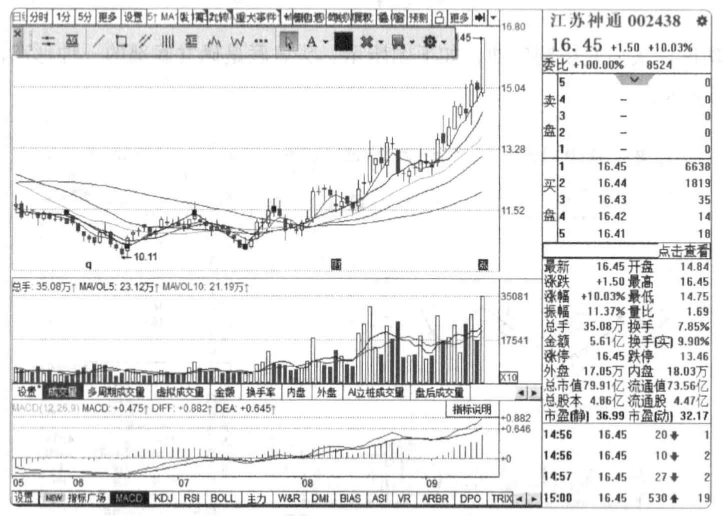

❸双击所绘制的线，弹出【M头W底线】对话框，在此可以设置线的名称、颜色、粗细、线型等。例如，粗细设置为中，线型设置为直线，然后单击【确定】按钮，如下页图所示。

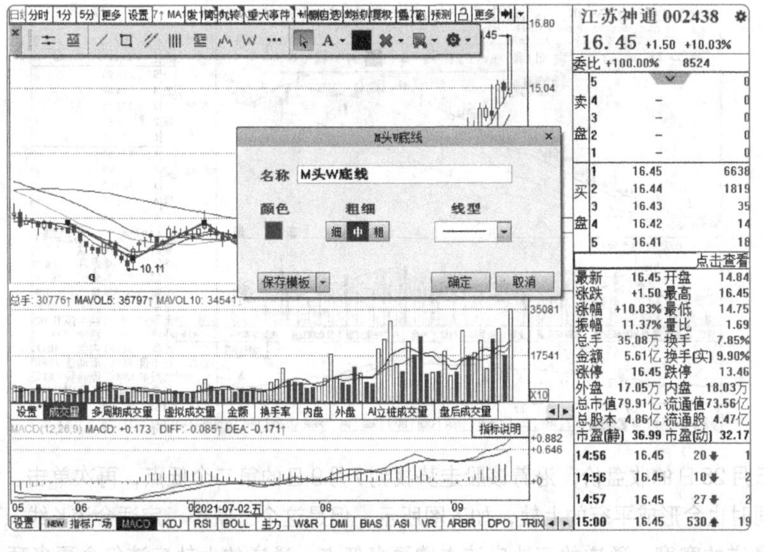

❹设置成功后，W底绘制完成，如下图所示。

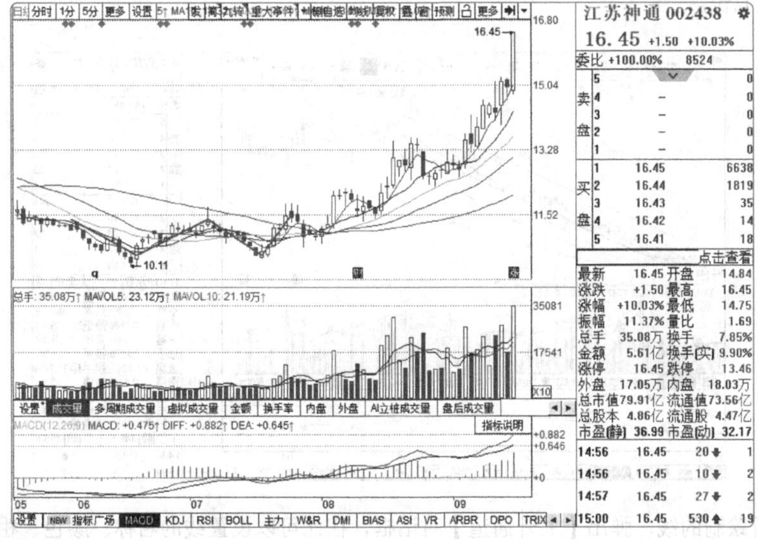

8.3.5 通道线

通道线是在趋势线的基础上发展而来的，分为上升通道和下降通道。本小节以上升通道为例进行介绍。一般来讲，当某只股票的价格处于上升趋势中时，将其K线图中的两个明显低点连成一条直线，并向上平行移动，直到与一个高点相切为止，这样就形成上升通道。进入上升通道，表明多头力量比较强大，下轨道成为强的支撑位。上升通道出现股价跌破下轨的情况，则意味着上升趋势结束的可能性较大。上升通道出现放量，且股价向上突破时，则往往意味着顶部即将来临。这是因为此前在上升通道中已经累计了一定的获利盘，一旦向上突破，反而缺乏进一步上涨的动力。

下面以北方华创（002371）为例，介绍具体操作步骤。

❶进入北方华创的K线图，时间区间为2021年5月至9月。单击【画线】按钮，调出画线工具栏，在画线工具栏中单击【上升通道】按钮，如下页图所示。

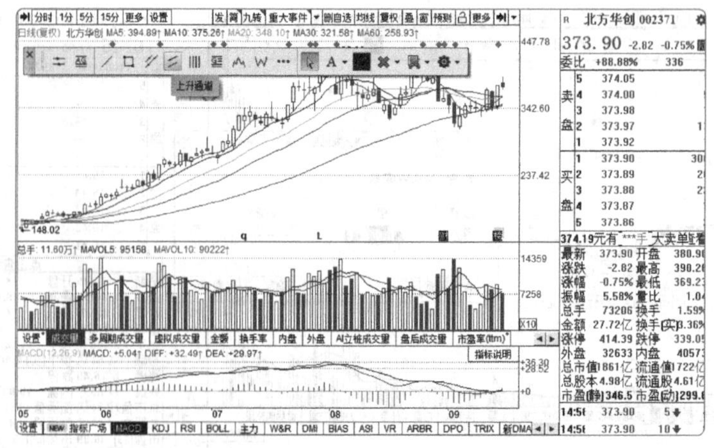

❷单击5月25日的收盘价，沿着该股走势找到7月9日的第二个低点，再次单击，即确定通道下轨的走势，同时也会形成平行的上轨，如下图所示。但是这个上轨不一定适合该K线，可以单击上轨的顶点调整通道的宽度。通道的下轨应该支撑更多低点，通道的上轨应该包含更多顶点，这样的上升通道才是可用性强的。一旦股价跌破通道的下轨，就说明股价改变了原来的趋势，投资者应适时卖出或者降低仓位。

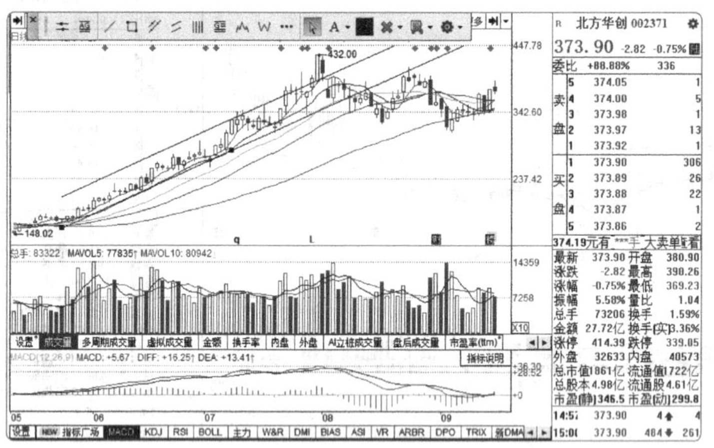

❸双击所绘制的线，弹出【上升通道】对话框，在此可以设置线的名称、颜色、粗细、线型等。例如，粗细设置为中，线型设置为直线，然后单击【确定】按钮，如下图所示。

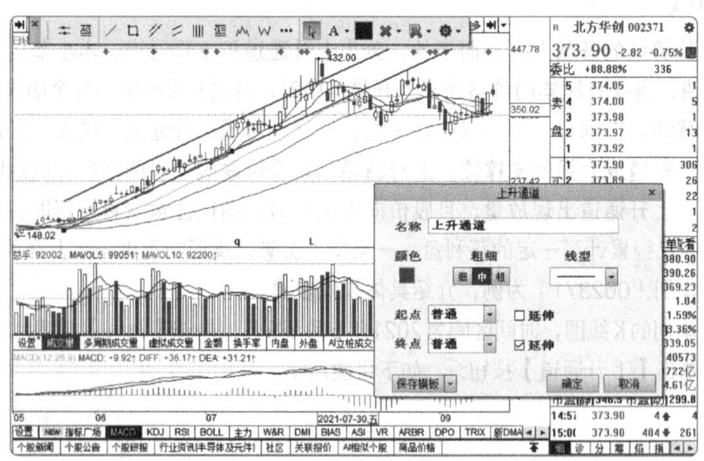

❹设置成功后，上升通道绘制成功，如下图所示。

8.3.6 波段线

波浪理论认为不管是多头市场还是空头市场，每个完整循环都会有几个波段。波段线按照波浪的个数可以分为八浪线、五浪线和三浪线。本小节以八浪线为例介绍绘制方法。八浪线符合波浪理论中经典的五浪走势，按照趋势的不同，将其分为两个部分。首先，上涨的波段有5浪，其中3浪上涨，2浪回调；其次，下跌的波段有3浪，其中2浪下跌，1浪反弹（也就是上涨5浪+下跌3浪）。在上涨过程中，投资者的核心是抓上涨初期的回踩，在回踩的低点买入可以收获后面波浪上涨的收益。可以借助画线工具中的八浪线，分析未来股价的走势。

以拓邦股份（002139）为例，介绍具体操作步骤。

❶进入拓邦股份的K线图，时间区间为2021年1月至9月。单击【画线】按钮，弹出画线工具栏，在画线工具栏中单击【八浪线】按钮，如下图所示。如果默认的画线工具栏中没有八浪线，可参考8.3.1小节内容自定义。

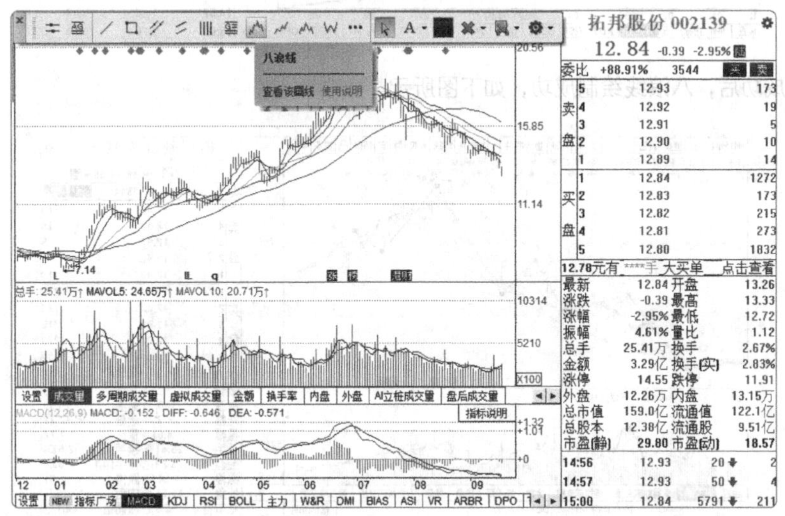

❷单击1月20日股价的低点，长按鼠标并向右上方拖曳可形成最初的八浪线，如下页图所示。这时的八浪线并不能完全符合股价的实际走势，投资者还需要调节各个顶点的位置，使其契合股价走势。

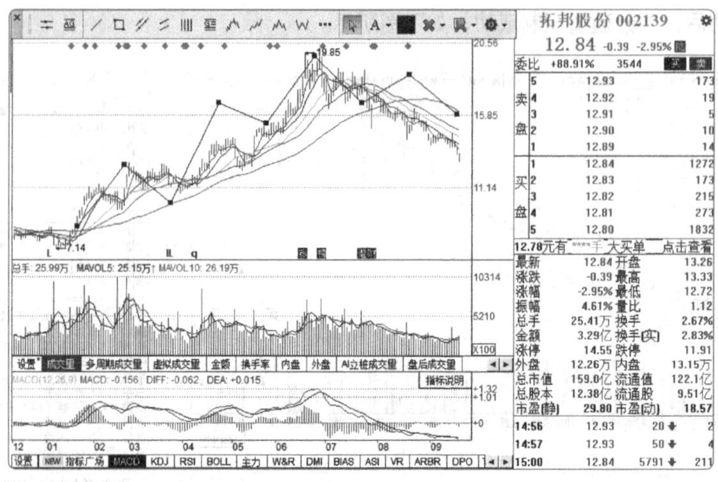

❸双击所绘制的线，弹出【八浪线】对话框，在此可以设置线的名称、颜色、粗细、线型等。例如，粗细设置为中，线型设置为直线，然后单击【确定】按钮，如下图所示。

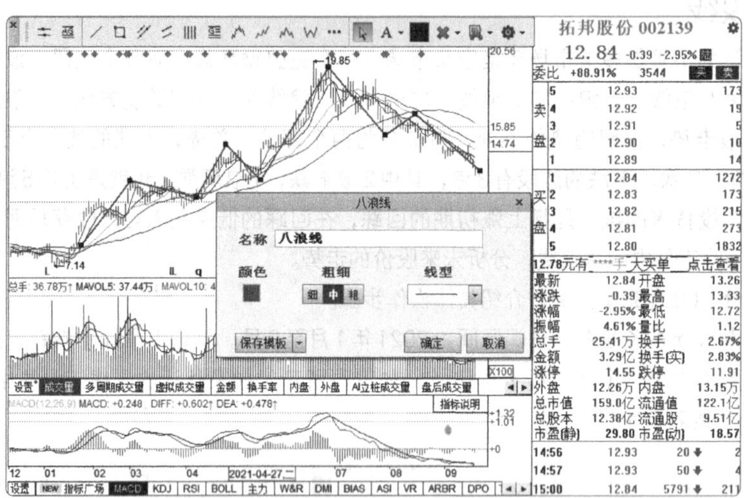

❹设置成功后，八浪线绘制成功，如下图所示。

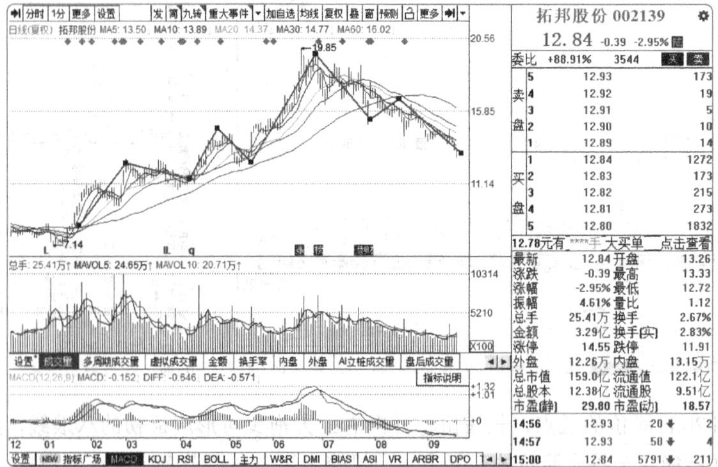

高手支招

技巧1　趋势线的有效突破原则

在实战中，投资者需要把握以下3个趋势线的有效突破原则。

（1）收盘价突破原则。收盘价突破趋势线比交易日内的最高、最低价突破趋势线重要。

（2）3%突破原则。通常情况下，突破趋势线后，离趋势线越远，突破越有效。该原则要求收盘价突破趋势线的幅度至少达到3%才算有效，否则无效。

（3）3天原则。通常情况下，突破趋势线后，在趋势线的另一方停留的时间越长，突破越有效。该原则要求收盘价突破中长期趋势线的天数至少达到3天才算有效，否则还有可能回到原来的趋势。

技巧2　根据大盘的不同趋势选择股票

大盘呈现出不同的变动趋势，各种股票的活跃程度也不同，以下是几种常见的选股原则。

（1）调整尾声——超跌股。

（2）牛市确立——高价股。

（3）休整时期——题材股。

（4）报表时期——“双高”股（高净值、高分红）。

（5）熊市期间——白马股。

第9章　常用的技术指标

本章引语

当那些好的企业突然受困于市场逆转、股价不合理的下跌，这就是大好的投资机会来临了。

——巴菲特

巴菲特能成为投资专家，靠的是对市场敏锐的把握和积极的行动。面对浩瀚的市场，如何才能正确地分析市场走势？技术指标正是对市场某一特征的精确反映。在资本市场中，我们并不能精准预测所有走势，但是借助技术指标，我们可以找出大概率事件，在能做决策的时间做出正确的判断，获取属于我们认知以内的收益。

本章要点

★指数平滑异同移动平均线指标

★随机指标

技术指标是对股市中的价和量依据一定的数学关系，得出各种技术图形，用以对市场的走势做出分析和判断的指标。同花顺软件中预设了很多技术指标，大致可分为3类：趋势型指标、乖离指标和支撑压力指标。投资者要想在股市中游刃有余，需要全面掌握分析工具，除了常见的均线和趋势线等技术分析工具之外，还需要掌握乖离率指标、布林线指标、威廉超买超卖指标、相对强弱指标、成交量比率指标、指数平滑异同移动平均线指标和随机指标等技术指标。本章将对这些技术指标进行详细的介绍。

9.1 常用指标

技术指标分析是目前股票分析中比较常见的一种方法，是指一切以数据来论证股价趋向、股票买卖等的方法。技术指标实际上是对股市中价格和成交量的不同反映，有利于投资者对股票信息的把握。投资者根据价格和成交量，按照一定的算法即可计算出技术指标。

在同花顺软件中，选择【工具】—【公式管理】命令，即可打开下图所示的【公式管理】对话框，其中包含很多常用的技术指标。同时，投资者也可以根据自己的需要，修改指标的具体参数。

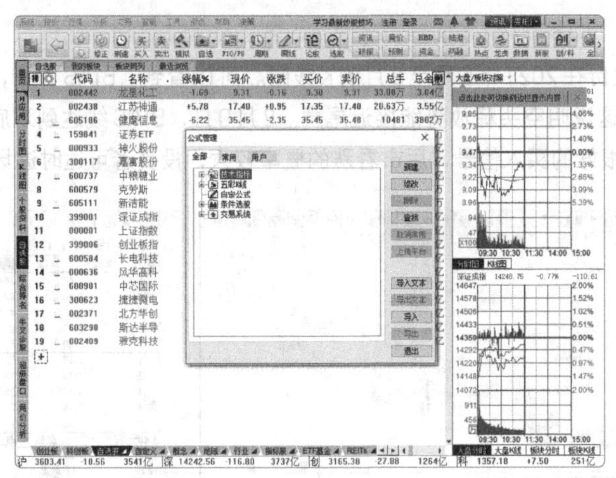

投资者通过对股票技术指标的分析可以更深入地了解股价的走势，判断某只股票未来的价格趋势，为自己的投资做好充分的准备。

9.1.1 乖离率指标

乖离率（BIAS）是指股价与移动平均线之间的偏离程度，以百分比的形式表示股价与移动平均线之间的差距。如果股价在移动平均线之上，则BIAS为正值；如果股价在移动平均线之下，则BIAS为负值。利好、利空的刺激，会使股价大涨或者大跌，这就会使BIAS增长或者减少。由于移动平均线可以代表平均持仓成本，股价离移动平均线太远，就会随时有短期反转的可能，BIAS的绝对值越大，股价向移动平均线靠近的可能性就越大。

投资者可以根据BIAS绝对值的大小判断股票的买卖。当股价在下方远离移动平均线时，可适当买进；当股价在上方远离移动平均线时，可考虑卖出。BIAS的计算公式具体如下。

BIAS=（当日收盘价−*N*日内移动平均价）/*N*日内移动平均价 ×100%

例如，5日BIAS=（当日收盘价−5日内移动平均价）/5日内移动平均价 ×100%。

公式中的*N*按照选定的移动平均线日数确定，一般为5或10。当股价在移动平均线之上时，为正BIAS，反之为负BIAS；股价与移动平均线重合，BIAS为零。正BIAS超过一定数值时，显示短期内多头获利较大，获利回吐的可能性也较大，释放卖出信号；负BIAS超过一定数值时，说明空头回补的可能性较大，释放买入信号。

提示

在涨势中，如果BIAS的高点越来越低，显示出市场上投资者追高的意愿越来越弱，卖压越来越重，股价有反转向下的趋势。

下面举例说明如何使用BIAS指标。

❶打开同花顺软件，输入中锐股份的股票代码“002374”（见下左图）或其大写的汉语拼音首字母“ZRGF”，按【Enter】键确认。

❷输入乖离率指标“BIAS”，按【Enter】键确认，如下右图所示。另外，也可直接单击指标选项中的【BIAS】。

❸下图为中锐股份在2021年5月至9月的K线图。可以看到，BIAS为正，并且在7月末8月初的时候出现了双底，这说明空头释放势能接近尾声。8月9日，BIAS线达到双底的右侧低点，同时K线也走出双底，这是很好的买入信号，后市看涨的概率较大，投资者可适时进场。

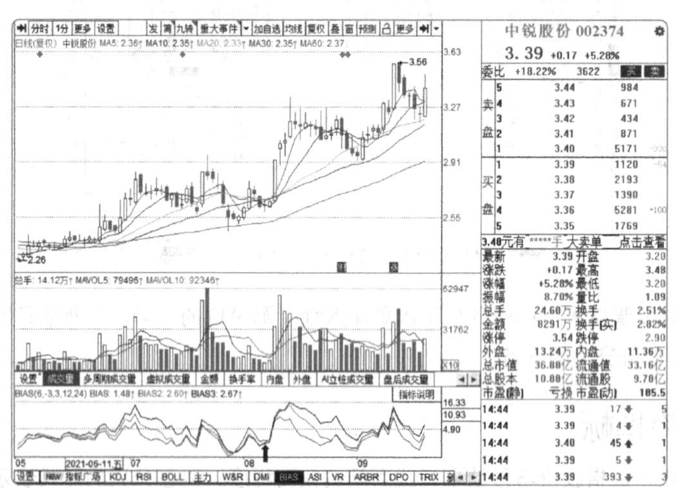

9.1.2 布林线指标

布林线（BOLL）指标是支撑压力指标，是根据统计学中的标准差原理设计出来的技术指标。一般而言，股价的运动总是围绕某一价值中枢（如移动平均线、成本线等）在一定的范围内变动，BOLL指标正是基于这一“变动范围”引进了“股价通道”的概念，BOLL指标认为，股价通道的宽窄随着股价波动幅度的大小而变化，而且股价通道又具有变异性，它会随着股价的变化而自动调整。

BOLL指标由3条曲线组成，分别是上轨、中轨和下轨。其中，中轨是股价的移动平均线，而上轨和下轨的值分别用当前的移动平均线值加上和减去2倍的标准差得出。

投资者在使用BOLL指标时，需要注意以下几点。

（1）股价在中轨上方运行时属于安全状态，短线可持有观望；股价自下而上突破上轨时，短线要格外小心股价下跌。

（2）股价在中轨下方运行时属于危险状态，短线应趁机在反弹至中轨时离场；股价自上而下跌破下轨时，短线可择机进入，等待上涨。

（3）股价自下而上突破上轨后，回探至中轨时不跌破中轨，显示后市看涨，投资者可持股或加仓。

（4）股价自下而上突破下轨后，于中轨反弹时，不回到中轨以上，则后市看跌，应卖出。

（5）通道突然呈急剧变窄的收拢形状时，显示股价方向将会发生重大转折，这时应结合其他指数判断行情。

下面举例说明如何使用BOLL指标。

❶打开同花顺软件，输入江南水务的股票代码“601199”（见下左图）或其大写的汉语拼音首字母“JNSW”，按【Enter】键确认。

❷输入布林线指标“BOLL”，按【Enter】键确认，如下右图所示。另外，也可直接单击指标选项中的【BOLL】。

同花顺键盘精灵
601199
601199 江南水务 沪A

同花顺键盘精灵
BOLL
BOLL 布林带 功能
BOLLFS 布林带分时 功能

❸下图为江南水务在2021年7月至9月的K线图。可以看到，进入8月，股价就开始在上轨运行，即使有个别交易日的K线穿透上轨，但都受到了压力，回到上轨下方。K线紧贴上轨运行说明是上涨阶段。此时下跌的风险较小，布林通道呈高位开口态势。但是在9月，高位出现多根阴线，且成交量有所放大，所以股价回落至中轨附近并获得支撑，在9月22日开始强力反弹。投资者如果没有提前出货，可以不必着急卖出，根据后续行情发展再做决定。

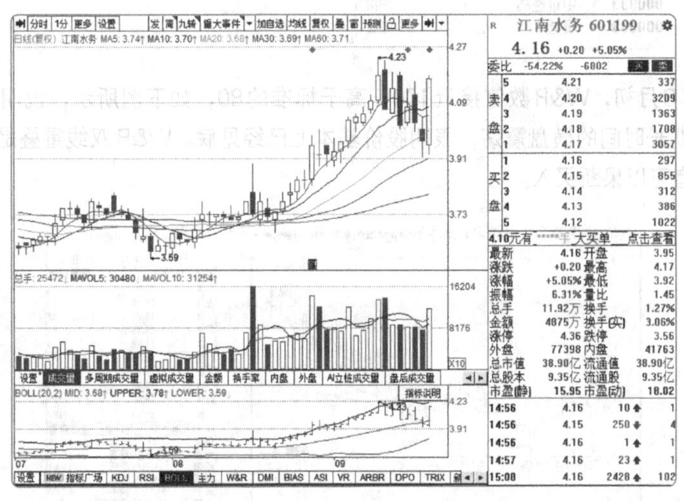

9.1.3 威廉超买超卖指标

威廉超买超卖（W&R）指标是一个震荡指标，主要用于研究股价的波动，投资者通过分析股价波动变化中的峰与谷决定买卖时机。投资者利用震荡点来辨别市场的超买超卖现象，可以预测循环期内的高点与低点，从而判断出有效的买卖信号。因此，震荡点是用来分析市场短期行情走势的技术指标。

W&R指标的计算主要是根据周期内的最高价、最低价及周期结束的收盘价三者之间的关系展开的，其计算公式如下。

$$W\&R=(H_n-C)\div(H_n-L_n)\times 100$$

式中：

- n是交易者设定的交易期间（常为30日）；
- C是第n日的最新收盘价；
- H_n是过去n日内的最高价（如30日的最高价）；
- L_n是过去n日内的最低价（如30日的最低价）；

投资者在运用W&R指标时，需要注意以下几点。

（1）当W&R高于80，即处于超卖状态时，行情即将见底，应当考虑买进。

（2）当W&R低于20，即处于超买状态时，行情即将见顶，应当考虑卖出。

（3）在W&R进入高位后，一般要回头，如果股价继续上升，就会产生背离，是卖出信号。

（4）在W&R进入低位后，一般要反弹，如果股价继续下降，就会产生背离，是买进信号。

（5）W&R连续几次撞顶（底），局部形成双重或多重顶（底），是卖出（买进）信号。

（6）W&R双线重叠往往是买进或者卖出的时机。

同时，使用W&R指标的过程中应该注意与其他技术指标相互配合。

下面举例说明如何使用W&R指标。

❶打开同花顺软件，输入神火股份的股票代码“000933”（见下左图）或其大写的汉语拼音首字母“SHGF”，按【Enter】键确认。

❷输入威廉超买超卖指标“W&R”，按【Enter】键确认，如下右图所示。另外，也可直接单击指标选项中的【W&R】。

❸在2021年8月初，W&R数值接近100，高于标准的80，如下图所示，说明股价处于超卖状态；同时经过前期长时间的横盘震荡，表明股价基本上已经见底。W&R双线重叠是买入信号，后市行情可期，投资者可以果断买入。

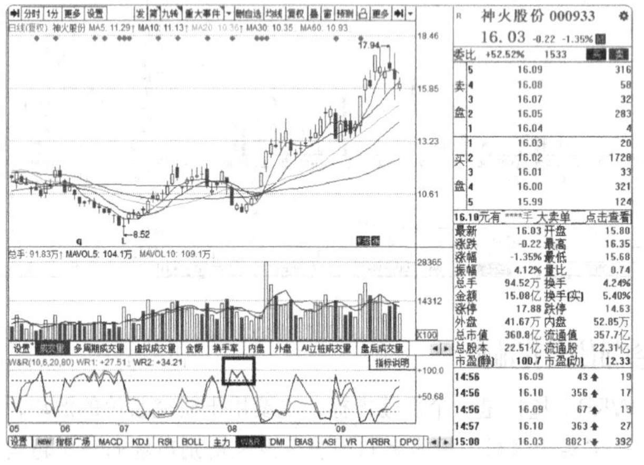

9.1.4 相对强弱指标

相对强弱（RSI）指标是根据股市上供求关系平衡的原理，通过比较一段时期内单只股票价格涨跌的幅度或整个市场指数涨跌的大小来分析判断市场上多、空双方买卖力量的强弱程度，从而判断市场未来走势的一种技术指标。

RSI指标是一定时期内市场的涨幅平均值与涨幅加上跌幅的平均值的比值。它是买卖双方力量在数量和图形上的体现，投资者可根据其所反映的行情变动情况及轨迹来预测未来的股价走势。

RSI指标的计算公式如下。

$$RSI = n\text{日内涨幅平均值} / (n\text{日内涨幅} + \text{跌幅平均值}) \times 100\%$$

投资者在运用RSI指标时需要注意以下几点。

（1）当6日RSI低于20时，行情进入超卖状态，是看涨买入信号。

（2）当6日RSI超过80时，行情进入超买状态，是看跌卖出信号。

（3）当6日RSI在低位向上穿越12日RSI时，形成RSI低位黄金交叉，是看涨买入信号。

（4）当6日RSI在高位向下穿越12日RSI时，形成RSI高位死亡交叉，是看跌卖出信号。

（5）当6日RSI连续两次下跌到同一位置获得支撑反弹时，形成RSI的双重底形态，是看涨买入信号。

（6）当6日RSI连续两次上涨到同一位置遇到阻力回落时，形成RSI的双重顶形态，是看跌卖出信号。

（7）如果股价连创新低的同时RSI指标没有创新低，就形成RSI指标底背离，是看涨买入信号。

（8）如果股价连创新高的同时RSI指标没有创新高，就形成RSI指标顶背离，是看跌卖出信号。

提示

当RSI处于高位，但在创出RSI近期新高后，反而形成一峰比一峰低的走势，而此时K线图上的股价再次创出新高，形成一峰比一峰高的走势，这就是顶背离。出现顶背离一般是股价在高位即将反转的信号，表明股价短期内即将下跌，是卖出信号。RSI底背离则正好相反。

下面举例说明如何使用RSI指标。

❶打开同花顺软件，输入龙江交通的股票代码“601188”（见下左图）或其大写的汉语拼音首字母“LJJT”，按【Enter】键确认。

❷输入相对强弱指标“RSI”，按【Enter】键确认，如下右图所示。另外，也可直接单击指标选项中的【RSI】。

❸回溯行情到2021年1月至7月，如右图所示。2月6日的RSI指标跌破20，这是超跌信号，说明空头动能即将衰竭，并且之后出现RSI黄金交叉，这是转势看涨信号，投资者可在出现黄金交叉时大胆买入。3月至4月中旬，股价基本一直震荡横盘，RSI指标也回落至50附近。在4月下旬再次出现RSI黄金交叉，这是第二次出现买入信号。投资者如果在前面没有买入，这一时间点买入也会获得较多收益。

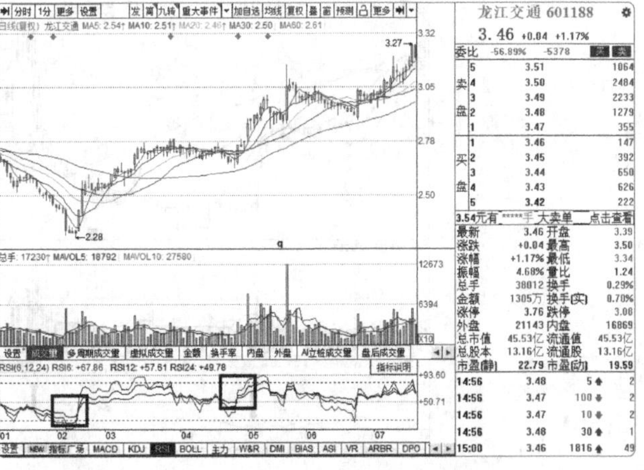

9.1.5 成交量比率指标

成交量比率（VR）指标（也叫VR容量比率指标）是利用股票量与价格之间的关系来判断趋势的技术指标，其理论基础是"量价理论"和"反市场操作理论"。由于量先价行、量涨价增、量跌价缩、量价同步、量价背离等成交量的基本原则在市场上恒久不变，因此，上涨与下跌的成交量变化可作为研判行情的依据。同时，当市场上人气开始聚集，股价刚开始上涨和在上涨途中的时候，投资者应顺势操作；而当市场上人气极度旺盛或极度萧条，股价暴涨或暴跌的时候，投资者应果断离场或进场。因此，反市场操作也是VR指标所显示的一项功能。

一般而言，低价区和高价区出现的买卖盘行为均可以通过成交量表现出来，因此，VR指标又带有超买超卖的研判功能。同时，VR指标是用上涨时期的成交量除以下跌时期的成交量，因此，VR指标又带有一种相对强弱的概念。

总之，VR指标可以通过研判资金的供需及买卖气势的强弱、设定超买超卖的标准，为投资者确定合理、及时的买卖时机提供正确的参考。

投资者在运用VR指标时需要注意以下几点。

（1）VR一般分布在150左右，一旦越过250，市场就容易产生一段多头行情。

（2）VR>350或处在相对高位时，代表股市资金大多数已投入市场，市场上已无多余资金可供垫高股价，很可能造成股价因缺乏后续资金的支持而反转下跌。

（3）VR<40或处在相对低位时，市场极易形成底部，股价会获得更多资金的撑垫而反弹。

（4）在寻找底部时运用VR指标比较可靠，确认顶部时，宜多配合其他指标使用。

由于VR指标过于简单，投资者在运用VR指标时，最好与其他指标相结合，做综合判断。

下面举例说明如何使用VR指标。

❶打开同花顺软件，输入山东黄金的股票代码"600547"（见右上图）或其大写的汉语拼音首字母"SDHJ"，按【Enter】键确认。

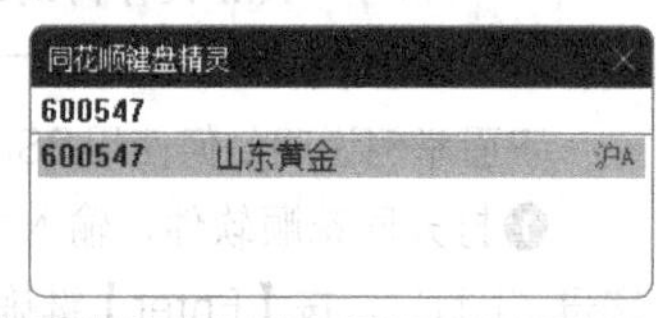

❷输入成交量比率指标"VR"，按【Enter】键确认，如右下图所示。另外，也可直接单击指标选项中的【VR】。

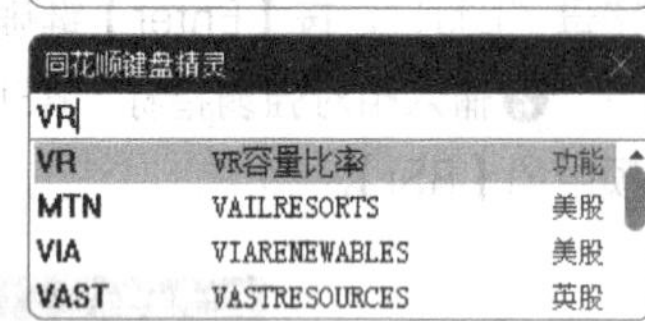

❸回溯行情到2021年5月至9月，如下图所示。在2021年7月中旬，VR指标已处在40以下的超低位，股价也获得了支撑，在这一区间震荡徘徊，之后VR指标日渐走高，并且从9月8日至9月13日拉出大阳线，同时伴随着成交量的放大。9月14日成交量大幅萎缩，同时VR指标也开始走低，说明股价短期上涨见顶，后续几日可能很难有持续的资金继续追捧，投资者应当果断卖出。果然，在横盘几日之后，出现了跳空低开低走阴线。

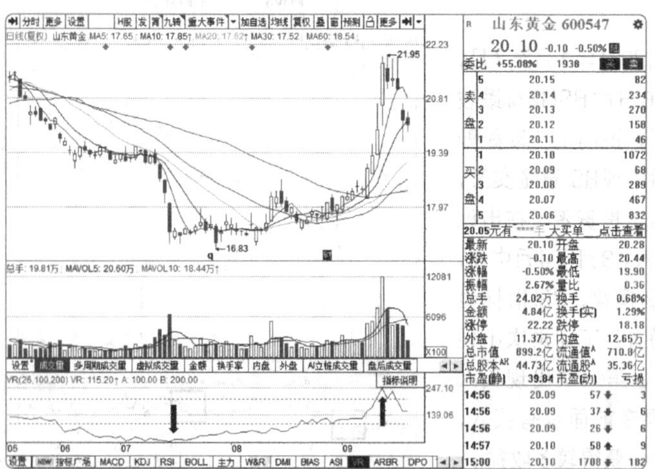

9.2 指数平滑异同移动平均线指标

指数平滑异同移动平均线（MACD），又称平滑异同移动平均线，是一种趋势性指标。MACD是利用快速移动平均线与慢速移动平均线之间的聚合与分离状况，对买进、卖出时机做出研判的技术指标。目前MACD在市场上非常流行，被得到广泛使用，也被证明为较有效的技术分析手段之一。

9.2.1 MACD的相关计算

MACD指标是基于均线的构造原理，对收盘价进行平滑处理（求出加权平均值）后的一种趋向类指标。它主要由两部分组成，即正负差（DIF）和异同平均数（DEA），其中，DIF是核心，DEA是辅助。此外，MACD还有一个辅助指标——柱状线（BAR）。在大多数技术分析软件中，BAR低于0轴是绿色，高于0轴是红色，前者表示趋势向下，后者表示趋势向上。BAR越长，趋势越强。

首先，分别计算出收盘价SHORT日指数平滑异同移动平均线与LONG日指数平滑异同移动平均线，将其记为EMA（SHORT）与EMA（LONG）。求这两条指数平滑异同移动平均线的差，即DIF=EMA（SHORT）-EMA（LONG）。以现在流行的参数12和26为例，其公式如下。

EMA（12）= 前一日EMA（12）×11/13 + 今日收盘价×2/13

EMA（26）= 前一日EMA（26）×25/27 + 今日收盘价×2/27

DIF=EMA（12）-EMA（26）

其次，计算DIF的今日DEA，其公式如下。

今日DEA=（前一日DEA×8/10+今日DIF×2/10）

最后，MACD=（DIF-DEA）×2，正值用红色柱表示，负值用绿色柱表示。

投资者在运用MACD指标时，需要注意以下几点。

（1）当DIF和MACD均大于0但向上移动时，一般表示行情处于多头行情中，可以买入或多头持仓。

（2）当DIF和MACD均小于0但向下移动时，一般表示行情处于空头行情中，可以卖出或空仓观望。

（3）当DIF和MACD均大于0但向下移动时，一般表示行情处于回踩阶段，可以等待，如果获得支撑可以加仓买入。

（4）当DIF和MACD均小于0但向上移动时，一般表示行情反弹，可以卖出或等待观望。

9.2.2 MACD黄金交叉

MACD指标是股票技术分析中一个重要的技术指标，由两条曲线和一组红绿色柱组成。两条曲线中波动变化大的是DIF线，通常为白线或红线，相对平稳的是DEA线（MACD线），通常为黄线。当DIF线上穿DEA线时，这种技术形态叫作MACD黄金交叉，通常为买入信号。但是黄金交叉处于的位置不同，其买入后上涨的概率也是不一样的。

MACD黄金交叉出现的位置不同，代表的市场含义也不同。MACD黄金交叉出现在0轴上方或0轴附近是强烈的买入信号，0轴附近的MACD黄金交叉要优于0轴上方的，接近0轴说明涨势刚开始，股价将来有更大的上升空间，买入的风险相对较小。0轴下方的MACD黄金交叉，表明多方力量可能暂时占上风，但是上涨行情还没有完全展开，此时进入会有一定风险。如果MACD黄金交叉出现的同时伴随着成交量的逐渐放大，代表着多方力量的增强，此时的看涨信号更可靠。

下面来举例说明。

❶打开同花顺软件，输入神火股份的股票代码“000933”（见下页左图）或其大写的汉语拼音

首字母“SHGF”，按【Enter】键确认。

❷输入指数平滑异同移动平均线指标“MACD”，按【Enter】键确认，如下右图所示。另外，也可直接单击指标选项中的【MACD】。

❸在2021年7月初和8月初均出现了DIF线由下向上穿过DEA线的现象，即出现了黄金交叉形态，8月初的黄金交叉位置处于0轴附近，如下图所示，绿色柱出现6根后开始转变为红色柱，成交量也明显放大，更加确定这是上涨信号，投资者可果断买入。

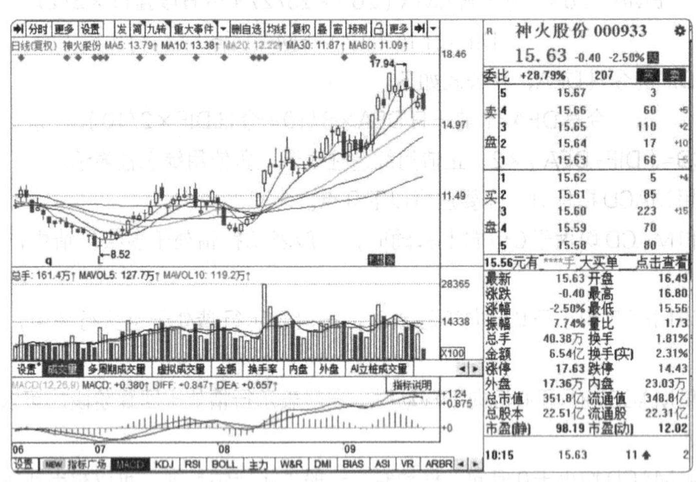

9.2.3 MACD死亡交叉

死亡交叉的作用与黄金交叉的相反。当DIF线下穿DEA线时，形成的技术形态叫作MACD死亡交叉，通常为卖出信号。

MACD死亡交叉出现的位置不同，代表的市场含义也不同。MACD死亡交叉出现在0轴上方的高位是强烈的卖出信号，在高位说明涨势已经见顶，股价很可能转势，将来有很大的下降空间，买入的风险大，最好卖出。出现在0轴下方或接近0轴的MACD死亡交叉，表明空方力量暂时占上风，但是下跌行情还没有完全展开，此时进入会有一定风险。如果MACD死亡交叉出现的同时伴随着成交量的逐渐放大，代表着空方力量的增强，此时的看跌信号更可靠。

下面来举例说明。

❶打开同花顺软件，输入新洁能的股票代码“605111”（见下页左图）或其大写的汉语拼音首字母“XJN”，按【Enter】键确认。

❷输入指数平滑异同移动平均线指标“MACD”，按【Enter】键确认，如下页右图所示。另外，也可直接单击指标选项中的【MACD】。

❸在2021年7月至8月的走势中，MACD线经过前期的高点，已经显示出下降的趋势，红色柱越来越短，逐步消失转为绿色柱。此时，出现了死亡交叉的形态，如下图所示，这是强烈的卖出信号，投资者应该抓住这难得的机会，果断出货。果然，之后股价开始震荡下跌。

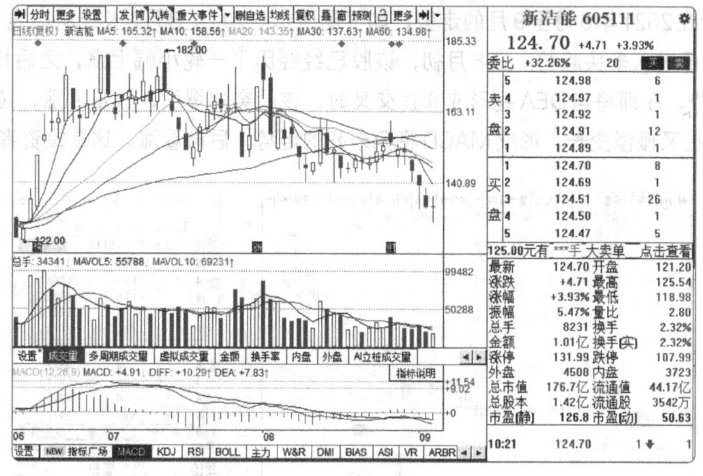

9.2.4 MACD将死未死

MACD将死未死是指DIF线将要下穿DEA线形成死亡交叉时，DIF线开口突然转向上，红色柱重新拉长，股价重新开始上涨。通常该信号都是买入信号。

MACD将死未死买入信号在0轴下方出现与在0轴上方出现有不同的市场意义。在0轴下方出现MACD将死未死买入信号时，股价仍在60日均线下方运行，可先看作反弹；在0轴上方出现MACD将死未死买入信号时，股价已在60日均线上方运行，是强势的特征，可积极买入，尤其在0轴上方附近第一次出现MACD将死未死买入信号时更应积极买入。

下面来举例说明。

❶打开同花顺软件，输入振华重工的股票代码“600320”（见下图）或其大写的汉语拼音首字母“ZHZG”，按【Enter】键确认。

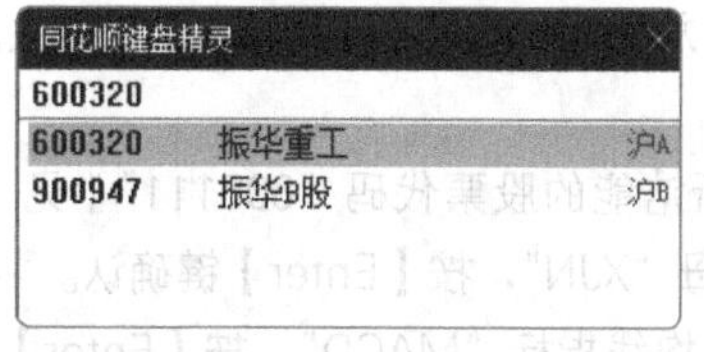

❷输入指数平滑异同移动平均线指标“MACD”，按【Enter】键确认，如下图所示。另外，也可直接单击指标选项中的【MACD】。

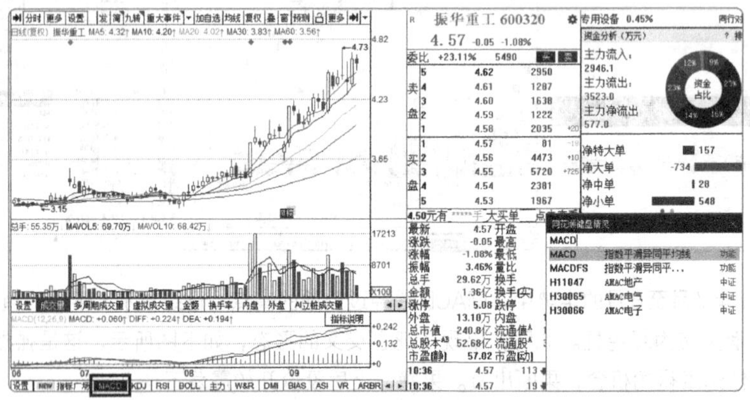

❸回溯该股在2021年6月至9月的走势，如下图所示。7月至8月，K线从均线下方突破至均线上方运行，说明已进入多头趋势。在8月初，该股已经经历了一轮小幅上涨，之后K线回踩，同时，DIF线呈下降趋势，在即将与DEA线形成死亡交叉时，该股突然爆发，放量上涨，拉出一根大阳线，逐渐变短的红色柱又慢慢变长，形成MACD将死未死的走势，后市看涨。这是投资者的买入机会。

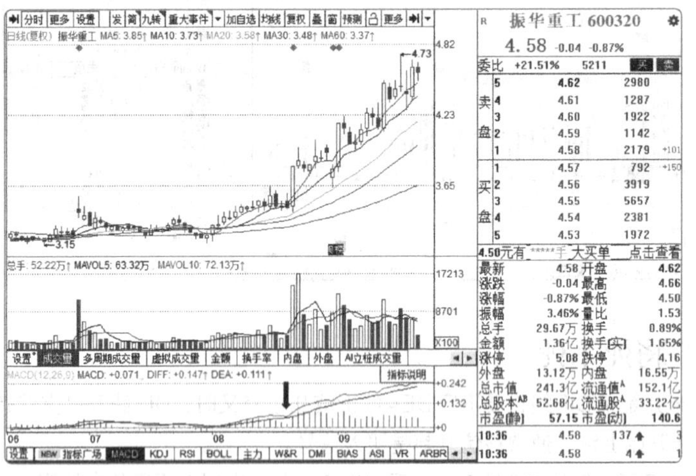

9.2.5 MACD将金未金

MACD将金未金是指DIF线将要上穿DEA线形成黄金交叉时，DIF线开口突然转向下，绿色柱重新拉长，股价重新开始下跌。通常该信号是卖出信号。

MACD将金未金卖出信号在0轴下方出现与在0轴上方出现有不同的市场意义。在0轴下方出现MACD将金未金卖出信号时，股价在60日均线下方运行，是强势的特征，可积极卖出，尤其在0轴下方附近第一次出现MACD将金未金卖出信号时更应积极卖出；在0轴上方出现MACD将金未金卖出信号时，股价仍在60日均线上方运行，可先看作反弹，观望为主。

下面来举例说明。

❶打开同花顺软件，输入新洁能的股票代码“605111”（见右图）或其大写的汉语拼音首字母“XJN”，按【Enter】键确认。

❷输入指数平滑异同移动平均线指标“MACD”，按【Enter】

键确认，如下图所示。另外，也可直接单击指标选项中的【MACD】。

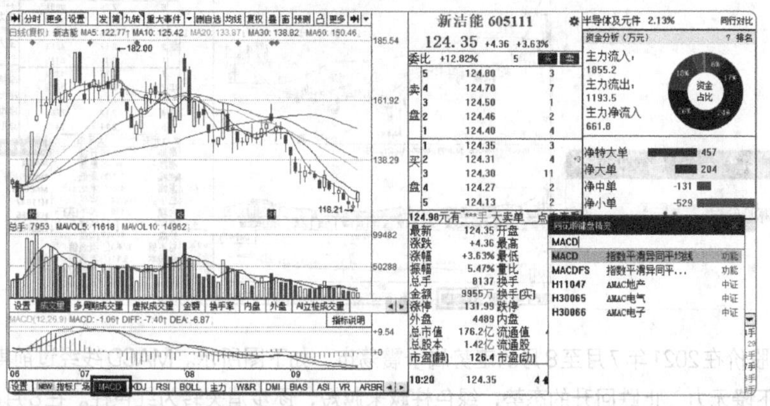

❸在2021年6月至9月的走势中，8月初，该股股价在经历了前期下跌之后开始慢慢震荡回升，DIF线有所回升，即将与DEA线形成黄金交叉时，该股又放量下跌，逐渐变短的绿色柱又慢慢变长，形成了MACD将金未金的走势，如下图所示。投资者在第一次出现MACD将金未金形态的位置就应该果断出货，避免遭受重大损失。

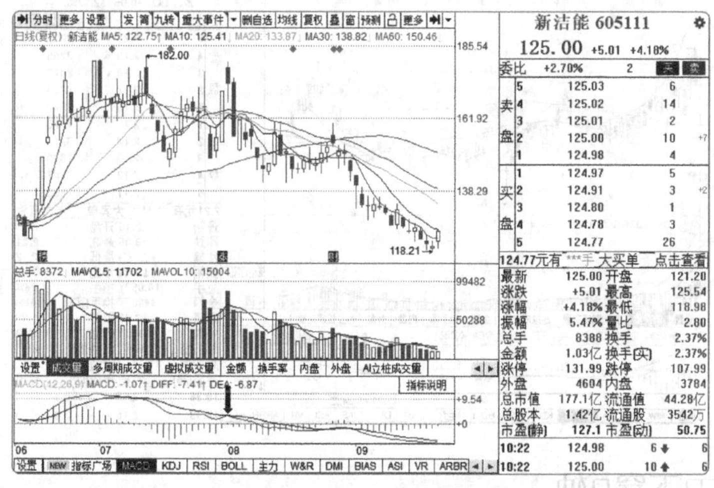

9.2.6 MACD上穿0轴

股价前期大幅下跌后持续上涨，或者股价低位回调后再次上行，而此时MACD指标由下而上穿过0轴，即MACD指标由负变正，说明多方力量逐渐强大并开始占据优势，预示股价在短期内将逐步走强，股市正由空头市场转为多头市场，股价很可能由跌转涨，后市看涨，进入上升行情。若在上涨期间有成交量放大的配合，预示短线走势将更加强劲，短线投资者可在MACD穿过0轴的当日就积极买入，在成交量放大时再加码买入。

下面来举例说明。

❶打开同花顺软件，输入正源股份的股票代码“600321”（见下页左图）或其大写的汉语拼音首字母“ZYGF”，按【Enter】键确认。

❷输入指数平滑异同移动平均线指标“MACD”，按【Enter】键确认，如下页右图所示。另外，也可直接单击指标选项中的【MACD】。

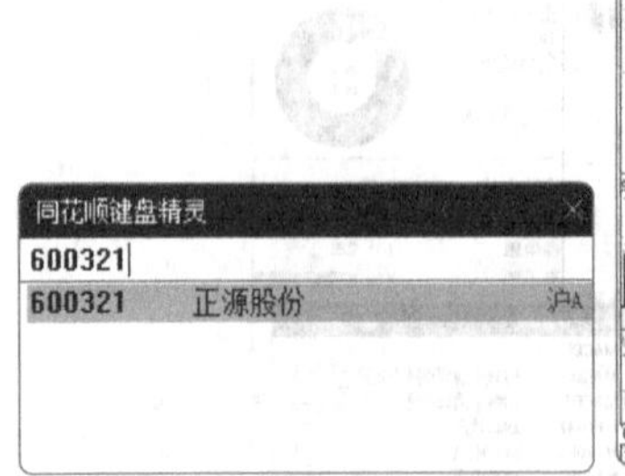

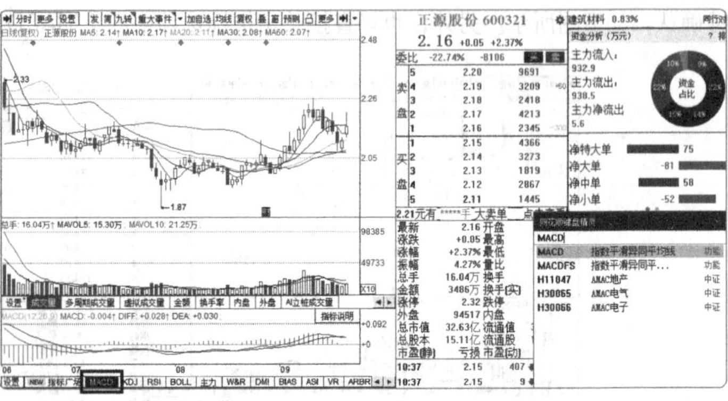

❸该股股价在2021年7月至8月的走势属于震荡市，如下图所示。MACD线经过前期的下跌走平，已经显示出下降无力、止跌回升的态势，绿色柱越来越短，逐步消失转为红色柱。在8月出现了MACD黄金交叉的形态，之后DIF线上穿DEA线并且两线缓慢上行，在9月2日DIF线率先突破0轴。突破0轴的形态分为强势和弱势，正源股份突破0轴的形态为弱势，因此看涨的周期可以放短。这可以被看作短线的转势信号。果然，在这之后，股价开始一波小幅上涨行情。

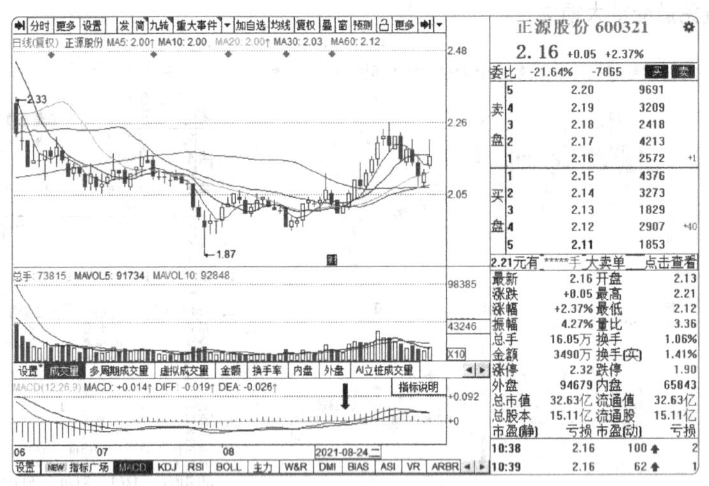

9.2.7 MACD下穿0轴

MACD由上而下穿过0轴说明股市从多头市场转为空头市场，是投资者不得不卖的信号。股价前期涨幅较大，随时都有下跌的可能。此时MACD指标也开始在高位转而向下。当股价冲高回落时，MACD指标也随之由上而下穿过0轴，说明股价已经经历了最强势的时段，接下来会逐渐下跌。股价在高位反复震荡始终未突破前期高点，此时若MACD指标开始向下穿过0轴，表明多方已经无力拉升股价，这是股价下跌的信号，也是较好的卖出时机。

下面来举例说明。

❶打开同花顺软件，输入大东方的股票代码“600327”（见右图）或其大写的汉语拼音首字母“DDF”，按【Enter】键确认。

❷输入指数平滑异同移动平均线指标“MACD”，按【Enter】键确认，如下页图所示。另外，也可直接单击指标选项中的【MACD】。

❸该股股价在2021年6月中旬至9月的走势中，经过巨幅上涨，在6月中旬达到顶峰，之后开启下跌态势，如下图所示。红色柱越来越短，逐步消失转为绿色柱。在经历了第一波下跌之后，DIF线和DEA线距离0轴就比较近了。在短暂修整之后，股价再次开启下跌态势，DIF线与DEA线在7月末先后向下跌破0轴，股市从多头市场转为空头市场。当出现MACD死亡交叉形态时，投资者就应该至少减一半仓位，出现MACD下穿0轴更是强烈的转势信号，投资者应该在前期就抓住机会，果断出货。果然，在MACD跌破0轴之后，股价又进一步下跌。

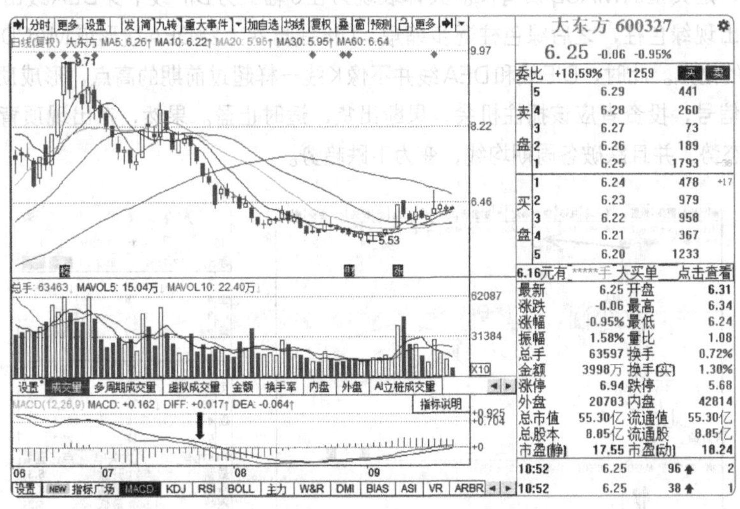

9.2.8 MACD背离

MACD指标是非常实用的一个技术指标，除了黄金交叉、死亡交叉等可以用于对股价走势进行判断的形态外，投资者还可以结合MACD背离选到操作性比较强的个股。MACD背离分为两种，一种是顶背离，另一种是底背离，下面进行具体介绍。

1. 顶背离

股价在K线图上的走势一峰比一峰高，一直上涨，而MACD指标由红色柱构成的图形走势一峰比一峰低，即当股价的高点比前一次的高点高，而MACD指标的高点比前一次的高点低时，称为顶背离现象。出现顶背离现象一般是股价在高位即将反转的信号，表明股价短期内即将下跌，是卖出股票的信号。

下面来举例说明。

❶打开同花顺软件，输入大东方的股票代码“600327”（见下页左图）或其大写的汉语拼音首

字母“DDF”，按【Enter】键确认。

❷输入指数平滑异同移动平均线指标“MACD”，按【Enter】键确认，如下右图所示。另外，也可直接单击指标选项中的【MACD】。

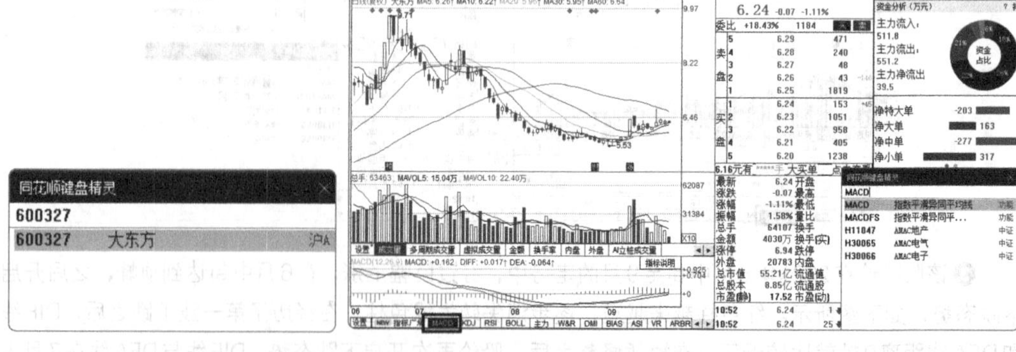

❸该股股价在2021年4月至9月的走势中，5月的股价快速上涨，涨幅将近一倍，创出短期新高，如下图所示。由于短期涨幅过大，获利资金有出逃的动力，所以股价回落至20日均线获得支撑，之后开启反弹，并再次创出新高至9.71元。此时MACD的两线并未超过前期DIF线的高点，这就表示上涨动能不足，是典型的MACD顶背离。具体表现为在0轴上方DIF线下穿DEA线出现MACD死亡交叉，MACD出现绿色柱，之后绿色柱逐步缩短，DIF线再次上穿DEA线形成MACD黄金交叉，出现第二波上涨的高点。此时，DIF线和DEA线并不像K线一样超过前期的高点，形成顶背离形态。这是强烈的卖出信号，投资者应该抓住机会，果断出货，适时止盈。果然，在出现顶背离之后，股价再次开启下跌态势，并且跌破各周期均线，变为下跌趋势。

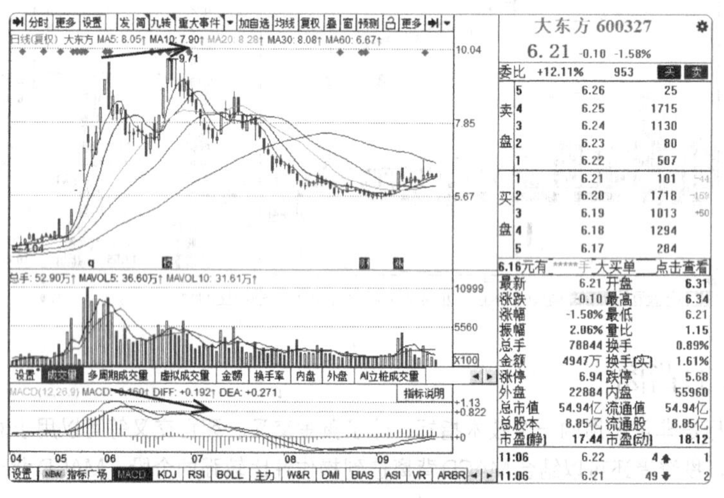

2. 底背离

底背离一般出现在股价的低位区，往往出现在一轮中长期的下跌行情的末期。当股价在下跌过程中出现一轮又一轮的新低时，MACD指标在0轴以下反而呈现出一轮又一轮的上扬态势，即当股价的低点比前一次低点低，而MACD指标的低点却比前一次的低点高时，就为底背离现象。底背离现象一般预示股价在低位可能反转向上，出现底背离现象是短期内止跌或者反弹向上的信号，也是短线投资者在短期买入股票的信号之一。

下面来举例说明。

❶打开同花顺软件，输入中信证券的股票代码“600030”（见下页左图）或其大写的汉语拼音首

字母“ZXZQ”，按【Enter】键确认。

❷输入指数平滑异同移动平均线指标“MACD”，按【Enter】键确认，如下右图所示。另外，也可直接单击指标选项中的【MACD】。

❸该股股价在2021年3月至5月的走势中，K线在下降通道，所有的均线都成了压力线，如下图所示。3月中旬，股价触底反弹，MACD指标出现黄金交叉，横盘反弹了一个月，股价再次下跌创出新一轮的低点，但是MACD的两线并未低于前期的低点，此时表示下跌动力不足，具体表现为DIF线下穿DEA线形成死亡交叉后出现第一波下跌的低点，然后DIF线上穿DEA线形成MACD黄金交叉，MACD出现红色柱，之后红色柱逐步缩短，DIF线再次下穿DEA线形成MACD死亡交叉后出现第二波下跌的低点。此时，DIF线和DEA线并不像K线一样低于前期的低点，形成底背离形态。这是最初的买入信号，投资者可以小仓位买进，但是这时也有风险，有些走势会出现三重底背离，K线一波一波走低。所以底背离形态只能看作空头动能的衰竭，并不意味着多头趋势的开启，投资者需谨慎判断。

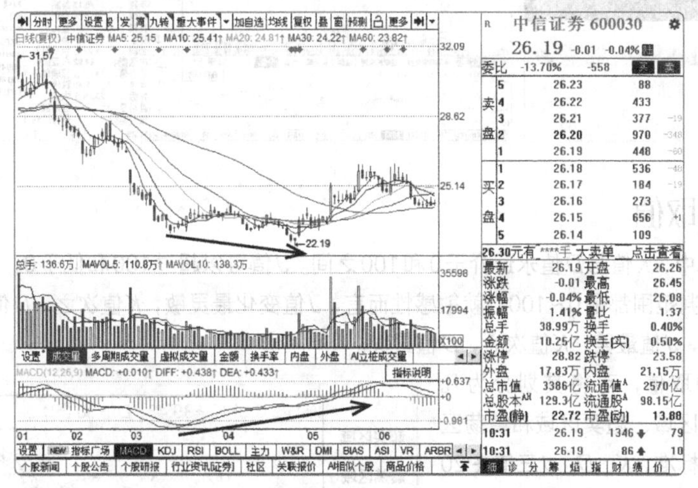

9.3 随机指标

随机（KDJ）指标是一种相当实用的技术指标。它最先用于对期货市场的分析，后来被广泛地应用于股市的中短期趋势分析，是期货和股票市场上较为常用的分析工具。

KDJ指标是以最高价、最低价及收盘价为基本数据进行计算，得出K值、D值和J值，分别在指标的坐标上形成一个点，连接无数个这样的点，从而形成完整的、能反映价格波动趋势的指标。KDJ指标主要是利用价格波动的幅度来反映价格走势的强弱和超买超卖现象，在价格尚未上升或下降之前发出买卖信号，更适合帮助投资者判断反弹和回调的结束，确定加仓或减仓的时机。

KDJ指标由*K*、*D*、*J* 3条指标曲线组成。其中波动最大、反应最灵敏的是指标线*J*，其次是指标线*K*，指标线*D*最为平滑、反应最慢，如下图所示。

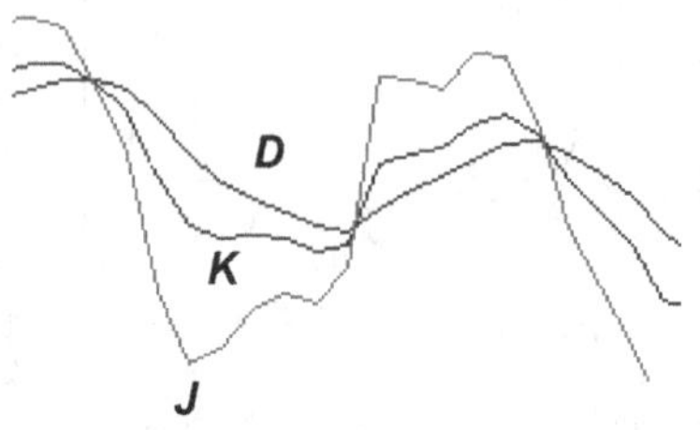

下面举例说明如何使用KDJ指标。

❶打开同花顺软件，输入红日药业的股票代码“300026”（见下左图）或其大写的汉语拼音首字母“HRYY”，按【Enter】键确认。

❷输入随机指标“KDJ”，按【Enter】键确认，如下右图所示。另外，也可直接单击指标选项中的【KDJ】。

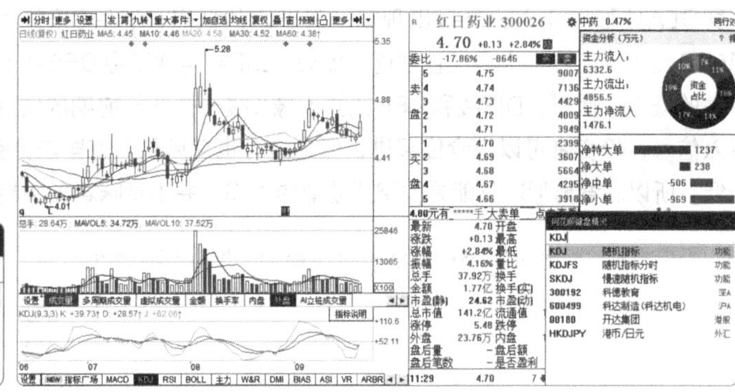

9.3.1 KDJ取值

在KDJ指标中，*K*值与*D*值永远介于0和100之间。*J*值可以超过100和低于0，但在股票分析软件中，KDJ的研判范围都是0~100。就敏感性而言，*J*值变化最灵敏，*K*值次之，*D*值变化最不灵敏。而就安全性而言，*J*值最差，*K*值次之，*D*值最优。

根据KDJ的取值，可将其划分为几个区域，即超买区域、超卖区域和震荡区域。按一般划分标准，*K*、*D*、*J*三值在20以下为超卖区域，是买入信号；*K*、*D*、*J*三值在80以上为超买区域，是卖出信号；*K*、*D*、*J*三值在20~80为震荡区域，宜观望。各区域如上图所示。

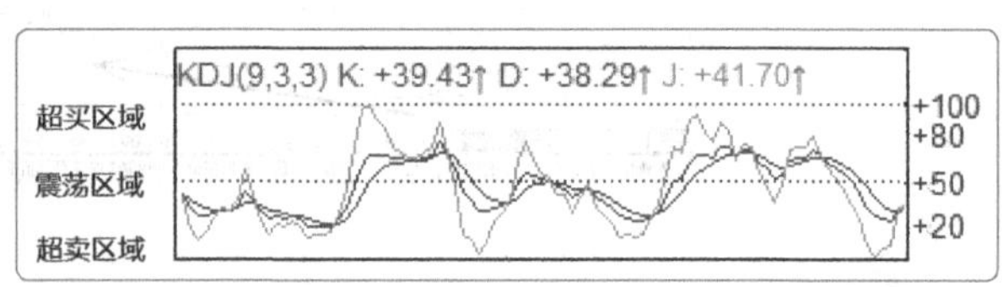

一般而言，当*K*、*D*、*J*三值在50附近时，表示多、空双方力量均衡；当*K*、*D*、*J*三值都大于50时，表示多方力量占优；当*K*、*D*、*J*三值都小于50时，表示空方力量占优。

9.3.2 KDJ黄金交叉

KDJ的黄金交叉分为两种形态：一种是黄金交叉出现的位置较低，处于超卖区域；另一种是黄金交叉出现的位置较高，处于超买区域。当股价经过很长一段时间的低位盘整行情，并且*K*、*D*、*J*三线都处于50以下时，一旦J线和K线几乎同时向上突破D线，就表明股票行情即将转强，股价跌势已经结束，将止跌上涨，这时属于弱势反弹。当K、D、J三线都处于50附近偏上时，J线和K线同时向上突破D线形成黄金交叉，表明股市处于一种强势状态，股价将再次上涨，可以加码买进股票或持股待涨。

股价在上涨趋势当中，KDJ指标接近-100的底部，说明市场存在超卖，当前回调已经比较充分，可能很快进入下一轮上涨，是很好的加仓时机。

下面来举例说明。

❶打开同花顺软件，输入克劳斯的股票代码“600579”（见下左图）或其大写的汉语拼音首字母“KLS”，按【Enter】键确认。

❷输入随机指标“KDJ”，按【Enter】键确认，如下右图所示。另外，也可直接单击指标选项中的【KDJ】。

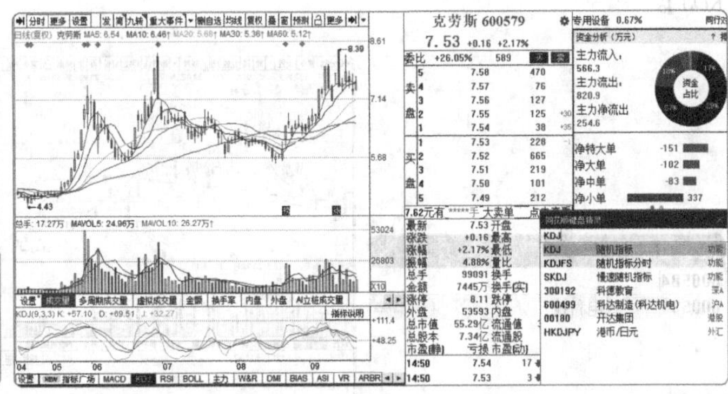

❸回溯克劳斯在2021年5月至8月的走势，如下图所示。股价经过5月的上涨和6月的回调，KDJ指标进入50下方的区间，KDJ指标在6月16日的J值为负数，K值和D值分别为11和22左右。紧接着6月18日KDJ指标中的J线和K线几乎同时向上突破D线，出现KDJ黄金交叉，表明股票将转强，股价跌势已经短期结束，将止跌上涨，可以选择买入。这里还有一个支持买入的前提，就是K线处于均线上方，整体处于多头趋势当中。投资者应该结合其他指标以及K线的趋势，抓住这难得的机会果断买入。

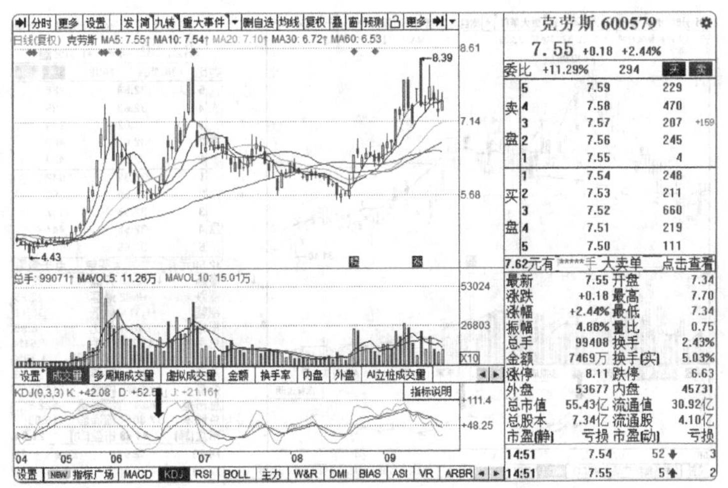

9.3.3 KDJ死亡交叉

KDJ在高位向下就形成了死亡交叉，即J线和K线同时向下跌破D线。与黄金交叉一样，死亡交

叉也有两种不同的表现形态。第一种是当股价经过很长一段时间的高位盘整行情，并且K、D、J三线都处于50以上时，一旦J线和K线几乎同时向下跌破D线，就表明股市即将从强势转为弱势，股价将有下跌风险。第二种是当股价经过一段时间的下跌之后，缺乏向上反弹的动力，并且各条均线对股价形成较大的压力时，KDJ线向上反弹无力，小于50再次选择向下，形成死亡交叉，表明股市将再次进入极度弱市，股价还将下跌，可以卖出股票或观望。

股价处于下跌趋势时，KDJ指标接近顶部也就是100，说明当前反弹基本到位，这个点就是卖出点。下面来举例说明。

❶打开同花顺软件，输入长电科技的股票代码“600584”（见下左图）或其大写的汉语拼音首字母“CDKJ”，按【Enter】键确认。

❷输入随机指标“KDJ”，按【Enter】键确认，如下右图所示。另外，也可直接单击指标选项中的【KDJ】。

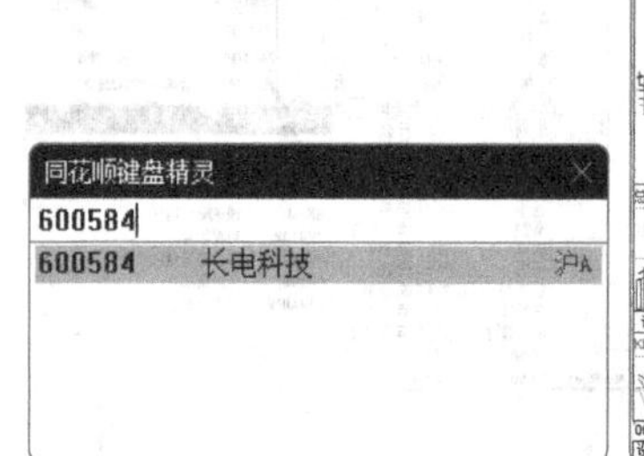

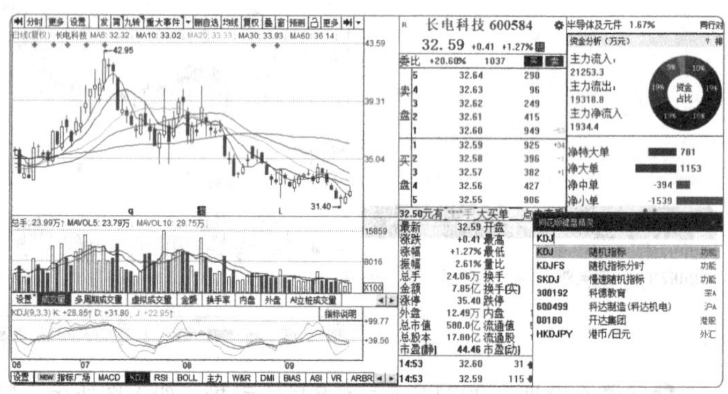

❸回溯长电科技在2021年6月至9月的走势，如下图所示。KDJ指标在7月12日的J线和K线几乎同时向下跌破D线，出现KDJ死亡交叉，表明股价涨势已经结束，即将转势，但是强势区域出现KDJ死亡交叉，很有可能是涨多了回踩。在8月10日，KDJ指标在震荡区域再次出现死亡交叉，这就是进入下跌趋势的信号，投资者可以适时选择卖出止盈。当然，如果结合其他趋势指标以及K线图进行判断，会更加准确。

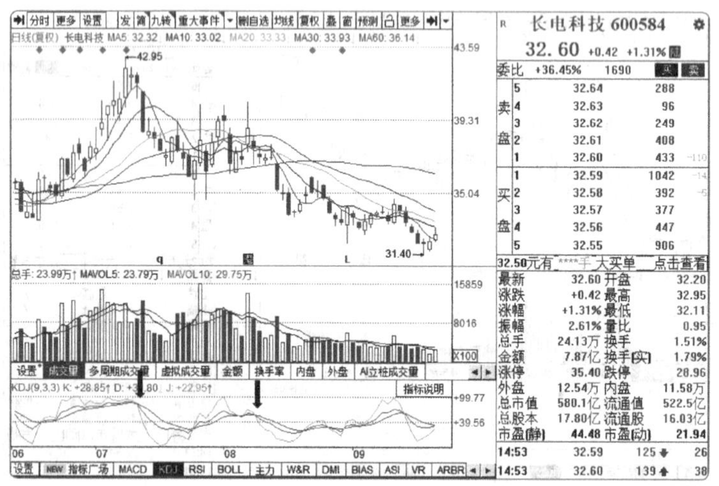

9.3.4 KDJ双重黄金交叉

KDJ双重黄金交叉一般是指先在弱势区域出现黄金交叉，又在强势区域出现黄金交叉。这种情况一般出现在股价较低的位置，当在弱势区域KDJ指标出现黄金交叉时，表明股价已经扭转趋势，摆脱前期的下降趋势或者震荡趋势，上涨的概率较大。当股价强势拉升之后，横盘KDJ指标就会修整向下形成死亡交叉，这时虽然出现死亡交叉，但是*K*、*D*、*J*三线处于强势区域，股价稍微上扬，马上又出现了强势区域的黄金交叉。

下面来举例说明。

❶打开同花顺软件，输入经纬辉开的股票代码“300120”（见下左图）或其大写的汉语拼音首字母“JWHK”，按【Enter】键确认。

❷输入随机指标“KDJ”，按【Enter】键确认，如下右图所示。另外，也可直接单击指标选项中的【KDJ】。

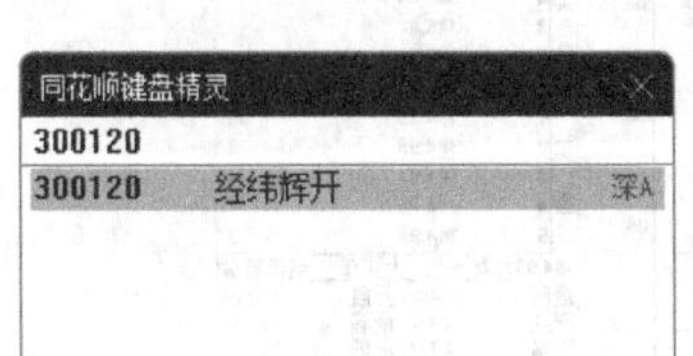

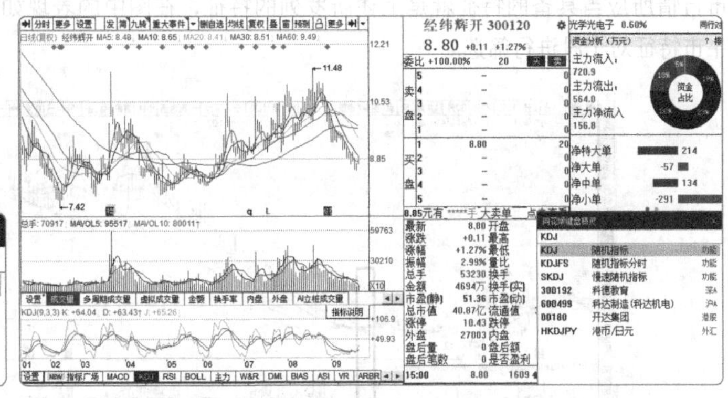

❸回溯经纬辉开在2021年4月至8月的走势，如下图所示。6月7日经纬辉开在弱势区域出现KDJ黄金交叉，表明股价已经开始抵抗，摆脱前期的下降趋势或者震荡趋势，上涨的概率较大。之后股价强势突破均线压制，K线上升到均线上方，进入多头形态。然后，股价在6月底回踩均线，KDJ指标修整向下形成死亡交叉，这时虽然出现死亡交叉，但是*K*、*D*、*J*三线处于强势区域。紧接着，在7月6日股价再次上扬，出现强势区域的二次黄金交叉，这是准确性较高的一个买点，投资者可跟随买入。

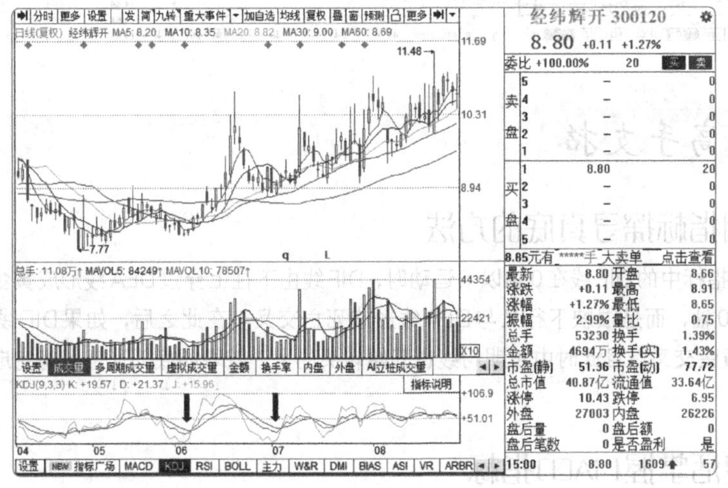

9.4 牛市中常见的指标及其特征

前面已经介绍了若干个指标的应用，也许投资者会问：只用一个指标对一只股票进行判断，结

果是否精准？答案是不精准，只用一个指标对个股进行判断的准确率并不高，要多种指标结合起来进行判断才会更加准确。那么牛市中常见的指标是什么样的形态？下面对牛市中的常见指标及其特征进行总结。

（1）均线多头排列。

（2）K线在布林线中轨以上运行并且布林线轨道方向向上。

（3）形成KDJ黄金交叉并且*K*线、*D*线和*J*线始终在50轴以上运行。

（4）形成MACD黄金交叉并且DIF线和DEA线始终在0轴以上运行。

（5）成交量不断放大。

以北方华创（002371）在2021年3月至9月的行情为例进行介绍。投资者可以清晰地看到，牛市行情所应当具备的特征就是上述所罗列的特征，在图中的表现如下图所示。投资者可以借鉴这些牛市特征对个股进行筛选。

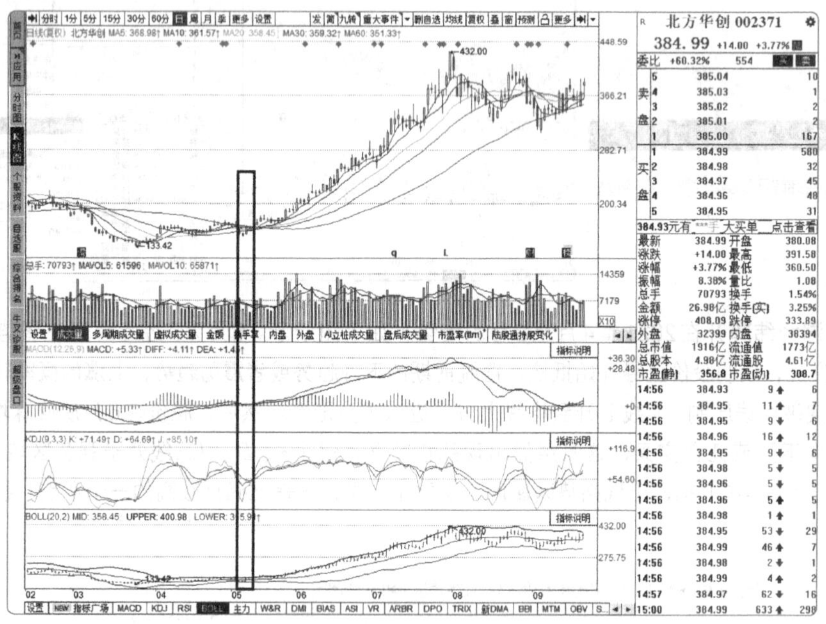

高手支招

技巧1　用指标探寻真底的方法

当MACD指标中的DIF线在0轴以下运动时，DIF线由下往上穿过DEA线形成黄金交叉，但并未一路上升突破0轴，而是很快下行又与DEA线形成死亡交叉。在此之后，如果DIF线和DEA线又在0轴以下形成黄金交叉，且此时中长期均线也开始转头向上，就表明底部形态即将完成，行情反转已是大概率事件。

技巧2　灵活掌握MACD指标

投资者如果根据MACD指标进行操作，就会发现当MACD指标发出买入信号时，股价已大幅上升；当MACD指标发出卖出信号时，股价已大幅下跌。总之，MACD指标存在一定的滞后性。

活用MACD指标，就是指根据柱状线的长短变化进行操作。通常，当红色柱由最长开始慢慢变短时，为卖出信号；当绿色柱由最长开始慢慢变短时，为超前的买入信号。

第10章　通过成交量透视股价走势

本章引语

一箭易折，十箭难断。

——《魏书》

证券市场中的竞价交易产生了股价，买方与卖方交易的达成产生了成交量。成交量越大，也就意味着市场的参与度越高。由此可见，股价与成交量之间的关系十分紧密，投资者可以透过成交量分辨股价走势的真实与虚假。成交量是投资者分析和判定市场行情最重要的依据，也是应用其他技术指标不可或缺的参考。

本章要点

★上涨行情中的成交量形态

★下跌行情中的成交量形态

10.1 成交量对股票投资的意义

成交量就是平时所说的量，在股市里价格很重要，成交量更重要。在利用技术指标对股票进行分析的时候，最基本的技术指标就是成交量。投资者可以透过成交量，看清股价所处的阶段和主力运作的意图，因此成交量对投资者来说意义重大。

10.1.1 什么是成交量

在证券市场中，有两个重要指标与成交相关：一个是成交量，另一个是成交额。成交量（VOL）是指单位时间内股票交易并成交的数量。成交量以股为单位，显示的是一段时间内成交的股数。而成交额是一段时间内的实际成交金额，以元为单位，是成交量×股价的结果。在一只股票的高位和低位，即使二者的成交量是相同的，成交额也会有非常大的不同，因为不同的股价乘以相同的成交量，最后得到的成交额是不同的。

一般当供不应求时，投资者争相买进，成交量会随之放大；反之，供过于求时，市场冷清无人，成交量势必萎缩。

下面来举例说明。

❶打开同花顺软件，输入京东方A的股票代码“000725”（见下左图）或其大写的汉语拼音首字母“JDFA”，按【Enter】键确认。

❷下右图为京东方A（000725）的分时图。图中的每一根成交量柱分别代表每分钟所产生的成交量，一个交易日有240分钟，因此应当有240根成交量柱。这些成交量柱排列在一起形成股票的成交量带。成交量大，成交量柱就长；成交量小，成交量柱就短。成交量柱为红色，表示在此时段股价上涨；成交量柱为绿色，表示在此时段股价下跌。单击分时图可以显示十字光标，十字光标竖线所指的是该光标位置的这一分钟的股价和成交量，同时，在分时图的左侧将显示该分钟的股价和分时成交量数据。

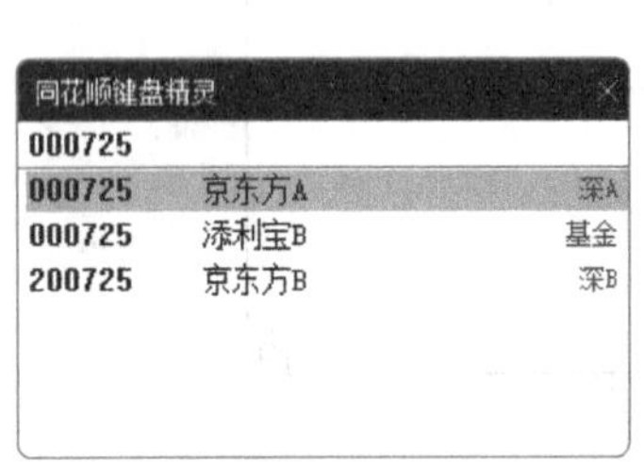

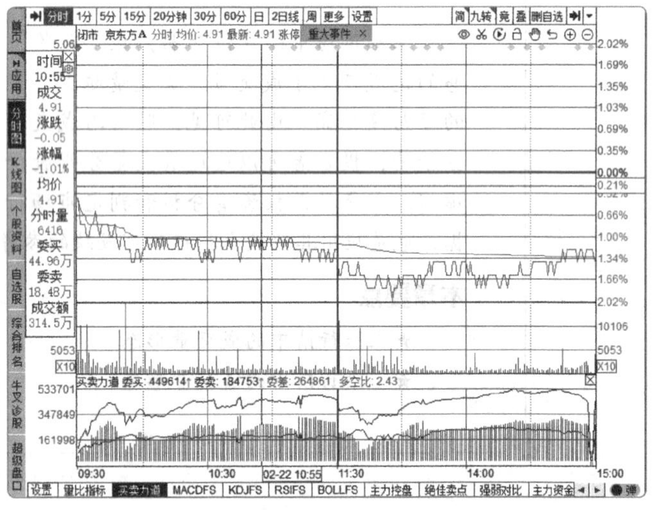

通过股票分析软件，投资者还可以查看K线图中的成交量指标。

下面来举例说明。

❶打开同花顺软件，输入京东方A的股票代码“000725”（见下页左图）或其大写的汉语拼音首字母“JDFA”，按【Enter】键确认，从分时图界面切换至K线图界面。

❷下页右图为京东方A（000725）的日K线图。成交量指标图位于日K线图下方。京东方A的日K线图中的每一根成交量柱分别代表每一个交易日所产生的成交量。如果投资者查看的是其他时间

周期的日K线图，则下方对应的成交量就是对应分析周期的成交量。与分时图一样，成交量越大，成交量柱就越长；成交量越小，成交量柱就越短。成交量柱为红色，表示在此日股价上涨；成交量柱为绿色，表示在此日股价下跌。值得注意的是，所有的K线图都有成交量均线。成交量均线也是非常重要的技术指标，其基本的运行规律是成交量均线5日线上穿成交量均线10日线，说明股价有资金支撑，上涨扎实；成交量均线5日线下穿成交量均线10日线，说明股价上涨无资金支撑，很容易拐头向下或者处于下跌态势，成交量也会减少。

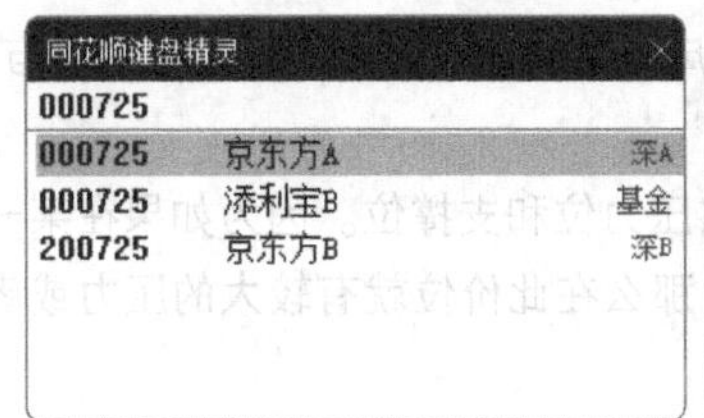

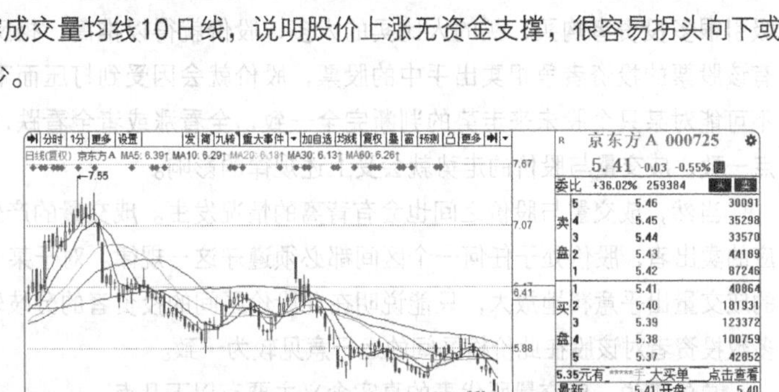

投资者如果想了解更详细的成交数据，可以查看成交明细。

下面来举例说明。

❶打开同花顺软件，输入京东方A的股票代码“000725”（见下左图）或其大写的汉语拼音首字母“JDFA”，按【Enter】键确认。投资者进入个股界面后，在股票分析软件中按【F1】键，即可显示成交明细数据。

❷下右图为京东方A（000725）在2021年9月23日的成交明细。若“现手”一栏为红色字体并且旁边有向上的箭头，则表示以主动性买入价格成交；若为绿色字体并且旁边有向下的箭头，则表示以主动性卖出价格成交。

10.1.2 成交量的意义

股价与成交量之间成正相关关系，也就是遵从“价升量增、价跌量减”的规律。在股价不断上升的过程中，成交量也在不断增加；在股价下跌的过程中，成交量也在逐步减少。

根据这一规律可知，若股价上升而成交量不增加，则说明股票得不到买方的认同，价格的上升

趋势就会因为得不到支持从而发生改变。反之，当股价下跌时，成交量往往会减小，达到一定程度之后将走平，这意味着卖方认为股价不再有下跌空间，多、空方此时已经有一定的分歧，从而导致股价下跌的趋势会发生改变。

对于个股来说，成交量直接反映该股票对投资者的吸引程度。当某只股票的吸引力很大时，会吸引很多投资者购买，买的人比卖的人多，股价就得以推高；相反，当该股票的吸引力下降时，持有该股票的投资者争相卖出手中的股票，股价就会因受到打压而下跌。虽然在股市中，所有投资者不可能对某只个股未来走势的判断完全一致，全看涨或者全看跌，但是只要大多数投资者的投资观点一致，成交量与股价的走势就会受上述规律的影响。

当然，成交量与股价之间也会有背离的情况发生。成交量的产生必然是既要有买入者，也要有对应的卖出者，股价处于任何一个区间都必须遵守这一规律。对于某一只股票，如果有某一个股价区间的成交量出乎意料地放大，只能说明在此股价区间的投资者的分歧较大。如果成交量很小，则说明大多数投资者对该股在此价格区间的运行意见较为一致。

总的来说，成交量所代表的真实含义主要有以下几点。

（1）投资者通过成交量的变化可以分析出某只股票的人气。成交量越大，越能吸引投资者参与，参与的投资者人数增加，股价波动幅度可能也会变大。

（2）投资者通过分析成交量的变化，还可以发现个股的价格压力位和支撑位。因为如果在某一价位成交量很大，说明有较多的投资者在此价位购买了该股票，那么在此价位就有较大的压力或者较强的支撑。

（3）投资者可以通过对个股不同股价区间的成交量的变化进行分析来判断趋势的可持续性。如果是趋势上涨，随着股价的不断上涨，成交量也会稳步上升，这说明看好该股票的投资者较多，股价上涨的途中一直有投资者加入。股价上涨的后期，成交量逐渐减少，说明敢于参与的投资者减少。

10.2 成交量的特征

个股在行情走势的不同阶段，成交量指标有不同的特点，可以分为放量、常量和缩量3种形式。而对于价格来说，有上涨、下跌和横盘。虽然上涨行情和下跌行情会有多种形态，但是投资者可以从本节总结的规律来学习如何分析成交量，进而帮助自己从交易中实现盈利。

10.2.1 上涨行情中的成交量形态

股价经过长期筑底之后，主力机构掌控了足够多的筹码，之后就会拉升股价。通常股价在上涨行情中，突然上涨到很高的位置的情况非常少见，更多的是波段式上涨。而在不同的阶段，成交量也会有不同的特征。上涨行情中成交量可分为放量、缩量和常量。放量上涨大多数时候是主动买盘，也就是外盘增加形成的。当看到放量上涨时，可以判断市场有增量资金进场，这种情况是比较乐观的。缩量上涨的时候，可以确定主动卖盘的投资者减少了，出现这种情况是投资者锁仓的表现，在一些投资逻辑很好的股票中尤为明显，比如贵州茅台的拉升中就曾出现这种情况。一般有长期投资者介入才会出现这种情况。

1. 上涨初期成交量特征

根据个股流通盘的大小和主力的操盘风格，股价的上涨和成交量的放大会有所不同。有的股价会缓慢拉升，成交量一般是温和放量；有的股价则是急速拉升，成交量呈单根或几根巨幅放大，但之后成交量可能会大幅萎缩。

下面来举例说明。

❶打开同花顺软件，输入山煤国际的股票代码“600546”（见下页左图）或其大写的汉语拼音首

字母“SMGJ”，按【Enter】键确认。

❷下右图为山煤国际2021年3月至9月的日K线图。经过前期的筑底，股价在5月5日突然放巨量涨停，换手率达到2.73%，成交量放出巨量，是前期的2.5倍。这样经过近一个月，该股于6月2日再次放量涨停，换手率达到4.8%，并在随后几天成交量继续增加。这两次上涨都是大涨前期的建仓行为，目的就是告诉投资者行情要准备发动了，先试试水，看还有多少持股不牢固的、能洗出来的浮筹。如果投资者可以读懂成交量语言，就会关注该股，等待低吸的机会买入。

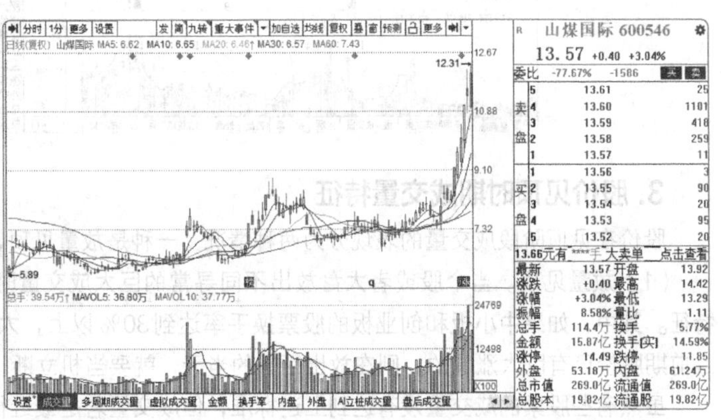

> **提示**
>
> 股价的上涨通常分为几个波段，主力通过波段不断推高股价，并在波段中下跌洗盘，“洗”走意志不坚定的投资者，为主升浪做准备。这些波段中，每一波股价上涨都需要成交量配合，都会有放量的过程，当股价上升一个台阶之后开始回落，这时候成交量也相应减小。

2. 主升浪行情中成交量特征

主升浪是股价在一轮行情中涨幅最大、维持时间最长的行情，也是一轮行情中最重要的获利阶段，在波浪理论中被称为第三浪。主升浪行情一般出现在大盘强势突破调整之后。

主升浪的股价呈单边上涨态势，均线形成多头排列。从成交量来分析，经过股价筑底时的吸筹、上涨初期的洗盘，在主升浪阶段，主力手中的筹码已经足够多，实力强的主力甚至能达到完全控盘的效果。这时个人投资者手中的筹码已不多，主力拉升股价的压力较小。主力通过对敲等操作手段拉升股价。在主升浪阶段，成交量通常会保持在一个较高的水平，并呈现成交量平稳的态势。

下面来举例说明。

❶打开同花顺软件，输入山煤国际的股票代码“600546”（见右图）或其大写的汉语拼音首字母“SMGJ”，按【Enter】键确认。

同花顺键盘精灵
600546
600546 山煤国际 沪A

❷下页图为山煤国际2021年3月至9月的日K线图。从图中可以看到经过前期两个小波段的上涨之后，该股进入价跌量缩的阶段性调整，之后该股从8月23日开始突然放量开启主升浪行情。在主升浪前期，成交量与股价走势保持一致，即股价上涨，成交量放大；股价下跌，成交量随之缩减。从图中可以看出，在主升浪前期，成交量都维持在一个较高的水平，但随着股价进一步的上涨，成交量出现递减形态，说明后期虽然价增，但是量没能给予支撑，意味着股价离头部不远了。

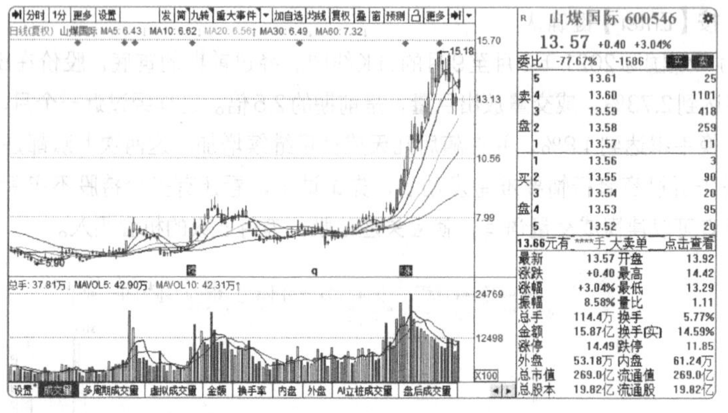

3. 股价见顶时期成交量特征

股价在见顶阶段成交量的表现分为两种情况：一种是放量见顶，另一种则是缩量见顶。

（1）放量见顶。当个股或者大盘放出不同寻常的巨大成交量时，就出现了股价即将见顶的重要特征。其中，如果中小板和创业板的股票换手率达到30%以上，大盘股的换手率达到15%以上，并且前期股价已有巨大涨幅的，则在放出巨量的当天，就要当机立断，迅速卖出手中的股票。

虽然有些股票的成交量没有达到上述标准，但成交量若是最近行情中最大的，也要将其视为“巨量”。例如，某只个股在一轮行情中，换手率从未超过5%，如果股价上涨到一定的高度，并且换手率连续多次超过5%时，投资者也要加以警惕，因为从技术面分析，量和价之间有必然的联系。“天量”之后见“天价”的规律已经多次被市场验证。

下面来举例说明。

❶打开同花顺软件，输入金发拉比的股票代码“002762”（见下左图）或其大写的汉语拼音首字母“JFLB”，按【Enter】键确认。

❷下右图为金发拉比的日K线图。从图中可以看到该股从2021年4月2日开始连续8个交易日无量涨停。这时投资者一定有疑问：为什么价涨量却极小？这是因为无量涨停卖单极少，大量的投资者想要买进却难以在涨停价买进，没有成交，造成成交量十分小。因此，在4月13日和4月14日涨停打开的时候，成交量才恢复正常。值得注意的是，该股票在这两日放出巨量后再次无量封板。这说明多头的热情非常高涨，后市可能还会上涨。但是随着行情的发展，6月1日再次无量涨停，第二日再次放出巨量，这说明主力在出货，投资者就应当警惕，如果此时无法判断是否出货，可以结合后面3天的走势判断。后面股价继续下跌，但是成交量呈现减少的趋势，这说明已经没有那么多的投资者追捧该股了。果不其然，股价随后一路下跌，在下跌的过程中，主力一直减仓，所以成交量并没有极度萎缩。

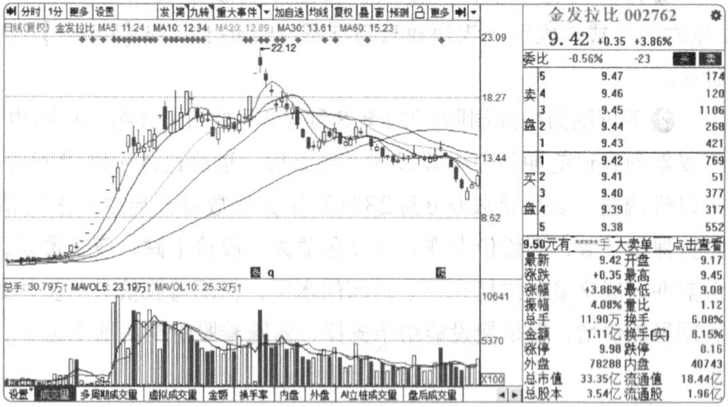

（2）缩量见顶。缩量见顶是指当股价处于顶部时，成交量与主升浪时期相比，出现常量或者缩量，形成了成交量与价格背离的现象。由于前期主升浪已经有巨大涨幅，很多投资者已经处于狂热的非理性状态，认为只要买进股票，就会有盈利，但是这种狂热的投资者数量会随着股价的飙升而越来越少。而此时持股的投资者看到前期股价的快速上涨，心理的期望值还很高，都认为行情还会延续，不会低价出售手中的股票。因此在这个阶段，成交量反而会减少。

下面来举例说明。

❶打开同花顺软件，输入伟星新材的股票代码“002372”（见下左图）或其大写的汉语拼音首字母“WXXC”，按【Enter】键确认。

❷下右图为伟星新材2020年12月至2021年8月的日K线图。该股持续上涨，直到2021年4月股价见顶。前期的几波上涨都放出成交量助推股价上涨，但是特殊的是在3月中旬和4月中旬的上涨是缩量上涨。随着股价的持续走高，成交量却不随之增加，呈现量价背离的现象，顶部特征已经非常明显。这时投资者就要注意了，后面再大的涨幅可能都是假象，建议卖出。

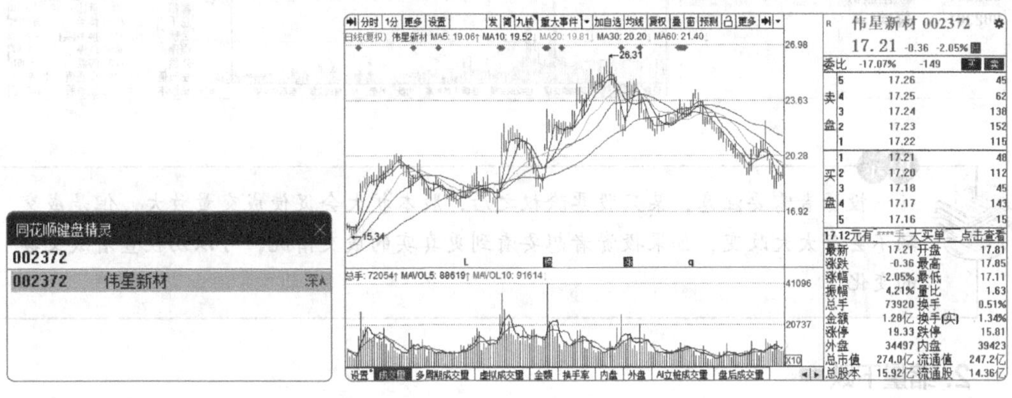

10.2.2 下跌行情中的成交量形态

下跌行情中的成交量形态分为放量下跌和缩量下跌两种，如下图所示。大多数时候股价上涨需要成交量的配合，但是股价下跌的过程不一定需要成交量的配合，大部分股票在价格下跌的过程中，成交量呈平稳的状态。如果是前期价格大幅上涨过的股票，则有可能会出现放量下跌的形态。

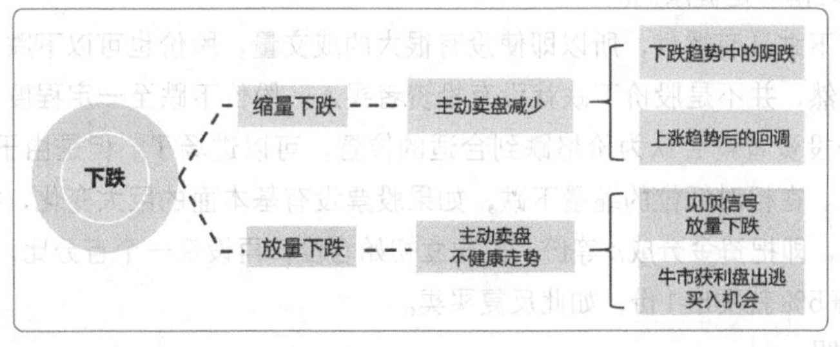

1. 放量下跌

放量下跌主要是由主动卖盘的增加导致的，一般来说不是好事，是大资金出货的表现。但是也有特殊情形，比如在牛市中出现成交量单根下跌，并不应该看空。牛市中的成交量单根下跌，一般是获利盘出逃的表现。在多头仍然强势的情况下，这是一个极好的买入机会。投资者可参考2015年上证指数的牛市走势。一般情况下的放量下跌是非常不正常的。

下面来举例说明。

❶打开同花顺软件，输入双箭股份的股票代码“002381”（见下页左图）或其大写的汉语拼音首字

母“SJGF”，按【Enter】键确认。

❷下右图为双箭股份2021年4月至7月的日K线图。从图中可以看到，4月一整月股价都在高位缩量震荡。在4月29日，该股公布一季度季报，业绩不达预期导致该股放量下跌，说明前面主力可能没有出掉手中太多筹码。在下跌初期，成交量明显高于前期顶部震荡时的成交量，表明主力出逃，后面还会继续下跌。

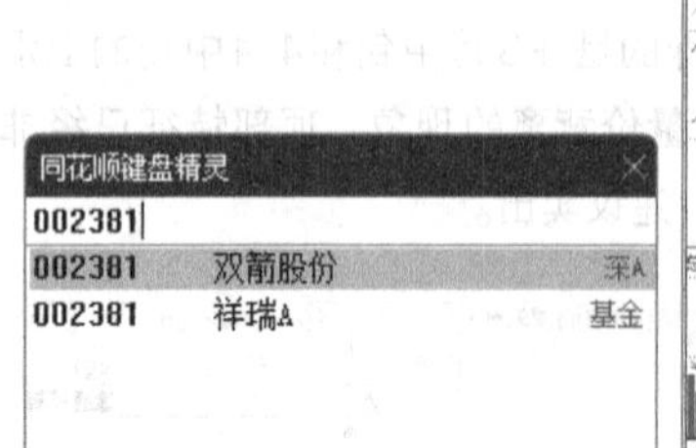

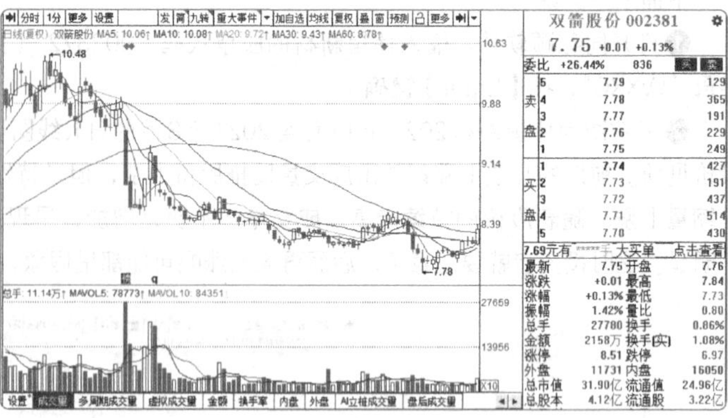

提示

投资者需要注意，某只股票除权之后，股本扩大会促使成交量放大，但是成交额不会有太大改变，如果投资者想要看到更真实的成交情况，可以切换查看成交额的变化。

2. 缩量下跌

在缩量下跌中可以确认的是主动买盘减少，也就是外盘减少。在两种情况下会出现缩量下跌，一是在下跌趋势中的阴跌走势，在没有新的消息刺激逆转走势时，股价一般会以缩量下跌的形式缓慢下跌。出现缩量下跌的主要原因是，持有股票的投资者仍想要高价卖出手中的股票，但是没有人愿意在股价下跌的时候接盘，因此成交量会减少。二是在上涨趋势后的回调，虽然在回调周期主动买盘的减少是必然的，但投资者拿到筹码后不愿意卖出筹码。此时可以看到主动卖盘大幅减少，出现这种状况，可以理解为是健康的。

在熊市中由于下跌具有惯性，所以即使没有很大的成交量，股价也可以下跌，极小的单量就可以把价位拉低。当然，并不是股价下跌就没有投资者买入。股价下跌至一定程度，其风险就得到了一定的释放，有些投资者就会认为价格跌到合适的位置，可以进场了。但是由于此类投资者较少，所以成交量也较小。在相对低位的缩量下跌，如果股票没有基本面的巨大变化，投资者可以采用网格交易法进行操作，即把资金分成n等份，先建立初始仓位，再设定一个百分比，比如5%，股价跌5%就买入1份，涨5%就卖出1份，如此反复买卖。

下面来举例说明。

❶打开同花顺软件，输入航天彩虹的股票代码“002389”（见下页左图）或其大写的汉语拼音首字母“HTCH”，按【Enter】键确认。

❷下页右图为航天彩虹从2020年12月至2021年5月的日K线图。在2021年1月股价见顶之后，成交量就呈下跌态势，股价与成交量同步下滑。这往往是前期股价在上涨的过程中，主力边拉升边出货，手中仓位不重才导致的。但是当股价跌到一定程度的时候，大部分投资者认为该股下跌已经释放了大部分风险，于是有些投资者开始试探性地选择买入，这也是为什么会在跌一个波段之后股价探底回升，同时成交量也伴随放大。但是均线之下的反弹，都不建议投资者参与，尤其是刚下跌一个波

段，很有可能是短期的反弹，后面还会继续下跌。

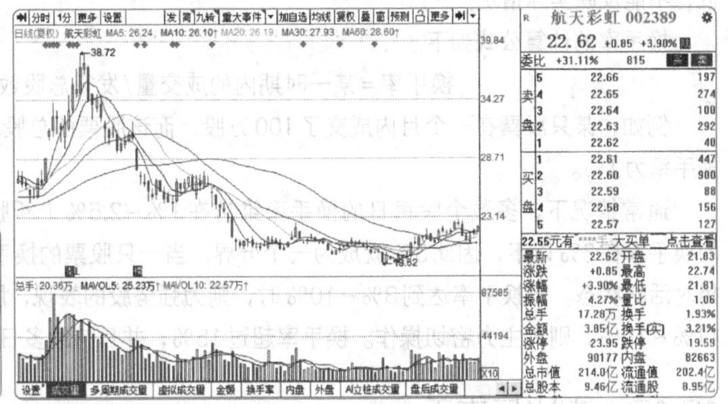

10.3 成交量与股价

成交量与股价相辅相成。成交量的变化就是股票投资逻辑的变化叠加投资情绪的变化。当某只股票的投资逻辑发生变化之后，若股价上涨，其成交量也会随之放大，再叠加情绪便会吸引更多投资者跟风加入，进而使股价进一步攀升。当股价上涨到一定高度的时候，投资者理性大于感性，成交量也逐渐萎缩。股价与成交量经过一定时间的走平之后，股价后期上涨的概率较小，这时前期获利盘将纷纷套现，从而使成交量放大，股价大跌，市场人气大减。股价经过一段时间的下跌之后，投资者纷纷抛盘，成交量的放大在此时成为人气进一步衰减的信号。当股价跌至一定程度之后，投资者卖出的冲动减小，这时成交量萎缩，股价将见底。

成交量与股价之间的关系一般分为两种情况。

（1）量价同向。量价同向是指股价与成交量变化的方向一致，即股价上升，成交量也同步上升，这是投资者看好之后走势的表现。对于上涨无量并且小阴线和小阳线逐步抬高股价的走势，往往会持续上涨很久，走出一波趋势行情。反之，股价下跌，成交量随之下降，说明投资者不愿卖出手中的筹码，选择持股惜售。但是这种阴跌是最容易使投资者亏损的，因为很难判断底部到底在哪里。

（2）量价背离。量价背离是指股价与成交量变化的方向相反，即股价上升而成交量下降，这说明股价的涨势得不到投资者的认可，没有更多投资者加入其中，这种涨势就难以维持。反之，股价下跌，但是成交量增加，说明更多投资者不看好后市，纷纷抛出手中的筹码，这是后市下跌的前兆。

最后再讲一下放量和缩量。放量和缩量的形成是有一定原因的，放量出现的原因有两个：第一，市场出现了分歧，看多与看空的双方有非常多的争议。第二，主力可能会对个股进行对倒，这种情况下，投资者看到的个股放量其实是不真实的。投资者要辨别第二种原因的股票放量，避免参与这些股票的交易。而出现缩量一般是因为投资者达成了共识，主力不可刻意制造缩量，所以一般认为缩量是真实的。

10.4 成交量的常用指标

10.4.1 换手率

换手率是一个比率的概念，是指在一个交易日内市场中股票转手买卖的频率，就是成交量除以总股本的值，是反映股票流通性强弱的指标之一。但是在A股市场的实践中，换手率更多是成交量和流通股本的比值。因为有些股票可能存在很多不自由流通的筹码，使得它的总股本很大，流通股本

很小，其流通盘小，换手活跃，如果按照成交量除以总股本来计算换手率，可能算出来的换手率虚低，不能反映实际情况。

换手率的计算公式如下。

换手率＝某一时期内的成交量/发行总股数×100%

例如，某只股票在一个月内成交了100万股，而该股票的总股本为1亿股，则该股票在这个月的换手率为1%。

通常情况下，多数个股每日的换手率维持在1%~2.5%（新股与次新股除外）。由于70%股票的换手率在3%以下，因此3%就成为一个分界。当一只股票的换手率在3%~7%时，该股就进入了相对活跃状态。当换手率达到8%~10%时，则为强势股的表现，股价处于高度活跃状态。换手率在11%~15%，则为主力密切操作。换手率超过15%，并且持续多日，此股也许会成为黑马股。

10.4.2 委比与委差

委比是金融或证券实盘操作中衡量某一时段买卖盘相对强度的指标。委比的取值为-100%~100%，100%表示全部的委托均是买盘，涨停的股票的委比一般是100%，而跌停的股票的委比一般是-100%。委比为0，代表买入和卖出的数量相等。当委比为正值，并且数值较大时，说明市场买盘强劲；当委比为负值，并且数值较大时，说明市场抛盘较强。

委比的计算公式如下。

委比=（委买手数-委卖手数）/（委买手数+委卖手数）×100%

- 委买手数：所有个股委托买入上五档的总数量。
- 委卖手数：所有个股委托卖出下五档的总数量。

委比如右图所示。

R 广发证券 000776
22.81 -0.64 -2.73%
委比 -24.29% -1913 买 卖

	档	价格	数量
卖盘	5	22.85	767
	4	22.84	231
	3	22.83	372
	2	22.82	825
	1	22.81	2701

通常情况下，委比指标表明了投资者委托买入和委托卖出的意愿的差距，由于委比只是委托的数据，并不是成交的数据，因此不能反映股票真实的成交情况。只有成交量和换手率才能真实地反映股票的活跃程度。同时需注意的是，投资者可以随时撤单，所以委比可能在短时间内出现较大的变化。

委差是委买手数与委卖手数的差值，体现投资者的买卖意愿。委差在一定程度上反映了价格的发展方向：委差大于0，表明买盘活跃，后市看涨的可能性大；反之，说明卖盘较多，后市下跌的可能性大。但是在实际的股票交易中，往往是带有人为因素的，所以它可能只是一个相对真实的数据。主力制造一些假象也会出现委差为正，看上去后市要涨，实则变盘的情况。

委差对投资者在分时走势上选择买卖点有一定的帮助，差额反向变动时就立刻进行买卖操作。由于委差指标会先于股价波动，当投资者选择卖出或者买入时就可以参考这个指标。例如，投资者想要选择卖出，委差波动出现20万手、21万手、23万手、25万手、24万手、23万手，当委差在20万手到25万手波动时，委差数值一直在增加，说明主动买盘比卖盘增加得多，这个时候如果想卖出可以等一下。之后委差从25万手到23万手，说明主动买入的减少了，数值的趋势开始逆转了，投资者就可以在最后的23万手时选择卖出。由于这个指标比较敏感，往往委差趋势发生逆转之后，股价还没有太大变化，所以可以帮助投资者选择卖点和买点。

10.4.3 量比

量比是指平均每分钟的成交量与过去5个交易日平均每分钟的成交量之比，也是衡量相对成交量的重要指标之一，其计算公式如下。

量比＝现成交总手数/现累计开市时间（分）/过去5日平均每分钟成交量

变换后的公式如下。

量比=现成交总手数/[现累计开市时间（分）× 过去5日平均每分钟成交量]

在即时盘口的分析中，投资者使用较多的是K线图、成交量以及换手率等指标。量比及量比指标也是比较好的工具。当股票出现在量比排行榜上时，一般都已有相当大的涨幅，大多数投资者已经错过了最早起涨点。因此，从盘口的动态分析角度来讲，只考虑量比大小具有一定缺陷。量比的具体使用方法如下表所示。

量比使用方法

量比倍数	放量水平	操作意义
0.8~1.5倍	正常水平	股价可涨可跌，不具有操作的参考价值
1.6~2.5倍	温和放量	若股价处于缓慢上涨态势，则升势会延续，可继续持股；若股价下跌，则可认定跌势会延续，应考虑退出
2.6~5倍	明显放量	若股价向上突破阻力或向下跌破支撑，则属于有效突破。向上突破可以买进，向下跌破可以卖出
5.1~10倍	剧烈放量	若个股长期处于低位，突然出现剧烈放量，且股价向上突破，则后市将会有大涨幅。但是，如果前期已有巨大涨幅，则建议投资者采用防御策略
10.1~20倍	异常放量	若个股在高位出现异常放量，则可以考虑反向操作
20倍以上	极端放量	建议投资者高位卖出，低位买进

提示

有些个股的价格经过大幅拉升之后，出现量比急剧放大的情况，这也是重要的头部特征。这种放量的换手率不大，但是量比大得惊人，有时能达到数十倍之多。正是因为换手率不大，所以才容易使投资者产生麻痹心理，从而错失逃顶的机会。

打开股票分析软件，切换至K线图界面，即可看到位于界面右侧信息栏中的量比信息，如下图所示。

最新	30.98	开盘	29.00
涨跌	+2.19	最高	32.70
涨幅	+7.61%	最低	29.00
振幅	12.85%	量比	2.61
总手	29.68万	换手	4.65%
金额	9.20亿	换手(实)	7.98%
市盈(静)	80.51	市盈(动)	47.64
总市值	228.2亿	流通值	197.7亿
涨停	34.55	跌停	23.03
外盘	15.93万	内盘	13.75万
盘后量	38	盘后额	11.77万
盘后笔数	12	是否盈利	是

10.4.4 内盘和外盘

内盘和外盘是两个相对的概念。内盘是指以买入价格成交的数量，即卖方主动以低于或等于当前买一、买二、买三等价格下单卖出股票时成交的数量，用绿色显示。内盘的数量显示了空方急于卖出的数量。外盘是指买方主动以高于或等于当前卖一、卖二、卖三等价格下单买入股票时成交的数量，用红色显示。外盘的数量显示了多方急于买入的数量。内盘和外盘分别如下左图和下右图所示。

主动卖出 内盘　　主动买入 外盘

内盘和外盘这两个数据大体可以用来判断买卖的主动性。若外盘的数量大于内盘，则表明买方主动性较强；若内盘的数量大于外盘，则表明卖方主动性较强。

例如，A下单6元买100股，B下单6.01元卖300股，当然不会成交。6元就是买入价，6.01元就是卖出价。

这时，C下单6.01元买200股，于是B的股票中就有200股卖给了C（还有100股没有卖出去）。这时候，成交价是6.01元，现手就是2手即200股，颜色是红色。

还是上面的情况，如果D下单6元卖200股，于是A和D就成交了，这时候成交价是6元，由于A只买100股，所以成交了100股，现手是1，颜色是绿色。

外盘就是主动按照卖方的价格（卖一、卖二、卖三、卖四、卖五）而成交的数量，在信息栏中字的颜色为红色。内盘是主动迎合买方的价格（买一、买二、买三、买四、买五）而成交的数量，在信息栏中字的颜色为绿色。投资者打开股票分析软件，切换至K线图界面，即可看到位于界面右侧信息栏中的内盘与外盘的信息，如右图所示。

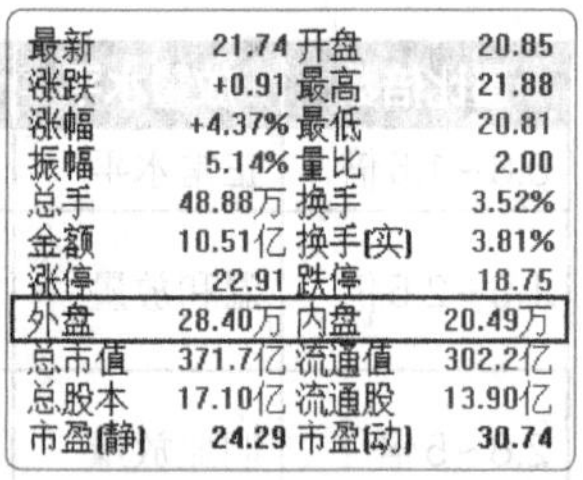

最新	21.74	开盘	20.85
涨跌	+0.91	最高	21.88
涨幅	+4.37%	最低	20.81
振幅	5.14%	量比	2.00
总手	48.88万	换手	3.52%
金额	10.51亿	换手(实)	3.81%
涨停	22.91	跌停	18.75
外盘	28.40万	内盘	20.49万
总市值	371.7亿	流通值	302.2亿
总股本	17.10亿	流通股	13.90亿
市盈(静)	24.29	市盈(动)	30.74

10.4.5 总手和现手

总手即当日开始成交一直到即时的总成交手数，总手等于外盘加内盘的数量之和。通过收盘时的“总手”数量可判断当日成交的总股数，如收盘时出现“总手23.88万”，说明当日该股一共成交了23.88万手，即2 388万股。

现手是指个股的即时成交量，最近一笔成交量或者已经成交的最近一笔买卖的手数也称为现手。在盘面的右下方为即时的每笔成交明细，红色字和向上的箭头表示以卖出价成交的每笔手数，绿色字和向下的箭头表示以买入价成交的每笔手数。

打开股票分析软件，切换至个股分时图或者K线图界面，即可看到位于界面右侧信息栏中总手的信息，成交明细栏中的最新成交信息就是现手信息，如右图所示。

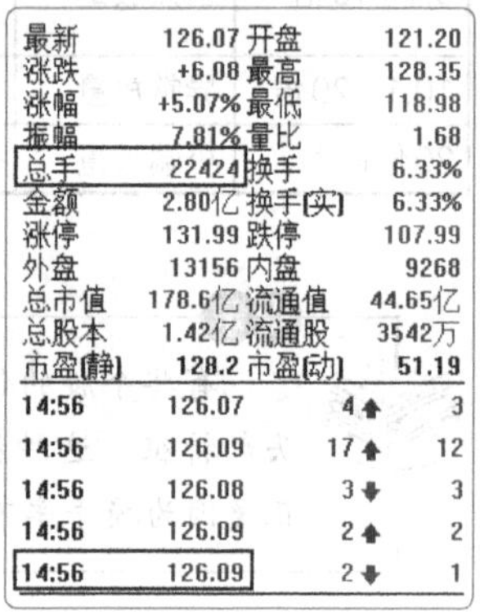

最新	126.07	开盘	121.20
涨跌	+6.08	最高	128.35
涨幅	+5.07%	最低	118.98
振幅	7.81%	量比	1.68
总手	22424	换手	6.33%
金额	2.80亿	换手(实)	6.33%
涨停	131.99	跌停	107.99
外盘	13156	内盘	9268
总市值	178.6亿	流通值	44.65亿
总股本	1.42亿	流通股	3542万
市盈(静)	128.2	市盈(动)	51.19
14:56	126.07	4↑	3
14:56	126.09	17↑	12
14:56	126.08	3↓	3
14:56	126.09	2↑	2
14:56	126.09	2↓	1

10.5 成交量时段分析

成交量在每一个交易日的不同时间段所表达的含义也有所不同，投资者可以通过对开盘、盘中、盘尾和盘后的成交量进行分析来更加清晰地了解主力对股票后期走势的真实意图。

10.5.1 开盘分析

在每一天的交易当中，投资者首先应该关注的是开盘前和开盘时的成交量变化，以及集合竞价所产生的开盘价。股票前期的走势不同，开盘时成交量变化的含义也不同。

（1）股价处于相对低位。当股价处于相对低位时，如果开盘时段放出异量，并且股价上涨，则表示该股上涨突破的动能较足，当日上涨的概率较大，甚至有可能涨停。

下面来举例说明。

❶打开同花顺软件，输入神火股份的股票代码“000933”（见右图）或其大写的汉语拼音首字母“SHGF”，按【Enter】键确认。

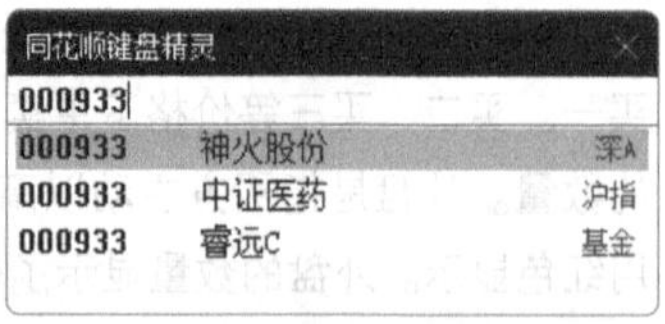

同花顺键盘精灵

000933

000933	神火股份	深A
000933	中证医药	沪指
000933	睿远C	基金

❷下页上图和下页中图分别为神火股份2021年5月至9月的日K线图和2021年8月11日的分时

图。可以看到，该股在8月11日开盘半小时之内就放出异量，紧接着持续放量，在上午就封涨停。结合日K线图的走势，其在价格低位就表现得如此强劲，说明主力资金充足，并已经开始准备推高股价，由此可以判断该股在未来会有持续的上涨行情。

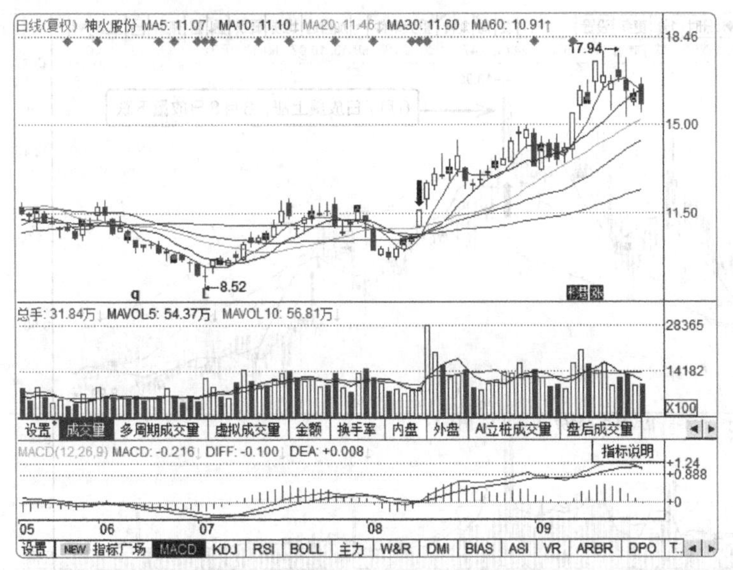

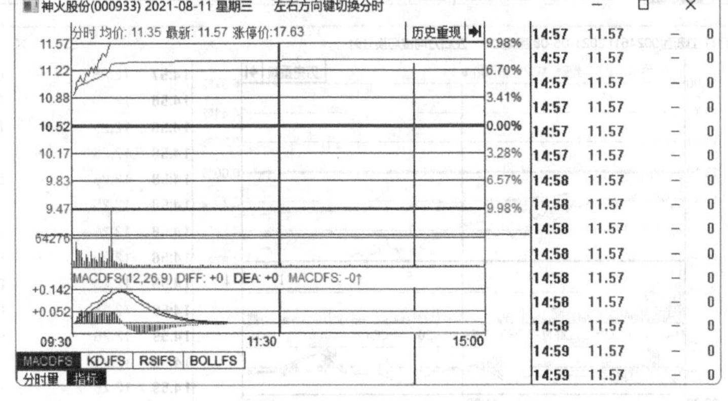

（2）股价处于相对高位。当股价处于相对高位时，如果开盘时段放出量大，并且股价下跌，则多数主力认为该股上涨阻力较大，日后走势有“牛转熊”的可能，因此会引发主力的撤退。

下面来举例说明。

❶打开同花顺软件，输入珠江啤酒的股票代码“002461”（见下图）或其大写的汉语拼音首字母“ZJPJ”，按【Enter】键确认。

同花顺键盘精灵

002461		
002461	珠江啤酒	深A
002461	珍利A	基金

❷下页两图分别为珠江啤酒的日K线图和2021年6月8日的分时图。该股从2021年3月开启上涨行情，一直延续至6月7日。结合日K线图和分时图可以看出，该股在6月7日放量上涨，形成一种还要继续上涨的形态，但是在6月8日开盘平开之后就开始放量下跌，一开始还有小幅反弹，但是之后在10点多又进一步放量，助推股价下跌。对成交量敏感的投资者，在看到开盘假突破的形态之后，就

会谨慎，并且该股价格一路上涨至13.05元。对于消费类股票，投资逻辑并不会像科技股那样发生惊天逆转的改变，所以如果有这样的涨幅，投资者就应当注意。股价在如此高点，只要开始放量下跌，就要及时卖出。

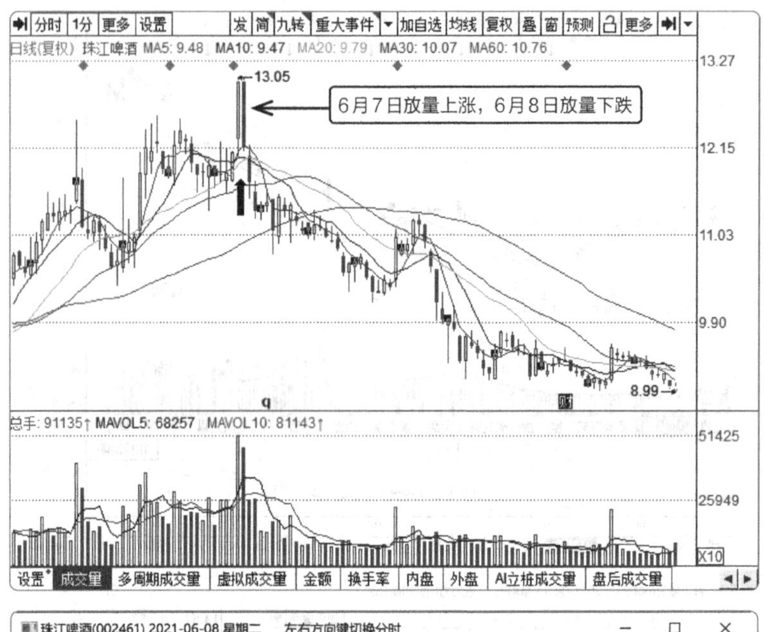

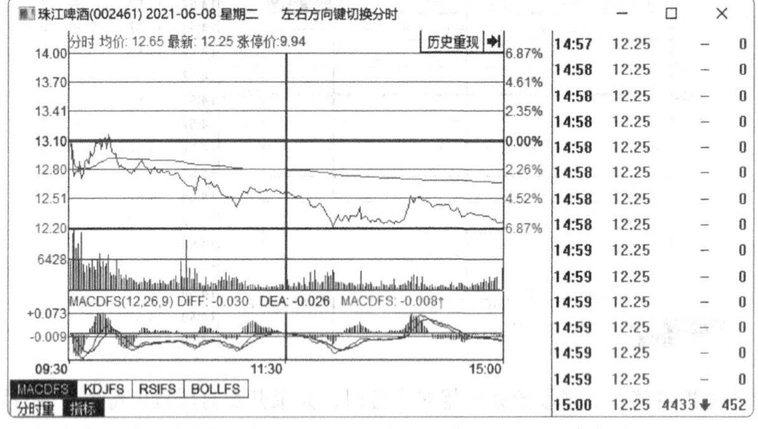

10.5.2 盘中分析

在10:00以后，股市进入多、空双方的“搏杀”阶段。在一个交易日中，除去开盘与收盘的各半个小时，其余时间全为盘中交易时间。股价在盘中的走势，无论是探底拉升、窄幅震荡，还是冲高回调，全部体现控盘主力的操作意图。盘中运行状态一般有以下几种情况。

1. 处于上涨趋势

如果个股的开盘价与前一日的收盘价持平，且开盘之后价格上涨，在上午的走势中冲高回调并且不跌破开盘价，则价格重新向上的概率较大，这意味着主力做多的意志坚决。投资者可以待第二波高点突破第一波高点时，选择加仓买进。

下面来举例说明。

❶打开同花顺软件，输入中盐化工的股票代码“600328”（见下页图）或其大写的汉语拼音首字母“ZYHG”，按【Enter】键确认。

❷下面两图分别为中盐化工的日K线图和2021年8月24日的分时图。从箭头所指的2021年8月24日的K线图可以看出，该股此时已经处于上升通道中，投资者此时的交易均属于右侧交易。再从其分时图可以看出，该股开盘有量，说明主力资金充足，在盘中又放出异量，并且股价虽冲高回调，但是并没有跌破当日的开盘价，说明主力已经控盘，并开始准备推高股价，由此可以判断该股在未来会有持续的上涨行情。

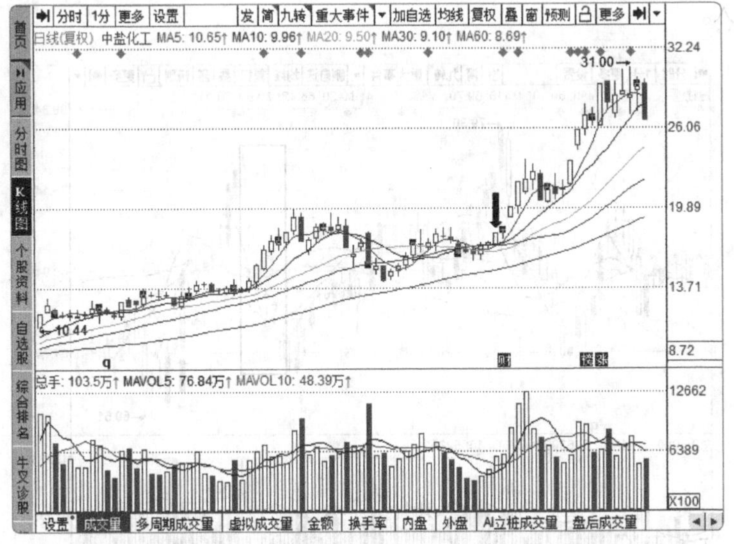

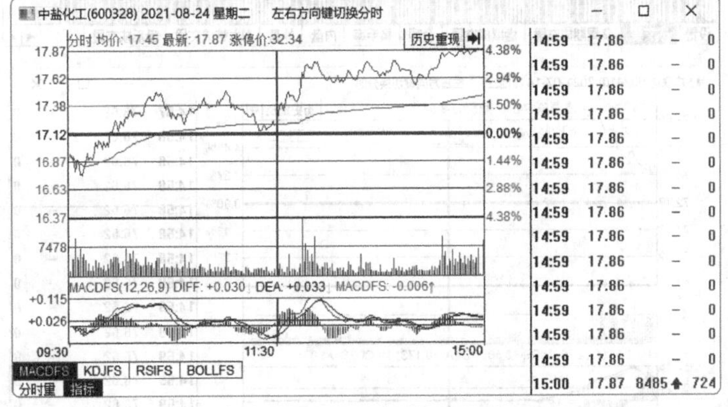

2. 处于箱体走势

个股处于箱体走势时，一般开盘走势有4种：高开低走、平开平走、低开平走、低开高走。由于箱体震荡走势没有明朗的方向，而是处于箱体之中，因此股价稍微一涨就触及箱顶。如果盘中个股在上涨过程中出现巨大的成交量，就是逢高减仓的好机会，此时不要买入。在箱体阶段，不建议长线投资者进行买卖操作，短线投资者可以选择适当时机低买高卖。

下面来举例说明。

❶打开同花顺软件，输入广联达的股票代码“002410”（见下页图）或其大写的汉语拼音首字母“GLD”，按【Enter】键确认。

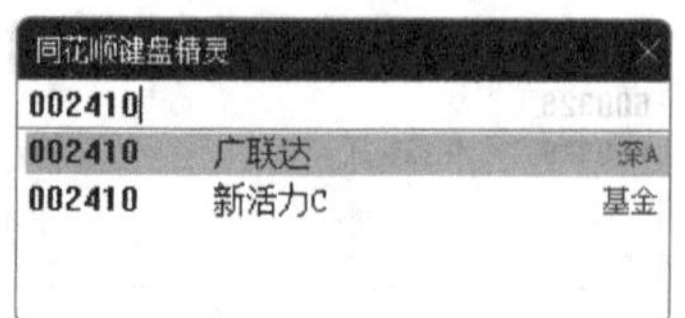

❷下面两图分别为广联达的日K线图和2021年7月14日的分时图。从日K线图看出，均线走平并交织在一起，股价基本围绕长期均线上下波动。在7月6日至7月14日，K线连续6个交易日上涨。在7月14日的分时图中，股价更是高开高走，并且盘中放量。如果暂时忽略日K线图，分时图走势是看涨的形态。但是如果结合日K线图，可以看到其又面临前期高点的压力。如果投资者注意到这是一段箱体行情，就应该意识到七连阳大概率要回踩，因此即使买入也不应追涨买入，而应等待回踩得到支撑再买入。

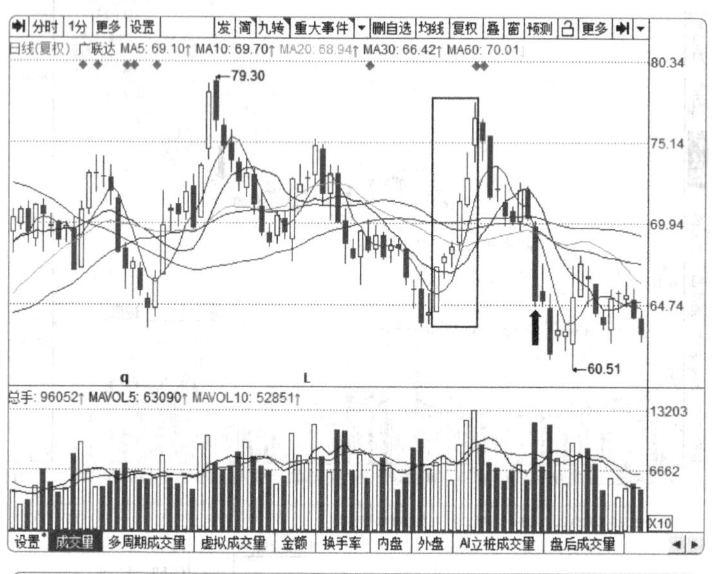

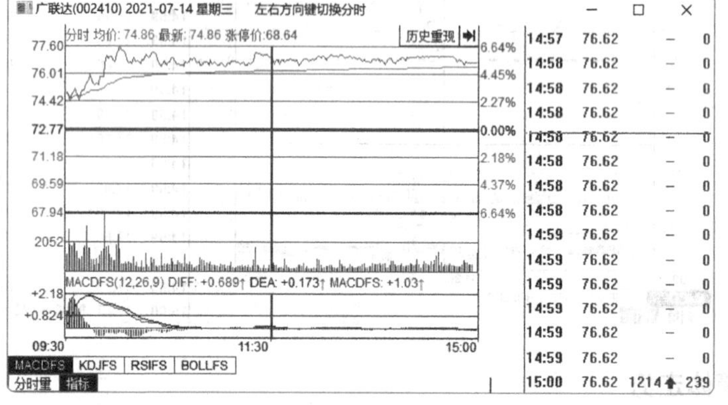

3. 处于下跌趋势

如果个股平开低走或者低开低走，并跌破前一波低点，多是由于主力看淡后市行情，尤其在弱势市场或有实质性利空出台时，出现低开低走，盘中反弹无法超过开盘的情况，主力多数会离场观望。当大盘趋弱时，个股高开低走翻绿，如果反弹无法翻红，投资者宜获利了结，以免在弱势市场中高位被套。

下面来举例说明。

❶打开同花顺软件，输入云南白药的股票代码“000538”（见下图）或其大写的汉语拼音首字母“YNBY”，按【Enter】键确认。

同花顺键盘精灵

000538

000538	云南白药	深A
000538	优势A	基金

❷下面两图分别为云南白药的日K线图和2021年2月22日的分时图。从其日K线图可以判断当时股价已经处于相对高位，并且在高位横盘了3天，同时在顶部出现螺旋桨线，这些都是确认顶部的技术形态。接着收出一根低开低走的大阴线，并且股价跌破了5日、10日均线，虽然还有30日均线和60日均线作为支撑，但是下行风险依然较大，短线投资者应该尽早出货，中线投资者可以等待20日均线的支撑。如果20日均线也被跌破，中线投资者应当果断卖出。结果后面股价继续下跌，彻底打破前期的上升形态。其实从2月22日的分时图也可以看出，开盘微低开，并且全天呈震荡下跌的态势，这就是走熊特征，预示着后市很大概率将继续走弱。在当时，还处于“杀”白马股估值的市场环境，许多大白马股都进入了熊市周期，云南白药作为医药股的白马股，也难逃熊市。

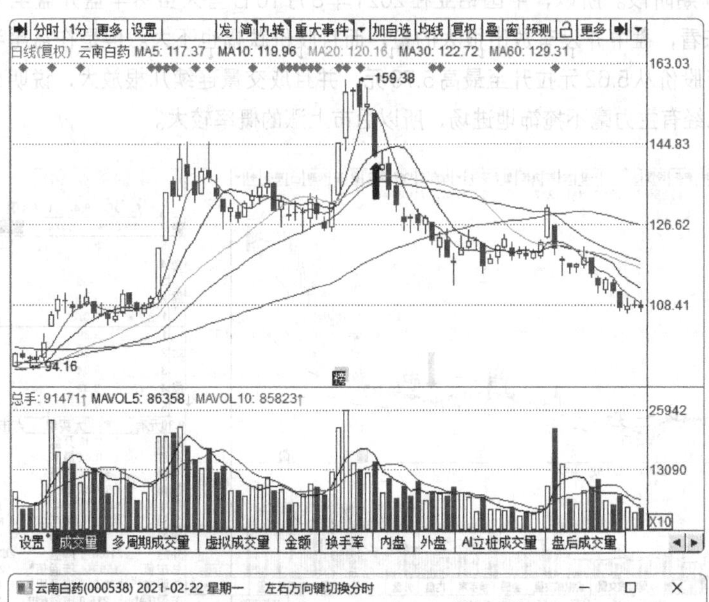

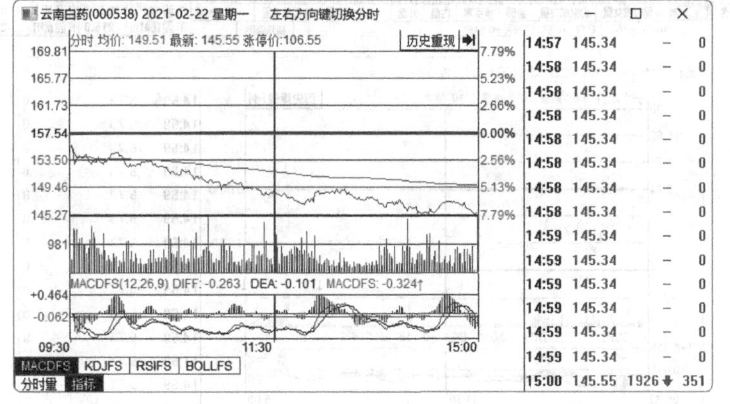

10.5.3 盘尾分析

盘尾分析是指以每天14:30—15:00的走势来判断后市走势。收盘前的成交量与股价的变化走势有以下两种形态。

1. 尾市放量，股价急升或止跌

如果个股在尾市放量，股价急升或者止跌，说明主力已经开始发力，助推股价上涨。盘尾期间的成交量能够反映未来行情的走势。投资者可以依据尾市成交量与股价的变化关系，短线趁机进入，第二天选高点卖出，做一次短平快的短线差价交易。

下面来举例说明。

❶打开同花顺软件，输入中国铝业的股票代码“601600”（见右图）或其大写的汉语拼音首字母“ZGLY”，按【Enter】键确认。

❷下面两图分别为中国铝业的日K线图和2021年8月10日的分时图。从其日K线图可以判断8月10日的K线已经进入多头趋势并处于上涨回踩的位置，并且当时的价格并不高。在这里不得不提的是2021年的大环境是石油价格上涨，带动大宗商品全部涨价，周期股进入顺周期阶段。所以，中国铝业在2021年8月10日当天虽然早盘开盘至下午都是低开低走，但是整体来看，盘中并没有放出很大的量，而且股价跌幅也不大。但是在盘尾半小时，突然连续放量，瞬间将股价从5.62元拉升至最高5.79元，并且成交量连续几根放大，说明此时该股票的成交开始活跃，已经有主力毫不掩饰地进场，所以后市上涨的概率较大。

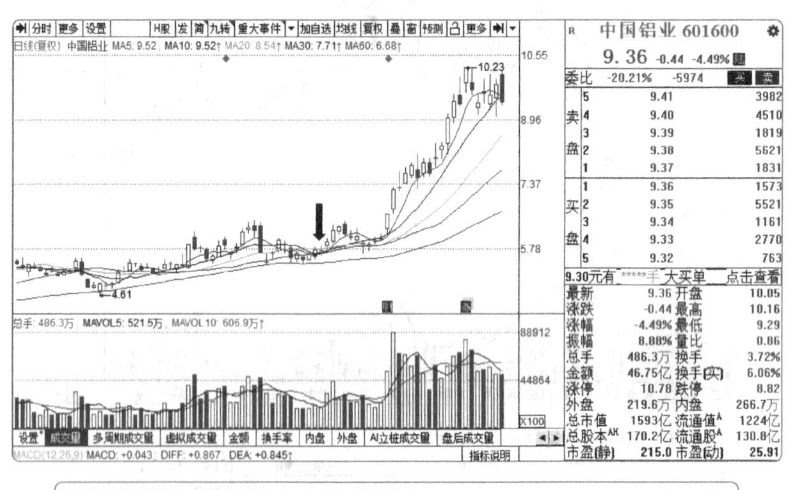

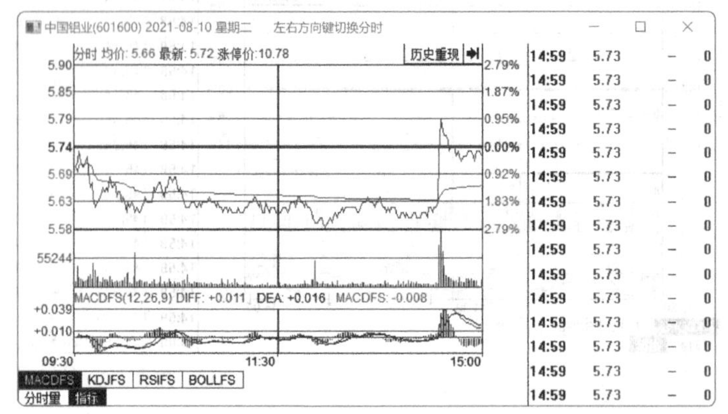

2. 尾市放量，股价下跌

如果股市开盘之后，股价处于平开平走的走势，但到了14:30后，成交量开始连续放大，并且股价开始下跌，表明股价已经有下跌趋势，多头主力多数对后市看跌，所以不停地卖出手中的筹码，从而出现放量下跌的现象。

下面来举例说明。

❶打开同花顺软件，输入鱼跃医疗的股票代码“002223”（见下图）或其大写的汉语拼音首字母“YYYL”，按【Enter】键确认。

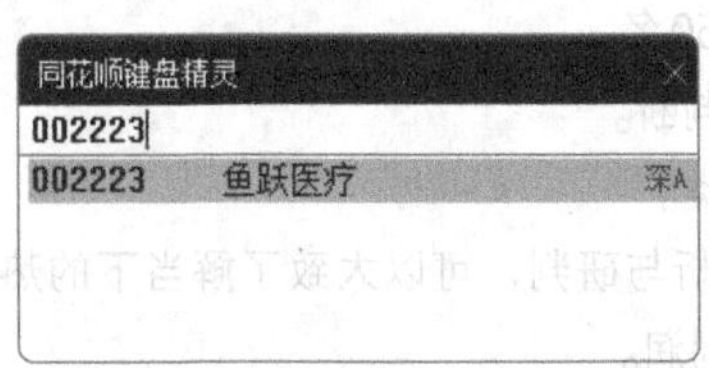

❷下面两图分别为鱼跃医疗的日K线图和2021年7月16日的分时图。从其分时图可以看出，股价自开盘之后就进入下跌走势，反弹始终没有超过分时图均线，并且在尾市持续放量下跌，股价直接从39元左右下跌至37.29元，短短半个多小时股价跌幅将近4%。从日K线图来分析，箭头所指的7月16日的大阴线直接下穿了5日、10日和20日均线，说明此时该股已经打破了原有的单边上升趋势，因此后市看跌的概率较大。如果投资者担心是上升中的回踩，可以结合后面几日的日K线图进一步判断。但是这样的大阴线一下贯穿3条均线，很可能是转势信号。K线处于20日均线之下时，投资者最好超过3日不持股。

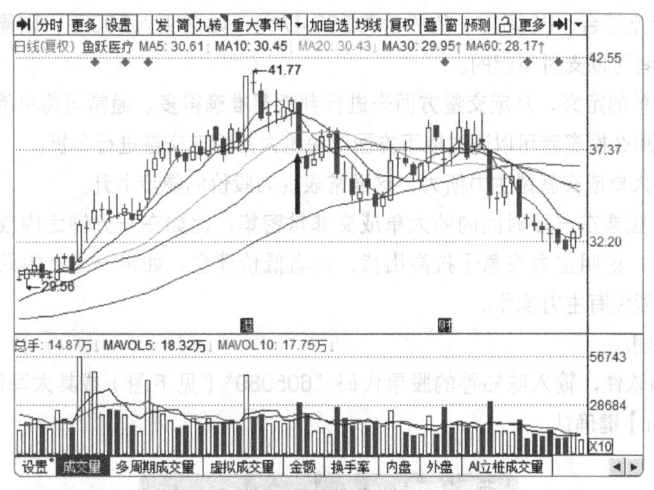

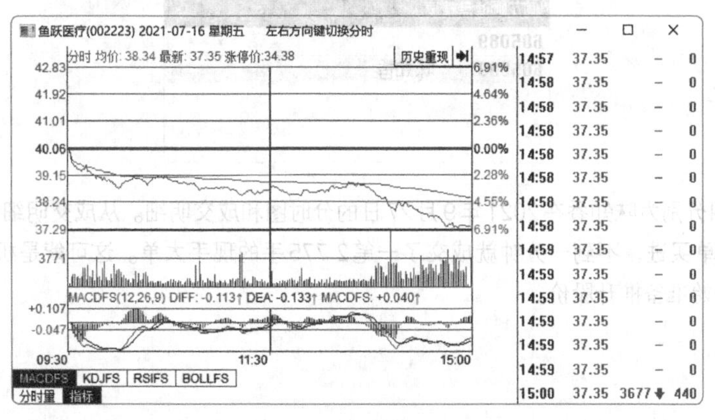

10.5.4 盘后分析

每日收盘之后，即可看到当日完整的日K线图。投资者可以结合当日的分时图、日K线图以及成交量等指标，对股票的后市进行预判。盘后分析有许多优点，可以不受行情瞬息万变的影响，从容地对个股及大势做出判断。

盘后分析的主要内容如下。

（1）查看每日涨幅、跌幅前50名。

（2）查看每日换手率前50名。

（3）查看周涨幅、周跌幅前50名。

（4）对自己的个股进行分析判断。

（5）对异常走势个股进行分类。

投资者通过对上述内容的分析与研判，可以大致了解当下的热点板块，适时地切换股票，改变投资组合和投资策略，以便获取利润。

10.6 逐笔成交量分析

在分析成交明细表时，投资者需要特别注意大单成交。由于个人投资者并没有强大的资金实力，通常大单成交均为主力所为。因此，对逐笔成交量分析的重点应当放在对大单的分析上。

通常对大单的定义并没有很明确的标准，有的股票分析软件认为500手以上就是大单，而有的软件可以对大单数量的标准进行设置，还有的软件按照成交额来设置大单。

例如，农业银行（601288）的股价为3.89元，买入500手需要19.45万元，大多数中小投资者都可以买入；而贵州茅台（600519）的股价为255.47元，如果买入500手，则需要1 277.35万元，不是普通中小投资者可以支付得起的。

因此，对于大单的定义，从成交量方面来进行判断要准确得多。通常可将单笔成交量大于1 000手的认定为大单。那么投资者可以通过以下方面对每笔大单的成交量进行分析。

（1）连续性的大单成交就是主力所为，这通常表现为股价的稳步上升。

（2）如果某只股票在一段时间内的大单成交非常密集，比如在一分钟之内成交了好几笔大单，则一定是主力所为，说明主力在急于拉高出货，或者低价建仓。如果一天之内只有几笔大单成交，则说明该股当日可能没有主力操作。

下面来举例说明。

❶打开同花顺软件，输入味知香的股票代码“605089”（见下图）或其大写的汉语拼音首字母“WZX”，按【Enter】键确认。

❷下页两图分别为味知香在2021年9月27日的分时图和成交明细。从成交明细中可以看到该股在11:09有超大单买进，不到一分钟就成交了一笔2 775手的现手大单。这可能是机构或游资所为，说明主力已经开始准备推升股价。

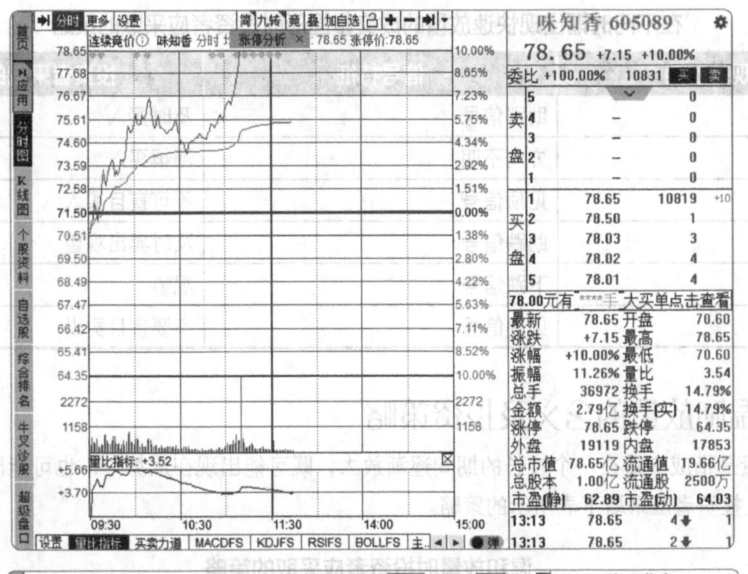

味知香 605089 成交明细

时间	成交	现手	笔数	时间	成交	现手	笔数	时间	成交	现手	笔数	时间	成交	现手	笔数
11:09	77.68	6↑	4	11:10	78.65	15↓	6	11:11	78.65	24↓	5	11:13	78.65	2↓	1
11:09	77.68	22↑	8	11:10	78.65	24↓	8	11:11	78.65	36↓	1	11:13	78.65	8↓	3
11:09	77.67	2↓	2	11:10	78.65	11↓	3	11:11	78.65	28↓	3	11:13	78.65	7↓	3
11:09	77.67	18↓	14	11:10	78.65	32↓	7	11:12	78.65	3↓	2	11:13	78.65	8↓	4
11:09	77.72	59↑	17	11:10	78.65	11↓	2	11:12	78.65	3↓	2	11:13	78.65	3↓	2
11:09	77.72	2↓	1	11:10	78.65	13↓	2	11:12	78.65	20↓	5	11:13	78.65	34↓	4
11:09	77.73	17↑	7	11:10	78.65	32↓	4	11:12	78.65	5↓	4	11:13	78.65	3↓	2
11:09	77.77	22↑	9	11:10	78.65	9↓	3	11:12	78.65	7↓	4	11:13	78.65	11↓	4
11:09	77.78	2↑	2	11:10	78.65	22↓	4	11:12	78.65	2↓	1	11:13	78.65	18↓	3
11:09	78.65	2775↑	516	11:10	78.65	27↓	4	11:12	78.65	2↓	1	11:13	78.65	3↓	2
11:09	78.65	17↓	7	11:10	78.65	18↓	6	11:12	78.65	6↓	2	11:14	78.65	5↓	3
11:09	78.65	13↓	5	11:10	78.65	2↓	2	11:12	78.65	25↓	3	11:14	78.65	5↓	2
11:09	78.65	94↓	9	11:11	78.65	5↓	1	11:12	78.65	10↓	1	11:14	78.65	7↓	3
11:09	78.65	32↓	13	11:11	78.65	34↓	6	11:12	78.65	2↓	2	11:14	78.65	25↓	6
11:09	78.65	56↓	12	11:11	78.65	13↓	5	11:12	78.65	53↓	4	11:14	78.65	2↓	1
11:09	78.65	21↓	6	11:11	78.65	63↓	7	11:12	78.65	7↓	3	11:14	78.65	54↓	4
11:09	78.65	29↓	9	11:11	78.65	8↓	1	11:12	78.65	5↓	5	11:14	78.65	35↓	4
11:09	78.65	66↓	6	11:11	78.65	7↓	3	11:12	78.65	6↓	2	11:14	78.65	4↓	2
11:09	78.65	118↓	23	11:11	78.65	23↓	3	11:12	78.65	1↓	1	11:14	78.65	8↓	3
11:09	78.65	15↓	6	11:11	78.65	4↓	2	11:12	78.65	4↓	2	11:14	78.65	4↓	4
11:10	78.65	61↓	9	11:11	78.65	5↓	1	11:13	78.65	11↓	2	11:14	78.65	7↓	3
11:10	78.65	52↓	9	11:11	78.65	45↓	8	11:13	78.65	22↓	2	11:14	78.65	12↓	2
11:10	78.65	30↓	9	11:11	78.65	9↓	4	11:13	78.65	4↓	2	11:14	78.65	16↓	3
11:10	78.65	79↓	13	11:11	78.65	28↓	3	11:13	78.65	2↓	1	11:14	78.65	9↓	4
11:10	78.65	14↓	3	11:11	78.65	37↓	2	11:13	78.65	3↓	1	11:14	78.65	1↓	1
11:10	78.65	13↓	3	11:11	78.65	23↓	6	11:13	78.65	7↓	2	11:14	78.65	6↓	3
11:10	78.65	15↓	4	11:11	78.65	3↓	2	11:13	78.65	21↓	4	11:14	78.65	2↓	1
11:10	78.65	83↓	7	11:11	78.65	22↓	2	11:13	78.65	1↓	1	11:14	78.65	4↓	2

当某只股票的价格处于底部，并且前期筑底时间比较充分，底部形态良好时，一旦发现它的成交笔数在不断地扩大，并且价格小幅上涨，就是投资者买进的绝佳时期。当卖一的卖单数额很大，且短时间内很快被几笔较大的买单吞吃，或者卖方撤销了卖出委托时，投资者应当适时跟进。

如果股价前期经历了较长时间的大幅度上涨，在买一的位置有大单买进，但是有几笔较大的卖单连续抛出，这有可能是主力急于出货。这时投资者应紧跟主力卖出手中的股票，空仓观望。

高手支招

技巧1　单独放巨量的含义及投资策略

在短期内成交量突然放大，甚至成倍增长，在日K线图中呈现一根高高的成交量柱线时，投资者应对此形态予以关注。这既可能出现在涨势中，也可能出现在跌势中。在不同时期出现快速放量的成交量图形时，投资者应采取不同的策略，如下页表所示。

在不同时期出现快速放量的成交量图形时投资者应采取的策略

出现的时期	信号特征	投资者采取的策略
涨势初期	助涨信号	及时买入
涨势途中	方向不明	谨慎买入
涨势后期	见顶信号	不可盲目买入
跌势初期	助跌信号	及时卖出观望
跌势途中	下跌信号	观望
跌势后期	见底信号	不要盲目卖出

技巧2　温和放量的含义及投资策略

温和放量是指成交量在一个较长的期间逐渐放大，既可能出现在涨势中，也可能出现在跌势中。温和放量时，投资者应采取下表所示的策略。

温和放量时投资者应采取的策略

出现的时期	信号特征	投资者采取的策略
涨势初期	上涨信号	及时买入
涨势途中	后市看涨信号	继续买入
涨势后期	转势信号	不可盲目买入
跌势初期	下跌信号	及时卖出观望
跌势途中	后市看跌信号	持币观望
跌势后期	转势信号	不要盲目卖出

第3篇

实战篇

第11章　涨停板技法

本章引语

射人先射马，擒贼先擒王。

——〔唐〕杜甫《前出塞九首·其六》

除了抓住黑马股，超短线投资者可能还喜欢追涨停板。而涨停板股票几乎天天都有。那么，怎么在涨停板之前买进？又怎么能顺利地看懂涨停板之前的一些动向？

涨停板是爆发力较强的短线形态，本章重点分析了涨停板分时图的一些常见特征，包括涨停板的封板特征和买进手法。

本章要点

★涨停板封板特征

★涨停板买进手法

11.1 辨识涨停板股票特征

在日常的交易中，有的投资者喜欢短线操作，有的投资者习惯中长线操作，还有的投资者喜欢超短线的打板操作，很多短线投资者都期望自己手中的股票天天都能涨停板。本节通过介绍强势分时图的典型特征和涨停盘口的强弱特征来帮助投资者辨识涨停板股票特征。

11.1.1 强势分时图的典型特征

分时图表现了股价的实时走势，分时图均价线则体现了个股当日市场平均持仓成本的变化。换个角度来看，分时图是多、空力量实时交锋结果的展现，而均价线则是多、空力量的分水岭。若股价可以稳健地运行于均价线上方，均价线对个股的运行构成了有力的支撑，则说明后续不断入场的买盘可以稳稳地“托”住股价，这是多方推升力量强于空方打压力量的体现。

均价线对股价形成支撑，只是一个笼统的说法。就实际表现来看，股价最好能与均价线保持一定距离，而不是粘合于均价线。当股价回落接近或碰触均价线后，应能较快地再度向上远离均价线，这才是多方力量强劲的表现，如下图所示。

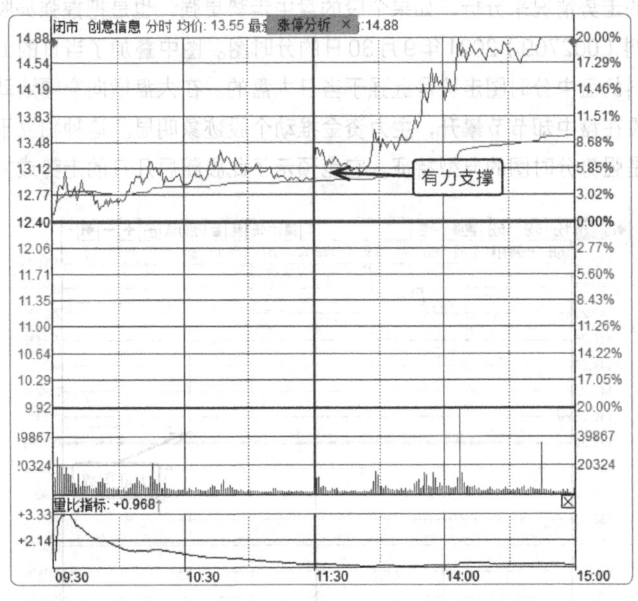

1. 量价配合，流畅上扬

因为个人投资者群体庞大，买卖难以形成合力。因此，强势运行的个股背后往往都有主力运作，或引导或占据控盘地位。在盘口中的买卖方式主要体现在拉升行为中，就是“连续大笔买入、快速拉升”，对应的盘口走势就是流畅的上扬，伴以量能的快速放大。

流畅、挺拔的上扬形态，是连续大买单扫盘所形成的，其分时图形态也是分析个股是否强势、主力是否有较强拉升意愿的切入点。

下页左图和下页右图分别为华能水电（600025）2021年9月30日的分时图和成交明细。当日此股价格在早盘时间段出现了一波上涨，很明显是主力资金通过连续大买盘扫盘、拉升所致，是典型的强势分时图的盘口特征。股价在10点30分之后有所回落，但很快就稳稳地处于均价线上方，并始终与均价线保持一定距离，这是强势分时图的一大特征。这说明投资者对后市看好，都选择持有不卖，相对而言也是买盘充足的表现。之后在13:28开始出现超大买单，短短2分钟就将股价拉至涨停。

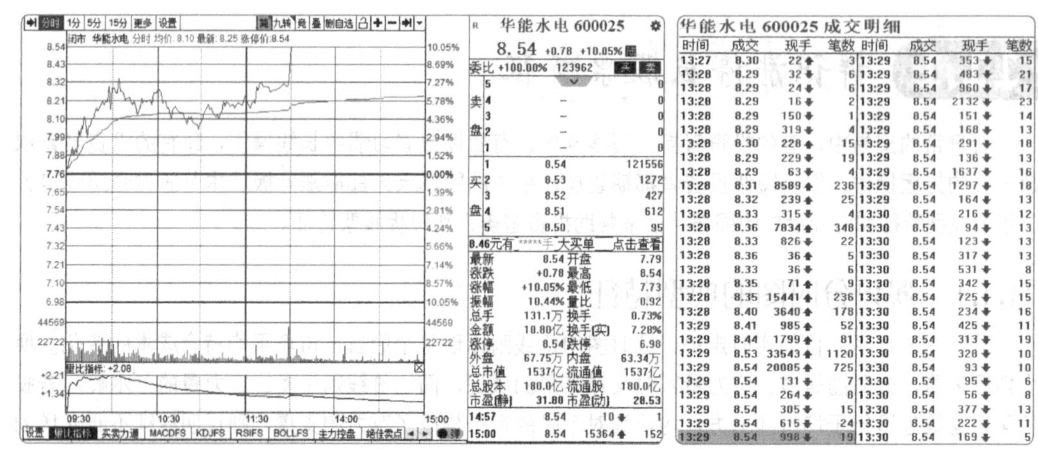

2. 涨势明显好于大盘

只有在对比中，才能知强弱，强势股之所以“强势”，是因为它的主动性上涨。在大盘大涨、个股价格普涨的情况下，个股价格的上涨很有可能是被动的。只有通过对比，才能更好地辨识强弱。所以，结合大盘当日的走势情况来分析，如果个股的盘中走势更强，也是把握强势股的重要依据。

下图为天赐材料（002709）2021年9月30日的分时图。图中叠加了当日的上证指数，通过对比可以看出，天赐材料的盘中分时图走势是远强于当日大盘的。在大盘横向窄幅波动、看不到任何大涨迹象的背景下，此股在盘中却节节攀升，主力资金推动个股迹象明显。这种独立于大盘、强于大盘的盘中运行格局，正是强势分时图的典型特征。它也预示了此股随后几日的走势或将强于大盘。

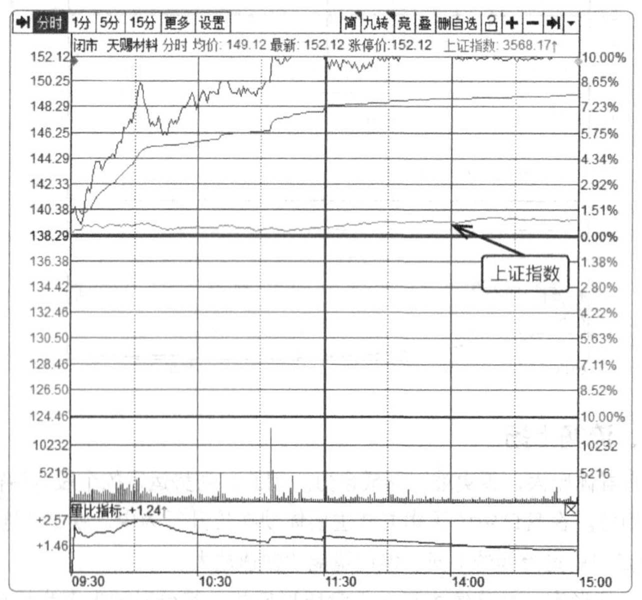

3. 午盘后的发力强势

由于多、空力量的快速转变，早盘运行不够强势的个股，也完全有能力实现盘中逆转，这时，需要将注意力放在午盘之后。如果一只个股在午盘之后出现明显的强势运行特征，如股价流畅地飙升、完美的量价配合、股价稳稳地处于均价线上方等，则这类分时图也可以被定义为强势分时图，短线看涨。

下页图为节能风电（601016）2021年9月30日的分时图。此股价格在早盘阶段表现平平，甚至还出现了小幅度下跌，看不到任何强势特征，但午盘之后，主力拉升个股迹象明显，这从其飙升的幅度、量价配合中可以看出。至收盘，股价仍稳稳地处于飙升后的高点。这正是个股在盘中逆转为强势运行的一个典型特征，说明其短线上攻潜力还是较大的，应纳入关注范围。投资者可以在股票软件中输入"80"查看快速涨跌幅的个股，从中挖掘有涨停潜力的股票。

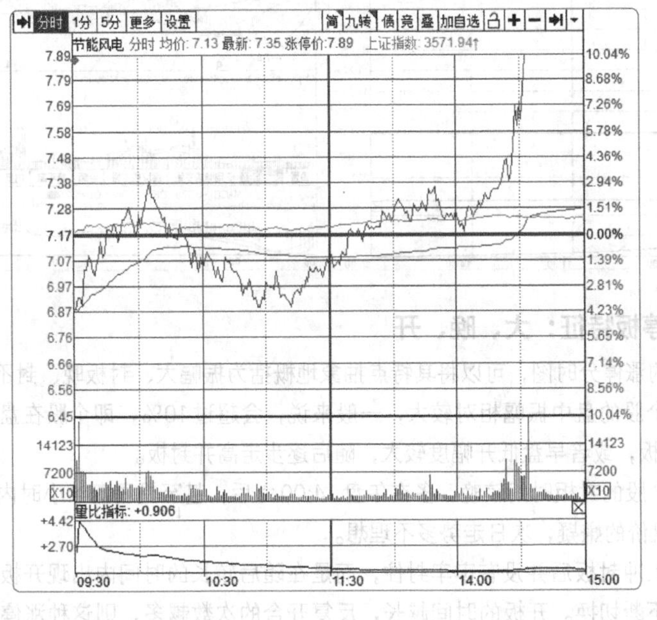

11.1.2 涨停盘口的强弱特征

11.1.1小节讲到了普通分时图的强势特征，涨停分时图是强势分时图的一种特殊形态。涨停分时图有强、弱之分，所谓的"强"是指这类涨停分时图预示短线上涨；"弱"则代表随后的下跌概率较大，涨停当日就是强弱分水岭。本小节将从技术面的角度来分析强势涨停板与弱势涨停板的特征。

1. 强势涨停板特征：小、早、稳

对于强势型的涨停分时图，可以将其特点抽象地概括为振幅小、封板早、封板稳3点。

振幅小是指个股的盘中振幅相对较小，一般来说，不宜超过10%，如果是创业板股票和科创板股票则不宜超过20%，即个股最好适当高开，且盘中回探幅度较小。

封板早是指个股的封板时间宜早不宜晚，能够在早盘10:30之前封板最好，最晚不宜超过14:00。

封板稳是指上冲封板后就牢牢地封死了涨停板，或者略做休整即牢牢封板，此后的盘中交易时间段不再开板，涨停价堆积了大量委托买单，抛单较少，如果场外投资者再挂单买入，是无法成交的。

在这3个特点中，封板稳最为关键。如果个股始终无法封牢涨停板，即使封板时间早、盘中振幅小，这样的涨停分时图也不是强势型的。

下页左图和下页右图分别为金现代（300830）2021年9月30日的分时图和2021年6月至9月的日K线图。可以看到，9月30日的涨停分时图就是典型的强势分时图。个股早盘大幅高开，随后一路上扬，流畅的飙升直接封牢涨停板至收盘。这样的涨停板出现后，个股的短线上攻势头是较为凌厉的，若能当即进入，或者已买入此股，则短线应继续持有，再继续看后续量能和均线的走势。

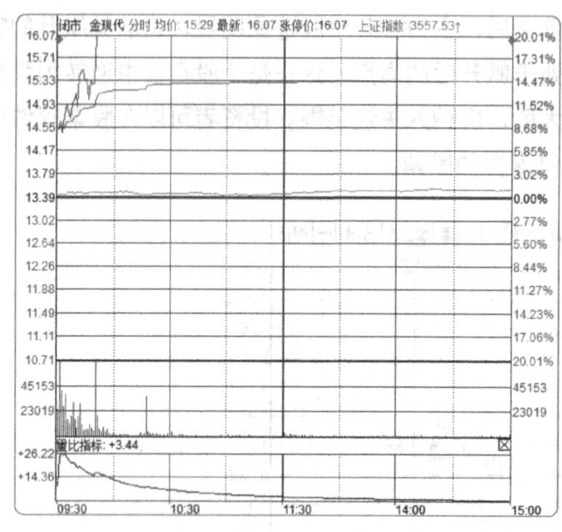

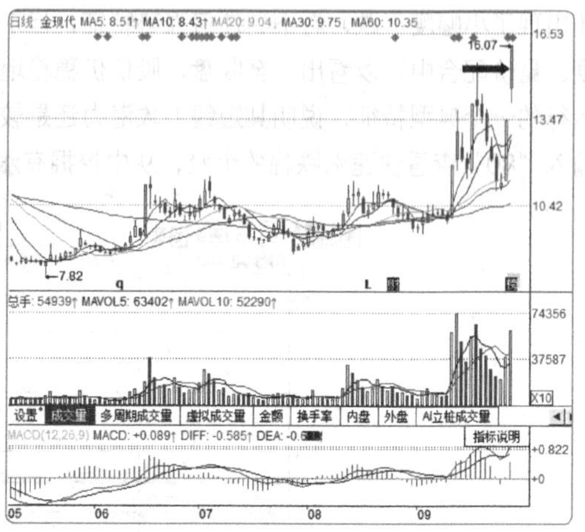

2. 弱势涨停板特征：大、晚、开

对于弱势型的涨停分时图，可以将其特点抽象地概括为振幅大、封板晚、封不死3点。

振幅大是指个股的盘中振幅相对较大，一般来说，会超过10%，即个股在盘中出现跳水，随后“收复失地”并封板，或者早盘低开幅度较大，随后逐步走高并封板。

封板晚是指个股的封板时间较晚，多在午盘14:00之后，甚至是尾盘半小时内。这时的涨停板有主力刻意运作收盘价的嫌疑，次日走势多不理想。

封不死是指上冲封板后并没有牢牢封住，而是在随后较长的时间内出现开板，或者封板与开板在很长时间段内不断切换。开板的时间越长，反复开合的次数越多，则这种涨停板就越弱势，随后的短线下跌力度也就越大。

在这3个特点中，封不死最为关键。冲击涨停板之后又再度开板，多源于两种情况：一是主力资金借市场追涨人气实施出货；二是市场抛压过重，抛压可能来自个人投资者，也可能来自隐藏于此股中的大资金，主力资金没有实力封板。无论是哪种情况，个股随后的短线走势都不容乐观。

下图为天赐材料（002709）2021年9月30日的分时图。个股在下午时段冲击涨停板，冲板时间较晚，在涨停分时图中，这是一种相对弱势的表现；而且，在上冲涨停板后，股价虽然没有明显回落，但始终无法牢牢封板，反复打开的涨停板说明市场抛压较重。这样的涨停分时图就是典型的弱势分时图，预示着股价随后易跌难涨，是卖股离场的信号。

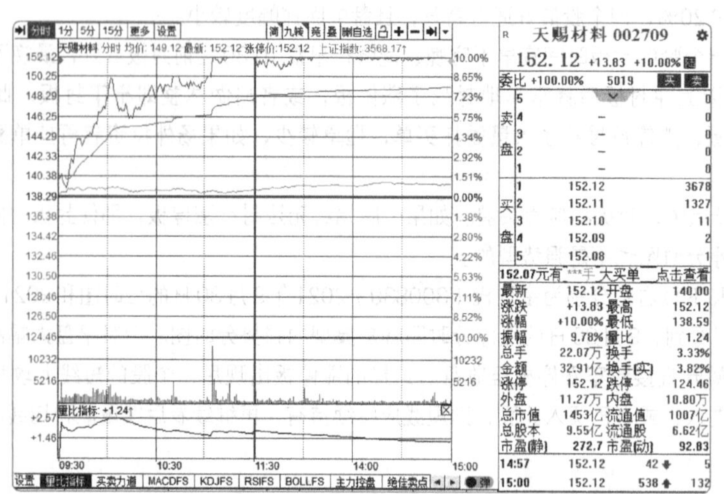

3. 强、弱势涨停板不会一成不变

股票市场永远是瞬息万变的，涨停分时图的强、弱势也不是一成不变的，强与弱的转换常常是极为迅捷的。对于某一个交易日来说，强势分时图转变为弱势分时图值得关注，若参与了这样的个股交易，那么在当日或次日就应做好卖股的准备，不可大意。

强势型涨停分时图转变为弱势型涨停分时图的主要表现形式为盘中因抛单巨量涌出，击穿了涨停板。无论开板的时间长短，以及随后能否回封涨停板，都已造成了强弱的转变。这时的涨停分时图将不再是短线看涨个股的理由。

下面两图分别为江苏新能（603693）2021年9月30日的分时图和2021年7月至9月的日K线图。从分时图中可以清晰地看到，当日早盘阶段，股价低开高走，回到昨日收盘价，之后股价连续下挫接近跌停。午后股价持续发力，从下跌5个多点一路上涨至盘尾时段的最高点，大涨9.17%，接近涨停，并且在尾盘阶段持续放量，这是一个强势逆转形态。结合该股的日K线图可以看出该股处于上升趋势的回踩阶段，这根接近地天板的大阳线（图中箭头处）预示着短线调整到位，投资者可以等待机会加仓。

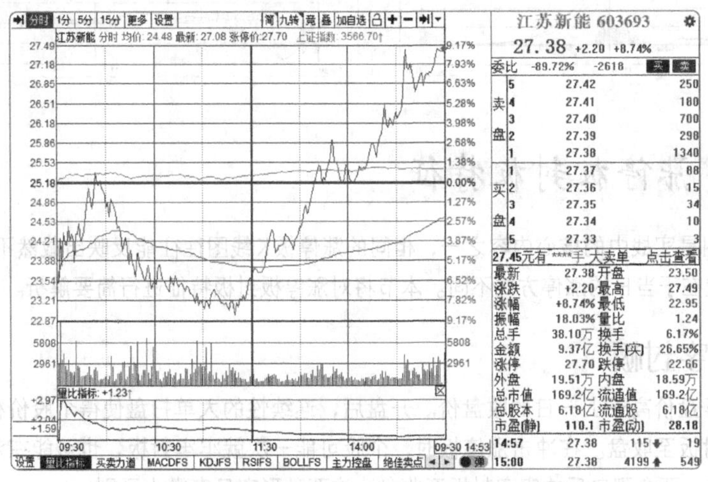

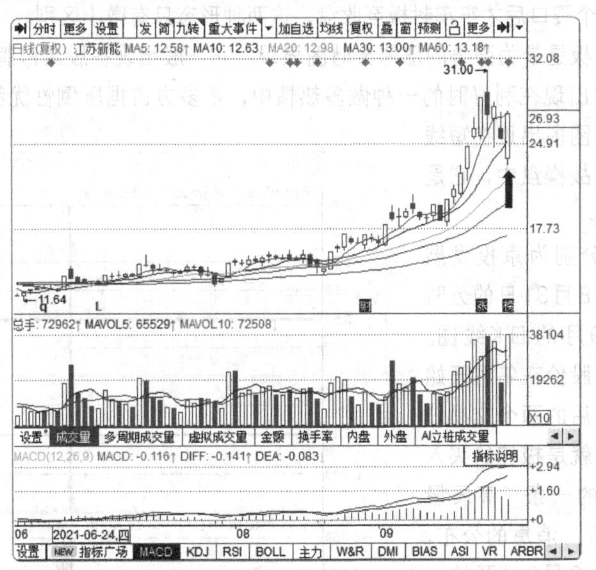

4. 强、弱势涨停板会在隔日转变

当日的强势型涨停分时图在次日也可能发生逆转。对于这种情形，由于股价的短期上涨幅度较

大（昨日已涨停），当逆转出现时，投资者应在第一时间卖出离场。

下面两图分别为白银有色（601212）2021年9月13日和9月14日的分时图。股价在9月13日午后强势涨停，牢牢封板至收盘。但是次日，股价微微高开，开盘就放量下跌，快速跌破前一日的收盘价，是明显的获利盘出逃表现。这种昨日强势、今日弱势的逆转，表明个股短线上涨已结束，之后下跌的概率很大，宜卖股规避风险。

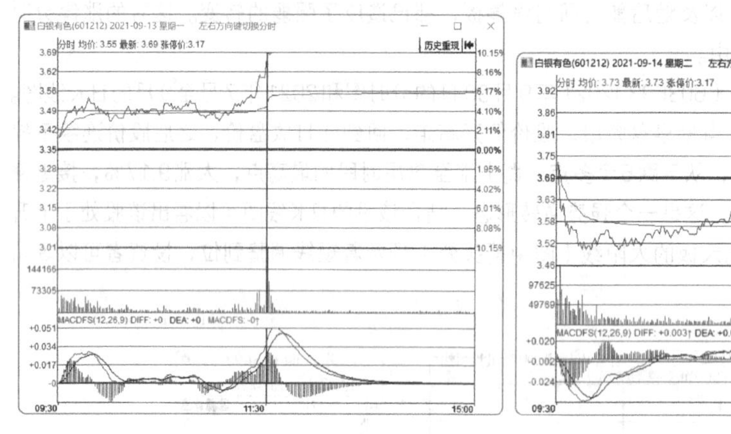

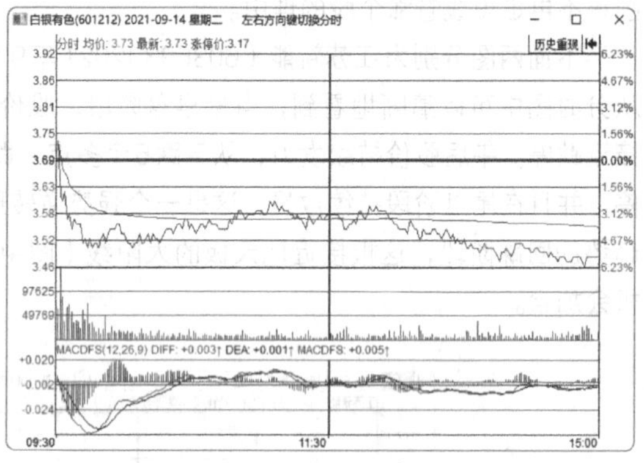

11.2 涨停板封板特征

涨停分时图是实战中的核心内容之一，相同的涨停板K线图往往能反映出截然不同的后期走势，这其中的奥秘就在于当日的涨停方式不同。本节将对涨停板封板特征进行简要解析。

11.2.1 一字封板

强势股的开盘价高于上一日的收盘价。开盘后，连续性的大单扫盘使得个股价格快速冲击涨停板，随后牢牢封板至收盘。在冲击涨停板时，个股可能一次就牢牢封板，也可能在涨停板价位上略做停留，出现了一两个裂口后才牢牢封板至收盘，这两种形态只有微小区别。

高开直接冲涨停板是最为强势的涨停分时图表现。它一般出现在股票停牌多日后的复牌或者新股上市时，但也经常出现在利好时的一种做多热情中，是多方占据压倒性优势的结果。一般来说，这种类型的涨停分时图多出现在短线黑马股启动初期。实战操盘中，它是抢板进入的最佳品种。

右图和下页图分别为京投发展（600683）在2021年8月31日的分时图和2021年7月至9月的日K线图。结合两图可以发现，股价在午后开始放量涨停，并且在之后的两个交易日均没有较大涨幅，这就是极佳的买入时机。由于9月2日的一条“高质量建设北京证券交易所”消息的公布，京投发展股价直接从9月3日开始一字涨停。

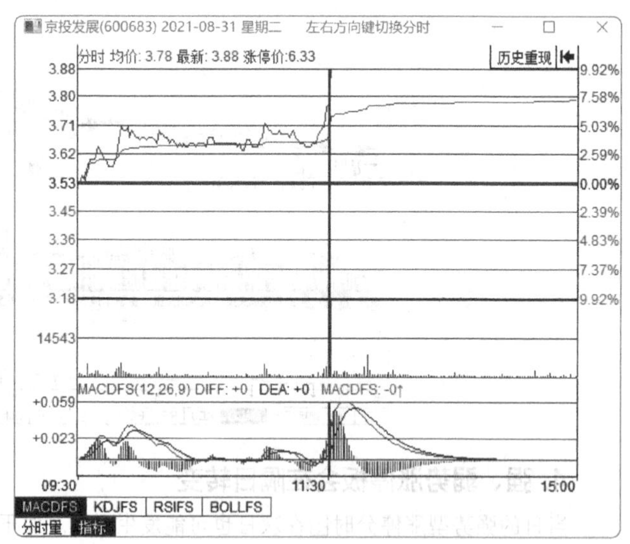

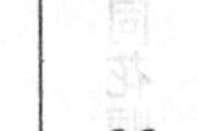

11.2.2 两波、三波封板

开盘后，先快速上涨、回调，然后再度上冲并封牢涨停板。从形态上来看，整个封板过程中，有两三次上冲，并且整个上涨过程有一两个明显的“波峰”和较为明显的上涨波段，封板时间为早盘阶段。

两波封板同样是一种强劲的涨停分时图特征，是主力强势拉升所致，如个股能一直牢牢封板直至收盘，则其短线冲击力是较强的，是主力有意拉升股价的标志。

三波封板则是一种相对稳健的涨停形态，它的出现与主力买入的方式有关。从个股后期走势来看，三波封板多是主力有“预谋”的操作，这样的主力在之前的走势中往往已吸筹较多，而三波封板当日就是其正式拉升股价的信号。

下面来举例说明。

❶登录同花顺软件，输入川金诺的股票代码“300505”（见下左图）或其大写的汉语拼音首字母“CJN”。

❷按【Enter】键，进入川金诺的日K线图界面，选择2021年7月至9月的日K线图，如下右图所示。

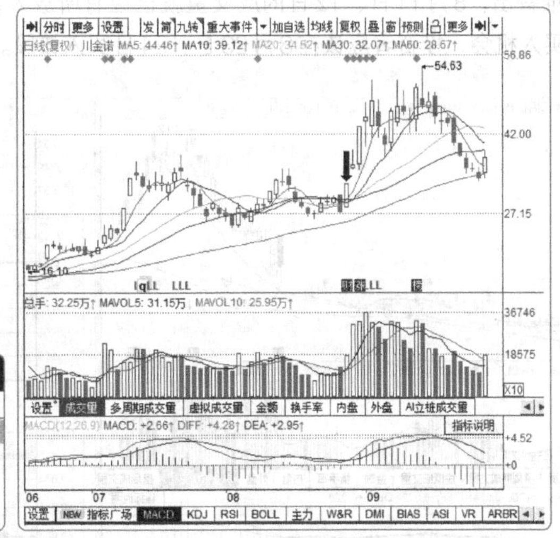

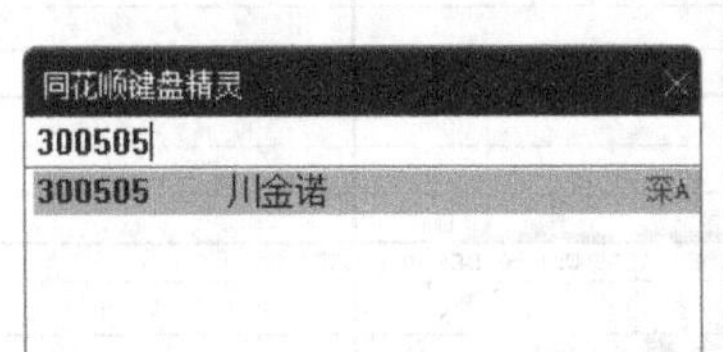

❸双击箭头所指的8月27日的K线，弹出下页左图所示的该股当日的分时图。从分时图可以看出，该股早盘就高开高走，持续温和放量并且股价稳步上涨，之后在10:35放出巨量。此股封板非常牢固，直至收盘都没有开板，体现出这只股票主力做多的情绪高涨。此股是创业板股票，所以当天

涨幅限制是20%。从后市可以看出，股价在该日后仍旧大幅上涨，以当日收盘价32.6元计算，到该股短期高点54.63元，12个交易日的涨幅达45.09%，如下右图所示（因为2021年8月28日和8月29日为周末，股市休市，因此将8月30日作为起始时间）。

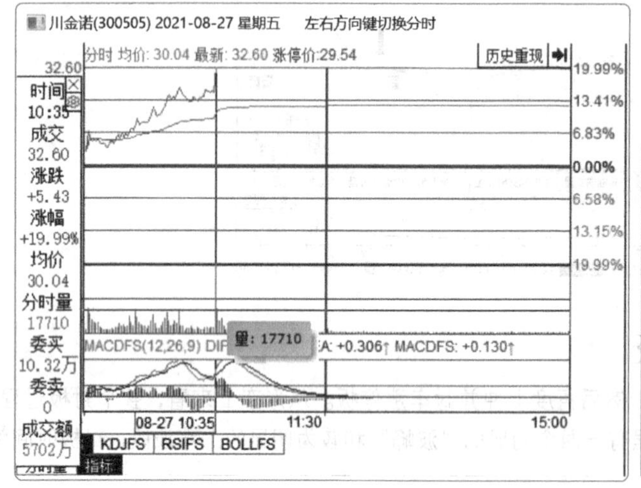

11.2.3 天量封板

无论怎么解释，封板都是量能配合的结果，只有极大的量能才能快速完成封板。除了封、开板之间的较量外，用天量封板也显示出主力的强势特征。这种情况是市场筹码锁定较好时的一种自然反应。在封板时的最后一分钟放出了天量，这一分钟的量能因突然出现的巨单扫盘而形成，并且随后牢牢封板至收盘。在这笔巨单扫盘前后，交投相对平淡，并没有因为封板而引发大量的卖单涌出，该量能呈现出一枝独秀的特征。

下面两图分别是中国铝业（601600）2021年7月至9月的日K线图和2021年8月25日的分时图。可以看出该股前期处于上涨回踩阶段，在8月25日盘中放天量，一分钟内成交3.16亿元，直接助推股价冲击涨停。该股当日放量涨停就牢牢封板，并且8月25日的分时图是最强势的一种分时图。从K线图不难看出，8月11日、12日的成交量就已经有所放大，多头形态很明显，盘中拉升的时候也有极佳的买入机会，投资者应该在8月23日、24日买入该股。

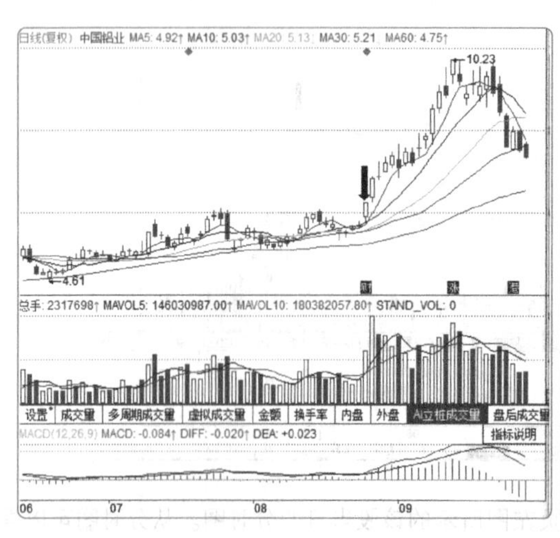

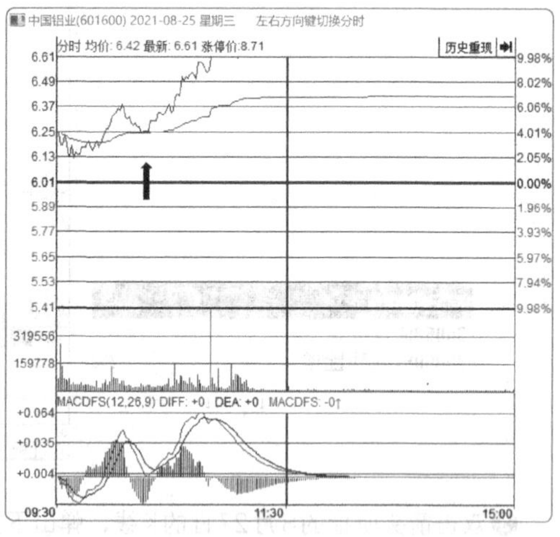

注意

量能出现的时间段不同，其作用也是不同的。在早盘冲板阶段，突然出现了巨单扫盘，并牢牢封板，形成了早盘的一分钟天量，这是主力资金看好个股的信号。而且，冲板时的一分钟天量常出现在几波流畅上扬之后，说明主力在有节奏、稳妥地拉升股价。股价流畅上扬、封板时巨单扫盘，都表明了主力资金不愿给市场过多的盘中逢低买入机会，这样的个股自然有着较强的短线上涨动力。

下面来举例说明。

❶登录同花顺软件，输入东岳硅材的股票代码“300821”（见下图）或其大写的汉语拼音首字母“DYGC”。

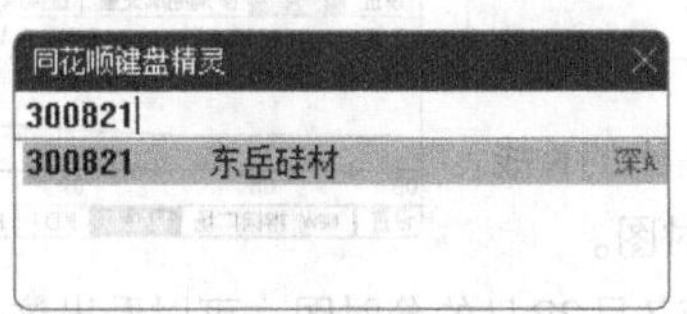

❷按【Enter】键，进入东岳硅材的日K线图界面，选择2021年7月至9月的日K线图，如下左图所示。

❸下右图为该股2021年7月22日的分时图。该股在9:36就成交1.34亿元，放巨量封板。之后有获利盘出逃，但是上涨的动能巨大。该股在9:58成交1.12亿元，将股价牢牢封在涨停板位置。

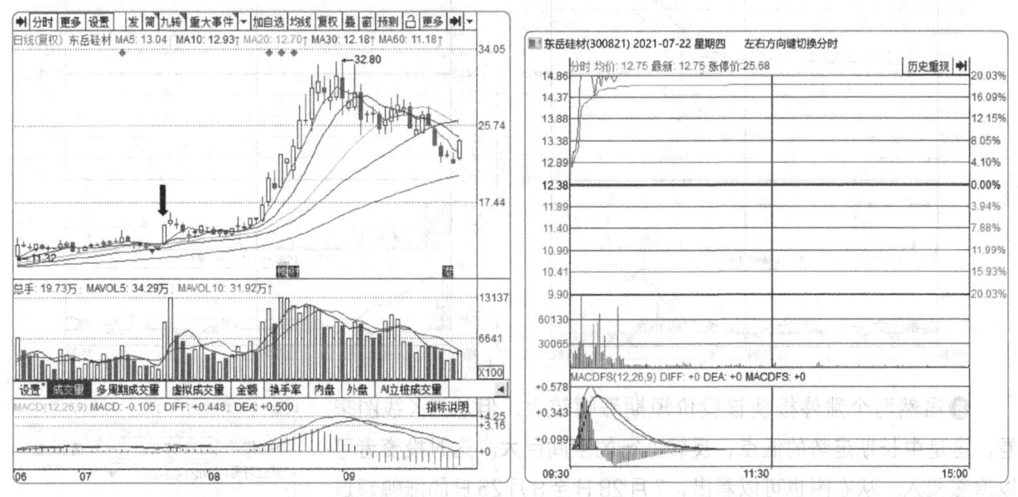

在操作中，观察仔细的投资者可追涨买入，分享主力拉升成果。

11.2.4 多次午后启动封板

多次午后启动的涨停形态主要是指股价连续多个交易日（两个交易日以上）在午盘之后出现了明显的拉升，且上封涨停板。这多个交易日的早盘走势相对平静，但午后启动迹象明显，且封板较为坚决。

连续多个交易日午后启动并上封涨停板是主力持续运作个股的信号，绝非个股的偶然性异动，而且，主力的控盘能力较强，多个交易日都选择在午盘之后，也证明了主力资金短期内有意拉升股价。虽然两个涨停板使得股价短线涨幅较大，但行情才刚刚开始，只要个股的日K线走势相对优异，投资者是可以追涨介入的。

下面来举例说明。

❶登录同花顺软件，输入上能电气的股票代码“300827”（见下图）或其大写的汉语拼音首字母“SNDQ”。

❷按【Enter】键，进入上能电气的日K线图界面，缩放显示2021年6月至9月的日K线图，如右图所示。

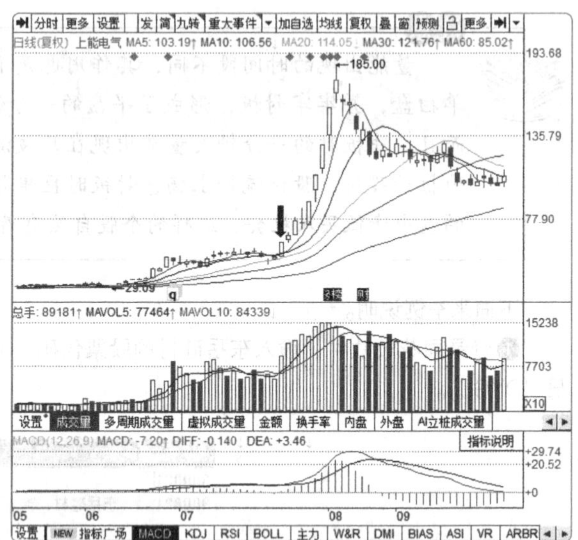

❸双击箭头所指的7月22日的K线，显示下左图所示的该股当日的分时图。

❹下右图为上能电气2021年7月28日的分时图，可以看出这一日的午后封板形态，预示主力运作个股的迹象十分明显。从成交量可以看出，在第二个涨停板后，成交量极少，显示市场筹码几乎全部在主力手中，表明主力此时强力控盘。

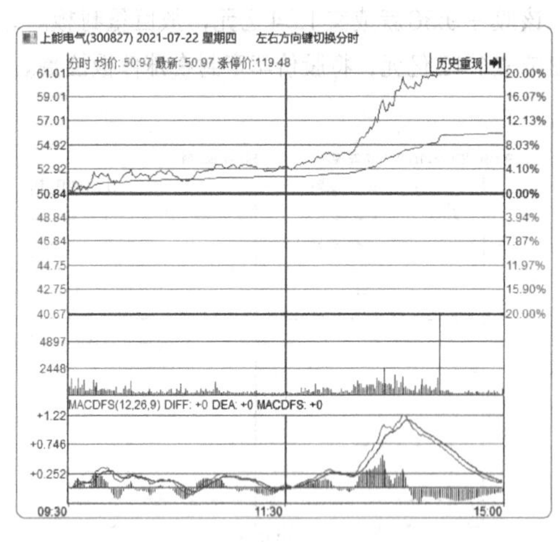

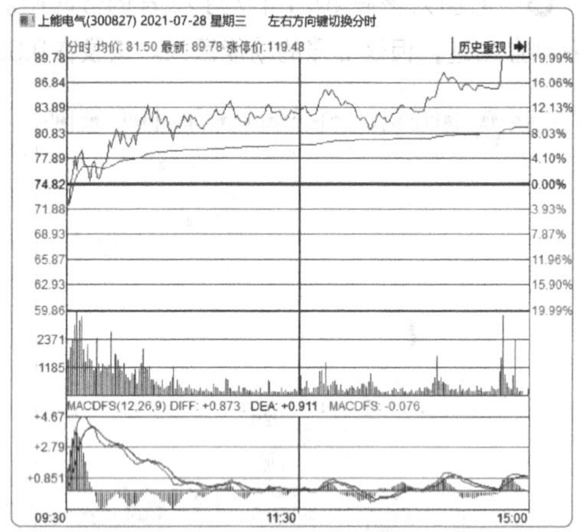

❺虽然两个涨停板使该股价短期涨幅较大，但从日K线图来看，这是中长期走势的低点，反转上行的空间巨大。这时投资者可以追涨买入。从右图也可以看出，7月28日至8月25日的涨幅超过110%。

个股K线区间统计

起始时间：2021-07-28　终止时间：2021-08-25　周期个数：6个

起始价：	74.82	终止价：	158.00
最高：	185.00	最低：	72.30
均价：	127.94	涨跌值：	+83.18
涨跌幅：	+111.2%	振幅：	150.6%
大盘对比：	4.29%	行业对比：	16.85%
总手：	84.52万	金额：	108.14亿
换手：	156.7%	平线：	0个
阳线：	5个	阴线：	1个

该区间内股票排名

资金　换手率　涨跌幅

11.2.5 稳步向上封板

稳步向上封板是指盘中的分时图走势呈节节攀升的阶梯形，即一小波上扬，随后横向整理，回调幅度很小，然后再向上运行，像楼梯一样，一个阶梯一个阶梯地上行，最终顺势上封涨停板。

盘口中出现了这种阶梯式的上涨，说明盘中的每一次上涨后，获利抛压都无法使个股下跌回调，这是多方占据了明显主导地位的体现，也与主力资金在每次拉升后，通过挂出买单来护盘的行为相关。如果个股前期的K线走势较为稳健、量价配合关系较为理想，则这种形态多是主力拉升股价的信号，也是个股进入上涨行情的标志。

下面来举例说明。

❶登录同花顺软件，输入恒帅股份的股票代码“300969”（见下左图）或其大写的汉语拼音首字母“HSGF”。

❷按【Enter】键，进入恒帅股份的日K线图界面，缩放显示2021年7月至9月的日K线图，如下右图所示。

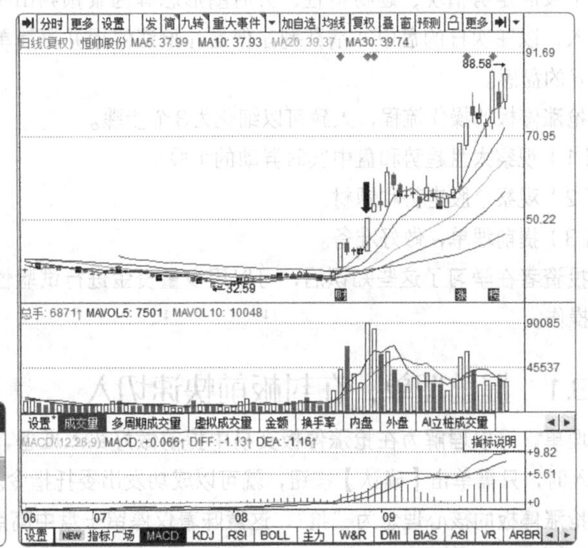

❸双击箭头所指的8月30日的K线，显示下左图所示的该股当日的分时图。细心的投资者会发现股价上到一个台阶，然后横盘震荡一段时间，继续上一个台阶，且成交量在拉升阶段随着股价的上升有所放大，在尾盘放大量封涨停板。

❹该股的日K线走势良好，股价处于低位整理后的突破点，而阶梯式封板是一个中短线看涨信号，投资者可以追涨买入。果然，20个交易日内涨幅超过54%，如下右图所示。

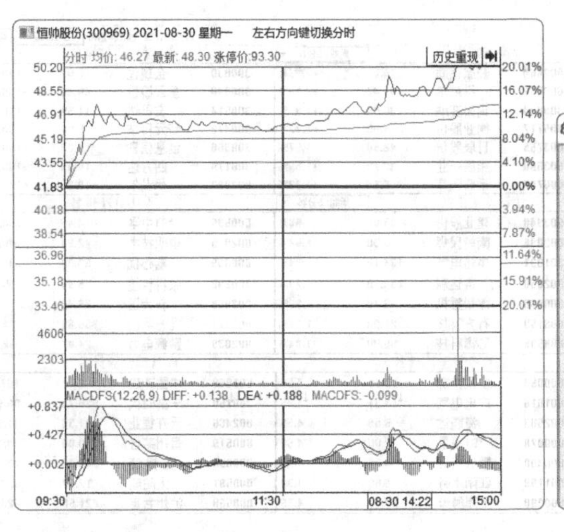

提示

稳步向上封板的分时图形态还可以被当作中长线的入场信号。投资者持有这种股票后一定要有耐心，这样才可赚取丰厚的利润。

11.3 涨停板买进手法

买入涨停股的方法主要是在封板前买入，这是较为激进的一种买入方式。能够在早盘阶段就牢牢封板的个股，其次日的表现也大多会延续强劲的上涨势头。对于短线操作来说，如果投资者能够结合个股的走势情况、题材特性、分时图形态等因素预判出个股的封板，就可以在封板前的瞬间抢板买入，以在次日的盘中冲高获利。但是，抢涨停板并不简单，需要投资者具备较丰富的操盘经验和良好的盘感。

抢涨停板的操作流程，大致可以细化为3个步骤。

（1）观察大盘趋势和盘中实时异动的个股；

（2）观察个股走势和题材；

（3）提前埋单，做好准备。

投资者在学习了这些知识后，可以用少量资金进行试验性操作，积累经验之后，再实施真正的抢板操作。

11.3.1 提前埋单，在封板前快速切入

埋单，可以理解为在抢涨停板交易中提前做好买入准备，但并不是真正的挂出委托买单，当确定买入时，只需单击【确认】按钮，就可以成功发出委托指令。

抢涨停板的核心理念为“抢”，这意味着仅停留于盘中高点的个股，并不是要“抢”的品种，当个股真正冲击涨停板时，要封板的瞬间再出手切入。因此，抢涨停板一定要出手够快、判断够准。出手快，保证能及时买入（一旦大买单封死涨停板又不再打开时，就失去了买入的机会）；判断准确，意味着个股随后能够封牢涨停板，若涨停板封不牢，一旦抢入，风险会非常大。下面看抢涨停板时的具体操作流程。

❶通过涨幅排行榜实时观察接近于涨停价位的个股，这些个股随时有上封涨停板的可能，如下图所示。观察的方法很简单，来回切换，看这些涨幅靠前的个股是否有冲板倾向。

基本栏目 资金栏目 自定义栏目 过滤创业板 过滤科创板 沪深A股 弹出

今日涨幅排名				快速涨幅排名		周期：5分钟		今日委比正序排名			
301073	N君亭	28.64	+133.99%	002664	长鹰信质	16.85	+2.93%	300830	金现代	16.07	+100.00%
301077	N星华	73.80	+20.08%	688551	科威尔	47.47	+2.15%	300648	星云股份	68.40	+100.00%
300514	友讯达	11.69	+20.02%	300034	钢研高纳	38.63	+1.85%	300514	友讯达	11.69	+100.00%
300830	金现代	16.07	+20.01%	605117	德业股份	224.80	+1.72%	300472	新元科技	15.96	+100.00%
300648	星云股份	68.40	+20.00%	603755	日辰股份	42.50	+1.67%	300366	创意信息	14.88	+100.00%
300472	新元科技	15.96	+20.00%	603590	康辰药业	32.72	+1.55%	300179	四方达	10.09	+100.00%
				600767	运盛医疗	6.84	+1.33%	002922	伊戈尔	19.25	+100.00%
今日跌幅排名				快速跌幅排名		周期：5分钟		今日委比负序排名			
301075	C多瑞	37.49	-16.52%	603948	建业股份	33.85	-1.60%	600595	*ST中孚	4.46	-100.00%
301072	C中捷	20.62	-15.00%	002096	南岭民爆	8.30	-1.54%	002970	锐明技术	42.80	-96.29%
002610	爱康科技	4.45	-9.74%	301031	中熔电气	134.18	-1.34%	688089	嘉必优	52.00	-95.67%
300334	津膜科技	10.60	-8.23%	002850	科达利	130.30	-1.29%	300290	荣科科技	5.95	-95.07%
600490	鹏欣资源	4.99	-7.93%	000880	潍柴重机	9.70	-1.22%	002968	新大正	36.43	-94.49%
600053	九鼎投资	14.48	-7.89%	688159	有方科技	21.94	-1.17%	002371	北方华创	365.69	-94.21%
002772	众兴菌业	10.12	-7.41%	688595	芯海科技	95.00	-1.04%	002039	黔源电力	24.01	-92.81%
今日振幅排名				今日量比排名				今日成交额排名			
301073	N君亭	28.64	43.06%	600088	中视传媒	10.68	7.66	601868	中国能建	3.02	107.9亿
301077	N星华	73.80	35.01%	601616	广电电气	3.91	4.86	300750	宁德时代	525.73	86.97亿
688711	宏微科技	105.36	21.03%	002583	海能达	5.59	4.55	002466	天齐锂业	101.58	81.98亿
688103	国力股份	62.40	20.43%	600078	*ST澄星	6.00	4.54	600519	贵州茅台	1830.00	74.12亿
688621	阳光诺和	182.52	19.53%	600490	鹏欣资源	4.99	4.39	000858	五粮液	219.39	73.22亿
300648	星云股份	68.40	19.35%	601199	江南水务	4.60	4.34	000591	太阳能	12.57	62.85亿
300514	友讯达	11.69	19.20%	600298	安琪酵母	50.17	4.25	000568	泸州老窖	221.58	62.57亿

❷当发现某只个股有上冲涨停板的迹象时，要提前做好买入准备，如黄山胶囊这只股在盘中出现了大买单扫盘，且股价离涨停板很近的情况，如下页图所示。这时应打开下单软件，填写代码、价位、数量等信息，做好一切买入准备，等待最后确认买入指令。

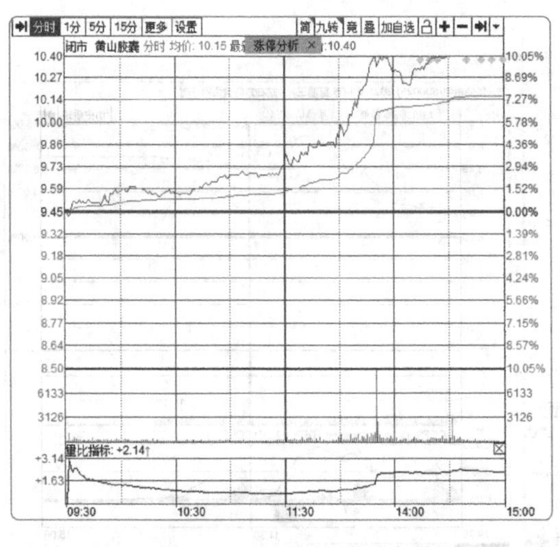

提示

需要注意的是，在抢涨停板时，很可能因为买盘数量过多等意外情况无法买进，所以抢涨停板的成功率不是很高。

仅从盘面交易来看，是否要抢涨停板，有一个很关键的要素，就是看是否有数量级较大的买单扫盘。如果有大买单扫盘，可以抢板；如果没有大买单扫盘，则不宜抢板。

11.3.2 结合抢板位置，后市才能获利更多

投资股票时，一般分为3种，即长线投资、中线投资和短线投资。长线投资是趋势投资，中线投资是低买高卖做波段，短线投资是短周期内低买高卖。抢板属于短线投资的一种，要看短周期买入之后会不会持续发力上涨。

和买东西一样，一笔交易是否值得去做，就是看这笔交易是否能够带来一些价值。在股市操作中，就是看获取的收益是否比承担的风险要高，如果收益高于风险，即可操作。实施涨停板的操作的同时也意味着将自己放入一个危险境地，因为判断很可能失误，而且短线买涨停板，一般都是博取第二天、第三天的继续封板，即使不能封板，也要有大涨的可能性。如果抢入后股价无法封牢涨停板，投资者将会承担较大的短线风险。

下面来举例说明。

❶登录同花顺软件，输入华能水电的股票代码“600025”（见下图）或其大写的汉语拼音首字母“HNSD”。

❷按【Enter】键，进入华能水电的日K线图界面，缩放显示2021年7月至9月的日K线图，如下页左图所示。从图中可以看出，封涨停板时股价处于低价区间，即将结束低位整理，开始上行，可以买入。

❸双击箭头所指的9月8日的K线，显示下页右图所示的该股的分时图。细心的投资者会发现，该股高开高走，上午时段成交量比较平稳，逐步将股价上推，这样的操盘手法往往是机构所为。午后成交量急剧放大，冲击涨停之后又打开，股价短暂回落，但持续的大单再次将股价封至涨停。在涨停打开阶段，投资者就可以选择买入。当时在“双碳”战略下，煤炭、有色金属、电力题材股票封牢涨停板的概率较高。

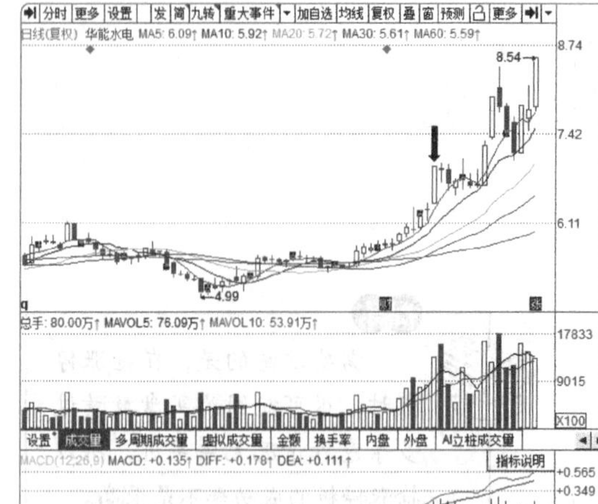

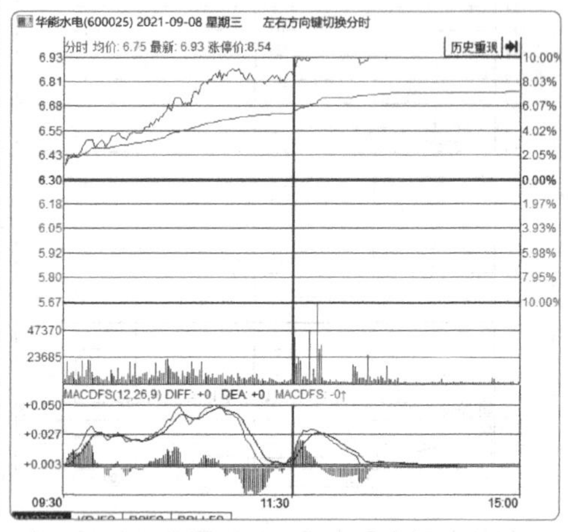

11.3.3 盘中异动抢涨停

盘中异动是指个股在盘中某个时段的走势明显与其他时段的不同，如5分钟内涨幅极快、突然跳水等。这些异动打破了个股原有的连续运行状态，多与主力资金的参与有关。

热点总是以板块或题材的方式启动，如证券股集体高升、新能源板块集体走强等。

以板块或题材集合方式呈现的热点说明有多路资金在共同炒作这一热点，这样的热点一般都具有连续性，抢板操作中成功率更高。反之，单独启动、无同类个股联动的个股抢板操作的风险相对较大。例如，新能源汽车板块整体在2021年上半年都比较受资金追捧，广汽集团在2021年上半年的行情就处于多头趋势，其在2021年8月就出现过盘中异动涨停情况。

下面来举例说明。

❶登录同花顺软件，输入广汽集团的股票代码“601238”（见下图）或其大写的汉语拼音首字母“GQJT”。

同花顺键盘精灵

601238

601238	广汽集团	沪A
02238	广汽集团	港股
113009	广汽转债	债券

❷按【Enter】键，进入广汽集团的日K线图界面，缩放显示2021年7月至9月的日K线图，如下页左图所示。从该股趋势来看，7月中旬至8月上旬股价处于上涨的调整波段，也就是b浪调整阶段。在这一阶段如果股价受到支撑，后面将是3浪上涨。如果股价没有均线支撑，则有可能会转头向下，同时MACD指标跌破0轴。8月12日，该股开盘之后股价就一路上扬，盘中新能源汽车板块出现异动，其分时图如下页右图所示。而广汽集团与华为技术有限公司曾签署深化战略合作协议，并且广汽埃安于2020年11月20日实现品牌独立，定位为高端智能纯电动车。所以广汽集团的股价在当日也受到该消息的刺激，持续放量上涨，出现这种板块的集体行为更容易抢板。同一板块，有先启动的，有后启动的。投资者可以根据自己的交易习惯，选择是追龙头还是埋伏滞涨股。

集体启动型的热点题材是抢板的首选品种。在这类品种中，最好抢封板时间早、短线涨幅较小的个股，它们当日成功封牢涨停板的概率最大，也有成为短线黑马股的潜力，可以带来更大收益。

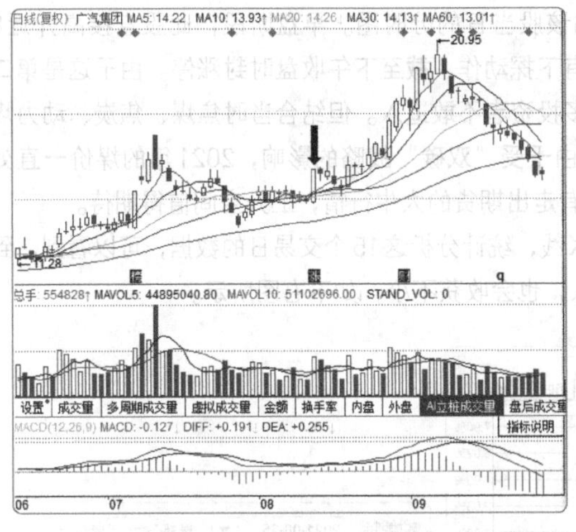

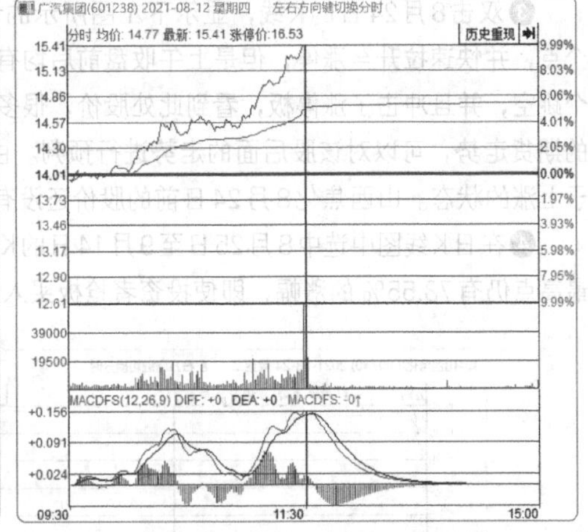

11.3.4 追高买入

追高是一种较为常见的短线交易方法，是指在个股明显启动的背景下短线买入。追高时，买的价位就是短期高点。之所以参与追高，是因为股市中有着“强者恒强，弱者恒弱”的分化规律。参与追高，可以在更短的时间内收获更多利润，而不是盲目地等待个股的启动。

涨停板代表着短线的强劲冲击力，一些短线黑马股往往以连续涨停板的形态出现。但这样的个股毕竟是少数，很多个股在连续两个涨停板，甚至一个涨停板之后，就出现了上涨乏力，甚至掉头向下的情况。

抢板操作虽然是一种激进的短线交易方式，但这并不代表放弃了风险控制。为了控制风险，投资者应尽可能在个股启动后的第一、二个涨停板抢入，等到个股开始冲击第三个涨停板时，就短线交易来说，不宜再抢板。

通过这样的模式，可以把自己置于一个更为主动的位置。即使主力短期内的拉升意愿不是十分强烈，个股也不是明显的热点题材，但涨停板次日，个股也多会惯性上冲。此时，短线交易处于小幅获利状态，在决定是留是走的问题上就会更客观、更主动。

下面来举例说明。

❶登录同花顺软件，输入山西焦化的股票代码“600740”（见下图）或其大写的汉语拼音首字母“SXJH”。

❷按【Enter】键，进入山西焦化的日K线图界面，缩放显示2021年8月至9月的日K线图，如右图所示。该股价格从8月23日（图中箭头处）就跳空上涨了4.64%，并且在第二日继续跳空高开，这就是明显的多头趋势。

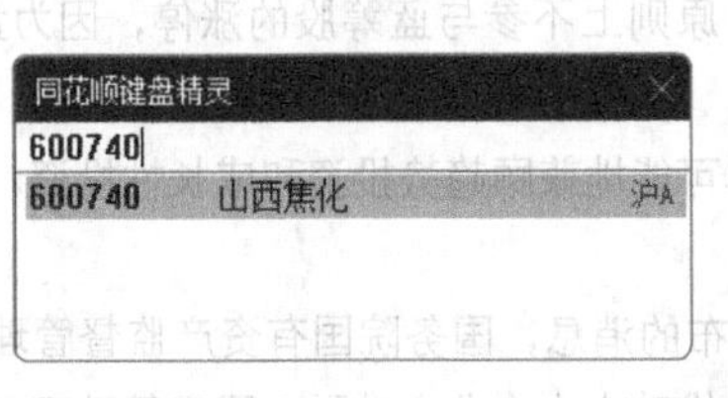

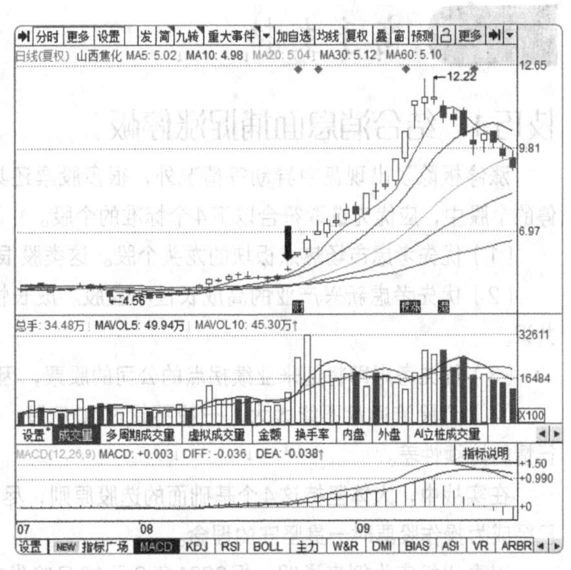

❸双击8月24日的K线，显示下左图所示的该股当日的分时图。早盘阶段，此股直接高开近8个点，并快速拉升至涨停，但是上午收盘前后均有下探动作，截至下午收盘时封涨停。由于这是第二个跳空，并且冲击了涨停板，看到此处股价，很多投资者不敢追入。但结合当时焦煤、焦炭、动力煤的期货走势，可以对该股后面的走势进行预判。由于受"双碳"战略的影响，2021年的煤价一直处于上涨的状态。山西焦化8月24日前的股价还没有走出期货的大牛行情，上升空间值得期待。

❹在日K线图中选中8月25日至9月14日的K线，统计分析这15个交易日的数据，可以看到，到最高点仍有73.55%的涨幅，即使投资者抢板买入，也会收获不小，如下右图所示。

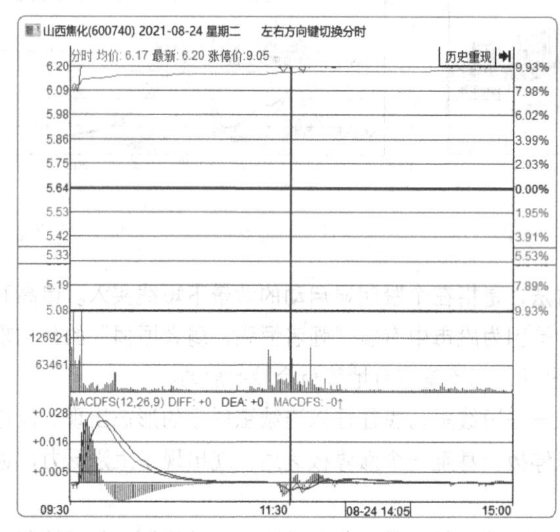

提示

同样还是这只股票，如果投资者在第四个涨停板追入呢？第四个涨停板以后，股价继续上升的空间较小，短期内甚至还有回落，风险巨大，不建议再追入。

高手支招

技巧1　结合消息面捕捉涨停板

涨停板除了出现盘中异动等情况外，很多股票还具有相应的涨停消息面。因此，在同样可能涨停的个股中，应优先选取符合以下4个标准的个股。

（1）优先考虑市场热点板块的龙头个股。这类股很容易得到市场的青睐，走势较强也较安全。

（2）优先考虑新兴产业的高成长性小盘股。成长性投资已经成为当今世界成熟资本市场投资的共识。

（3）优先考虑即将迎来业绩拐点的公司的股票，因为投资者只关心股票的未来。

（4）个股流通盘不能太大，一般不超过10亿股，原则上不参与蓝筹股的涨停，因为盘子太大，行情的持续性差。

在实战中，大体坚持这4个基础面的选股原则，尽可能地兼顾趋势投资和成长性投资，因为它们已经成为操作股票时一贯坚守的理念。

以秦川机床为例来说明。据2021年8月19日晚发布的消息，国务院国有资产监督管理委员会召开扩大会议指出，要把科技创新摆在更加突出的位置，推动中央企业主动融入国家基础研究、应用基础研究创新体系，针对工业母机、高端芯片、新材料、新能源汽车等加强关键核心技术攻关。消息一出，工业母机概念的股票迅速被追捧，投资者甚至拿新能源汽车和芯片与之相比。秦川机床是我国机床工具的龙头企业，该股价格从2021年8月20日就开始跳空上涨，之后更是接连出现两个一字涨停，如右图所示。由于前期的整理时间很长，所以股价一旦开始上涨，更加势不可挡。投资者如果能够敏捷地捕捉到相关消息，是可以获利的。

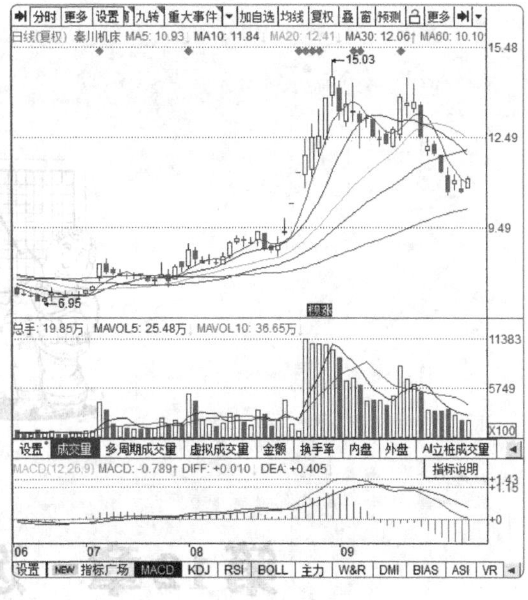

从下图可以看到，秦川机床2021年净资产收益率为9.16%，较2020年的净资产收益率高很多。这说明企业这两年的发展势头良好，先是在2020年扭亏，再在2021年获利，而且秦川机床是我国精密数控机床与复杂工具研发制造基地，是我国机床工具业内的标杆企业，基础面相当优秀，买进该股自然无后顾之忧。结合当日的分时走势，可以追高买入。

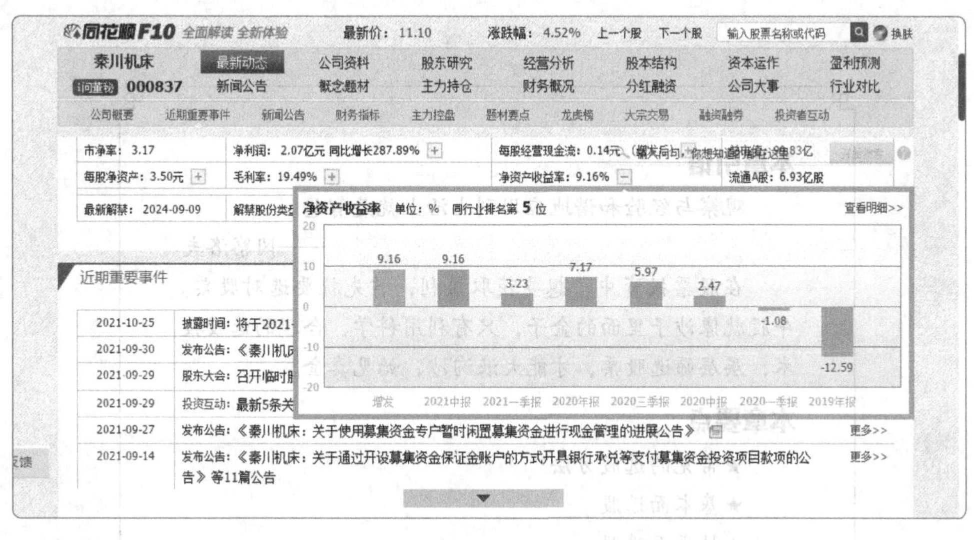

技巧2　抢入涨停板如何卖出收益最大

抢入涨停板固然开心，但如果不能在合适的位置将其卖出，利润就会回撤。

抢入涨停板之后，第二个交易日股价的上涨热情可能不能延续，所以投资者一定要重视收盘后的复盘，因为它能让投资者了解当日封板后的大盘表现、个股走势等，从而为第二个交易日的操作做一个简单的规划。通常情况下，如果当日封涨停后，出现开板、多次封板，甚至尾盘无法停留于涨停价上的情况，则意味着涨停板抢入有些失误，第二个交易日一定要做好出场的准备。

提示

即使当日封板的股票，也不意味着次日一定有好的表现。一般来说，买入强势板的次日，若个股没有在早盘阶段启动且脱离成本价，卖出是一种较为理想的选择。

第12章 选牛股技法

本章引语

观察与经验和谐地应用到生活上就是智慧。

——冈察洛夫

在股票投资中，想要获取盈利，首先就要选对股票。牛股就像沙子里面的金子，只有利用科学、合理的选股技术，层层筛选股票，才能大浪淘沙，始见真金。

本章要点

★常见的选股方法

★基本面选股

★技术面选股

12.1 常见的选股方法

怎么保证投资的股票能赚钱呢？为什么买这只股票而不买那只股票呢？网上看到很多专业人士推荐的股票到底值不值得买呢？为什么别人选择的股票价格能上涨而自己买的股票价格却下跌呢？其实，股票的选择正误基本决定了交易的成败，而买卖点的选择则决定了利润或损失的大小。所以，想要在股市获利，首先就要选对股票。对于资金量比较大的投资者，可以将仓位分为长线仓位和短线仓位两个部分。下面将为投资者介绍两种选股策略。

12.1.1 稳健型选股策略

所谓稳健型选股策略，就是投资者即将在较长的时间内对选出来的个股进行投资，并且这些个股的长期投资逻辑是比较成熟的，长线投资这些股票能让资产稳健增值。就像在银行买理财产品一样，理财经理在推荐理财产品时也会根据投资者风险承受度的不同，推荐不同等级的理财产品。稳健型选股策略一般从公司的财务状况、公司所处的行业前景、公司的当前状况以及未来不同时期的发展趋势等几个维度筛选股票。

1. 公司的财务状况

通过研究上市公司的基本财务状况，可以知道公司当前的营收、利润、资产、负债等重要财务信息。在选择稳健型仓位的股票时，需要找出财务状况良好的公司，只有公司的财务状况良好，才能增强投资者中长期持股的信心。在财务状况中，首先可以设置一些基本的指标，如现金流较好、资产负债率中等、营业收入增长率每年在30%以上、利润增长率每年在30%以上等，来对公司进行最初的筛选，先从A股的4 000多只股票中筛选出一部分财务状况较好的上市公司。

2. 公司所处的行业前景

对于普通行业而言，投资者应尽量选择行业天花板高的、前景比较好的行业来投资。如果上市公司行业空间不大，需要与行业内的公司互相竞争才能存活，则应该尽量避免投资。除非这家公司已经从这个行业的竞争当中脱颖而出，成为行业中的龙头公司。

而对于周期行业，其投资逻辑不会因为一项新技术的发明或者某种变革而大改，周期股有顺周期和逆周期规律。投资者要尽量在周期的底部买入股票。那么投资者可能会问：如何判断周期行业见底？其实，投资者只要抓住一个要点，那就是整个行业中绝大部分的公司，甚至连龙头公司都严重亏损，市场已经把所有悲观情绪都反映在股价上，这个时候，投资者就可以选择战略方向正确的公司的股票。只要这个周期行业不会消亡，那么等周期反转时，投资者就能收获可观的利润。在我国市场中，主要的周期行业有钢铁、有色金属、化工等基础大宗原材料行业，水泥等建筑材料行业，工程机械、机床、重型卡车、装备制造等资本集约型行业等，还有与民生息息相关的猪肉行业。以2021年为例，2021年是煤炭、有色金属、化工行业的顺周期，猪肉行业的逆周期，投资者在投资时要多多关注当年的经济形势。

3. 公司的当前状况以及未来不同时期的发展趋势

投资者如何预判公司当前状况及未来1年、3年甚至5年的发展？判断的依据又有哪些呢？其实投资者需要考虑的主要有两个方面：一是公司自身的治理结构，二是公司在行业中所处的地位。公司的治理结构主要考虑的是董事会和经理人之间的关系。治理结构比较好的公司会更加有利于其战略的实施，让公司能够迅速地往好的方向发展。感兴趣的投资者可以搜一下格力电器的治理结构。而公司在行业中的地位主要看公司是不是行业中的龙头公司。如果公司是这个行业中的龙头公司，那么进一步挖掘该公司有没有核心技术或者资金实力等优势，是否能够保证不会被其他公司轻易取代。如果

公司在行业中是属于中间偏后位置的，就应该研究这家公司是否具备某些潜力，能够让其以后发展成为龙头公司。分析公司的现状之后，还需要思考公司在1年以后、3年以后可能会发生的变化。例如，其经营模式是否能够持续？它的现金流是否会变得越来越好？公司是否在扩张期？营收利润能不能持续增长？公司发展的瓶颈期会出现在哪个阶段？只有把这些问题搞清楚，才能对公司未来的前景有更清晰的预判。

12.1.2 激进型选股策略

所谓的激进型选股策略，就是选择短周期、具有进攻性的股票，通过中短线的操作策略进行交易，博取利润。如果把手中的持仓理解成一个足球队，那么激进型持仓就是这个足球队里的前锋。尤其是在市场效益比较好的时候，持有激进型股票能够非常有效地提升整体仓位的收益率。尤其是在大牛市的时候，绝大部分收益都是由激进型股票赚取的。因为稳健型股票往往盘子较大，波动没有那么剧烈，所以在大牛市的时候很难跑赢题材股、赛道股。所以在大牛市的时候，建议投资者调整整体仓位的配比，增加激进型持仓，扩大整体收益，跑赢市场。

目前主流的激进型选股策略如下。

（1）跟随市场热点与主线。因为在结构性行情中，股价上涨往往会有一个主线板块领涨，所以如果投资者跟对了热点板块，投资收益是会远远跑赢指数的。在选出热点板块之后有两种策略进行跟踪：第一种是跟随板块的龙头，如果拉出长阳线，也可以先小单量买入底仓，并且设置好止损线，不到止损线，坚决不卖；第二种是寻找热点板块中没有被挖掘的、滞涨的股票，跟进买入。投资者只要选对股票，一般都能享受到补涨行情带来的利润。

（2）研究市场未来有可能会炒作的热点，提前买入进场，等待被炒作获取利润。选择这种策略需要投资者对事件的重要性有清晰的判断。例如，2020年9月，我国提出力争二氧化碳排放于2030年前达到峰值，努力争取2060年前实现碳中和。之后这件事在证券市场被正确解读与催化，光伏产业就迎来了一大波行情。所以投资者对国家战略的方向一定要敏感，这样才能获取更大收益。

对于选股的方法，并不需要投资者自创，利用历史上一流投资者的方法论足矣。提到一流投资者，可能国内的投资者首先想到的就是巴菲特、彼得·林奇等人。其实，还有一个名叫欧奈尔的投资者，他自创的CAN SLIM 七步选股法是非常好的选股方法，覆盖了选股、选基金、选交易时点等各个方面，教投资者如何在茫茫股海中捕捉黑马。

CAN SLIM 七步选股法总共分为7个步骤，这里面的每一个字母代表着一个步骤。

（1）C=current quarterly earnings per share，意思是最近一个季度报表的盈利。当季每股收益（earning per share，EPS）增长率至少应在20%或更高，无论是股市新手还是老手，都不要投资最近一个季度每股收益较上一年同期增长率未达到20%的股票，这是最基本的原则。如果近几个季度的每股收益较上一年同期都有明显增长，那么更有可能确保投资成功。

（2）A=annual earning increases，意思是每年度每股盈利的增长幅度。该方法要求每年盈利增长率在25%以上。据统计，价格飙升的股票在启动时的每股收益年度复合增长率平均为24%，中间值则是21%。

（3）N=new products, New management, New highs，意思是创新，这其中可以是新的产品、新的管理方法或者新气象，包括产业趋势、经营策略等。这些都可能成为股价大涨的前兆。

（4）S=supply and demand，代表在外流通的股数。流通股的股数越少，说明其供给越少，越容易被市场炒作。

（5）L=leader or laggard，意思是该股票是否具有龙头股的地位。选股的时候应该选择行业龙头或者市场龙头。虽然它们的涨幅已经很大，但强者恒强是股市中难以被打破的定律。

（6）I=institutional sponsorship，意思是机构投资者的认同度。机构投资者对股价未来的走势起主导作用，追踪机构投资者，买进机构投资者认同度高的股票，但同时应该警惕机构投资者的过量持股。

（7）M=market direction，意思是市场走向。投资股票需要判断大盘走势，要顺势而为。因为欧奈尔发现，个股很难与整个大盘走势为敌，因此判断股市正处于牛市还是熊市是非常重要的。需要根据大盘的走势来决定买卖点。欧奈尔认为，不买处于下跌趋势的股票，回撤到7%就止损，不要再向下补仓来平摊成本。这就需要投资者对大盘的技术分析和宏观基本面有一定的判断能力，结合本书第2篇的内容，投资者就可以对大盘所处的位置有技术面的判断。

12.2 基本面选股

除了根据欧奈尔的CAN SLIM 七步选股法对股票进行筛选，还可以从基本面维度、财务维度、技术维度来分析选股。投资者懂得基本面分析，是在茫茫股海中选出好股票的基础。所谓基本面选股，就是指先预测公司未来的经营情况再选股，包括当前该公司是获利还是亏损。因为无论是短期投资还是长期跟随公司成长，股票价格的支撑都必须依靠公司的业绩。好股票或有前景的股票价格就能上涨，绩差股或者没有前景的股票价格就会持续下跌，股票价格是由股票对应的公司价值所决定的。因此一个能够不断获利的公司，未来就能够不断地发展壮大（即有成长性），股票价格也能不断地上涨。这就是基本面选股，即根据公司的经营情况以及发展情况进行选股。

那么怎么通过基本面选股呢？首先，要投资的公司应有以下特质。

（1）公司处于一个具有很大成长空间的行业中，如2021年光伏产业。

（2）公司在所处行业中具有自己的核心竞争优势。

（3）公司的管理团队优秀，具有前瞻眼光和战略规划能力，也有很强的执行力。

（4）公司的财务状况稳健。

（5）公司的估值具有吸引力。

通过这样的特质，可以筛选出很多股票，但是不是每只股票都要买一点儿呢？答案当然是否定的。投资者还需要进行以下判断。

（1）对于行业的判断，要看动态估值。即使现在估值比较低，但如果未来走上坡路，则其未来估值就会变高；而如果相反，则今后的估值就会变低。所以，对估值需要辩证地分析。

（2）关注该公司的一些分析和判断。主要看该公司对自身的分析，包括最大风险来自哪里，行业是否有壁垒，在这个行业中处于前面还是后面，主要竞争力是什么，是渠道建设好、营销做得好，还是有专利技术……

（3）选择自己熟悉、能把握的股票。个人投资者即使没有精力和能力去现场拜访公司，也要先从公司的公开信息中了解情况，透视它的行业前景，再进行深入分析，找出有倾向的行业或个股。比较稳健的是选消费板块的股票，投资者应以长期视野考察优势公司，并在低风险区域买入股票。

综上所述，基本面选股应该是投资者决定是否买卖股票的重要依据之一，对于投资者来说，是最基本的必修课。只要选到好股票，就成功了一半。

12.2.1 利用【F10】键进行基本面筛选

基本面选股，就是利用现有个股资料中的公开信息，如财务数据、股东人数变化等来选择股票。在某一只股票界面，按【F10】键，进入该股票的个股资料页，从中可以看到该公司的相关信息，包括公司资料、股东研究、经营分析等数十项信息。下页图为广聚能源（000096）的公开信息。

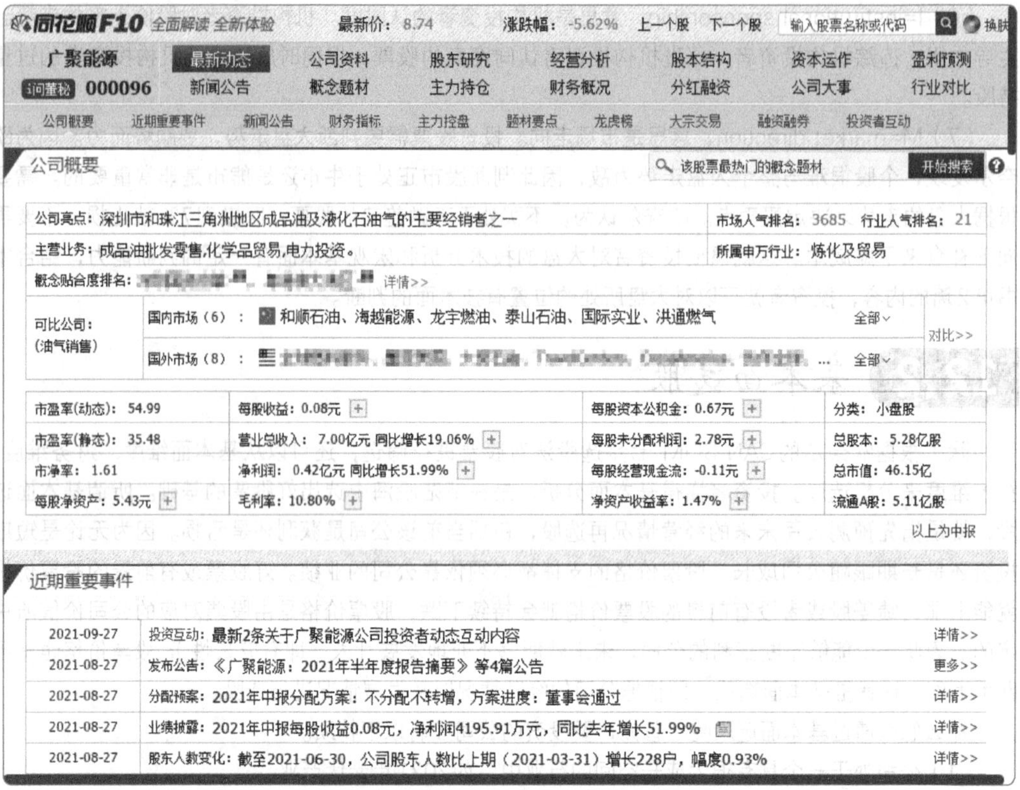

同花顺F10 全面解读 全新体验　最新价：8.74　涨跌幅：-5.62%　上一个股　下一个股　输入股票名称或代码　换肤

广聚能源　问董秘　000096

最新动态	公司资料	股东研究	经营分析	股本结构	资本运作	盈利预测
新闻公告	概念题材	主力持仓	财务概况	分红融资	公司大事	行业对比

公司概要　近期重要事件　新闻公告　财务指标　主力控盘　题材要点　龙虎榜　大宗交易　融资融券　投资者互动

公司概要　该股票最热门的概念题材　开始搜索

公司亮点：深圳市和珠江三角洲地区成品油及液化石油气的主要经销者之一		市场人气排名：3685　行业人气排名：21
主营业务：成品油批发零售,化学品贸易,电力投资。		所属申万行业：炼化及贸易
概念贴合度排名： 详情>>		
可比公司：（油气销售）	国内市场（6）：和顺石油、海越能源、龙宇燃油、泰山石油、国际实业、洪通燃气　全部	对比>>
	国外市场（8）：…　全部	

市盈率(动态)：54.99	每股收益：0.08元	每股资本公积金：0.67元	分类：小盘股
市盈率(静态)：35.48	营业总收入：7.00亿元 同比增长19.06%	每股未分配利润：2.78元	总股本：5.28亿股
市净率：1.61	净利润：0.42亿元 同比增长51.99%	每股经营现金流：-0.11元	总市值：46.15亿
每股净资产：5.43元	毛利率：10.80%	净资产收益率：1.47%	流通A股：5.11亿股

以上为中报

近期重要事件

2021-09-27	投资互动：最新2条关于广聚能源公司投资者动态互动内容	详情>>
2021-08-27	发布公告：《广聚能源：2021年半年度报告摘要》等4篇公告	更多>>
2021-08-27	分配预案：2021年中报分配方案：不分配不转增，方案进度：董事会通过	详情>>
2021-08-27	业绩披露：2021年中报每股收益0.08元，净利润4195.91万元，同比去年增长51.99%	详情>>
2021-08-27	股东人数变化：截至2021-06-30，公司股东人数比上期（2021-03-31）增长228户，幅度0.93%	详情>>

建议投资者在个股资料页中先看上市公司的主营业务，判断其属于哪个行业，是周期行业、数字新媒体行业、专精特新（指中小企业具备专业化、精细化、特色化、新颖化的特征）行业、新能源行业，还是消费、医药、白酒等行业。其次，看公司亮点有哪些，是不是行业领军龙头股，像贵州茅台，单看其行业人气排名就知道其处于行业领军地位，如下页图所示。再次，查看流通股数，判断是大盘股还是小盘股。最后，查看该股的动态市盈率，综合分析得出成长性的结果，再参考其所在行业板块的平均市盈率状况和现有股价，迅速得出该股估值是否合理的结论。根据估值水平，再决定是否（短线或者中长线）参与。在同花顺软件中的操作步骤如下。

打开同花顺软件，在某股票界面按【F10】键进入其个股资料页。

（1）看公司资料。了解该股所处的地域及注册地址、行业（确定平均估值水平）、主营业务及主要产品（确定细分行业、是否有题材及发展前景）；再看股票的上市时间（确定配售股、大小非的解禁时间）、发行价（其高低与净资产有关，还要看破发情况）。而发行市盈率意义不大，因为一般都是上市前一年的情况。

（2）看财务概况。请参考12.2.2小节的内容。

（3）看最新动态。内容包括公司概要、近期重要事件、新闻公告、财务指标等。其中公司概要中介绍了总股本及流通股本（确定盘子大小，与股价是否活跃有关），每股净资产、每股资本公积金和每股未分配利润（确定股价是否合理，也是公司高送转的前提条件）等。

经过上述分析后，投资者就可以初步确定该股的基本面情况，然后再参考该股所在板块的市盈率水平及最新收盘价，判断该股价格目前是否处于合理水平以及未来的盈利空间有多大。

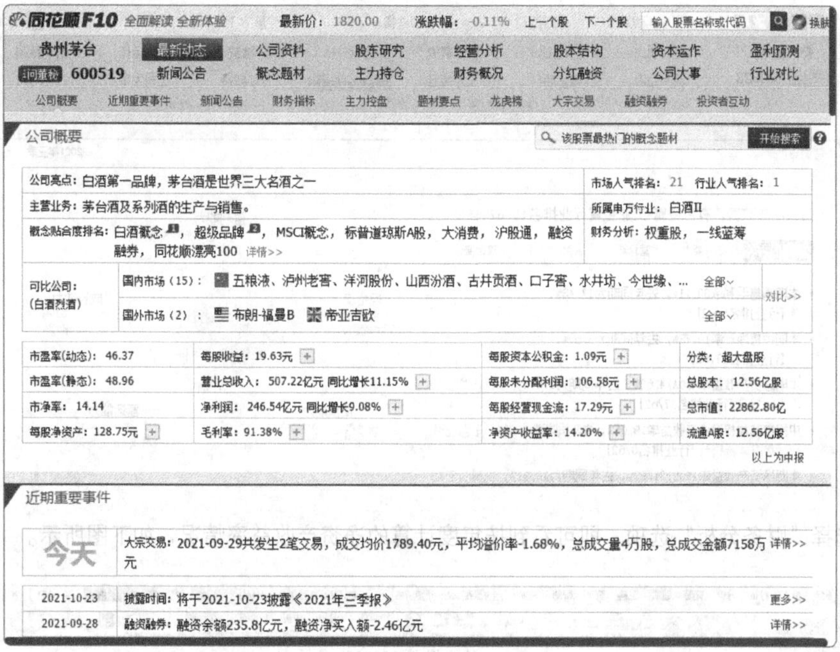

同花顺F10 全面解读 全新体验　最新价：1820.00　涨跌幅：-0.11%　上一个股　下一个股　输入股票名称或代码　换肤

贵州茅台　问董秘　600519

最新动态　公司资料　股东研究　经营分析　股本结构　资本运作　盈利预测
新闻公告　概念题材　主力持仓　财务概况　分红融资　公司大事　行业对比

公司概要　近期重要事件　新闻公告　财务指标　主力控盘　题材要点　龙虎榜　大宗交易　融资融券　投资者互动

公司概要　该股票最热门的概念题材　开始搜索

公司亮点：白酒第一品牌，茅台酒是世界三大名酒之一	市场人气排名：21　行业人气排名：1
主营业务：茅台酒及系列酒的生产与销售。	所属申万行业：白酒II
概念贴合度排名：白酒概念，超级品牌，MSCI概念，标普道琼斯A股，大消费，沪股通，融资融券，同花顺漂亮100　详情>>	财务分析：权重股，一线蓝筹

可比公司：（白酒烈酒）	国内市场（15）：五粮液、泸州老窖、洋河股份、山西汾酒、古井贡酒、口子窖、水井坊、今世缘、…　全部	对比>>
	国外市场（2）：布朗-福曼B　帝亚吉欧　全部	

市盈率(动态)：46.37	每股收益：19.63元	每股资本公积金：1.09元	分类：超大盘股
市盈率(静态)：48.96	营业总收入：507.22亿元 同比增长11.15%	每股未分配利润：106.58元	总股本：12.56亿股
市净率：14.14	净利润：246.54亿元 同比增长9.08%	每股经营现金流：17.29元	总市值：22862.80亿
每股净资产：128.75元	毛利率：91.38%	净资产收益率：14.20%	流通A股：12.56亿股

以上为中报

近期重要事件

今天	大宗交易：2021-09-29共发生2笔交易，成交均价1789.40元，平均溢价率-1.68%，总成交量4万股，总成交金额7158万元	详情>>
2021-10-23	披露时间：将于2021-10-23披露《2021年三季报》	更多>>
2021-09-28	融资融券：融资余额235.8亿元，融资净买入额-2.46亿元	详情>>

12.2.2 利用财务数据选股

利用财务数据选股，就是根据不同的财务指标对股票进行层层筛选。财务指标包括净资产收益率、近三年的净利润增长率（确定该股的成长性）、销售毛利率及主营业务利润率（确定公司在行业内所处的状况，确定公司的质量）、每股现金流量（确定公司现有的经营状况）、环比分析（看公司业绩是否有季节性）等。当投资者想投资某家上市公司的股票时，可以首先根据公司历年的净资产收益率判断这家公司的盈利能力。净资产收益率代表了公司给股东创造收益的能力，它对投资者来说是一项非常重要的指标。

那么什么是净资产收益率呢？例如，投资者购买了一家上市公司的股票，按照公司一年的净利润来计算，净利润除以投资者投入的资金所得的百分比，就是净资产收益率。净资产收益率越高，说明该公司给股东的回报比例越高。净资产收益率为20%的公司比净资产收益率为12%的公司盈利能力强，其生命力就更强，更有竞争力。净资产收益率常年持续稳定地保持在20%以上的公司，就是好公司，投资者应当买入这种公司的股票。

某调查机构通过对美国过去几十年来的统计数据进行分析得出89%的公司的平均净资产收益率在10%~12%，即公司为股东投入的每100美元，一年赚10~12美元。这也是成熟市场上公司的平均净资产收益率。净资产收益率超过15%的公司即可认为其收益率较高，低于10%的公司其可持续发展可能会出问题。

下面来举例说明。

❶登录同花顺软件，输入神火股份大写的汉语拼音首字母“SHGF”（见右图）或股票代码“000933”。

❷按【Enter】键，进入神火股份的日K线图界面。按【F10】键进入个股资料页，单击【财务分析】按钮，如下页图所示。

同花顺键盘精灵

SHGF

000014	沙河股份	深A
000933	神火股份	深A
001205	盛航股份	深A
002565	顺灏股份	深A
300693	盛弘股份	深A
301056	森赫股份	深A
000611	*ST天首(四海股份)	风险警示
000883	湖北能源(三环股份)	深A
002050	三花智控(三花股份)	深A
834005	松湖股份	股转
835995	松赫股份	股转
837778	狮华股份	股转
871097	三合股份	股转

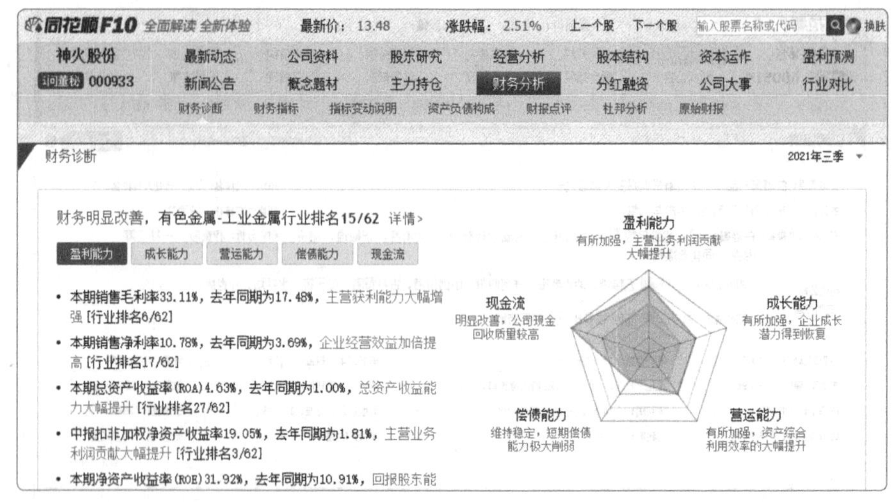

❸选择“财务分析”选项，即可看到按年度计算的净资产收益率情况，如下图所示。

投资者可以根据需求查看多只股票的财务数据，然后进行比较，筛选出财务状况健康的股票。

12.3 技术面选股

基本面可以决定趋势，而技术面则可以帮助投资者判断当前是不是买卖的最好时机，以选择合理的买卖点。经过基本面筛选的股票可以确定是健康的、发展势头良好的股票，但是并不是任何时点买入这些股票都可以赚钱。这就需要结合技术面，选择准确率高的买卖点，以助于获取最大收益，如利用MACD黄金交叉选股、利用BOLL下轨选股、利用多技术指标共振选股等。下面来分别介绍。

12.3.1 利用MACD黄金交叉选股

利用技术面选股时，除了常用均线、量价配合外，MACD也是常用的一种技术指标。对于MACD的红绿色柱，已经在第9章进行了详细的介绍，这里将结合实战案例来介绍如何运用MACD黄金交叉选股。

选股条件如下。

MACD双线在0轴下方，股价处于下跌趋势的尾声阶段。

（1）DIF线和DEA线靠近0轴，出现黄金交叉，股票成交量放大。

（2）出现底背离形态，第一次出现黄金交叉的位置比第二次出现黄金交叉的位置低，买点就是第二次出现黄金交叉的位置。

MACD双线在0轴上方，股价处于上涨趋势的回踩阶段。

（1）DIF线和DEA线先出现死亡交叉，双线向下运行并靠近0轴，再次出现黄金交叉。

（2）股票成交量放大。

选股原理如下。

股价处于下跌趋势的尾声阶段，虽然股价一波比一波低，但是MACD指标的DIF线和DEA线可能会出现底背离甚至三重底背离的情况，这代表下跌的动能衰竭。如果投资者在MACD指标位于0轴下方时买入，赚钱的概率没有那么大，但是可以考虑做底仓。

股价处于上涨趋势的回踩阶段，股价已经涨了一波，MACD指标的DIF线和DEA线在0轴上方形成死亡交叉，趋近0轴，但是股价获得支撑，再次出现黄金交叉，代表行情很可能要再次启动。投资者在这个点买入，赚钱的概率更大。

下面来举例说明如何利用MACD底背离进行选股。

❶登录同花顺软件，输入捷捷微电的股票代码“300623”（见下左图）或其大写的汉语拼音首字母“JJWD”。

❷按【Enter】键，进入捷捷微电的日K线图界面，查看其2020年11月至2021年6月的日K线图，如下右图所示。从图中可以看出，该股在2021年2月26日第一次出现MACD黄金交叉，然后股价继续震荡下行创新低。值得注意的是，K线创新低，但是MACD指标并没有同步见新低，而是略微高于2月26日的低点，走出底背离的形态，同时底部区域缩量明显，说明此时已经没有太多投资者愿意卖出手中的仓位。之后股价在底部盘整，MACD指标缓慢上穿0轴，进入多头区域。如果投资者没能在底背离的位置买入，可以在MACD的双线上穿0轴时买入。

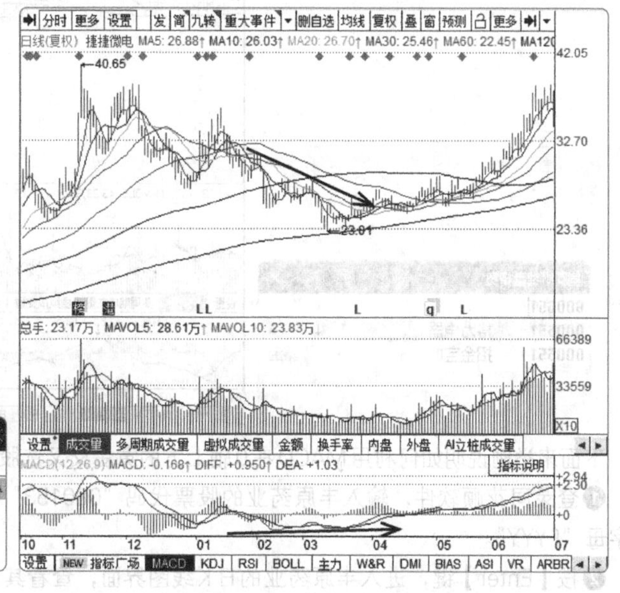

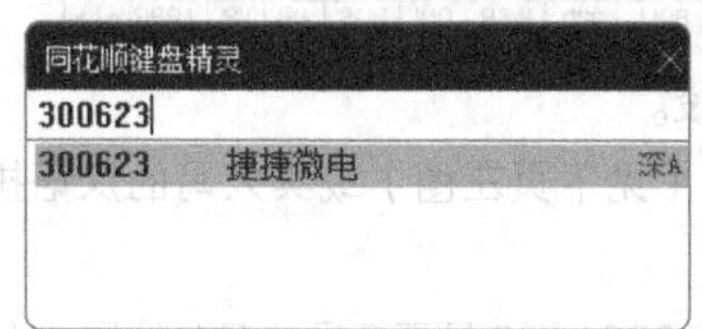

❸随后该股出现大涨，在4月20日K线的位置单击并向右拖曳至这一阶段的最高点，在弹出的菜单中选择【区间统计】选项，可测算出这一波涨跌的幅度为42.93%，如下页图所示。

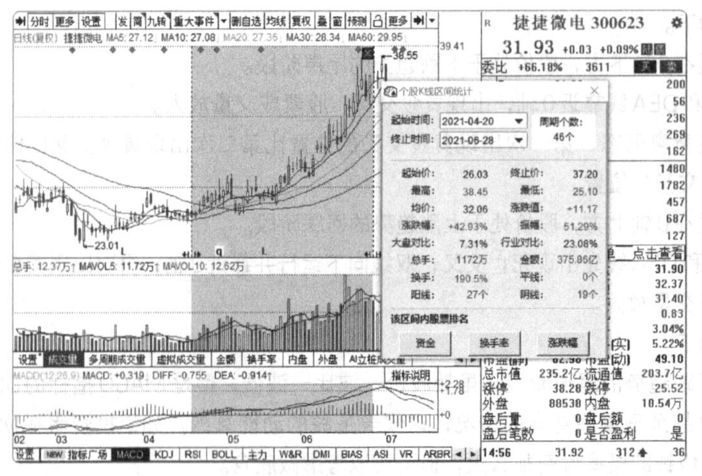

虽然上述案例中，走势出现底背离之后股价出现了反转，但是下跌过程中出现底背离并不能代表行情一定可以反转，尤其是在熊市，可能会有出现多次底背离，但是股价依然下跌的情况。以格力电器为例来说明。

❶登录同花顺软件，输入格力电器的股票代码“000651”（见下左图）或其大写的汉语拼音首字母“GLDQ”。

❷按【Enter】键，进入格力电器的日K线图界面，查看其2021年2月至9月的日K线图，如下右图所示。从图中可以看出，该股在7月14日出现底背离的第一次黄金交叉，然后K线震荡下行，MACD指标震荡向上，出现第二次黄金交叉（8月2日）。但是在这一阶段，均线呈空头发散的状态，K线距离长期均线非常远，表示股价反转向上有难度。果然，之后再次出现放量下跌。

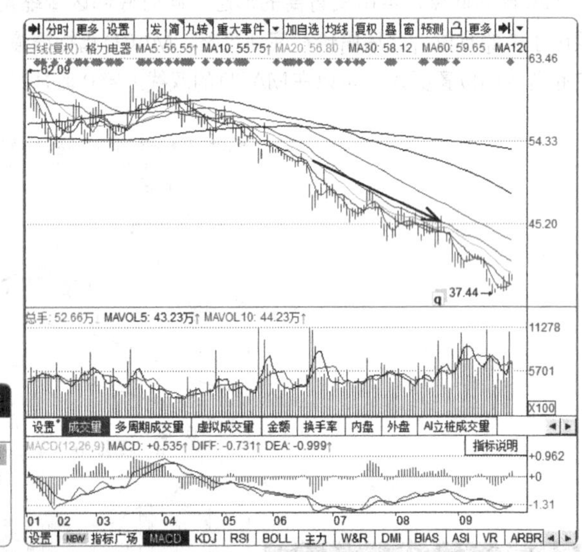

下面来举例说明如何利用MACD在0轴上方的黄金交叉选股。

❶登录同花顺软件，输入丰原药业的股票代码“000153”（见下页左图）或其大写的汉语拼音首字母“FYYY”。

❷按【Enter】键，进入丰原药业的日K线图界面，查看其2021年2月至7月的日K线图，如下页右图所示。由图中可以看出，该股的MACD指标在2月出现一次黄金交叉，之后股价和MACD指标同步震荡上行，在4月初MACD指标上穿0轴，并且在0轴上方运行。4月初股票放量，之后股价横盘震荡。在5月MACD出现死亡交叉，5月25日MACD在0轴上方第一次出现黄金交叉，这是选

股的一个判断依据。投资者可以在MACD在0轴上方出现黄金交叉时买入，0轴上方是多头趋势，股价上行压力小。果然，随后股价大涨。

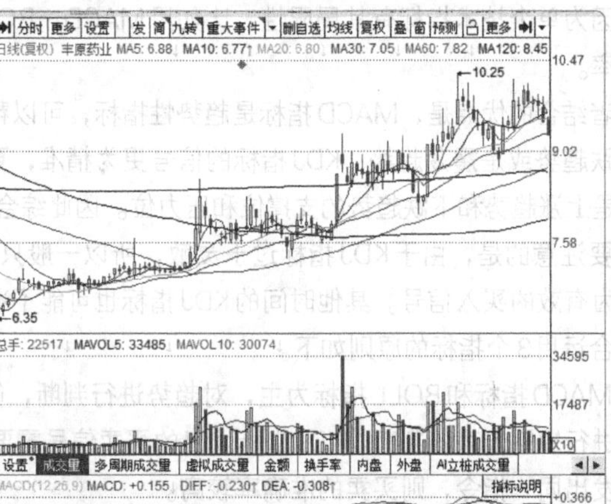

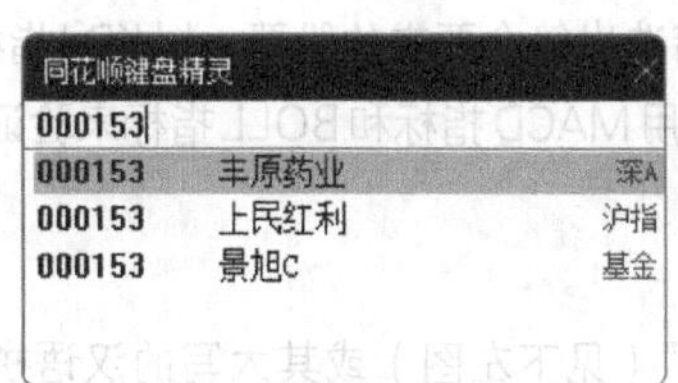

12.3.2 利用BOLL下轨选股

BOLL指标是由约翰·布林根据统计学中的标准差原理设计出来的一种非常简单实用的技术分析指标。在9.1.2小节中介绍过BOLL的基础知识。本小节将介绍BOLL在实战中的具体用法。

BOLL指标在图形上有3条线，其中上下两条线可以分别看成股价的压力线和支撑线，而在两条线之间还有一条股价平均线。BOLL指标的参数最好设为20。一般来说，股价会运行在压力线和支撑线之间的通道中。投资者可以首先选中BOLL，然后右击，修改指标参数选项，将参数修改为“20”。

利用BOLL指标选股主要是观察BOLL指标开口的大小，对开口逐渐变小的股票，投资者就要多加留意。因为BOLL指标的开口逐渐变小代表股价的涨跌幅度逐渐变小，多、空双方力量趋于一致，股价将会选择方向并突破，而且一旦开口变大，将很有可能形成中期趋势并延续下去。

首先，选择股价位于BOLL中轨或在中轨上方运行的股票。

其次，观察K线在布林通道上方运行的轨迹。遇到中轨获得支撑，并且轨道收窄的位置，就是绝佳的买入机会。因为当上下轨之间的差距极小（即开口很小）时，预示后市可能会孕育新的行情，如下图所示。

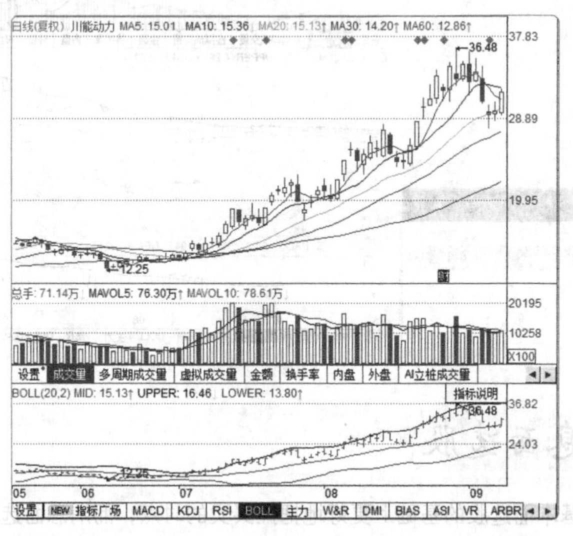

12.3.3 利用多技术指标共振选股

除了根据以上单个技术指标进行选股外，大部分投资者选股买入时要考虑多个指标之间的互相验证，因为单个技术指标有其局限性，比如用MACD、BOLL和KDJ指标来综合判断，从而提高操作的准确率。

三者结合的优点是，MACD指标是趋势性指标，可以帮助投资者判断股价所处的趋势是上涨趋势还是下跌趋势或是震荡趋势；KDJ指标的信号更为精准，更能提升投资者的获利机会；而BOLL指标反映的是上涨趋势和下跌趋势的支撑位和压力位。因此综合利用这3个指标将能判定股票的买入时机。

需要注意的是，由于KDJ指标过于灵敏，所以一般只在上涨趋势的回踩阶段出现超卖信号时才被确定为有效的买入信号。其他时间的KDJ指标也可能不准确。

综合运用3个指标的原则如下。

以MACD指标和BOLL指标为主，对趋势进行判断，筛选出符合要求的股票；以KDJ指标为辅，对价格进行短期走势的判断。KDJ指标发出的买卖信号需要用MACD指标和BOLL指标来验证，如果三者均发出同一指令，则买卖的准确率较高。

下面来举例说明如何利用多技术指标共振选股。

❶登录同花顺软件，输入宝泰隆的股票代码“601011”（见下左图）或其大写的汉语拼音首字母“BTL”。

❷按【Enter】键，进入宝泰隆的日K线图界面，查看其2021年6月至9月之间的日K线图，如下右图所示。由图中可以看出，在7月12日，股价已经突破均线的压制并进行了回踩，处于均线粘合的位置，成交量上涨有量，下跌缩量，K线上升至BOLL中轨并站稳，KDJ指标出现黄金交叉，MACD指标在0轴上方回踩至0轴。5个指标同时发出了买入信号，投资者在这个位置买入，后市看涨的概率较大。

12.4 消息面选股

技术面选股是在基本面选股的基础上更好地把握买卖的时点，而消息面选股则是利用各种公开或

非公开的消息对市场短期的情绪方向进行预判。消息面主要包括市场消息、行业消息以及相应的政策支持等。

基本面和技术面的选股方法是基础，而消息面则能决定该股是不是风口上的股票。消息面选股主要是指通过当前的政策情况、市场情况、国外情况、行业情况等，对股票所处的位置进行分析。

虽然基本面好、业绩好的股票赚钱的概率较大，但是这种股票的价格并不一定上涨，也需要有消息面的刺激，才能助推股价上涨，走出气势恢宏的大牛行情，帮助投资者获得趋势收益。有的股票即使业绩还不错，但是没有消息面的刺激，很难叠加情绪影响，就不容易发动大牛行情。如果有利空的消息面出现，如某行业颁布“踩刹车”政策、出现外围市场风险、爆发战争等各类风险事件，即使上市公司业绩再好，也会受到影响，导致股价下跌。

12.4.1 宏观经济数据

宏观经济直接决定了市场是处于宽松还是紧缩的环境。一般宏观经济对股市的影响有6个方面：①国内生产总值与经济增长率；②当前所处的经济周期；③普通商品消费者物价指数（consumer price index，CPI）和生产价格指数（producer price index，PPI）；④利率；⑤通货膨胀率；⑥汇率水平。这6个方面的数据对判断市场未来的走向都是很有帮助的。所以投资者要持续关注宏观经济数据的发布。可以通过国家统计局网站查看以下数据：年GDP数据（有的省政府网站会有本省的GDP数据）；CPI和PPI均由国家统计局每月公布；利率、汇率信息均可以在中国人民银行网站查询。下图为中国人民银行市场动态界面，在这里可以查看当前的人民币汇率中间价、外汇市场行情等。

宏观经济数据并不能直接帮助投资者选择股票，但是可以帮助投资者过滤不符合当前市场行情的板块等。例如，2021年的CPI持续稳定，猪肉的价格也连续下跌。这里要注意的就是判断周期股的底部何时出现。之前在12.1.1小节提到，周期股的底部就是整个行业中的绝大部分公司，甚至连龙头公司都严重亏损，市场已经把所有的悲观情绪都反映在股价上。这个时候，投资者就可以选择买入战略方向正确的公司的股票。下页图为猪肉龙头股牧原股份的股价走势，可以看到股价在2021年8月筑底，9月有反弹迹象。

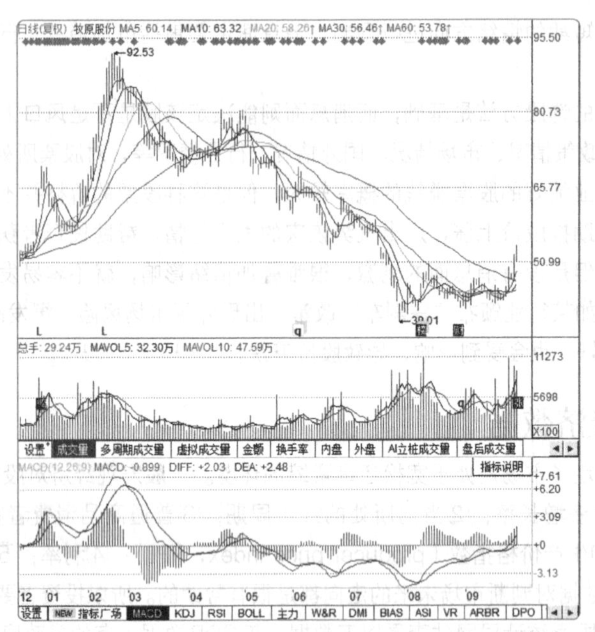

12.4.2 政策扶持力度

政策扶持也会对股市产生影响。由于有国家政策为导向，在扶持范围内的上市公司往往会获得更为优惠的政策。无论是税收方面、财政政策方面还是货币政策方面的优惠政策，均能直接或间接提高上市公司的销售净利率。

因此投资者在通过消息面选股的时候，应当多关注最新出现的政策，进而发现可投资的板块和行业。在查看最新政策时，应当认真分析最新政策的扶持细则，进一步判断该板块的受惠力度以及行情的可延续周期。然后对个股进行筛选，为进一步投资做准备。

例如，2019年10月22日注册成立的"国家大基金二期"（全称是国家集成电路产业投资基金二期股份有限公司），主要投资的是芯片产业，有近2 000亿元的注册资本，超出之前的市场预期，注册资本是"国家大基金一期"的两倍。受益公司主要有北方华创、长电科技、通富微电、士兰微等。右图为北方华创2019年7月至2021年8月的股价走势，可以看到股价从55.63元一路上涨至最高432.00元，增长将近7倍。

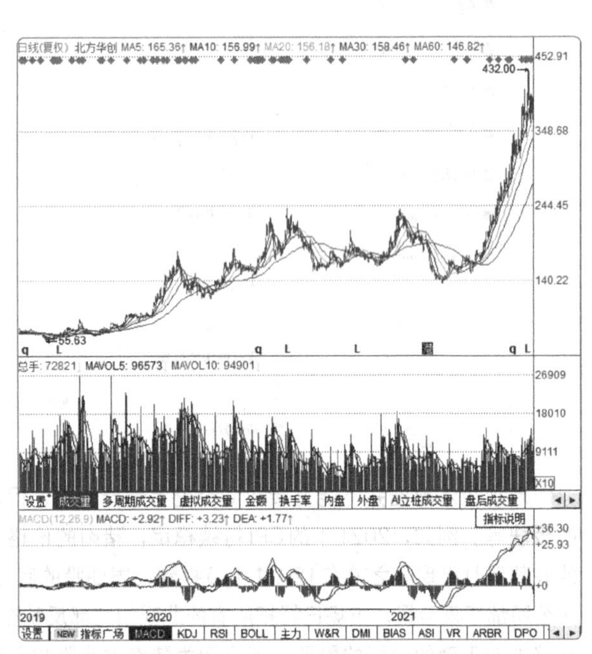

高手支招

技巧1 增加对举牌股票的关注度

股价的大跌和某些机会会导致市场中的大量投资者对A股股票争相举牌。中小投资者可以追踪这些明星资本动向，发现相应的投资机会。

所谓举牌，就是根据《中华人民共和国证券法》的规定，投资者在各种市场购买持有的股份超过该股票总股本的5%时，必须马上通知证券交易所和证券监督管理机构，在证券监督管理机构指定的报刊上进行公告。

技巧2　跟随营业部买股票

除了各种市场消息外，每天A股收盘后，还会有相应股票的龙虎榜消息，包括该只股票的成交额、上榜的原因等。这其中就包括很多著名的营业部买卖信息，这些营业部的背后都是著名的私募或大资金量的游资。当这些著名营业部有大资金量买入的行为时，可能是其背后的著名游资或私募所为，即其看好某些股票，因此，股价后续大涨的可能性会大增。

第13章 逃顶技法

本章引语

知进而不知退，知存而不知亡，知得而不知丧，其唯圣人乎？

——《周易·乾·文言》

知进退、懂取舍的人才能称为圣人。股票投资不仅要学会伺机进攻，更要学会识顶逃顶，这样才能避免大的亏损，把浮盈变成实际的盈利。

本章要点

★通过消息面逃顶

★通过技术面分析逃顶

13.1 通过消息面逃顶

消息面常见的几种类型包括国家政策的调整、地方政府的管控，以及业内专业人士的意见等，这些都有可能给股价带来影响。

13.1.1 国家政策的调整

2021年是煤炭和有色金属的顺周期，煤炭价位持续走高，有色金属等大宗商品期货的价格也持续走强。尤其是七八月，更是用电旺盛的时期。受到“双控”政策的影响，部分煤矿限产，直接缩减了供给。而用电的需求端并没有减少，直接助推了煤价的上涨。

2021年9月16日，国家发展改革委召开新闻发布会，明确国家发展改革委已经向各地方和有关企业发出通知：一方面，要求推动煤炭中长期合同对发电供热企业直保并全覆盖，确保发电供热的用煤需要，守住民生用煤底线；另一方面，发电供热企业和煤炭企业在2021年已签订中长期合同的基础上，再签订一批中长期合同，将发电供热企业中长期合同占用煤合同总量的比重提高到100%。该通知给当时煤炭的周期股行情泼了一盆冷水。

通知一出，晋控煤业（601001）的股价在2021年9月17日就直接跌停，如下图所示。但是当日并非跌停价开盘，投资者还有卖出的机会。投资者在不确定市场消息对股票的影响程度时，应首先退出或轻仓参与，宁可错过，不可做错。

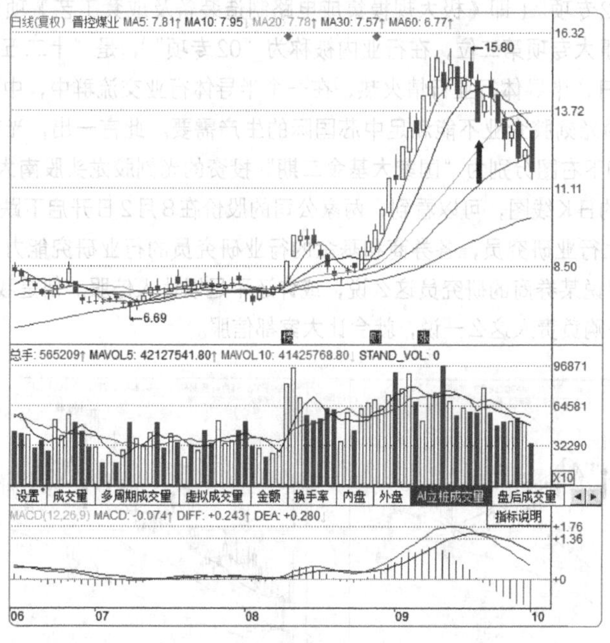

13.1.2 地方政府的管控

2021年磷化工行业也处于顺周期，*ST澄星的主营业务就是黄磷、磷酸、磷酸盐等精细磷化工系列产品的生产与销售，所以其2021年上半年的股价非常坚挺，一路上扬。虽然是*ST股票，但是*ST澄星从3月开始半年涨幅高达275%。2021年9月，受《完善能源消费强度和总量双控制度方案》（以下简称《方案》）的影响，江苏省要求9月黄磷、工业硅产业削减90%的产量，水泥压缩80%的产量。9月底*ST澄星发布公告，多家子公司停产，消息一出，股价直接一字跌停。投资者本以为限产对该公司是利好，结果发现是利空，所以投资者对政策导向还是要敏感，对于政策可能会影响到的上市公司还是要仔细分辨清楚。如果在9月16日政策出台时，投资者就谨慎减仓，也不会受损那么严重。如果投资者没有减仓，建议开板了就卖出。*ST澄星2021年7月至9月的日K线图如右图所示。

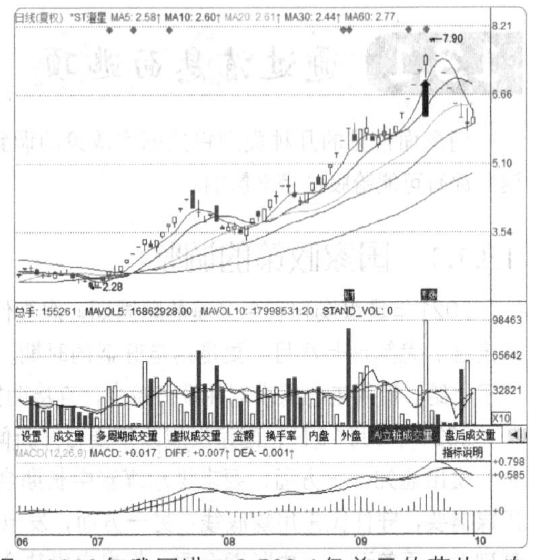

在股市中，无论是短线投资者，还是中长线投资者，买进股票的最终目的都是获取利润。能够很好地择时卖出，才能赚取真正的利润。

13.1.3 业内专业人士的意见

芯片曾经是我国外贸进口量最大的单一类商品，2020年我国进口3 500.4亿美元的芯片。在2019年，我国成立“国家大基金二期”，继续承接扶持国家半导体产业的目标，在半导体行业布局。“国家大基金一期”的布局以制造领域为主，主攻下游各产业链龙头，“国家大基金二期”则更聚焦半导体设备材料等上游领域，如光刻机、光刻胶等。

上述只是给投资者介绍了芯片半导体行业背景和国家为了扶持该行业采取的产业措施。半导体行业作为国家的“02专项”（即《极大规模集成电路制造装备及成套工艺》项目，因次序排在国家重大专项所列16个重大专项第二位，在行业内被称为“02专项”），是“十二五”期间重点实施的内容。2021年7月31日，半导体行业行情火热，在一个半导体行业交流群中，中芯国际的光刻胶负责人在群里声称国内的光刻胶企业不能满足中芯国际的生产需要。此言一出，光刻胶龙头股股价次日纷纷下跌。下左图和下右图分别为“国家大基金二期”投资的光刻胶龙头股南大光电（300346）、雅克科技（002409）的日K线图，可以看到，两家公司的股价在8月2日开启下跌走势。投资者的行业研究能力一般比不上行业研究员，各券商和基金的行业研究员的行业研究能力一般不能与具体的业务负责人相比。如果说某券商的研究员这么说，或许还不足以让人信服。但是我国最大、世界前5的晶元代工厂光刻胶采购负责人这么一说，就会让大家都信服。

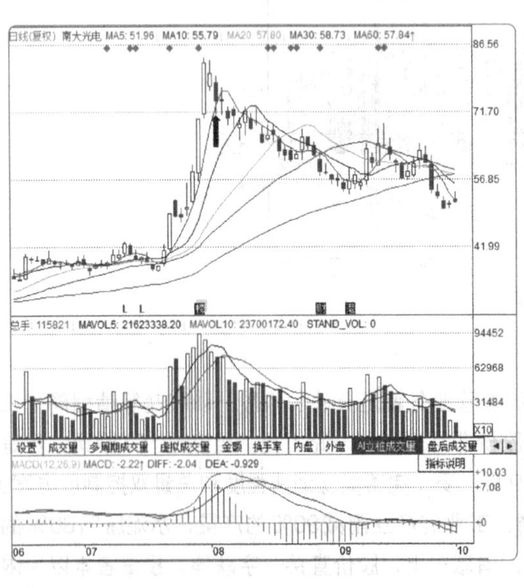

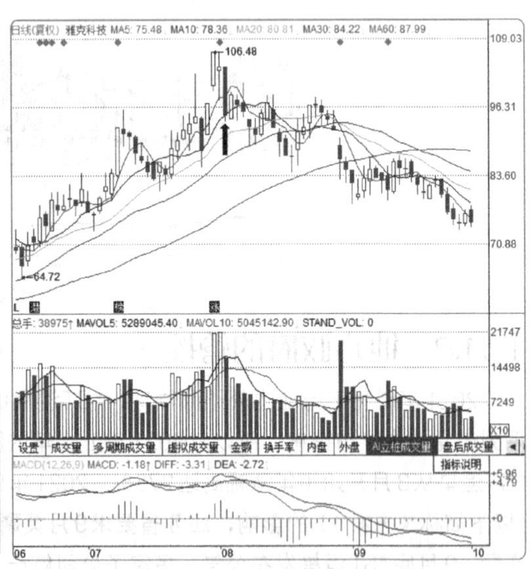

13.2 通过技术面分析逃顶

因为信息的不对称，通过消息面逃顶往往并不能真正实现快速出逃。实际上，投资者也可以根据技术面分析进行识顶逃顶。

13.2.1 单根K线逃顶

在本书的前面章节已具体讲解过各种见顶的K线形态和K线组合形态，投资者对这些K线形态如果不能全部熟记于心，就记住两个最重要的K线见顶形态：一个是长十字星，另一个是顶部放量巨阴。

出现长十字星是相当重要的见顶信号，其形态特殊，将T字线、倒T字线、射击之星、上吊线、螺旋桨线等K线的特性都包括在内。

下面来举例说明如何利用长十字星逃顶。

❶打开同花顺软件，输入百川股份的股票代码“002455”（见下图）或其大写的汉语拼音首字母“BCGF”。

同花顺键盘精灵		
002455		
002455	百川股份	深A
002455	加银鑫喜	基金
128093	百川转债	债券

❷按【Enter】键，进入百川股份的日K线图界面，缩放显示2021年7月至9月的日K线图，如下左图所示。从图中可以看出，股价经过三波上涨之后，在8月12日出现高位长十字星，预示该股见顶。投资者应尽快出逃。

❸高位出现长十字星，预示两种可能：一是主力在震荡洗盘，二是主力在震荡出货。仔细分析百川股份，从7月1日到8月12日的近一个半月内，股价从7.81元涨到26.06元，涨幅近234%，升势巨大，如下右图所示，即使还能涨一波，个人投资者也应清仓离场。因为即使后期没有大盘的大幅下挫，该股短期前景也不妙。

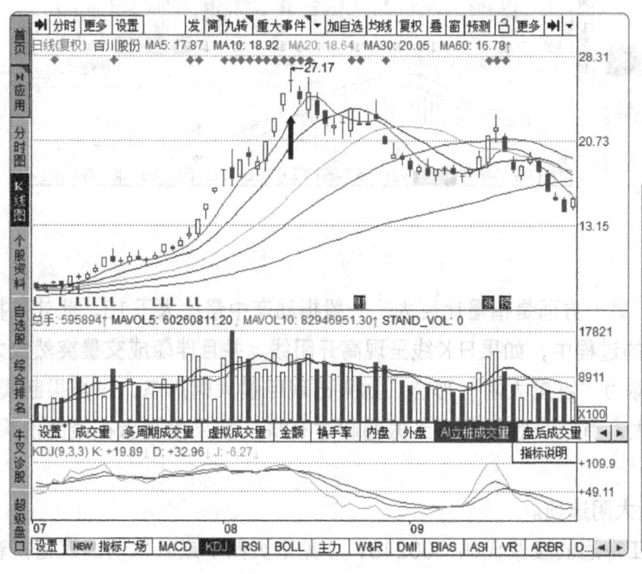

注意

只要在高位出现长十字星，投资者都要注意，最好等形势明朗后再做决定，也可以减仓，但绝不能再短线抄底。

如果在牛市初期出现长十字星，且在一个振幅较小的范围内反复出现，很可能是主力在震荡洗盘，可能会出现回调，但是中长期是上涨的，这时可根据均线进行操作。

下面来举例说明如何利用单根K线逃顶。

射击之星和倒T字线属于上档抛压沉重，是见顶信号，其共同特征是具有较长的上影线，实体较短。

❶登录同花顺软件，输入风华高科的股票代码“000636”（见下左图）或其大写的汉语拼音首字母“FHGK”。

❷按【Enter】键，进入风华高科的日K线图界面，缩放显示2021年7月至9月的日K线图，如下右图所示。从图中可以看出，经过前期的大幅上涨后，该股在7月27日出现射击之星，预示抛压沉重，是见顶信号。该股不但此时出现了射击之星形态，在8月12日再次出现了射击之星形态。即使第一次出现该形态判断不准确，当再一次出现该形态时，就应该尽快抛出，否则浮盈会大幅缩水。

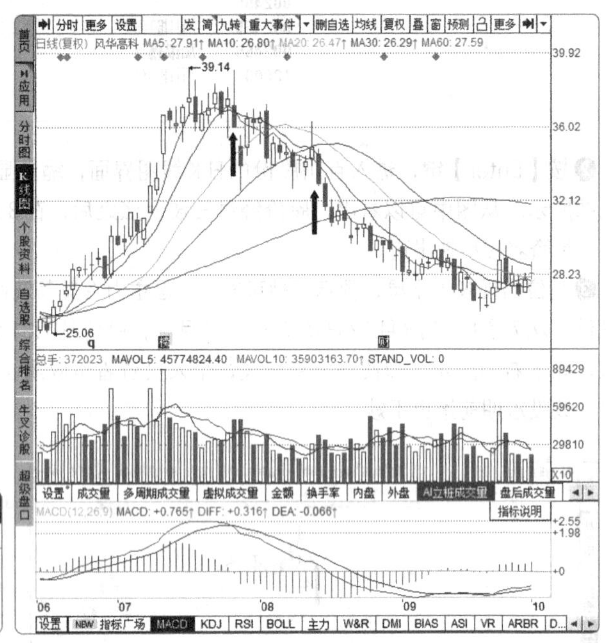

13.2.2 巨量大阴逃顶

巨量一方面是指成交量巨大，另一方面是指量比巨大（一般指动态中量比大于13，此处是指成交量巨大）。在一只股票价格上涨的过程中，如果日K线呈现高开阴线，并且伴随成交量突然放大或开盘量比非常大，这种形态就被称为“巨量大阴”形态。如果出现巨量大阴形态，应当果断卖出，因为当天收高开阴线的可能性极大，有些个股甚至当天振幅超过10%。如果投资者在最高价买入，有可能当天损失15%以上。

下面来举例说明如何利用巨量大阴逃顶。

❶登录同花顺软件，输入珠江啤酒的股票代码“002461”（见下页图）或其大写的汉语拼音首字母“ZJPJ”。

同花顺键盘精灵

002461

002461	珠江啤酒	深A
002461	珍利A	基金

❷按【Enter】键，进入珠江啤酒的日K线图界面，缩放显示2021年5月至7月的日K线图，如下左图所示。从图中可以看出，珠江啤酒的股价在前期一直处于震荡上涨的阶段，成交量在26万手（成交额为2.7亿元）上下波动。但是在6月7日和6月8日这两天，先是成交了6.57亿元，上涨了7.62%，第二日下跌6.54%，成交了5.85亿元。这两天的成交量是以前单日成交量的2倍多，而且K线是一根大阴线，这就预示在高位有获利盘出逃。

❸投资者发现这种情况时，最好赶快清仓离场，否则很有可能遭受巨大损失。从最高点13.05元到后期最低点9元，振幅约为31%，如下右图所示。

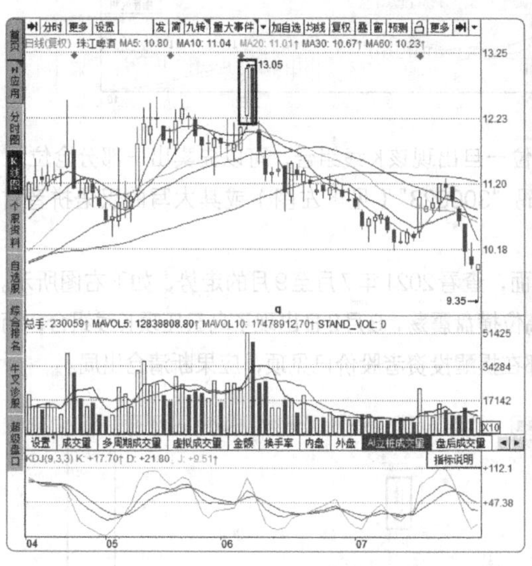

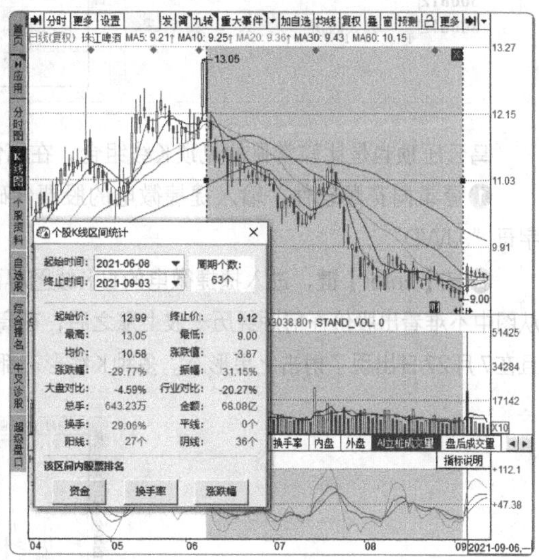

13.2.3 K线组合逃顶

见顶K线组合在技术篇有较为详细的介绍，如果投资者很难记住所有顶部形态，只需要记住巨阴包阳和乌云压顶K线组合，这两种形态是最典型的见顶形态。二者的共同特征就是第二根K线为大阴线。只不过巨阴包阳K线组合的第二根大阴线将前面的第一根K线从头到脚全部包括在实体里面。该K线组合出现后往往会有两种情况：一种是股价快速回落，另一种是股价盘整一段时间再向下突破。而乌云压顶K线组合的第二根K线要长于第一根K线，并且阴线深入前一日阳线实体内部超过二分之一的位置。

下面来举例说明如何利用K线组合逃顶。

❶登录同花顺软件，输入易天股份的股票代码“300812”（见下页左图）或其大写的汉语拼音首字母“YTGF”。

❷按【Enter】键，进入易天股份的日K线图界面，缩放显示2021年7月至9月的日K线图，如下页右图所示。股价在经过7月至8月的震荡上涨之后，8月5日出现巨阴包阳K线组合，股价见顶后就开始大幅下跌。投资者如果遇到巨阴包阳K线组合，建议先减仓，如果后面股价继续跌破均线，则建议全部清仓。

有些股票出现巨阴包阳K线组合后，股价并没有马上下跌，而是出现较长时间的盘整，或者可能创出新高。但投资者一定要明白，主力不可能在高位利用巨阴包阳K线组合洗盘，所以还是出货为妙。

同花顺键盘精灵
300812
300812 易天股份 深A

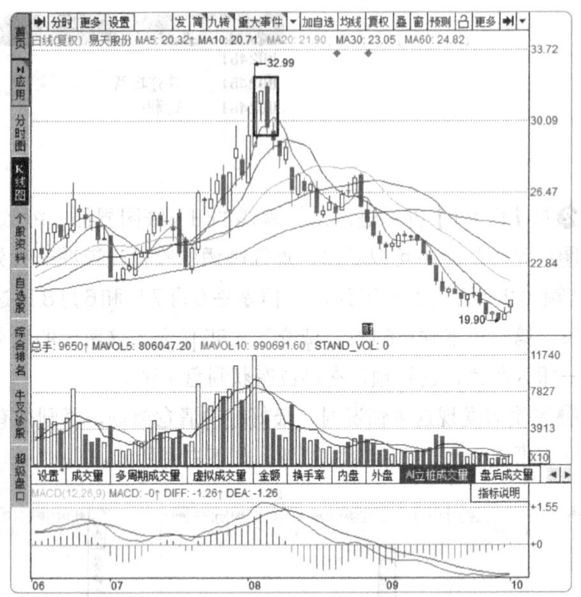

乌云压顶也是比较常见的见顶K线组合，在高位一旦出现该K线组合，可以先卖出一部分仓位。

❶登录同花顺软件，输入捷捷微电的股票代码“300623”（见下左图）或其大写的汉语拼音首字母“JJWD”。

❷按【Enter】键，进入捷捷微电的日K线图界面，查看2021年7月至9月的走势，如下右图所示。从图中不难看出股价在前期经历一波上涨之后，在高位横盘震荡，8月2日出现了乌云压顶K线组合，而且在7月27日出现了射击之星形态。多种K线形态都在提醒投资者股价已见顶，应果断清仓出局。

同花顺键盘精灵
300623
300623 捷捷微电 深A

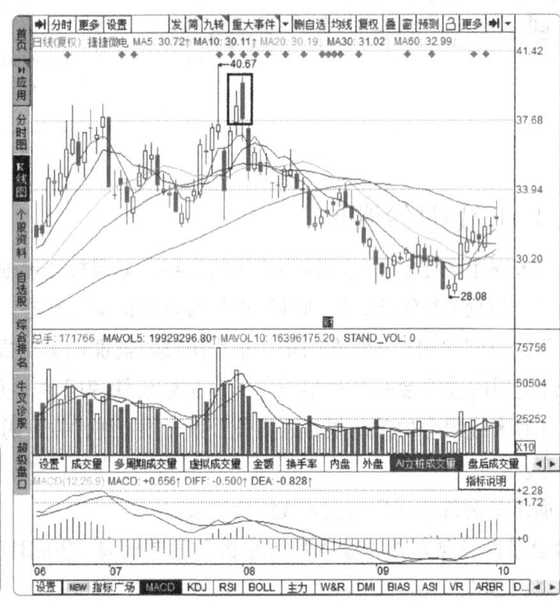

提示

利用K线组合逃顶的优点是，只要能看准K线形态，就可以在高位卖出一个好价格；缺点是，有误判的可能性，常常被主力洗盘出局，即把阶段性顶部看成中长期顶部。

投资者可以参考以下建议，判断是上升趋势要扭转向下还是主力的洗盘。

（1）日K线图出现见顶信号后，要进行验证，即多观察几日或先卖出一部分筹码。

（2）在利用K线组合逃顶时，利用均线进行辅助判断，如果是多头排列或没有跌破关键支撑位，则不要轻易清仓离场。

（3）看了日K线图，还要看周K线图、月K线图，进行综合验证。

13.2.4 顶背离逃顶

在使用技术指标投资股票时，经常会遇到股价走势与指标走势“背离”的现象。背离，简单地说就是走势不一致。出现背离的形态，就是一个比较明显的采取行动的信号。

能够形成明显技术指标背离特征的指标有MACD、W&R、RSI、KDJ等指标，其形态都存在与股价背离的特征。

指标的背离有顶背离和底背离两种。

当K线图上的股价走势一峰比一峰高，一直在向上涨，而MACD指标的红色柱却一峰比一峰低，即当股价的高点比前一次的高点高，而MACD指标的高点比前一次的高点低时，就叫顶背离现象。出现顶背离现象一般是股价在高位即将反转的信号，表明股价短期内即将下跌，是卖出股票的信号。

反之，底背离一般出现在股价的低位，当股价的低点比前一次的低点低，而MACD指标的低点却比前一次的低点高，也就是说，当指标认为股价不会再持续地下跌，暗示股价会反转上涨时，就是底背离，也是可以开始建仓的信号。

一定要注意识别假背离。通常假背离具有以下特征。

（1）某一周期背离，其他周期不背离。例如，短线图背离，但中长线图不背离。

（2）没有进入指标高位区域就出现背离。所说的用背离确定顶部和底部，在技术指标高于80或低于13时比较有效，最好是经过一段时间的钝化。技术指标在13~80往往是强市调整的特点，而不是背离，后市很可能继续上涨或下跌。

（3）单一指标背离而其他指标不背离。各种技术指标在背离的时候，往往由于其指标设计上的不同，背离时间也不同。KDJ指标最为敏感，RSI指标次之，MACD指标最不敏感。单一指标背离的指导意义不强，若各种指标都出现背离，股价见顶和见底的可能性较大。

下面来举例说明如何利用顶背离逃顶。

❶登录同花顺软件，输入深圳瑞捷的股票代码“300977”（见下图）或其大写的汉语拼音首字母“SZRJ”。

同花顺键盘精灵		
300977		
300977	深圳瑞捷	深A

❷按【Enter】键，进入深圳瑞捷的日K线图界面，缩放显示2021年5月至9月的日K线图，如下页左图所示。从图中可以看出，深圳瑞捷的股价在6月中旬至8月初开启两波上涨。但在8月初短期均线已经下穿中长期均线，趋势已经由原来的上升趋势转为下跌趋势。在7月下旬的这一小波上涨，其股价处于上升趋势（均线也处于上升趋势），但MACD线在这个阶段却并没有超过前期高点，这就是顶背离形态。

❸投资者发现这种顶背离形态时，最好赶快清仓离场，否则就会遭受巨大损失。该股从出现死亡交叉后的最高点81.97元到最低点50.65元，振幅为39%，如下页右图所示。

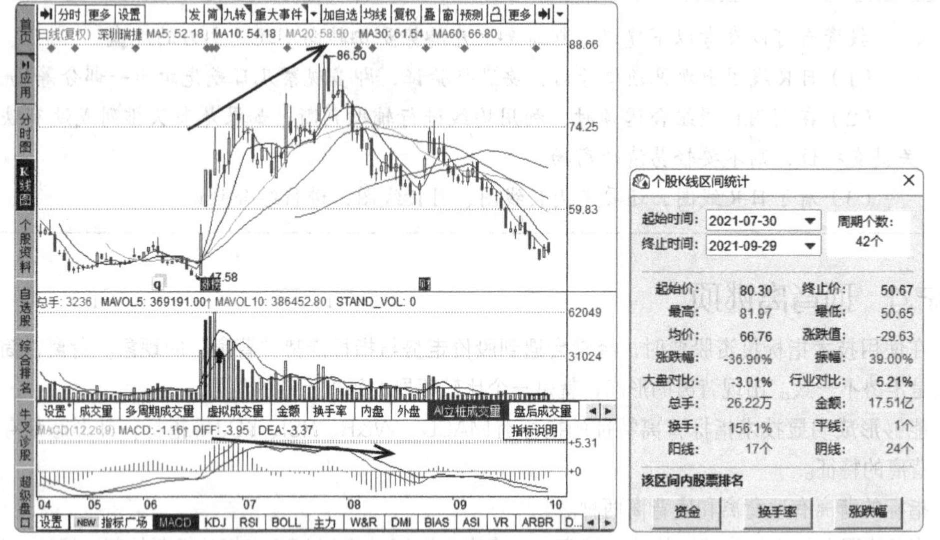

13.2.5 均线逃顶

除了K线外，均线也会被广泛地应用，特别是前面讲解过利用均线进行短线操作。投资者一定要将各种均线组合熟记于心，且能随机应变。

周均线和月均线是实战中很有参考价值的两条移动平均线，利用它们可以找到中长期买点和卖点。例如，短期的均线一般是5日均线、10日均线，中长期均线则为5周均线、10周均线和5月均线、10月均线。

当3条均线呈向下发散形，即短、中、长期3条均线粘合或交叉向下发散时，就是明显的逃顶信号。逃顶要及时，否则可能由获利变成亏损。

下面来举例说明如何利用均线逃顶。

❶打开同花顺软件，输入恒瑞医药的股票代码“600276”（见下左图）或其大写的汉语拼音首字母“HRYY”。

❷按【Enter】键，进入恒瑞医药的日K线图界面。单击界面上方的【更多】按钮，弹出时间周期快捷菜单，切换分析周期为“周”，如下右图所示。

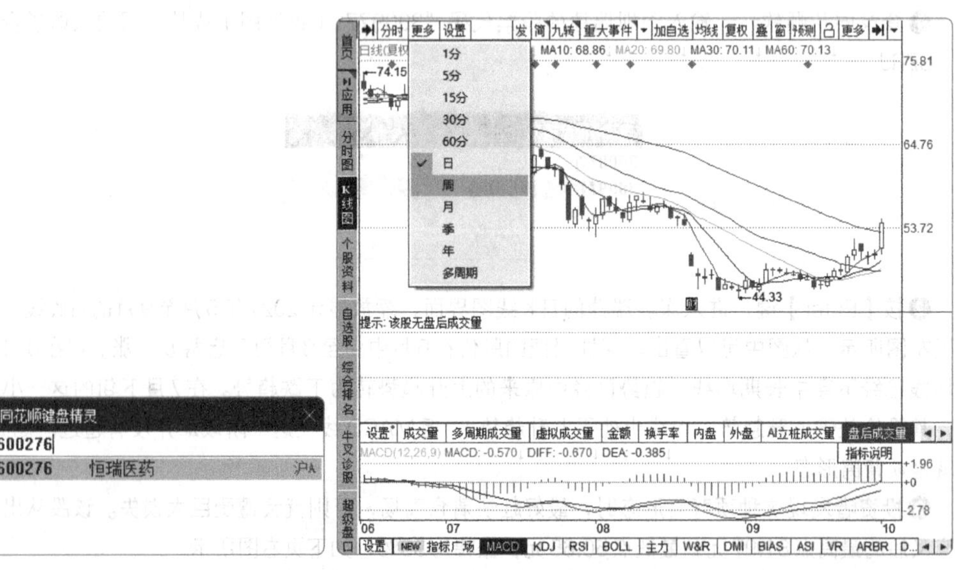

❸缩放显示2019年8月到2021年3月的周K线图，如下图所示。可以看出2019年8月至2021年1月，该股一直处于上升趋势。周均线强有力地支撑K线上行。值得注意的是，2020年12月底，该股出现两根大阳线，这在上涨趋势中往往是鱼尾行情的表现。果不其然，在2021年2月19日所在的周内，5周均线下穿10周均线，出现均线死亡交叉。紧接着在2021年3月12日所在的这一周，5周均线下穿20周均线，出现死亡交叉且10周均线也拐头向下有发散迹象。在第一次出现死亡交叉的时候，投资者就应该至少止盈一半的仓位，第二次出现死亡交叉时更要卖出手中剩余的股票。

❹向后调整时间区间，在2021年2月出现死亡交叉之后，股价持续下跌，如果不抛出，将遭受连续大半年的下跌。从最高97.23元跌至最低39.60元（见下图），股价超过腰斩，白马股也会有很大的跌幅，所以投资者在投资股票方面一定要严格执行自己的交易模型，破线就止损止盈。如果股价前期已经涨了很长一段时间，出现急涨后短期内继续上涨的可能性较小，投资者看到该形态时，应立即卖出该股票，否则会遭受巨大损失。

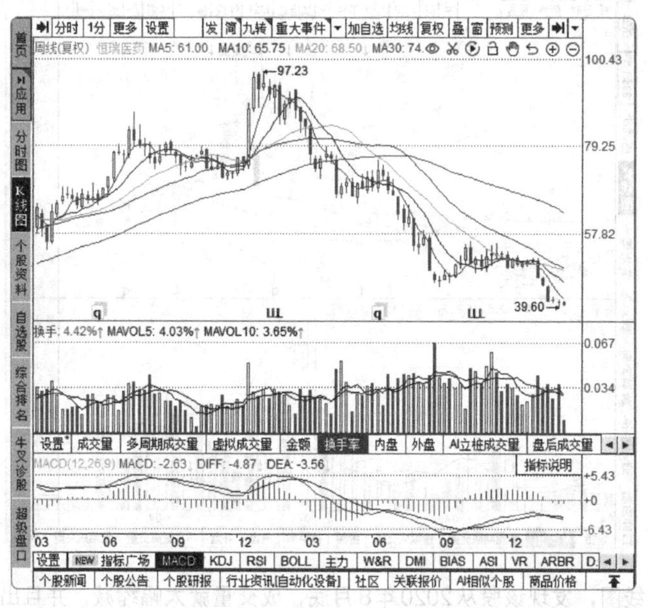

13.2.6 量梯跟进逃顶

成交量可以帮助投资者判断一只股票是否即将成为热门股票。有经验的投资者都知道“量为价先”，即成交量一般先于股价出现明显特征。当成交量均线出现死亡交叉的时候，如果同时伴随成交量像下台阶一样的量柱形态，就可以确定出现了量梯跟进现象，此时投资者应当及时卖出逃顶。

下面来举例说明如何利用量梯跟进逃顶。

❶打开同花顺软件，输入天下秀的股票代码“600556”（见下左图）或其大写的汉语拼音首字母“TXX”。

❷按【Enter】键，进入天下秀的日K线图界面。在日K线图界面单击【更多】按钮，在弹出的快捷菜单中单击【月】命令，进入月K线图，如下右图所示。

❸缩放显示2018年4月至2021年9月的月K线图，如下图所示。在2020年4月至8月，该股放量上涨，这时均线已经向上发散。但是在2020年10月，成交量均线出现死亡交叉，即短期量能萎缩，预示高位无人接盘，且K线在顶部出现了射击之星，这时投资者就需要小心。前面已经说过，出现这种高位的上吊线和射击之星，一定要注意减仓。如果是月K线出现这种形态，调整的时间会更长。

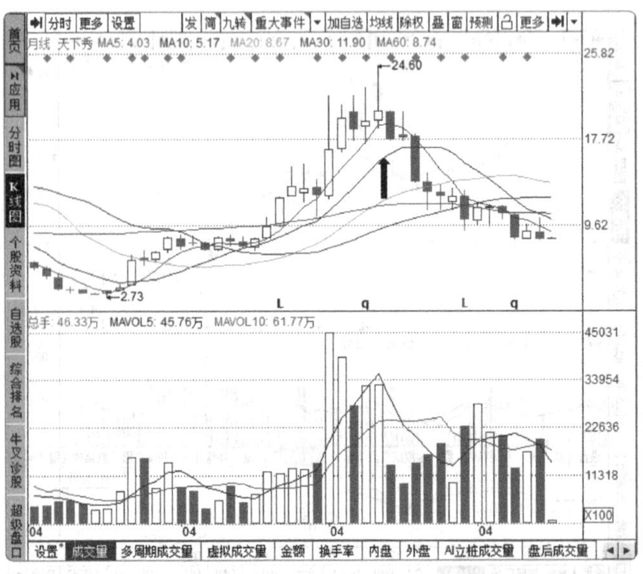

❹切换回日K线图，发现该股从2020年8月底，成交量就大幅缩减，并且出现成交量均线的死

亡交叉，如下图所示。出现成交量均线的死亡交叉也是卖出信号，说明该股的交易变得不活跃，没有资金追捧，股价在短期内很难恢复上涨。

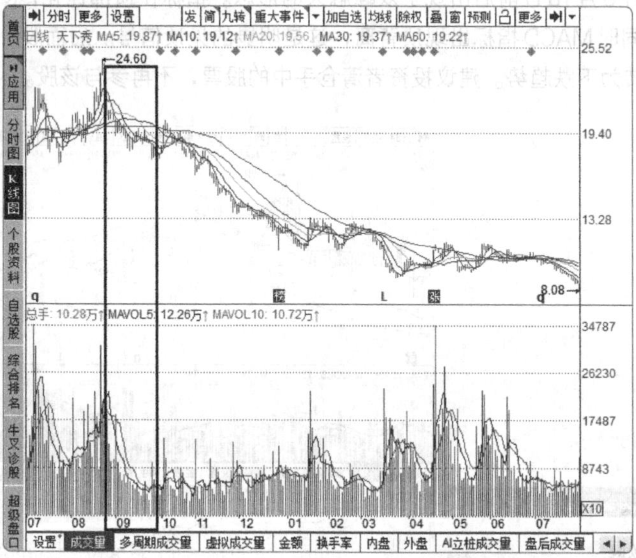

> **注意**
>
> 除了判断个股走势外，投资者还可以根据这种形态判断大盘走势。

高手支招

技巧1 双峰触天逃顶

双峰触天是指股价在上升的过程中，出现了两个高度大致相等的顶部。如果第二个顶部没有前一个高，就很有可能反转进入下跌行情，如下图所示。此时建议投资者谨慎，清仓手中的股票。

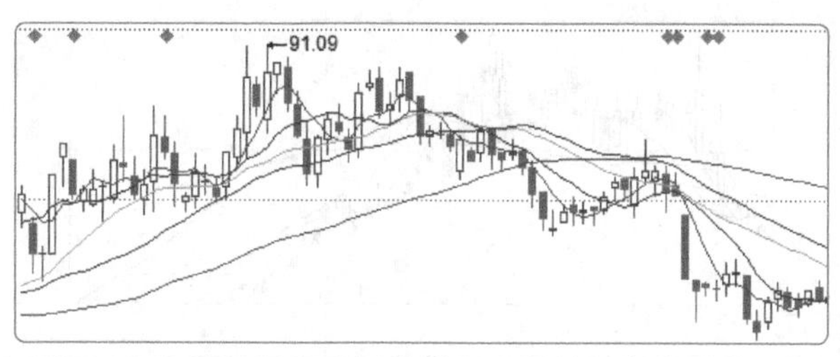

出现双峰触天的形态后，投资者需遵循以下操作原则。

（1）出现双峰触天形态不一定代表后期股价一定会下跌，但是后期一般不会出现新一轮的上涨，所以此时抛售股票，实属明智之举。

（2）双峰触天形态有可能会出现3次。

（3）即使出现轻微的上涨震荡，卖出信号也与顶部一样强烈。

下面来举例说明如何利用双峰触天逃顶。

❶登录同花顺软件，输入三只松鼠的股票代码“300783”（见下页左图）或其大写的汉语拼音

首字母“SZSS”。

❷按【Enter】键，进入三只松鼠的日K线图界面，如下右图所示。在2020年4月至8月的日K线图中，显示该股在5月18日前后出现了双峰触天的形态。指标在顶部钝化，K线两次上冲到90元附近就停止上涨；同时MACD指标出现顶背离，这是明显的见顶信号。后面股价与MACD指标同步下跌，从上涨趋势转为下跌趋势。建议投资者清仓手中的股票，不再参与该股。

同花顺键盘精灵
300783
300783 三只松鼠 深A

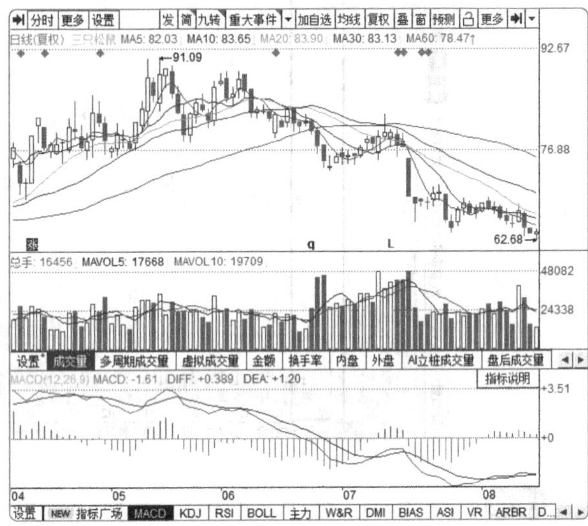

> **注意**
>
> 一旦遇到双峰触天形态，虽然无法确定其下跌幅度，但投资者应及时抛出股票，降低后面由于下跌造成的损失。如果后面横盘震荡修复完成，等待突破后再买入也来得及。

技巧2 三峰顶天逃顶

三峰顶天是指股价上升到高位后，相继出现高点大体处在同一水平线上的3个顶部，这是股价大顶到来的重要表现，当第三个高点出现时是强烈的卖出信号，如下图所示。

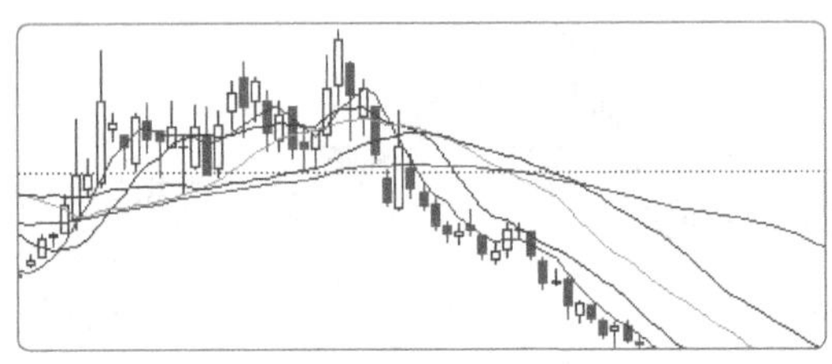

出现三峰顶天形态后，无论是谨慎的还是激进的投资者都需要注意以下两点。

（1）3个峰顶出现的时间间隔有长有短，长则达数周甚至数月，短则只有三五日，不论相隔时间长短，均是强烈的卖出信号，尤其是在第三个峰顶出现时。如果日K线无法明确显示，可以利用周K线和月K线显示。

（2）通常以股价前期升幅的大小来区分三峰顶天形态所处的位置。在一般情况下，前期升幅较大，处在高位的可能性也就较大。股价前期升幅超过30%为处在高位，经过一段时间下跌后形成的三峰顶天形态为处在下降途中。

下面来举例说明如何利用三峰顶天逃顶。

❶登录同花顺软件，输入锦鸡股份的股票代码“300798”（见下左图）或其大写的汉语拼音首字母“JJGF”。

❷按【Enter】键，进入锦鸡股份的日K线图界面，查看该股2020年9月至2021年1月的日K线图，如下右图所示。从图中可以看出，第一个山峰出现了长长的上影线，表明投资者做多的动能不足，空头已经尝试反击。投资者对这一高点已有戒备，谨慎做多，因为股价不会继续上涨，只好向下寻求出路，于是形成了第一个山峰。第二个山峰出现时，因为有前一个山峰做比较，部分还没卖出股票的投资者会在第二个山峰的高点附近卖出，迫使股价下跌。第三个山峰出现时，多数投资者会以前两个山峰的高点为警戒点，清仓离场，股价就会一蹶不振地下跌。这就是为什么第三个山峰出现后，股价会大跌。

同花顺键盘精灵
300798
300798 锦鸡股份 深A

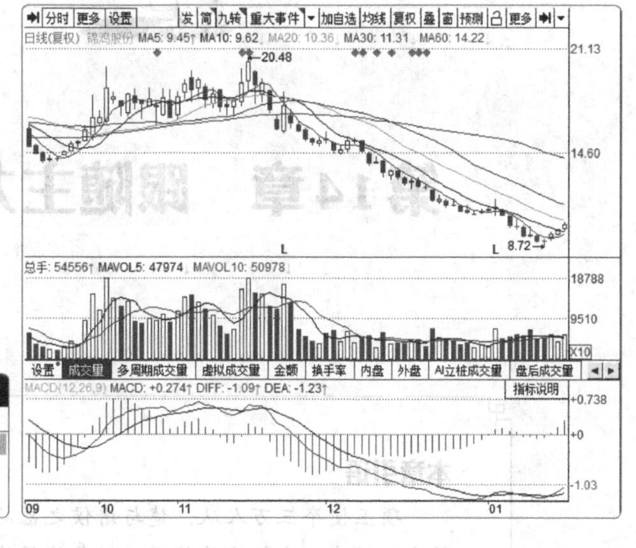

❸在实战中，三峰顶天形态的出现与间隔时间没有必然联系（长则数月，短则几天），只要出现三峰顶天形态，就是阶段性顶部的重要信号，表明此处压力很大，每一个顶部的出现都是较好的卖出时机。

第14章 跟随主力技法

本章引语

项王使卒三万人从，楚与诸侯之慕从者数万人，从杜南入蚀中。去辄烧绝栈道，以备诸侯盗兵袭之，亦示项羽无东意……八月，汉王用韩信之计，从故道还，袭雍王章邯。邯迎击汉陈仓，雍兵败……

——《史记·高祖本纪》

时至今日，股市中的主力已经没有之前那么明显，但仍旧存在。他们资金实力强、获取信息的渠道多、操盘技术高超，有些私募还通过量化手段获得收益。所以，投资者需要不断地学习，了解主力的投资技巧，才能知己知彼，百战不殆。

本章要点

★试盘

★如何发现主力拉升

★主力的常见洗盘法

一个完整的投资过程包括建仓，加仓、减仓、空仓。在实际操作中，机构投资者建仓的价格可能在一个区间，买入股票时不那么在意价位，在卖出时也可能不看价位，直接卖。当然机构投资者的根本目的也是获利，如果个人投资者能够挖掘机构投资者的操作行为，就可以获利更多。

14.1 识别主力盘口语言

快速识别主力的盘口语言无疑是获利的法宝，那么什么是主力的盘口语言呢?

（1）识别买一、卖一大封单。大量的委买盘挂单俗称下托板，大量的委卖盘挂单称为上压板，右面两张图分别为卖一压盘和买一托盘。但无论是下托还是上压，其最终目的都是主导股价的涨跌，从而获利。

际华集团 601718		
3.03 +0.12 +4.12%		
委比 +12.63%	5376	买 卖
卖盘 5	3.08	4072
卖盘 4	3.07	2069
卖盘 3	3.06	2662
卖盘 2	3.05	4521
卖盘 1	3.04	5274
买盘 1	3.03	221
买盘 2	3.02	12934
买盘 3	3.01	5531
买盘 4	3.00	4038
买盘 5	2.99	1250

飞利信 300287			
4.30 -0.25 -5.49%			
委比 +56.83%	11064		
卖盘 5	4.34	1309	
卖盘 4	4.33	1001	
卖盘 3	4.32	912	
卖盘 2	4.31	767	
卖盘 1	4.30	214	-33
买盘 1	4.29	1794	+13
买盘 2	4.28	2012	-118
买盘 3	4.27	3238	+5
买盘 4	4.26	3651	
买盘 5	4.25	4572	

（2）隐性买卖盘，暗藏主力动机。在股票实时交易过程中，在买卖五档中并没有出现的价位却在成交一栏出现了，这就是通常所说的隐性买卖盘。单向整数连续隐性买单不断成交，而委买盘口中并无明显变化，一般多为主力拉升初期的试盘动作。

需要注意的是，这种买盘需要投资者实时观察盘面，否则很不容易察觉。

一般来说，上有压板，而出现大量隐性主动性买盘行为（特别是大手笔），股价不跌，则是大幅上涨的先兆。下有托板，而出现大量隐性主动性卖盘行为，则往往是主力出货的迹象。

（3）托盘透露意图。当股价处于刚启动不久的中低价区时，主动性买盘较多，盘中出现了下托板，往往预示着主力做多意图，可考虑跟随追势；若出现下托板而股价却不跌反涨，则主力压盘吸货的可能性偏大，往往是大幅上涨的先兆。

当股价升幅已大且处于高价区时，盘中出现了下托板，但走势是价滞量增，则要留神主力诱多出货；若此时上压板较多且上涨无量时，则往往预示顶部即将出现，股价将要下跌。

（4）连续出现的单向大买单是主力活动的先兆。连续的单向大买单显然非中小投资者所为，而大户也大多不会如此轻易滥用资金买卖股票。大买单数量以整数居多，也可能是零数，但不管怎样，都说明有大资金在活动。

右下图是中水渔业（000798）2020年12月7日的分时图。该股从跌停开盘，之后股价迅速拉升，直到上午10:03，股价被拉涨停。虽然当天很多个股都走势强劲，但是该股前几个交易日均强势上涨，当日跌停开盘，吸到了不少前一交易日追高的筹码。从放出的巨大成交量不难看出主力买入的迹象。

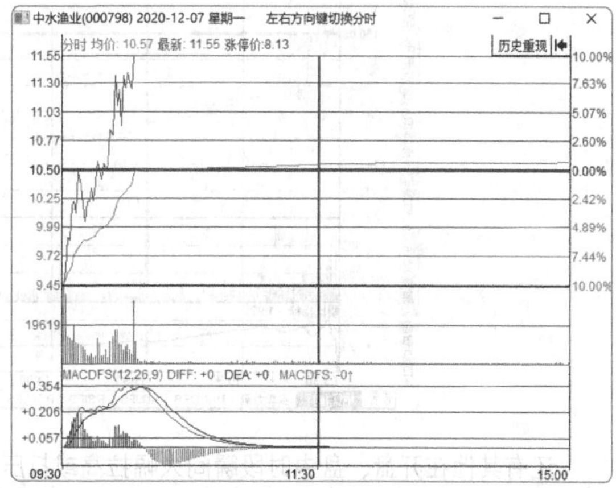

（5）主力扫盘。这种盘面通常出现在牛股涨势初期，即在牛股刚刚启动的过程中。将五档卖盘挂单连续大笔买入成交，即称主力扫盘。这预示主力已经进场建仓。当投资者发现这种股票时，及时跟进就能赚取后面拉升时的利润。

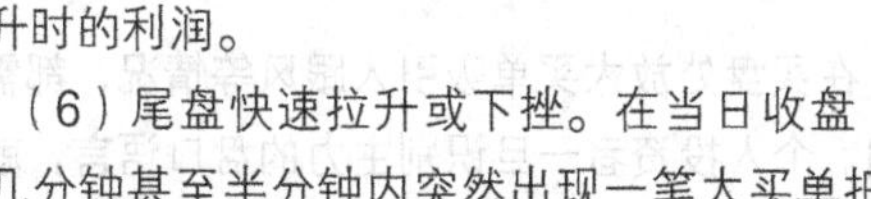

（6）尾盘快速拉升或下挫。在当日收盘前几分钟甚至半分钟内突然出现一笔大买单把股价拉至高位。这种现象很有可能是主力资金实力有限，为节约资金而能使股价收盘收在较高位或突破具有强阻力的关键价位，突然袭击尾市，瞬间拉高股价的行为，也有可能是前期不发力、盘尾发力的不容易引人注意的操盘行为。

例如，日发精机（002520）在2021年10月8日，刚开盘股价就一路下跌，之后股价一直在9.1元附近震荡。结果在尾盘集合竞价的最后3分钟，成交量放大，将前面挂的卖出委托单全部买入，一举将股价拉升至9.33元收盘，如下图所示，5分钟内涨幅达到2.64%。这样的尾盘突袭买入极有可能预示第二个交易日股价将继续上涨。

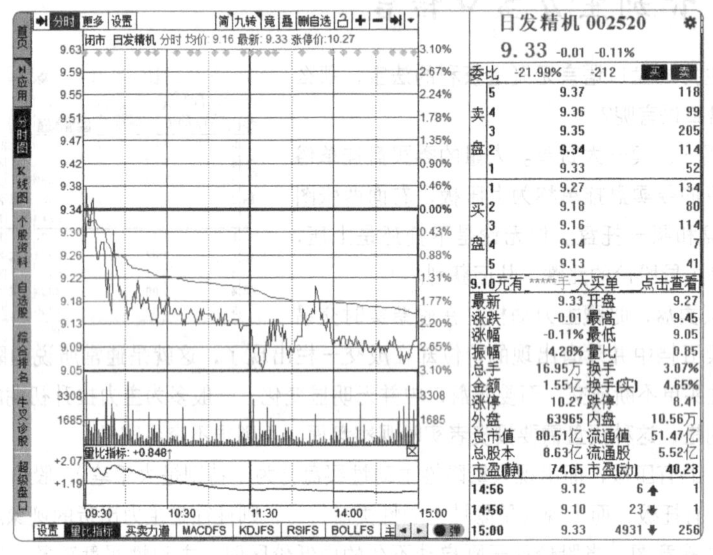

股票不仅有收盘时急速拉升的，还有收盘时急速下挫的。例如，在全日收盘前几分钟甚至前半分钟突然出现一笔大卖单以很低的价位抛出，把股价砸至很低，使得当日的日K线呈光脚大阴线等形态，从而使投资者恐惧，达到洗盘的目的。例如，天奈科技（688116）在2021年10月8日尾盘急挫，5分钟内跌幅达3.11%，当日跌幅达8.14%，如下图所示。

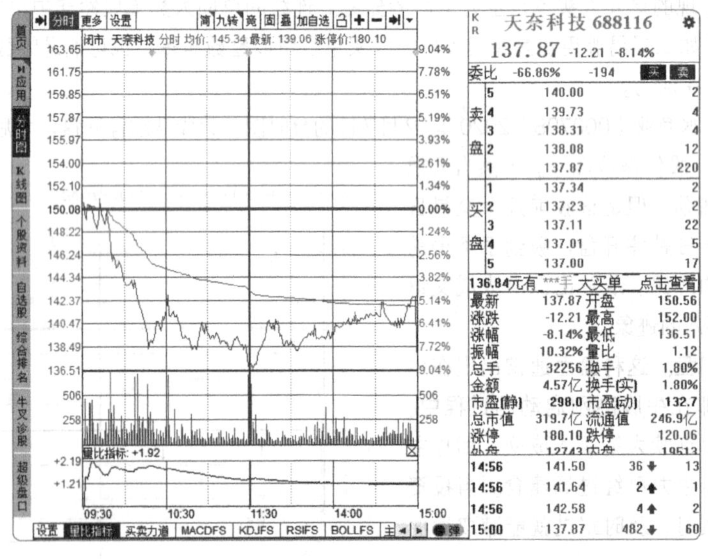

还有其他在开盘、盘中时段瞬间大幅拉高或打压、在买盘处放大买单吸引人跟风等情况，都需要个人投资者注意。既要紧跟主力的脚步，又要防止被骗。个人投资者一旦识别主力的盘口语言，就能顺利地跟随主力，发现主力的操作方法。

14.2 试盘

发现合适的股票后，主力通常会在适当的时间对其进行试盘。试盘内容包括该股票是否有主力已经入驻、股价有多大的可能向下打压等，从而降低成本，为后期的股价上涨做充分的准备。

14.2.1 常见的试盘方法

一般来说，试盘主要通过打压股价进行，主要目的是降低建仓成本，以在底部获取更多筹码，预留更多利润空间。

1. 买少量股票用于打压股价

分析完股票的市场行情，主力就会先买进少量的筹码，然后抛售该部分筹码，从而向下压低股价，也给一部分技术分析的投资者一种要开启下跌趋势的假象，让这部分投资者主动离场，从而在更低价位买进筹码。在这个阶段，投资者会发现股价有一定的波动，包括成交量放大、股价在区间震荡或者小幅反弹等。

2. 打压股价降低成本

当买入了少量股票之后，主力可能会进行股价的打压与顺势洗盘。常见的打压方式如在市场向好、个股没有其他利空消息的情况下，大幅压低股价，让不明真相的投资者产生恐惧，主动交出筹码。顺势洗盘，则是主力借大盘或个股利空消息让股价顺势回调，顺利取得个人投资者手中的筹码。

判断是否是刻意打压股价的行为有以下几种方法。

（1）通过移动成本分布研判。这主要是通过对移动筹码的平均成本分布和三角形分布进行分析。如果发现个股的获利盘长时间处于较低水平，甚至短时间内获利盘接近0时，而股价仍然遭到空方的肆意打压，则可以断定这属于主力资金的刻意打压行为。

（2）通过均线系统与乖离率研判。股价偏离均线系统过远，乖离率的负值过大时，往往会向0值回归，如果这时有资金仍不顾一切地继续打压股价，则可以视其为刻意打压行为。

（3）通过成交量研判。当股价下跌到一定阶段时，投资者由于亏损过大，会持股惜售，成交量会逐渐缩小，直至出现地量水平。这时候如果有巨量砸盘，或者有大手笔的委卖盘压在上方，但股价却并没有受较大影响，则说明这是主力资金在打压。

（4）通过走势独立性研判。如果大盘处于较为平稳的阶段或者跌幅有限的正常调整阶段，股价却异乎寻常地大幅下跌，又没有任何引发下跌的实质性原因，则说明主力资金正在有所图谋地刻意打压。

刻意打压股价的特点如下。

（1）突发性。主力一般在股价走势良好、技术形态向多时突然袭击，在上升趋势中突然打压股价，形成一根大阴线。

（2）背离性。背离性指与大盘走势背道而驰，大盘强势上攻时，股价却一直下跌。

（3）恐慌性。主力打压股价时往往力度很大，一般是大阴线伴随着巨大的成交量，特意制造恐慌。

14.2.2 识别K线图中的打压股价行为

主力在打压股价的过程中，一般会有试盘的现象。下面以日发精机（002520）为例，讲述打压股价的日K线图。

❶登录同花顺软件，输入日发精机的股票代码“002520”（见下页左图）或其大写的汉语拼音

首字母“RFJJ”。

❷按【Enter】键确认，打开日K线图。回溯日发精机2021年4月至7月的日K线走势，如下右图所示。4月29日，股价探底回升出现一根大阳线，很明显这是转势的迹象。但是在4月30日高开低走，最终收出一根大阴线，给人一种上涨抛压很重的感觉。虽然这根阴线看上去实体很长，但是细心的投资者不难发现，其实这是一根假阴线，那么这种打压洗盘的可能性就很大。这种短期打压会给投资者造成一定的压力，但是如果识破主力的行为，并且结合后一个交易日的股价走势，就能判断出是打压洗盘还是真的趋势走坏。第二个交易日收出一根大阳线，将股价维持在原来的高位区间，这就确立了后面的上涨趋势。

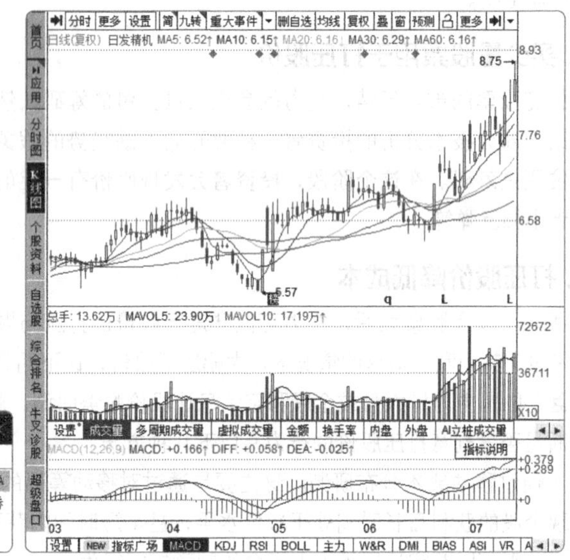

14.3 主力吸货技法

股价打压成功后，主力的下一步就是大幅度地承接个人投资者手中的筹码，为后期的股价上涨做进一步的准备。

下面介绍两种常见的主力吸货技法。

1. 打压后吸筹

股价经过长期下跌后，便开始出现多头的操作。同时，在长期的下跌过程中，个股投资价值突现，市场背景同时也在慢慢发生着变化，一些主力敏锐地判断出股价即将出现反转，在一些个股板块中开始建仓。在市场下跌的末期，其往往有效地利用场内的恐慌气氛，采取打压股价的方式造成股价加速下跌，从而以更低的价格吸纳本已很廉价的筹码。

个人投资者不要把打压股价进行筹码的交换理解为简单地压低股价进行吸纳，其实打压股价只是吸筹的一个过程或手段而已。通常情况下，主力不会单一地靠打压、吸纳恐慌杀跌盘就完成吸筹，而是综合利用多种手段，既将已有的投资者筹码吸引过来，也让跟风的抄底资金放弃股票。

例如，龙星化工（002442）在2021年2月10日至2月24日主力吸收部分筹码，从2月25日开始打压股价，在跌到4.54元左右时主力开始大量吸货，买入低价筹码为之后的拉升做准备。投资者也可以看到打压股价之后股价就开始节节攀升，如下页图所示。

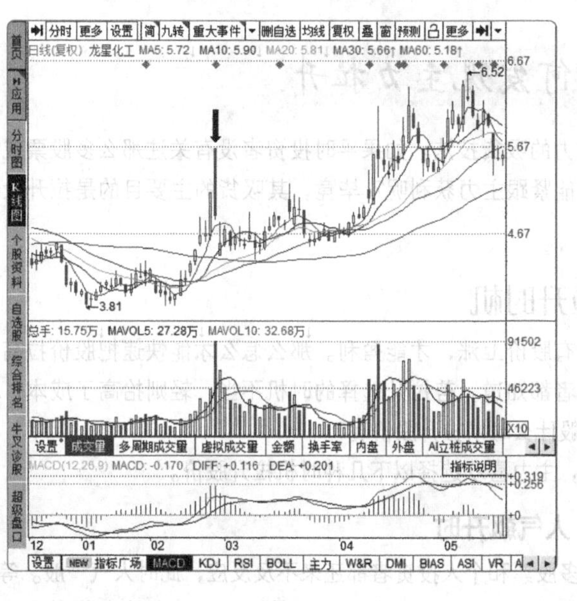

2. 在市场见底时快速推高后吸货

在近几年我国境内的资本市场中，除了各大基金和券商自营盘外，还出现了很多阳光私募，以及一些以前在各种基金公司有较好业绩的投资经理离职后自创的私募基金，其活跃在A股、新三板等各种市场中。

因为有经验和业界的各种资源，他们成立的阳光私募吸引了大量的社会资金，加上个人投资能力，使得其投资手段非常灵活，常常活跃在各大券商的营业部中，如被称为王亚伟交易席位的国信证券股份有限公司深圳红岭中路证券营业部。

私募资金经理人大多是长期经历市场磨炼的投资高手，注重对盘面的理解和个人投资者心态的把握，非常善于捕捉市场中稍纵即逝的机会，在极短的时间内就能完成建仓、拉抬、出货的操作，手法非常凌厉。

例如，中国铝业（601600）在2021年5月被经过一段快速推高的操作后吸货，为了迷惑投资者，后期又出现其股价被打压的过程，然后又被拉回原来的5.44元并上下震荡，之后股价在8月底启动一波翻倍行情，如下图所示。

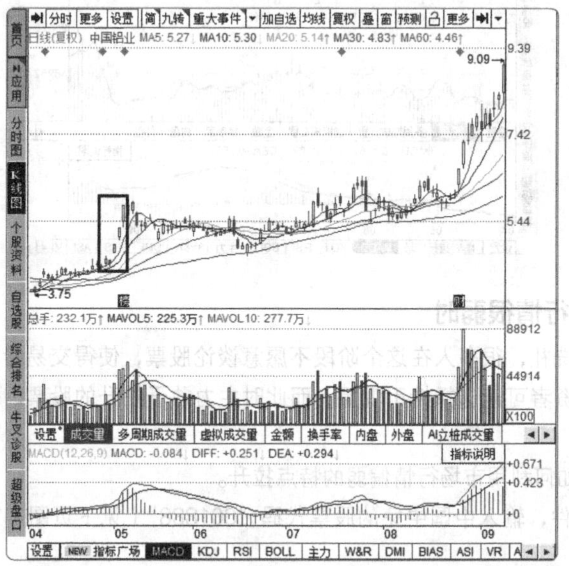

14.4 如何发现主力拉升

14.3节说明了主力的吸货技法。如果平时投资者没有关注那么多股票或者等发现时主力已经吸货完成，那么怎么才能紧跟主力获利呢？毕竟，其吸货的主要目的是拉升股价，而这才是最具有跟随意义的关键。

14.4.1 选择拉升时机

建仓完成后，只有股价上涨，才能盈利。那么怎么才能快速把股价拉高，脱离成本区呢？这一点，连刚入市的投资者都知道。若拉升选择的时机不当，轻则抬高了成本，减少了利润，重则导致亏损。那么，主力一般什么时候拉升股价呢？

根据以往的经验，主力喜欢选择以下几种时机拉升股价。

1. 市场走好、人气飙升时

在牛市初期，很多股票和个人投资者都还来不及反应，此时人气一般。等牛市进入前中期时，身边人的赚钱效应出现，谈论股票的人增多，逐渐给人一种入市就会获利的印象，人气逐步提升，很多人将资金转入股市。股票具有强者恒强的走势，因此形成了投资者不断追涨的情况。此时股价越拉升，越能吸引更多场外资金追捧，主力只需要极小的资金就能将股价拉高。例如，2020年是新能源、光伏的结构性牛市，很多光伏行业的股票主力在“双碳”战略提出之后纷纷拉高股价，在很短的时间内，涨幅就超200%，主力付出的成本与其收益相比显得微乎其微，更为以后的出货留足了空间，其中表现尤为突出的有阳光电源、隆基股份等股票。阳光电源当时的日K线图如下图所示。

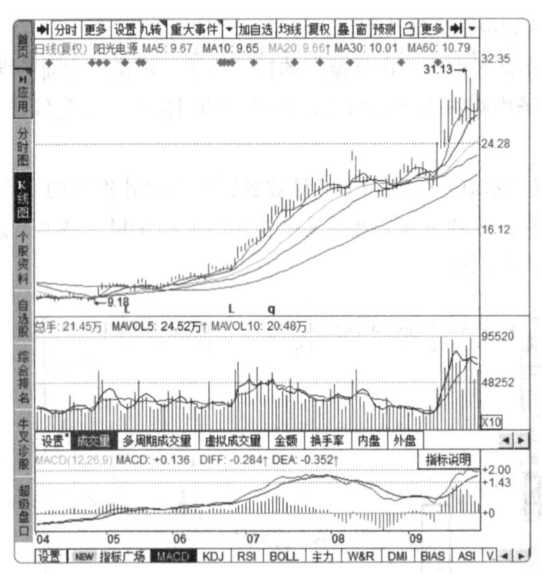

2. 市场不好、行情很弱时

经过前期的熊市洗礼，很多人在这个阶段不愿意谈论股票，使得交易量很小。很多投资者甚至在高位套牢，更多投资者可能选择持币观望。而此时主力敢于拉升的股票，基本上都是有很强的业绩和投资逻辑的股票。

下面来举例说明如何利用市场行情偏弱的特点拉升。

❶登录同花顺软件，输入中国免的股票代码“601888”（见下页图）或其大写的汉语拼音首

字母“ZGZM”。

同花顺键盘精灵
601888
601888 中国中免 沪A

❷按【Enter】键，进入中国中免的日K线图界面。缩放显示2017年9月至2018年7月的日K线图，如下左图所示。叠加同期的上证指数走势，不难看出上证指数在这一时期持续下跌，是熊市特征。而中国中免的走势与大盘走势恰恰相反，走出一波波澜壮阔的牛市。从2017年9月至2018年7月，中国中免股价的涨幅高达154.3%，如下右图所示。

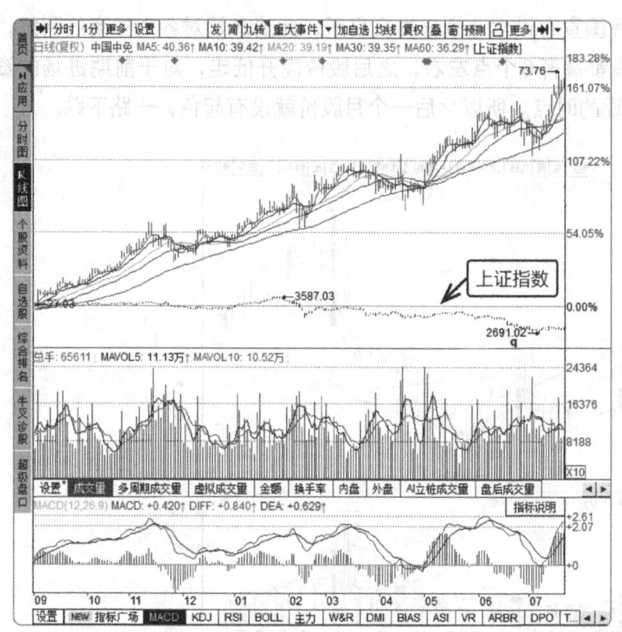

3. 图形及技术指标修好时

由于现在懂技术分析的人越来越多，不少人以技术分析来决定自己的买卖操作。于是一些主力利用这种心理把K线图形修得很好，趁技术派看好之时拉升股价，以减小拉升的阻力。但有一点得提醒大家，光靠修整图形去拉升股价的往往是弱势主力，敢于制造恶劣图形、不看指标而肆意拉升股价的才是真正的强势主力。

14.4.2 借利好盘中拉升

在重大利好出台时，很多股票都会出现盘中拉高的走势，从而跟随利好，与主力联手拉升股价。

对于个股来说，利好主要分为两类。

（1）国家政治经济形势、政策、方针等对个股所属的行业有指导性的意见。

（2）个股本身的业绩改善、提升或者各种资产重组概念、高送转题材等。

不管是哪一类利好，都为主力创造了拉升的条件，特别是一些资金实力不太强的主力正好顺水推舟，借助大市利好拉升股价。

下面来举例说明如何利用利好拉升。

❶登录同花顺软件，输入中信证券的股票代码“600030”（见下图）或其大写的汉语拼音首字母“ZXZQ”。

同花顺键盘精灵
600030
600030	中信证券	沪A
06030	中信证券	港股

❷按【Enter】键，进入中信证券的日K线图界面。缩放显示2021年6月至9月的日K线图，如下图所示。券商板块的股价经历一轮下跌之后，在8月见底并开始反弹，K线缓慢地站上均线，中信证券和中信建投作为券商板块的龙头股，股价率先反弹。当时大盘走势并不好，券商板块支撑大盘指数不再下滑。之后在9月2日晚我国宣布设立北京证券交易所，此消息是对各大券商的利好，尤其是券商龙头。9月3日所有的券商股都高开6个点左右，之后股价高开低走，对于前期进场的资金而言，出这种级别的利好就是盈利兑现的时点。所以之后一个月股价就没有起色，一路下跌。

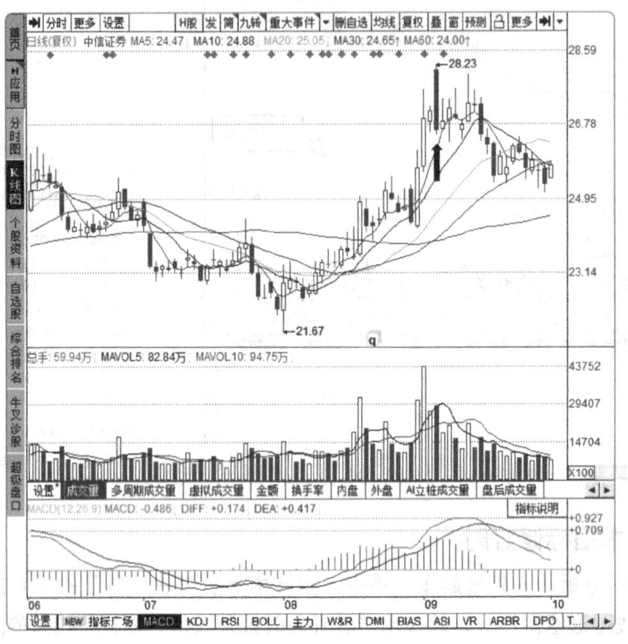

14.4.3 放量对倒拉升

除了前面的拉升方式外，还有放量对倒拉升方式。利用该方式的主要目的是制造交易活跃、人气旺的假象，吸引个人投资者跟风买入，以防出现即使拉升了股价，却没人接盘，进而无法出货的情况。

下面以山煤国际（600546）为例来进行分析。打开山煤国际2021年7月至9月的日K线图，可以看到，从8月20日至9月13日的17个交易日，其股价从7.47元附近拉升至最高15.18元，如下页上图所示。其中，8月26日至9月7日，该股的换手率一直维持在7%之上。这种连续长阳的形态，绝对不是一般的个人投资者的行为，大部分是主力操作，成交量这么大，极大的可能是放量对倒拉升。因为参考山煤国际的股东信息，其本公司就持股约60%，如下页中图所示，一般公司自身的持股不变对股价的影响也较小。剩余约40%的流通股，每天如此高的换手率，肯定有对倒的成分在里面。

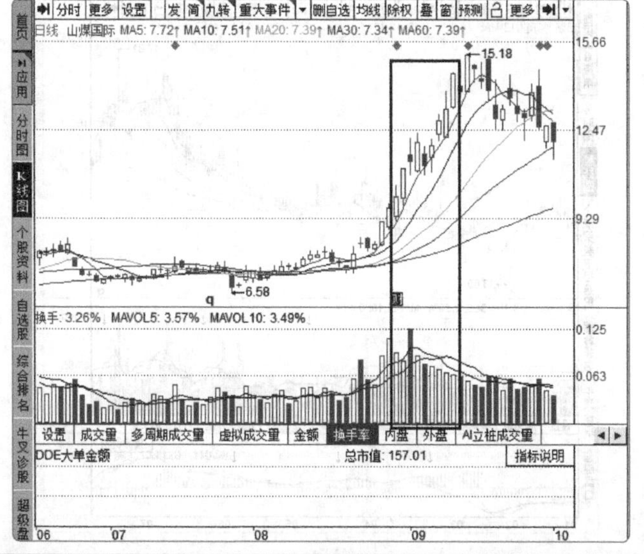

山煤国际 600546 最新价：11.99 涨跌幅：-4.84%

前十大流通股东累计持有：12.42亿股，累计占流通股比：62.66%，较上期增加594.19万股

机构或基金名称	持有数量(股)	持股变化(股)	占流通股比例	质押占其直接持股比	变动比例	股份类型	持股详情
山西煤炭进出口集团有限公司	11.98亿	不变	60.43%	11.69%	不变	流通A股	点击查看
闫子忠	1060.93万	↑75.02万	0.54%	无质押	↑7.61%	流通A股	点击查看
徐刚	779.00万	新进	0.39%	无质押	新进	流通A股	点击查看
陈启来	552.35万	新进	0.28%	无质押	新进	流通A股	点击查看
广发证券股份有限公司-长信睿进灵活配置混合型证券投资基金	420.00万	新进	0.21%	无质押	新进	流通A股	点击查看
陈俊伟	352.67万	↓-12.31万	0.18%	无质押	↓-3.37%	流通A股	点击查看
吕祥勇	352.59万	↑63.14万	0.18%	无质押	↑21.81%	流通A股	点击查看
中国农业银行股份有限公司-中证500交易型开放式指数证券投资基金	351.30万	↓-24.02万	0.18%	无质押	↓-6.40%	流通A股	点击查看
袁国彬	275.28万	新进	0.14%	无质押	新进	流通A股	点击查看
UBS AG	253.75万	新进	0.13%	无质押	新进	流通A股	点击查看

14.4.4 震荡放量式拉升

一般震荡式拉升都会出现个股交易放量的情况，即通常所说的震荡放量式拉升。这种方式一般是主力开始突然拉升或打压，造成股价震荡，其成交量也大幅增加，然后快速打压洗盘，形成V形反转，如右图所示。

放量拉高
剧烈震荡
打压洗盘
自然走势
拉升
均匀、缩量
阶段放量
缩量
放量

震荡放量式拉升具有以下形态意义。

（1）在股价走势的相对低位，主力进入，突然放量拉升股价。

（2）在拉高的大阳线后，突然出现反叛线，使追涨资金套于高位。

（3）在剧烈震荡中，股价再次接近第一次的震荡高点，然后又快速下跌甚至创出新低，使场内持股者的持股信心大受打击，在多种市场心理下，筹码极度松动。

（4）当股价第三次接近前期高点时，所有场内前期被套的筹码几乎一致选择了出局，从而达到主力强收集的目的。

（5）随后主力进行拉升前的最后打压、洗盘，为拉升创造条件。

（6）几乎在所有的控盘股中，都表现出了拉升初期筹码高度集中与稳定的共性。

例如，招商港口（001872）在2021年5月至6月底就出现了放量拉升形态，如下页图所示。

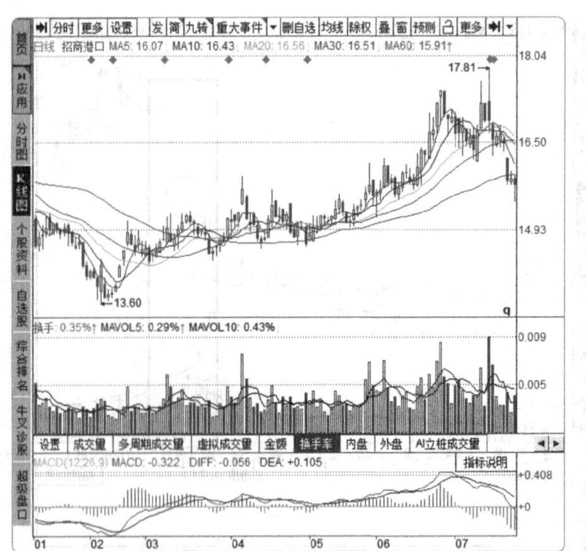

14.4.5 缩量式拉升

除了放量式拉升外，还有一种与其相反的方法，叫缩量式拉升。其表现形式为股价一段时间内大幅上涨，但每天的成交量相比前期出现大幅萎缩的现象。这种现象一般出现在主力控股的股票，是一种极少见到的形态，也是大多数投资者无法预测的一种股价走势。常见形态如下图所示。

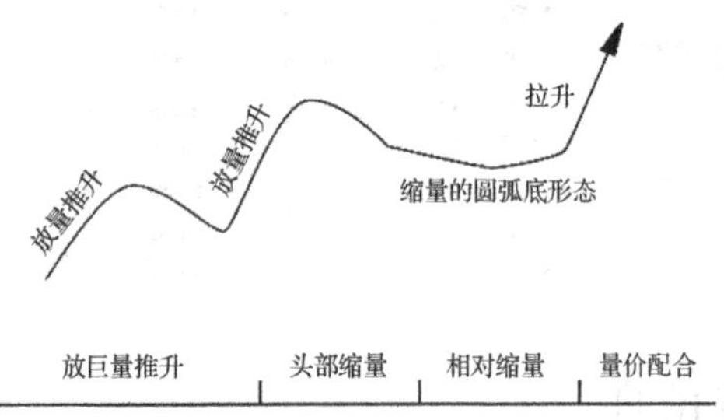

缩量式拉升具有以下形态意义。

（1）此种主力控盘的个股深刻反映了在主力吸筹中，筹码由个人投资者向主力手中集中，主力控盘程度随着筹码的增加也逐渐增加。

与放量式拉升的明显区别是，这种拉升方式下，主力在控盘时间与市场中间意外风险的控制上表现得更为完美，缩量打压前期的跟风盘，有效地降低了持仓成本，减少了市场意外风险。该方式经常被用于前期主力建仓后的增持或在低位的再次收集。

（2）这是主力缓慢推升股价的一种建仓方式。随着建仓的结束，主力刻意打压股价，让股价在相对低位长时间横盘，进行筹码的沉淀，多数短线持有者和一些中线持有者开始变得浮躁，慢慢被消磨出局。

（3）很多主力在做底的过程中，还利用市场气氛等因素对个人投资者进行进一步的打击，迫使他们在股价拉升之前出局。

（4）随着筹码的高度集中与市场机会的到来，主力开始大幅快速拉升股价。

下面来举例说明如何利用缩量拉升。

❶登录同花顺软件，输入长城军工的股票代码“601606”（见下页左图）或其大写的汉语拼音首字母“CCJG”。

❷按【Enter】键，进入长城军工的日K线图界面。缩放显示2021年7月至9月的日K线图，如下页右图所示。该股价格在2021年7月19日至8月4日的第一波拉升中，成交量有所放大，换手率

维持在17%以上，股价从7月19日的10.4元左右涨到7月27日的13.4元左右。经过一周半的短期横盘整理，股价开启了第二波上涨。但在第二波上涨过程中，量能始终未能放大，大部分时间的换手率也有所减小，通常在7%左右。上涨缩量说明该股可能已经有获利盘出逃，投资者需要警惕，一旦股价跌破均线就要清仓。

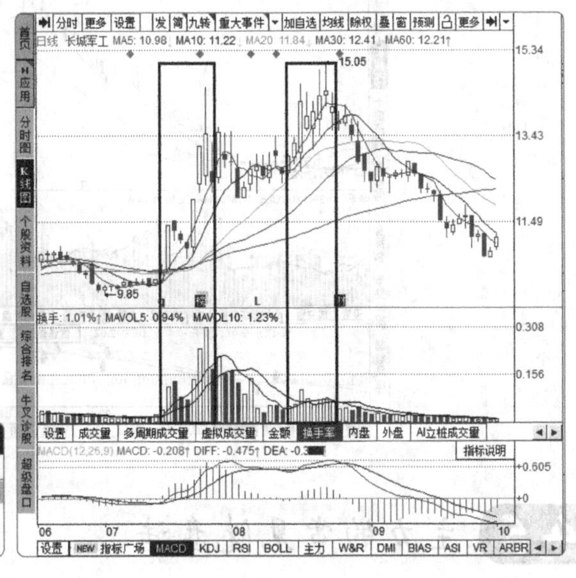

14.4.6 缓慢推升股价

缓慢推升股价是指放量缓慢推升股价，高位横盘，然后直接拉升。通过放巨量后缓慢推升股价，同时放出巨量，然后在高位横盘，在很多人都认为股价会下跌时，主力却突然拉升股价。常见形态如下图所示。

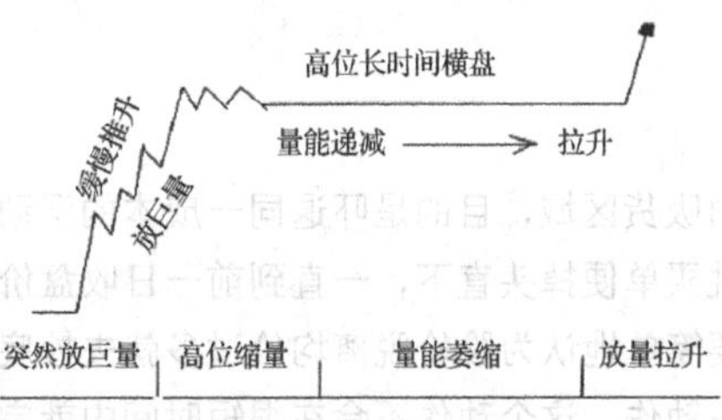

（1）股价从相对低位放巨量，缓慢推升，并在波段的相对高位，量能萎缩。经过调整，股价再次放量上攻，在持股者心态极其不稳的情况下，又有部分筹码抛出。

（2）股价在相对高位，长期横盘，用时间消磨持股者的持股信心。

（3）在横盘中量能呈现递减状态，主力利用长时间的横盘消磨场内短线持股者的信心，同时还保持着上行通道不被破坏，维持着中线持股者的信心，希望在未来的市场中能借助市场人气推升股价。在K线形态中，主力经常制造诱多诱空形态，加剧持股者的心理压力。

（4）此类股票采取在相对高位横盘主要有两个原因：一是该股基本面业绩较好，如果采取打压股价进行洗盘，反而会导致更多短线资金逢低进入；二是主力后续资金不足，缺少实力，采取更为彻底的形态洗盘，将有更多中线筹码抛出，主力无力承接，所以其多维持横盘之势等待上涨。

例如，北方华创（002371）从2021年5月开始，其股价从162元左右启动，持续放量缓慢上升，经历了近3个月的上涨，股价已经上涨至最高432元，如下页图所示，上涨接近1.7倍，确实是

当时芯片股的龙头。之后该股在2021年7月底开始横盘整理。

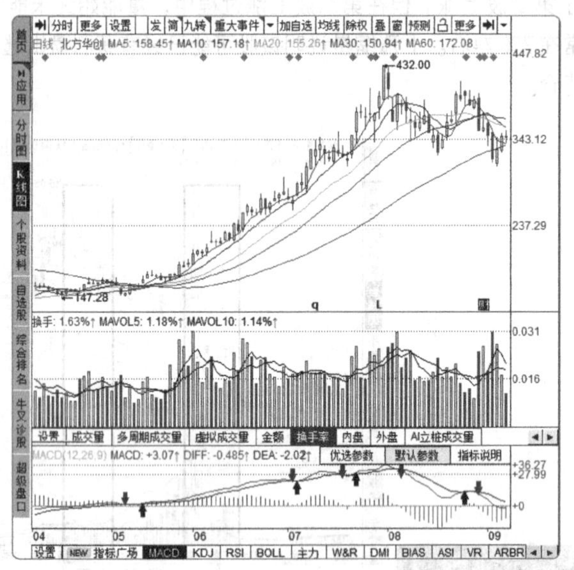

14.5 主力的常见洗盘法

主力为达到炒作目的，必须于途中让低价买进、意志不坚定的个人投资者卖出股票，以减轻上涨的抛压。同时让持股者所持股票的平均价位升高，以降低持股者卖出股票的概率。洗盘动作可以出现在任何一个区域内，基本目的无非是清理市场多余的浮动筹码，抬高市场整体持仓成本。

另外，洗盘的主要目的还在于垫高其他持股者的平均持股成本，赶走跟风客，以减小进一步拉升股价的压力。同时，在实际的高抛低吸中，主力也可兼收短线的差价，以弥补其在拉升阶段付出的较高成本。

14.5.1 横位洗盘

横位洗盘较多出现在主力吸货区域，目的是吓退同一成本的浮动筹码。在盘中表现为开盘价出奇地高，只有少量几笔主动性买单便掉头直下，一直到前一日收盘价之下，个人投资者纷纷卖出手中筹码。在这里，投资者不要简单地认为股价脱离均价过多就去抄底，因为开盘形态基本决定了当日走势，主力有心开盘做打压动作，这个动作不会在很短时间内就完成。因此，较为稳妥的吸货点应在股价经过几波跳水下探，远离均价3%～5%处。在此位置上，市场当日短线浮筹已不愿再出货，主力也发现再打低会造成一定程度上的筹码流失。因此，这个位置应该是在洗盘动作中较为稳妥的吸货点，就算当日股价不反弹向上，也是当日一个相对低价区，可以从容地静观其变，享受在洗盘震荡中的短差利润。尾盘跳水这个动作是主力在洗盘时制造当日阴线的一个省钱工具。盘口表现是，在临近收盘几分钟突然出现几笔巨大的抛单将股价打低，从5分钟跌幅排行榜中可以发现这些股票。但是这个抄底机会不好把握，不建议投资者在实战中参与。

14.5.2 短线暴跌洗盘

短线暴跌洗盘是主力为了吓走在低位买入的投资者所采取的方法，让他们在相对高位卖给场外进入的投资者，从而使得普通投资者的持仓成本大幅提升。主力在进行洗盘操作时，是以将投资者逼迫出局为目的，至于如何操控股价只是方法问题，只要能将低成本的获利盘清理出局，投资者怕什么，主力便会让股价怎么波动。那么，投资者最害怕的是什么呢？很显然，最害怕的便是股价大幅下跌。在牛市的上涨过程中，只要股价的下跌力度过大，都会让投资者有所恐慌，从而迫使其抛盘出局。

例如，主力的建仓区间在15元，那么在这个区间内必然会有大量的投资者进入，并且其持仓成本与主力的持仓成本保持一致。而当股价上涨到20元时主力开始洗盘，这时在15元买入的投资者就会抛出手中的股票与场外的投资者进行换手。经过换手以后，主力的持仓成本依然在15元，但是普通投资者的持仓成本却提高到了20元。如果此时市场有什么风险，主力已经实现了盈利，但是新入场的投资者却没有任何盈利，从而主力的主动地位就凸显了出来。

使用短线暴跌洗盘的主力，往往是已经完成了大量建仓的主力。由于其手中已经掌握了大量的股票，因此，就算有投资者敢于在暴跌的低点进行建仓也不会对主力造成太大影响，毕竟，敢在股价暴跌时买入股票的投资者还是极少的。

下面来举例说明如何利用短线暴跌洗盘。

❶登录同花顺软件，输入中金岭南的股票代码“000060”（见下左图）或其大写的汉语拼音首字母“ZJLN”。

❷按【Enter】键，进入中金岭南的日K线图界面。缩放显示2021年4月至8月的日K线图，如下右图所示。从图中可以看出，该股于6月15日收出一根中阴线，收盘时跌幅为3.85%。虽然跌幅并不算很大，但是所处的位置十分关键，这根中阴线跌破了所有均线，让技术派投资者直接判断后期转入空头趋势。但是在之后的一周并没有出现放量下跌，而是盘整了将近两周，K线缓慢走高，逐步突破所有均线的压制，说明前期是主力在进行短线洗盘。

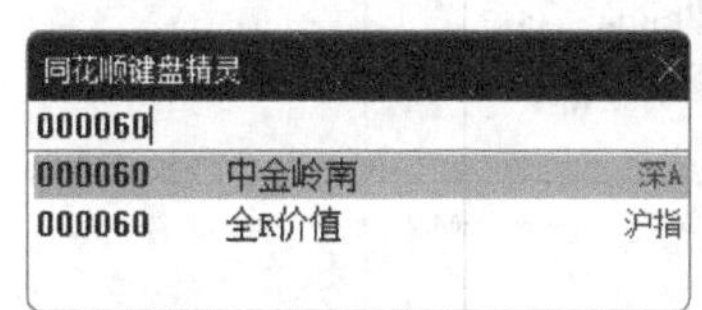

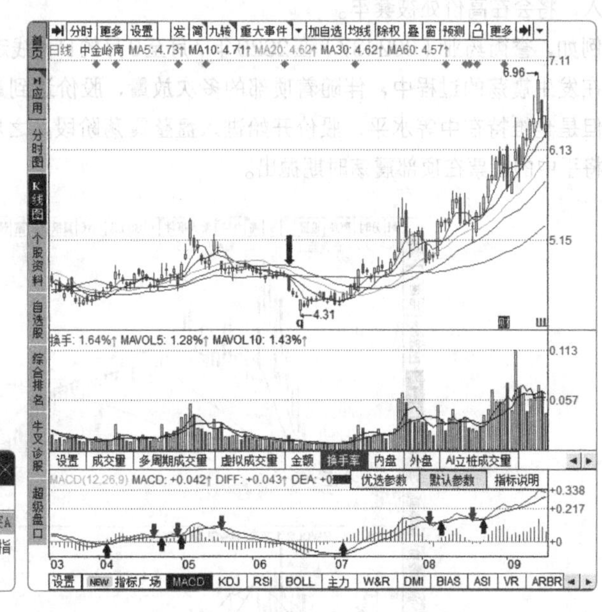

14.5.3 盘中震仓

盘中震仓较多地出现在股价上升途中，因此容易被投资者误认为是主力出货。识别这个动作的要领是观察主力是否在中午收市前有急速冲高的动作。一般在临近中午收市前急于拉升股价都是为下午的震荡打开空间，此时盘中一般只用几笔不大的买单打高股价，且冲高的斜率让人难以接受，均线只略微向上。这时持仓者最好先逢高减仓，因为股价马上就会大幅向均价附近回归，甚至出现打压跳水的动作。这种情况下，均价可能任股价上下波动而盘整不动，此时均价的位置就是一个很好的进出参考点。

洗盘阶段的日K线图有如下几个特征。

（1）大幅震荡，阴线与阳线夹杂排列，趋势不定。

（2）成交量较无规则，但有递减趋势。

（3）常常出现带上下影线的十字星。

（4）股价一般维持在主力持股成本的区域之上。若投资者无法判断，可关注10日均线，非短线投资者则可关注30日均线。

（5）按K线组合的理论分析，洗盘过程即整理过程，所以图形上也都大体显示为三角形整理、旗形整理和矩形整理等形态。

14.6 主力的常见出货法

主力拉升股价的根本目的是出货，进而获得利润。在主力出货时，一般不会透露出货的相关信息，所以投资者只能根据投资经验和技术分析来推测。

14.6.1 震荡出货

震荡出货是主力常用的手法。主力将股价拉升到预期的目标价位后，常常将股价维持在较高的位置，然后进行震荡出货。这种方式有很大的欺骗性，在横盘的过程中有较大的成交量，出现突破后股价将再次上涨的信号，容易误导投资者，让投资者认为股价还会出现新的高峰。投资者如果此时购入，将会在高价处被套牢。

例如，誉衡药业（002437）在2020年7月至9月的日K线走势就出现了这种形态，如下图所示。股价在发生震荡的过程中，伴随着顶部的多次放量，股价达到最高4.55元。之后成交量虽然有所减少，但是也维持在中等水平，股价开始进入盘整震荡阶段。之后成交量和股价双双下探，说明主力已经将手中的股票在顶部震荡时期抛出。

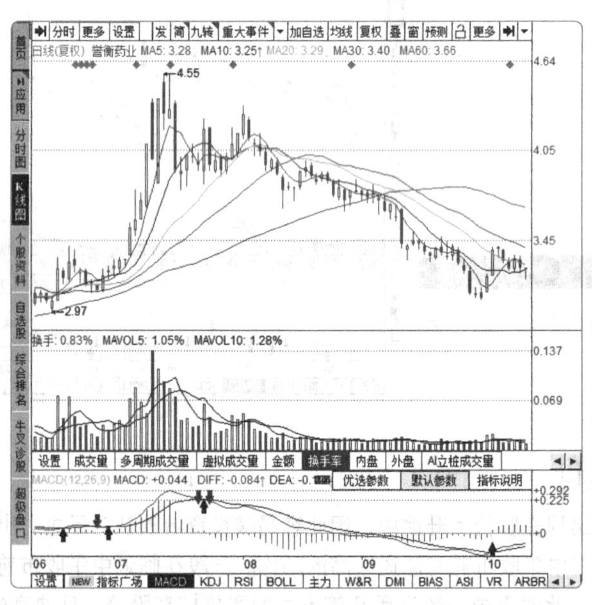

继续查看该股后面的行情，如下页图所示。不难看出，在2021年7月和8月出货完毕之后，股价就处于下跌趋势，一旦形成趋势，短期就很难改变，这一点尤其适用于A股市场。该股在2021年11月还创了新低，股价低至2.26元，与出货时期的最高价4.55元相比，股价接近腰斩。所以投资者遇到跌破K线长期均线的时候一定要及时止损。

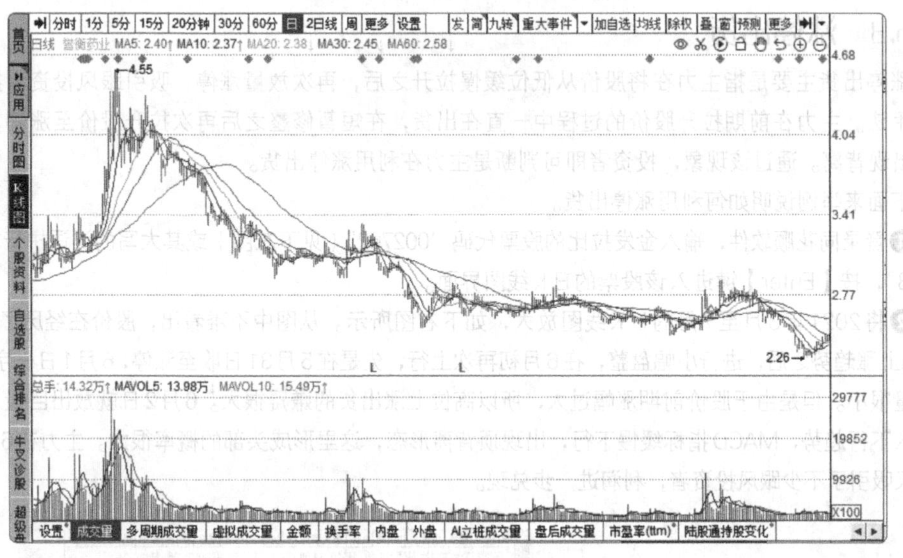

14.6.2 拉高出货

拉高出货是使用频率最高的出货方式之一，采用这种方式时股价已经超出了预期的价位，主力有足够的时间进行出货。主力先在低位吃进一些筹码并进行对倒放量。跟风投资者看到盘口显示出主动性买盘，认为主力在买进拉升，风险较小，所以还会一直加仓购入股票。随后主力边拉升股价边出货，将筹码转手给跟风投资者。

当然主力会控制好买进和卖出的量，比如买进20万股，卖出40万股，这样就可以利用少进多出的手法将股票转手给跟风投资者。

例如，国星光电（002449）在2021年6月至9月的日K线图就出现了这种形态，如下图所示。在6月中旬当股价拉升到一定高度后，主力开始一边拉升一边出货，此时出现较大的成交量。可能由于主力的股票抛出的比例较小，在7月中旬又出现一次拉升，并伴随着大量出货，进而导致后期的股价一路下跌。

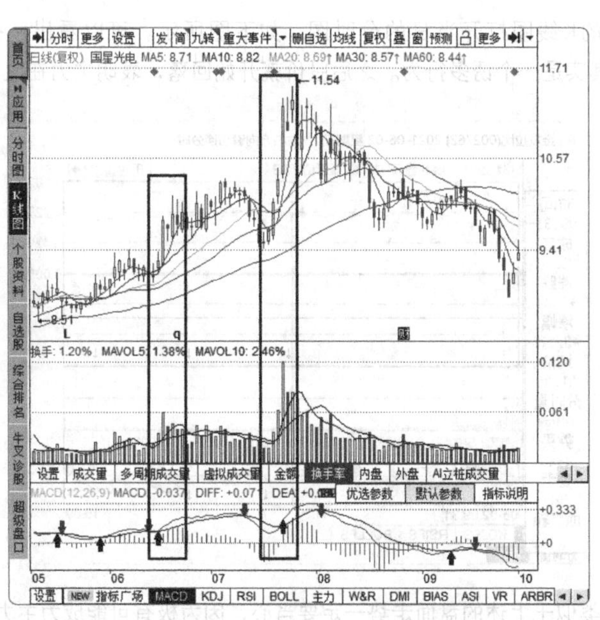

14.6.3 涨停出货

涨停出货主要是指主力在将股价从低位缓慢拉升之后，再次放量涨停，吸引跟风投资者接手的出货手法。主力在前期拉升股价的过程中一直在出货，在短暂修整之后再次拉升股价至涨停，同时指标出现背离。通过该现象，投资者即可判断是主力在利用涨停出货。

下面来举例说明如何利用涨停出货。

❶登录同花顺软件，输入金发拉比的股票代码“002762”（见下左图）或其大写的汉语拼音首字母“JFLB”，按【Enter】键进入该股票的日K线图界面。

❷将2021年3月至7月的日K线图放大，如下右图所示。从图中不难看出，股价在经历了3月至4月的上涨趋势之后，进行小幅盘整，在6月初再次上行，先是在5月31日收至涨停，6月1日一字涨停，成交量很小。但是由于股价前期涨幅过大，所以高位上涨出货的嫌疑很大。6月2日就放出巨量，并从此进入下行趋势，MACD指标缓慢下行，出现顶背离形态，这里形成头部的概率很大。主力在6月2日这一天吸引了不少跟风投资者，利润进一步兑现。

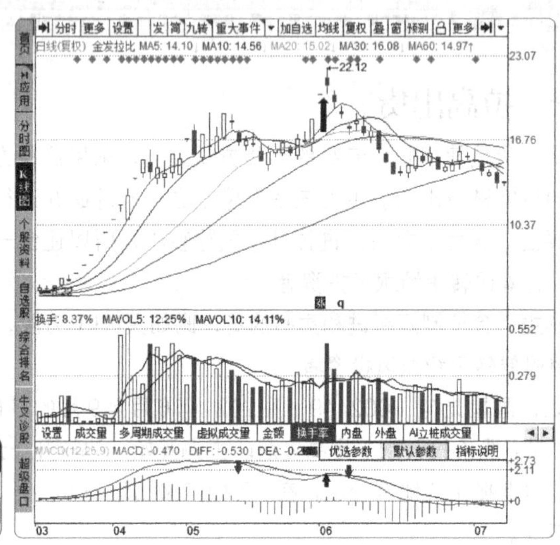

❸双击6月2日的K线图打开当日的分时图，如下图所示。可以看出，在9:31放出巨量，在10:04触及涨停，这其实是一个诱多行为。之后股价就开始回落，表明主力在之前就已经出货了。

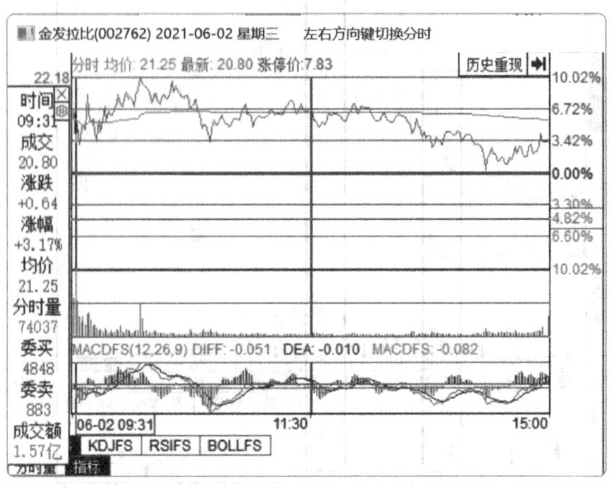

投资者如果看到类似于上述的盘面走势一定要当心，因为极有可能成为主力的“接盘者”。

高手支招

技巧1　学会识别洗盘和出货

前面介绍了主力的各种买卖方式，下面简要说明如何识别主力的洗盘和出货。

1. 成交量不同

洗盘时成交量较萎缩，而出货时成交量会被放大。

2. 目的不同

主力洗盘的目的是尽量把信心不坚定的跟风投资者甩掉；而出货的目的是吸引跟风投资者，通过各种手段迷惑其买进股票，以便自己在价位较高时出货，从而获得较大的投资回报。

在实际的操作过程中，投资者经常把洗盘和出货混淆，把洗盘当成出货，结果刚刚卖出股票，股价就一路上升；一旦高价回收后，主力又开始出货，股价急剧下跌，致使投资者亏损。

3. 盘口不同

主力洗盘时卖盘挂有大卖单，造成卖盘多的假象。在关键价位，虽然卖盘很大，笔数也很多，但是股价却不再下降，此时多为洗盘现象。

主力在出货时，不会挂大卖单，买单却比较大，造成买盘很多的假象，但是股价下降而无法上升。

4. K线形态不同

主力在洗盘时，会放出各种不利的信号，制造空头的气氛，导致投资者及早离场。洗盘仅仅是为了甩掉一些意志不坚定的跟风投资者，留下意志坚定的投资者。

主力在出货时，为了诱惑短线投资者入场，往往制作大阳线，制造一个多头的氛围，从而让投资者买进股票，但实际上是假突破，后面将出货。出货有一个迹象就是成交量放大，放量说明主力很可能已经出货。

技巧2　要对股票综合分析，不盲目买卖

由于互联网和各种传播媒介迅速发展，投资者获取信息的渠道也越来越多，使得信息不对称的问题得到了很大的缓解。与此同时，主力获取信息和对外放出信息的方式也在不断革新。

2021年8月3日“中芯国际光刻胶负责人与某券商研究员互怼”的消息就在网络上被广泛传开，原本只是微信群的聊天记录，被公之于众之后却对市场造成了一定的影响。此消息一出，次日光刻胶指数就转入了震荡下跌的趋势，如右图所示。

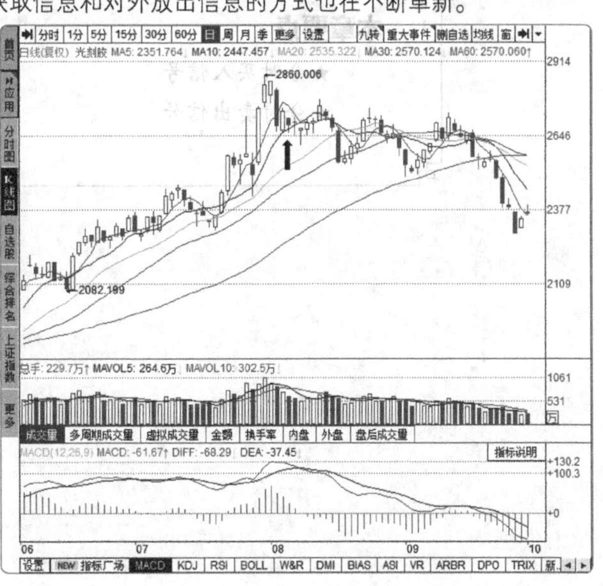

那么对于该类消息，该信还是不该信呢？可能每个人的做法不同。但对于个人投资者来说，有消息时一定要根据该股当时的走势、业绩等综合来看，不能只听消息盲目买卖。

第15章　分时走势看盘分析

本章引语

股市赢家法则：不买落后股，不买平庸股，全心全力锁定领导股。

——威廉·欧奈尔

这句话听起来很简单，但是具体操作起来却不那么容易，需要清晰地分析大盘的走势，准确地掌握分时图的含义，对短线投资者来说尤其如此。

本章要点

★分时买入信号

★分时卖出信号

15.1 认识分时图

分时图也叫分时走势图，是把股票市场的交易信息实时地用曲线在坐标图上加以显示的技术图形。坐标的横轴是开市的时间，纵轴的上半部分显示股价或指数，下半部分显示的是成交量。分时图反映股市实时的交易信息，能够展现当天股价的运行动态。

打开分时图的方法有很多种，下面介绍几种常用的方法。

（1）选择【分析】—【分时图】命令。

（2）当处于K线图或其他界面时，按【F5】键可以进入分时图界面。

（3）当处于大盘界面时，通过双击盘口界面报价表中的股票，可以进入个股分时图界面。

（4）通过键盘精灵输入股票代码或名称（或大写的汉语拼音首字母），按【Enter】键进入分时图界面。

15.1.1 分时图的类别与构成要素

分时图分为大盘分时图和个股分时图。投资者若能看懂并掌握分时图盘口语言，将更有利于分析和判断大盘和个股短期内的运行趋势。

1. 大盘分时图

大盘分时图，即沪、深股指分时图，是5 000多只（截至2023年1月）股票价格走势的集体性反映。大盘分时图以“分钟”为时间单位，主要用于呈现股票在当日盘中的实时运行情况。下图是2021年10月14日的上证指数分时图。

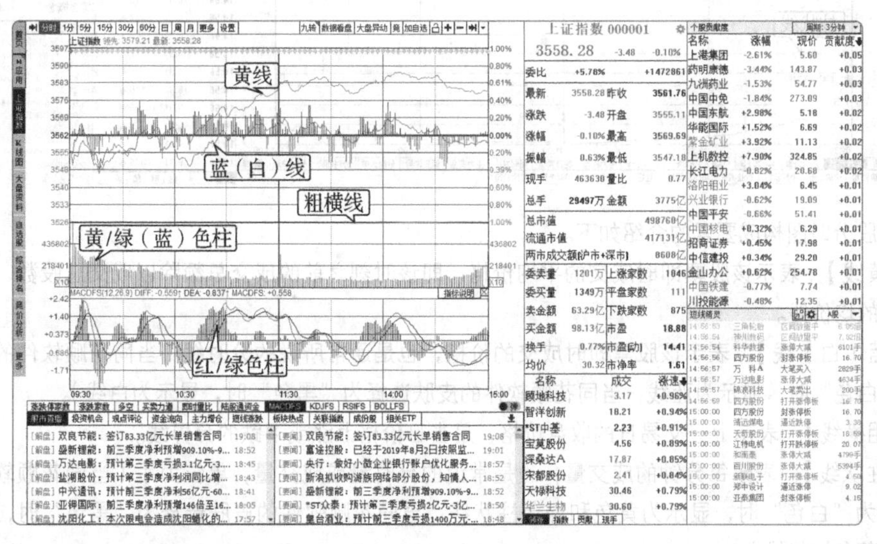

大盘分时图构成要素的介绍如下。

【黄线】：表示大盘不含加权的指标，即不考虑股票股本数量，以整个市场的股本平均数计算出来的大盘指数，更多反映小盘股的当日走势。

【蓝（白）线】：表示大盘加权指数，即考虑股票股本数量占整个市场股本的比重计算出来的大盘指数，它是证券交易所每日公布的大盘实际指数，更多反映大盘股的当日走势（当同花顺软件的皮肤选择为“白色”时，显示为蓝线；当同花顺软件皮肤选择为“黑色”时，显示为白线）。

【红/绿色柱】：红色柱状线和绿色柱状线用来反映指数上涨或下跌的强弱程度。柱状线越长代表上涨或下跌幅度越大，柱状线越短代表上涨或下跌幅度越小。类似于MACD指标中的红色柱和绿色

柱，大盘向上运行出现红色柱，向下运行出现绿色柱。

【粗横线】：表示上一交易日指数的收盘位置，是当日大盘上涨或下跌的分界线。

【黄/绿（蓝）色柱】：黄色和绿（蓝）色柱状线表示指数成交量，其中左侧最长的是集合竞价时的成交量。黄色柱状线代表指数拉升时每一分钟对应的成交量，单位为手；绿（蓝）色柱状线代表指数打压时每一分钟对应的成交量，单位为手（当同花顺软件的皮肤选择为“白色”时，显示为绿色柱状线；当同花顺软件的皮肤选择为“黑色”时，显示为蓝色柱状线）。

2. 个股分时图

分时图是最原始的股价图，是将个股每分钟的最后一笔成交价格依次连接起来，由每个交易日240个点组成的股价曲线图。个股分时图的原理和现象同大盘分时图的几乎一样，只是比大盘分时图在转变时更加尖锐。下图是大秦铁路（601006）2021年10月14日的分时图。

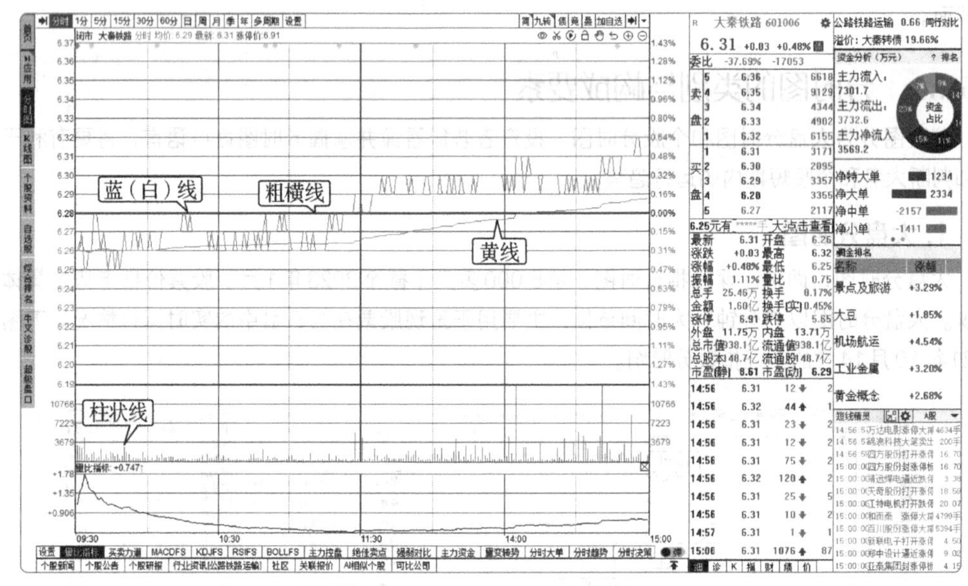

个股分时图构成要素的介绍如下。

【黄线】：表示该股票即时成交的平均价格，即该时刻之前的成交总额除以成交总股数，也是通常所说的均价线。

【蓝（白）线】：表示该股票即时成交的价格，也是通常所说的分时线（当同花顺软件的皮肤选择为“白色”时，显示为蓝线；当同花顺软件的皮肤选择为“黑色”时，显示为白线）。

【粗横线】：表示上一交易日的收盘价格，是当日价格上涨或下跌的分界线。

【柱状线】：表示每分钟的成交量，也是常说的分时量或成交量，单位为手（当同花顺软件的皮肤选择为“白色”时，显示为黄色和绿色柱状线；当同花顺软件的皮肤选择为“黑色”时，显示为黄色和蓝色柱状线）。

15.1.2 分时图的操作

15.1.1小节介绍了分时图的分类和构成要素，本小节来介绍分时图的基本操作。

1. 查看某一分钟的详细成交数据

在股价的分时图上，不仅能了解到股价的走势，还能确切知道某一分钟的具体成交数据。例如，投资者想查看阿尔特（300825）在2021年10月14日14:35的成交数据，可以将鼠标指针在14:00—15:00移动，当出现14:35时，单击即可出现十字形光标，界面左侧会显示该点的成交数据（时间、成交、涨跌、涨幅、均价、分时量、委买、委卖、成交额）；或者移动鼠标指针到14:35这一时点的分时线上，即可显示当时的价格，如下图所示。

提示

单击出现十字形光标之后可以通过按【←】或【→】键来查看上一分钟或下一分钟的成交明细；按【Home】或【End】键可以将光标快速移动到分时图的头部或尾部。

2. 查看多日分时图

查看多日分时图可以将多日的分时图连接在一起进行查看，便于投资者更全面地了解某只股票几天连贯的分时走势情况。

可以通过单击分时图右上角的【+】按钮来添加分时图，每单击一次，将增加显示前一个交易日的分时图，而每单击一次【-】按钮将减少显示一个交易日的分时图，直到减少到当前交易日为止。下图是2021年10月15日老白干酒（600559）的分时图，单击两次右上角的【+】按钮，则可以同时显示10月13日、14日和15日老白干酒的分时图。

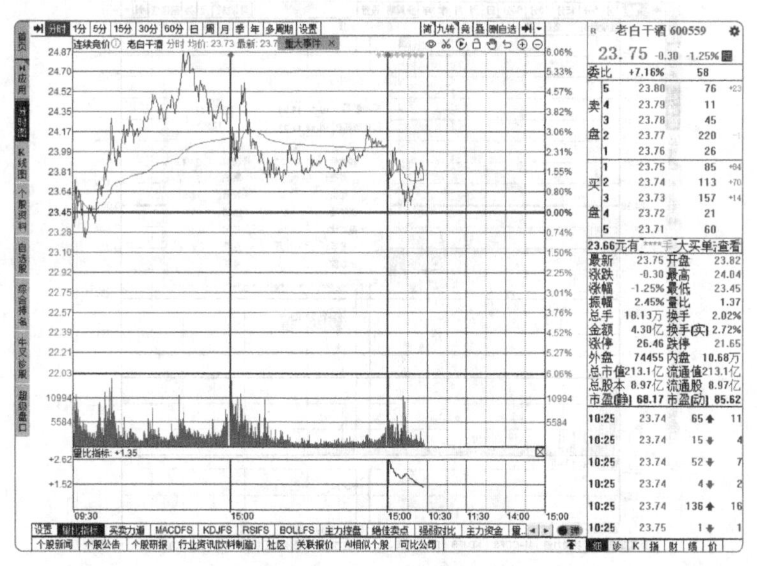

投资者也可以通过按【↓】或【↑】键来查看多日分时图，每按一次【↓】键将增加一日分时图，每按一次【↑】键将减少一日分时图。

3. 区间统计

通过区间统计，投资者可以了解指定区域的成交时间、价格、成交量等情况。进行区间统计的方法如下。

❶在分时图中，将光标移至要进行统计的区间的起始位置，并按住鼠标右键进行拖曳，拖曳到目标位置后松开鼠标，会显示一个快捷菜单，如下图所示。

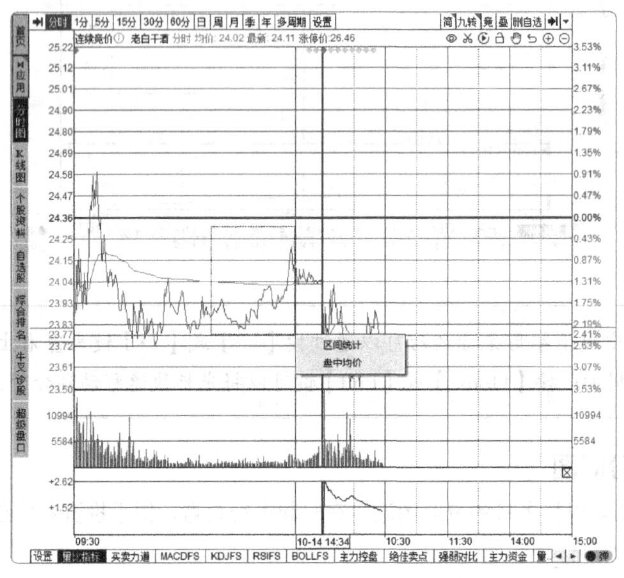

❷在弹出的快捷菜单中选择【区间统计】，即可弹出【个股分时区间统计】对话框，可在此设置起始时间和终止时间。下图显示了10月14日11:01–14:33这个时间段内，老白干酒股票成交的统计数据。

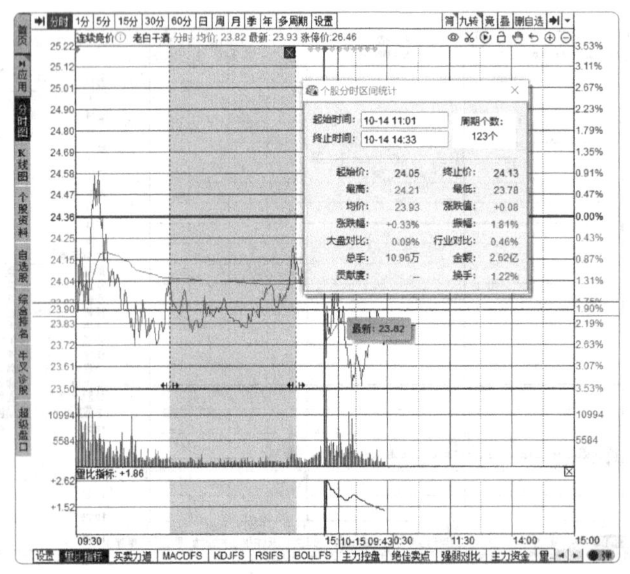

4. 查看买卖力道

买卖力道是衡量买卖双方力量大小的指标，是所有买盘之和减去所有卖盘之和的差。

在股票分时图底部单击【买卖力道】标签，即可看到买卖力道界面，如下图所示。

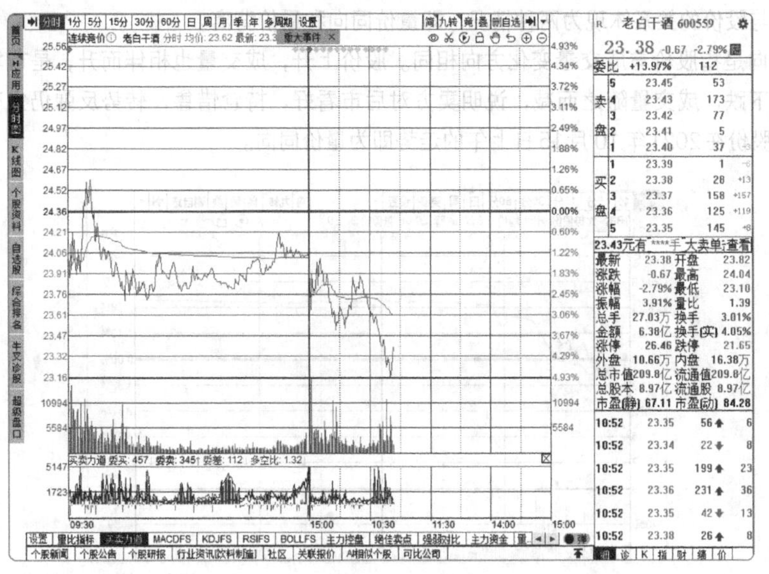

投资者在观察买卖力道指标时，可以根据以下几点进行分析。

（1）若红色柱多且高，说明买方力量大；反之，则说明卖方力量大。

（2）委买曲线和委卖曲线离0轴越远、数字越大，说明市场越活跃。

（3）通过买卖力道图，可以定性地判断大盘实时的多、空对比的态势。

提示

在观察买卖力道时，每一根柱状线均代表当时1分钟的买卖盘之差，就是委差的数值。有时股价下跌，委差却很大，说明此时多、空分歧较大，或者就是主力砸盘之后在低位吃货，尤其是股价不在高位的时候，主力便常用此手法。

15.1.3 成交量背后的含义

成交量是指当天成交的股票总手数。通过成交量可以判断股票的走势，成交量大且价格上涨的股票，趋势向好。成交量持续低迷时，说明市场交投不活跃。股票市场常说的“量是价的先行，先见天量后见天价，地量之后有地价”就是这个意思。在研究成交量时，要正确地认识以下几点。

1. 买盘 + 卖盘 ≠ 成交量

目前上海、深圳证券交易所对买盘和卖盘的揭示，指的是买价最高前五位委托和卖价最低前五位委托是即时的买盘委托和卖盘委托，其成交后纳入成交量，不成交不能纳入成交量。因此，买盘与卖盘之和与成交量没有关系。

2. 外盘 + 内盘 = 成交量

既然买盘 + 卖盘 ≠ 成交量，那么怎样看出成交量中哪些是以买成交或哪些是以卖成交的呢？这里有一个计算公式：外盘 + 内盘 = 成交量。

委托以卖方成交的纳入外盘，委托以买方成交的纳入内盘。所以，如果外盘很大，则意味着多

数卖的价位都有人来接，显示买势强劲；如果内盘过大，则意味着大多数买入价都有人愿意卖，显示卖方力量较大；如果内盘和外盘大体相近，则买卖力量相当。

3. 成交量与股价的关系

成交量与股价的关系体现为两种情况，即量价同向和量价背离。

量价同向是指股价与成交量变化方向相同。股价上升，成交量也相伴而升，是市场继续看好的表现；股价下跌，成交量随之而减，说明卖方对后市看好，持仓惜售，转势反弹仍大有希望。下图所示的太极股份在2021年10月15日上午的走势即为量价同向。

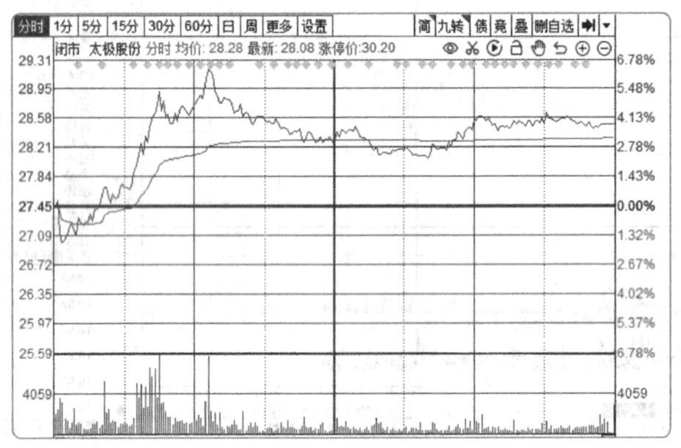

量价背离是指股价与成交量呈相反的趋势变化。股价上升而成交量减少或持平，说明股价的升势得不到成交量的支撑，这种升势难以维持；股价下跌但成交量上升，是后市低迷的前兆，说明投资者唯恐大祸降临而抛售离市。下图所示的云海金属在2021年10月15日上午就出现了下跌有量、上涨无量的背离走势。

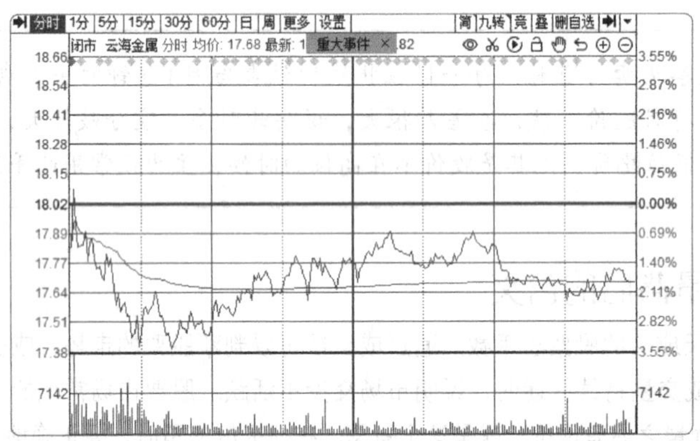

4. 正确看待成交量

成交量的大小会影响股价的涨跌，往往是量增价涨，这种量价配合的观点正常情况下是正确的，但投资者在投资时可能会遇到温和放量和突放巨量两种情况。

（1）温和放量。这是指一只个股的成交量在前期持续低迷之后，突然出现一个类似“山形”的连续温和放量形态，这种放量形态称为“量堆”。个股出现底部的“量堆”现象，一般就可以证明有实力资金进入，但这并不意味着投资者就可以马上进入。一般个股在底部出现温和放量之后，股价会随量上涨，量缩时股价会适量调整。此类调整没有固定的时间模式，少则十几天，多则几个月，所以，此时投资者一定要分批逢低买入，并在支持买进的理由没有被证明是错误的时候，耐心等待。

需要注意的是，当股价因温和放量上涨之后，其调整幅度不宜低于放量前期的低点，因为如果调整低过了主力建仓的成本区，就至少说明市场的抛压还很大，后市调整的可能性较大。下图为兴森科技（002436）2021年10月15日温和放量的分时走势。

（2）突放巨量。对此种走势的研判，应该分作几种不同的情况来对待。一般来说，上涨过程中放巨量，通常表明多方力量强大，不想要投资者低位买到筹码，所以后市可能会继续走高。而下跌过程中的巨量一般出现在下跌初期，意味着很可能有人卖出了。如果是跌了很多之后又出现放量跌停，很可能是最后一次集中释放空头压力，后市可能会快速反弹。下图为新洁能（605111）2021年10月15日的分时走势，放量上涨，后市看涨。

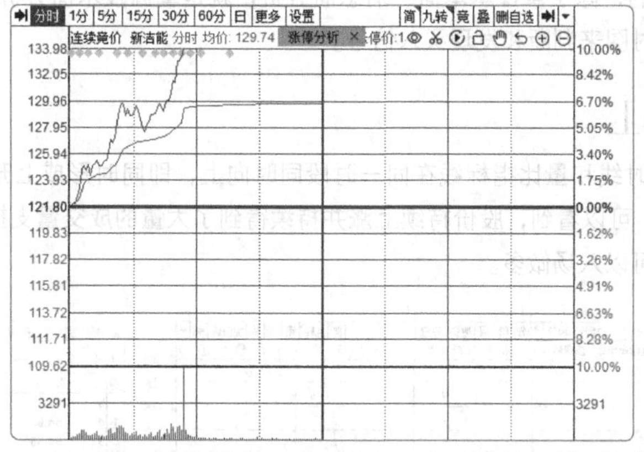

15.1.4 集合竞价揭示当天走势

集合竞价是指在每个交易日的9:15—9:25和14:57—15:00，由投资者按照自己所能接受的价格自由地进行买卖申报，由交易主机系统对全部有效委托进行一次集中撮合的处理过程。

每一个交易日的第一个买卖时机就是集合竞价的时候，机构主力经常会借集合竞价跳空高开，拉高出货，或者跳空低开，打压建仓。通常情况下，个人投资者的投资策略是卖出跌势股，买入热门股或强势股，而机构主力操盘恰恰反其道而行之，其总是利用集合竞价卖出热门股，买入超跌股。

因此，当集合竞价开始时，投资者如果发现手中持有的热门股跳空高开，同时伴随着大的成交量，就要提高警惕，继续观察，开市半小时内，如果该股达到5%的换手率，就应该做好逢高出手的准备。反之，当集合竞价开始时，投资者如果发现手中的热门股向上跳空高开的缺口较小，并且量价关系良好，则可以追涨。

集合竞价是大盘一天走势的预演，投资者在开盘前可以先看集合竞价的股价和成交额是高开还是低开，这通常预示着当天的股价是上涨还是下跌。集合竞价时的成交量往往对一天之内的成交活

跃度有较大的影响。

同花顺软件在报价界面有两栏就是异动类型和竞价评级，对于开盘时段的竞价进行智能分析，给投资者提供决策建议，如下图所示。

排	代码	名称	涨幅	现价	涨跌	卖量	笔数	贡献度	机构动向	异动类型	竞价评级	总股本
1	605111	新洁能	+10.00%	133.98	+12.18	0	17185	+0.12	16.19	–	–	1.42亿
2	002360	太极股份	+2.59%	28.16	+0.71	19	35553	+0.14	12.22	竞价抢筹	看多	5.80亿
3	300423	昇辉科技	-1.56%	12.58	-0.20	164	2483	–	-45.88	–	–	4.98亿
4	601238	广汽集团	+3.34%	17.97	+0.58	110	60028	+0.41	-4.50	–	–	103.6亿
5	159841	证券ETF	+0.49%	1.028	+0.005	14641	2461	+0.005	–	–	–	34.24亿
6	300117	嘉寓股份	+1.67%	4.26	+0.07	98	10659	–	-9.83	竞价抢筹	看多	7.17亿
7	601168	西部矿业	+1.19%	15.30	+0.18	12	44364	+0.03	-0.39	–	–	23.83亿
8	600559	老白干酒	-2.91%	23.35	-0.70	42	54735	-0.04	-29.97	竞价砸盘	看空	8.97亿
9	002182	云海金属	-1.17%	17.81	-0.21	127	43317	–	-14.29	竞价抢筹	看多	6.46亿
10	002217	合力泰	-0.87%	3.43	-0.03	1147	2873	-0.04	-15.98	–	–	31.16亿
11	002155	湖南黄金	-4.45%	11.37	-0.53	202	44391	-0.24	-10.78	–	–	12.02亿
12	002237	恒邦股份	-0.41%	12.04	-0.05	462	6982	-0.02	-3.58	竞价抢筹	看多	11.48亿
13	002185	华天科技	+2.80%	12.85	+0.35	381	70123	+0.35	23.13	–	–	27.40亿
14	603305	旭升股份	+0.03%	37.81	+0.01	1	8669	+0.00	-31.80	–	–	4.47亿
15	002369	卓翼科技	-1.48%	7.33	-0.11	21	17993	–	14.55	跌停试盘	–	5.77亿
16	000652	泰达股份	-0.49%	4.05	-0.02	3718	4319	–	21.95	–	–	14.76亿
17	002436	兴森科技	+2.79%	12.17	+0.33	1	37357	+0.19	25.29	–	–	14.88亿
18	300459	汤姆猫	+0.00%	3.61	+0.00	3821	21878	-0.01	-9.93	–	–	35.16亿
19	300194	福安药业	-0.94%	4.23	-0.04	3232	3202	–	-16.72	大卖单试盘	–	11.90亿
20	603005	晶方科技	+6.71%	46.29	+2.91	167	32933	+0.08	-4.43	–	–	4.08亿

15.2 分时买入信号

要想在股市中获利，除了掌握基本面、消息面分析，就是掌握技术面分析。技术面分析有很多，本节主要研究通过分时图来判断和发现买入信号。

15.2.1 双线向上

双线向上是指分时线和量比指标线在同一时段同时向上，即同时形成上升趋势。下图为盈建科（300935）的分时图，可以看到，股价持续上涨并持续得到了大量的成交量支持，这说明股价良性上涨，这时，投资者就可以入场做多。

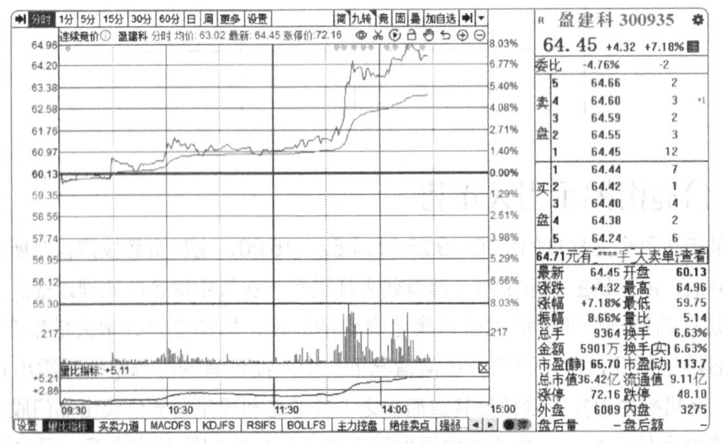

15.2.2 双线分离

双线分离就是分时线和量比指标线的走向呈喇叭形，分时线上涨，量比指标线下跌，说明股价此时上涨已不需要成交量放大来配合。下页图是主力高度控盘的分时图，可以看到量比下降但是股价上涨，分时线和量比指标线呈喇叭形。

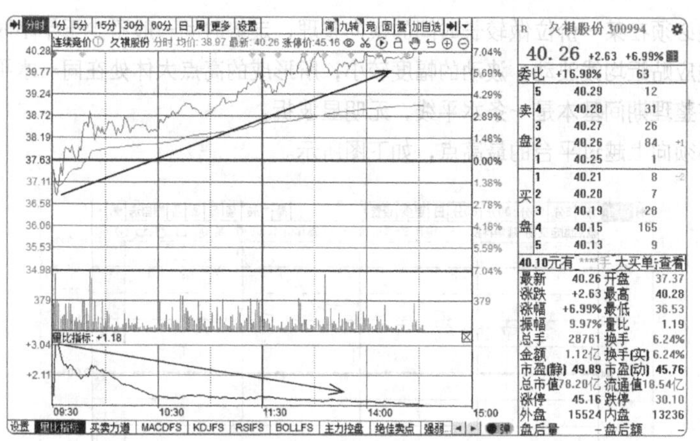

15.2.3 均线支撑

均线支撑是指均线支撑着分时线不往下跌的走势。均线支撑分为接近式支撑和相交式支撑。接近式支撑是指分时线由上向下运行到均线附近时就反弹的走势。相交式支撑是指分时线向下运行与均线相交且跌破均线后，在较短时间内又被拉回均线上方的走势。

在第一次支撑出现后，如果股价涨势平缓，没有出现急涨的走势（指涨幅没有超过3%），随后出现的第二次和第三次支撑走势，均可放心买入。在第一次支撑出现后，如果股价大幅拉高（指涨幅超过3%），则此后出现的支撑走势应该谨慎或放弃买入。

下图是接近式支撑，每个低点都是最佳买点。

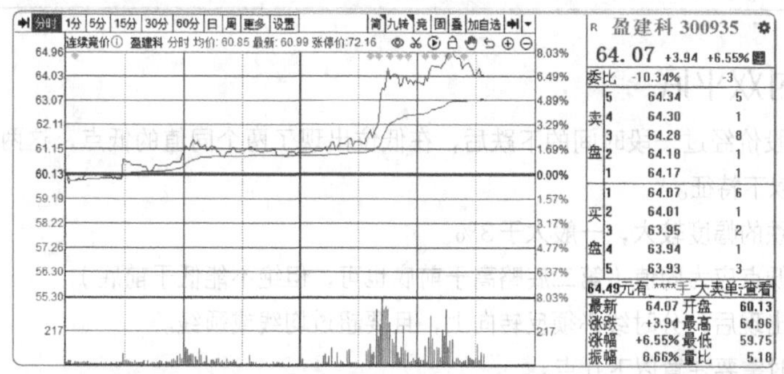

下图是相交式支撑，每个低点都是最佳买点。

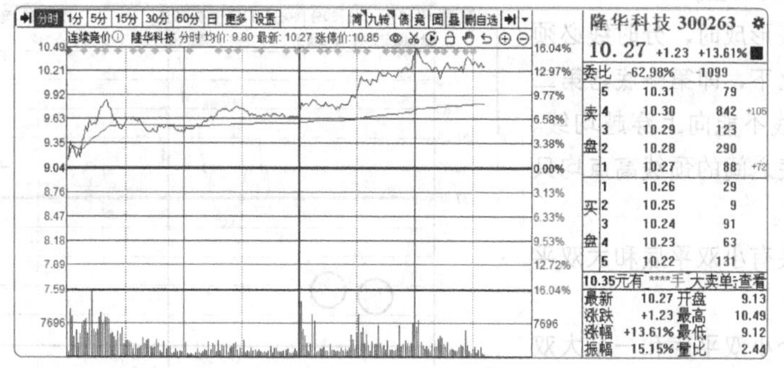

15.2.4 向上突破平台

向上突破平台是指分时线向上突破前面横向整理期间形成的平台的一种走势。该走势有以下特征。

（1）分时线必须在某一价位做较长时间的横向整理，走势时间一般不少于半小时。

（2）分时线应贴近均线波动，波动的幅度较小，所形成的高点大体处在同一水平线上。

（3）均线在整理期间基本是一条水平线，无明显波折。

（4）均线必须向上越过平台的最高点，如下图所示。

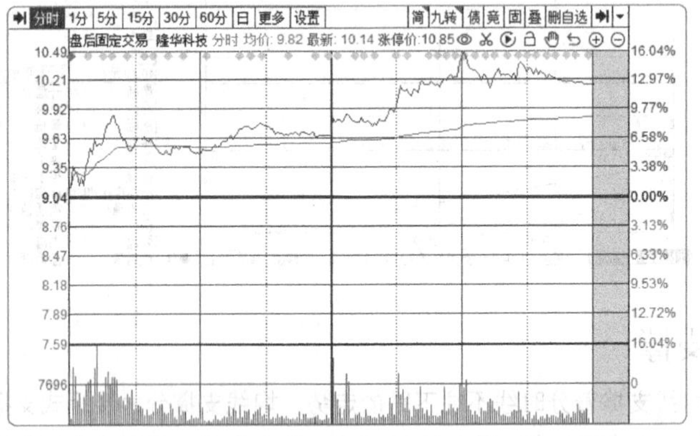

提示

（1）在一个交易日中，有可能会出现多个向上突破平台的走势。第一个向上突破平台走势出现时，应该第一时间买入；第二个向上突破平台走势出现时，如果涨幅不大，也可买入；第三个向上突破平台走势出现时，应避免买入。

（2）设好止损点，如果遇到的是假突破，最好第二天就逃离。

15.2.5 分时双平底

双平底是指股价经过一段时间的下跌后，在低位出现了两个同值的低点，这两个低点就叫双平底。双平底具有以下特征。

（1）股价下跌的幅度较大，一般大于3%。

（2）两底的低点应为同值（第二底略高于前底也可，但绝不能低于前底）。

（3）第二底出现后，分时线必须反转向上，且要超过均线或颈线。

出现双平底时需要注意以下几点。

（1）双平底的最佳买点有两处：第一处是第二底出现后，分时线与均线的交点；第二处是分时线向上突破颈线的位置。

（2）双平底形成时，分时线必须始终处在均线之下，即第一底与第二底之间的分时线不能向上穿越均线。也就是说，两底之间的颈线高点均只能处在均线之下。

（3）双平底有小双平底和大双平底，均可做多。

右图有一个小双平底和一个大双平底，在这两个双平底处均可买入。

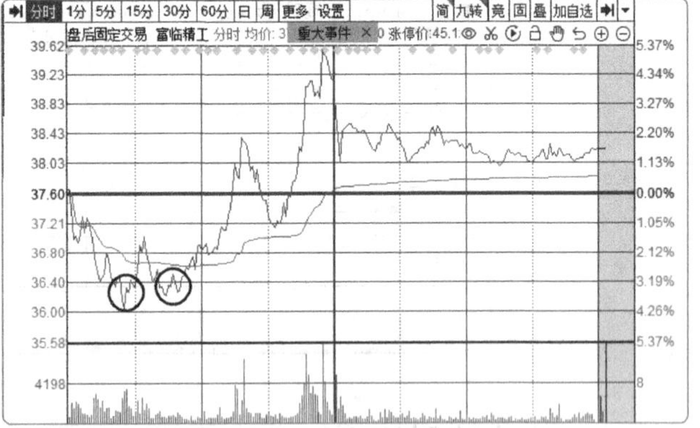

15.2.6 分时头肩底

头肩底的曲线犹如倒置的两个肩膀和一个头。股价从左肩处开始下跌至一定深度后弹回原位，然后重新下跌超过左肩的深度形成头部后再度反弹回原位；经过整理后开始第三次下跌，当跌至左肩位置形成右肩后开始第三次反弹，这次反弹的力度很大，很快穿过整个形态的颈部并且一路上扬。出现头肩底是典型的较大涨势的信号。头肩底形态如右图所示，其说明如下。

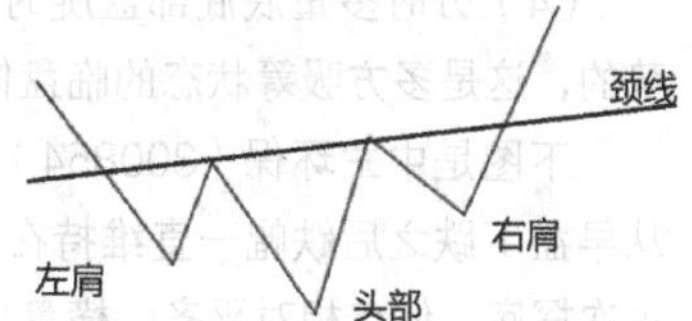

（1）急速的下跌，随后止跌反弹，形成第一个波谷，这就是通常说的左肩。形成左肩部分时，成交量在下跌过程中出现放大迹象，而在左肩最低点回升时成交量则有减少的倾向。

（2）第一次反弹受阻，股价再次下跌，并跌破了前一低点，之后股价再次止跌反弹形成了第二个波谷，这就是通常说的头部。形成头部时，成交量会有所增加。

（3）第二次反弹再次在第一次反弹高点处受阻，股价又开始第三次下跌，但股价到与第一个波谷相近的位置后就不下去了，成交量出现极度萎缩，此后股价再次反弹形成了第三个波谷，这就是通常说的右肩。第三次反弹时，成交量显著增加。

（4）将第一次反弹高点和第二次反弹高点用直线连起来就是阻碍股价上涨的颈线。但第三次反弹，股价会在成交量的配合下冲破这根颈线。

头肩底有以下几个特征。

（1）股价突破颈线时必须有量的剧增，若股价向上突破颈线时，成交量并无显著增加，有可能是一个假突破。

（2）头肩底形态的价格在突破颈线后更习惯于反抽，原因是落袋为安的投资者比较多。这时会出现明显的买点，如下左图所示。

（3）头肩底形态的颈线常常向右方下倾，如果颈线向右方上倾，则意味着市场更加坚挺。

（4）头肩底有时会出现一头多肩或多头多肩的转向形态，此类形态较为复杂。

下右图为天华超净（300390）2021年10月15日的分时图。该股在上午时段出现了头肩底走势，连接左肩和右肩的顶点画出颈线，可以看出在右肩向上突破颈线的时候，成交量放大，此时投资者可考虑买入。

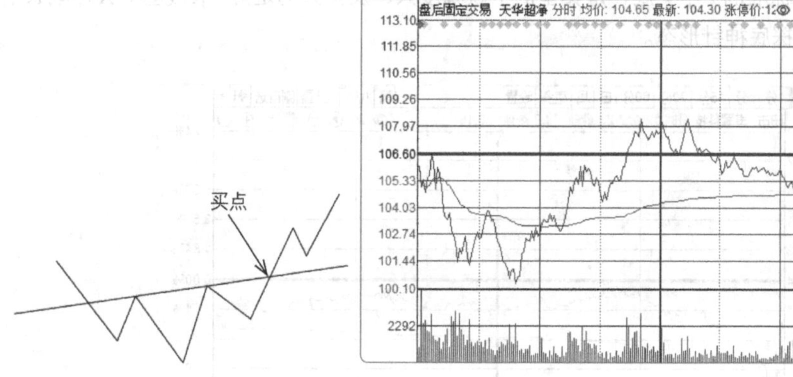

15.2.7 分时多重底

分时多重底具有以下技术特征。

（1）分时多重底底部低点相对平齐，但顶部没有规则。

（2）分时多重底底部低点多位于重要的均线位或者重要的技术支撑位附近。

（3）分时多重底盘旋时间往往较长，多在60分钟以上，且横盘区间内呈现极度缩量状态。

（4）分时多重底底部盘旋时要对多、空量能进行合计。绝大多数情况下，多方量能之和是有优势的，这是多方吸筹状态的临盘体现，是买点的显现。

下图是中兰环保（300854）2021年10月15日的分时图，是典型的分时多重底走势。该股股价从早盘下跌之后跌幅一直维持在3%左右，从10:00左右一直到13:15左右，横盘了近两小时，期间多次探底，低点相对平齐。横盘期间成交量萎缩，之后尾盘拉起，当日振幅达7.61%。

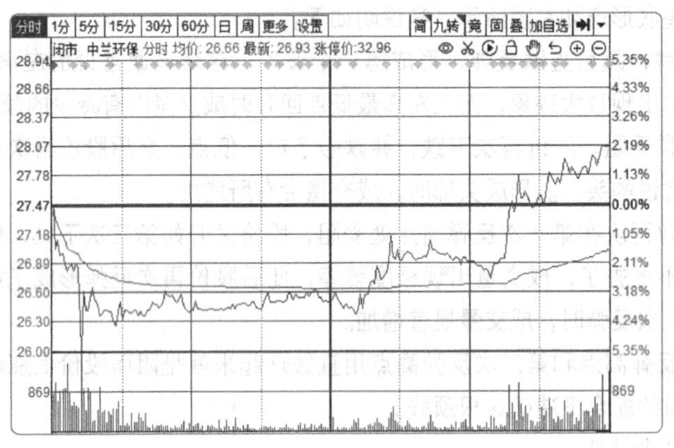

15.2.8 V字尖底

V字尖底就是股价急跌，然后被快速拉起，股价线形成一个“V”字形态。

V字尖底具有以下特征。

（1）V字尖底形态形成前，应是平开或低开，其后出现急跌的走势。

（2）V字尖底形态最低点的跌幅不能少于2%，低点停留的时间不能超过3分钟。

（3）V字尖底形态形成前，分时线应一直处在均线之下。

（4）V字尖底形态的底部低点必须是负值，且下跌的幅度必须大于2%（下跌的幅度越大，收益就越大）。

下图为卓翼科技（002369）2021年10月15日的分时图。该股开盘即下跌，跌幅超过8%，触底后立即走高，形成标准的V字尖底，是典型的下跌幅度大、反弹大的走势。K线图上会形成长下影线，可能形成底部的探底神针形态。

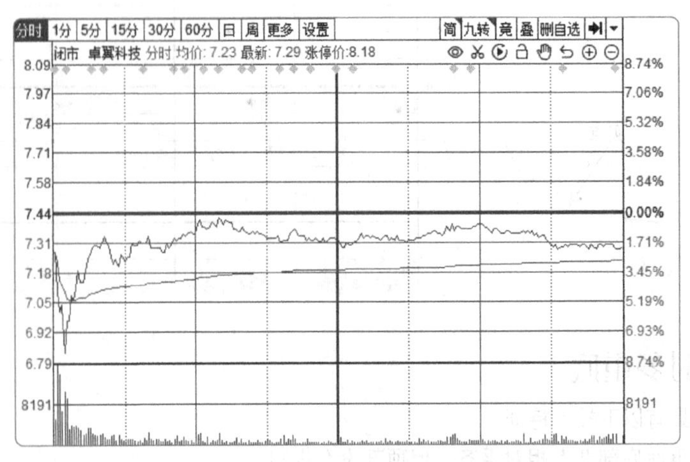

15.2.9 突破前高

突破前高是指股价在上升途中超过前期高点的走势。

在突破前高买入时的注意点如下。

（1）在超过前期高点时，在第一次、第二次的突破处可以放心做多。在第三次突破时要小心，因为此时股价已高，获利较难。

（2）要注意日K线的走势。只有在日K线处于上升趋势，且股价不高时，才可放心做多。如果股价在盘整和下跌中的高位，则应在第三次突破前高时做空。

下图为安科瑞（300286）2021年10月15日的分时图。股价第一次突破时是最佳买点，在该点买入，当天可获利16.85%左右；第二次突破时是次佳买点，在该点买入，当天可获利11.78%左右；第三次突破时应当谨慎，虽然从走势看，当天买入仍然能获利，但这时股价已经很高，即使获利，也非常少，且有可能第二日低开直接被套。

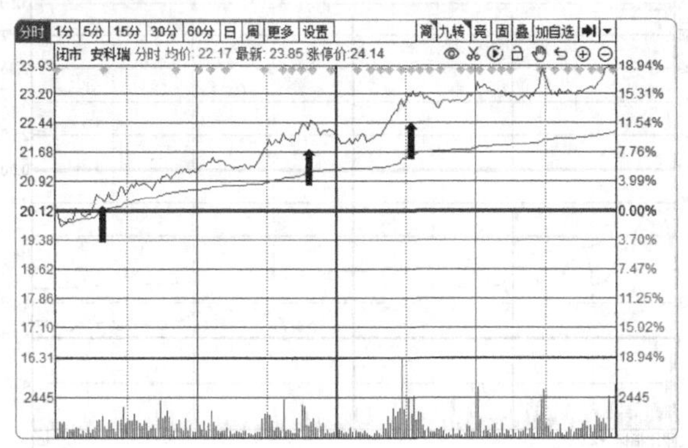

15.2.10 上穿收盘线

上穿收盘线是指股价由下向上波动到昨日收盘线的上方的走势。

在上穿收盘线买入时的注意点如下。

（1）必须关注当天的开盘情况，只有当日是低开，且开盘后到分时线上穿昨日收盘线之前的这段时间，分时线始终处在昨日收盘线之下才能买入。

（2）股价先高开再跌破收盘线后再回升到收盘线上时，不太适合买入。

（3）避免在开盘后深跌的“上穿”时买入，那很容易变成均线压力。

下图是金圆股份（000546）2021年10月15日的分时图，是典型的上穿收盘线走势。开盘股价向下走，低于昨日收盘价，然后在10:30之后由下向上突破昨日收盘价。在股价上升到昨日收盘价时买入，当日可获利10%左右。

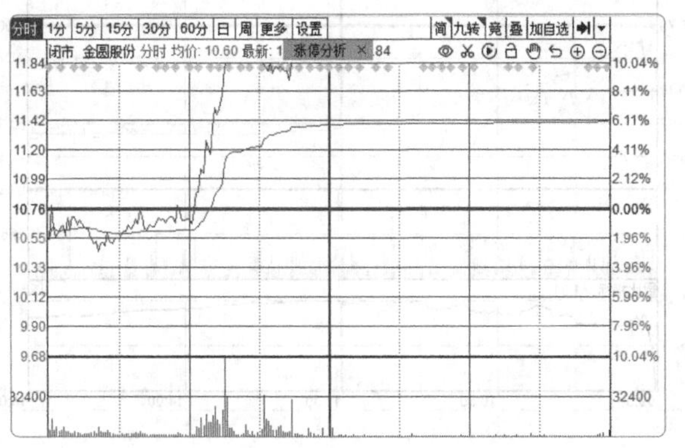

15.3 分时卖出信号

15.2 节介绍了多种分时买入信号，本节介绍一些分时卖出信号。

15.3.1 双线向下

分时线和量比指标可以帮助投资者回避股价下跌的风险。当分时线和量比指标同时形成下降趋势时，表示盘中的量能开始不断减小，是卖出信号。

下图所示的分时图中，开盘时量比指标非常大，但随后出现连续下滑的走势，在股价下跌过程中可以看到，分时线形成狼牙形态，说明有主力在坚决出货。

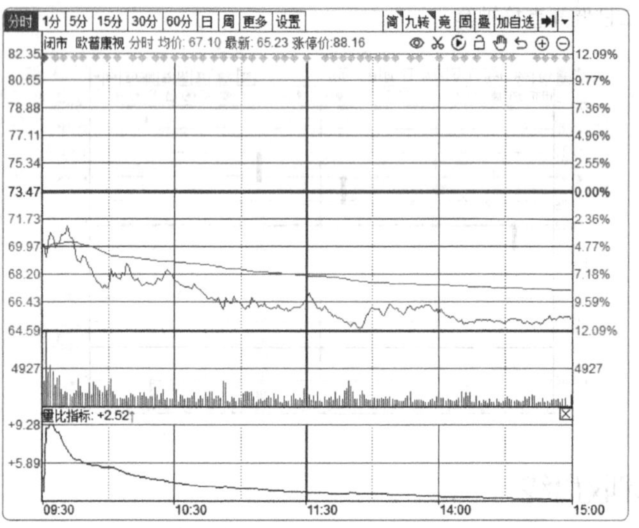

15.3.2 双线相对

双线相对即分时线下跌，量比却上涨，反映资金在盘中不断出货，这时应果断卖出，如下图所示。

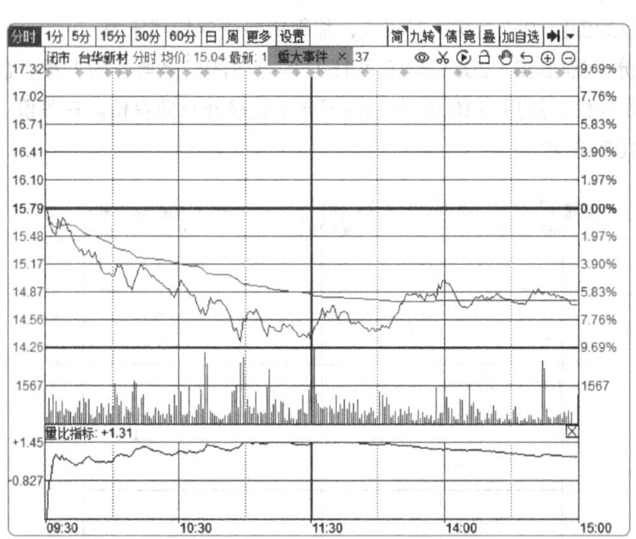

15.3.3 均线压力

均线压力是指股价上升到均线附近或短暂上穿均线后，回头下行的走势。

均线压力有以下几个特征。

（1）均线一直处在分时线之上，且呈水平状态横向震荡。

（2）分时线大多数情况下处在均线之下，一般不向上突破均线，即使突破，停留的时间也很短，突破的幅度也不会很大，并且很快回到均线的下方。

（3）分时线受到均线的阻挡前，需与均线有一段较大的距离，如果两线始终靠得很近，就不是均线压力，更不能按均线压力操作。

下图是标准的均线压力走势。开盘后股价一路下跌，始终被均线压制，在9:48左右形成第一次均线压力，是最佳卖点。随后在13:36股价进一步下跌，并且成交量增加，跌幅迅速增大，最终当天跌幅超6%。该股当时所处的日K线也刚刚跌破所有均线，是明显的空头形态，投资者还是走为上策。

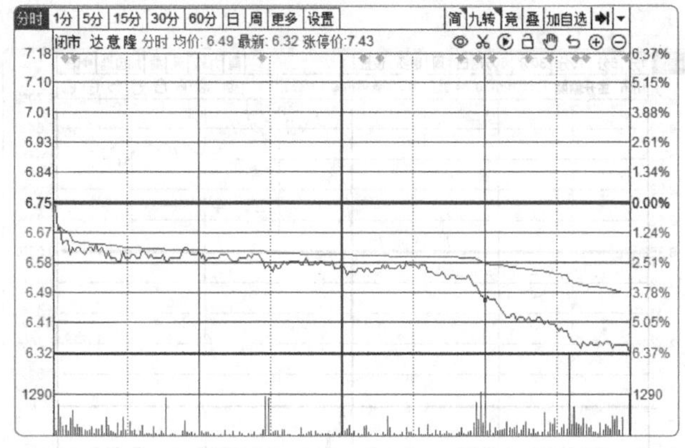

15.3.4 跌破平台

跌破平台是指分时线在离均线较近的地方进行长时间的横向整理后向下跌破平台的走势。

跌破平台有以下两个特征。

（1）跌破前，一定会出现一段横盘走势，形成一个明显的平台。

（2）分时线跌破平台的低点后，多数情况下会在短时间内又反弹到平台的低点附近，然后再次跌破平台的低点，此时就可确认跌破平台形态的形成，且是最佳卖点。

右图是标准的跌破平台走势。股价高开2.65%，之后股价就迅速下跌至昨日收盘价，短线反弹至均线，受到均线压制，在股价小幅盘整之后，开始进入下跌趋势。股价先是跌破昨日收盘价的支撑平台，这是个最佳卖点。然后股价一路下探至−3.84%这个平台，盘整至14:00左右。接着股价跌破−3.84%的平台，再度下探，这是最后的卖点。此后股价最低跌至−6.46%。

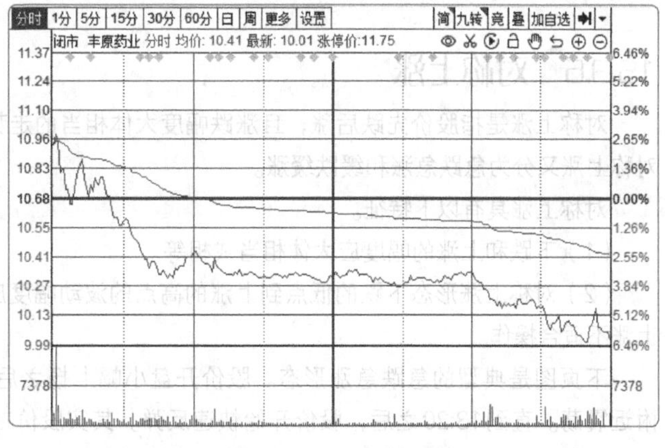

提示

跌破平台最好的卖出时机是在第一次跌破平台时，第二次次之。

15.3.5 分时双平顶

分时双平顶是指股价在经过一段涨势后，在高位形成了两个高点为同值的顶部。

分时双平顶具有以下特征。

（1）形成的两个顶部高点应为同值，且应处在均线之上。

（2）分时双平顶形成时，当日的股价涨幅应大于3%。

下图所示的分时双平顶出现得比较晚，在形成分时双平顶时，涨幅到9.7%，而且处在最高位，完全符合涨幅应大于3%的条件，可在第二个顶形成后的下一档价位卖出。

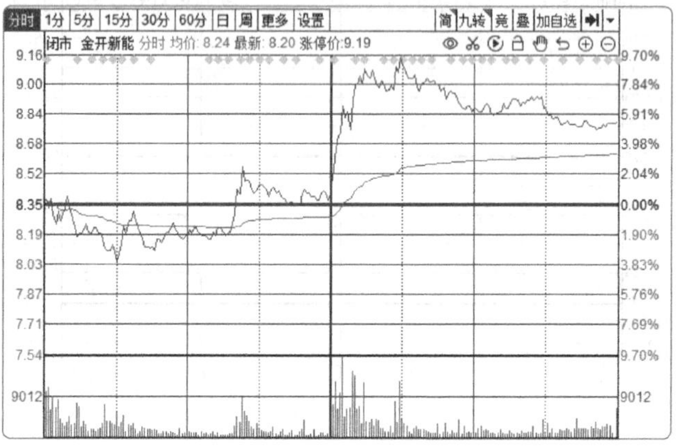

提示

（1）形成分时双平顶形态时，上涨幅度越大，有效性越大。上涨幅度小于3%时，应避免操作。

（2）分时双平顶形态的最佳卖点为第二个顶形成后的下一档或下两档价位。

（3）分时双平顶形态只有在高位或波段的顶部时，才可放心做空。

15.3.6 对称上涨

对称上涨是指股价先跌后涨，且涨跌幅度大体相当的走势，是高位卖出的一个十分有效的指标。对称上涨又分为急跌急涨和缓跌缓涨。

对称上涨具有以下特征。

（1）下跌和上涨的幅度应大体相当或相等。

（2）对称上涨形态下跌的低点到上涨的高点的波动幅度应在3%以上。波动幅度小于3%的对称上涨不适合操作。

下页图是典型的急跌急涨形态。股价开盘小幅上扬之后即开始快速下跌，之后一直在-2.98%附近震荡。直到13:20之后，股价开始快速反弹。其实股价在突破均线压制的时候就是很好的买点，在突破昨日收盘价时是第二个买点。该股价快速拉升至最高7.56%才缓缓回落，最终收盘上涨了5.39%。

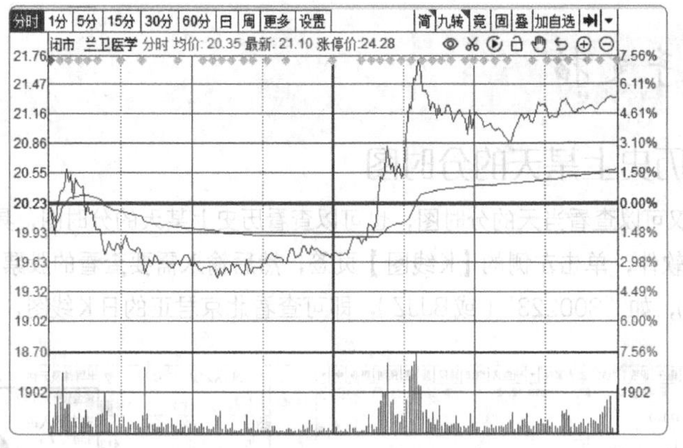

15.3.7 分时头肩顶

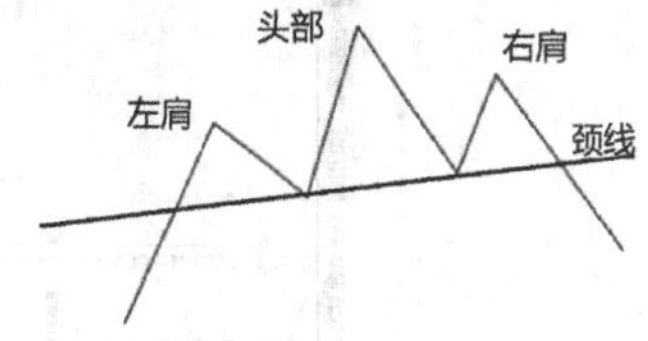

头肩顶和头肩底正好相反，股价从左肩处开始上涨至一定高度后回落，然后重新上涨超过左肩的高度形成头部后再度回落，经过整理后开始第三次上涨，当上涨至左肩位置形成右肩后开始第三次回落，这次回落的力度很大，很快穿过整个形态的颈线并且一路下跌。出现头肩顶为典型的卖出信号。头肩顶形态如右图所示。

头肩顶形态可以分为以下几个部分。

（1）形成左肩。股价持续一段时间的上升，成交量很大，过去在任何时间买进的人都有利可图，于是开始获利卖出，令股价出现短期的回落，成交量较上升到顶点时有显著减少。

（2）形成头部。股价经过短暂的回落后，又有一次强力的上升，成交量亦随之增加。不过，成交量的最高点较之于左肩部分明显减少。股价升破上次的高点后再一次回落，成交量在这次回落期间亦同样减少。

（3）形成右肩。股价下跌到接近上次的回落低点后又获得支持回升，可是，市场投资的情绪显著减弱，成交量较左肩和头部明显减少，股价没抵达头部的高点便回落，于是形成右肩。

（4）跌破颈线。股价从右肩顶下跌穿破由左肩底和头部底连接形成的颈线，其跌破颈线的幅度要超过市价的3%。

下图所示的股价在早盘10:00—10:30就出现了典型的头肩顶形态。

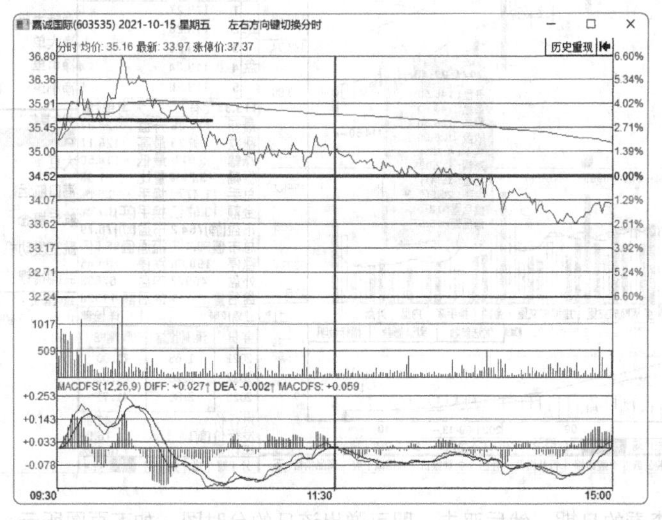

高手支招

技巧1　查看历史上某天的分时图

同花顺软件不仅可以查看当天的分时图，也可以查看历史上某天的分时图，具体的操作步骤如下。

❶启动同花顺软件，单击左侧的【K线图】页签，然后输入需要查看的股票代码或名称（或大写的汉语拼音首字母），如“300223”（或BJJZ），即可查看北京君正的日K线图，如下图所示。

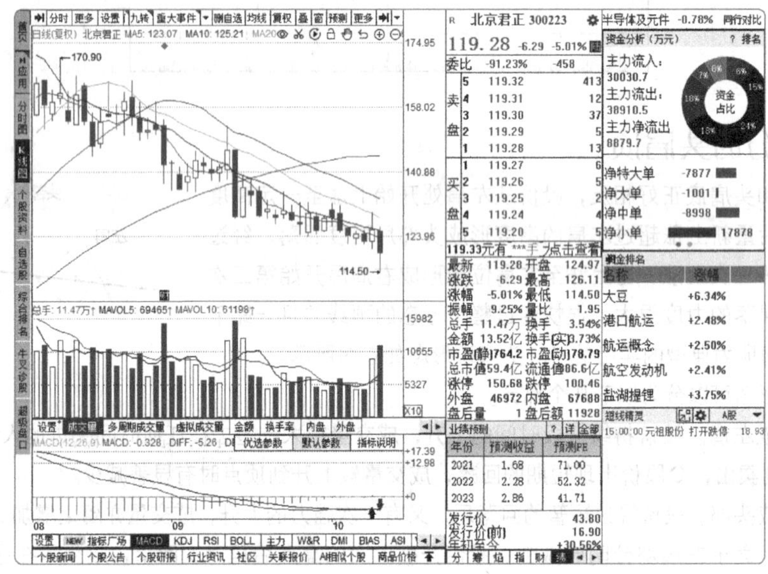

❷将鼠标指针移到日K线图上，即可显示日期，如下图所示。

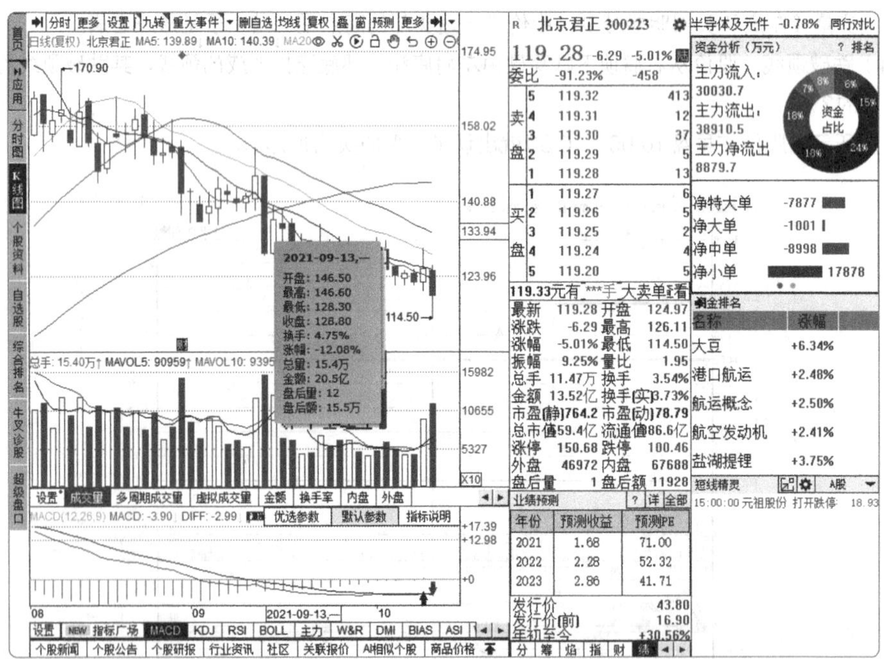

❸找到需要查看的日期，然后双击，即可弹出该日的分时图，如下页图所示。

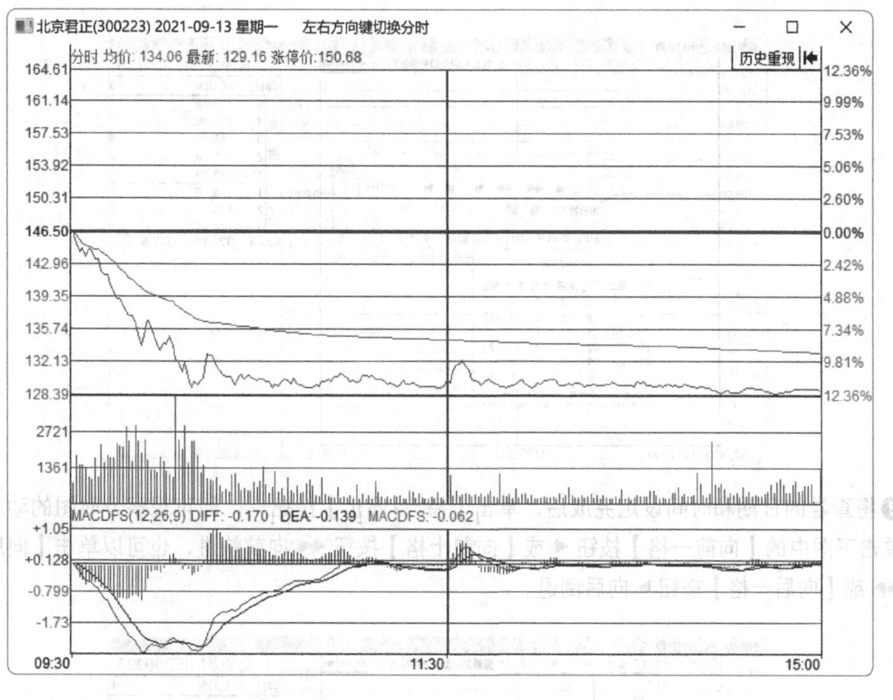

技巧2 动态观察历史分时图

在同花顺软件中，通过【历史重现】功能可以动态查看某个时刻的分时图，以便观察分析。仍然以北京君正为例来介绍动态观察历史分时图的具体操作步骤。

❶启动同花顺软件，双击相应股票的分时图，弹出下图所示的界面。

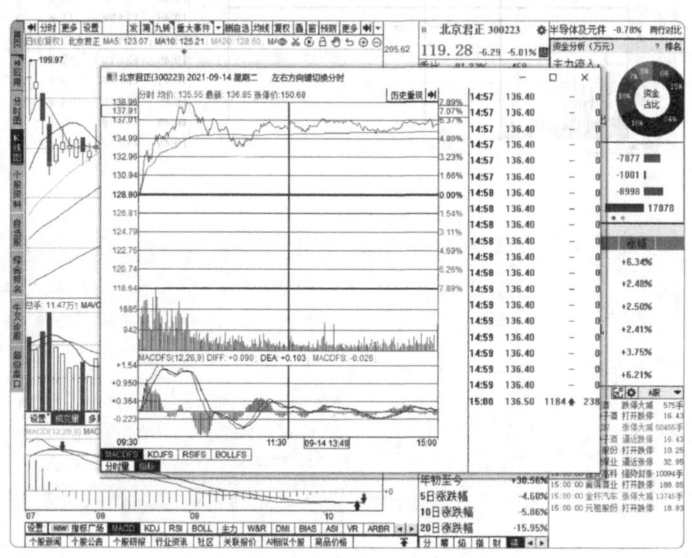

❷单击【历史重现】按钮，在弹出的对话框中设定查看的日期和时间，如下页图所示。

❸将查看的日期和时间设定完成后，单击【播放/停止】按钮 ▶，即可观察分时图的动态变化。可以单击下图中的【向前一格】按钮 ◀ 或【向前十格】按钮 ◀◀ 向前快进，也可以单击【向后十格】按钮 ▶▶ 或【向后一格】按钮 ▶ 向后倒退。

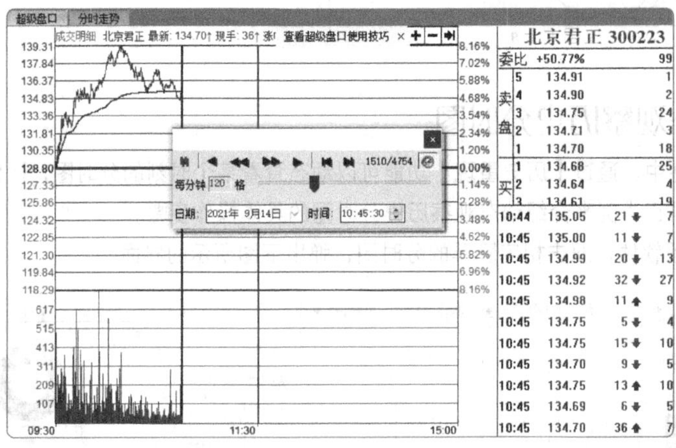

第4篇

软件篇

第16章　同花顺软件的基础知识

本章引语

不要懵懵懂懂地随意买股票，要在投资前扎实地做一些功课，才能成功。

——威廉·欧奈尔

投资前要扎实地做一些功课，这些功课不仅包括投资的专业知识，也包括投资软件的使用方法。本章将介绍同花顺软件的基础知识。

本章要点

★同花顺软件的下载、安装与界面介绍

★同花顺软件的基本操作

★同花顺软件的常用功能

16.1 认识同花顺软件

同花顺软件是浙江核新同花顺网络信息股份有限公司推出的一款炒股软件，拥有行情显示、行情分析和行情交易等相关功能，有免费PC产品、付费PC产品、平板电脑产品、手机产品等适用性强的多个版本。

同花顺软件具有以下特征。

（1）使用简单。用直观的图标显示各类资金的持仓和变化，重点和活跃席位的彩色标志醒目，模型、指标用图形或曲线显示，浅显易懂。

（2）真实准确。准确的持仓数据使投资者不用猜测各种资金的行为和动向，所有持仓数据均直接来自交易所数据库，真实、准确地反映了各类资金的交易状态。

（3）海量数据。每天更新海量的数据，并提供一年以上的历史数据，深入地分析各种资金的历史交易习惯和交易行为。

（4）快速方便。投资者能快速找到各种资金增仓的股票，快速了解资金的动态，并快速找到资金关注的板块。通过席位搜索，投资者能快速找到自己关注的席位的历史交易情况。

（5）深度分析。提供较完善的持仓数据和席位交易数据，为投资者深度分析个股、指数和板块中的各种资金行为。

（6）研究专业。同花顺软件拥有众多功能和分析模型，便于投资者更好地使用该软件，并为投资者提供专业的售后服务。

16.2 同花顺软件的下载、安装与界面介绍

要使用同花顺软件，就需要了解它的操作界面；要了解同花顺的操作界面，首先就需要下载并安装同花顺软件。

16.2.1 下载同花顺软件

同花顺软件的下载方法有很多种，其中最常用的是通过同花顺官方网站下载和通过搜索引擎搜索后到相关网站下载。

1. 通过同花顺官方网站下载

下载同花顺软件最简单直接的方法就是在同花顺官方网站下载。在同花顺官方网站下载的具体操作步骤如下。

❶进入同花顺官方网站，如右图所示。

❷在同花顺官方网站首页的导航栏中，单击【首页】下的【软件下载】按钮，弹出下页图所示的软件下载界面。

❸单击【同花顺免费版】图标下方的【免费下载】按钮即可进行软件的下载，单击下图中的【保存】按钮则会下载到默认位置，也可以单击【保存】后的下拉箭头▾，选择【另存为】保存到指定的位置。

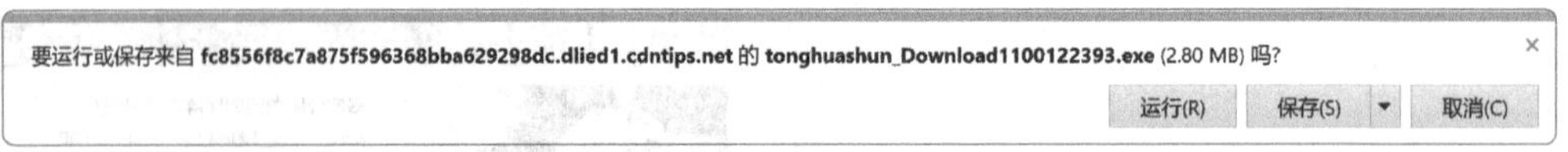

2. 通过搜索引擎搜索后到相关网站下载

通过“百度”“搜狗”“好搜”等搜索工具搜索同花顺软件，然后下载程序。具体操作步骤如下。

❶在搜索工具中输入“同花顺炒股软件下载”，根据搜索条件，搜索工具会弹出搜索结果，如下图所示。

❷确定是同花顺免费版后，单击【立即下载】按钮就会弹出新建下载任务对话框，选择合适的下载位置，然后单击下图中的【保存】按钮，即可下载。

要运行或保存来自 fc8556f8c7a875f596368bba629298dc.dlied1.cdntips.net 的 tonghuashun_Download1100122393.exe (2.80 MB) 吗?

运行(R) 保存(S) 取消(C)

16.2.2 安装同花顺软件

16.2.1小节介绍了同花顺软件的下载方法，本小节介绍同花顺软件的安装方法。同花顺软件的具体安装步骤如下。

❶双击下载后的同花顺安装程序，弹出【安装向导】界面。如果投资者的计算机中没有电脑管家、360管家等管理软件，可以单击下左图中的【管家安全安装】按钮。

❷如果有电脑管家、360管家等管理软件，就单击【普通安装】按钮，之后就开始下载同花顺免费版安装程序。下载完毕后自动弹出安装界面，单击下右图中的【快速安装】按钮，就会默认安装在C盘。

❸如果不想安装在默认的位置，可以单击右下角的【自定义安装】按钮，选择软件安装的位置。选择完安装位置之后，单击下左图中的【立即安装】按钮开始安装。

❹安装完毕之后将弹出安装成功对话框，投资者可以选择是否创建桌面图标、是否添加至快速启动栏、是否开机自动启动，如下右图所示。

❺完成安装后将自动以游客的身份登录同花顺软件，如下图所示。

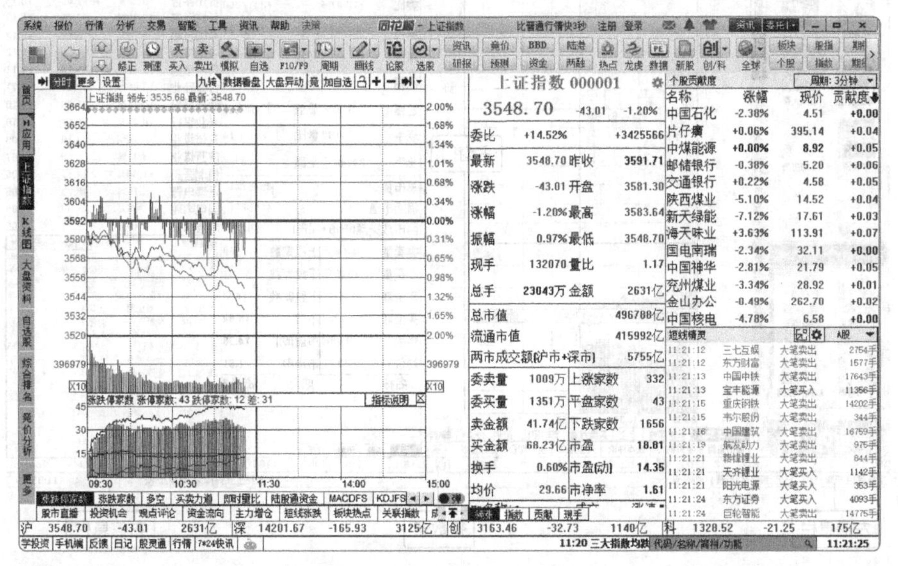

❻投资者如果已有账号，直接输入账号、密码即可登录。如果没有账号，单击导航栏中的【注册】按钮，就会弹出扫码注册界面。投资者可以打开手机微信的“扫一扫”功能，扫码用微信账号登录，如下图所示。另外，也可以切换为APP扫码，打开手机端同花顺软件的“扫一扫”功能，扫码登录。

提示

如果投资者不想注册账号，单击【游客登录】按钮，可以以游客身份登录。

16.2.3 同花顺软件界面介绍

同花顺软件的界面主要由菜单栏、标题栏、工具栏、功能树、主窗口、指数条、左信息栏、右信息栏和应用中心等几大功能模块组成，如下图所示。下面介绍前4种功能模块。

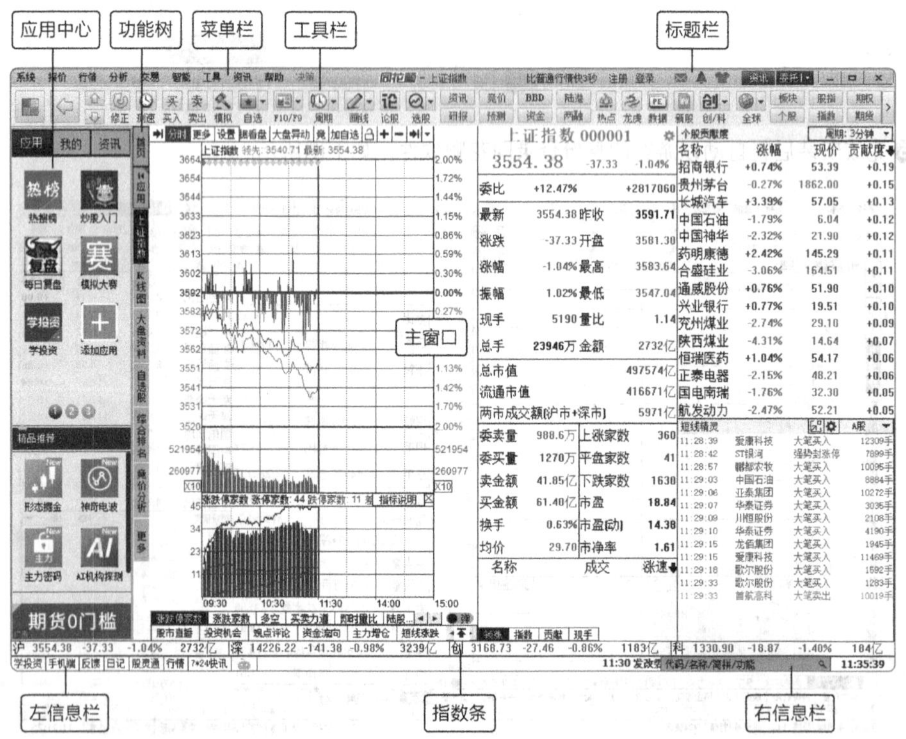

1. 菜单栏

菜单栏位于同花顺软件界面顶端的左上方，包括系统、报价、行情、分析、交易、智能、工具、资讯和帮助等栏目。菜单栏展开后如下图所示。

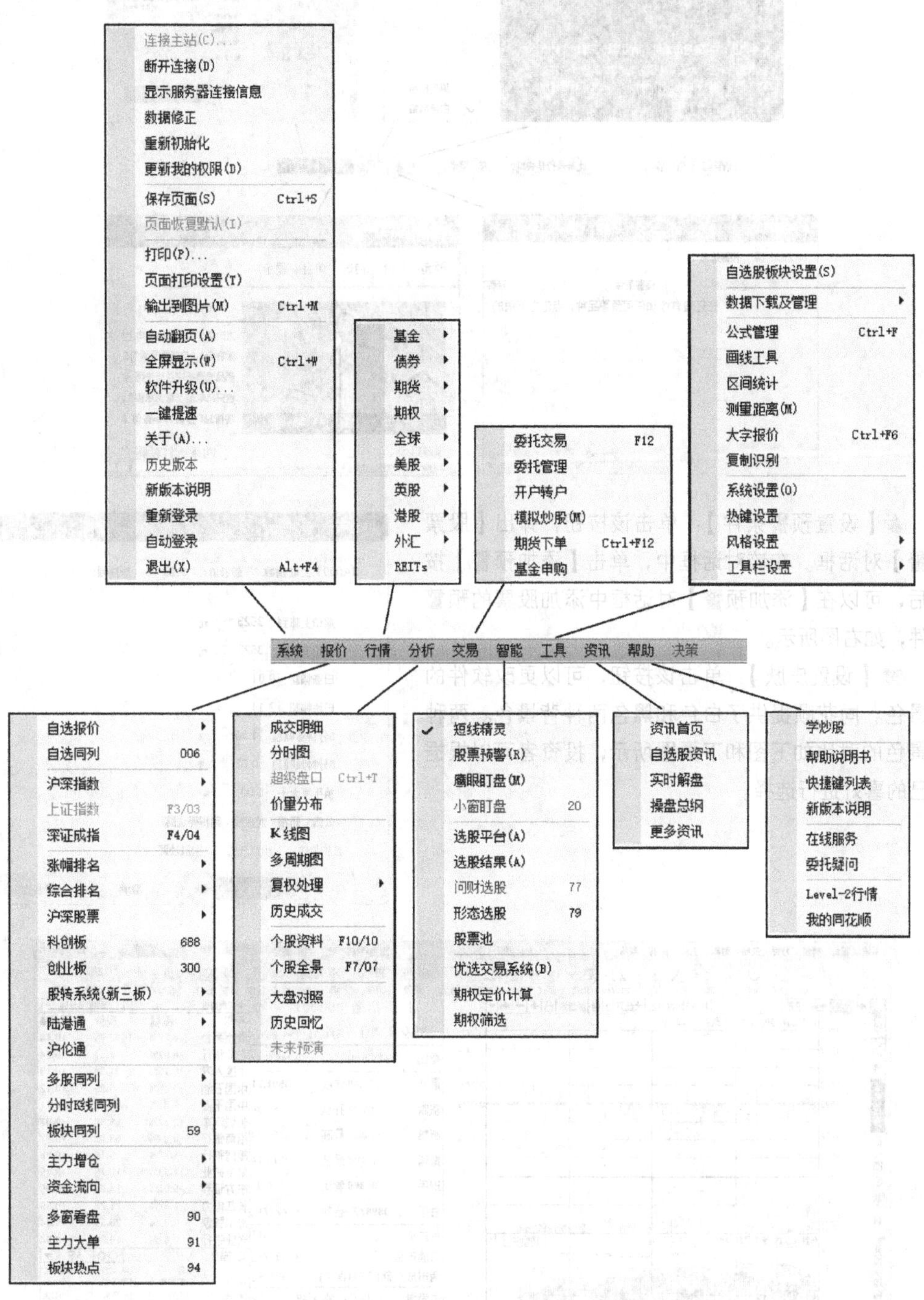

2. 标题栏

标题栏位于同花顺软件界面顶端的右上方，包括注册、登录、消息中心、设置预警条件、设置皮肤、资讯和委托等功能。部分功能按钮对应的界面如下页图所示。

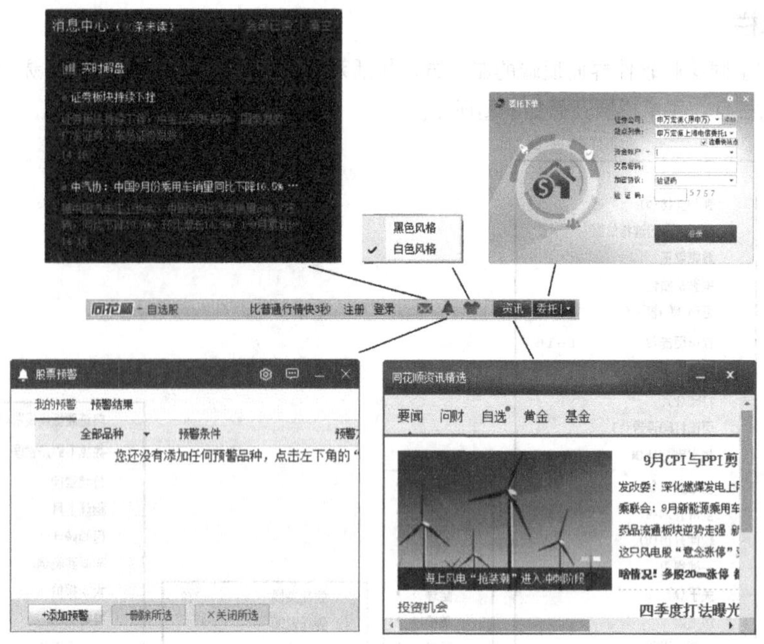

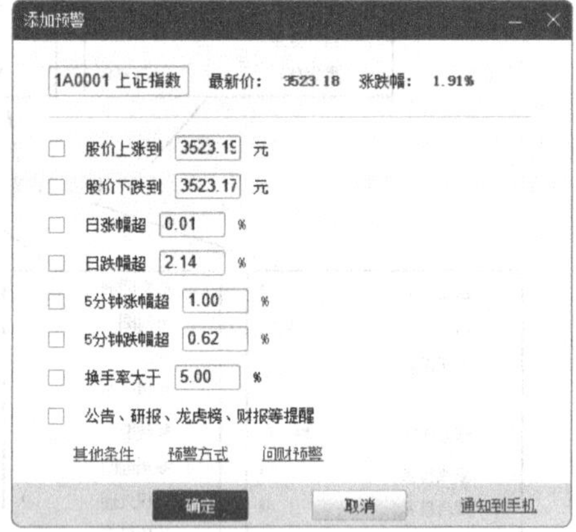

【设置预警条件】：单击该按钮，弹出【股票预警】对话框。在该对话框中，单击【添加预警】按钮后，可以在【添加预警】对话框中添加股票的预警条件，如右图所示。

【设置皮肤】：单击该按钮，可以更改软件的背景色。同花顺提供了白色和黑色两种背景色。两种背景色的对比如下图和下页图所示，投资者可以根据自己的喜好进行选择。

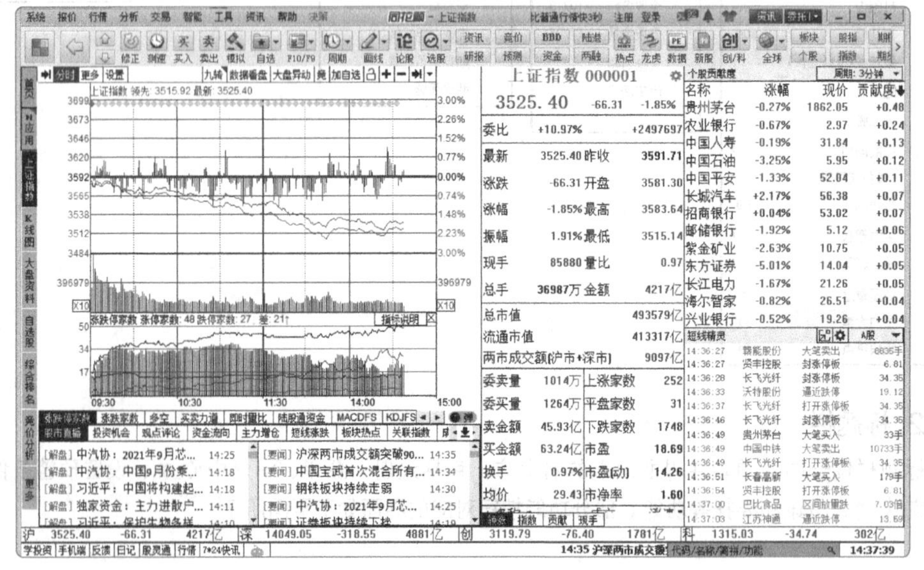

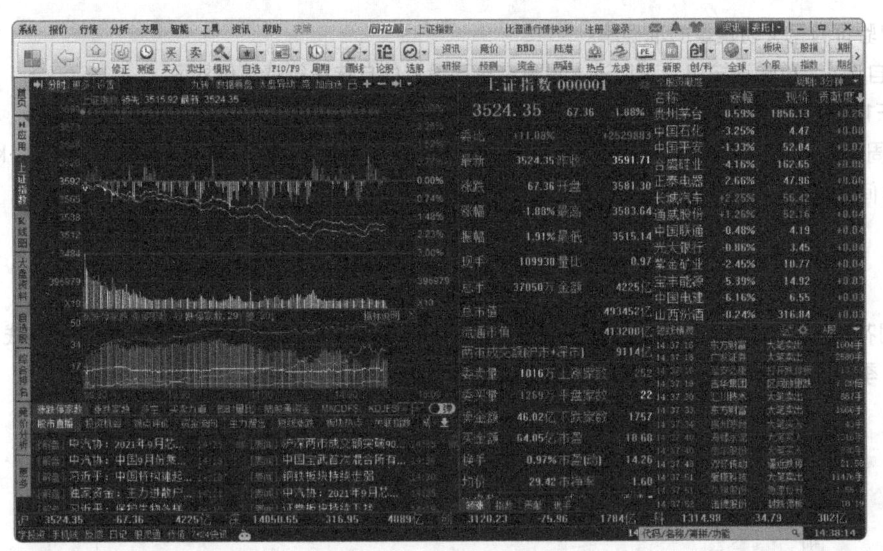

> **注意**
>
> 设置皮肤后，需要重启软件才能生效。

【资讯】：单击该按钮，可以查看当日同花顺资讯精选，包括要闻、问财、自选、黄金、基金等分类新闻。

【委托】：单击【委托】旁边的下拉箭头，可以选择已添加的券商进行委托交易，还可以添加券商/账户、模拟炒股、委托管理、开展与委托相关（开户转户、基金申购和手机交易）的业务。

3. 工具栏

工具栏位于菜单栏和标题栏之下、主窗口之上的位置。右击工具栏可选择是否将其隐藏。工具栏包含应用中心、返回、上翻、下翻、修正、测速、买入、卖出、模拟、自选、F10/F9、周期、画线、论股、选股、热点、龙虎、数据、新股、创/科、全球等功能，如下图所示。

【应用中心】：单击该按钮，显示常用的功能，如右图所示。单击【添加应用】按钮，可以添加新的应用功能。

热搜榜　炒股入门　每日复盘　模拟大赛　学投资　策略宝
表头广场　投资日历　学炒股　数据看盘　超级盘口　全球期指
问财选股　路演平台　添加应用
打开侧边栏

【返回】：单击该按钮，可以返回上一界面。

/【上翻】/【下翻】：单击相应按钮，可以对行情报价、分时图或K线图进行向上/向下翻页查看。

【修正】：在查看当前的数据时，如果发现数据不全或有错误，单击该按钮可以对数据进行修正。

【测速】：可以测试连接相关主站的速度，选择最快行情站点。

【买入】/【卖出】：在登录委托程序后，单击【买入】/【卖出】按钮，可进行买入/卖出操作。

【模拟】：没有开通账户的投资者可以使用模拟账户进行虚拟买入、卖出等操作，也可以使用模拟账户验证自己交易模型的准确率。

【自选】：单击该按钮，可以进入投资者自己设置的自选股行情报价界面。

【F10/F9】：单击该按钮，可查看公司资料、股东情况、经营分析、盈利预测等内容。

【周期】：在K线图中，单击该按钮可以在弹出的列表中选择K线的分析周期，即每一根K线所包含的时间长度，如下图所示。

同花顺软件的K线周期包含1分钟线、5分钟线、15分钟线、30分钟线、60分钟线、日线、周线、月线、季线和年线10种。下面两张图分别是30分钟线图和日K线图。

【画线】：单击该按钮可以打开画线工具栏，如下图所示。画线工具供投资者在分时图或K线图中画线。

【论股】：论股堂有最新的帖子，是投资者讨论的场地。

【选股】：单击【选股】按钮旁边的下拉箭头，可以从问财选股、快捷选股、股票筛选器和形态选股等智能选股中选择一种进行选股。

【热点】：单击该按钮，可以查看同花顺软件提供的最新驱动事件解读、精选公告和涨停分析等内容。

【龙虎】：单击该按钮，可以查看每日龙虎榜、龙虎图谱、营业部排名、龙虎风云录等内容。

【数据】：单击该按钮，可以查看融资融券、大宗交易、高送转等相关数据。

【新股】：单击该按钮，可以查询新股申购、新股预披露、新股上会等各类数据，帮助投资者在新股重启时，获得理想的新股收益。

【创/科】：单击该按钮，可直接查看注册制创业板股票、核准制创业板股票和科创板股票的排名情况。

【全球】：单击该按钮，可查看全球指数的实时行情，包括全球指数、全球期货、香港期货等行情指数。

投资者也可以自定义工具栏，单击工具栏中【自定】按钮旁的下拉箭头，选择【定制工具栏】，弹出下图所示的界面，选择喜欢的项目拖进工具栏即可自定义工具栏。

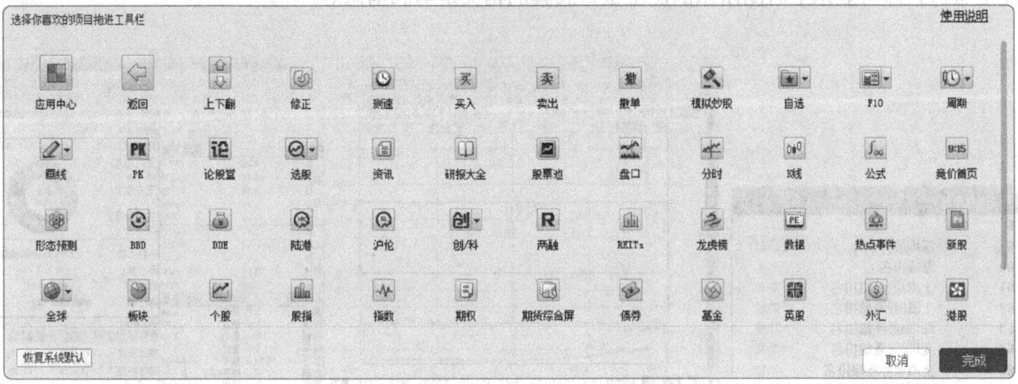

4. 功能树

功能树指的是将页签以树的形式显示，它位于软件界面的左侧，包括应用、分时图、K线图、个股资料、自选股、综合排名、牛叉诊股、超级盘口等页签，如下图所示。

16.3 同花顺软件的基本操作

同花顺软件的基本操作主要包括键盘精灵操作、快捷键操作及鼠标与键盘操作。这些操作是同花顺软件最基本且使用最多的操作。

16.3.1 键盘精灵操作

使用键盘精灵功能可以帮助投资者在软件中快速查看和搜索某只股票。只需要按键盘上的任意键，即可启动键盘精灵。

键盘精灵启动后，可以输入中、英文或数字搜索相应的股票，如输入数字“6”，可以显示当前代码中以“6”开头的所有股票，如下左图所示。

双击选中的股票（或选中后按【Enter】键），即可打开与之相关的界面。例如，双击“600016”民生银行，即可显示下右图所示的民生银行股票的相关走势和信息。

同花顺键盘精灵

6

6	深圳债券	功能
60	涨幅排名	功能
61	上海A股涨幅排名	功能
62	上海B股涨幅排名	功能
63	深圳A股涨幅排名	功能
64	深圳B股涨幅排名	功能
65	上海债券涨幅排名	功能
66	深圳债券涨幅排名	功能
67	上海基金涨幅排名	功能
68	深圳基金涨幅排名	功能
69	港股涨幅排名	功能
603	创业板涨幅排名	功能
606	主力逐笔雷达	功能

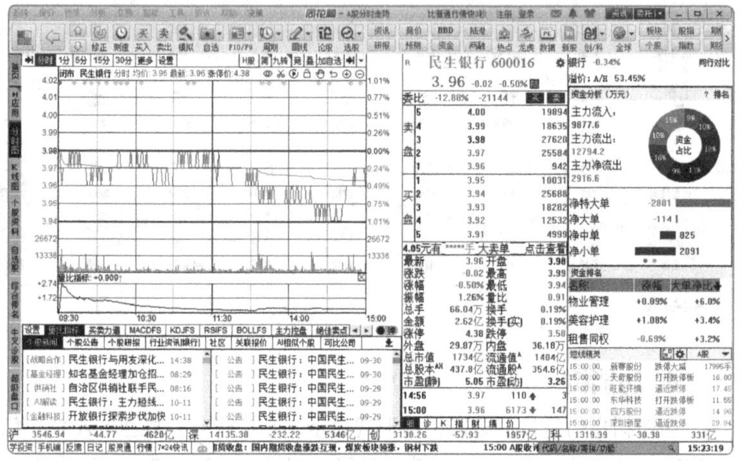

提示

除了通过输入相关字母和数字查找股票外，还可以通过输入板块大写的汉语拼音首字母或技术指标的中、英文名字来查看相关板块股票或技术指标的信息。此外，输入“61”，然后按【Enter】键，可查看上证A股的涨跌幅排名。

16.3.2 快捷键操作

在同花顺软件中，除了使用鼠标操作外，还可以使用快捷键来操作。投资者可以选择【帮助】—【快捷键操作】命令，查询全部快捷键。一般比较常用的快捷键及对应的内容/操作如下表所示。

快捷键与对应内容/操作

快捷键	对应内容/操作	快捷键	对应内容/操作
F1	成交明细	F12	委托下单
F2	价量分布	Insert	加入自选股
F3	上证指数	Delete	从自选股中删除

快捷键	对应内容/操作	快捷键	对应内容/操作
F4	深证成指	7+1+Enter	上证新闻
F5	技术分析	7+2+Enter	深证新闻
F6	自选股	8+0+Enter	沪深A股综合排名
F7	个股全景	8+1+Enter	上海A股综合排名
F8	切换分析周期	8+2+Enter	上海B股综合排名
F9	牛叉诊股	8+3+Enter	深圳A股综合排名
F10	查看公司资讯	8+4+Enter	深圳B股综合排名
Esc	当前有光标时，去掉光标；无光标时，返回上一个浏览界面	↑/↓	当为表格时，选择表格的上一行或下一行；当在K线图中时，可以放大或缩小K线图
Home/End	有光标时，可将光标移到窗口的最前端或最后端；无光标时，则变成技术指标	←/→	可以在窗口中左右移动光标。如果当前在表格中操作，则可以左右选择表格列数
Page Up/ Page Down	如果当前为表格，按【Page Up】键和【Page Down】键分别显示当前页上一页和下一页的相关数据 如果当前为K线图，按【Page Up】键选择当前股票的上一只股票，按【Page Down】键则是选择当前股票的下一只股票	+/-	这里的【+】或【-】是小键盘上的键，按【+】键可以在大盘分时界面中切换指标；按【-】键，可以在个股分时界面中切换小窗口标签

16.3.3 鼠标与键盘操作

鼠标的常用操作如下。

（1）单击：移动光标到某目标并单击鼠标。

（2）双击：移动光标到某目标，保持位置不变，双击鼠标。

（3）单击拖曳：移动光标到某目标，按住鼠标左键不放，移动光标到另一位置后，再放开左键。

（4）右击拖曳：移动光标到某目标，按住鼠标右键不放，移动光标到另一位置后，再放开右键。

键盘的常用操作如下表所示。

键盘的常用操作

功能键	作用
↑、↓	K线图里，放大和缩小图形
	表格里，上下移动选中行
←、→	图形窗口里，左右移动光标
	表格里，在单元格中左右移动
Page Up、Page Down	K线图里，选择上一只股票和下一只股票
	表格里，选择上一页和下一页
Esc	有光标时去掉光标，无光标时回到上个浏览界面

续表

功能键	作用
Home、End	有光标时将光标移到显示窗口最前端、最后端
	无光标时切换技术指标
+、-（小键盘上的按键）	在大盘分时界面中切换指标
	在个股分时界面中切换小窗口标签

16.4 同花顺软件的常用功能

同花顺软件的常用功能有分时图分析查看功能、K线图分析查看功能、成交明细查看功能、价量分布功能、个股全景图功能和多窗口看盘功能。

16.4.1 分时图分析查看功能

投资者投资股票最基础的参考图形就是分时图。打开同花顺软件，默认进入自选股界面，双击或按【Enter】键查看自选股的分时图走势，或在【同花顺键盘精灵】中直接选择股票后按【Enter】键进入分时图。滚动鼠标滚轮，可以来回切换上一只或者下一只股票的分时图。

分时走势由三要素组成：分时价格线、分时均价线和成交量。其中黄色的分时均价线是分时图的重要参考指标，一般以这根均线作为股价强弱的分水岭。下图为湖南黄金（002155）2021年10月12日的分时走势。

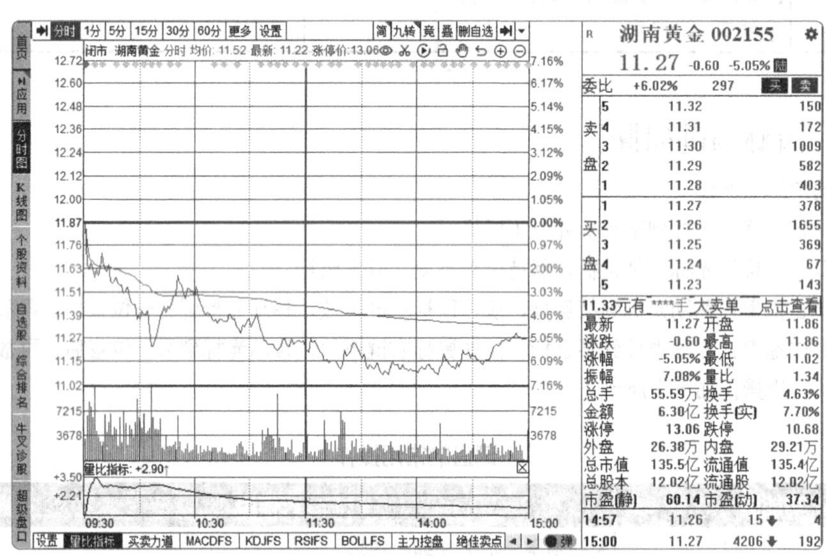

同花顺软件中还有超级盘口可以帮助投资者分析。选择【分析】—【超级盘口】命令，或者按【Ctrl+T】快捷键即可打开超级盘口界面。超级盘口可以用于模拟呈现当日每一秒成交的实时交易信息，对于分析盘中买卖盘有极其重要的作用。如果投资者平时没有看盘时间，可以在收盘后利用超级盘口进行复盘，对盘口进行分析。下页图为湖南黄金（002155）2021年10月12日的超级盘口，可以单击查看某一时点的信息。想要退出超级盘口时按【Esc】键即可。

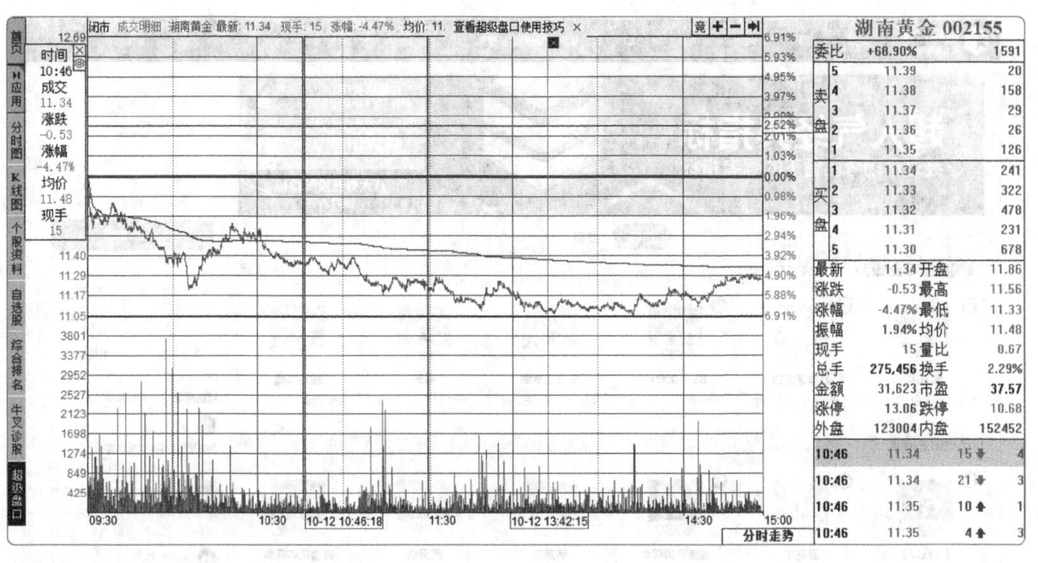

16.4.2 K线图分析查看功能

K线图就是由红色、绿色柱线组成的股价的走势图，每一根K线都包含开盘价、最高价、最低价、收盘价4个数据，所有K线都是围绕这4个数据展开的。K线图的相关指标比分时图的多很多，为投资者在进行技术分析时提供很多帮助。

下图为湖南黄金（002155）2021年7月至9月的日K线图。系统默认的是3个指标窗口。投资者可以右击，在弹出的快捷菜单中选择【多指标组合】下的相应命令切换成有其他指标的窗口。单击下方的指标窗口之后，可以选择切换不同的指标，进行多指标分析。

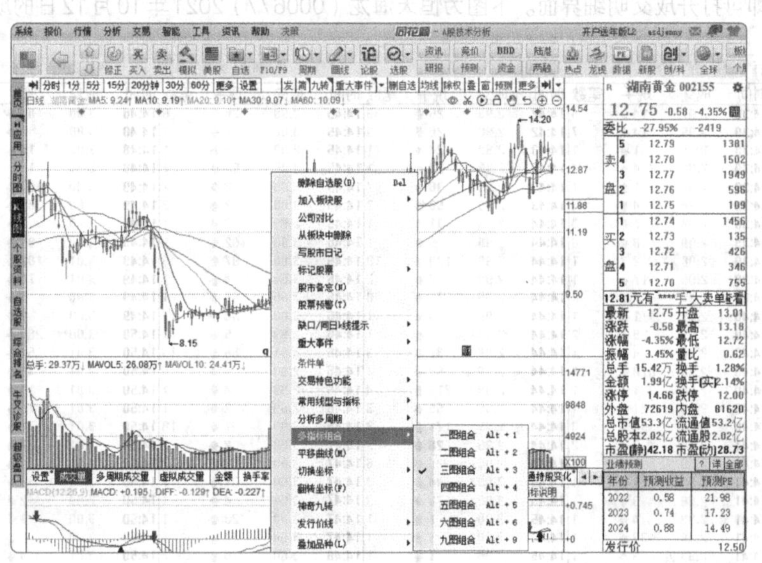

同花顺软件还有专门的指标平台，且该平台是国内第一个开放式指标分享平台。投资者可以一键安装各指标软件，还可以免费使用海量指标。投资者可以单击K线图界面下方的【指标广场】按钮，进入同花顺指标广场，广场上有一万多个指标供投资者选择。投资者可以在这里对指标进行关键字搜索，然后下载，操作完成后就可以在指标栏中使用新下载的指标，如下页图所示。

16.4.3 成交明细查看功能

成交明细查看功能主要用于查看股票当天每一单的交易情况。如果是在个股的分时图界面或者K线图界面，双击成交栏或者选择【分析】—【成交明细】命令（如果打开的是分时图界面，也可以按【F1】键），即可打开成交明细界面。下图为恒天海龙（000677）2021年10月12日的成交明细界面。

恒天海龙 000677 成交明细　　□筛选　大单下限 300　大单上限 　手

首页 | 应用 | 分时图 | K线图 | 个股资料 | 自选股 | 综合排名 | 牛叉诊股 | 超级盘口

时间	成交	现手	笔数	时间	成交	现手	笔数	时间	成交	现手	笔数	时间	成交	现手	笔数
14:38	2.97	14↓	6	14:42	2.99	25↑	3	14:45	2.99	28↓	6	14:48	3.00	106↑	5
14:38	2.99	14↑	7	14:42	2.98	20↓	3	14:45	3.00	8↑	1	14:48	3.00	2↑	1
14:38	2.99	1↑	1	14:43	2.99	24↑	1	14:45	2.99	4↓	1	14:48	3.00	18↑	3
14:39	2.99	4↑	4	14:43	2.99	22↑	1	14:45	3.00	66↑	7	14:48	2.99	19↓	5
14:39	2.99	1↑	1	14:43	2.99	38↑	7	14:45	3.00	2↑	2	14:49	3.00	157↑	2
14:39	2.98	4↓	4	14:43	2.99	50↑	2	14:45	3.00	2↑	2	14:49	3.00	253↑	4
14:39	2.98	7↓	3	14:44	2.99	31↑	1	14:45	2.99	3↓	1	14:49	3.00	1↑	1
14:39	2.99	8↑	8	14:44	2.98	5↓	1	14:46	3.00	102↑	5	14:49	3.00	89↑	8
14:39	2.98	2↓	1	14:44	2.99	128↑	10	14:46	3.00	97↑	5	14:49	3.01	188↑	4
14:39	2.99	17↑	1	14:44	2.99	2↑	2	14:46	3.00	4↑	1	14:49	3.01	75↑	2
14:39	2.99	1↑	1	14:44	2.99	73↑	8	14:46	3.00	68↑	1	14:49	3.00	3↓	1
14:40	2.99	1↑	1	14:44	2.99	3↑	1	14:46	3.00	88↓	17	14:49	3.00	7↓	1
14:40	2.99	5↑	2	14:44	2.99	9↑	1	14:46	2.99	5↓	1	14:50	3.00	260↓	27
14:40	2.98	4↓	1	14:44	2.99	32↑	3	14:46	3.01	86↑	13	14:50	3.01	57↑	7
14:40	2.98	610↓	39	14:44	2.99	59↑	4	14:46	2.99	8↓	5	14:50	3.01	43↑	4
14:40	2.98	1↓	1	14:44	2.99	213↑	4	14:46	2.99	4↓	1	14:50	3.01	15↑	1
14:40	2.99	21↑	1	14:44	2.99	55↑	3	14:46	2.99	2↓	1	14:50	3.01	75↑	5
14:40	2.98	50↓	3	14:44	2.99	171↑	8	14:46	2.99	41↓	18	14:50	3.01	71↑	9
14:41	2.98	5↓	2	14:44	2.99	26↑	3	14:47	3.00	2↑	2	14:50	3.01	27↑	4
14:41	2.99	1↑	1	14:44	2.99	25↓	6	14:47	3.00	80↓	17	14:50	3.01	2↑	1
14:41	2.99	21↑	1	14:45	2.99	44↓	8	14:47	3.00	31↑	1	14:50	3.00	33↓	3
14:41	2.98	3↓	1	14:45	3.00	178↑	3	14:47	3.00	4↑	1	14:50	2.99	2↓	2
14:41	2.98	4↓	1	14:45	3.00	1↑	1	14:47	3.00	23↑	1	14:50	3.00	1↓	1
14:41	2.99	33↑	1	14:45	3.00	1↑	1	14:47	3.00	34↑	1	14:50	3.00	1↓	1
14:41	2.99	19↑	1	14:45	3.00	1↑	1	14:48	3.00	25↑	2	14:50	3.01	4↑	2
14:42	2.99	12↑	2	14:45	2.99	20↓	7	14:48	2.99	1↓	1	14:51	3.01	32↑	2
14:42	2.99	5↑	2	14:45	3.00	39↑	3	14:48	2.99	2↓	2	14:51	3.00	1↓	1
14:42	2.99	40↑	2	14:45	3.00	2↑	2	14:48	3.00	10↑	1	14:51	3.00	81↓	6

从上图中可以看到，当前显示的是收盘前的成交明细情况。按【↑】键，可以查询更早时间段的成交明细。成交明细除了能显示个股的成交明细外，还可以显示指数的成交明细，比如通过键盘精灵输入“03”，即可进入上证指数的成交明细（如果是分时图，按【F1】键即可），如下页图所示。

上证指数 000001 成交明细

时间	成交	现手	笔数	时间	成交	现手	笔数	时间	成交	现手	笔数	时间	成交	现手	笔数
14:48	3537.24	108100←	10063	14:50	3540.93	211300←	13026	14:52	3541.75	150350←	10048	14:55	3543.37	208460←	18642
14:48	3537.60	169600←	13754	14:50	3540.88	96790←	7834	14:52	3541.74	149240←	12506	14:55	3544.34	235870←	17317
14:48	3537.86	104340←	8069	14:50	3540.78	127130←	10446	14:52	3541.98	169200←	14132	14:55	3544.22	135320←	9565
14:48	3537.71	114420←	10047	14:50	3541.10	182350←	12868	14:53	3542.47	124020←	9430	14:55	3544.84	177390←	13745
14:48	3538.05	132050←	11885	14:50	3541.17	90200←	8599	14:53	3541.73	271080←	26213	14:55	3544.29	228830←	16502
14:48	3538.01	86450←	7040	14:50	3541.45	155510←	11860	14:53	3541.33	264470←	30020	14:55	3543.86	151730←	10589
14:48	3538.13	118170←	10822	14:50	3541.50	141650←	12520	14:53	3541.37	138760←	12563	14:55	3544.30	179170←	13772
14:48	3538.21	161150←	12754	14:51	3541.72	87960←	7768	14:53	3541.53	168120←	14536	14:55	3544.47	193550←	16166
14:48	3538.33	113100←	7598	14:51	3541.83	161240←	14164	14:53	3541.85	183030←	14529	14:55	3544.55	144420←	9843
14:48	3538.35	131220←	11005	14:51	3542.13	200770←	16736	14:53	3541.60	124450←	9559	14:55	3544.55	185250←	13991
14:48	3538.32	154400←	13243	14:51	3542.35	105770←	9728	14:53	3541.54	174760←	12979	14:55	3544.27	223530←	15867
14:49	3538.48	84690←	7784	14:51	3542.32	155500←	13221	14:53	3541.71	173320←	13348	14:56	3544.82	170640←	11606
14:49	3538.70	122950←	11445	14:51	3542.62	182100←	13920	14:53	3542.45	111260←	9467	14:56	3544.43	191730←	17373
14:49	3538.82	147840←	13095	14:51	3542.53	104510←	8385	14:53	3542.39	164030←	11179	14:56	3544.57	244590←	19455
14:49	3538.91	85970←	7706	14:51	3542.65	132260←	11536	14:53	3542.13	180870←	13025	14:56	3544.74	148220←	11264
14:49	3538.94	128800←	11141	14:51	3542.93	178600←	14010	14:54	3542.48	136680←	9112	14:56	3545.16	198270←	15668
14:49	3539.37	165390←	12482	14:51	3542.51	111100←	10579	14:54	3543.01	144520←	12871	14:56	3545.22	234110←	17150
14:49	3539.29	96180←	7892	14:51	3542.94	157560←	12688	14:54	3543.12	214160←	16925	14:56	3544.73	159850←	11661
14:49	3539.18	128130←	9897	14:51	3542.63	161350←	14074	14:54	3542.40	116580←	9582	14:56	3544.79	211310←	14431
14:49	3539.45	138810←	11504	14:52	3542.88	113130←	9096	14:54	3543.20	137980←	11677	14:56	3544.92	247530←	15813
14:49	3539.56	110370←	8570	14:52	3542.25	178720←	16792	14:54	3543.08	172980←	13640	14:56	3545.46	140670←	9060
14:49	3539.55	121890←	10672	14:52	3542.30	181260←	16534	14:54	3543.13	130210←	9555	14:56	3545.06	195380←	12454
14:49	3540.02	182830←	12411	14:52	3542.40	105000←	10135	14:54	3542.95	157790←	12023	14:56	3545.26	229180←	14877
14:50	3540.08	95630←	7320	14:52	3542.34	152220←	13318	14:54	3543.28	156940←	13717	14:57	3545.64	106980←	6860
14:50	3539.46	188690←	15982	14:52	3541.91	204320←	14787	14:54	3543.43	118700←	10024	14:57	3545.71	40030←	2231
14:50	3540.13	253850←	20079	14:52	3541.61	115630←	9375	14:54	3543.25	156620←	12421	15:00	3545.72	169060←	8048
14:50	3540.31	175820←	13697	14:52	3541.94	156300←	13774	14:54	3543.48	213190←	15023	15:00	3546.92	3875010←	216982
14:50	3540.39	180770←	13249	14:52	3542.38	176910←	14774	14:55	3543.73	142730←	10267	15:00	3546.94	183270←	8378

16.4.4 价量分布功能

投资者通过价量分布功能可以直观地查看当天股票的成交分布状态，选择【分析】—【价量分布】命令，即可打开价量分布界面，如下图所示。

紫金矿业 601899 价量分布

价格	成交量	成交量占比	买入	成交量图	卖出	竞买率	成交笔数	每笔均量
10.85	24233	0.77%	8286		15947	34.19%	1009	24.0
10.84	18272	0.58%	9230		9042	50.51%	1043	17.5
10.83	53489	1.69%	40727		12763	76.14%	3008	17.8
10.82	94415	2.99%	30647		63768	32.46%	5637	16.7
10.81	65637	2.08%	39503		26134	60.18%	4247	15.5
10.80	72438	2.29%	31910		40528	44.05%	3928	18.4
10.79	79621	2.52%	42175		37446	52.97%	4471	17.8
10.78	12.2万	3.85%	80718		40892	66.37%	6890	17.7
10.77	16.7万	5.28%	88572		78268	53.09%	11133	15.0
10.76	17.5万	5.54%	56249		118723	32.15%	10891	16.1
10.75	15.7万	4.98%	40225		117006	25.58%	8288	19.0
10.74	10.3万	3.26%	37321		65684	36.23%	7216	14.3
10.73	84503	2.67%	47691		36812	56.44%	6303	13.4
10.72	13.5万	4.27%	77434		57392	57.43%	8360	16.1
10.71	13.1万	4.15%	48375		82818	36.87%	8484	15.5
10.70	12.4万	3.94%	62615		61759	50.34%	7775	16.0
10.69	11.9万	3.75%	65593		52997	55.31%	7217	16.4
10.68	19.9万	6.31%	92954		106373	46.63%	11611	17.2
10.67	14.7万	4.66%	62219		84947	42.28%	9416	15.6
10.66	12.4万	3.92%	46260		77608	37.35%	8177	15.1
10.65	83007	2.63%	31297		51710	37.70%	4162	19.9
10.64	98598	3.12%	41206		57392	41.79%	5910	16.7
10.63	54816	1.73%	12932		41884	23.59%	3821	14.3
10.62	65948	2.09%	37770		28178	57.27%	4499	14.7
10.61	84439	2.67%	37648		46791	44.59%	5284	16.0
10.60	15.4万	4.87%	58359		95483	37.93%	9502	16.2
10.59	82025	2.60%	31946		50079	38.95%	4901	16.7
10.58	74493	2.36%	35483		39010	47.63%	5168	14.4
10.57	44656	1.41%	8390		36266	18.79%	2635	16.9
10.56	33436	1.06%	17261		16175	51.62%	2096	16.0
10.55	8723	0.28%	5586		3137	64.04%	636	13.7
10.54	21202	0.67%	2862		18340	13.50%	1296	16.4
10.53	980	0.03%	0		980	0.00%	89	11.0

从上图中可以看到，价量分布界面显示了某只股票的成交分布情况、成交笔数、每笔均价量及价格。同样，可以通过键盘精灵查看某个指数的价量分布情况，下页图是上证指数的价量分布界面。

上证指数 000001 价量分布

价格	成交量	成交量占比	买入	成交量图	卖出	竞买率	成交笔数	每笔均量
3515.88	16.9万	0.04%	0		169160	0.00%	16269	10.4
3515.85	95670	0.02%	0		95670	0.00%	12983	7.4
3515.82	67650	0.02%	0		67650	0.00%	6835	9.9
3515.79	24.4万	0.06%	0		244420	0.00%	24354	10.0
3515.76	77010	0.02%	0		77010	0.00%	8821	8.7
3515.68	97970	0.02%	0		97970	0.00%	8386	11.7
3515.67	23.1万	0.06%	0		231440	0.00%	21395	10.8
3515.65	66610	0.02%	0		66610	0.00%	6806	9.8
3515.64	12.0万	0.03%	0		119820	0.00%	9031	13.3
3515.63	16.5万	0.04%	0		164980	0.00%	17755	9.3
3515.62	13.2万	0.03%	0		132210	0.00%	11438	11.6
3515.59	10.6万	0.03%	0		106090	0.00%	8488	12.5
3515.57	25.8万	0.06%	0		257680	0.00%	24814	10.4
3515.48	10.1万	0.02%	0		101230	0.00%	9689	10.4
3515.47	10.1万	0.03%	0		101380	0.00%	10958	9.3
3515.43	83520	0.02%	0		83520	0.00%	6993	11.9
3515.39	79350	0.02%	0		79350	0.00%	7514	10.6
3515.38	75820	0.02%	0		75820	0.00%	8191	9.3
3515.33	10.5万	0.03%	0		105070	0.00%	8170	12.9
3515.30	10.7万	0.03%	0		106900	0.00%	11289	9.5
3515.14	66300	0.02%	0		66300	0.00%	5959	11.1

提示

如果当前打开的是分时图界面，可按【F2】键或输入"02"，按【Enter】键切换到价量分布界面。

16.4.5 个股全景图功能

个股全景界面几乎涵盖了某只股票的所有信息，包括分时走势、大盘对照、TICK走势、成交明细、价量分布、技术分析、财务图示7个选项卡。投资者可以通过切换选项卡方便地查看不同的信息。下面以老白干酒（600559）为例来介绍个股全景图功能。

❶打开同花顺软件，输入老白干酒的股票代码"600559"（见下图）或其大写的汉语拼音首字母"LBGJ"，并按【Enter】键。

同花顺键盘精灵

600559

600559 老白干酒 沪A

❷打开老白干酒的分时图界面，如下图所示。

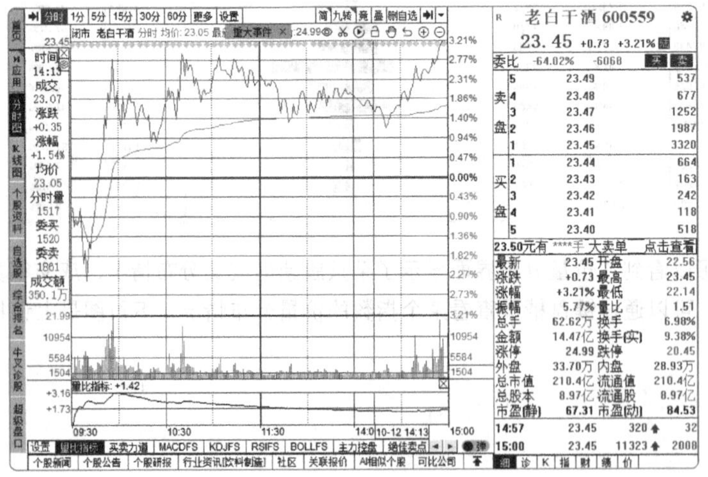

❸选择【分析】—【个股全景】命令，打开老白干酒的个股全景界面，移动光标即可查看不同K线的套牢盘、平均成本以及获利盘等，如下图所示。

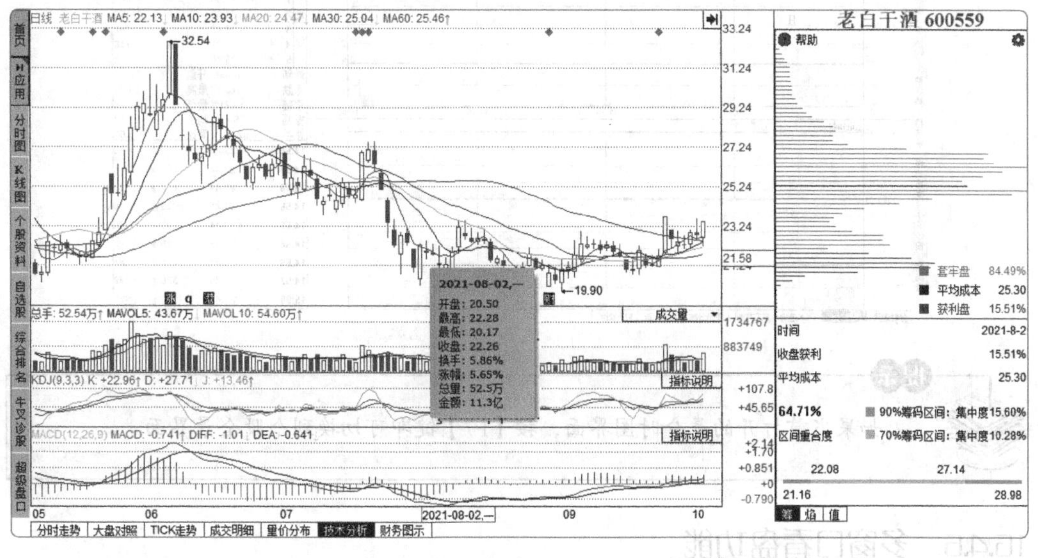

❹投资者在移动光标的过程中不难发现，当光标从2021年8月2日移动至2021年10月12日时，筹码分布图发生了较大的变化。在8月2日，上方套牢盘极其多，所以上方蓝色筹码较多，下方红色获利盘很少。但是在2021年10月12日，上方套牢盘已经减少很多，与获利盘相比，几乎看不到多少套牢的筹码，上涨的压力会小很多，并且红色获利盘筹码较为集中，具备上涨的动力，如下图所示。当底部区域的筹码变多时，后市上涨概率较大。

❺投资者还可以使用个股全景界面底部的【大盘对照】功能，对比查看该股的当日分时图和大盘分时图。从下页图中不难看出，当日大盘走势很弱，全天处于下跌趋势，而同期的老白干酒的表现却非常强劲，这种在大盘走势不好的时候敢于表现的个股，往往后市可期。

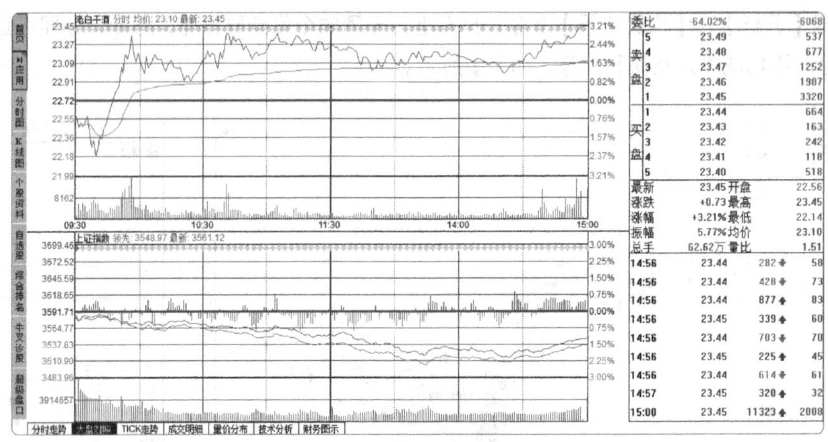

提示

如果当前打开的是分时图界面，按【F7】键即可切换到个股全景界面。

16.4.6 多窗口看盘功能

多窗口看盘功能是将窗口分为不同区域，以便投资者同时查看各种信息。下面以东风汽车（600006）为例来介绍多窗口看盘功能。

❶打开同花顺软件，输入东风汽车的股票代码“600006”（见下左图）或其大写的汉语拼音首字母“DFQC”，并按【Enter】键，打开东风汽车的K线图。

❷单击工具栏最右端【多窗】按钮的下拉箭头，在弹出的下拉菜单中选择【多窗看盘】命令，如下右图所示。

❸此时会显示东风汽车个股的多窗口看盘界面，如下图所示。投资者可以在看个股分时走势的同时，查看自选股列表中的其他实时行情信息。

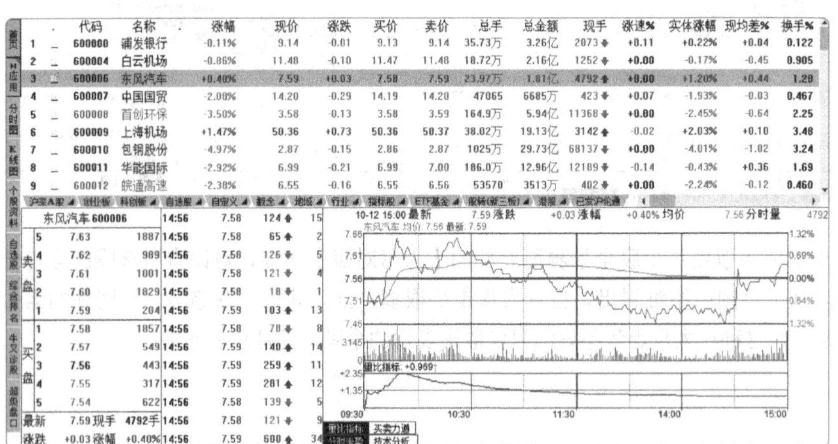

提示

除了通过工具栏中的【多窗】按钮打开多窗口看盘界面外，通过键盘精灵输入“90”，然后按【Enter】键，也可以进入多窗口看盘界面。

高手支招

技巧1　隐藏同花顺软件界面

为了方便部分投资者的使用，同花顺软件提供了一键隐藏功能，即按【Alt+Z】快捷键（俗称“老板键”）可以将程序界面完全隐藏（在任务栏、托盘区都不留痕迹），如下图所示，再按此快捷键，又将程序恢复为原来的界面。

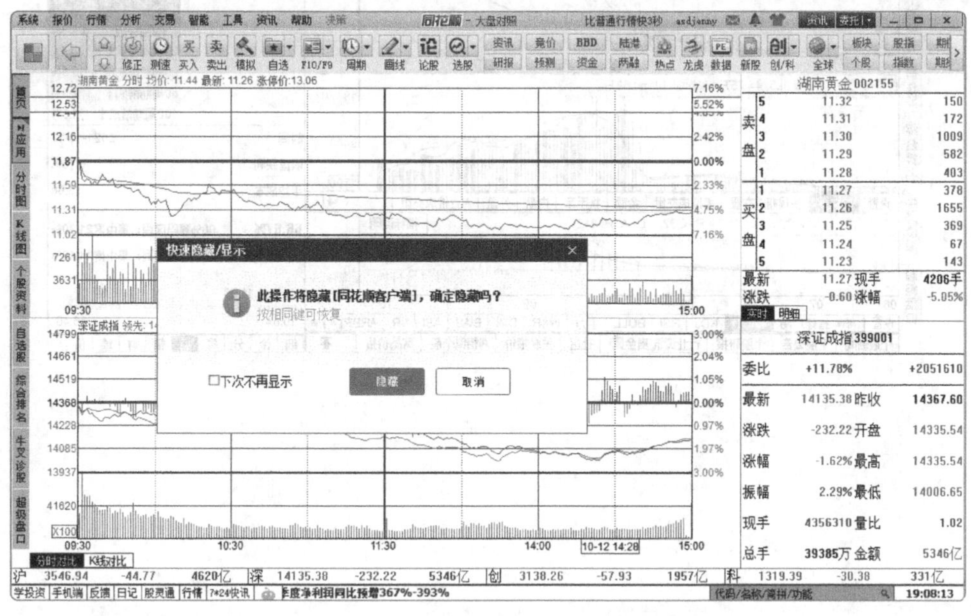

提示

如果按【Alt+F4】快捷键，则可以关闭同花顺软件。

技巧2　火焰山看筹码分布

整个移动成本分布图可以显示从股票上市以来所有筹码的搬移过程。但是，在整个分布图中，无法得知筹码的时间性，也就是无法知道在整个筹码分布中的筹码沉淀情况和筹码活跃情况。

为了进一步反映筹码的时间性，就产生了新的移动成本分布——火焰山。在筹码的价格特性以外，引入了筹码的时间特性，以不同的颜色来区别不同时间概念的筹码，如下页图所示。

火焰山中颜色代表的筹码分布如下。

- 淡黄色代表100周期前产生的筹码分布。
- 暗黄色代表60周期前产生的筹码分布。

- 姜黄色代表30周期前产生的筹码分布。
- 橘红色代表20周期前产生的筹码分布。
- 红色代表10周期前产生的筹码分布。
- 暗红色代表5周期前产生的筹码分布。

柱状图代表当天最新产生的筹码分布（一般较小，不容易被看见，只有在比较极端的情况下才会明显）。

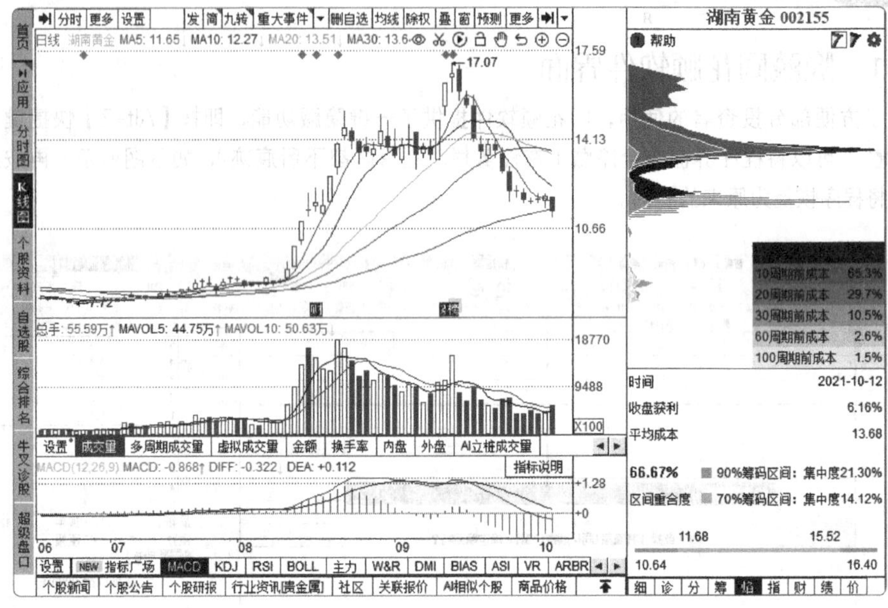

第17章　使用同花顺软件分析看盘

本章引语

不进行研究的投资，就像打扑克从不看牌一样，必然失败。

——彼得·林奇

投资就像打牌，如果从来不看盘或不进行分析，那结局无疑是亏损。本章将介绍如何使用同花顺软件分析看盘。

本章要点

★同花顺软件主界面看盘

★同花顺软件的分析菜单

17.1 市场行情报价

投资者可以打开同花顺软件的【报价】菜单来查看市场行情的报价。例如，选择【报价】—【沪深股票】—【沪深A股】命令（见下左图），打开沪深A股的行情报价界面，如下右图所示。

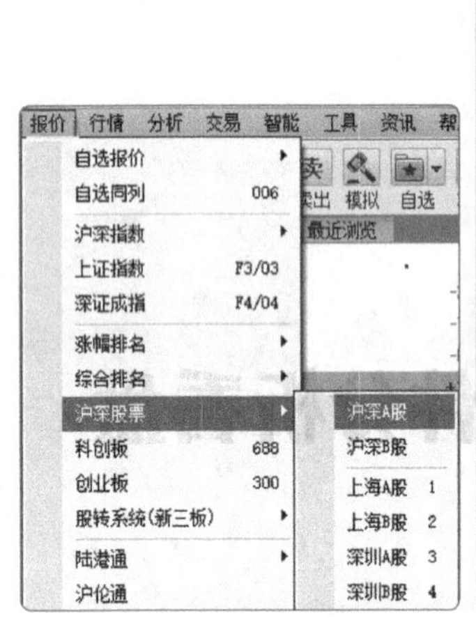

排	代码	名称	涨幅	现价	涨跌	买价	卖价	总手	总金额
1	600000	浦发银行	-0.22%	9.05	-0.02	9.05	9.06	44942	4071万
2	600004	白云机场	+8.49%	12.27	+0.96	12.25	12.27	38.51万	4.63亿
3	600006	东风汽车	-2.41%	7.68	-0.19	7.68	7.69	12.06万	9344万
4	600007	中国国贸	-0.92%	14.06	-0.13	14.05	14.06	4661	657.0万
5	600008	首创环保	-0.29%	3.48	-0.01	3.47	3.48	21.60万	7533万
6	600009	上海机场	+6.15%	53.14	+3.08	53.13	53.14	18.28万	9.54亿
7	600010	包钢股份	-1.03%	2.88	-0.03	2.87	2.88	176.3万	5.03亿
8	600011	华能国际	+2.43%	6.75	+0.16	6.75	6.76	34.78万	2.31亿
9	600012	皖通高速	-1.23%	6.41	-0.08	6.41	6.42	5273	338.1万
10	600015	华夏银行	-0.53%	5.65	-0.03	5.65	5.66	33094	1875万
11	600016	民生银行	-0.51%	3.92	-0.02	3.92	3.93	87041	3421万
12	600017	日照港	-0.74%	2.69	-0.02	2.69	2.70	31824	858.3万
13	600018	上港集团	-1.39%	5.67	-0.08	5.66	5.67	13.31万	7529万
14	600019	宝钢股份	+0.74%	8.13	+0.06	8.12	8.13	35.20万	2.84亿
15	600020	中原高速	-0.90%	3.31	-0.03	3.31	3.32	11727	389.4万
16	600021	上海电力	-3.41%	9.64	-0.34	9.64	9.65	36.17万	3.44亿
17	600022	山东钢铁	-1.01%	1.96	-0.02	1.96	1.97	26.86万	5278万
18	600023	浙能电力	-0.27%	3.63	-0.01	3.62	3.63	20.92万	7528万
19	600025	华能水电	-1.81%	6.52	-0.12	6.51	6.52	18.35万	1.19亿
20	600026	中远海能	-3.22%	6.32	-0.21	6.31	6.32	61696	3949万
21	600027	华电国际	+0.00%	4.03	+0.00	4.03	4.04	24.41万	9790万
22	600028	中国石化	-0.23%	4.32	-0.01	4.32	4.33	41.58万	1.80亿
23	600029	南方航空	+4.49%	6.52	+0.28	6.50	6.52	46.62万	3.03亿

沪 3556.43 1189亿 深 14369.10 1569亿 创 3231.05 574亿 科 1350.15 95亿

市场行情报价界面主要包含一个纵向列表选项卡和一个横向列表选项卡。

纵向列表选项卡位于行情界面的左侧，主要包括【分时图】【K线图】【个股资料】【自选股】【综合排名】【牛叉诊股】和【超级盘口】等选项卡。

横向列表选项卡主要包含各个常用板块的名称。单击横向列表选项卡，可以切换到不同的板块报价界面。一些横向列表选项卡中可以看到◢图标，它表明在这个选项卡的下面还有其他内容，单击并在弹出的菜单中选择相应的命令即可进入。例如，单击【行业】右下角的◢图标，即可打开行业菜单，如下左图所示。

选择【化工合成材料】命令，即可进入化工合成材料个股的行情报价界面，如下右图所示。

宏观行业 细分行业

种植业与林业、养殖业、农产品加工、农业服务、煤炭开采加工、化学原料、化学制品、化工合成材料、非金属材料、钢铁、金属新材料、工业金属、贵金属、小金属、建筑材料、通用设备、专用设备、仪器仪表、自动化设备、半导体及元件、光学光电子、其他电子、消费电子、电子化学品、汽车整车、汽车零部件、非汽车交运

汽车服务、计算机设备、计算机应用、白色家电、黑色家电、小家电、厨卫电器、饮料制造、食品加工制造、纺织制造、服装家纺、造纸、包装印刷、家用轻工、化学制药、中药、生物制品、医药商业、医疗器械、医疗服务、电力、燃气、港口航运、公路铁路运输、机场航运、物流、房地产开发

房地产服务、银行、零售、贸易、互联网电商、景点及旅游、酒店及餐饮、教育、其他社会服务、传媒、综合、国防军工、建筑装饰、电力设备、证券、保险及其他、通信服务、通信设备、油气开采及服务、石油加工贸易、环保、美容护理

排	代码	名称	涨幅	现价	涨跌	买价	卖价	总手	总金额
1	000301	东方盛虹	+5.51%	27.01	+1.41	27.01	27.02	33.86万	8.90亿
2	000677	恒天海龙	-4.24%	3.16	-0.14	3.15	3.16	20.64万	6567万
3	000703	恒逸石化	-0.17%	11.49	-0.02	11.48	11.49	24413	2802万
4	000936	华西股份	-0.62%	6.40	-0.04	6.39	6.40	17553	1120万
5	002206	海利得	-0.41%	7.26	-0.03	7.26	7.27	59282	4309万
6	002427	ST尤夫	-2.64%	5.17	-0.14	5.17	5.18	7599	395.2万
7	002998	优彩资源	-0.22%	9.08	-0.02	9.07	9.08	1730	157.2万
8	301057	汇隆新材	-0.72%	20.66	-0.15	20.66	20.67	7697	1585万
9	301090	华润材料	–	–	–	–	–	–	–
10	600370	三房巷	-1.29%	3.05	-0.04	3.05	3.06	22062	672.6万
11	601233	桐昆股份	-0.32%	21.83	-0.07	21.84	21.86	78243	1.72亿
12	603225	新凤鸣	-0.32%	15.81	-0.05	15.79	15.81	29306	4589万
13	603332	苏州龙杰	-0.70%	15.67	-0.11	15.66	15.67	1394	218.7万
14	000420	吉林化纤	-1.85%	4.24	-0.08	4.24	4.25	11.88万	5041万
15	600889	南京化纤	+0.67%	6.01	+0.04	6.01	6.02	14402	860.6万
16	000782	美达股份	+2.40%	5.12	+0.12	5.12	5.13	23787	1196万
17	300876	蒙泰高新	+0.87%	30.10	+0.26	30.06	30.12	736	219.8万
18	600063	皖维高新	+0.33%	6.03	+0.02	6.03	6.04	17.18万	1.03亿
19	600810	神马股份	+0.73%	12.43	+0.09	12.42	12.43	36657	4522万
20	605166	聚合顺	-0.29%	10.29	-0.03	10.29	10.31	7644	784.1万
21	688722	同益中	–	–	–	–	–	–	–
22	000949	新乡化纤	+5.12%	6.57	+0.32	6.57	6.58	40.30万	2.62亿
23	002064	华峰化学	+0.75%	12.03	+0.09	12.02	12.03	67975	8138万

沪 3562.21 1294亿 深 14390.81 1700亿 创 3237.09 623亿 科 1353.21 103亿

在市场行情报价界面中，可以看到股票行情的代码、名称、涨幅、现价等行情统计信息。单击某一项的名称时，股票行情报价的数据信息就会按照该项目的升/降序重新排列。有些投资者喜欢大盘

股，在这里就可以按照总市值进行排名，筛选出市值最大的股票。另外，还可以从黄金交叉个数的维度来筛选，如果个股出现黄金交叉的数量较多，则说明这时出现了多指标共振，后市上涨的概率较大。

17.2 同花顺软件主界面看盘

同花顺软件的主界面是核心部分。在同花顺软件的主界面中，投资者不仅可以看到各国的证券交易市场、商品交易市场、基金等市场行情，还可以看到大盘的分时图、大盘的K线图、个股的分时图、个股的K线图。

17.2.1 盘口介绍

盘口是在股市交易过程中，看盘观察交易动向的俗称。投资者看盘时，大部分时间都在查看所关注股票的盘口数据。在同花顺软件中，个股的分时图和K线图的右侧显示的就是盘口数据，如下图所示。

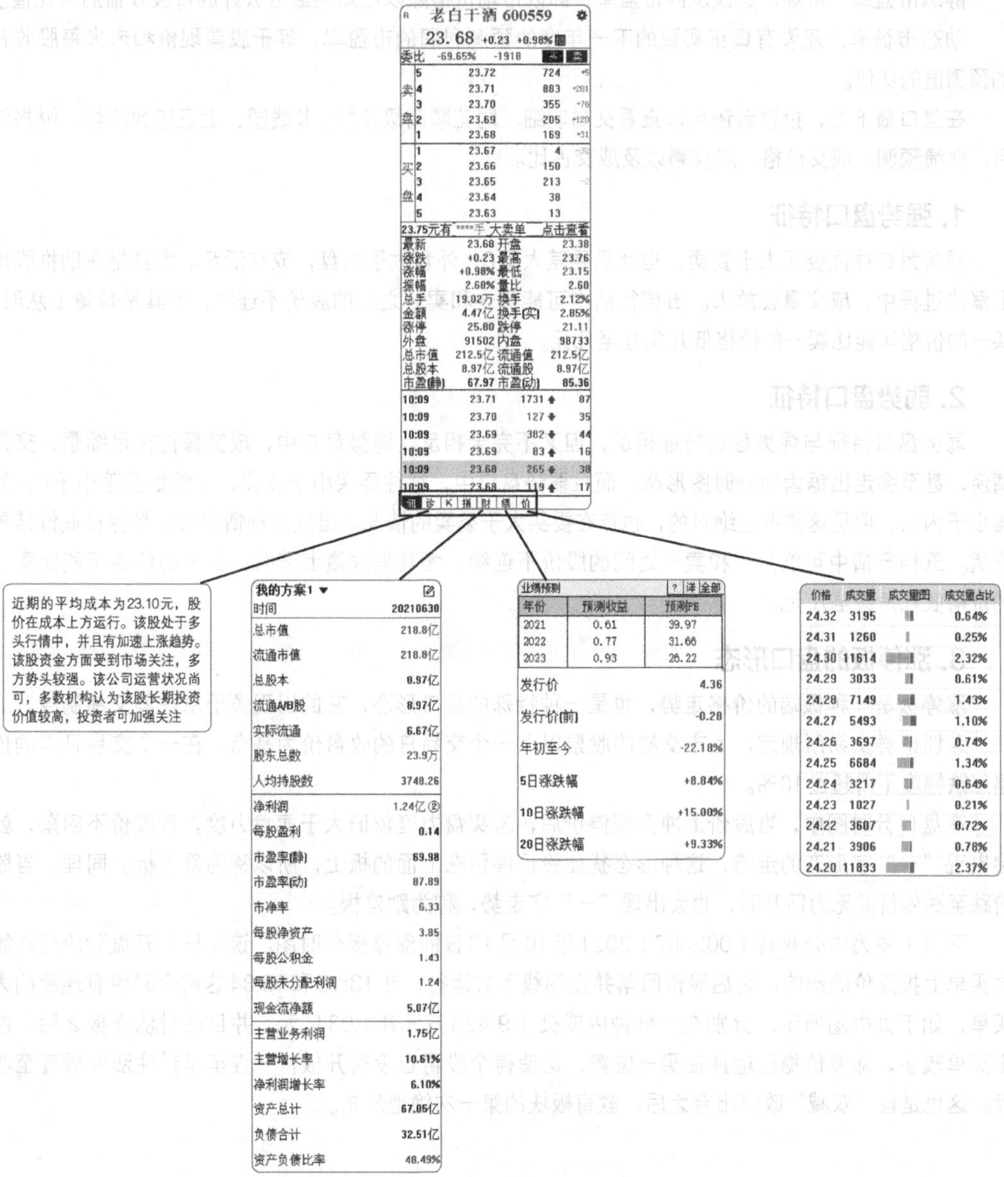

老白干酒 600559

23.68 +0.23 +0.98%

委比	-69.65%	-1918	
卖盘 5	23.72	724	+5
卖盘 4	23.71	883	+281
卖盘 3	23.70	355	+76
卖盘 2	23.69	205	+120
卖盘 1	23.68	169	+31
买盘 1	23.67	4	-32
买盘 2	23.66	150	
买盘 3	23.65	213	-2
买盘 4	23.64	38	
买盘 5	23.63	13	

23.75元有 ****手 大卖单 点击查看

最新	23.68	开盘	23.38
涨跌	+0.23	最高	23.76
涨幅	+0.98%	最低	23.15
振幅	2.60%	量比	2.60
总手	19.02万	换手	2.12%
金额	4.47亿	换手(实)	2.85%
涨停	25.80	跌停	21.11
外盘	91502	内盘	98733
总市值	212.5亿	流通值	212.5亿
总股本	8.97亿	流通股	8.97亿
市盈(静)	67.97	市盈(动)	85.36

时间	价格	成交量	笔数
10:09	23.71	1731 ↑	87
10:09	23.70	127 ↓	35
10:09	23.69	382 ↓	44
10:09	23.69	83 ↑	16
10:09	23.68	265 ↓	38
10:09	23.68	119 ↑	17

细 诊 K 指 财 绩 价

近期的平均成本为23.10元，股价在成本上方运行。该股处于多头行情中，并且有加速上涨趋势。该股资金方面受到市场关注，多方势头较强。该公司运营状况尚可，多数机构认为该股长期投资价值较高，投资者可加强关注

我的方案1	
时间	20210630
总市值	218.8亿
流通市值	218.8亿
总股本	8.97亿
流通A/B股	8.97亿
实际流通	6.67亿
股东总数	23.9万
人均持股数	3748.26
净利润	1.24亿 ②
每股盈利	0.14
市盈率(静)	69.98
市盈率(动)	87.89
市净率	6.33
每股净资产	3.85
每股公积金	1.43
每股未分配利润	1.24
现金流净额	5.07亿
主营业务利润	1.75亿
主营增长率	10.61%
净利润增长率	6.10%
资产总计	67.05亿
负债合计	32.51亿
资产负债比率	48.49%

业绩预测 ? 详 全部

年份	预测收益	预测PE
2021	0.61	39.97
2022	0.77	31.66
2023	0.93	26.22

发行价	4.36
发行价(前)	-0.28
年初至今	-22.18%
5日涨跌幅	+8.84%
10日涨跌幅	+15.00%
20日涨跌幅	+9.33%

价格	成交量	成交量图	成交量占比
24.32	3195		0.64%
24.31	1260		0.25%
24.30	11614		2.32%
24.29	3033		0.61%
24.28	7149		1.43%
24.27	5493		1.10%
24.26	3697		0.74%
24.25	6684		1.34%
24.24	3217		0.64%
24.23	1027		0.21%
24.22	3607		0.72%
24.21	3906		0.78%
24.20	11833		2.37%

各个炒股软件的盘口信息都基本相同，主要包含委比、委差、五档卖盘、五档买盘、最新、涨跌、涨幅、振幅、总手、金额、涨停、外盘、总市值、总股本、市盈（静）、开盘、最高、最低、量比、换手、换手（实）、跌停、内盘、流通值、流通股、市盈（动）和每一单的实时交易信息。同花顺有Level-2十档行情，可以看到更多委托挂单信息，有短线投资需求的投资者可以购买其Level-2的服务。十档行情相对于五档行情数据更全，能够看到更多价位的挂单，帮助投资者选择更准确的买卖点，进而能提高投资者的投资收益。在10.4节中介绍了关于成交量的一些指标，包括换手率、委比、委差、量比、内盘、外盘、总手和现手，投资者可以参考。这里重点介绍以下几个盘口信息的概念。

总市值：股票的总价值。

流通值：股票流通盘的价值。

总股本：股票限售股和流通股的数量总和。

流通股：可以在二级市场流通的股票数量。

静态市盈率：市场广泛谈及的市盈率，即以市场价格除以已知的最近公开的每股收益后的比值。

动态市盈率：还没有真正实现的下一年度的预测利润的市盈率，等于股票现价和未来每股收益的预测值的比值。

在盘口最下方，投资者还可以查看交易明细、同花顺高级诊股、K线图、上证指数走势、财报信息、业绩预测、成交价格、成交量以及成交占比。

1. 强势盘口特征

强势盘口往往委买大于委卖，也就是委差大于0，外盘大于内盘，成交活跃。尤其是在助推股价上涨的过程中，成交量会放大。五档行情中可能买一和卖一之间的股价不连续，尤其是放量上涨时，买一的价格可能比卖一的价格低几角甚至几元。

2. 弱势盘口特征

弱势盘口特征与强势盘口特征相反，但又不完全相反。弱势盘口中，成交量往往是缩量，交易清淡，甚至会走出锯齿的分时图形态，而且弱势盘口中，往往委买小于委卖，也就是委差小于0，外盘小于内盘，但是这并不是绝对的，也存在委买大于委卖的情况，出现这种情况可能是存在低位挂单吃货。五档行情中可能买一和卖一之间的股价不连续，尤其是放量上涨时，买一的价格可能比卖一的价格低几角甚至几元。

3. 涨停板的盘口形态

涨停板是一种极端的价格走势，也是一种特殊的盘口形态，它的出现源于涨跌停交易制度。上海、深圳证券交易所规定，上市交易的股票以上一个交易日的收盘价为基点，在一个交易日内的价格涨跌幅度不得超过10%。

在盘口分时图中，当股价上冲至涨停价后，若买盘力度依旧大于卖盘力度，且股价不回落，就会出现“一”字形态的走势，这种形态犹如股价停留在上面的板上，所以称为涨停板。同理，当股价跌至跌停价并无力回升时，也会出现“一”字走势，称为跌停板。

下页上图为中公教育（002607）2021年10月13日的涨停板分时图。该股早上开盘阶段受连续大买单上推股价的影响，之后股价回落并在均线下方运行，在13:15和13:34这两个时段有连续的大买单，如下页中图所示，分别在一分钟内成交了9 426万元和1.03亿元，并且在封涨停板之后，由于买单较多，涨停价稳稳地挂在买一位置，这使得个股再也没有开板，一直牢牢封住涨停板直至收盘。这也是自“双减”政策出台之后，教育板块的第一次绝地反击。

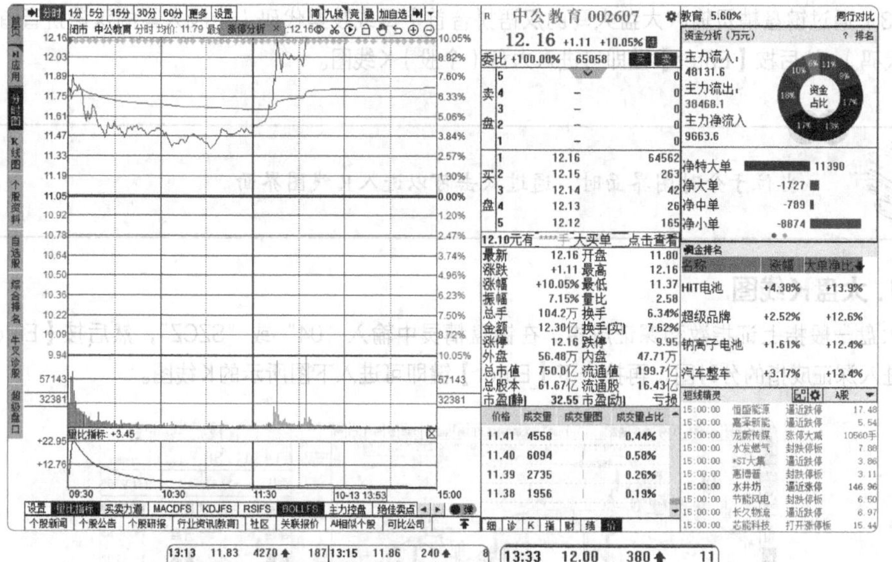

13:13	11.83	4270↑	187	13:15	11.86	240↑	8
13:13	11.84	406↑	27	13:15	11.86	340↑	40
13:13	11.84	2227↑	206	13:15	11.86	286↑	31
13:13	11.86	645↑	33	13:15	11.87	1472↑	78
13:13	11.86	408↑	26	13:15	11.86	891↓	47
13:13	11.86	847↑	45	13:15	11.88	677↑	65
13:13	11.86	774↑	46	13:15	11.88	2252↓	138
13:13	11.85	531↓	43	13:15	11.89	1721↑	147
13:13	11.85	856↓	50	13:15	11.91	3615↑	355
13:13	11.86	436↑	48	13:15	11.93	2503↑	189
13:13	11.87	282↑	29	13:15	11.94	784↑	59
13:13	11.86	424↓	35	13:15	11.95	144↑	24
13:13	11.87	492↑	45	13:15	11.96	10817↑	597
13:14	11.87	788↑	67	13:15	12.15	17775↑	1256
13:14	11.87	2918↑	161	13:15	12.16	13441↑	621
13:14	11.87	1369↑	26	13:15	12.16	7798↑	420
13:14	11.86	1262↓	48	13:15	12.16	5817↑	428
13:14	11.86	361↓	24	13:15	12.16	4218↑	315
13:14	11.86	2032↓	34	13:15	12.15	2313↓	196
13:14	11.86	777↓	36	13:15	12.15	1053↓	90
13:14	11.87	948↑	65	13:16	12.07	1391↓	102
13:14	11.88	1905↑	102	13:16	12.15	1151↑	130
13:14	11.87	869↑	71	13:16	12.15	1546↑	85
13:14	11.88	357↑	40	13:16	12.15	1484↓	99
13:14	11.88	647↑	53	13:16	12.14	544↑	85
13:14	11.88	197↓	36	13:16	12.15	349↑	60
13:14	11.88	599↑	39	13:16	12.14	418↑	41
13:14	11.88	782↑	65	13:16	12.15	1286↑	88
13:14	11.87	296↓	27	13:16	12.08	448↓	50
13:14	11.87	48↑	4	13:16	12.14	722↑	54
13:14	11.87	603↑	48	13:16	12.14	207↑	18
13:14	11.86	605↓	26	13:16	12.12	484↑	41
13:14	11.85	150↓	8	13:16	12.10	447↓	26
0	4847亿	创	3210.16	+71.90	1718亿	科	

13:33	12.00	380↑	11
13:33	12.02	1778↑	80
13:33	12.03	251↑	15
13:33	12.04	1439↑	66
13:33	12.04	715↑	82
13:33	12.04	980↑	44
13:34	12.07	3427↑	201
13:34	12.08	503↑	66
13:34	12.10	94↑	15
13:34	12.10	222↑	16
13:34	12.13	3227↑	242
13:34	12.16	22948↑	1074
13:34	12.16	16589↑	882
13:34	12.15	2721↑	133
13:34	12.15	3794↑	185
13:34	12.16	1043↑	54
13:34	12.16	1726↑	64
13:34	12.15	1043↓	54
13:34	12.16	1024↑	66
13:34	12.16	2339↑	67
13:34	12.16	1132↑	56
13:34	12.15	2305↓	60
13:34	12.16	6884↑	164
13:34	12.16	10171↑	622

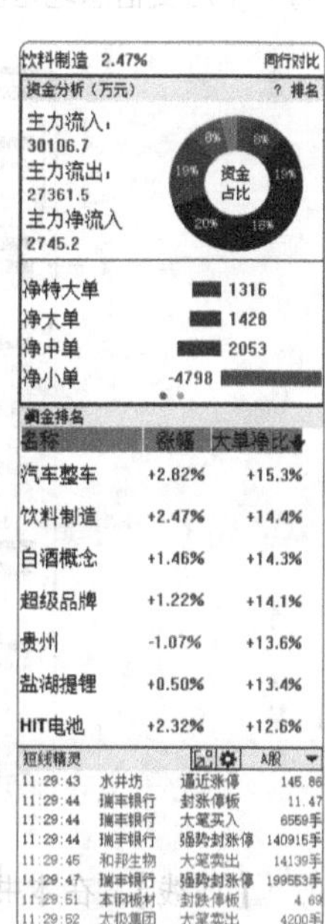

进入个股的同花顺主界面，最右侧会显示该股所处行业板块的当日涨跌情况，投资者还可以单击【同行对比】按钮进行同行业比对，但是投资者也不要过于执着同行业的龙头，ROE（return on equity，净资产收益率）排名第一的龙头股不一定是涨得最好的股票。在资金分析栏，投资者可以看到主力流入和流出的资金。环形图可以帮助投资者了解当日资金面的情况。红色数字表示买入资金，绿色数字表示卖出资金。一般情况放量大涨，净特大单和净大单数字为红色且数值较大，是市场交投活跃的体现。如果大部分为净小单，无论是红色数值还是绿色数值，都体现出市场交易的谨慎。如果净特大单为绿色数值，且资金占比较高，说明主力在出货。右图为老白干酒（600559）2021年10月13日的资金分析。

17.2.2 K线图介绍

同花顺软件中的K线图分大盘K线图和个股K线图。在同花顺软件主界面可以通过以下几种方法进入K线图。

（1）单击主界面左侧的【K线图】页签，进入大盘或所选股的K线图。

（2）不论在哪个选项卡中，按【F5】键都可以进入大盘或所选股的K线图。

（3）通过键盘精灵输入大盘大写的汉语拼音首字母或股票代码（个股大写的汉语拼音首字母或股票代码），然后按【Enter】键即可进入大盘（个股）K线图。

提示

当位于分时图界面时，通过双击可以进入K线图界面。

1. 大盘K线图

大盘一般指上证指数和深证成指。在键盘精灵中输入“04”或“SZCZ”，然后按【Enter】键，即可进入深证成指的分时图，再按一下【Enter】键即可进入下图所示的K线图。

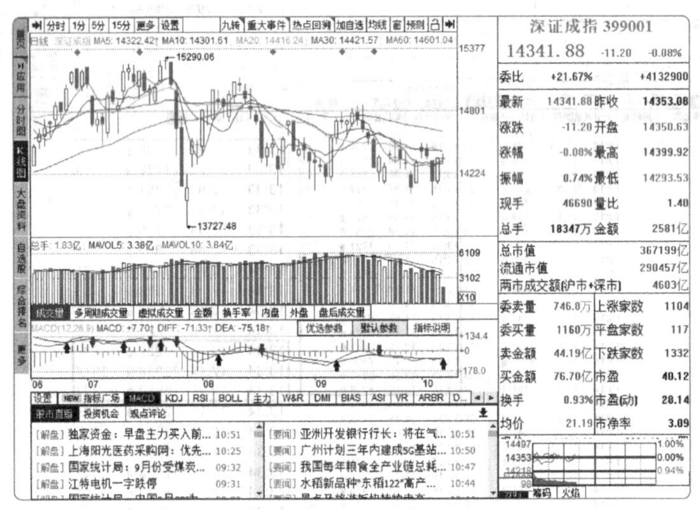

下面对K线图中的主要内容进行介绍。

【历史信息地雷】：历史信息地雷位于K线图上方，主要显示K线所对应时期的重要信息，单击每一个历史信息地雷图标都可以打开下图所示的历史信息地雷界面。

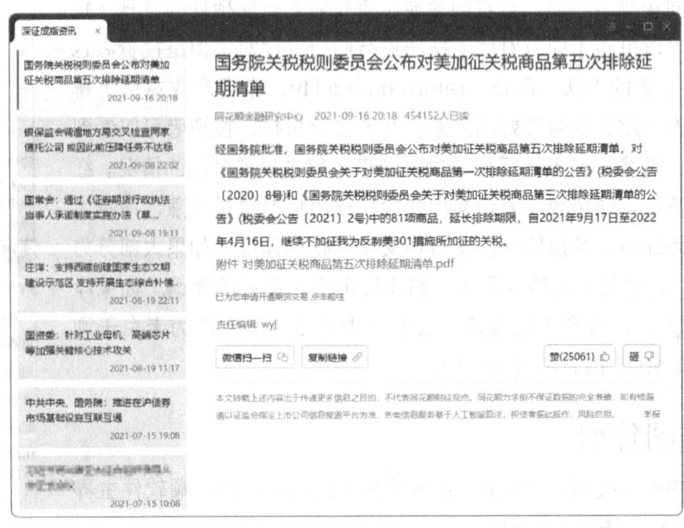

【均线】：在本书第7章已经对均线理论与应用进行了详细的介绍。指数的均线代表该指数收盘价之和除以该周期所得到的值的平均线。指数的均线同样有5日均线、10日均线、20日均线、30日均线、60日均线、120日均线和240日均线等。

均线理论也适用于对大盘指数的分析，技术指标可以作为参考，帮助投资者分析市场趋势及大盘的环境，以及如何对个股进行操作。如果大盘上行遇到均线的阻力，那就可以判定市场为技术上的熊市。在熊市当中，往往是泥沙俱下，这一时期，除了抱团白马股可能抗跌之外，大部分股票都很难抵抗整个盘面下跌的压力。相反，如果遇到了大牛市，无论是垃圾股还是绩优股，价格都会上涨，这时候中小盘股票价格的涨幅往往会超过稳健的白马股。2007年和2015年都是比较有名的大牛市年，这一时期的特点就是存在板块轮动现象，各个行业板块排好队似的轮番表现。投资者如果处于牛市中，最好的操作就是捂股，减少操作。

【成交量】：以柱状线显示每个分时周期内成交量的变化情况。投资者还可以单击【多周期成交量】【虚拟成交量】【金额】【换手率】【内盘】【外盘】【盘后成交量】页签，查看对应的行情图示信息，如下图所示。

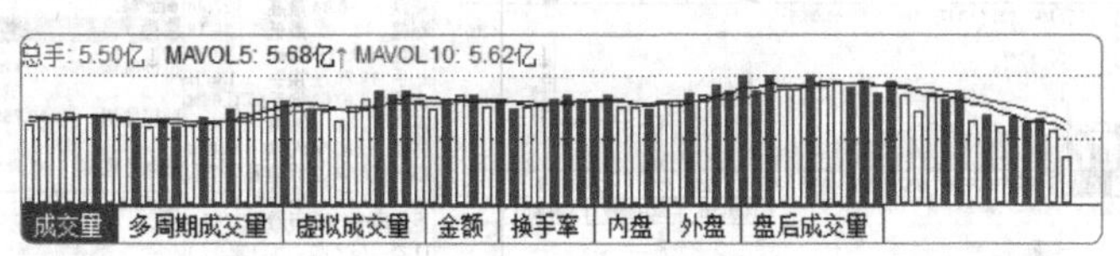

在成交量走势图中，右击弹出快捷菜单，如下图所示。投资者可以选择【修改指标参数】命令，在弹出的对话框中修改成交量均线的设置，如右图所示。

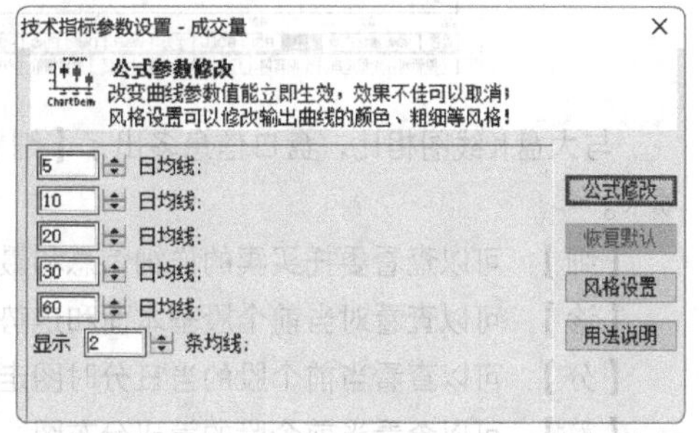

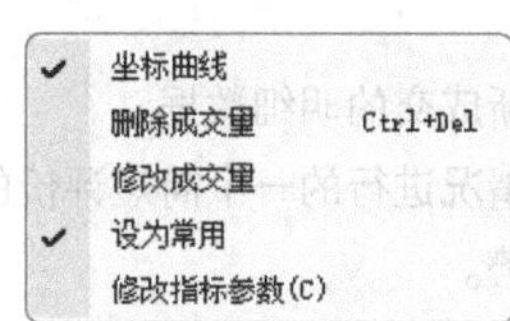

【盘口信息】：大盘的盘口有【分时】【筹码】和【火焰】3个选项卡。【分时】选项卡显示涨跌、涨幅、总市值、流通市值、市盈率以及大盘的分时图等。【筹码】选项卡显示筹码分布图。【火焰】选项卡显示火焰山图。3个选项卡显示的信息分别如下面3张图所示。

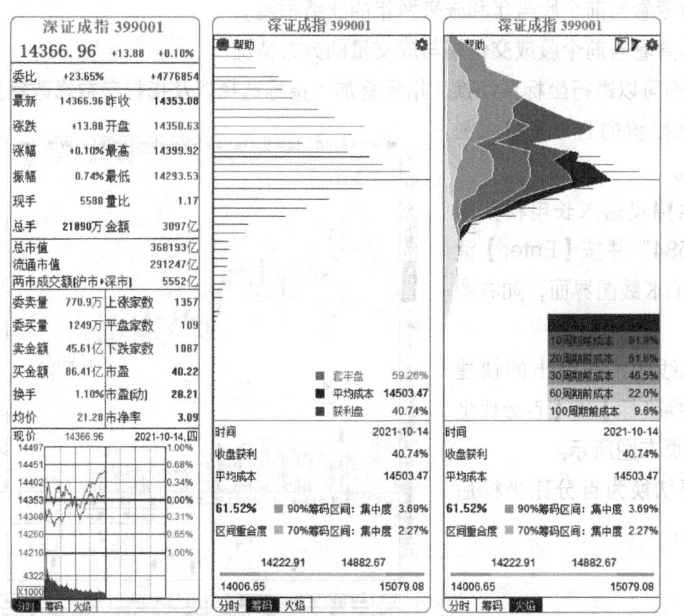

2. 个股K线图

个股K线图和大盘K线图的K线行情、分析指标基本相同，所不同的是盘口信息。通过键盘精灵输入太极股份的股票代码“002368”或其大写的汉语拼音首字母“TJGF”，按【Enter】键进入K线图，如下图所示。

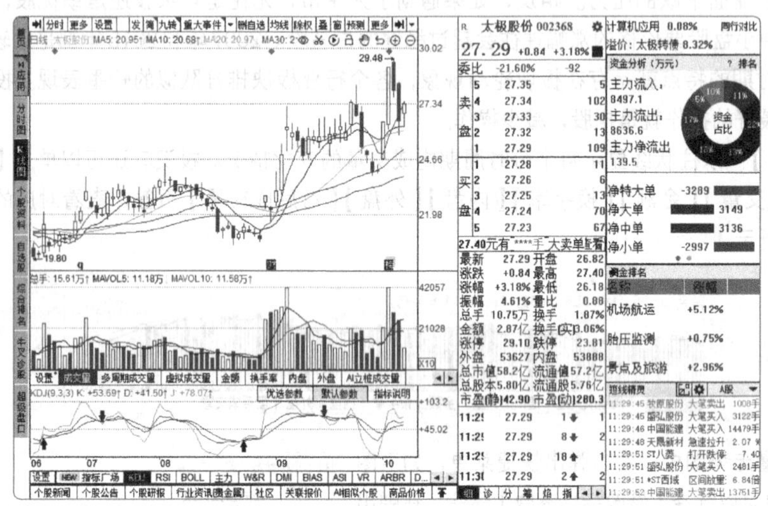

与大盘K线图相比，盘口信息多出了【细】【诊】【分】【筹】【焰】【指】【财】【绩】【价】几个选项卡。

【细】：可以查看委托买卖的详细信息和最新成交的明细数据。

【诊】：可以查看对当前个股基本面和走势情况进行的一个简短评价的信息。

【分】：可以查看当前个股的当日分时图走势。

【筹】：可以查看当前个股的筹码分布图。

【焰】：可以查看当前个股不同时间周期的成本分布图。

【指】：可以查看大盘的最近K线走势图和成交量。

【财】：可以查看当前个股最新公布的主要财务数据。

【绩】：可以查看当前个股当年和未来两年的业绩预测。

【价】：可以查看当前个股成交价格与成交量的分布情况。

在K线图界面可以进行坐标系切换、指标叠加、指标选择以及指标参数修改等操作。下面以百分比坐标显示长江投资的日K线图为例来介绍这个功能。

❶通过键盘精灵输入长电科技的股票代码“600584”并按【Enter】键进入长电科技的日K线图界面，如右图所示。

❷右击日K线图，在弹出的快捷菜单中选择【切换坐标】—【百分比坐标】命令，如下页左图所示。

❸ 日K线图切换为百分比坐标后如下页右图所示。

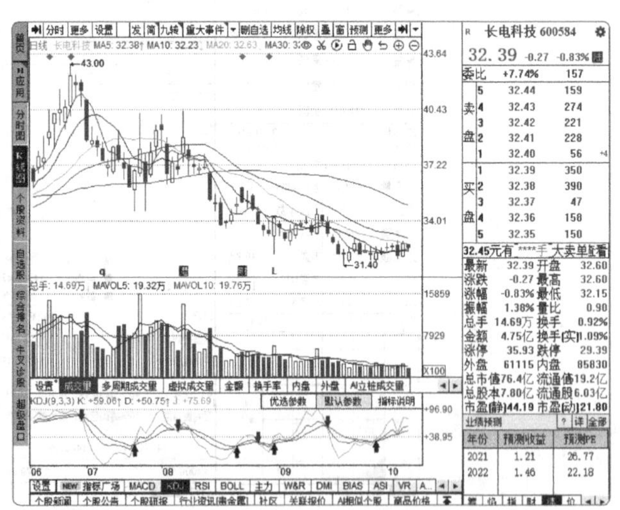

❹右击长电科技的日K线图，在弹出的快捷菜单中选择【叠加品种】—【叠加指定品种】命令，如下左图所示。

❺在弹出的【叠加品种】对话框中选择叠加的指数或者股票，如选择【上证指数】，如下右图所示。

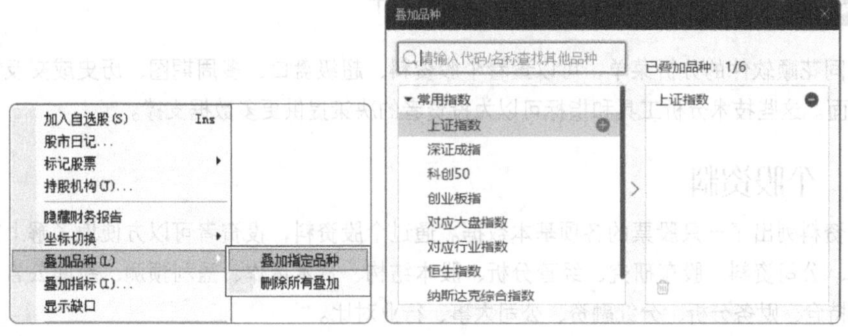

❻单击【确定】按钮，显示将长电科技的日K线图和上证指数的日K线图叠加后的界面，如下图所示。

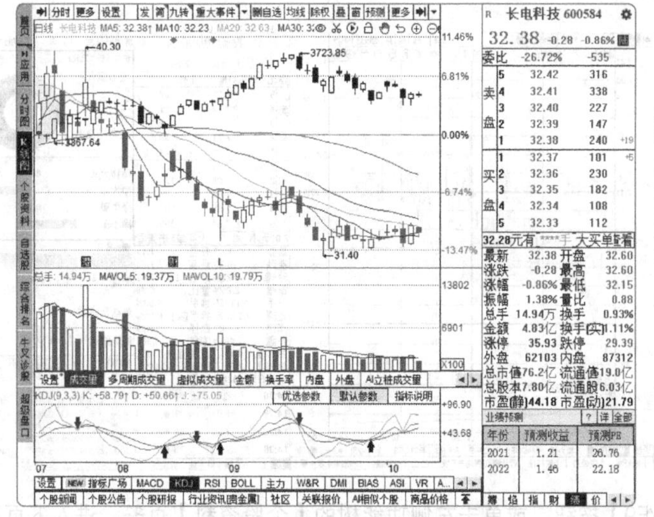

❼右击长电科技的日K线图，在弹出的快捷菜单中选择【公司对比】，弹出【公司对比】对话框，

如下图所示。该对话框中有同一赛道的上市公司一些关键指标、特色指标和股东股本等信息的对比情况，来帮助投资者筛选出优质的投资股票。

类别	对比项	600584 长电科技	002185 华天科技	002156 通富微电	公司名称/代码	公司名称/代码
关键指标	最新价	32.38	12.58	20.00		
	涨跌幅	-0.86%	0.24%	-0.60%		
	总市值	576.22亿	344.42亿	266.07亿		
	流通市值	519.01亿	344.32亿	266.03亿		
	所属行业	集成电路封测	集成电路封测	集成电路封测		
	主营业务	集成电路制造和技…	集成电路封装测试。	集成电路封装测试。		
	概念题材	智能穿戴;智能手表…	兰新白试验区;融资…	传感器;手势识别;…		
	市盈率	25.50	33.14	42.40		
	市净率	2.96	3.78	2.69		
	贝塔值	0.99	1.01	0.99		
	三年平均股息率	0.13	0.28	0.32		
特色指标	机构数量	321	235	211		
	研报数量	—	—	—		
	融资余额	27.65亿	18.23亿	9.70亿		
	融券余量	2315.69万	1442.81万	502.56万		
	陆股通昨日净买入额	0	0	0		
	陆股通昨日净买入量	0	0	0		
	陆股通持股量	4195.10万	5947.65万	2077.64万		
	市场人气排名	253	252	451		
股东股本	总股本	17.80亿	27.40亿	13.29亿		
	流通股本	16.03亿	27.39亿	13.29亿		
	前十大股东占比	36.31	31.40	47.21		

17.3 同花顺软件的分析菜单

利用同花顺软件的分析菜单，可以查看个股资料、超级盘口、多周期图、历史成交及复权处理等分析界面。这些技术分析工具和指标可以为投资者的决策提供更多数据支撑。

17.3.1 个股资料

个股资料列出了一只股票的各项基本数据。通过个股资料，投资者可以方便地了解上市公司的最新动态、公司资料、股东研究、经营分析、股本结构、资本运作、盈利预测、新闻公告、概念题材、主力持仓、财务分析、分红融资、公司大事、行业对比。

下面以沙河股份（000014）为例来说明。

❶打开同花顺软件，输入沙河股份的股票代码“000014”并按【Enter】键，进入沙河股份的分时图，如下图所示。

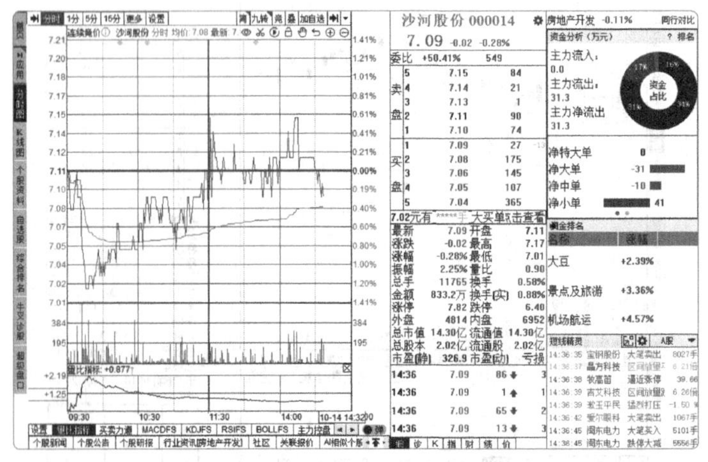

❷单击【F10/F9】按钮，或单击左侧功能树的【个股资料】页签，进入下页图所示的沙河股份的个股资料界面。

❸单击【股本结构】按钮，可以看到该股的总股本结构、A股结构图和A股历次股本变动情况，如下图所示（图中未完全显示）。

❹单击【财务分析】或【分红融资】按钮，可以看到该股的财务情况和分红融资情况。财务情况可以查看同花顺自带的【财务诊断】【财务指标】【指标变动说明】【资产负债构成】【财务报告】和【杜邦分析】，如下图所示（图中未完全显示）。

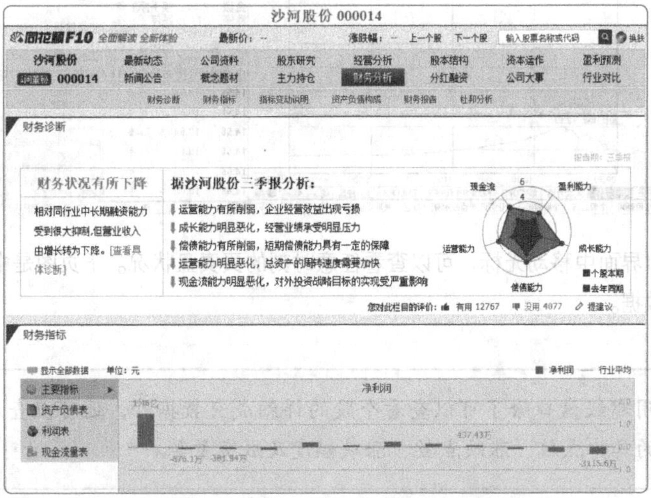

❺单击【财务诊断】下方的【查看具体诊断】超链接，弹出【沙河股份财务诊断】界面，单击【个股简评】一行的【盈利能力】(或【成长能力】【偿债能力】【运营能力】和【现金流】)，可以看到，该股的盈利能力经历了3个季度的下滑后探底回升，如下图所示，可能处于底部回升初期，投资者可以小仓位买入。

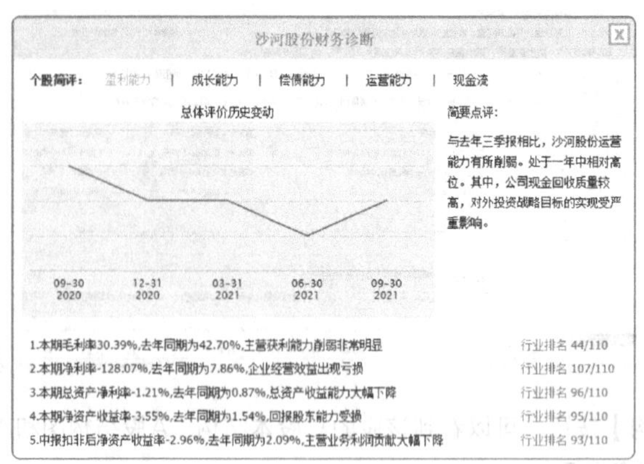

17.3.2 超级盘口

在16.4.1小节中提到过同花顺超级盘口功能，该功能可查看任一股票的当日分时图详细成交状况，并能显示每一笔成交发生的买卖挂盘变化。

下面以中青旅（600138）为例来说明。

❶打开同花顺软件，输入中青旅的股票代码“600138”并按【Enter】键，进入中青旅的分时图，如下图所示，然后单击左侧的【超级盘口】页签。

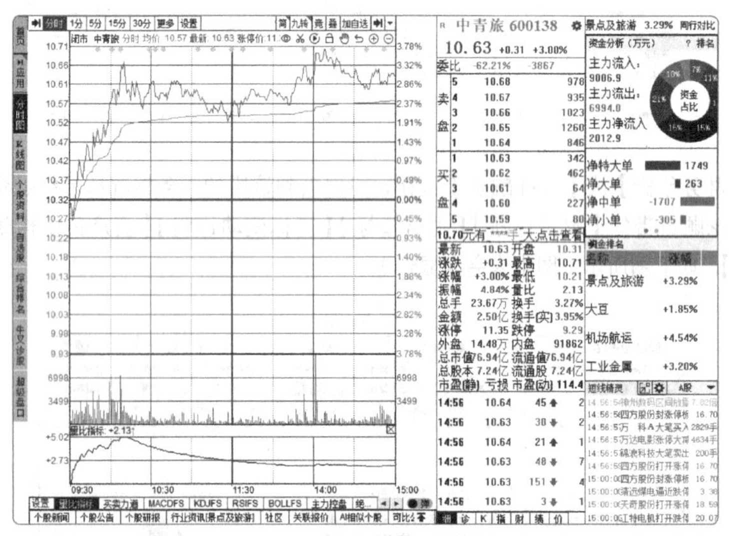

❷在超级盘口界面中移动光标，可以查看任意时刻的买卖盘状况。下页图是中青旅2021年10月14日的详细成交数据。

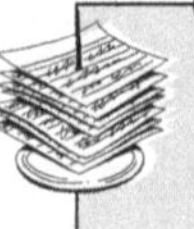

提示

利用超级盘口除了可以查看个股的详细成交数据外，还可以查看大盘指数在某时间点的具体点位、涨跌点数、涨跌幅度及成交量等。

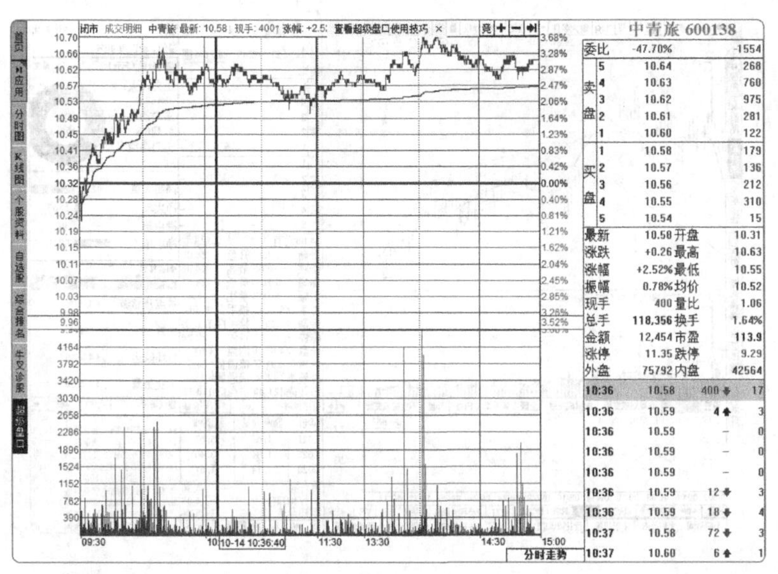

17.3.3 多周期图

周期图有1分钟、5分钟、15分钟、30分钟、60分钟、日线、周线、月线、季线和年线周期K线图，选择【分析】—【多周期图】命令，默认显示的是5分钟、15分钟、60分钟、日线、周线和月线6个周期的K线图。多周期图可以同时将多个周期技术指标的走势状况放在一起进行对比分析。

下面以中信证券（600030）为例来说明。

❶打开同花顺软件，输入中信证券的股票代码“600030”并按【Enter】键，进入中信证券的分时图，然后选择【分析】—【多周期图】命令，结果如下图所示。投资者可以清楚地看到中信证券的多周期走势，以便更直观地分析该股目前所处的趋势。例如，目前该股的月线处于上涨回踩阶段，周线也是处于上涨回踩阶段，但是周线处于一根长周期均线的下方，向上突破会遇到压力，日线处于上涨回落的状态，投资者需要耐心等待，看下方是否有支撑。再看短周期的K线，60分钟K线处于下跌趋势，不建议投资者进入；15分钟K线处于下跌趋势；5分钟K线处于见底反弹阶段，但是整体还是处于弱势。所以综上判断，不建议投资者现在入场，可以耐心等待下方的支撑，或者等待突破后的回踩再买入。

❷投资者还可以双击任意周期的K线图，打开这一周期的技术分析界面，如双击60分钟K线图，即可进入60分钟K线图界面，如下页图所示。

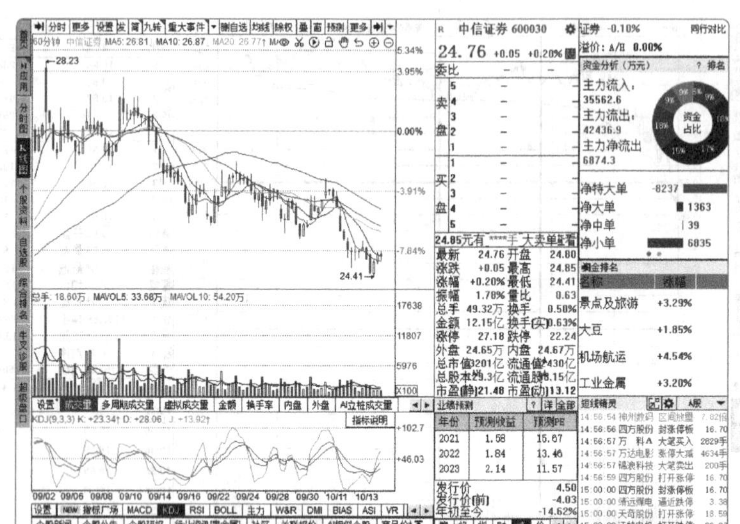

17.3.4 历史成交

历史成交界面显示了某只股票每个交易日的统计数据，包括当日开盘价、最高价、最低价、收盘价、涨幅、振幅、总手、金额、换手率和成交次数等。

例如，进入海螺水泥（600585）的分时图，选择【分析】—【历史成交】命令，默认显示60分钟的历史成交数据，如下图所示。投资者可看到以60分钟的开盘和收盘为统计口径的成交数据，查看哪一个60分钟的成交额最多，以及成交额的总体趋势。

60分钟 海螺水泥 600585 历史成交

时间	开盘	最高	最低	收盘	涨幅	振幅	总手	金额	换手%	成交次数
2021-09-29,三	41.49	41.78	41.01	41.21	-1.95%	1.83%	101,597	41,917	0.254	20067
2021-09-29,三	41.22	41.40	40.72	40.96	-0.61%	1.65%	76,501	31,352	0.191	16120
2021-09-29,三	40.95	41.10	40.68	40.79	-0.42%	1.03%	73,853	30,170	0.185	15999
2021-09-29,三	40.79	41.00	40.74	40.82	+0.07%	0.64%	71,952	29,395	0.180	15748
2021-09-30,四	40.76	41.47	40.76	40.88	+0.15%	1.74%	75,932	31,214	0.190	16392
2021-09-30,四	40.90	40.98	40.61	40.70	-0.44%	0.91%	44,682	18,209	0.112	11659
2021-09-30,四	40.70	40.74	40.41	40.63	-0.17%	0.81%	67,378	27,321	0.168	15929
2021-09-30,四	40.66	40.86	40.58	40.80	+0.42%	0.69%	54,006	22,024	0.135	14185
2021-10-08,五	41.43	41.69	40.55	41.03	+0.56%	2.79%	114,508	47,016	0.286	21962
2021-10-08,五	41.04	41.51	40.95	41.05	+0.05%	1.36%	46,307	19,109	0.116	10114
2021-10-08,五	41.05	41.37	40.87	41.30	+0.61%	1.22%	29,563	12,142	0.074	7501
2021-10-08,五	41.30	41.38	41.13	41.28	-0.05%	0.61%	39,077	16,131	0.098	9042
2021-10-11,一	41.54	43.15	41.54	42.74	+3.54%	3.90%	199,890	85,141	0.500	41005
2021-10-11,一	42.74	42.84	42.00	42.05	-1.61%	1.97%	50,260	21,299	0.126	12833
2021-10-11,一	42.06	42.37	41.90	41.96	-0.21%	1.12%	51,804	21,808	0.130	13276
2021-10-11,一	41.97	42.15	41.51	41.77	-0.45%	1.53%	86,695	36,241	0.217	18683
2021-10-12,二	41.76	42.27	41.03	41.96	+0.45%	2.97%	92,619	38,698	0.232	18483
2021-10-12,二	41.96	42.55	41.94	42.15	+0.45%	1.45%	67,646	28,590	0.169	11281
2021-10-12,二	42.16	42.24	41.37	41.83	-0.76%	2.06%	62,755	26,164	0.157	13299
2021-10-12,二	41.83	41.83	41.20	41.73	-0.24%	1.51%	65,916	27,360	0.165	12495
2021-10-13,三	41.68	41.68	40.05	40.40	-3.19%	3.91%	122,314	49,795	0.306	26308
2021-10-13,三	40.39	40.53	40.15	40.41	+0.02%	0.94%	45,923	18,510	0.115	9045
2021-10-13,三	40.42	41.06	40.42	41.00	+1.46%	1.58%	55,659	22,746	0.139	10453
2021-10-13,三	41.00	41.16	40.96	41.09	+0.22%	0.49%	43,881	18,012	0.110	8823
2021-10-14,四	41.10	41.10	40.05	40.13	-2.34%	2.56%	116,661	47,004	0.292	27462
2021-10-14,四	40.13	40.34	40.05	40.30	+0.42%	0.72%	53,413	21,452	0.134	14652
2021-10-14,四	40.28	40.45	40.23	40.33	+0.07%	0.55%	29,658	11,958	0.074	9022
2021-10-14,四	40.33	40.35	40.20	40.23	-0.25%	0.37%	41,986	16,910	0.105	10745

17.3.5 复权处理

采用K线图进行技术分析的时候难免会遇到上市公司的除权除息行为，这样就会导致股价断层的情况，进而影响投资者进行连续的技术分析。复权就是对股价和成交量进行权息修复，按照股价的实际涨跌绘制股价走势图，并把成交量调整为相同的股本口径。

复权主要分为向前复权和向后复权。向前复权，就是保持现有价位不变，将以前的价格缩减，将除权前的K线向下平移，使图形吻合，保持股价走势的连续性。向后复权，就是保持先前的价格不变，而将以后的价格增加。两者最明显的区别在于向前复权的当前周期报价和K线的显示价格完全一致，而向后复权的报价则大多高于K线的显示价格。例如，某只股票当前价格为5元，高送转每10股送10股，除权价格就变为2.5元，向前复权后的价格就为2.5元，但是在除权之前的股价也会除以2来显示，而向后复权的价格则为5元，在之后的行情涨跌也以5元为基准来计算。下面两张图分别为神宇股份（300563）2021年4月和5月的除权行情走势和进行复权之后的行情走势。投资者可以看到在除权的走势中有一个很大的向下跳空缺口，在前复权后，该股的走势就是连续的，能够看出在除权之后的几个交易日还经历了一小波的上涨。

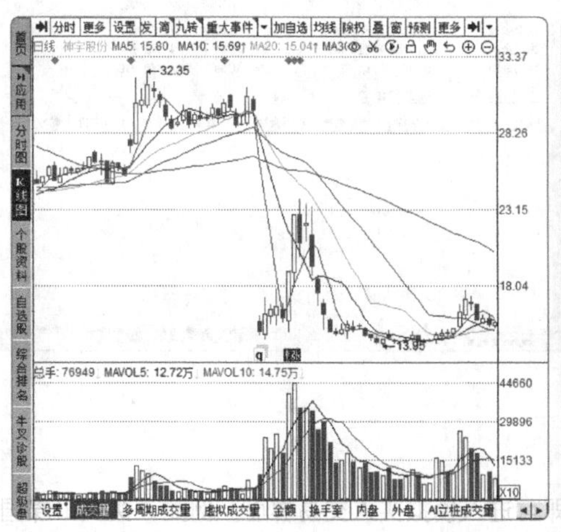

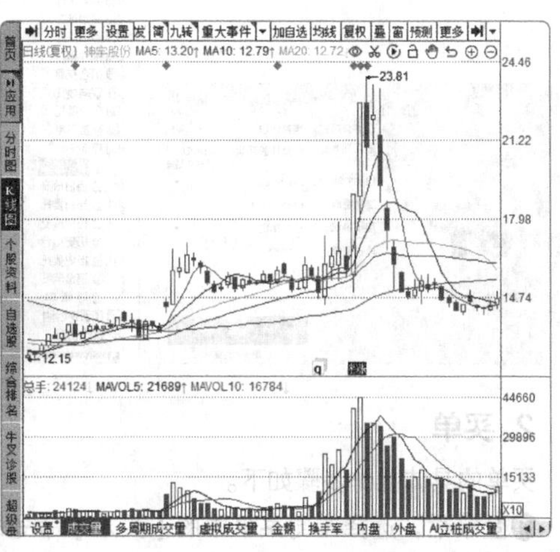

有的股票在除权之后被多数投资者看好，股票交易市价高于除权（除息）基准价，这种行情被称为填权行情。以晶方科技为例，输入晶方科技的股票代码“603005”，按【Enter】键进入该股的日K线图，然后单击【除权】按钮查找该股在2021年5月至8月的日K线走势，如下图所示。可以看到该股在2021年6月15日除权后，股价在60.04元和51.33元之间存在断层，之后股价开启反弹，一路反弹至63.50元，回填了之前除权的股价断层，这就是填权行情。

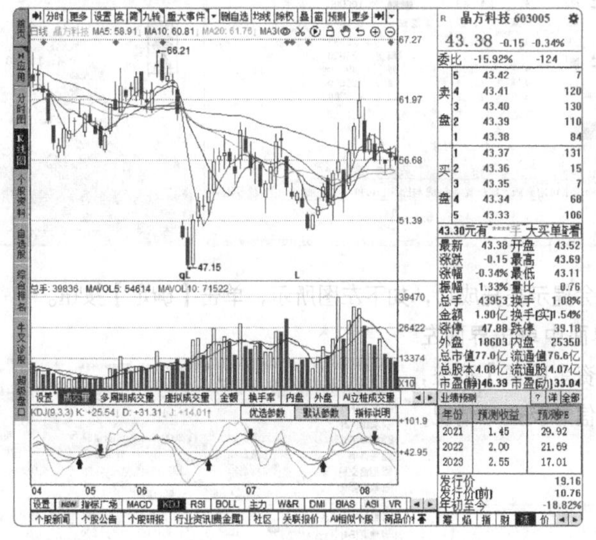

17.4 模拟炒股

模拟炒股完全仿照真实炒股中的操作，具有极强的真实性和锻炼意义。通过模拟炒股，投资者可以在无风险的情况下掌握炒股操作。对于初入门的投资者来说，模拟炒股更有意义。

1. 激活和下载委托管理

投资者在进行模拟炒股前，首先要激活和下载委托管理。激活和下载委托管理的具体操作步骤如下。

❶单击工具栏中的【模拟】按钮，弹出【委托下单】登录界面，如下左图所示。

❷输入相关信息后单击【登录】按钮，进入下右图所示的网上股票交易系统。

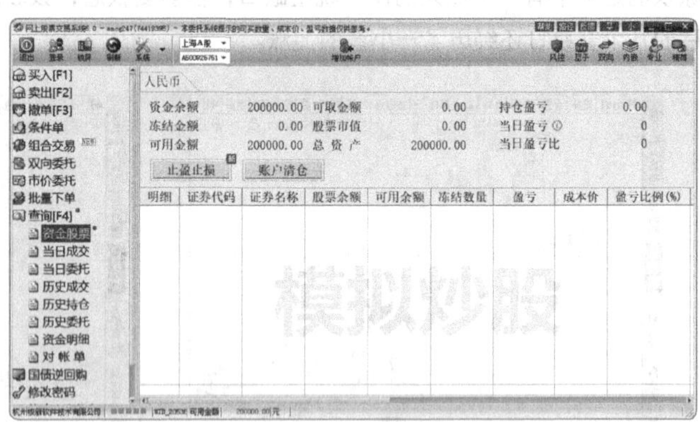

2. 买单

买单的具体操作步骤如下。

❶登录后，选择左侧菜单中的【买入】命令即可进入模拟买入交易界面。例如，买入山煤国际股票，则需要输入证券代码“600546”，设定买入价格和买入数量，确定之后单击【买入】按钮，即可提交买入委托，如下左图所示。

❷弹出【委托确认】提示框，如下右图所示，单击【是】按钮。

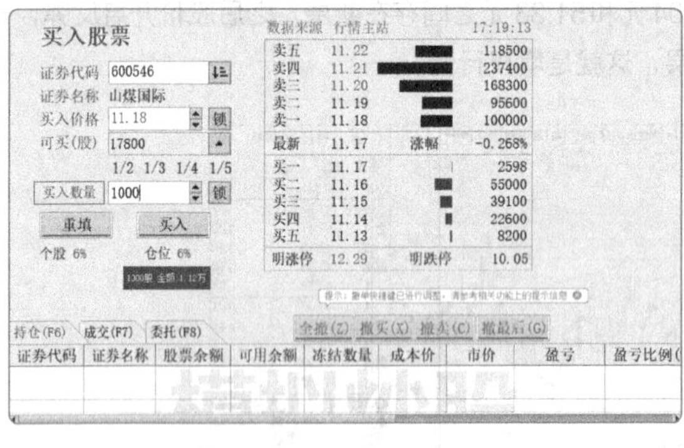

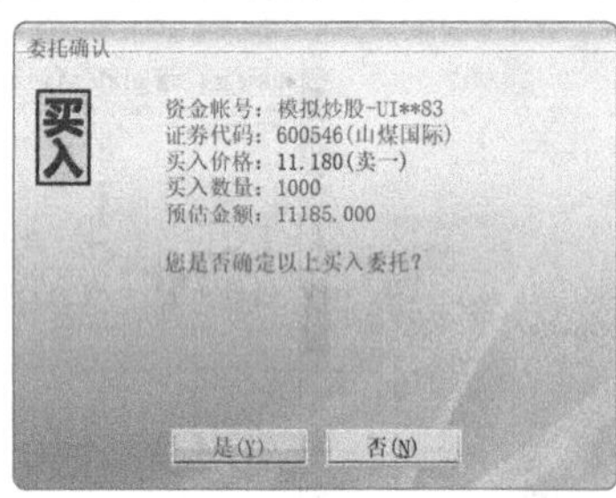

❸买入成功后，会提示委托成功，如下左图所示，单击【确定】按钮。

❹在买入交易界面中单击界面左侧【查询】菜单的【资金股票】页签，即可看到买入股票的信息及盈亏情况，如右图所示。

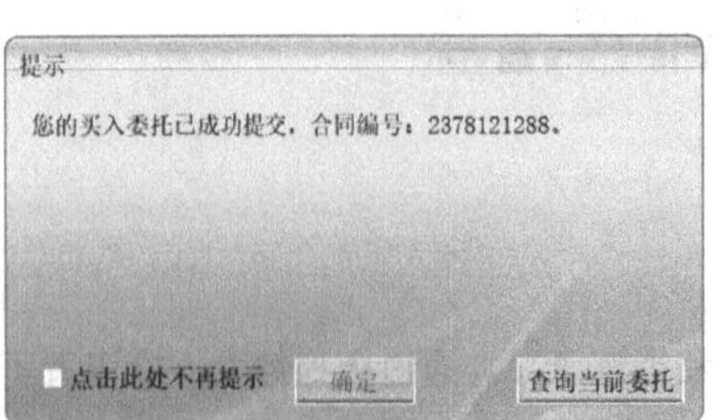

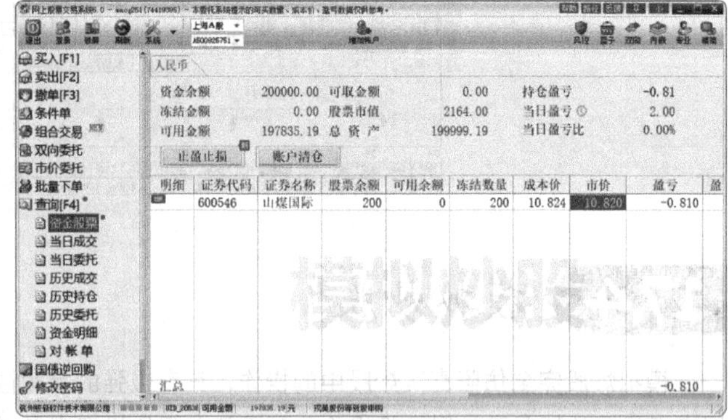

3. 撤单

因为买入时的价格是可以改动的，因此，如果设置的买入价格始终低于股票运行价格，则不会成功买入。在成功买入前，投资者可以撤单。撤单的具体操作步骤如下。

❶选择【撤单】命令，跳转到撤单界面，可以看到买入委托成功但未交易成功的股票，如下左图所示。

❷勾选未交易成功股票的复选框，单击【撤单】按钮，或者双击要撤销的委托，弹出【撤单确认】提示框，如下右图所示。

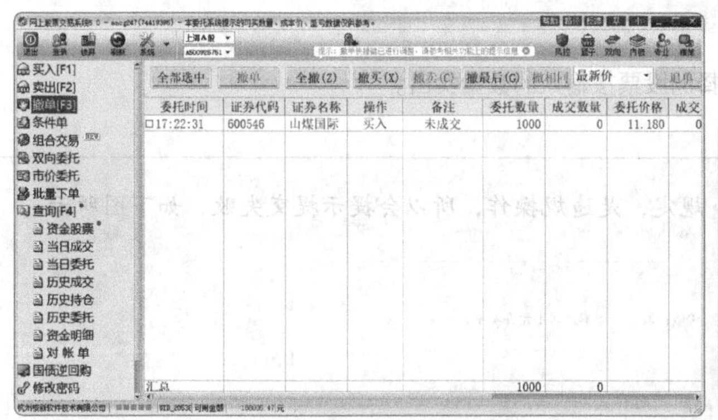

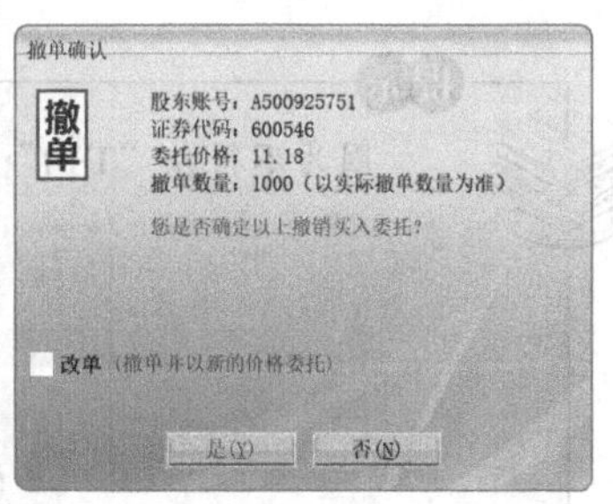

❸撤单成功后，会直接撤销之前的那一条委托信息，如下图所示。

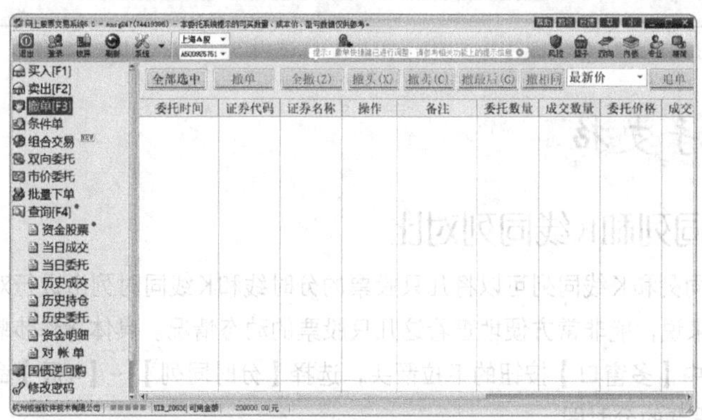

4. 卖出

买入成功后就可以卖出股票。由于我国股市实际交易实行的是“T+1”制度，即投资者买入股票后第二天才能卖出，所以刚买入股票当天是不能卖出的，但卖出操作是相同的。以山煤国际为例来介绍卖出操作。

❶选择【卖出】命令，跳转到卖出界面，在【持仓】选项卡中双击要卖出的股票，即可显示卖出股票的当前信息。然后输入卖出数量，如右图所示。

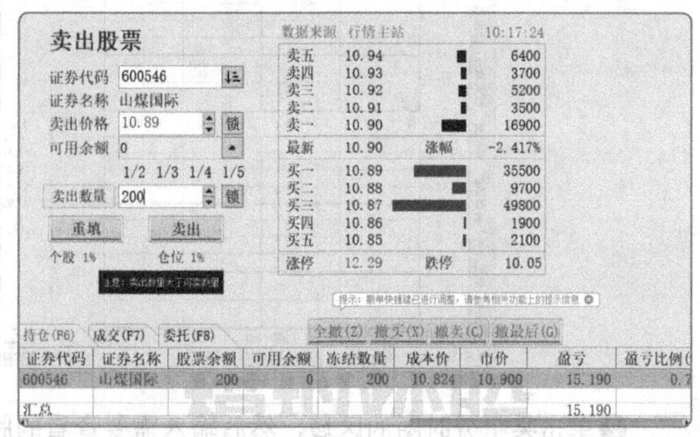

❷单击【卖出】按钮，弹出【委托确认】提示框，如下图所示。

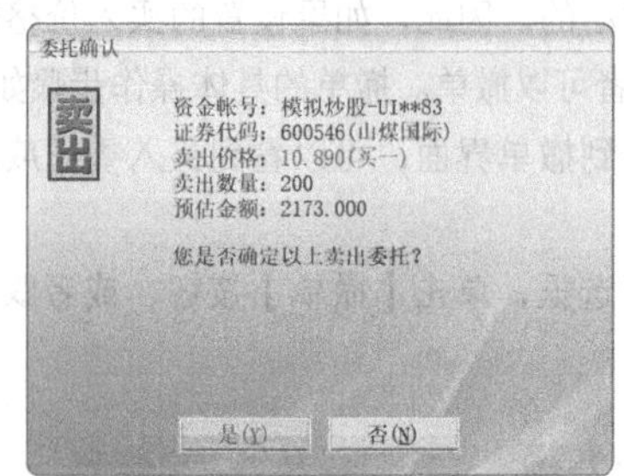

❸单击【是】按钮，即可将选择的股票按输入的数量卖出。

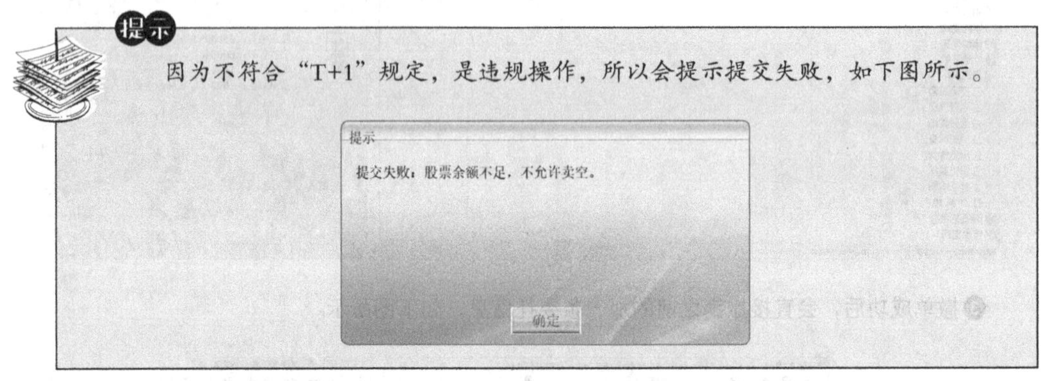

高手支招

技巧1 分时同列和K线同列对比

同花顺的分时同列和K线同列可以将几只股票的分时线和K线同时列出进行对比，对于同时持有几只股票的投资者来说，能非常方便地查看这几只股票的动态情况。具体操作步骤如下。

❶单击工具栏中【多窗口】按钮的下拉箭头，选择【分时同列】—【4股】命令，弹出下图所示的当前相邻的4只股票的分时图。

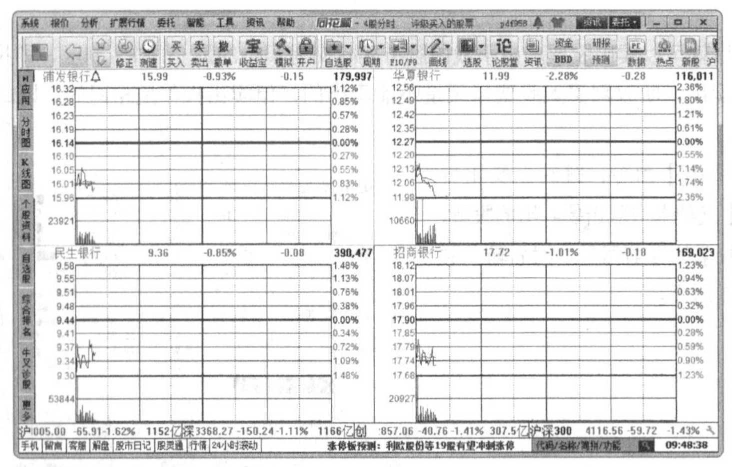

❷单击某个分时图的区域，然后输入需要查看的股票代码，即可切换到需要查看的股票的分时

图，如单击浦发银行区域，然后输入啤酒花的股票代码“600090”，结果如下图所示。

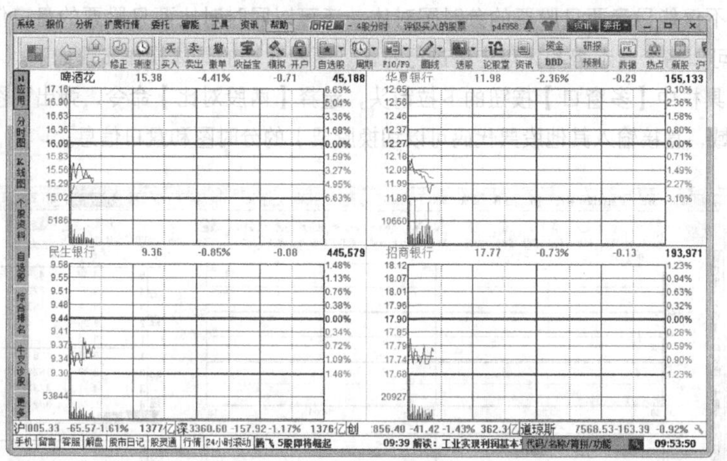

❸单击工具栏中【多窗口】按钮的下拉箭头，选择【K线同列】—【4股】命令，弹出下图所示的当前4只股票的K线图。

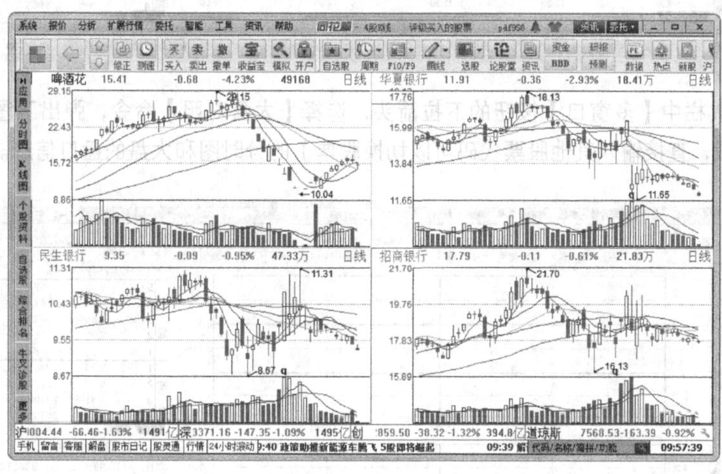

❹单击工具栏中【多窗口】按钮的下拉箭头，选择【分时K线同列】—【4股】命令，可以同时查看下图所示的4只股票的分时图和K线图。

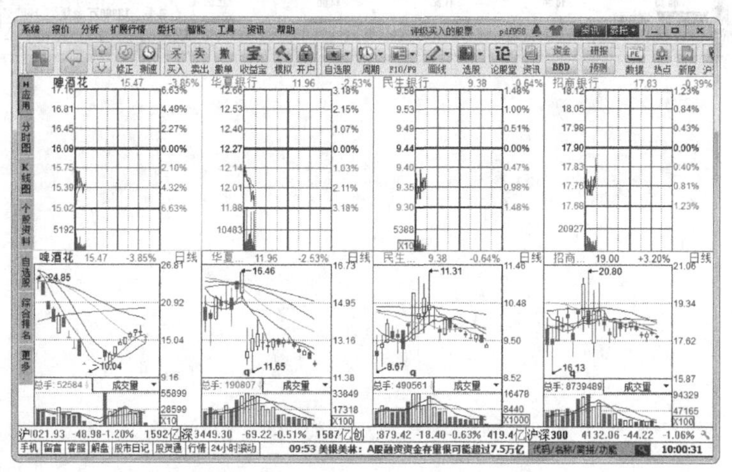

技巧2　两股对比与大盘对照

两股对比不仅能显示两只股票的分时图对比，还可以同时对比两只股票的盘口信息。如果选择大盘对比，则可以将个股走势和大盘走势进行对比。两股对比的具体操作步骤如下。

❶单击工具栏中【多窗口】按钮的下拉箭头，选择【两股对比】命令，弹出下图所示的两只股票（单击该区域，直接输入其他股票代码可以切换股票）的分时图和盘口信息。

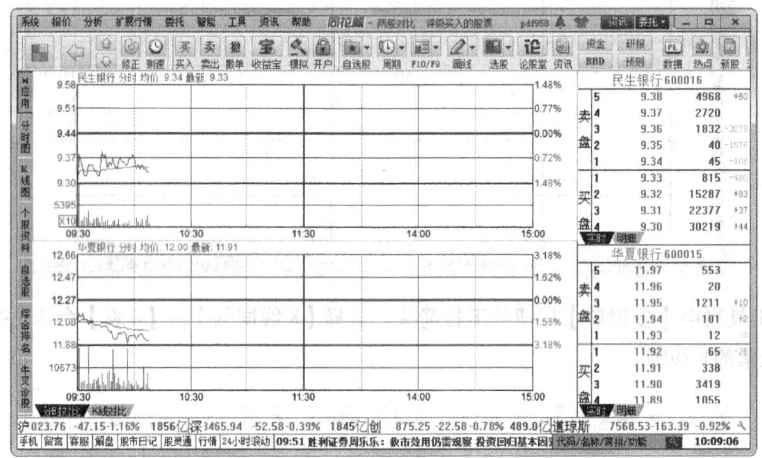

❷单击工具栏中【多窗口】按钮的下拉箭头，选择【大盘对照】命令，弹出下图所示的当前股票（单击该区域，直接输入其他股票代码可以切换股票）的分时图和大盘的盘口信息。

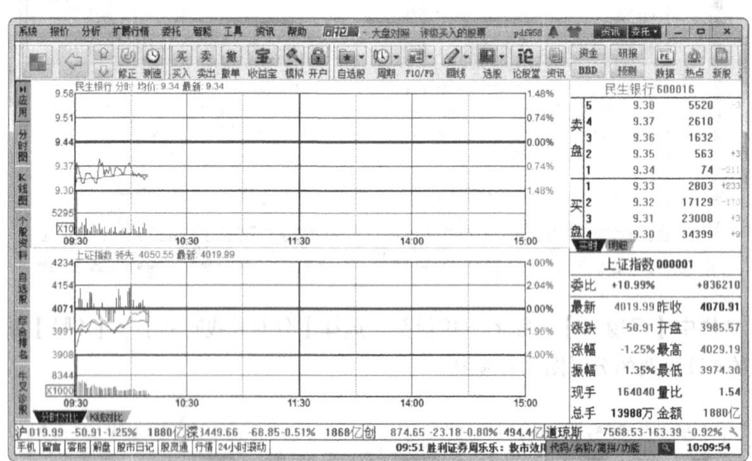

第18章 智能预警和智能选股

本章引语

股市是谣言最多的地方，如果每听到什么谣言，就要买进卖出的话，那么钱再多，也不够赔。

——是川银藏

由于资本市场存在着信息不对称的风险，所以投资者很有可能“踩到地雷”。如果投资者有智能预警系统，将大大减小亏损的概率。同花顺软件的智能预警系统可帮助投资者规避风险，智能选股功能可以帮助投资者筛选出基本面优异的个股。

本章要点

★智能预警

★智能选股

18.1 智能预警

投资者如果想要规避交易系统出现的风险，一定要先建立一个完整的交易系统。什么时间买入、什么时间加仓、什么时间减仓、什么时间空仓、什么条件下止损、什么条件下止盈都需要投资者明确。如果投资者买的是单只股票，是很有可能“踩雷”的。同花顺软件的智能预警功能，可以帮助投资者对止损止盈的条件进行监控，对股票的价格涨跌幅度、绝对价位、成交量异动、量比、指标突破价位等进行预警，从而提高投资的准确性。

18.1.1 股票预警

股票预警的设置步骤如下。

❶选择【智能】—【股票预警】命令，弹出【股票预警】对话框，单击左下角的【添加预警】按钮，如下左图所示。

❷弹出【添加预警】对话框，在该对话框中，可以添加预警的股票以及设置预警条件，如下右图所示。

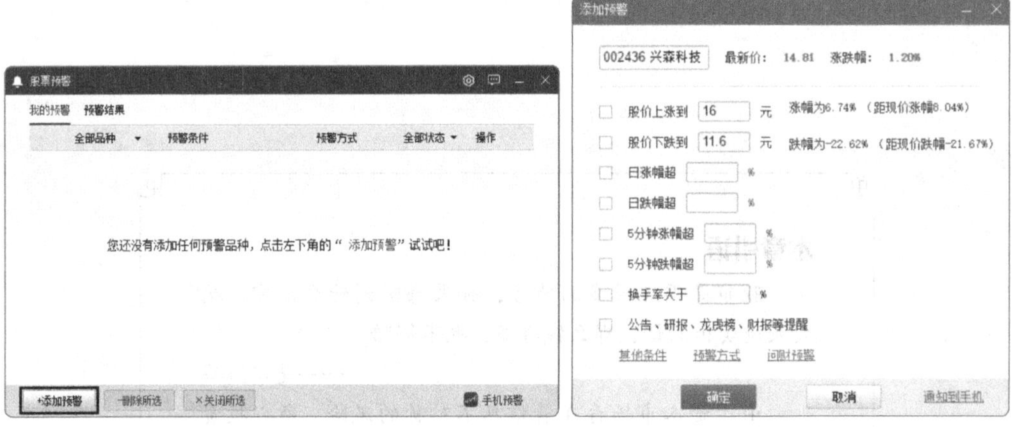

❸单击【其他条件】超链接，弹出【其他条件】对话框，选择【YJ001 价格上破N元（系统）】，并设置价格上破数值和自动交易的卖出数量，如下图所示。

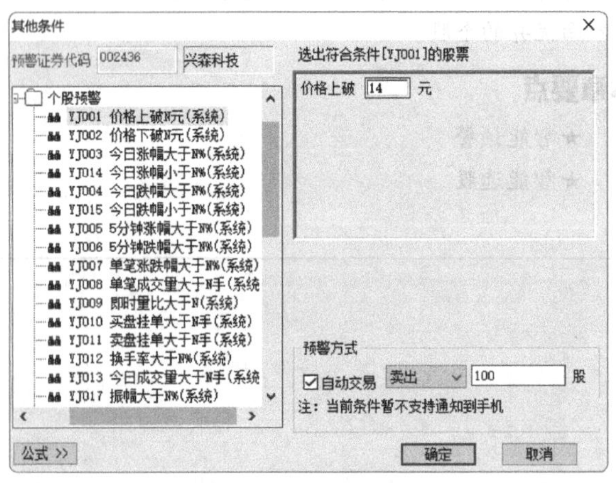

❹连续单击【确定】按钮返回【股票预警】对话框，如下页左图所示。投资者还可以单击右下角的【手机预警】按钮，通过手机端同花顺App的扫一扫功能，同步设置预警条件，如下页右图所示。

如果手机端登录同花顺软件的账号和PC端登录的账号一致，将在两个客户端均进行预警推送提示。

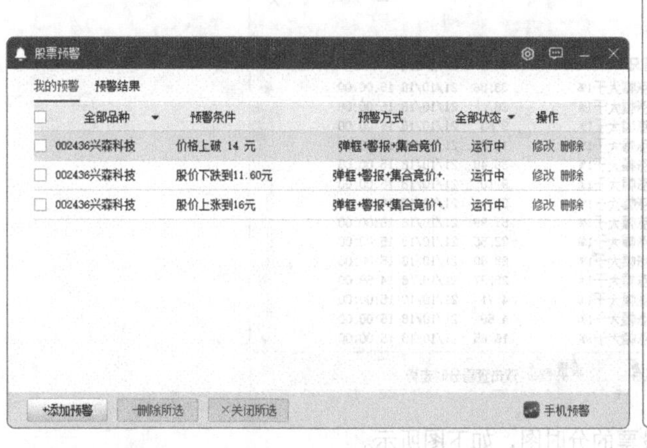

提示

如果对某个预警条件不满意，可以勾选该预警条件复选框进行修改、删除或关闭。

❺投资者设置好预警条件之后，在自选股列表或者其他包括该股的列表中的代码和名称列后面将会显示图标🔔，提示投资者该股票设置了预警条件，如右图所示。

排	代码	名称		涨幅
1	300827	上能电气		+2.34%
2	601238	广汽集团		-1.34%
3	002436	兴森科技	🔔	+0.66%
4	000713	丰乐种业		+7.26%
5	600313	农发种业		+4.31%

18.1.2 鹰眼盯盘

鹰眼盯盘与股票预警功能类似，它可以通过设定条件，帮助投资者监控盘中异动的股票，但不会帮助投资者进行买入和卖出操作。投资者可以对鹰眼盯盘进行设置，选择满足条件时给出提示。鹰眼盯盘的设置步骤如下。

❶选择【智能】—【鹰眼盯盘】命令，弹出【结果显示】对话框，默认没有进行任何条件的设置，所以没有异动品种，如下左图所示。

❷默认进入【鹰眼盯盘】选项卡，单击下方的【设置】按钮，弹出【盯盘条件设置】对话框。在该对话框中，可以选择盯盘的条件。先勾选【5分钟涨幅大于1%】复选框，监视板块选择上证A股和深证A股，如下右图所示。

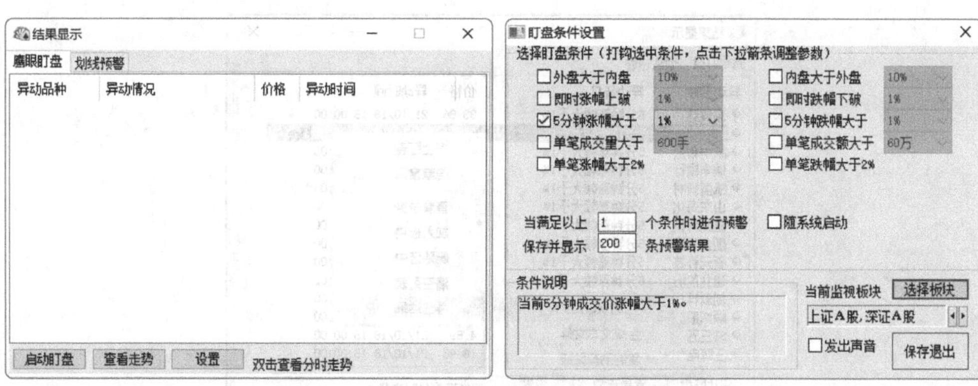

❸单击【保存退出】按钮，返回【结果显示】对话框，单击【启动盯盘】按钮，即可显示符合条件的股票，如下图所示。

结果显示

鹰眼盯盘 划线预警

异动品种	异动情况	价格	异动时间
深科达	5分钟涨幅大于1%	33.86	21/10/18 15:00:00
南微医学	5分钟涨幅大于1%	26...	21/10/18 15:00:00
凯中精密	5分钟涨幅大于1%	9.63	21/10/18 15:00:00
瑞丰银行	5分钟涨幅大于1%	11.70	21/10/18 15:00:00
凯盛新材	5分钟涨幅大于1%	36.48	21/10/18 15:00:00
山东海化	5分钟涨幅大于1%	9.10	21/10/18 15:00:00
键凯科技	5分钟涨幅大于1%	25...	21/10/18 15:00:00
盛剑环境	5分钟涨幅大于1%	57.99	21/10/18 15:00:00
新元科技	5分钟涨幅大于1%	22.55	21/10/18 15:00:00
建业股份	5分钟涨幅大于1%	28.80	21/10/18 15:00:00
朗新科技	5分钟涨幅大于1%	28.97	21/10/18 14:59:00
顺威股份	5分钟涨幅大于1%	4.71	21/10/18 15:00:00
ST三五	5分钟涨幅大于1%	4.59	21/10/18 15:00:00
三晖电气	5分钟涨幅大于1%	16.65	21/10/18 15:00:00

停止盯盘 查看走势 设置 双击查看分时走势

❹双击某一只股票，即可看到该股票的分时图，如下图所示。

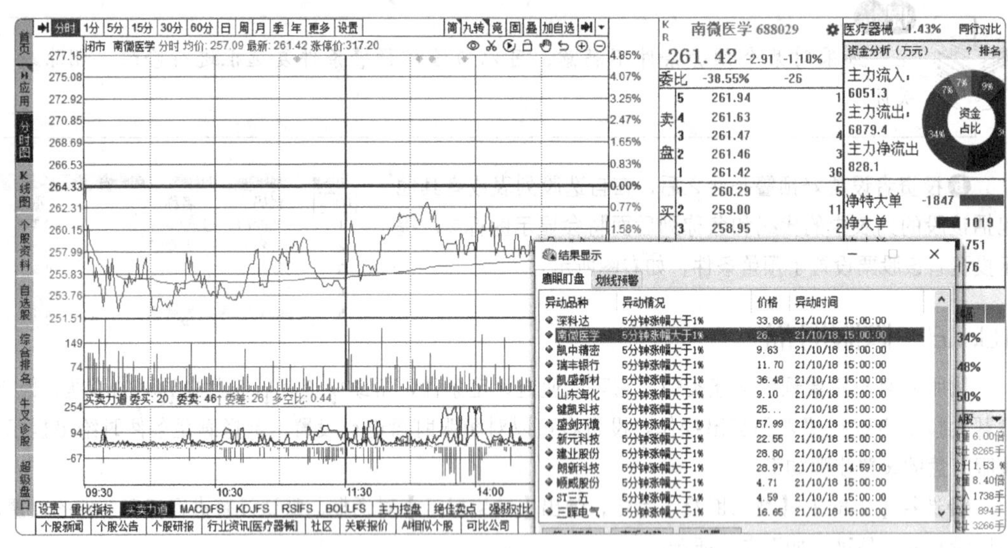

❺在【结果显示】对话框中，右击鹰眼盯盘的异动股票，在弹出的快捷菜单中选择【导出结果】命令，在子菜单中选择导出结果的打开方式，即可将该股票的结果导出为EXCEL文件、文本文件或者复制到剪贴板，如下图所示。

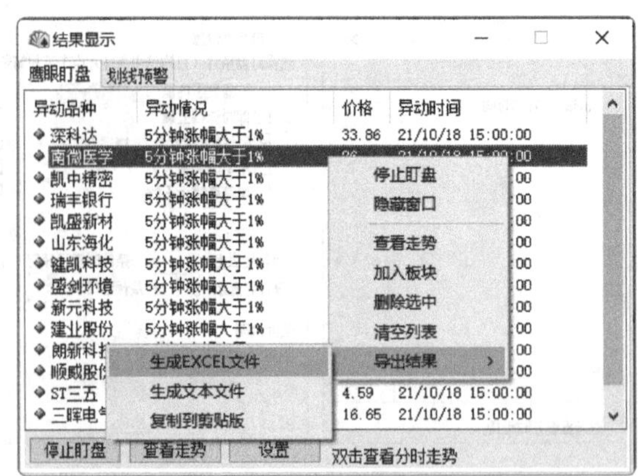

❻在【结果显示】对话框中，也可以右击异动股票，在弹出的快捷菜单中选择【加入板块】命令，如下左图所示。在弹出的【选择板块】对话框中，选择将异动股票加入想放的板块中（如自选股），方便以后持续跟踪，如下右图所示。

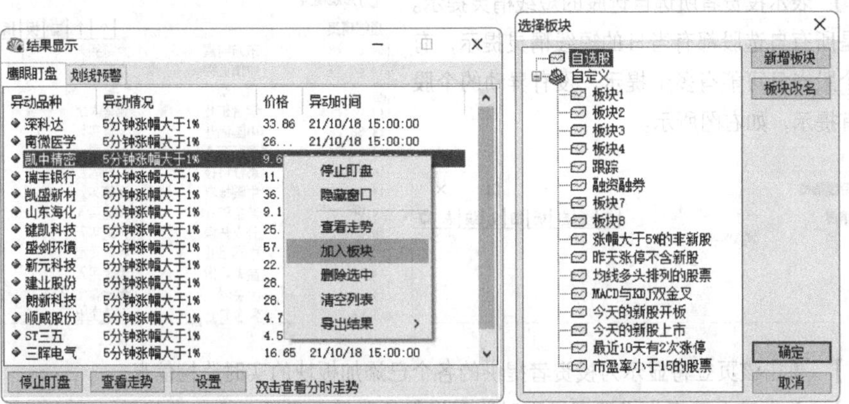

18.1.3 短线精灵

短线精灵可以滚动显示股价和成交量出现异动的股票，实时监控个股大笔买入、大笔卖出、个股封板、个股开板、急速拉升和猛烈打压等异动情况。投资者可以及时从中发掘投资机会，捕捉强势股，以在第一时间掌握大笔卖出的个股，规避风险。可以选择【智能】—【短线精灵】命令，打开【短线精灵】对话框，如右图所示。

短线精灵			
14:56:50	深科达	急速拉升	1.53 %
14:56:51	航发控制	区间放量涨	8.40倍
14:56:54	盐湖股份	大笔买入	1738手
14:56:55	士兰微	大笔卖出	894手
14:56:56	盛和资源	大笔卖出	3266手
14:56:56	宁德时代	大笔买入	135手
14:56:57	江特电机	涨停大减	13770手
14:56:57	比亚迪	大笔卖出	359手
14:56:57	伊戈尔	涨停大减	12058手
14:56:59	紫金矿业	大笔卖出	5563手
15:00:00	酒鬼酒	跌停大减	575手
15:00:00	大北农	涨停大减	58455手
15:00:00	汇洁股份	打开跌停板	10.25
15:00:00	捷安高科	强势封涨停	10094手

另外，也可以直接进入个股的分时图或者K线图，在界面的右下方就是短线精灵，如下图所示。

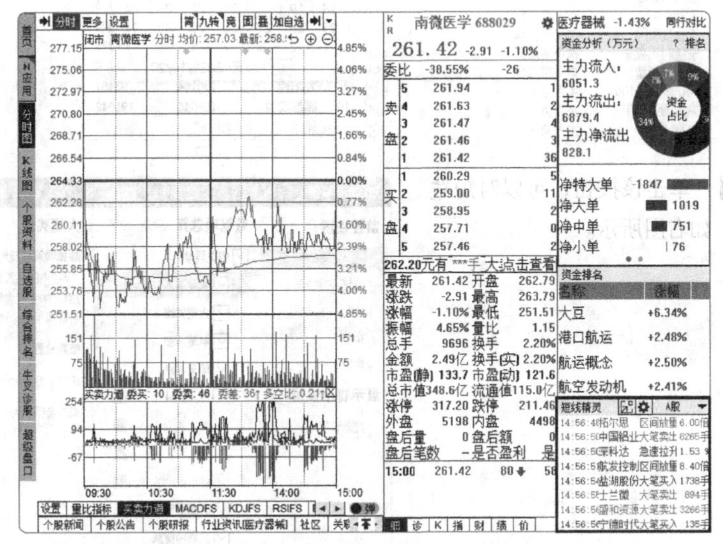

【短线精灵】对话框的右上角有几个页签，含义如下。

【？】：单击该页签可直接打开同花顺机器人。投资者可以与机器人进行交流，询问各种投资问题和个股基本面、技术面、消息面等信息，以了解上市公司的相关信息。

【个】：表示短线精灵对当前选中的个股的监测结果。例如，下左图为南微医学的短线精灵提示，当日只有一个短线精灵提示，是区间放量跌的提醒。

【自】：表示投资者所选自选股的短线精灵提示。但并不是所有自选股都有当日的短线精灵提示，有异动的个股当日可能有多个提示，没有异动的个股可能没有提示，如右图所示。

短线精灵			
13:02:40	南微医学	区间放量跌	6.48倍

短线精灵			
14:55:48	东方财富	大笔买入	1923手
14:56:14	中信证券	大笔买入	2303手
14:56:15	合力泰	区间放量平	7.69倍
14:56:17	紫金矿业	大笔卖出	5080手
14:56:26	中国铝业	大笔买入	6843手
14:56:27	京东方A	大笔卖出	11048手
14:56:27	惠程科技	区间放量跌	24.53倍
14:56:29	中国核电	大笔买入	10707手
14:56:32	紫金矿业	大笔买入	4645手
14:56:42	分众传媒	大笔买入	8448手
14:56:50	中国铝业	大笔卖出	8265手
14:56:54	盐湖股份	大笔买入	1738手
14:56:55	士兰微	大笔卖出	894手
14:56:59	紫金矿业	大笔卖出	5563手

【板】：单击该页签将显示为投资者提供的各个已添加板块的实时监控信息。

【指】：单击该页签将为投资者呈现对所有指数的监控，包括各个行业指数、概念指数等，其提示的内容也和个股有所不同，主要是对主力急入、主力急出、有个股涨停、有个股跌停进行监控，如下左图所示。

【全】：单击该页签将显示全A股市场发生异动的全部股票。投资者可以看到股票拉升涨停、遭到猛烈打压、区间放量下跌、区间放量上涨、涨停打开、跌停打开等的异动信息。

【统】：单击该页签将显示当前个股全天异动次数的统计结果。

【表】：单击该页签将显示当日和历史统计信息，单击日期，可以切换之前的统计信息，如下右图所示。

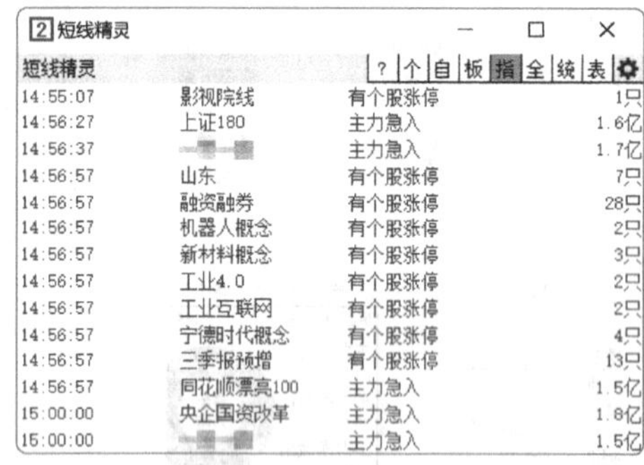

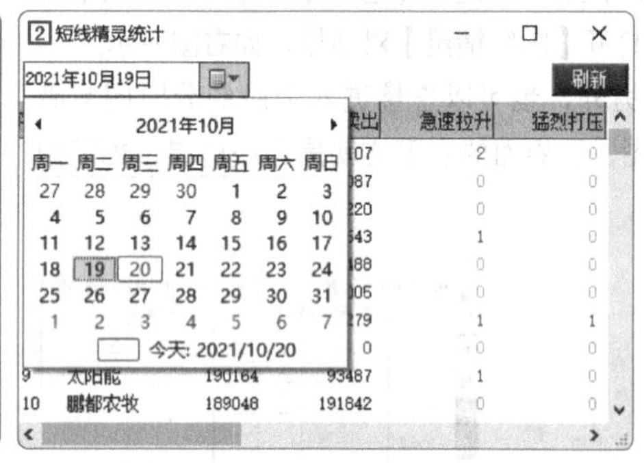

⚙【设置】：单击该按钮，可以对短线精灵进行设置，如右图所示。

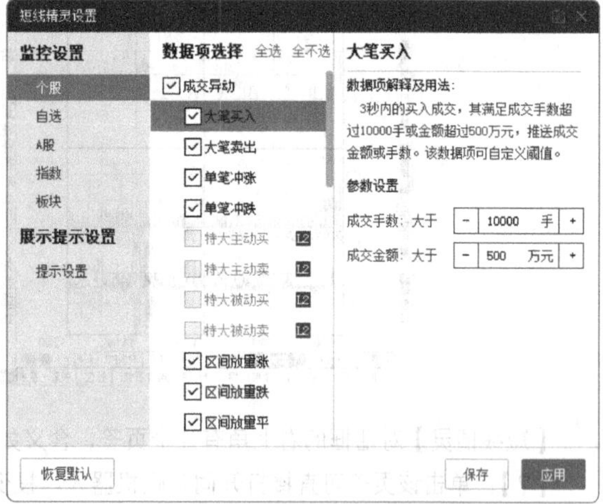

18.2 智能选股

除了智能预警功能，同花顺软件还提供了问财选股、形态选股和选股平台等智能选股功能。通过这些功能，投资者可以快速选出符合自己要求的股票。

18.2.1 问财选股

利用【问财选股】功能，投资者可以通过输入搜索条件，选出符合自己要求的股票、基金等，也可以通过搜索条件搜索需要的信息等。问财选股功能的具体操作步骤如下。

❶选择【智能】—【问财选股】命令，或者输入“77”，或者直接单击工具栏中的【选股】按钮 ，进入问财选股界面，如下图所示。

❷在文本框中输入搜索条件。例如，输入“上周连涨3天以上的股票”，然后单击【问一下财】按钮，即可搜索出满足相关条件的股票，如下图所示。

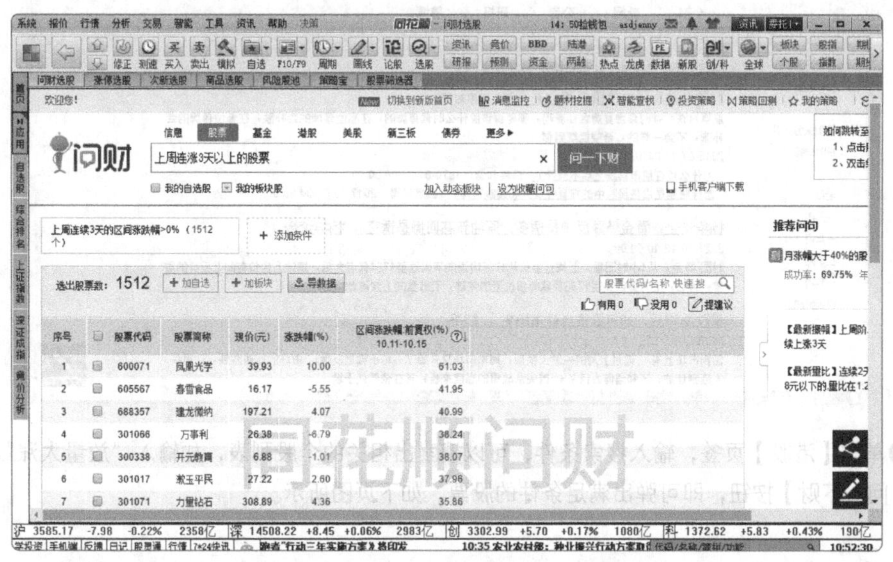

❸将鼠标指针移到搜索出来的股票简称上，可以查看该股的分时图、日K线图、周K线图和月K线图，如下图所示。

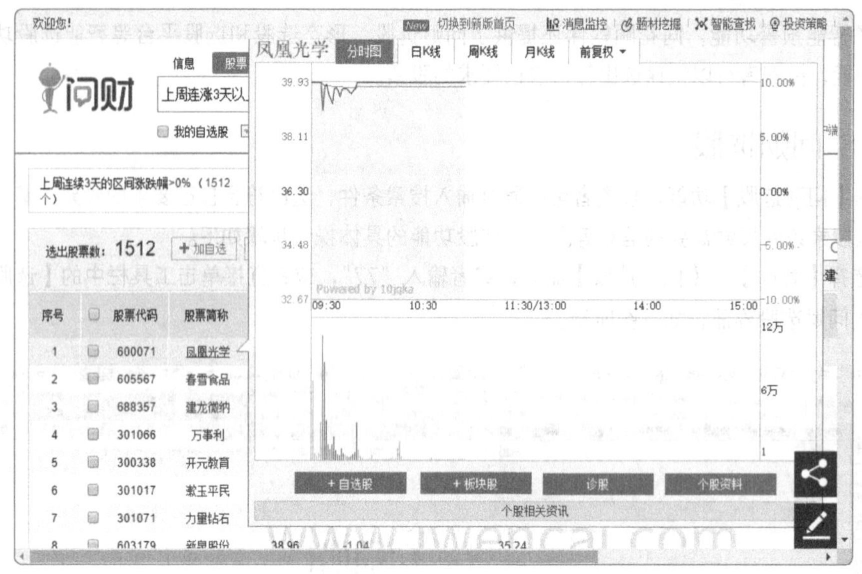

提示

为了便于投资者决策分析，同花顺软件还根据上市公司所在地域和上市公司所在行业等维度对所有公司进行了分类。

❹单击【信息】页签，输入搜索条件，可以搜索出相关的新闻信息，如输入“反弹暴跌”，然后单击【问一下财】按钮，即可弹出相关的新闻信息，如下图所示。

❺单击【港股】页签，输入搜索条件，可以搜索出相关的个股列表，如输入“放量大涨”，然后单击【问一下财】按钮，即可弹出满足条件的股票，如下页图所示。

18.2.2 形态选股

形态选股也是智能选股的一种，该功能根据提供的K线形态匹配并选择股票，通过软件工具抓取自定义的形态模型。技术派投资者可以运用此功能，快速筛选出和要求形态走势相同的股票。这个功能对“一招鲜，吃遍天”的投资者尤其有帮助，可以让他们提高选股效率。形态选股功能的具体操作步骤如下。

❶选择【智能】—【形态选股】命令，弹出【形态选股方案】对话框，如下左图所示。

❷选择【头肩底】选项，单击【执行选股】按钮，即可弹出头肩底走势的股票，如下右图所示。

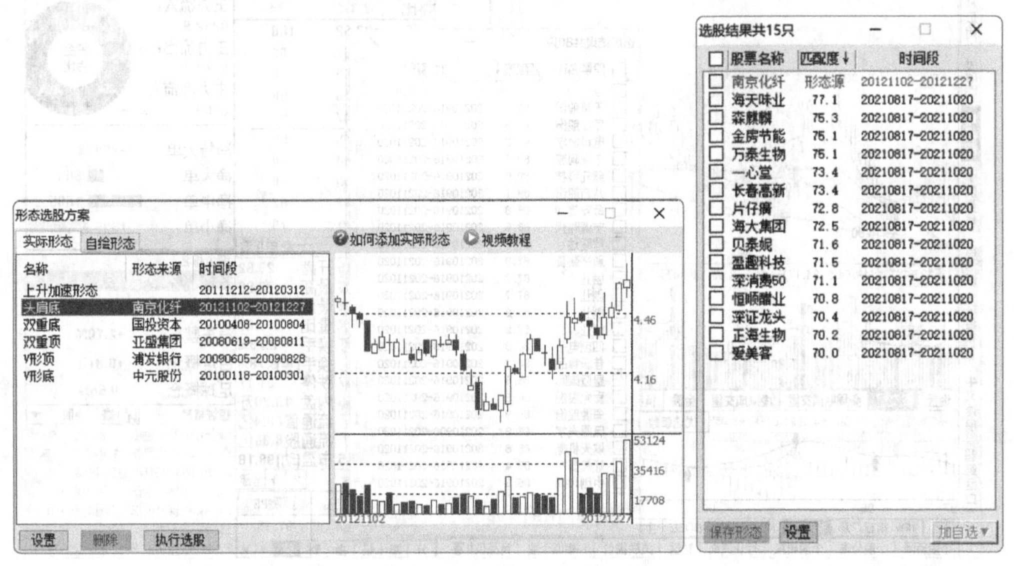

❸单击【设置】按钮，在弹出的【形态方案设置】对话框中，可以对形态方案重新设置，如下页左图所示。

❹重新设置好形态方案后，单击【重新选股】按钮，即可选出新方案筛选条件下的股票，如下右图所示。

形态方案设置

形态方案名称：头肩底

形态匹配度 > 69 %(0 - 100%)

形态长度为40周期(日线)

形态来源：南京化纤 20121102-20121227

形态匹配条件

条件名称		权重因子
☑价格走势匹配	50.0%	100
☑成交量走势匹配	50.0%	100
☐涨跌幅走势匹配	-	-
☐K线阴阳走势匹配	-	-
☐成交量增减匹配	-	-

默认条件　范围　重新选股　保存

选股结果共79只

股票名称	匹配度↓	时间段
南京化纤	形态源	20121102-20121227
新元科技	96.7	20210817-20211020
宏川智慧	96.6	20210817-20211020
宏辉果蔬	95.4	20210817-20211020
正邦科技	95.3	20210817-20211020
傲农生物	93.0	20210817-20211020
温氏股份	92.2	20210817-20211020
塞力医疗	92.1	20210817-20211020
新五丰	91.9	20210817-20211020
海大集团	91.6	20210817-20211020
安科瑞	91.3	20210817-20211020
惠泉啤酒	90.2	20210817-20211020
深成消费	89.8	20210817-20211020
天泽信息	88.3	20210817-20211020
深证消费	88.1	20210817-20211020
新中港	87.9	20210817-20211020
海量数据	87.9	20210817-20211020
圣诺生物	87.8	20210817-20211020
酷特智能	87.4	20210817-20211020
湘佳股份	87.3	20210817-20211020
漱玉平民	85.9	20210817-20211020
友讯达	85.7	20210817-20211020
拓邦股份	85.3	20210817-20211020
新日股份	84.9	20210817-20211020

保存形态　设置　加自选

❺投资者还可以在个股K线图中选取想要的形态（单击形态左侧的起始点，长按鼠标左键，移动鼠标指针至形态结束点，松开左键），将自动弹出菜单，选择【形态选股】命令，即可查看拥有与选取形态类似形态的股票，如下图所示。

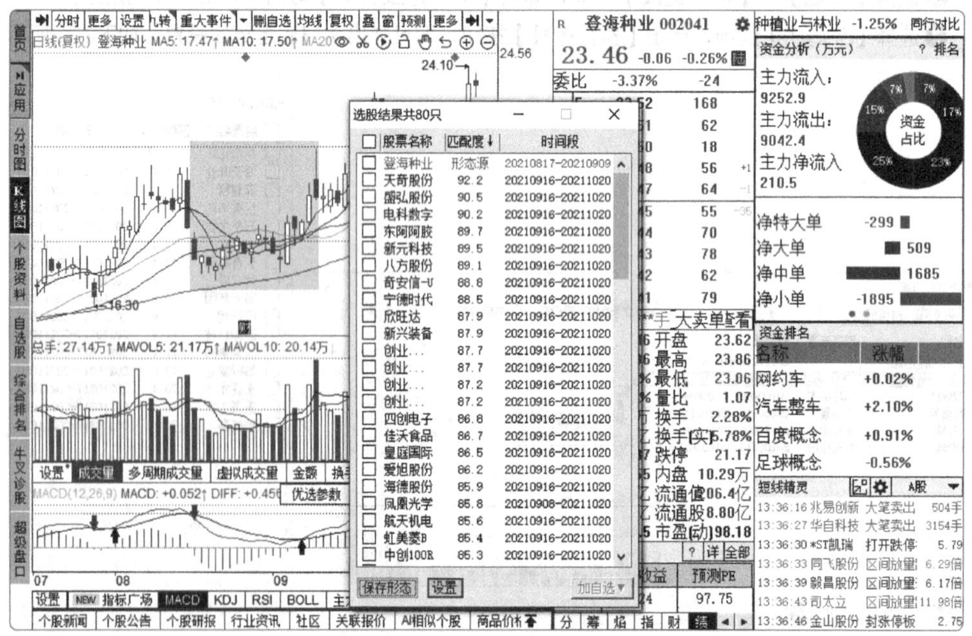

❻选择【形态选股】之后将弹出股票列表，投资者单击股票列表中的任何一只股票即可查看相似的形态，如下页图所示。

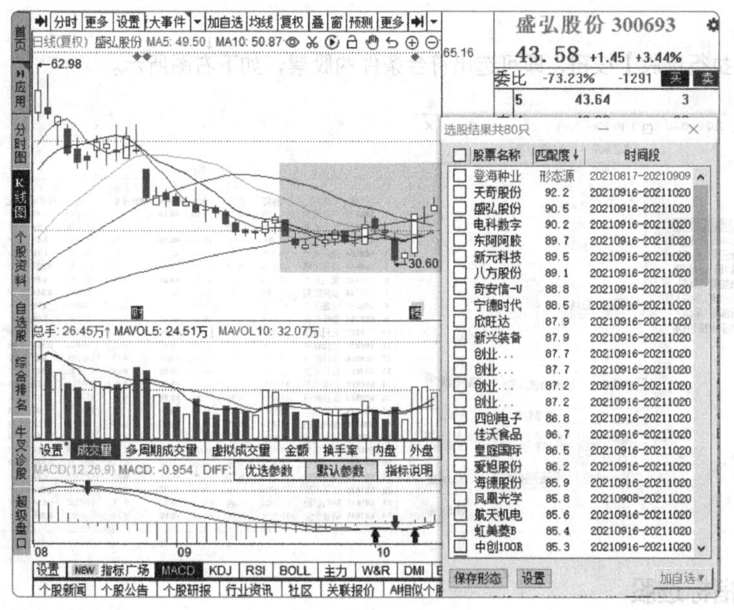

18.2.3 选股平台

同花顺软件的选股功能很丰富。投资者既可以通过短线精灵把握市场异动信息，也可以通过选股平台进行智能选股和条件选股。选股平台可以实现更加丰富、全面、复杂的选股。投资者既可以使用系统自带的大量选股公式、技术指标来选股，也可以用自己编写的技术条件或某些技术条件组合来选股。

1. 条件选股

条件选股的具体操作步骤如下。

❶选择【智能】—【选股平台】命令，如下左图所示。

❷弹出【选股平台】对话框，如下右图所示。选股平台包括条件选股、技术指标、交易系统、自定公式和组合条件5个模块，其中前3个模块里面有具体的子模块，投资者可以打开查看。条件选股主要是通过设置一些盘中、K线、财务、指标的条件，进行股票筛选；技术指标是通过对某些技术指标设置判定条件进行选股；交易系统是选取更加常用的技术指标做成交易系统，帮助投资者选出合适的股票。

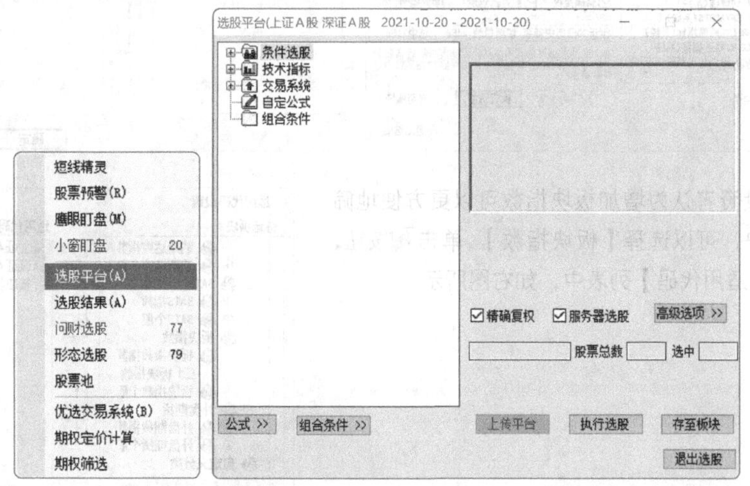

❸选择【条件选股】—【K线选股】—【智能选股】—【k_51 创近30日历史新高（系统）】命令，

如下左图所示。

❹单击【执行选股】按钮，即可选出符合条件的股票，如下右图所示。

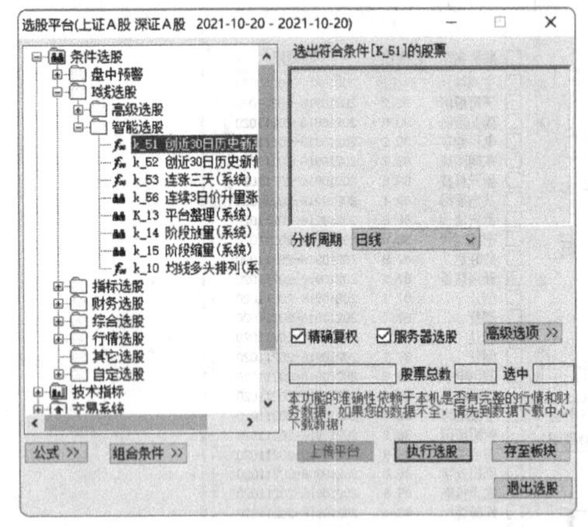

2. 技术指标选股

技术指标选股的具体操作步骤如下。

❶在【选股平台】对话框中，选择【技术指标】—【趋势指标】—【AMV 成本价均线（系统）】命令，如下左图所示。该选项就是对AMV均线进行条件设置，确定均线参数之后，还可以单击【高级选项】按钮对筛选的板块进行选择。

❷选择【高级选项】—【选择板块】命令，弹出【适用代码设置】对话框，待选板块中的股票默认为上证A股和深证A股，如下右图所示。

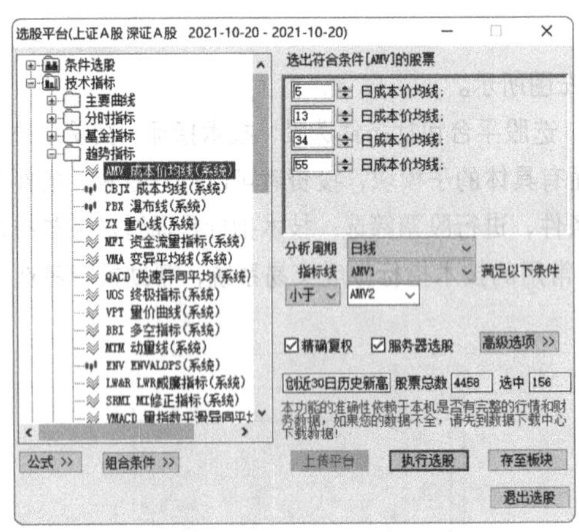

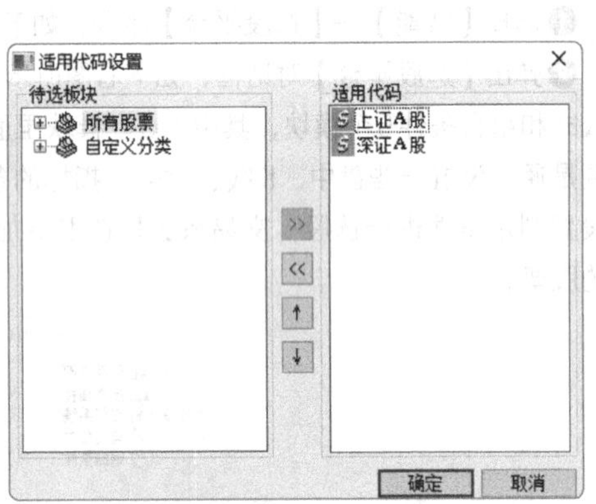

❸如果投资者认为增加板块指数可以更方便地筛选出热点板块，可以选择【板块指数】，单击»按钮，将它添加到【适用代码】列表中，如右图所示。

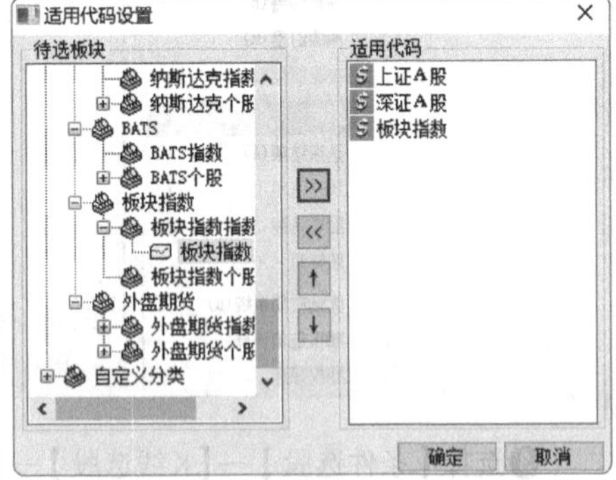

❹单击【确定】按钮，返回【选股平台】对话框，单击【执行选股】按钮，即可选出符合条件的股票，如下图所示。

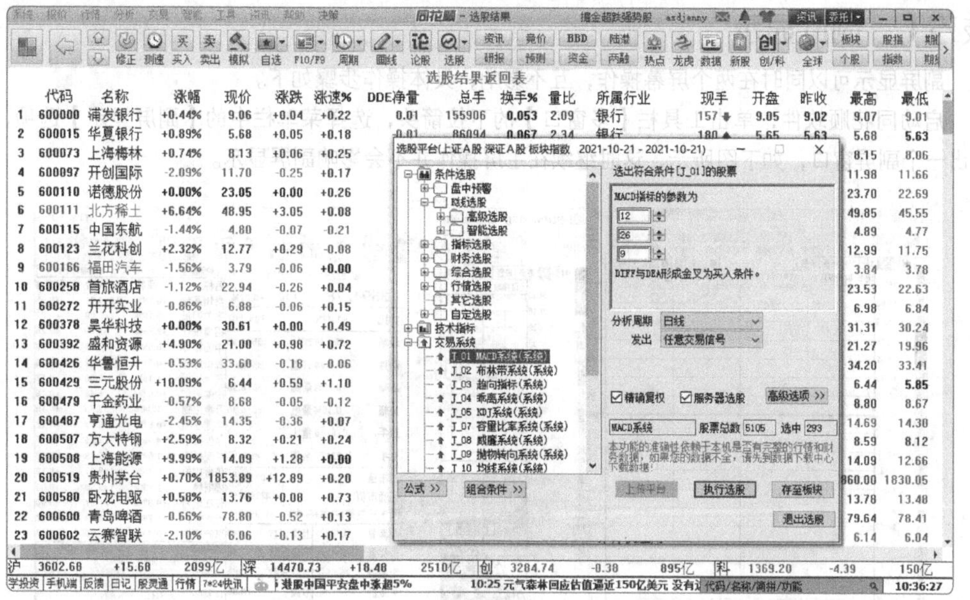

3. 交易系统选股

交易系统选股的具体操作步骤如下。

❶在【选股平台】对话框中，选择【交易系统】命令，如下左图所示。

❷投资者可以根据自己的交易模型选择交易系统。以MACD系统为例，选择【J_01 MACD系统（系统）】选项，设置指标参数，在【发出】下拉列表中选择【买入信号】，如下右图所示，即可筛选出MACD指标参数下DIFF与DEA形成黄金交叉，并发出买入信号的个股。

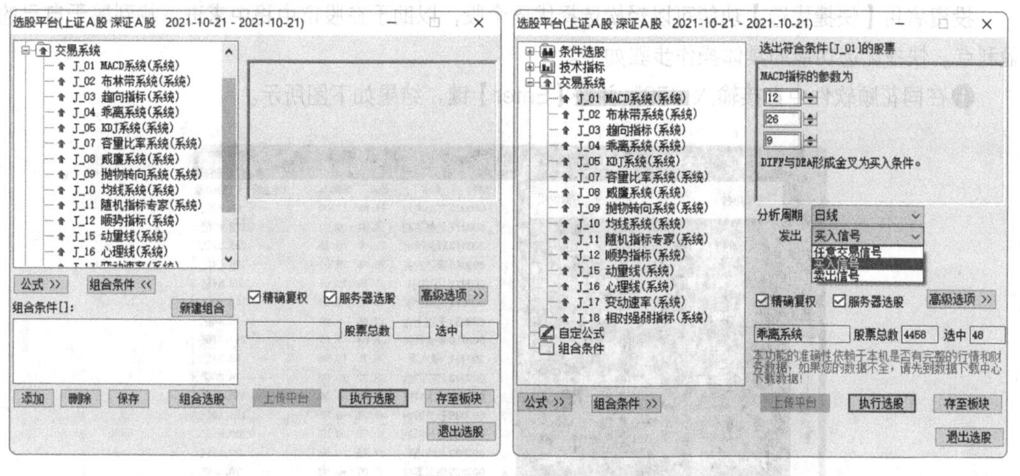

提示

交易系统选股功能的准确性依赖于当前是否有完整的行情和财务数据，如果数据不全，筛选出来的结果会不准确，还需要投资者先下载数据再执行选股。

建议投资者构建自己的财务系统，用财务指标先筛选出一部分符合财务指标基本面的股票，再通过技术指标进行筛选。

高手支招

技巧1　副屏显示

副屏显示可以同时在两个屏幕操作，互不影响，具体操作步骤如下。

启动同花顺软件，单击工具栏【多窗口】的下拉箭头，选择菜单栏中的【副屏显示】选项，将弹出一个副屏窗口，如下图所示，这时继续在主屏操作并不会影响副屏显示。

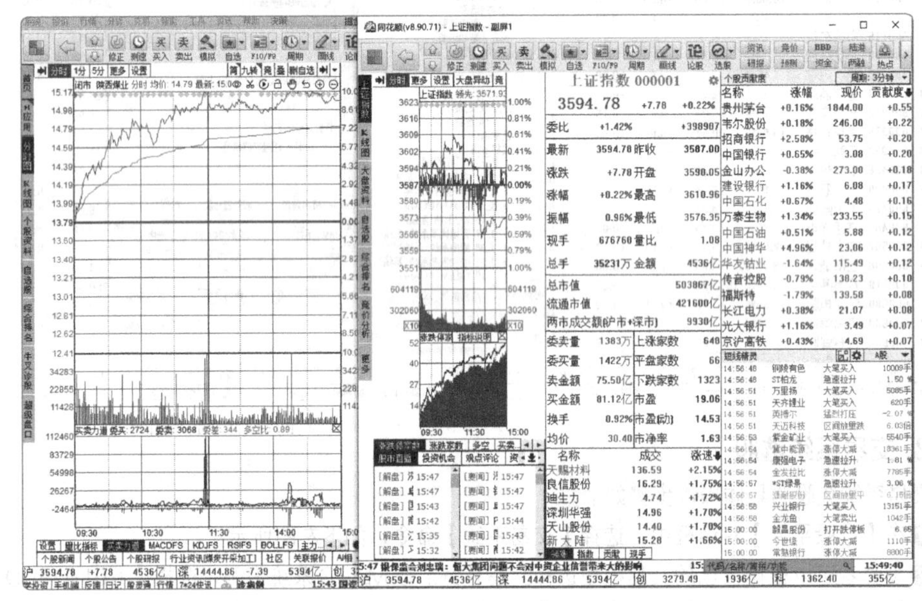

技巧2　快速选出优质个股

投资者用【快捷优选】功能可以轻松选择优质个股，以助于在股市中稳中求进，找到属于自己的盈利点。快捷优选功能的具体操作步骤如下。

❶在同花顺软件中直接输入“78”并按【Enter】键，结果如下图所示。

代码	名称	最新	涨幅(%)	大单金额	流通市值
600995	文山电力	11.66	10.00	—	55.80亿
600277	亿利洁能	4.87	9.93	—	173.40亿
300343	联创股份	25.08	-0.16	—	235.87亿
603045	福达合金	20.45	10.01	—	28.14亿
002922	伊戈尔	25.16	10.01	—	69.64亿
600071	凤凰光学	43.92	9.99	—	104.30亿
688033	天宜上佳	27.48	-4.25	—	78.46亿
002610	爱康科技	5.64	1.62	—	247.31亿
300437	清水源	25.75	19.99	—	39.34亿
002073	软控股份	8.23	10.03	—	76.86亿
002326	永太科技	70.20	1.30	—	473.18亿
603688	石英股份	49.21	-0.81	—	173.70亿
600821	金开新能	10.75	-0.37	—	103.81亿
603982	泉峰汽车	27.14	3.59	—	22.18亿
002529	海源复材	27.07	-0.92	—	70.38亿
000155	川能动力	31.69	5.11	—	402.46亿
300769	德方纳米	544.02	2.72	—	296.25亿
000422	湖北宜化	28.27	10.00	—	253.81亿
002747	埃斯顿	27.80	-3.47	—	205.86亿
600499	科达制造	20.40	-0.49	—	321.75亿
600861	北京城乡	27.26	10.01	—	86.36亿
002487	大金重工	29.80	-0.67	—	162.60亿
000993	闽东电力	18.12	-5.38	—	79.68亿
002360	同德化工	10.67	1.33	—	33.01亿

提示

除了通过键盘精灵进入快捷优选界面外，投资者还可以通过选择【选股】—【快捷优选】进入。

❷在弹出的对话框的左侧单击【行情选股】页签，然后单击上方的【走势选股】选项卡，再选择【连续小阳】方案，右侧将直接显示筛选后的结果，如下图所示。

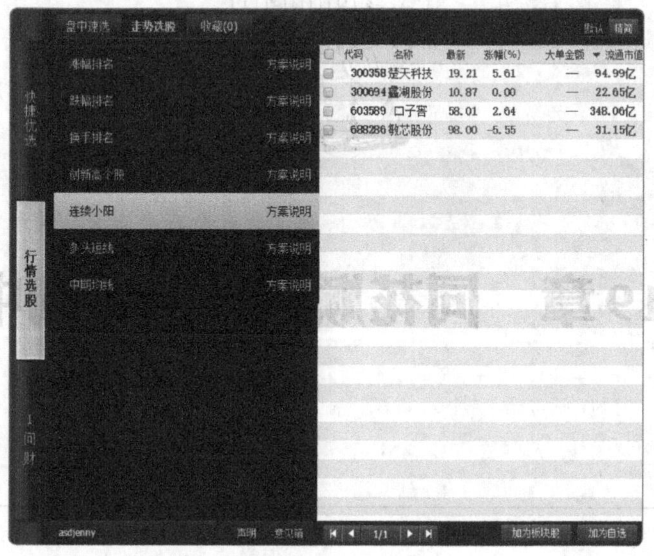

投资者可以参考实战篇的内容，在选股平台上进一步应用各技巧，提高自己的选股效率。

第19章　同花顺软件的控制中心

本章引语

图表能反映出一切股市或公司股民的总体心理状况！

——威廉·江恩

同花顺软件不仅有丰富的图表，而且还能让投资者下载这些图表。此外，同花顺软件还提供了公司管理以及画线工具，以助于投资者在走势图中做出自己的判断和分析。

本章要点

★控制中心相关设置

★数据的下载及管理

19.1 控制中心相关设置

这里所说的控制中心主要是指同花顺软件的【工具】菜单。投资者通过同花顺软件的【工具】菜单可以对同花顺软件的数据下载、公式、风格、工具栏等进行管理和设置。同花顺软件的【工具】菜单如下图所示。

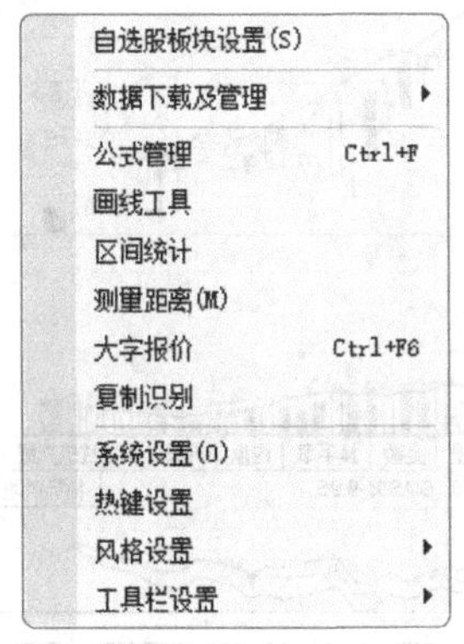

19.1.1 工具栏设置

选择【工具】—【工具栏设置】命令可以对主界面上方的工具栏进行调整。【工具栏设置】子菜单有【小图标模式】【显示】【隐藏】【移入显示】【定制工具栏】等命令，如下图所示。

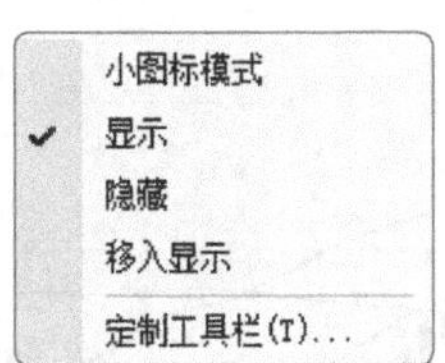

1. 小图标模式

选择【工具】—【工具栏设置】—【小图标模式】命令，可以将工具栏中的图标以小图标的形式显示出来。

正常的工具栏图标和小图标分别如下面两张图所示。

2. 显示与隐藏

选择【工具】—【工具栏设置】，可以在子菜单中看到【显示】与【隐藏】两个功能，这两个功能是相反的：【显示】功能是将工具栏显示出来；【隐藏】功能是将工具栏隐藏，以放大主界面的面积。两个功能的效果分别如下页两张图所示。

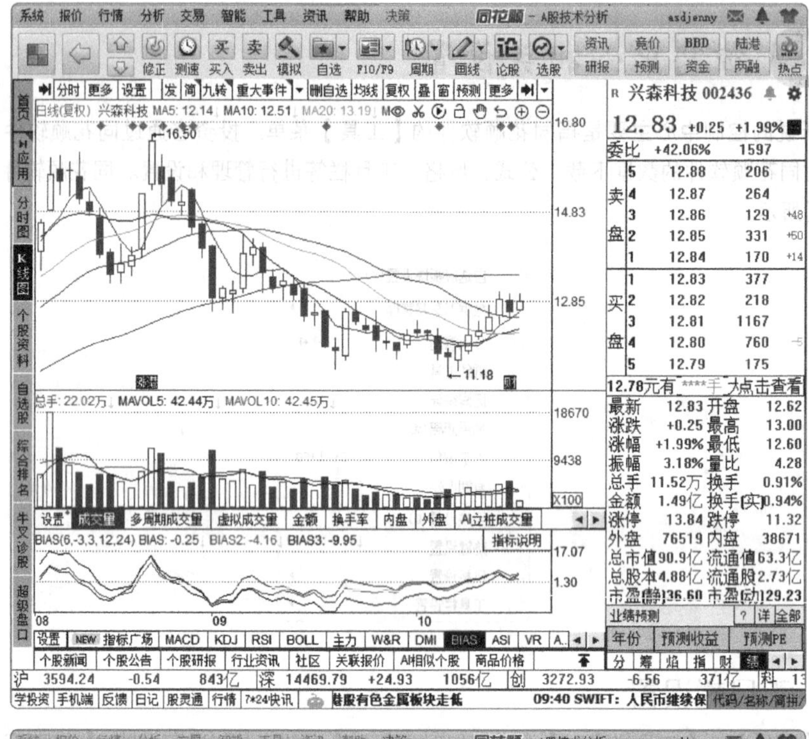

3. 移入显示

【移入显示】与【隐藏】功能的区别在于，前者是当鼠标指针位于工具栏的位置时工具栏会出现，如下页图所示，但当鼠标指针移开后，工具栏就隐藏起来，而后者是将工具栏完全隐藏。

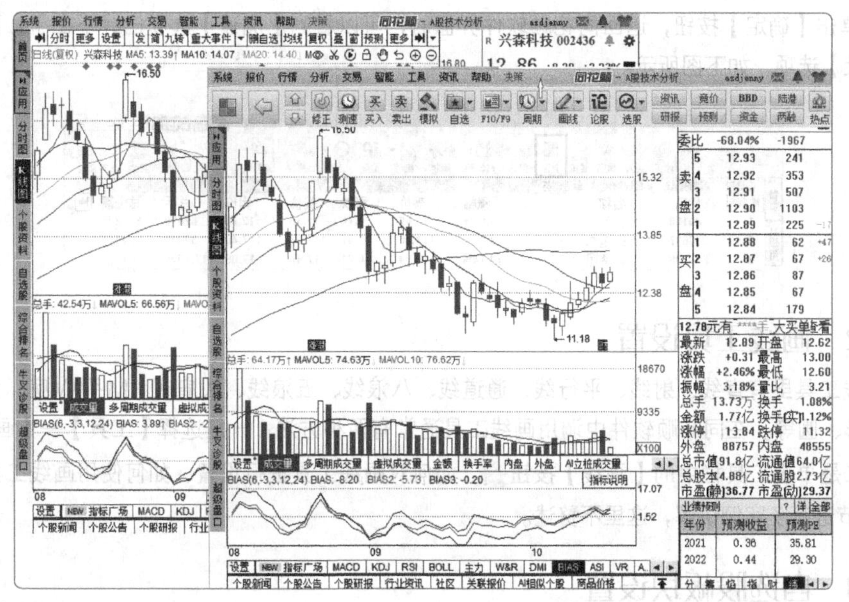

4. 定制工具栏

通过【定制工具栏】命令可以在工具栏中添加或删除功能，并且可以改变各功能图标的排列顺序。定制工具栏的具体操作步骤如下。

❶原本同花顺软件系统默认的工具栏如下图所示。

❷选择【工具】—【工具栏设置】—【定制工具栏】命令，在弹出的定制工具栏界面中可以直接将喜欢的功能图标（这里选择【美股】）拖进工具栏里，也可以将工具栏里面已有的功能图标（这里选择【测速】）拖出来，还可以调整各个功能图标的位置，如下图所示。调整完毕后单击【完成】按钮即可。

选择你喜欢的项目拖进工具栏

使用说明

应用中心 后退 上下翻 修正 测速 买入 卖出 撤单 模拟炒股 自选 F10 周期

画线 PK 论股堂 选股 资讯 研报大全 股票池 盘口 分时 K线 公式 竞价首页

形态预测 BBD DDE 陆港 沪伦 创/科 两融 REITs 龙虎榜 数据 热点事件 新股

全球 板块 个股 股指 指数 期权 期货综合屏 债券 基金 英股 外汇 港股

恢复系统默认 取消 完成

❸单击【确定】按钮，返回同花顺软件界面时，可以看到【测速】选项已经不在了，而同时多了【美股】选项，如下图所示。

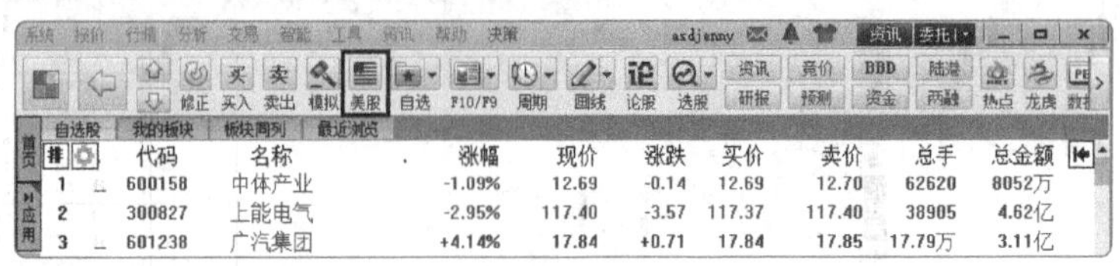

19.1.2 画线工具设置

画线工具里有直线、射线、平行线、通道线、八浪线、五浪线、头肩底、M头W底、江恩角度线、矩形、圆等。在同花顺软件中调用画线工具通常有两种方法：一是选择【工具】—【画线工具】命令，二是单击工具栏中的【画线】按钮。如何对画线工具进行设置、如何使用画线工具已经在8.3.1小节进行了实例讲解，这里不赘述。

19.1.3 自选股板块设置

投资者可通过选择【工具】—【自选股板块设置】命令，在打开的【自定义板块设置】对话框中根据自己的需要选择自选股，并可以根据需要将它们分成不同板块，然后进行颜色的设置等。

1. 添加自选股

添加自选股的具体操作步骤如下。

❶选择【工具】—【自选股板块设置】命令，弹出【自定义板块设置】对话框，当前显示的是自选股板块有359只股票，如右图所示。

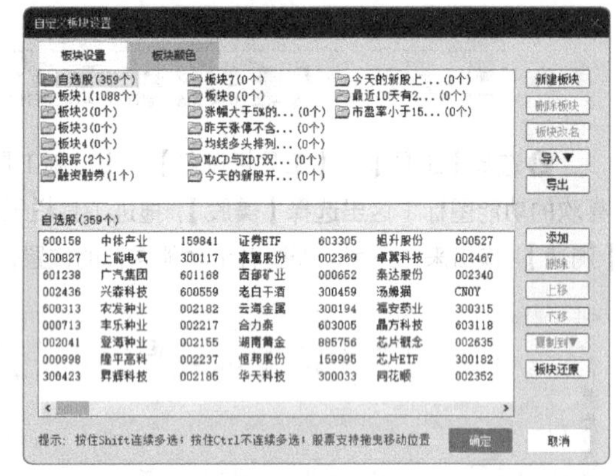

❷选择【板块2】，然后单击【添加】按钮，在弹出的文本框中输入所要添加的自选股代码，如下左图所示。

❸输入好代码后，双击所选择的股票或选中后按【Enter】键，即可将该股票添加到板块2中，如下右图所示。

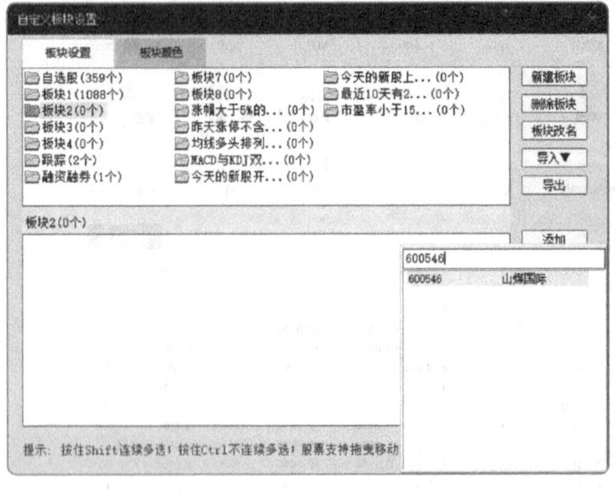

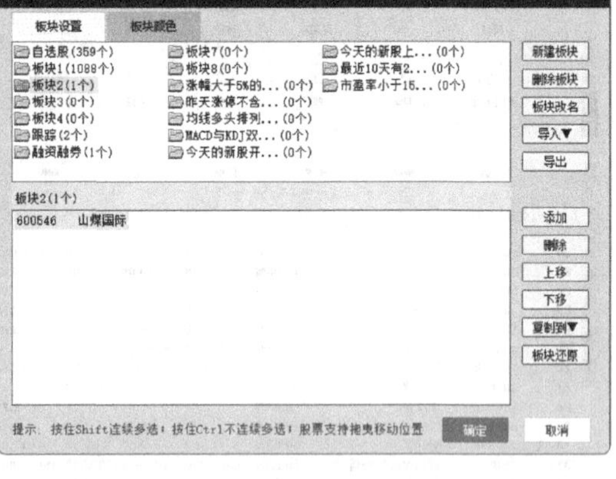

❹重复执行步骤❷和步骤❸，继续添加自选股，完成后如下左图所示。

❺投资者可以选中股票代码上下拖曳，调整股票顺序，也可以按【Ctrl】键选中多只个股进行移动，完成后如下右图所示。

2. 复制板块个股

复制板块个股的具体操作步骤如下。

❶按【Ctrl】键选中【板块2】的兴森科技和兆易创新两只股票，然后单击右侧【复制到】的下拉箭头，选择【板块4】，如下左图所示。

❷单击【板块4】，可看到其从原来的0只股票，增加为复制的2只个股，结果如下右图所示。

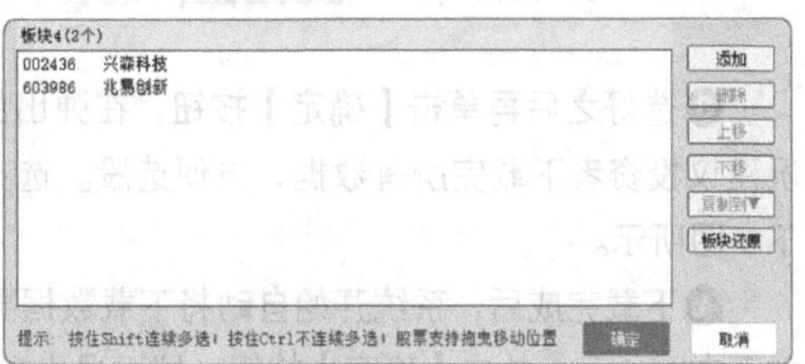

❸投资者还可以修改当前自选分组的名称，如选中【板块4】，然后单击【板块改名】按钮，将名称改为【科技板块】，结果如下图所示。

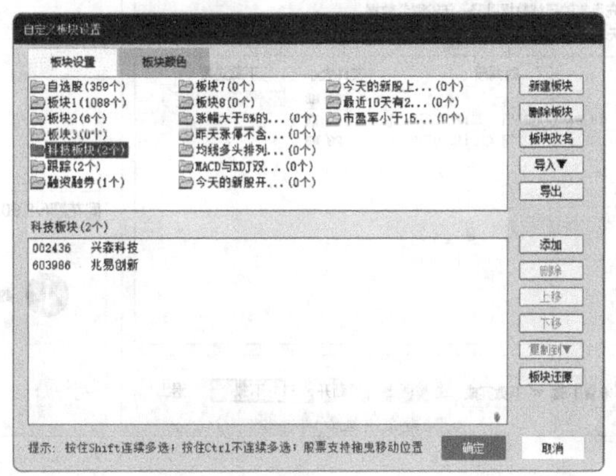

19.2 数据的下载及管理

投资者如果想要利用选股平台选股，需要先下载数据。同花顺软件的数据下载及管理主要包括数据的下载、维护、导入和导出。投资者可以选择【工具】—【数据下载及管理】命令，在弹出的子菜单中选择相应的命令。

1. 数据下载

如果想使用数据下载功能，首先要连接主站，然后将数据下载到本地计算机上。数据下载后，即使断开连接，也可以对股市行情进行查看和分析。

数据下载的具体操作步骤如下。

❶选择【工具】—【数据下载及管理】—【数据下载】命令，弹出是否对主站进行测速的对话框，如下左图所示。

❷单击【确定】按钮，弹出【选择最优下载主站】对话框，选取主站性能好的主站【同花顺_石桥_联通（121.52.252.77）】，如下右图所示。

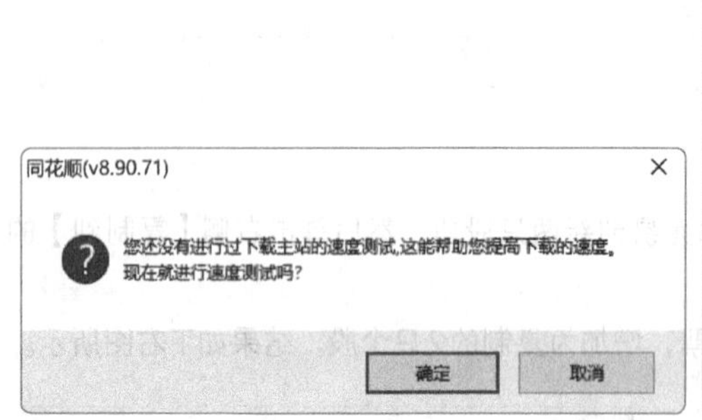

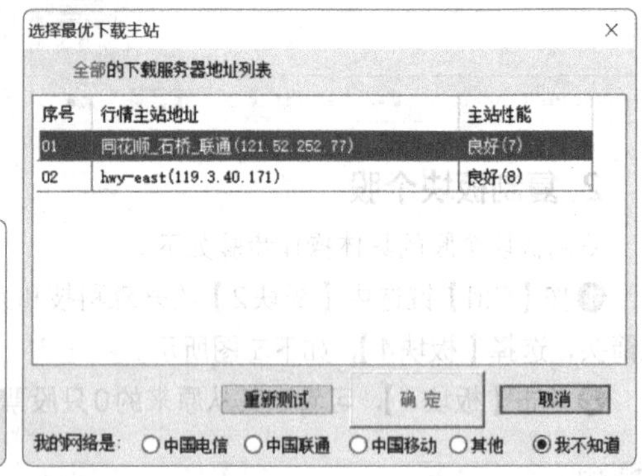

❸选好之后再单击【确定】按钮，在弹出的【数据下载中心】对话框中选择下载内容。一般情况建议投资者下载完所有数据，方便选股。选择完毕后直接单击【下载】按钮进行数据的下载，如下左图所示。

❹下载完成后，系统开始自动将下载数据导入，数据导入结束后，弹出数据导入完成的提示框，如下右图所示。单击【确定】按钮，即可退出数据下载中心。

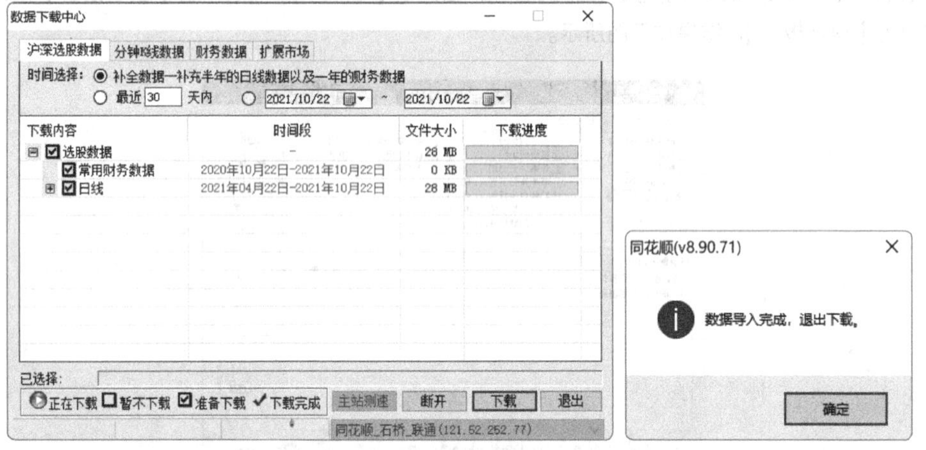

2. 数据维护

使用数据维护功能可以对混乱或错误的数据进行整理，删除不需要的数据，以释放更多存储空间。

3. 数据导入与导出

数据导入功能可以将本地已经存在的各种数据导入指定目录下，还可以将导入的数据复制到其他计算机上，生成各类数据。

数据导出与数据导入是一对相反的操作。数据导出是将同花顺软件中存在的各种数据导出到计算机指定的位置，供他人下载、复制等。

投资者只用选择导入或导出文件所在的目录即可。在导出时，系统会自动寻找目前软件装载的目录，推荐使用这个目录。

19.3 其他设置

除了前面这些设置外，【工具】菜单还提供了大字报价、区间统计和系统设置等功能。下面介绍这些功能的具体操作。

19.3.1 大字报价

顾名思义，大字报价就是用较大的字体显示股票的报价信息。大字报价仅仅是将每只股票的行情列表信息以大字体显示，对表格的其他操作（如排序、移动、插入等）没变，在分时图和K线图中也不会有字体放大的效果。

设置大字报价的具体操作步骤如下。

❶打开同花顺软件，进入自选股行情列表界面，排名显示的字体是正常字体，如下左图所示。选择【工具】—【大字报价】命令，如下右图所示。

排	代码	名称	涨幅	现价	涨跌	买价	卖价	总手	总金额
1	600158	中体产业	-3.43%	12.39	-0.44	12.39	12.40	26.42万	3.31亿
2	300827	上能电气	-5.56%	114.24	-6.73	114.23	114.24	84844	9.91亿
3	601238	广汽集团	+0.58%	17.23	+0.10	17.23	17.24	54.47万	9.53亿
4	002436	兴森科技	+1.67%	12.79	+0.21	12.78	12.79	43.47万	5.61亿
5	600313	农发种业	-5.62%	4.87	-0.29	4.87	4.88	43.19万	2.15亿
6	000713	丰乐种业	-2.21%	8.86	-0.20	8.86	8.87	15.42万	1.38亿
7	002041	登海种业	-1.90%	22.69	-0.44	22.69	22.70	24.04万	5.48亿
8	000998	隆平高科	-1.21%	21.99	-0.27	21.98	21.99	44.30万	10.00亿
9	300423	昇辉科技	+2.96%	13.57	+0.39	13.56	13.57	11.89万	1.60亿
10	159841	证券ETF	+0.10%	1.031	+0.001	1.031	1.032	78.68万	8102万
11	300117	嘉寓股份	+0.00%	4.23	+0.00	4.23	4.24	24.52万	1.07亿
12	601168	西部矿业	-4.08%	14.83	-0.63	14.82	14.83	55.47万	8.35亿
13	600559	老白干酒	+0.46%	21.94	+0.10	21.93	21.94	27.99万	6.15亿
14	002182	云海金属	+0.00%	20.44	+0.00	20.43	20.44	65.82万	13.73亿
15	002217	合力泰	+0.00%	3.37	+0.00	3.37	3.38	92246	3112万
16	002155	湖南黄金	-5.08%	11.02	-0.59	11.02	11.03	55.23万	6.20亿

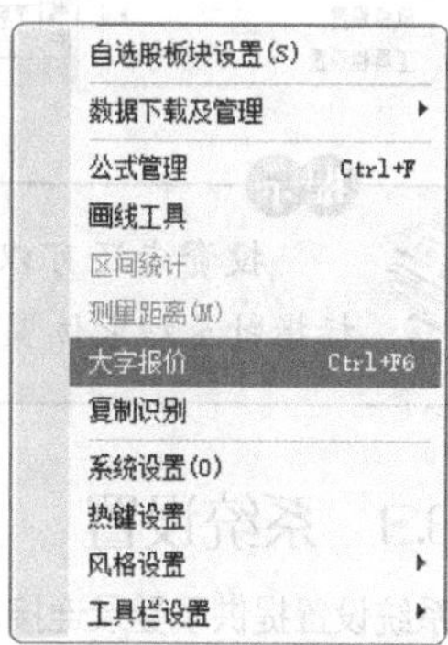

❷选好后，自选股行情列表的字体显示变大，如下图所示。该项功能对中老年人非常友好。

排	代码	名称	涨幅	现价
1	600158	中体产业	-3.43%	12.39
2	300827	上能电气	-5.56%	114.24
3	601238	广汽集团	+0.58%	17.23
4	002436	兴森科技	+1.67%	12.79
5	600313	农发种业	-5.62%	4.87
6	000713	丰乐种业	-2.21%	8.86
7	002041	登海种业	-1.90%	22.69
8	000998	隆平高科	-1.21%	21.99
9	300423	昇辉科技	+2.96%	13.57
10	159841	证券ETF	+0.10%	1.031
11	300117	嘉寓股份	+0.00%	4.23

19.3.2 区间统计

区间统计是通过对投资者选中的区间K线进行统计分析，计算出周期个数、起始价、终止价、最

高价、最低价、均价、涨跌值、涨跌幅、振幅、大盘对比、行业对比、总手、金额、换手、平线、阳线、阴线，为投资者提供参考。

设置区间统计的具体操作步骤如下。

❶进入个股的K线图界面，选择【工具】—【区间统计】命令，如下左图所示。

❷单击选择起始位置，长按鼠标左键，向右拖曳鼠标至结束位置再松开鼠标左键，将弹出【个股K线区间统计】对话框，如下右图所示。

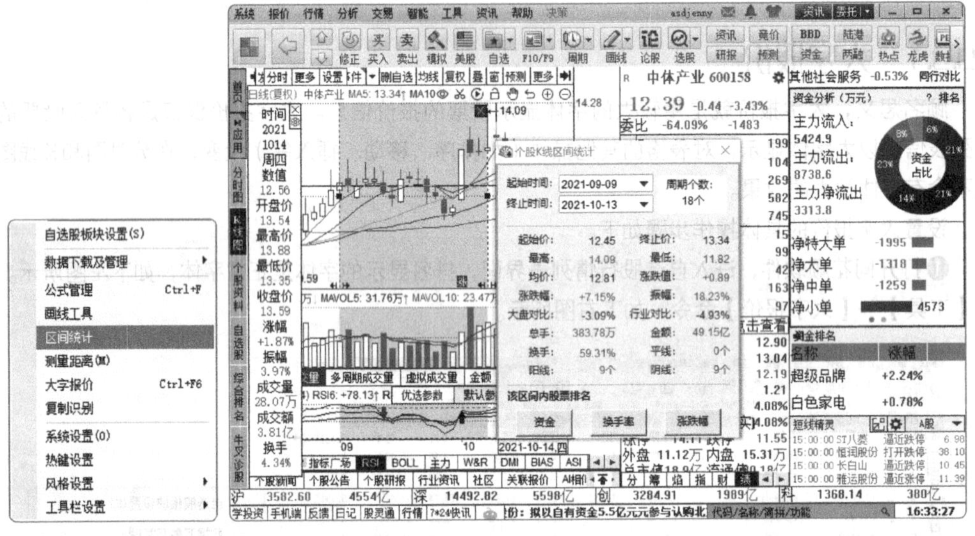

提示

投资者还可以在K线图界面中直接单击选择起始位置，长按鼠标左键，拖动鼠标指针至结束位置再松开鼠标左键，在弹出的菜单中选择【区间统计】命令。

19.3.3 系统设置

系统设置提供了登录连接、信息提示、显示设置、分析周期、热键设置、浮框设置和其他设置功能。

1. 登录连接

登录连接功能的使用步骤如下。

❶选择【工具】—【系统设置】命令，打开【系统设置】对话框，如下左图所示。

❷单击【登录连接】页签，单击行情主站的【服务器设置】按钮，打开【通讯设置】对话框。在该对话框中可以选择要登录的行情主站，并设置网络接入方式，如下右图所示。

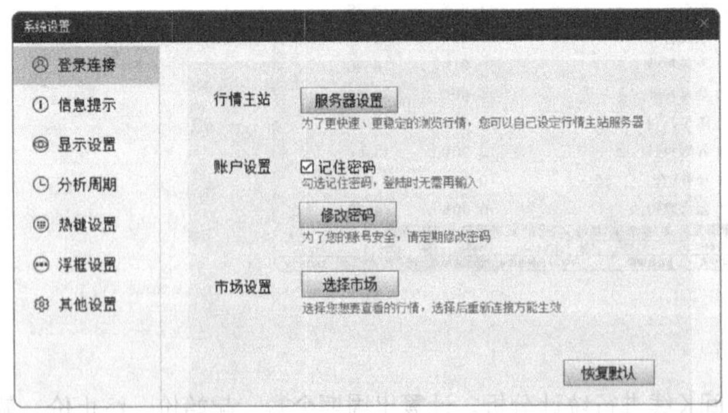

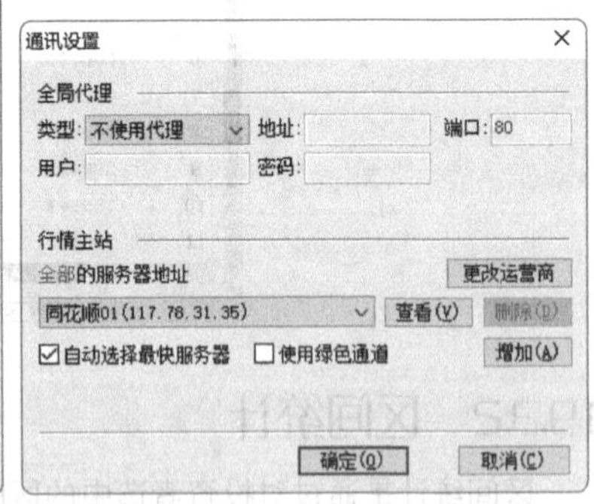

❸通讯设置完成后，单击【确定】按钮，返回【登录连接】设置界面。在账户设置中可以选择是否记住密码和修改密码。如果单击【修改密码】按钮，在弹出的【同花顺安全中心】对话框中修改所选账户的密码，如下左图所示。修改完成后，单击【确认修改】按钮即可。

❹账户设置完成后，在市场设置中还可以选择市场，如果投资者不关注期货市场或者海外市场，可以单击【选择市场】按钮，在弹出的【选择市场】对话框中取消勾选不关注市场的复选框。下右图取消勾选了外汇、全球指数、外盘期货、期货复选框。

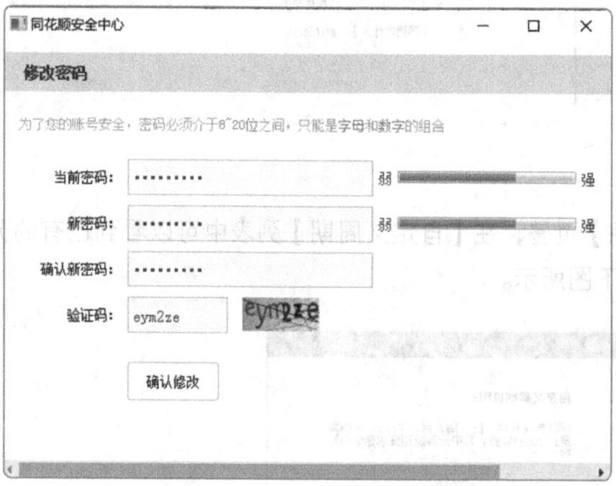

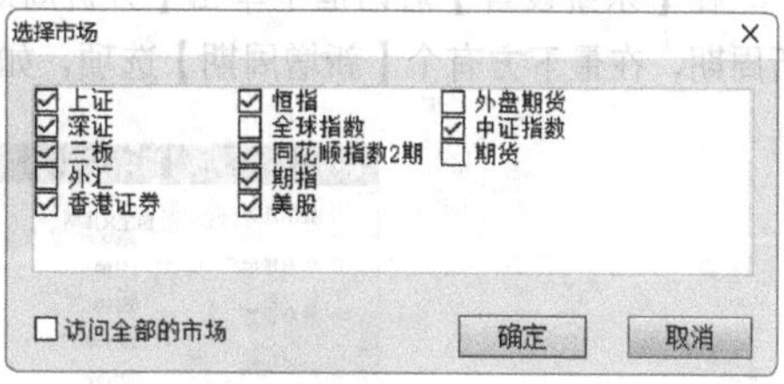

2. 信息提示

单击【系统设置】对话框的【信息提示】页签，在信息提示界面可以根据需要对分时页、K线页、资讯和问财溯源进行更详细的设置，如下图所示。建议投资者将分时页和K线页的复选框都勾选上，因为分时页和K线页的选项有助于投资者的实时分析。资讯可以选也可以不选，行业的滚动新闻会占用界面的一定面积，如果投资者在K线页添加的附图比较多，那么界面看起来会比较拥挤。

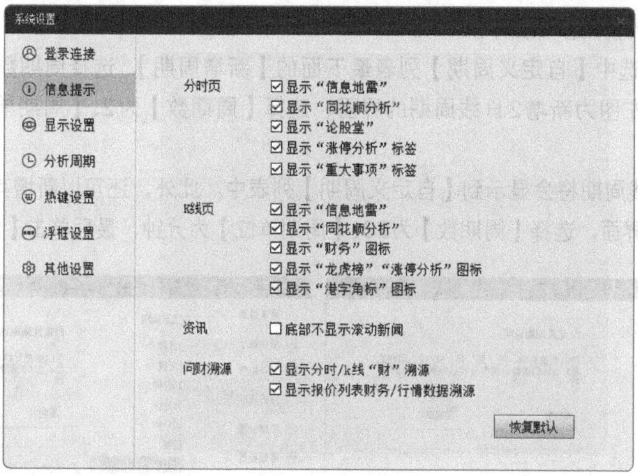

3. 显示设置

显示设置可以对不同的数据区分显示颜色，还可以隐藏工具栏、改变界面风格、修改界面字体大小。单击【系统设置】对话框的【显示设置】页签，弹出下页左图和下页右图所示的界面。投资者可以设置数据高亮和显示隐藏的具体细节，也可以对工具栏、界面风格，以及界面字体大小等进行设置。

4. 分析周期

在【系统设置】对话框中单击【分析周期】页签，在【自定义周期】列表中可以看到已有的分析周期，在最下方有个【新增周期】选项，如下图所示。

分析周期功能的使用步骤如下。

❶投资者可以选中【自定义周期】列表最下面的【新增周期】，选择周期数和周期单位，增加自定义的周期。下左图为新增2日线周期的界面，选择【周期数】为2、【周期单位】为日线，单击【保存】按钮即可。

❷新增的2日线周期将会显示到【自定义周期】列表中。此外，还可以新增其他周期。下右图为新增20分钟周期的界面，选择【周期数】为20、【周期单位】为分钟，最后单击【保存】按钮即可。

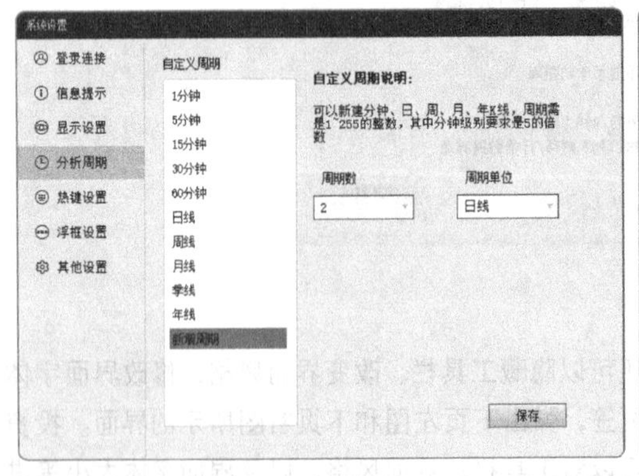

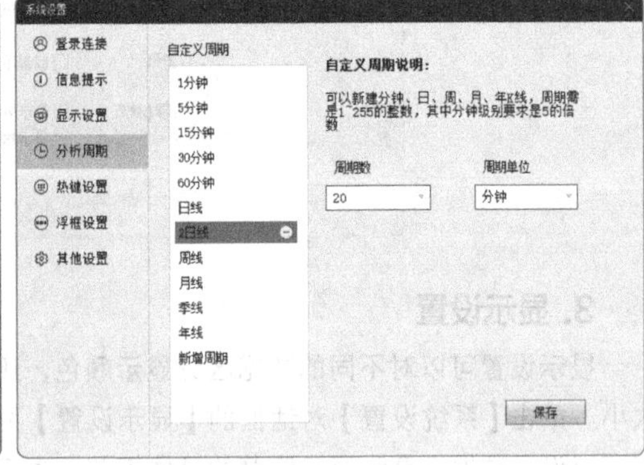

❸选中【自定义周期】列表中新增的20分钟周期，单击右侧的【删除周期】按钮⊖可直接删除该周期。另外，也可以在界面右侧修改周期数和周期单位，如下页图所示。

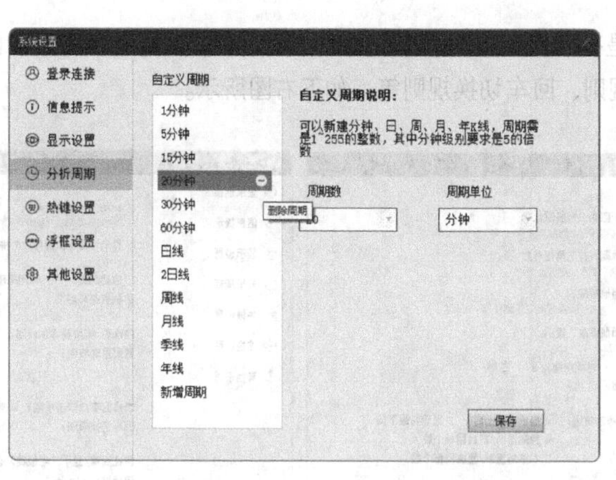

5. 热键设置

在【系统设置】对话框中单击【热键设置】页签，可以看到行情类的热键和功能类的热键，分别如下左和下右图所示。投资者可以按照自己的习惯新增或者删除热键。设置热键可以帮助投资者快速进入想要查看的界面，提高看盘效率。

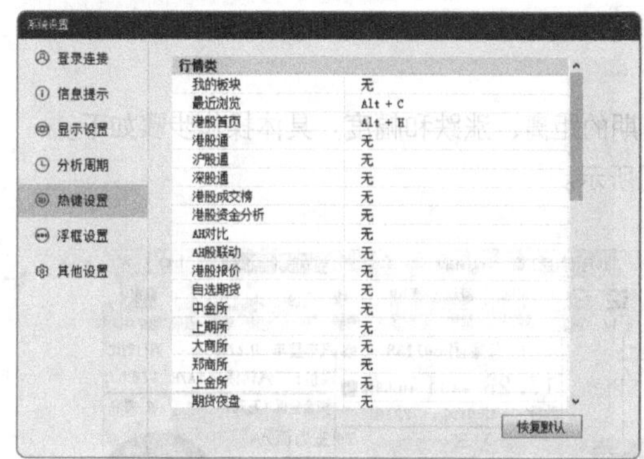

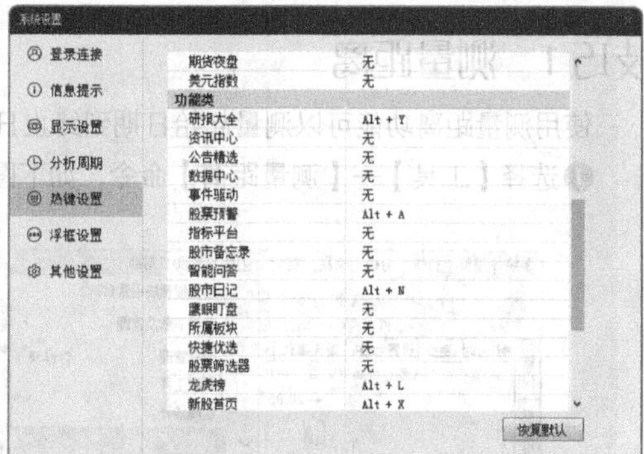

6. 浮框设置

在【系统设置】对话框中单击【浮框设置】页签，可以设置显示方式。投资者可以按照自己的习惯选择任何一种显示方式，系统默认的是固定位置，如下图所示。

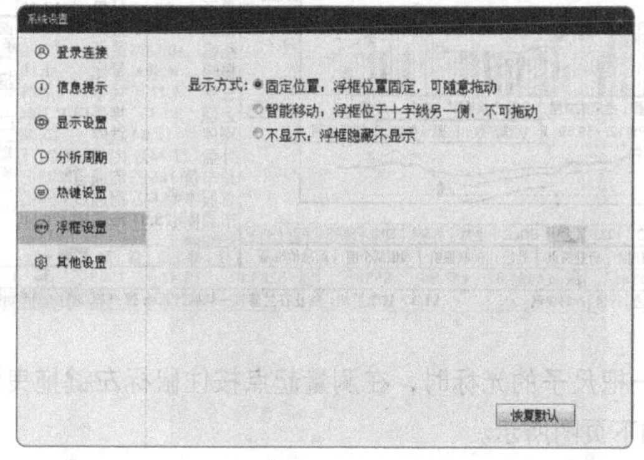

7. 其他设置

在【系统设置】对话框中单击【其他设置】页签，可以在其他设置界面对系统中一些具体的细节进行设置。例如，复制文本时是否自动识别股票代码、在软件最小化时是否隐藏到右下角任务栏、

是否开启自动翻页、是否列表循环翻页等，如下左图所示。投资者还可设置自选股/板块股的添加规则、表格回车或双击规则、回车切换规则等，如下右图所示。

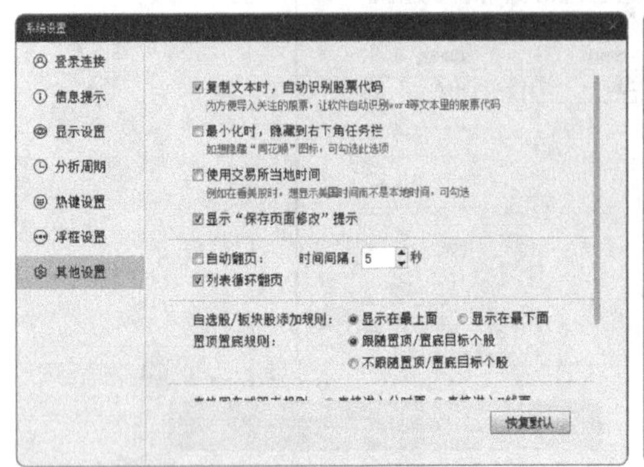

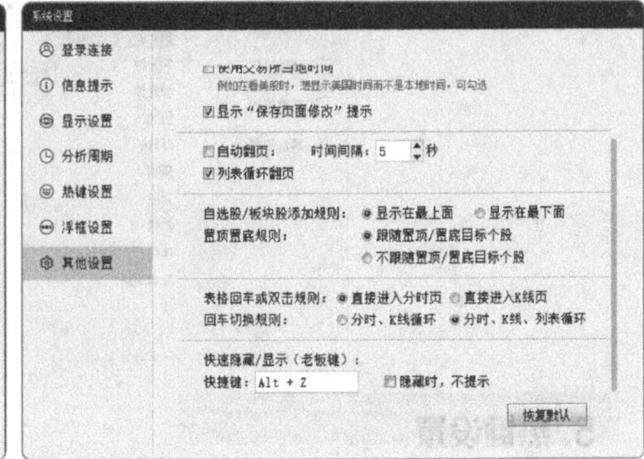

高手支招

技巧1 测量距离

使用测量距离功能可以测量起始日期到终止日期的距离、涨跌和幅度。具体操作步骤如下。

❶选择【工具】—【测量距离】命令，如下图所示。

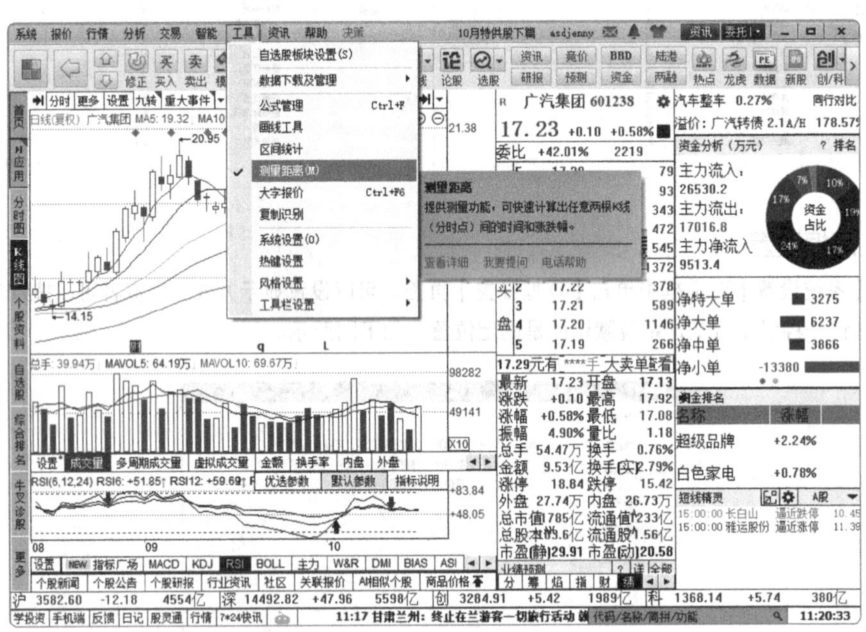

❷当鼠标指针变成一把尺子的光标时，在测量起点按住鼠标左键拖曳到终点，就会显示这之间的距离、涨跌和幅度，如下页图所示。

❸松开鼠标左键，可以继续测量。再次选择【工具】—【测量距离】命令，则可以正常使用其他功能。

技巧2 查看主力大单

同花顺软件可以提供每笔成交额在100万元以上的主力大单异动数据，准确捕捉主力投资目标。输入“91”并按【Enter】键，即可查看主力大单，如下图所示。

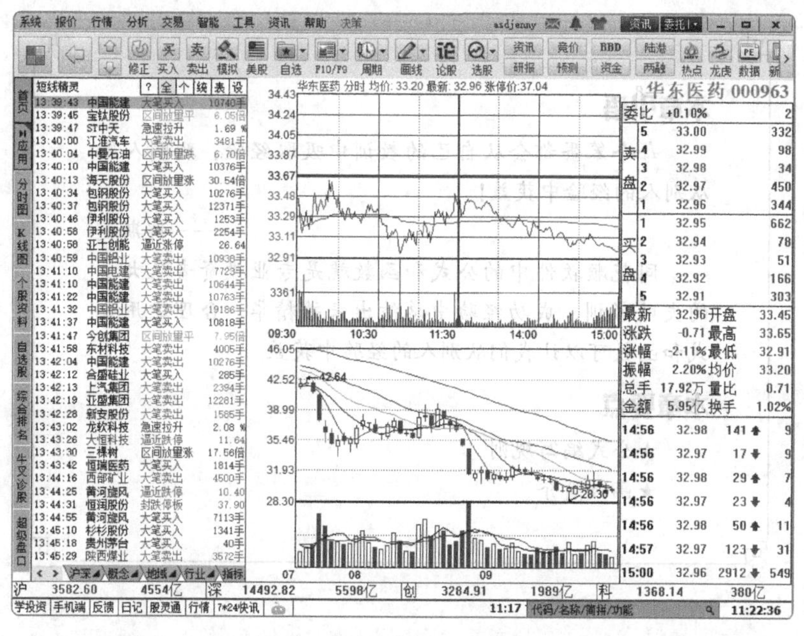

上图中，左侧为短线精灵，中间为个股的分时图和K线图，右侧为盘口报价。在窗口左侧的右上方可以切换全部个股和单一个股。单击【设】按钮，可以进行预警设置。

第20章　公式和函数的应用

本章引语

每个笨蛋都会从自己的教训中吸取经验，聪明人则从别人的经验中获益！

——俾斯麦

同花顺软件中的公式和函数就是专业投资者从大量的失败教训、成功经验中总结出来的精华。合理运用公式和函数可以让我们从别人的经验中获益。

本章要点

★公式编写规则

★函数简介

20.1 公式管理

同花顺软件将公式的各项功能及操作集中在公式管理中。投资者通过公式管理可以新建公式、查看或删除已有的公式等。

选择【工具】—【公式管理】命令，即可打开【公式管理】对话框，如下左图所示。

【公式管理】对话框中有3个选项卡，分别是【全部】【常用】和【用户】。

【全部】：该选项卡中显示了同花顺软件的所有公式，包括【技术指标】【五彩K线】【自定公式】【条件选股】和【交易系统】。单击这些公式前的【+】按钮，即可展开子目录。

【常用】：该选项卡中主要显示了常用的公式。同花顺软件默认的都是技术指标公式，如下右图所示。

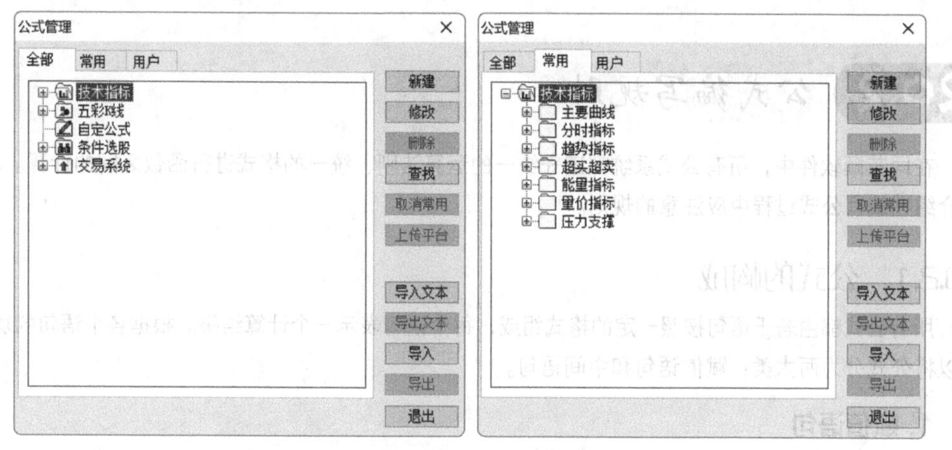

【用户】：该选项卡中显示了用户自定义的公式，如下图所示。

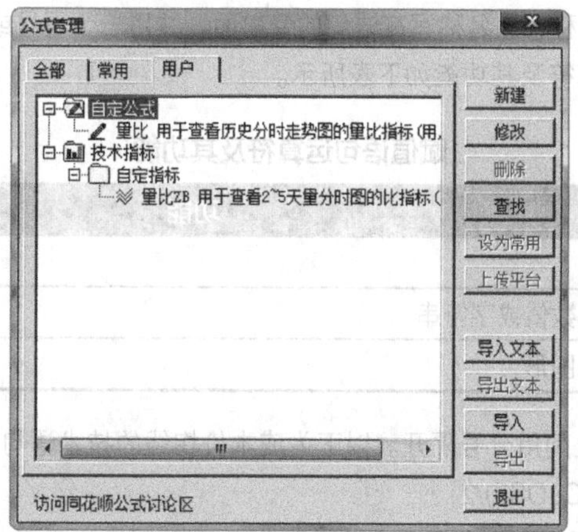

在同花顺软件中，投资者可以根据使用习惯删除或添加常用公式。下面通过将【五彩K线】中的【W_01 早晨之星（系统）】添加到【常用】选项卡为例，来介绍添加常用公式的基本步骤。

❶在【公式管理】对话框中选择【五彩K线】—【W_01 早晨之星（系统）】命令，然后单击对话框右侧的【设为常用】按钮，如下页左图所示。

❷单击【常用】选项卡，可以看到【W_01 早晨之星（系统）】已经在列表中了，如下页右图所示。

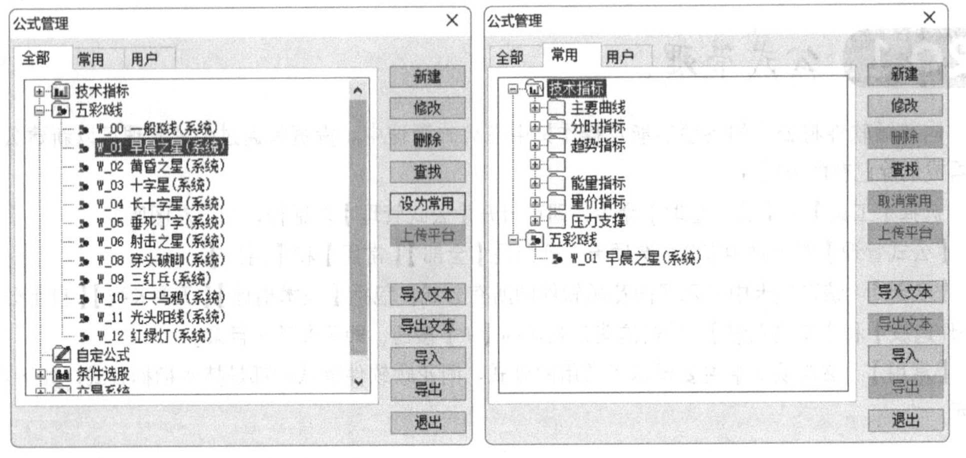

20.2 公式编写规则

在同花顺软件中，所有公式系统都遵守统一的运算法则、统一的格式进行函数之间的计算。本节将介绍在编写公式过程中应注意的规则。

20.2.1 公式的构成

所有公式都由若干语句按照一定的格式组成，每个语句表示一个计算结果。根据各个语句的功能，可以将公式分为两大类：赋值语句和中间语句。

1. 赋值语句

赋值语句的形式如下。

a=*b*：将*b*的值赋予*a*。

每个语句可以有一个名称，该名称写在语句的最前面，并用一个冒号或等号将它与语句分隔开来。在赋值语句中，常用的运算符及其功能如下表所示。

赋值语句运算符及其功能

运算符	功能
=	赋值
:	赋值并输出数值或字符串
:>	赋值并输出图形

赋值语句与赋值语句之间用分号隔开。以下为成本价均线的技术语句。

AMV_0:=VOL*(OPEN+CLOSE)/2；

AMV_1: SUM(AMV_0，M_1)/SUM(VOL，M_1)；

AMV_2: SUM(AMV_0，M_2)/SUM(VOL，M_2)；

AMV_3: SUM(AMV_0，M_3)/SUM(VOL，M_3)；

AMV_4: SUM(AMV_0，M_4)/SUM(VOL，M_4)

2. 中间语句

如果某个语句不需要显示，可以将它定义为中间语句。使用中间语句可以有效降低公式的书写难度。另外，还可以将需要重复使用的语句定义成中间语句以减少计算量。中间语句的数量没有限制，所有语句之间均需要使用分号隔开。

中间语句用“:=”代替冒号，其他与一般语句一样。例如，前面成本价均线的技术语句中的第一句“AMV_0:=VOL*(OPEN+CLOSE)/2”，就不会被系统辨认为指标线。

20.2.2 公式的运算符

公式的运算符将函数连接成公式，其分为算术运算符和逻辑运算符两种。

1. 算术运算符

算术运算符包括“+”“-”“*”“/”，它们分别对计算符两边的数据进行加、减、乘、除运算，这与一般意义上的算术运算没有区别。

2. 逻辑运算符

逻辑运算符有8种，具体如下表所示。

逻辑运算符

逻辑运算符	表达的含义	使用范例	返回值	说明
>	大于	1+1>2	0	如果条件成立，计算结果就等于1，否则等于0。其中“逻辑与”表示两个条件都成立时，结果才成立；“逻辑或”表示两个条件中有一个成立，结果就成立
<	小于	1+1<2	0	
< >	不等于	1+1< >2	0	
>=	大于等于	1+1>=2	1	
<=	小于等于	1+1<=2	1	
=	等于	1+1=2	1	
AND	逻辑与	5>3 AND 5<6	1	
OR	逻辑或	5>3 OR 6<5	1	

20.2.3 数据引用

公式中的基本数据来源于接收的每日行情数据。这些数据是由行情函数从数据库中按照一定的方式提取的。在数据引用前，应对以下知识进行了解。

1. 数据类型

系统可以处理的数据分为变量和常量两种。所谓变量，就是一个随着时间变化而变化的数据，如价格就是一个变量，因为每一时刻的成交价都在不停地变化。常量就是永远不变的数据，如数值5就是一个常量。

2. 指标数据引用

在编写公式的过程中，有时候需要使用另外一个指标的值。如果重新编写这个指标太麻烦，就可以引用其他指标公式直接使用，无须重新编写。

引用其他指标公式的格式为：“指标，指标线”（参数），说明如下。

（1）指标和指标线之间用逗号隔开，一个指标不一定只有一条指标线。

（2）参数在表达式的末尾，且必须用括号括起来，参数之间用逗号分开。参数设置可以选择设定该指标的参数，如果参数缺失，则表示使用该指标默认的参数设置。

（3）整个表达式除参数外均用引号引起来。例如，“MACD，DEA”（25，10，5）表示计算MACD指标的DEA指标线，计算参数为25、10、5；“MACD”（25，10，5）表示计算MACD指标的最后一条指标线，计算参数是25、10、5；“MACD”表示计算MACD指标的最后一条指标线并且使

用公式的默认参数。

3. 其他股票数据的引用

使用以下函数或格式可以在当前的分析界面中引用大盘的数据或其他个股的数据，进而实现横向对比。

引用大盘数据时可以使用INDEXC或INDEXV函数等；引用个股数据时使用“股票代码$数据”的格式，如“600019$VOL”表示引用“600019”这只股票本周的成交量。

20.3 函数简介

同花顺的公式编写系统为投资者提供了24类约300个函数，不同类型的函数具有不同的含义。从系统可以查看通用数据、个股数据、大盘数据、期货数据、股本结构、股东前十名、资产负债表、利润表、现金流量、财务报表附注、计算项基金、资产数据、时间函数、逻辑函数、引用函数、算术函数、统计函数、指标函数、板块函数、财务函数、绘图函数、字符串函数和大盘函数。较为常用的有通用数据、大盘数据、逻辑函数、指标函数、财务函数等。

投资者想要运用函数编辑公式或指标，首先需要单击【分析】菜单，选择【公式管理】命令，然后单击【公式管理】对话框中的【用户】选项卡，最后在【公式编辑】对话框中单击【新建】按钮，按照自己的需求编辑不同的公式或指标。

1. 通用数据

通用数据主要包括最常用的行情基本数据，一般无参数。常用的通用数据如下表所示。

通用数据

英文名称	中文名称	含义	用途
CLOSE	收盘	当期的收盘价	个股、沪深指数的分钟K线、日K线周期
CODE	代码	证券的代码	个股、沪深指数的所有周期
CODETYPE	证券类型	指明当前商品的类型。当返回值是0时为指数、是1时为A股、是2时为B股、是3时为债券、是4时为基金	个股、沪深指数的所有周期
DATETIME	时间	显示时间。当用于不同周期时，系统会自动传送相应的时间类型。具体的显示方案在“窗口属性”的“时间坐标”项中的“时间格式”一栏中选择	个股、沪深指数的所有周期
HIGH	最高	在分钟K线、日K线周期时，为当期的最高价	个股、沪深指数的分钟K线、日K线周期
LOW	最低	在分钟K线、日K线周期时，为当期的最低价	个股、沪深指数的分钟K线、日K线周期
MONEY	金额	在实时、分时周期时代表当日的成交金额之和；在分钟K线、日K线周期时代表当期的成交金额之和。当用于指数时，指此指数所包含所有交易品种的成交金额之和	个股、沪深指数的实时、分时、分钟K线、日K线周期

续表

英文名称	中文名称	含义	用途
NEW	现价	用于个股时为最近一笔成交价；用于沪深指数时为最近一次从交易所传来的指数值	个股的实时、成交明细周期，沪深指数的实时周期
NEWVOL	现手	用于个股时为最近一笔成交量；用于沪深指数时为对应市场所有股票的最后一笔成交量之和	个股的实时、成交明细周期，沪深指数的实时周期
OPEN	开盘	在实时周期时，为当日的开盘价；在分钟K线、日K线周期时，为当期的开盘价	个股、沪深指数的实时、分钟K线、日K线周期
OPENVOL	开盘量	开盘时第一笔成交量。当用于指数时，指此指数所包含所有交易品种的开盘集合竞价成交量之和	个股、沪深指数的实时、日K线周期
OUTVOL	外盘	外盘（又称为主动性买盘）成交量。判断依据为如果某笔成交，其价格大于等于前一次传过来的卖一的价格，则称为外盘（注意，内外盘之和一般不等于总成交量）。在周期为实时、分时时，为当日的外盘；在周期为分钟K线、日K线时，分别为某一分钟和某一日的外盘。当用于指数时指所有相应股票的外盘之和	个股、沪深指数的实时、分时、分钟K线、日K线周期
PRE	昨收	昨日收盘价（注意，在分钟K线周期，也是昨日收盘价，而不是上一周期的收盘价）。如果当天有除权，则其值为除权之后的昨日收盘价。例如，某股票昨日收盘价为20元，今日除权，10送10，则今日PRE值为10元	所有类型、所有周期
VALIDBEGIN	起始	区间统计的起始时间。当用于不同周期时，系统会自动传送相应的时间类型。具体的显示方案在“窗口属性”的“时间坐标”项中的“时间格式”一栏中选择	个股、沪深指数的所有周期
VALIDEND	终止	区间统计的终止时间。当用于不同周期时，系统会自动传送相应的时间类型。具体的显示方案在“窗口属性”的“时间坐标”项中的“时间格式”一栏中选择	个股、沪深指数的所有周期

续表

英文名称	中文名称	含义	用途
VOL	总手	在实时、分时、成交明细周期时代表当日的成交量之和；在分钟K线、日K线周期时代表当期的成交量之和。当用于指数时，指此指数所包含的所有交易品种成交量之和	个股的实时、分时、成交明细、分钟K线、日K线周期，沪深指数的实时、分时、分钟K线、日K线周期
ZQMC	名称	证券的名称	个股、沪深指数的所有周期

2. 大盘数据

大盘数据主要用来获取同期内大盘的相关信息。常用的大盘数据如下表所示。

大盘数据

英文名称	中文名称	含义	用途
BUYCOUNT	委买	当前本类指数所有股票的委托买入数量之和	沪深指数的实时、分时周期
FALLCOUNT	下跌家数	当前本类指数所有下跌股票的家数之和	沪深指数的实时、分时周期
FALLLIMITCOUNT	跌停家数	指数下当天跌停的股票个数	—
FALLTREND	下跌趋势	当前本类指数所有下跌股票的最新价之和除以本类指数所有股票的最新价之和	沪深指数的实时、分时周期
INDEXLEAD	领先指标	不加权的指标涨跌幅再乘以10000	假设A = "当前本类指数所有股票的最新价之和"，B = "当前本类指数所有股票的昨日收盘价"，那么INDEXLEAD = $(A - B)/B \times 10000$
RISECOUNT	上涨家数	当前本类指数所有上涨股票的家数之和	沪深指数的实时、分时周期
RISELIMITCOUNT	涨停家数	指数下当天涨停的股票个数	—
RISETREND	上涨趋势	当前本类指数所有上涨股票的最新价之和除以本类指数所有股票的最新价之和	沪深指数的实时、分时周期
SELLCOUNT	委卖	当前本类指数所有股票的委托卖出数量之和	沪深指数的实时、分时周期
TOTALSTOCK	本类股票总数	本指数所包含股票的家数之和	沪深指数的实时周期

3. 逻辑函数

逻辑函数主要是对设置的函数条件返回逻辑值true或逻辑值false。常用的逻辑函数如下页表所示。

逻辑函数

英文名称	中文名称	含义	用途
CROSS	上穿	两条线交叉	CROSS(*A*,*B*)表示当*A*从下方向上穿过*B*时返回1，否则返回0。例如，CROSS(MA(CLOSE,5),MA(CLOSE,10))表示5日均线与10日均线形成黄金交叉时返回1，否则返回0
DOWNNDAY	求是否连跌*N*天	连跌*N*个周期	DOWNNDAY(CLOSE,*M*)表示是否连跌*M*个周期
EVERY	求是否连续满足条件	是否连续存在满足条件	EVERY(CLOSE>OPEN,3)表示是否连续3天收阳线
EXIST	求是否在*N*天内存在满足条件	在特定时间是否存在满足条件	EXIST(CLOSE>OPEN,3)表示3天内是否存在阳线
IF	条件	根据条件求不同的值	IF(*X*,*A*,*B*)表示若*X*不为0则返回*A*，否则返回*B*。例如，IF(CLOSE>OPEN,HIGH,LOW)表示该周期收阳则返回最高值，否则返回最低值
LAST	求*A*至*B*天内是否连续存在满足条件	在特定时间是否连续存在满足条件	LAST(*X*,*A*,*B*)，*A*>*B*，表示从前*A*日到前*B*日一致满足*X*条件。若*A*为0，表示从第一天开始；若*B*为0，表示最后一天
LONGCROSS	维持若干周期后上穿	两条线维持一定周期后交叉	LONGCROSS(*A*,*B*,*N*)表示*A*在*N*周期内都小于*B*，在本周期内从下方向上穿过*B*时返回1，否则返回0。例如，LONGCROSS(MA(CLOSE,5),MA(CLOSE,10),5)表示5日均线维持5周期后与10日均线形成黄金交叉时返回1，否则返回0
NDAY	求是否连续*N*天满足*X*>*Y*	是否连续存在*X*>*Y*	NDAY(CLOSE,OPEN,3)表示是否连续3天收阳线
UPNDAY	求是否连涨*N*天	连涨*M*个周期	UPNDAY(CLOSE,*M*)表示是否连涨*M*个周期

4. 指标函数

指标函数对系统中已有的指标走势设置函数，比如对成本分布、波峰值、波谷值设置函数。常用的指标函数如下表所示。

指标函数

英文名称	中文名称	含义	用途
CM	成本分布	用于画筹码成交分布云	例如：CM(0,1,2,0,1000,1,0,0,0,1) 参数含义（从左至右）： 计算总天数：0表示计算全部天数。 当日成本算法：三角分布为1（平均分布为0）。 精度：一般是2。 起始位置：0表示从当天开始计算（1表示从前一天开始计算，以此类推）。 换手：默认为100000%换手。 计算方式：按成交量计算为1（按成交金额计算为2）。 筹码计算价格限制的最大值：默认为0。 筹码计算价格限制的最小值：默认为0。 功能切换：0表示筹码分布和火焰山（自定义天数前的筹码云）[1表示活跃度（自定义天数内的筹码云）]。 历史换手衰减系数：默认为1，可取0.1~10的数值

续表

英文名称	中文名称	含义	用途
COST	成本	成本分布情况	COST(10)，表示10%获利盘的价格是多少，即有10%的持仓量在该价格以下，90%的持仓量在该价格以上，为套牢盘。该函数仅对日线分析周期有效
FLATZIG	归一化之字转向	归一化之字转向	FLATZIG(*K*,*N*,ABS)，当价格变化量超过*N*%时转向，*K*=0表示开盘价，*K*=1表示最高价，*K*=2表示最低价，*K*=3表示收盘价，*K*=4表示低点采用最低价、高点采用最高价。若ABS为0或省略，则表示相对FLATZIG转向，否则为绝对FLATZIG转向
PEAK	波峰值	前*M*个ZIG转向波峰值	PEAK(*K*,*N*,*M*,ABS)表示之字转向ZIG(*K*,*N*,ABS)的前*M*个波峰的数值，*M*必须大于等于1。若ABS为0或省略，则表示相对ZIG转向，否则为绝对ZIG转向。例如，PEAK(1,5,1)表示%5最高价ZIG转向的上一个波峰的数值
PEAKBARS	波峰位置	前*M*个ZIG转向波峰到当前的周期数	PEAKBARS(*K*,*N*,*M*,ABS)表示之字转向ZIG(*K*,*N*,ABS)的前*M*个波峰到当前的周期数，*M*必须大于等于1。若ABS为0或省略，则表示相对ZIG转向，否则为绝对ZIG转向。例如，PEAKBARS(0,5,1)表示%5开盘价ZIG转向的上一个波峰到当前的周期数
PWINNER	远期获利比例	远期获利盘比例	PWINNER(10,CLOSE)表示10天前的那部分成本以当前收市价卖出的获利盘比例，如返回0.2则表示20%获利盘。该函数仅对日线分析周期有效
SAR_S	抛物转向	计算抛物转向	SAR(*N*,*S*,*M*)，*N*为计算周期，*S*为步长，*M*为极值。例如，SAR(10,2,20)表示计算10日抛物转向，步长为2%，极限值为20%
TROUGH	波谷值	前*M*个ZIG转向波谷值	TROUGH(*K*,*N*,*M*,ABS)表示之字转向ZIG(*K*,*N*,ABS)的前*M*个波谷的数值，*M*必须大于等于1。若ABS为0或省略，则表示相对ZIG转向，否则为绝对ZIG转向。例如，TROUGH(2,5,2)表示%5最低价ZIG转向的前2个波谷的数值（*N*,ABS)的前*M*个波谷

英文名称	中文名称	含义	用途
TROUGHBARS	波谷位置	前M个ZIG转向波谷到当前的周期数	TROUGHBARS(K,N,M,ABS)表示之字转向ZIG(K,N,ABS)的前M个波谷到当前的周期数，M必须大于等于1。若ABS为0或省略，则表示相对ZIG转向，否则为绝对ZIG转向。例如，TROUGHBARS(2,5,2)表示%5最低价ZIG转向的前2个波谷到当前的周期数
ZIG	之字转向	超过设置的限定价格就发生转向	ZIG(K,N)，当价格变化量超过N%时转向，K=0表示开盘价，K=1表示最高价，K=2表示最低价，K=3表示收盘价。例如，ZIG(3,5)表示当前收盘价超过上次ZIG转向输出值的+5%或-5%，则输出当前收盘价并ZIG转向

5. 财务函数

通过财务函数可以调用不同的财务报表，如中报、季报等。常用的财务函数如下表所示。

财务函数

英文名称	中文名称	含义	用途
GETREPTYPE	取报表类型	取当期报表类型	GETREPTYPE(&N)，N为财务数据项，其返回值为1（第一季度报表）、2（中报）、3（第三季度报表）、4（年报）
LASTREP	取最近报表	按报表发布时间调用报表数据项	LASTREP(&N,K)，N为财务数据项，K为报表顺序，K=1表示最近一次公布的报表，K=2表示最近一次的上一次公布的报表……，以此类推
MIDREP	中报	调用中报数据项	MIDREP(&N,K,L)，N为财务数据项，K可以是1（表示最近一次的中报）、2（表示上一次的中报）、3、4等或者直接输入希望调用的年份
QUARTERREP	季报	调用季报数据项	QUARTERREP(&N,K,L)，N为财务数据项，K可以是1（表示最近一次的季报）、2（表示上一次的季报）、3、4等或者直接输入希望调用的年份，L可以是1或3即第一季度或第三季度的季报。注意L仅在K选择年份的时候适用
REP	同期报表	调用最近一次报表或与其同类型报表的数据项	REP(&N,K)，N为财务数据项，K可以是1（表示最近一次公布的报表）、2（表示去年与最近一次公布的报表同类型的报表）、3、4等
REPDATE	取报表日期	取某周期的报表日期	REPDATE(&参数1,参数2,参数3)，参数1＝财务数据项，参数2＝引用周期数，与YEARREP等的调用相同，参数3＝1（第一季度报表）、2（中报）、3（第三季度报表）、4（年报）。例如，REPDATE(&ZGB,1,4)，表示取最近总股本年报的报表日期

续表

英文名称	中文名称	含义	用途
YEARREP	年报	调用年报数据项	YEARREP(&N,K)，N为财务数据项，K可以是1（表示最近一次的年报）、2（表示上一次的年报）、3、4等或者直接输入希望调用的年份

20.4 公式应用实战

投资者通过【公式编辑】可以创建和修改6类公式：技术指标公式、条件选股公式、五彩K线公式、自定公式、预警公式和交易系统公式。编辑公式的具体操作步骤如下。

❶选择【工具】—【公式管理】命令，在弹出的【公式管理】对话框的右侧单击【新建】按钮，弹出【新建】对话框，如下图所示。

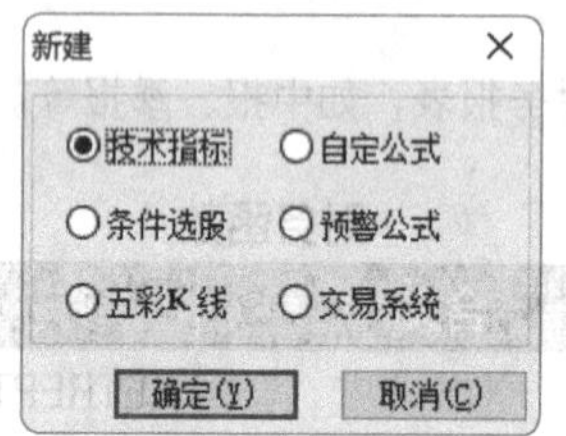

❷选择【技术指标】单选项，单击【确定】按钮，弹出【指标编辑器-技术指标】对话框，如下图所示。

❸在【指标编辑器-技术指标】对话框中输入公式名称和描述，然后对参数进行定义并在编辑区输入代码，接着单击【测试公式】按钮，系统提示“编译测试成功！”，说明代码编写没有错误，可以运行，单击【确定】按钮即可，如下页图所示。

```
MA$1:MA (CLOSE, A);
MA$2 :MA (CLOSE, B);
MA$3:MA (CLOSE, C1);
MA$4:MA (CLOSE, D);
```

❹单击【显示图形】按钮，弹出【显示图形】对话框，这就是编写的4行代码生成的JXXT均线指标系统，如下图所示。投资者在右上角的文本框中可以输入不同的股票代码，来验证指标好不好用。

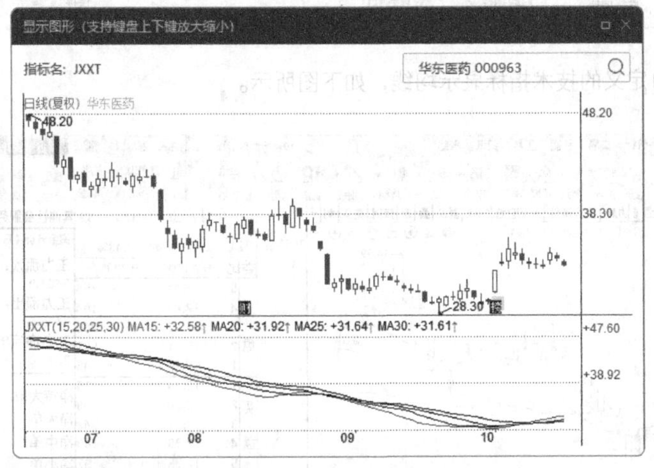

❺返回【公式管理】对话框，单击【用户】选项卡，并选择【技术指标】—【自定指标】命令，即可看到刚编辑的公式已经被保存到技术指标公式中，如下图所示。

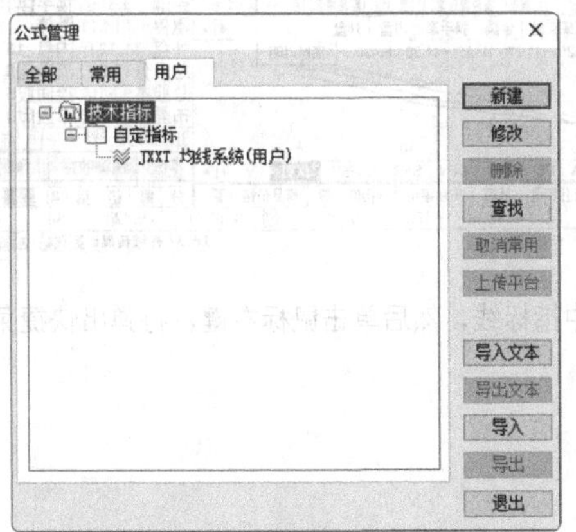

❻将同花顺软件界面切换到K线图，然后单击指标栏中的【设置】按钮，弹出【设置-指标标签】对话框，展开【自定指标】，选中【JXXT 均线系统（用户）】，单击【添加→】按钮，将自定义的指标添加进常用的指标栏，如下图所示。

设置--指标标签

技术指标

主要曲线
分时指标
基金指标
趋势指标
超买超卖
能量指标
量价指标
大盘指标
压力支撑
特色指标
钱龙指标
指南针
神光指标
强弱指标
波段指标
抄底逃顶
资金指标
主图指标
其它指标
自定指标
JXXT 均线系统(用户)
趋向指标

添加→
删除←
上移↑
下移↓

选用指标

MACD 指数平滑异同平均线(系统)
KDJ 随机指标(系统)
RSI 相对强弱指标(系统)
BOLL 布林带(系统)
主力 主力买卖大单(系统)
W&R 威廉指标(系统)
DMI 趋向指标(系统)
BIAS 乖离率(系统)
ASI 振动升降指标(系统)
VR VR容量比率(系统)
ARBR 人气意愿指标(系统)
DPO DPO(系统)
TRIX 三重指数平滑平均线(系统)
新DMA 平均线差(系统)
BBI 多空指标(系统)
MTM 动量线(系统)
OBV 能量潮(系统)
SAR 抛物转向(系统)
EXPMA 指数平滑移动平均线(系统)

指标说明 查找指标 修改指标 恢复到默认 保存 取消

❼系统将用自定义的技术指标显示均线，如下图所示。

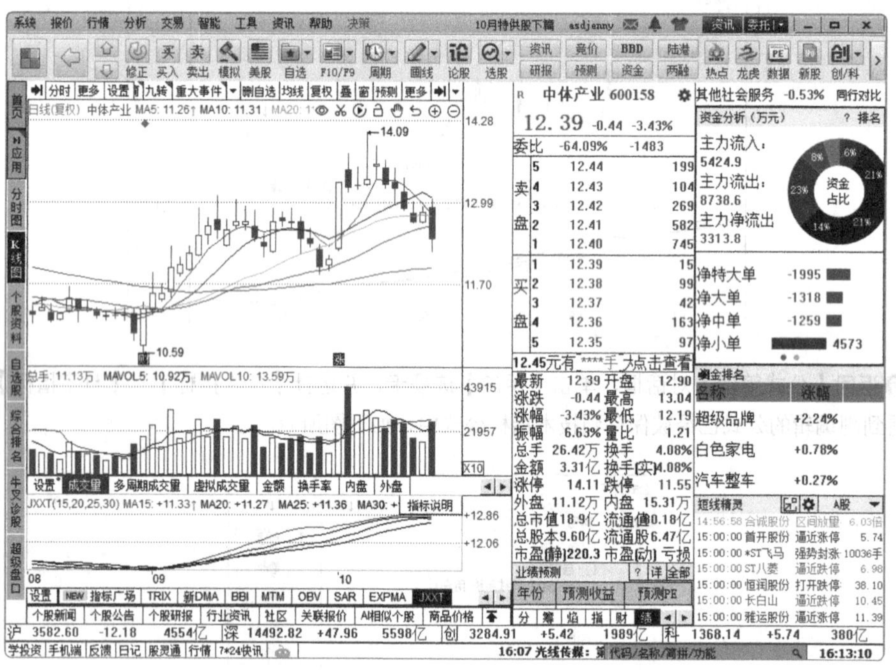

❽在JXXT指标窗口选中指标线，然后单击鼠标右键，将弹出快捷菜单，如下页图所示。

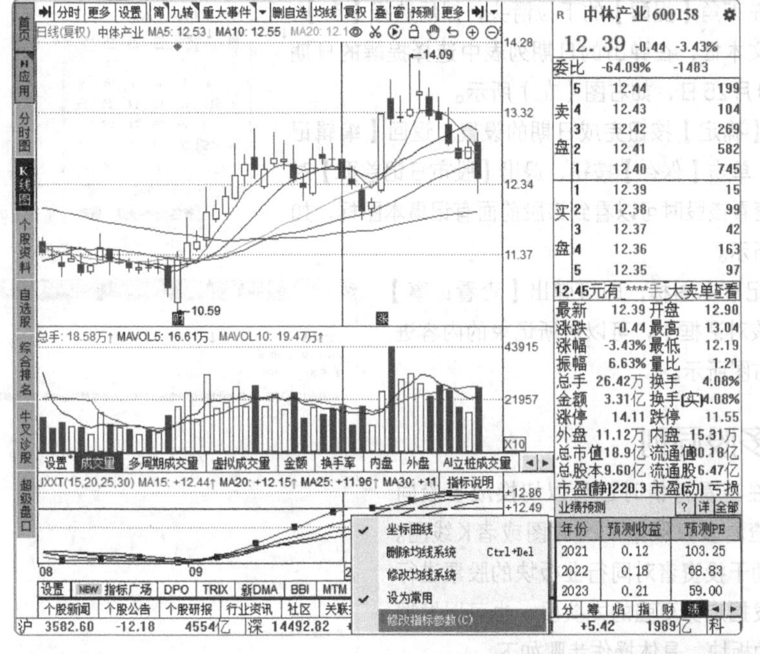

❾在弹出的快捷菜单中选择【修改指标参数】命令，将弹出【参数设置】对话框，在对话框中可以修改参数值以调整均线的显示，如右图所示。

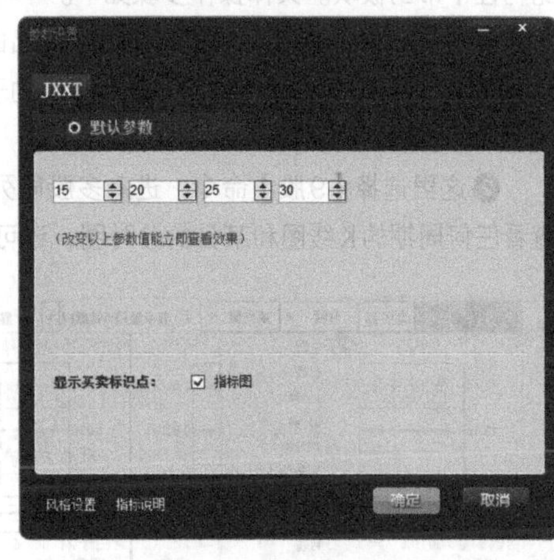

高手支招

技巧1　股市日记

写股市日记是炒股看盘的一种辅助方式。很多投资者都会在每日的点滴记录中积累股市经验。

写股市日记的具体操作步骤如下。

❶启动同花顺软件并登录账户，右击界面，在弹出的快捷菜单中选择【写股市日记】命令，弹出【股市日记首页】对话框，如下左图所示。

❷选择需要添加日记的日期，然后单击【记事】按钮，在弹出的【编辑记事】对话框中输入标题和内容，如下右图所示。

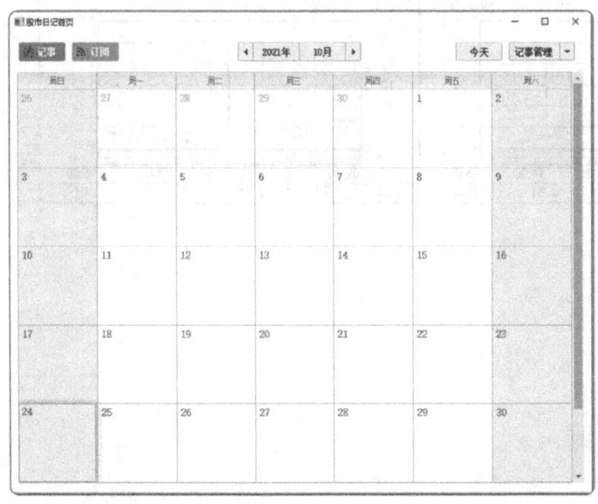

❸单击左下角【提醒】的下拉箭头，然后选择【有】，单击其右侧文本框，在弹出的日期列表中选择提醒的日期为2021年10月25日，如右图（左）所示。

❹单击【确定】按钮完成日期的设置。返回【编辑记事】对话框，单击【保存】按钮，退出【股市日记首页】对话框，然后查看该股时可以看到该股前面有记事本图标，如右图（右）所示。

❺双击记事本图标，即可弹出【查看记事】对话框。在该对话框中，可以对所记录的内容进行编辑，如右图所示。

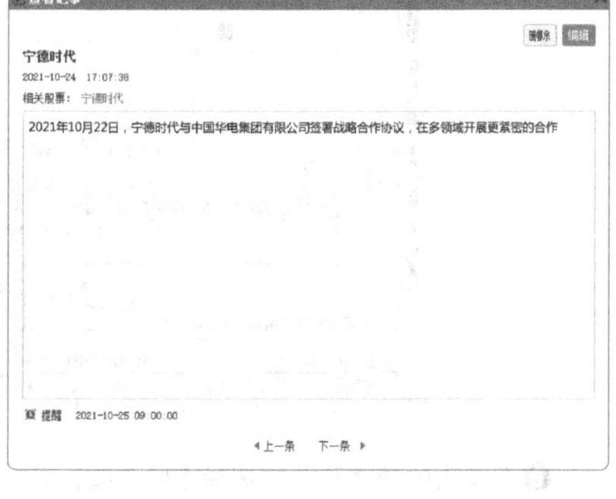

技巧2 多股同列

投资者在查看行情时还可以切换成多股同列，以同时查看多只股票的分时图或者K线图。多股同列有助于投资者对同行业板块的股票进行横向比较，发掘走势更强的龙头股，也可以发掘结构性牛市的板块。具体操作步骤如下。

❶启动同花顺软件，右击界面，在弹出的快捷菜单中选择【多股同列】命令，在弹出的子菜单中可以选择4股、9股或者16股，如右图所示。

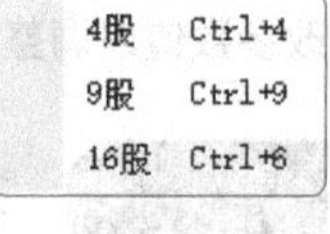

❷这里选择【9股】命令，进入多股同列界面。在该界面中投资者可以选择查看任何周期的K线图和某日的分时图，还可以修改附图的指标，如下图所示。

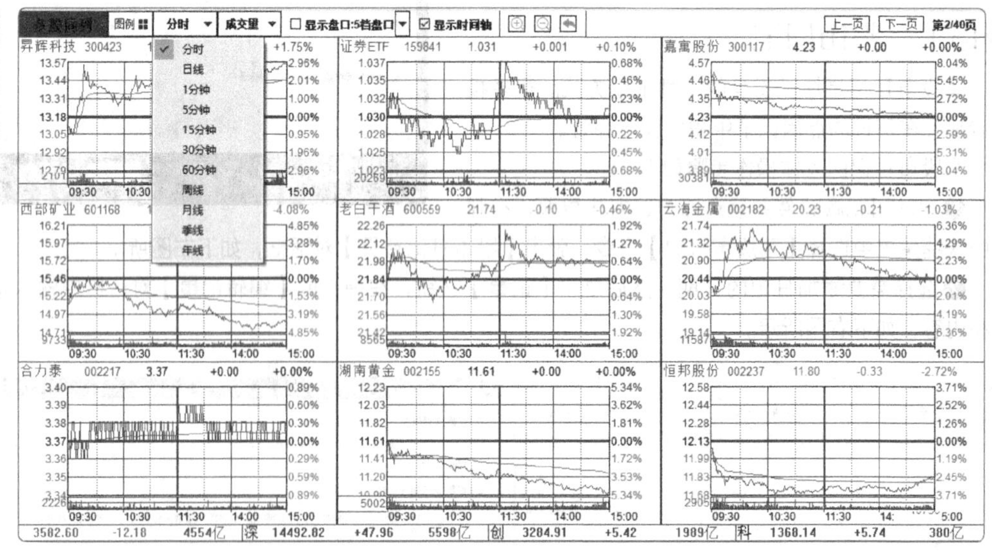

❸按【Esc】键可退出多股同列界面。